타인들 사이의 중국인

- 근대 중국인의 동남아 이민

CHINESE AMONG OTHERS by Philip A. Kun

First published in the United States by Rowman & Littlefield Publishers, Inc.,
Lanham, Maryland U.S.A
Translated and published by permission

Korean Translation rights are arranged with Rowman & Littlefield Publishers, Inc.
through Amo Agency, Korea.

이 번역 총서는 2007년 정부 재원(교육과학기술부 인문학진흥방안 인문한국지원사업비)으로 한국연구재단의 지원을 받아 연구되었음(KRF-2007-361-AL001).

타인들 사이의 중국인

근대 중국인의 동남아 이민

필립 A. 큔 지음 | 이영옥 옮김

심산

안토니, 리사 그리고 더비에게

차 • 례

주요 방언군과 그 표준어 명칭

방언군	해당 표준중국어
원저우어	원저우(溫州府)
복건어	푸젠(福建省 南部)
복주어	푸저우(福州市 · 府)
복경어	푸칭(福清縣)
흥화어	싱화(興化府)
조주어	차오저우(潮州)
객가어	커자(客家, 남부와 남동부 성들의 이주 집단)
광주어	광둥(廣東省)
해남어	하이난(海南, 역사적으로 廣東省에 포함됨)

일러두기

원서에서 방언군은 해당 지역의 방언으로 표기되어 있지만 이해의 편의를 위해 한자의 우리말 발음으로, 표준 중국어는 한글맞춤법 중국어표기방식에 따라 표기하였다.(역자 주)

감사의 말

나는 해외의 중국인들 사이에서 체류하는 동안 여러 사람들에게 신세를 지게 되었다. 내가 아는 한, 그분들은 자신들의 도움이 결실을 맺을 것이라는 바람을 결코 포기하지 않고 기다려 주었다. 이 책은 2006년 10월 한국학술협의회와 대우학술재단의 후원으로 한국에서 "석학 강좌" 시리즈의 일부로 진행한 여섯 차례 강좌를 확대한 것이다. 학술협의회의 김용준 회장과 서울대학교의 김용덕 교수는 서울에서 나와 내 아내를 환대해 주었고, 여러 한국인 친구들은 강좌에서 도움이 되는 비평을 해 주었다. 그 모든 이들에게 감사한다. 나는 윤성주가 서울에서 나를 위해 통역을 맡아 주고 구범진 · 박은진과 함께 나를 수행하며 안내해 준 것에 대해 특별히 감사한다. 이 연구는 초기에 장징궈재단과 하버드의 아시아센터로부터 아낌없는 지원을 받았다.

왕궁우 · 린만홍 · 에드가 워버그 등 친구와 동료들은 원고의 전체 또는 일부를 읽었고, 나의 시야를 넓혀 주고 집필 도중에 적절하게 잘못을 바로잡도록 조언하였다. 수년 동안 나는 직접 만나거나 인쇄물을 통해 힘 마크

라이의 풍부한 학식으로부터 엄청난 혜택을 받았다. 그리고 나는 윌리엄 스키너가 내게 해 준 격려와 귀중한 의견들에 특별히 감사한다.

현지에서 나와 익숙해진 싱가포르의 학자들로는 데이비드 쫑 · 귀이현 · 폴 크라토스카 · 웅 찐깽 · 린 판 · 레오 수르야디나타 · 트웽펙양 · 다이아나 웡 그리고 웡홍텅 등이 있다. 나는 싱가포르에서 내가 소속된 기관이었던 국립 싱가포르 대학교의 역사학과와 동남아시아연구소의 신세를 졌다. 페낭에서 탄록의는 나에게 그녀의 지식을 나눠 주었다. 타이에서 우리의 여정은 수판 찬타바니크 · 움폰 파나첫 그리고 눗타퐁 파나첫이 친절을 베풀어 순탄하였다. 시로야마 도모코는 나에게 일본 곳곳을 능숙하게 소개해 주었고, 그곳에서 천텐스 · 천라이싱 · 후마 스스무 · 이토 이즈미 · 가고타니 나오토 · 시바 요시노부 그리고 스기하라 가오루 등으로부터 배움을 얻었다. 오스트레일리아에서 우리를 맞아 준 존 피츠제랄드와 안토니아 피나네는 멜버른과 벤디고의 중국 유적지들을 보여 주었다. 애들레이드의 C. F. 융은 귀중한 자료들과 시각을 제공하였다. 친절한 캔버라에는 제레미 바르메 · 마크와 다이안 엘빈 그리고 리타나 등 친절한 동료들이 있었다. 레오나드 블루제와 리밍환은 세계에서 가장 훌륭한 중국학 및 동남아시아학 중심의 하나인 네덜란드를 제대로 안내해 주었다.

나는 하버드-엔칭 도서관의 제임스 청 · 레이몬드 럼 그리고 마샤오허, 터프츠 대학교의 리드 우에다 등 친숙한 사람들에게도 감사해야 한다. 나의 연속 저작 편집인 엘리자베스 페리와 로만 앤 리틀필드의 원고검토 편집자 수잔 맥이천은 내가 말할 수 있는 것 이상의 인내심을 가지고 격려해 주었다.

여러 해 동안 나와 함께 이 주제를 연구한 우수한 대학원생들이 많이 있다. 알렉산더 알킨 · 파 카셀 · 천시위인 · 한승현 · 데니스 호 · 이종한(지도 작성) · 진리 · 아이비 마리아 림 · 뉴 방린 · 미카 무스콜리노 · 옹창웨이 · 탄텐위안 · 린다 타이 · 왕샹윈 · 자오후이 등등. 비비안 판과 마만다 라무썬은 귀중한 1차 자료를 보내 주었다.

〈역사 1834, "중국인의 해외 이주"〉를 수강하였던 하버드대 학생들에게 진심으로 감사한다. 훌륭한 학생들이 그렇듯이, 그들은 내가 중요한 문제들을 생각하게 만들었다.

끝으로, 나는 나의 여행길과 고생길에서 믿음직하고 관대한 친구인 아내 마리에게 감사한다. 그녀는 이 연구 과제에 많은 공헌을 하였는데 그중에는 그녀가 예전에 뛰놀던 동남아시아를 나에게 소개한 것도 빼놓을 수 없다.

나의 형 데이비드는 개정판을 내는 데 그의 출중한 편집 기술을 적용함으로써 독자들에게 이해를 돕고 즐거움을 갖게 하였다. 물론, 이 책에 있는 오류나 잘못된 이해들에 대한 책임은 위에서 언급한 그 누구에게도 있지 않다.

2009년 5월

캠브리지, 매사추세츠

필립 A. 큔

들어가는 글

몇 해 전 쌀쌀한 일요일 오후였다. 우리 부부는 딸과 함께 베르사유에 있는 루이 14세의 궁전을 관람할 기회가 있었다. 오후 4시 폐문 시간이 되자마자 어둡고 황량한 시내로 쫓겨났고, 우리에게는 원기를 되찾게 해 줄 따뜻한 카페가 절실하였다. 셔터가 내려진 많은 점포들을 지난 뒤, 우리는 어둠 속에서 반가운 표의문자로 된 붉은 네온의 "비취 궁전"을 찾아냈다. 뜨거운 중국 라면! 메뉴를 훑어보던 내 아내(라오스에서 교사를 한 적이 있다)가 이렇게 말했다. "이건 중국 음식이 아닌 것 같네. 동남아시아 쪽에 더 가까워 보여." 나는 카운터 가까이 서 있는 검은 정장 차림의 건강해 보이는 신사에게 다가가서 현장에서 다져진 내 중국어로 그의 성씨와 고향을 물었다. 그러나 우리가 의사소통할 수 있는 유일한 언어는 프랑스어였다. 식당의 주인은 중국어를 한마디도 못하고 그의 중국 성씨도 모르는 중국계 캄보디아인이었다. 적어도 그의 조부모 중 한쪽은 중국 연해의 어딘가에서 태어났다. 그는 크메르 루즈를 피해 과거에 캄보디아를 식민지로 지배했던 프랑스로 건너온 것이 분명했다. 운 좋게도 그가 물려받은 중국인의 자질 중 하나는 중국 요리에 관한 약간의 지식이었다. 그것은 프랑스어와 함께 인생을 새로 시작하는 데 충분한 문화 자본이 되었다. 인류 역사에 걸쳐 이주민들이 그래 왔듯이, 그는 프랑스에서의 새로운 환경에 적응하기 위해 그 자본을 이용하였다. 그리고 그 라면은 훌륭했다. 이 남자의 경험은 중국인 이민의 역사를 어떻게 보여 주고 있는가? 확실히 그는 고향을 떠나 멀리에서 안전과 삶을 찾은 난민-재이민의 형태를 대표한다. 하지만 그런 특수한 사례들은 다른 형태와 비교되어야만 전체적인 그림의 일부가 된다.

전 세계적인 중국인 이민 500년의 역사를 다루더라도 이주의 모든 지역이나 모든 경험의 형태를 보여 줄 수도, 포괄할 수도 없다. 실제로 진행 중인 연구 절차의 다양성과 규모를 생각한다면 "포괄"은 불가능하고, 나는 그렇게 하려 하지 않을 것이다. 1990년 무렵 약 3700만 명의 사람들이 중국인 혈통이라고 주장하거나 다른 사람들에 의해 중국인으로 분류되었고, 그들은 중화인민공화국과 타이완 이외의 136개국에서 살았다.[1] 전체의 70퍼센트 이상이 천 년 동안 이주 중국인들의 지역이었던 동남아시아("南洋")에 거주하고 있었다. 그리고 인도네시아 · 타이 · 말레이시아 등 세 동남아시아 국가에만 전체 3700만 명 가운데 약 절반이 살았다.

그러므로 동남아시아는 사람의 숫자상 이야기의 중심이지만 숫자가 주요 쟁점은 아니다. 이민 생활의 다양한 면을 이해하기 위해서 우리는 지역에 따른 생태적 차이를 주요 주제로 삼아서 비교해야 한다. "생태"는 여기에서 "주민들이 환경에 대처하는 태도"로 사용된다. 나는 모든 것을 포괄

1) Poston et al. (1994), 636-641. 포스톤의 책이 출간되었을 때 홍콩과 마카오는 여전히 중국 밖에 있었다. 두 곳을 제외한다면, 전체 숫자는 600만 명이 줄어들었을 것이다. 또한 그 수치는 대략 북미의 230만 명, 유럽의 80만 명, 오세아니아(호주 포함)의 40만 명, 그리고 아프리카의 10만 명을 포함한 것이다.

하는 대신에 어떤 특정 환경과 시기에 존재하였던 중국인의 이민 경험 중에서 주요한 변종들을 서술하려 하였다. 다양성의 축에는 시대뿐만 아니라 장소도 포함된다. 특정한 자연 · 사회 · 경제 환경 속의 거주민은 특정한 시기가 되면 생계 · 기술 · 사회제도 등 이주 인생의 생태를 생각해 내고 그것은 대대로 이어진다. 이처럼 길고 전 세계에 걸친 흐름을 기술하려면, 우리는 장소 · 시간 그리고 환경에 따라 발전한 생태들이 이주 생활을 얼마나 특징지었는가를 살펴볼 필요가 있다.[2)]

독자들은 주요한 생태들이 나타나는 장소와 그 서로 다른 방식에 대해 견해를 달리할 수 있을 것이다. 내가 보기에 세 가지 상이한 환경이 존재한다. 1) 아시아와 아메리카의 열대 · 아열대 식민 체제와 그것을 계승한 국가들. 2) 대개 유럽 이주민들로 채워진 신대륙과 오스트레일리아의 정착민 사회들. 3) 대부분이 유럽에 있으며, 해외로 나간 중국인 중 소수(베르사유의 식당 사례처럼)가 위기에 처했을 때 다시 이민을 가게 된 식민지와 식민지 이후의 대도시들. 이 모든 지역들에는 1960년대 이래 새롭고 다소 다른 중국인 이주가 있었다. 각각의 지역들에서 이주민들은 (선택이나 기회든 어쩔 수 없어서든) 그들이 생존하고 번창할 수 있는 생태적 틈새들을 발견하고 창조하였다. 이러한 틈새들은 이주민들이 그들의 능력과 지략을 얼마나 잘 가공하고, 그들이 다른 이주민 · 토착민 · 외국 세력들과의 경쟁을 얼마나 효과적으로 피하느냐에 의해 현실에서 평가를 받았다.

이 연구의 대상 시기는 중국이 외부 세계와 긴밀한 연관을 맺게 되고, 이주민들이 중요한 그리고 어떤 경우에는 결정적인 역할을 하는 500년이다. "근대"는 (상징적으로) 1567년과 함께 시작되었는데, 그해에 오랫동안 왕조가 지속했던 사적인 해상무역 금지(장기간 실효성이 없던 조치)가 공식

2) Khun (2006)에서 나는 중국인 이주의 인간 생태를 시험 삼아 살펴본 적이 있다.

적으로 풀렸다. 당시 사무역과 함께 이민이 점진적으로 증가하였다. 책을 마무리(연구가 끝난 것은 아니다)하는 데, 나는 20세기의 마지막 수십 년을 선택하였다. 당시 중국 본토는 세계 경제에 흡수되는 것을 피할 수 없게 되었다.

500년의 역정에서 주요한 시기와 전환점들은 중국사, 세계사, 그리고 때로는 양쪽 모두에서 일어난 사건들이 될 수 있다. 식민주의(1400년대 후반)와 제국주의(1800년대 초반)가 확장되기 시작하면서 많은 민족 단체들이 간여하게 되었는데, 그것들을 모두 유럽인이 만든 것은 아니었다. 동남아시아의 식민체제 형성에서 중국인들은 필수적인 조력자였다. 식민주의, 제국주의, 그리고 아시아인의 저항에서 나타난 메커니즘이나 효과는 적어도 중국인 이민자들의 생명과 재산에 영향을 주었고, 그들과 토착민 · 중국의 고향 · 세계시장 사이의 관계를 변화시켰다. 그만큼 중요한 것은 그것들이 사회적 민족적 정체성에 대한 중국인 이민자들의 시야에 영향을 주었다는 점이다.

이민으로 이르는 과정에서 중심은 왕조 · 군벌 공화국 · 사회주의-혁명적 국민국가 · 자본주의적 독재국가 등에 아바타 역할을 지속하였던 중국이었다. 이 모든 전후 관계에서 중국인 이민은 하나의 부분집합이었고, 더 큰 규모의 인간 이동은 국내 이주를 중심으로 이뤄졌다. 국내와 국외 이주는 둘 다 그 밑바탕에 있던 생존 전략이나 사회제도와 결합된다. 박해(혹은 수사)를 피하기 위한 이주는 오래된 역사 주제이고, 다양한 형태의 강제 이주가 또 다른 주제이다. 하지만 자발적인 노동력 수출 · 계절적인 체류 · 이산가족 등은 중국 내 이주와 해외 이주의 주요한 특징이다. 국내와 국외 이주를 더 큰 과정 안에서 존재한 변종들로 설명함으로써 이주 제도와 문화적 지향점이 시대에 따라 발전하게 되는 방식을 정리하게 될 것이다.

이 연구의 더 큰 관심사는 중국인들로 하여금 자신들이 "사이에" 있다는 것을 알게 한 "타인들"이다. 중국인들이 정착한 곳의 비非중국인들이 가지고 있던 삶 · 전통 · 사고방식 등을 조사하지 않으면, 해외 중국인들의 경험을 이해하기 어렵다. 설사 공평하지 못하더라도 "포괄적"이지 못하다는 비판을 감안하여 "타인"의 목소리를 공정하게 전달하려 한다.

엄격하게든 일상어로든 영어의 "emigrant"는 "자신의 땅을 떠나서 다른 곳에 (영구적으로) 정착한 사람"을 의미한다. 중국어에는 그와 똑같은 동의어가 존재하지 않는다.[3] 증명하기는 어려울지라도 분명한 것이 있다. 최근까지도 대부분의 중국인 "이민자들"은 국외에 (영구적으로) 정착하려는 것이 아니라 잠시 해외에서 일한 다음 자신의 고향과 공동체로 돌아가려 하였다.[4] 더 나아가 수백만의 "이민자들"이 실제로 "체류"라고 알려진 행동을 하였다. 중국 가족의 이산 모델은 오랫동안 실행된 노동 수출/금전

3) *The Oxford English Dictionary*, 온라인판. "밖으로"를 의미하는 "e"나 "안으로"를 의미하는 "in/im"과 같은 접두어가 없는 "Migrate"는 영구적인지가 불분명하다. 중국어의 동의어에는 僑(고향을 잠시 떠나 사는 것)나 移(타동사와 자동사로서 이동하는 것)가 있는데, 移는 移民(사람을 이동시키거나 남아 있으려는 의지가 있든 없든 이동한 사람)에서 사용된 글자와 같다. 좁은 의미로 僑는 해외에 살지만 중국 국적을 유지하는 것이다.

4) 양적인 규모는 많은 수가 귀향했음을 보여 준다. 스기하라 가오루의 (왕조시대 해관과 다른 행정 문서로부터 얻은) 수치에 따르면, 1890년에 5만 4,000명이 샤먼 항에서 출국하여 동남아시아로 떠났는데, 같은 해에 3만 6,000명(100단위 반올림)이 동남아시아로부터 입국하였다. 1900년에는 그 수치가 각각 9만 400명과 2만 6,200명이었다. 샤먼 · 산터오 · 홍콩 세 항구를 합산한 스기하라의 합계는 유출(1869~1939) 1470만 명, 유입(1873~1939) 1160만 명이었다.

310만 명이 차이가 나는 것은 아마도 정착할 정도로 오래 체류하거나 죽은 사람들이 있기 때문일 것이다. 당연히 (내공황과 같은) 많은 우연적 요소가 유출 · 유입 양쪽의 흐름에 영향을 끼쳤다. 우리는 출국과 입국에서 중복된 수치가 대강 누락되었다는 것을 알 수 있다. 스기하라의 연구에서 그러한 수치와 같은 것들은 "디아스포라" 모델에 의문을 제기한다. 그 모델에서는 회랑처럼 연결된 국가 간 생활과 노동 방식이 하나의 규범이고, 유연한 노동 분배가 선호된다.

송금의 모습을 띠고 있다. 우리는 그 모델에서 이주민들과 그의 고향 공동체(僑鄕-"체류자의 고향") 사이에 지속적인 연계를 상정하는 **노동분배 제도**를 보게 된다. 문제의 핵심은 **분리 거주**가 아니라 **연계**이다. 많은 중국인들이 국외에서 제2의 고향을 이루어 냈지만, 이주 전후에 나타났던 중요한 의미를 축소시키지 않았다. 대부분의 중국인들은 확실히 "중국과 결별하기" 보다는 노동자와 가족들 사이의 끈이 연결되는 공간의 규모를 확장하였다. 비록 이러한 일반화가 모든 시기와 모든 사회 계급에 적용되지는 않을지라도, 나는 생계나 탄압 때문에 어쩔 수 없이 고향을 탈출하고 가족의 근거지를 영원히 외국으로 옮긴 사람들이라는 시각이 아니라, 좀 다른 맥락 속에서 중국인 이민을 이해할 것을 제안한다.

끝으로, 이민은 중국의 근대 역사와 뗄 수 없는 관계에 있었다. 왕조를 무너뜨린 혁명은 부분적으로 해외 중국인들 사이에서 만들어졌고 결정적인 순간에 지지를 받았다. 1500년대 이래 중국의 경제성장은 그들의 활동으로 촉진되었다. 그 대신에 중국의 정치와 경제—특히 근대 국민국가를 건설하는 것에 대한 개혁적이고 혁명적인 접근—는 해외 중국인들의 삶에(늘 유익하지는 않았더라도) 상당한 영향을 끼쳤다. 그리고 다양한 중국의 국가 체제(개방 혹은 독립)는 외부 세계 어디에서나 국외 중국인들의 공동체에 영향을 주었다. 적어도 1500년대 이후를 이해하는 데, 나는 이민이 빠진 중국사도 중국사가 빠진 이민도 적절한 연구 방식이 아니라고 본다.

제1장

해상 팽창과 중국인 이주

콜럼버스의 아메리카 원정 직후, 두 강력한 문명으로부터 온 진취적인 남자들이 동남아시아에서 만났고 세계무역에서 일종의 동업을 시작하였다. 동남아시아의 상업에 오랫동안 간여해 왔던 중국 상인들은 이제 유럽 식민주의자들과 동업을 하게 되었는데, 그것은 근대 세계시장으로 향하는 결정적인 발걸음이었던 것으로 밝혀졌다. 유럽인들은 유럽 · 아프리카 · 아시아 그리고 신대륙을 잇는 항해에 나섰다. 중국인 이민자들은 그 항해의 결과인 상업 체계와 뗄 수 없는 관계를 하고 있었다.

유럽과 중국 문명의 해상 팽창에는 결정적인 차이가 있었다. 유럽 국가들은 수세기 동안 서로 전쟁을 하는 과정에서 향상된 호전적인 기량을 갖고 있었다. 그들은 동남아시아의 향신료를 얻으려고 동남아시아로 무장한 원정대를 보냈고, 비단과 도자기를 얻으려고 중국으로도 보냈다. 그리고 이베리아 반도에 있던 가톨릭 왕국들의 경우는 구제할 영혼들을 찾아서 원정대를 보냈다. 탐험가이면서 상인이었던 유럽인들은 자국 정부의 탐욕이나 열정에 의해 자극을 받았는데, 그들은 무력으로 무역항을 세웠다. 그와 반대로 중국 상인들은 위험을 무릅쓰고 동남아시아로 뛰어들었고 자국 정부의 지원을 거의 받지 못하였다. 당시 중국 정부는 해상무역을 공개적으로 반대하지 않았을 뿐이고 마지못해 그것을 묵인하고 있었다. 하지만 마지막 두 개의 왕조였던 명(1368~1644) · 청(1644~1911) 시기 동안 중국 내의 경제 · 사회적 변화는 해상무역이나 그것에 동반되는 이민의 측면에서 강력한 압력들을 만들어 내고 있었다. 그 압력들은 정부가 더욱 실용적인 태도를 취하도록 자극하였다. 국가의 이해관계와 사회적 역동성 사이의 상호작용이 5세기에 걸쳐 중국인 이민의 형태를 만들고 있었다.

근대 초기 중국과 세계경제

1400년 이후 2세기 동안 왕조의 정책과 상인의 사업은 동남아시아의 역사를 바꾸었다. 명나라 영락제는 찬탈자였기에 위신과 정통성을 갈망하였는데, 그는 일곱 차례에 걸쳐 대항해 원정대(1405~1431)를 파견하였고 총병總兵 정화鄭和에게 지휘하도록 하였다.[1] 수천 명의 선원이 탄 무장 선박들이 동남아시아의 바다를 항해하였고, 그다음 서쪽으로 인도양을 지나 페르시아의 걸프 만까지 도달하였다. 외국의 통치자들에게 경외심을 갖게 하고 그 나라들을 중국의 조공국으로 만드는 것이 주요한 목적이었다. 하지만 역사적으로 더 중요한 것은 선박에 탔던 사람들이 가지고 돌아온 무역로와 잠재적인 시장에 관한 지식이었다. 이민은 무역로를 따라 이뤄지기 때문에 명나라의 대규모 원정대는 근대 중국이민사에서 선구자로 여겨

1) Wang (1991), 41-78.

질 수도 있다. 하지만 북쪽으로부터 몽골의 침략을 당하자, 1430년대 명나라 조정은 바다에 등을 돌렸고 해군 계획을 포기하였으며, 중국의 상인-해운입자에 의한 사적인 해상무역을 지속해서 금지하려 하였다. 그러나 원정대가 고향으로 가지고 돌아온 정보는 해안 지역 상인들의 관심을 촉발시켰고 해금은 대체로 지켜지지 않았다.

베이징의 조정은 사적인 해상무역을 금지하였다. 왜냐하면 조정은 외국인들과의 자유로운 접촉이 왕조에 대한 반역을 야기할 수도 있다고 두려워하였기 때문이다. 해안 지역은 그들에게 해적질 · 밀수 · 무질서 등으로 가득 차서 위험한 변방처럼 보였고, 실제로 그러던 때도 있었다. 1368년 건국 이래 명나라 조정은 의례적인 우위를 확인받음으로써 동남아시아와의 관계를 통제하려 했다. 외국의 통지사들은 정기적인 "조공 사절"을 통해 중국을 종주국으로 인정해야 했고, 무역은 그러한 틀 속에서 진행될 수 있었다. 그렇게 함으로써 황제의 위신과 국가의 이익이 지켜지고, 안보의 위협 요소들이 해안에서 문제를 일으키는 일이 멈춰지게 하려 하였다.

이러한 조정의 결정은 곧바로 명청 시대late imperial 중국으로 하여금 가장 모순적인 현상에 직면하게 만들었다. 조정은 더욱 전제적이 되어 가고 있었던 반면에, 사회는 더욱 복잡하고 역동적이 되어 가고 있었다. 통치 엘리트 내부의 전제주의는 강화되고 있었다. 그러나 사람들의 공간적 · 사회적 유동성이 증가함에 따라 상업의 힘은 그들로 하여금 그들을 통치하는 국가로부터 떨어져 나와서 성장하게 만들었다. 해외무역에 찬성하는 압력이 증가하면서 무역 금지령이 맞이하게 되는 운명은 하나의 적절한 사례이다.

중국의 국내 경제성장을 고려했을 때, 사적인 해상 사업이 다시 등장하는 데 오랜 시간이 걸릴 리가 없었다. 이미 1400년대 말이 되면서 "유력한 가문들이 대형 선박으로 해상에서 무역을 하였다. 무법자들이 그 과정에서 비밀리에 이익을 얻었다." 이것은 정치적으로 적절한 관점에서 나온 당시의 기록으로 보이지만, 관리들은 1500년대 중반까지 은밀한 무역을 근절하지도 세금을 부과할 수도 없었다. 남부 성省들의 "많은 명문 종족들"이 그러한 무역에 간여하고 있었다.[2] 해안을 따라 이뤄지던 밀수와 해적질은 무역 금지령의 자연스런 결과였다. 성 관리와 지역 엘리트들은 해안 지역 성들의 번영이 해상무역에 달려 있다는 사실을 알고 있었고, 비공식적인 해상 이익 단체로서 행동하였으며, 1567년에는 무역 금지령을 뒤집는 데 성공하였다. 그 뒤 동남아시아 항구들과의 무역이 활발해졌다. 사적인 해상운송은 정식으로 등록되었고 세금이 부과되었다. 하지만 무역은 너무 빠르게 확대되어서 관청의 세금 징수인들이 제때에 일을 처리하기 어려울 정도였다. 1644년, 만주인들은 중국의 북쪽 지역부터 정복하였고 청清('맑다' 라는 뜻)이라고 알려진 왕조를 세웠다. 그들은 통치 초기의 수십 년 동안 다시 해상무역을 (심지어 해안 거주까지도) 금지하였고 이따금 무역 금지령을 내렸다. 1727년, 청나라는 상당히 안전하다고 느끼게 됨에 따라 마침내 무역 금지령을 해제하였는데, 이로써 해안 지역의 해상 이익 단체는 작으나마 승리를 얻은 것으로 여겨질 수 있었고, 국가의 이민 통제력은 그만큼 약화되었다.[3]

중국은 은을 향한 갈망 때문에 외부 세계와 교역에 나서게 되었다. 16세기 무렵, 동전과 은량 둘 다 남부의 성들에서 통용되고 있었다. 은량은 원거리 교역과 세금 납부를 위한 통화였고, 반면에 동전은 백성들이 일상생활에서 사용하던 것으로 지역의 소액 거래를 위한 통화였다. 하지만 중국 경제가 팽창함에 따라 중국은 자국에서 생산되는 것보다 많은 은을 필요

2) Yu (1991), 107.

3) Zhuang (1989), chaps.3 and 4.

로 하였다. 국가에 의해 수입되거나 생산되지 않았고, 주로 상인들에 의해 수입되어 유통되었던 은량은 국가의 통제 밖에 있던 통화였다. 대량의 은이 해상무역을 통해 비단 · 도자기 · 차 등과 같은 중국 제품들과 교환되어 중국으로 들어왔는데, 은은 16세기에 성장하고 있던 경제의 핵심이면서 왕조 재정체계의 기반이었다. 정부의 통제에서 벗어나 있었을 뿐만 아니라 외국무역에 좌우되고 있었던 통화에 대한 의존은 상업이 정부 규제로부터 점차 독립하는 데 한 걸음 더 나아간 일이었다.[4]

동남아시아 무대

역사적으로, 동남아시아는 줄곧 다양한 종교와 문화가 만나고 무역이 진행되는 장소였다.[5] 인도에서 온 불교와 힌두교는 둘 다 토속신앙과 결합하여 통치자들과 그들의 궁정을 위한 주요한 버팀목이 되었고, 시골의 사찰과 수도원들을 통해 일반인들에게 널리 퍼져 나갔다. 이러한 외래 종교들은 서력기원 이후 초기 수백 년 동안 동남아시아의 육로와 해로를 통해 널리 확산되었다. 1200년대 말부터 이슬람교는 중동으로부터 인도를 거쳐서 주로 인도양의 해상무역과 가장 긴밀한 관계에 있던 동남아시아(말레이 반도 · 수마트라 · 자바 등)의 지역들로 퍼져 나갔다. 외국에서 유래된 종교들과 토착 전통들이 뒤섞여서 종교에 생기 넘치는 세계주의를 제공하였다.

동남아시아의 세계주의에 공헌한 것은 국제무역이었다. 동남아시아 왕

4) Lin (2006), chap.1.

5) 편의를 위해 동남아시아는 미얀마 · 타이 · 라오스 · 캄보디아 · 베트남 · 말레이시아 · 싱가포르 · 브루나이 · 인도네시아 · 필리핀 등 현재 존재하는 국가들에 의해 정의될 수 있을 것이다. "동남아시아"라는 용어(식민지 시대 이후 국가들의 이름과 함께)는 서양인들에 의해 만들어졌다.

국의 통치자들은 자신들의 수입을 해상무역에 의존하였다. 그들은 대양 항구에서 진행되던 무역을 관리하고 관세를 부과하는 데 토착 상인보다 외국 상인들을 더 선호하였는데, 한편으로 그들이 왕국 안 부유한 엘리트들의 자신에 대한 도전을 두려워하였기 때문이었고, 다른 한편으로 외국 상인들이 자국과 문화적 상업적 유대를 통해 수익성 있는 무역을 진행하였기 때문이었다. 세금dues을 걷고 질서를 유지하기 위하여 항구에 외국인 단속원이 임명되었는데, 그들은 대체로 특정 항구를 빈번하게 다니는 주요한 무역국을 대표하였다. 이러한 핵심적인 중개인으로서 샤반다르syahbandar들은 그들의 외국인 후원자들이 활동하던 곳과 그들의 고국이라는 두 영역의 경계 사이에서 사업을 하였다. 그들은 두 방향의 끝에서 균형을 유지함으로써 부를 축적하였다. 즉, 상대방의 힘을 이용하고 양쪽에 속할 수 있는 자신의 정체성을 통해 이익을 끌어올렸던 것이다.[6] 중국 상인들은 경계인의 지위에 있던 다국적 무역상들 사이에 존재하였다. 1400년대 초 이래, 지역 통치자들은 명나라와의 관계를 다루는 데 그러한 중국인들이 가진 중개인으로서의 가치를 인정하였다. 당시 명나라의 조공 체계는 지역 내에서 그들의 부와 지위를 향상시켰다.[7] 유럽인들이 등장한 뒤에도 그러한 지위는 압도적으로 중국인들에 의해 채워졌다.

유럽 식민주의자들은 동남아시아의 향신료, 중국의 비단과 도자기 무역을 통제하려 하였다. 포르투갈은 1517년부터 말라카의 새로운 기지에서 중국의 남부 해안 지역으로 진출하였고, 1550년대가 되면 주장 강[珠江] 하구에 마카오 항이라는 식민지를 건설하였는데, 그곳은 일본 은의 수출입항이 되었다. 16세기 중엽 이래 일본은 중국에게 은의 주요한 공급원이었

---

6) "경계 사이에서 …… 균형을 유지하였다"는 표현은 Mehretu et al. (2000)의 그것과는 다른 맥락에서 사용되었다.

7) Tarling (1992), 1:421; Reid (1993), 120; Reid (1996a), 26-28.

지만, 1600년대 말이 되면 자국의 은 수출을 제한하기 시작하였다. 그 뒤에 신대륙이 은의 주요 공급원이 되었다.

1571년, 스페인 사람들이 마닐라에 요새화된 무역항을 건설하였다. 마닐라에는 이미 소수의 중국인 무역업자들이 존재하였다. 16세기 말, 마닐라는 신대륙의 스페인 식민지들로부터 이어지는 바닷길 위에서 화물을 옮겨 싣던 환적항이 되었다. 마닐라까지, 푸젠 성의 샤먼을 출발한 중국 정크선들이 비단과 도자기를 싣고 와서 멕시코 은과 교환하였다. 스페인의 갤리언선들은 귀중품을 싣고 아카풀코Acapulco로 돌아갔고, 그곳에서 귀중품이 다시 유럽의 시장으로 옮겨졌다. 한편 중국의 정크선들은 멕시코 은화를 싣고 귀국하였다. 네덜란드와 포르투갈의 해운업자들도 유럽과 인도를 거쳐 중국으로 멕시코 은을 가져갔다. 멕시코 은의 중국 유입량은 1775년이 되면 일본 은을 초과하게 되었고, 그리하여 중국은 신대륙과 동남아시아에 있던 유럽의 식민지항을 거쳐서 유럽 시장까지 연결되었다. 유럽의 식민지항으로부터 중국으로 수입된 은의 대부분은 중국 선박에 실렸다. 은 수입은 이익과 위험을 동시에 가져다주었다. 팽창하고 있던 국내 교역에 필요한 통화였던 은의 공급을 늘리는 일은 필수적이었다. 근대 이민의 원동력이 되었던 사회적 변화들은 은이 없었다면 가능할 수 없었을 것이다. 위험이란 외국 은의 공급량이 심하게 요동친다는 점이었다. 세계 시장에서 은의 부족이나 무역역조, 혹은 둘 다 중국 국내 교역을 질식시키고 재정 체계를 위태롭게 할 수 있었다. 왜냐하면 당시 중국의 교역과 재정은 은과 동전 사이의 상당히 안정적인 교환 비율에 의존하고 있었기 때문이다. 세계시장은 위험스런 장소였지만, 이민이 근대 시기로 접어듦에 따라 중국은 좋든 나쁘든 그 시장과 단단하게 맞물려 있었다.

동남아시아의 유럽 식민지까지 중국의 해운 활동이 확대되는 것은 중국인 이민의 전제 조건이었다. 중국이 사치품과 은을 교환함으로써 세계

시장과 연결됨에 따라, 무역을 위해 점점 더 많은 등나무 돛의 중국 정크선이 남동부 해안으로부터 동남아시아의 무역로로 나아가게 되었다. 현지에서 체류하는 중국 상인들은 점점 더 많아졌고 지역도 확대되었다. 특히 1680년대 이후엔 더욱 그러하였다. 남중국의 무역에 대한 관심이 팽창하면서 해운 정크선들은 마닐라와 바타비아(자카르타)와 같은 식민지항으로 승객들을 실어 나르기 시작하였다. 그리하여 해운 교두보들은 전 계급의 중국인 이주민들에게 사람 많은 고국을 벗어나서 직업과 기회를 찾을 수 있는 길이 되었다.

이민자들을 위한 발판: 변화하는 사회

근대 이민 역사의 초기 단계에 중국은 외부 세계와의 협력 관계를 천천히 발전시키고 있었다. 중국의 상업화되고 있던 경제는 외국무역에 의해 뒷받침되었고, 그 결과 상업은 농촌 사회가 지속해서 늘어나고 있던 인구를 부양할 수 있게 만들었다. 1인당 토지 면적이 더욱 축소됨에 따라 이주는 가족의 생존을 위한 몇 가지 전략 중 하나가 되었다. (국내와 국외 양쪽의) 이주민에는 노동자와 체류 상인들이 포함되었다. 해외로 나간 사람들은 동남아시아에 지속해서 거주 집단을 형성하여 서양 식민주의자들과 수입에 굶주린 현지 군주들의 핵심적인 조력자가 됨으로써 중국의 외국무역을 발전시키고 뒷받침하였다.

중국·유럽·동남아시아 경제에서 나타난 상승작용은 근대 역사의 중심 주제였고, 중국이 해외로 팽창하는 형태, 즉 이민의 토대를 만들어 왔다. 16세기부터 19세기 초까지 중국과 외부 세계의 관계는 이른바 "점진적인 단계"에 놓여 있었고, 중국 사회에 대한 영향은 느리게 증가하고 있었다. 1780년대 초의 사건들은 중국의 대외 관계를 "급진적인 단계"로 이동하게 하였는데, 그 단계는 영국과의 교역이 급속히 팽창한 것에서 시작되어 제국주의의 첫 번째 쐐기인 아편 무역에 의해 중국 경제가 붕괴되면서 정점에 이르렀다.

중국 근대 이민의 역사는 명청 시대의 사회적 전환에서 시작되었다. 1400년대 중반 무렵 명 초의 엄격한 세역 제도가 붕괴되면서 가구들이 더 자유롭게 이동하고, 토지를 매매하고, 자신의 직업을 선택할 수 있게 되었다. 국가를 위한 의무 노역은 점차 금납화되었다. 은량은 세금을 납부하기 위한 통화가 되었을 뿐만 아니라, 특히 해안의 성들에서 민간 상업의 팽창을 뒷받침하였다. 농촌 시장의 네트워크는 더 촘촘해졌고 도시 중심지들의 경제는 더욱 역동적이 되었다. 더 안전하고 우아한 삶을 즐기기 위해 도시로 옮겨 간 부유한 지주들이 바로 성장하는 소비 시장의 상층부에 있었다. 늘어나는 화폐 공급은 지역 사이의 무역을 촉진하였다. 원면이나 견사와 같은 환금작물은 한 지역에서 재배되어 수백 마일 떨어진 도시 중심지들에서 직물로 가공되었다. 내륙의 농촌에서 농민들의 삶은 지역 시장들과 더 단단하게 연결되었다.

화폐 공급이 중국 국내의 경제 팽창에서 유일한 요소는 아니었다. 외국 무역을 통해 소개된 신대륙의 농작물들(감자 · 땅콩 · 담배 · 옥수수)은 늘어나는 인구를 부양하였고 생산량을 증대시켰다. 그것들은 관개되지 않은 토양에서도 재배될 수 있었기 때문에 토지가 부족한 가구들은 인구가 팽창함에 따라 구릉으로 된 산간 지역을 경작할 수 있었다. 담배는 수지맞는 환금작물이 되었고, 남아메리카로부터 필리핀을 경유하여 소개된 감자는 농가에서 주식 중 하나가 되었다.[8)]

경제가 다양화되고 확대됨에 따라 인구도 팽창하였다. 인구 증가는 이미 15세기에 탄력을 받고 있었고, 17세기 초에 처음으로 2억 명을 돌파하

8) Ho (1959), chaps.8 and 9.

였다. 그 뒤 수십 년 동안 내전이 이어지고 만주인의 정복이 뒤따르면서 약 40퍼센트 정도 감소하였다. 정복이 마무리되고 나라가 전반적으로 평온해지면서 인구 곡선은 다시 올라갔다. 1700년 무렵 인구는 1억 5000만 명을 회복하였고, 18세기의 거대한 증가를 위한 조건들이 갖춰져 있었다. 1779년이 되면 전체 인구는 2억 7000만 명에 도달하였고, 25년 뒤에는 3억 명을 넘어섰다. 대량 이민의 초창기(1850년대)에 전체 인구는 대략 3억 8000만 명에 도달하였다.[9)]

불어나는 인구는 농경지를 확대하는 데 여념이 없었다. 하지만 인구는 17세기 중반부터 18세기 중반까지 세 배가 되었던 반면, 경작지는 두 배가 되었을 뿐이었다.[10)] 그 사회적 결과는 엄청났다. 1753년과 1812년의 이용 가능한 수치들을 비교해 보면, 1인당 토지는 전반적으로 0.7에이커에서 0.4에이커로 43퍼센트 감소하였다. 지역적 차이는 토지의 부족이 지역에 따라 균등하지 않았다는 것을 의미하였다. 상황이 열악했던 성들은 남부와 동남부 지역에 있었고, 그곳은 해안 가까이 산들이 솟아 있어서 새로운 농지를 만들 여지가 거의 없었다. 푸젠 남부는 이미 해상무역과 해외 이주에 의존하고 있었는데, 특히 토지가 부족하였다. 1766년의 수치를 보면, 푸젠 남부의 1인당 토지가 겨우 0.3에이커 정도였다.(이것은 0.5에이커 정도였던 장쑤나 0.8에이커였던 이웃 광둥과 대비된다.)[11)]

가족의 생존 전략들

농촌의 가구들은 토지 부족에 여러 방식으로 적응하였다. 선호되었던 전략은 도처로 잉여의 남성 노동력을 보내서 일하게 함으로써 경작 기반

9) Ge (1996), 47-50; Skinner (1987).
10) Naquin and Rawski (1987), 24.
11) Guo (1984), 104-105.

을 포기하지 않고 가구의 수입을 유지하는 것이었다. 먼저, 산지를 계단식으로 만들어서 생산 면적을 확대하는 데 노동력을 투자하거나 호수나 강가의 충적지를 개간하는 방법이 있었다. 오늘날 중국의 정리된 농촌 풍경은 수세기에 걸쳐 거대한 노동력이 투입되어 언덕을 평평하게 만든 기념물이다. 다음으로, 시장에 가내 수공품을 파는 방법이 있었다. 최소한의 이윤이라도 얻기 위해 여성과 아이들의 손을 사용하여 실을 뽑고 천을 짜서 내다 팔 옷을 만들었다. 가내 생산은 농촌 시장들의 전국적인 확대와 화폐 공급의 팽창이 필요하였다. 중국 농촌에서 상업이 확대되면서 농가들에서 1에이커당 더 많은 이윤을 가져다주는 담배나 사탕수수 같은 환금작물 재배가 활기를 띠게 되었다.

마지막 적응 전략은 국내든 해외든 이주하는 것이었다. 이주의 가장 일반적인 형태는 남성 노동력의 수출이었다. 가구의 토지가 너무 적어서 남성 노동력을 모두 흡수할 수 없는 상황인데, 임금을 받는 일을 하거나 작은 장사를 하기 위해 그들을 어디로든 보내지 않을 이유가 있을까? 그것은 가구를 붕괴시키는 것이 아니라 오히려 늘어난 자원을 충분히 활용함으로써 가구를 유지하는 방법이었다. 임금을 받는 것은 대지주나 근처의 관급공사를 위해 일한다든지 일을 찾기 위해 근처 도시로 이동하는 것을 의미할 수 있다. 장사는 멜대나 수레에 물건을 싣고 파는 것부터 작은 가게를 운영하는 것이나 장거리를 가로질러 온갖 상품을 거래하는 것까지 다양하였다. 따라서 체류(조만간에 돌아올 생각으로 잠시 집을 떠나 사는 것)는 중국인의 삶에서 일반적인 것이 되었다. 15세기부터 상업 경제가 확대되면서 도시에서는 돈을 벌 수 있는 더 많은 기회가 체류자들에게 제공되었다. 어떤 경우에 남자는 광저우 · 마카오 · 샤먼 등과 같은 해상무역항에서 배를 타고 돈을 벌기 위해 해외로 나갈 수도 있었다. 하지만 1850년대에 대량 이민이 시작된 뒤에도 해외 체류는 확실히 중국 내의 노동력 이동과 비교하였을 때 드문 상태였다.

남성 노동력의 이동과 체류 배후에는 전체 가구가 덜 과밀한 지역으로 이주하는 상황이 존재하였다. 중국의 대규모 이주 시대는 국내의 타 지역 재정착과 함께 시작되었다. 터전을 떠나서 전체 가구가 이주하는 것은 남성 노동력을 밖으로 내보내서 체류하게 하는 것보다 훨씬 단호한 수단이었지만, 그것은 토지 부족이 자신들의 생존을 위협하기 시작할 때 수백만의 가구들이 내렸던 결정이었다. 노동력을 내보내고 가구를 이주하는 전략은 둘 다 중국이 고향을 지키는 사람들의 나라(중국인들이 종종 자신들에게 적용하고 서양인들에게 전달해 온 고정적인 시각)라는 전통적인 이미지를 의심하게 만든다.

비록 가구들은 자신의 기반이 있는 곳을 지키려 하더라도, 그곳을 지키는 것은 역설적으로 가구의 구성원들을 외지로 흩어지게 할 수도 있었다. 하지만 흩어짐이 가구의 붕괴를 의미하지는 않았다. 중국 가족 시스템의 중심에는 그 구성원들이 공간적으로 흩어져 있다고 해서 가산이 위태로워지지 않는다는 원칙이 존재해 왔다. "가산家產, estate household"의 원칙은 모두가 기여하고 모두가 혜택을 입는다는 것이었다. 남성 상속인들은 부친이 죽거나 가구의 재산이 계약(일반적으로 장남의 결혼)에 의해 분배될 때 똑같이 물려받는다. 핵심은 그들이 떨어져 살더라도 고향에 있는 가구에 수입의 일부를 보내는 도덕적 의무를 지고, 동시에 가산의 몫이 시간이나 거리 때문에 줄어들지 않는다는 보장을 받는다는 것이다. 이러한 결합가산家產 시스템은 노동력 내보내기와 그에 뒤따르는 이주에서 필수적인 요소였다.[12)]

그럼에도 불구하고, 고향을 지킨다는 신화는 몇 가지 측면에서 영향력

12) "가산(家產, estate household)"에 대해서는 Cohen (1976)을 참조.

이 있었다. 첫째, 농가들은 수공업에 종사하거나 노동력을 내보낸 경우라도 농촌의 기반을 유지하려 했는데, 그것은 16세기 이래 중국 사회의 상업화가 대규모 도시화를 이끌지 않았음을 의미하였다. 둘째, 그것은 체류자의 자기 고향에 대한 정체성이 그로 하여금 고향 마을과 끈을 유지하게 이끌었을 뿐만 아니라, 우리가 보게 되듯이 국내외의 타지에 있던 체류자들로 하여금 삶(그리고 생계)을 유지해 준 지역 조직들을 형성하게 도와주었다는 것을 의미하였다. 중국 사회의 배타적 지역주의는 이주민들로 하여금 고향으로부터 떨어진 지역 경제에서 틈새를 개척할 수 있게 하였다.

근대 조기 중국 사회의 이주

근대 중국 이민에 대한 연구는 중국의 근대 초기(대략 16세기 중반과 18세기 중반 사이) 보통 중국인들의 경험과 함께 시작된다.[13] 중국이 세계 경제에 더욱 밀접하게 연결되면서 국내 이주와 해상무역이 모두 증가하였다. 그 과정에서 사회제도들은 더욱 유동적인 인구와 더욱 상업화된 경제의 요구에 맞추는 방향으로 발전하고 있었다. 사회적 변화 · 국내 이주 그리고 해외 이주 사이의 연결 관계들은 중국 사회사의 중요한 주제이다.

이민은 인간 이동의 거대한 과정 가운데 하나였지만, 생계를 찾아 중국

13) 중국에서 "근대 초기(Early modern)"라고 하는 것이 "명청 시대(late imperial, 사회와는 별도로 정치 구조를 의미한다)"라고 하는 것보다 더 의미가 있다. "근대 조기"는 시장 발달 · 상업화 · 화폐 구조, 사회적 역할의 변화, 국제경제와의 더 긴밀한 관련 등을 포함한다. "근대 초기"에 대한 사례는 다음에서 가장 설득력 있게 서술되어 있다. David Ownby, "Hui and the early-modern social order", David Ownby and heidhues (1993), 34-67. 이 글에서 나는 근대 초기라고 했을 때 서양식 산업자본주의로 나아가는 것을 살펴보려는 목적으로 사용하지 않는다.

내에서 이주하는 사람들이 이동의 가장 큰 비율을 차지하였다. 이러한 사실은 오늘날의 중국에서도 마찬가지이다. 집단농장이 붕괴하고 국가 통제에서 벗어난 민간 상업이 증가하면서 더 나은 가구 수입을 찾는 국내 이주가 전국에 걸쳐 시작되었다.[14] 동시에 중국인의 이주는 다시 외부 세계로 향하기 시작하였고, 현재 그 대부분은 북아메리카 · 유럽 · 오스트랄라시아Australasia 등을 향하고 있다. 국내 이주는 국외 이주보다 압도적으로 많다. 그것들에 대한 공식적인 통계는 부족한데, 많은 이주민들은 정부의 사건 밖에 있는 것이 이롭기 때문이다. 비록 믿을 만한 통계를 확보하기는 불가능할지라도, 1990년 이민자들에 대한 공식 조사에 따르면 23만 7000명이 해외로 떠났고, 반면에 국내 이주민들은 8000만~1억 명으로 추산되었다.[15]

하지만 핵심은 국 · 내외 이주 사이에 있는 관련성, 즉 두 이동의 결합이 아니라 제도 · 문화적 연결 관계이다. 수많은 동일한 기술 · 관행 · 사회 관습들이 두 가지 이동의 근저에 깔려 있다. 현재 중국 내 이주에 관한 연구들은 "연쇄 이주"의 "고리"를 구성하는 가족과 지역적 연결 관계 같은 익숙한 다음 주제들을 다룬다. (국내외) 이주 문화에서 특정 지역들의 전문화, 상품의 제조와 판매를 위한 특별 틈새시장들에서 특정 지역집단들의 전문화, 그리고 이주 공동체에서 사회적 자본을 생산하고 유지하는 후견인 · 의뢰인의 관계들 등. 이러한 이주 과정의 모든 모습들은 18세기와 마찬가지로 21세기에도 분명하게 보인다. 가구 소득을 극대화하는 방법은 국내든 해외든 그들이 가장 수지맞게 고용될 수 있는 곳으로 사람과 자본을 보내는 것이었다. 그리고 중국 내 이주에 관한 최근의 가장 훌륭한 연

14) Murphy (2002).

15) Murphy (2002), 2; Huang et al. (1998), 20.

구들 중 하나를 주목할 필요가 있다. 그 연구는 역사에서 국내외 지역으로 이주민들을 내보내는 것으로 유명한 송출 공동체sending community, 溫州를 보여 준다.[16] 우리는 제8장에서 이 주제를 다시 다룰 것이다.

이주와 왕조

오랜 세기에 걸쳐 중국의 통치자들은 이주를 이념 · 안보 · 실용주의 등 세 가지 관점으로부터 접근하였다. 그것들 사이의 특별한 균형이 왕조시대부터 현재까지 국가 이민정책의 역사를 썼으며, 그 변동은 사람들의 생명과 재산에 중대한 영향을 끼치고 있다.

이념적 관점

동시대 유럽의 군주들처럼 바다 쪽으로 시선을 두는 대신에 중국의 왕조 통치자들은 국내에서 징세가 가능한 토지로부터 대부분의 부를 추구하였다. 농촌 경제의 잉여에 의존하는 집권화된 영토의 군주들처럼 그들은 안정적인 농본주의를 왕조의 안전과 결부시켰다. 그들은 이름이 등록되고 세금이 부과될 수 있는 기존의 마을들에 백성들이 거주하기를 바랐다. 그들은 상업보다 농사를 중시하였는데, 상업은 인간 이동과 결부되었고 덜 믿음직한 세원으로 보였다. 이러한 재정적 관점은 무역보다는 농업에, 이동하는 상인보다는 정주하는 농민이 도덕적 사회적 우위에 있는 것으로 여기는 이념에 의해 보완되었다. 하지만 그런 이상적인 위계실서는 결코 현실에 가까웠던 적이 없었고, 이론과 실제 사이의 괴리는 근대 초기가 경

16) Zhang (2001).

과하면서 더 벌어졌다.

왕조의 국내 이주에 대한 태도는 일관적이지 않았다. 역사적으로 국가 주도의 이주는 공식 정책에서 중요한 부분이었다. 먼 변방을 수비하고 인구가 적은 개척지를 채우고 말썽꾼들을 잠재우기 위하여 중국의 정권은 수백만을 그들의 고향으로부터 이주시켰다. 사실 오늘날 사용하는 "이주민"이나 "이주移民"의 원래 의미는 "(국가의 명령으로) 사람을 이동시키는 것"이었다. 그러나 공인받지 않은 이주는 국가가 백성들에게 안전한 삶을 제공할 수 없다는 암시나 혼란의 위협으로서 군주를 불안하게 하였다.

옹정제(1723~1735 재위)는 성실한 이성주의자로서 중요한 행정개혁들을 완수하였다. 만주인의 정통성에 대한 도전을 막기 위하여 지식인들을 협박한 것 이외에도, 그는 부친 강희제의 관행을 이어서 일반 백성들에게 유교적 도덕을 주입시켰다. 쓰촨 성의 인구는 만주인의 정복 시기에 크게 감소하였는데, 그 후 베이징은 정책적으로 인구가 적은 지역을 경작하기 위하여 이주를 장려하였다. 1667년부터 40년 동안 약 170만 명이 먼 길을 걸었다. 옹정 연간까지 쓰촨의 경작 가능한 토지에는 대체로 백성들이 채워졌다. 하지만 이주민들은 그치지 않았는데, 그들은 값싼 토지에 "끌려서"가 아니라 가난에 "밀려서" 오고 있었다. 옹정제는 이주를 멈추게 할 수 없을지라도 제한하여야 한다고 확신하게 되었다. 이주민들에게 통행증을 신청하게 했을 뿐만 아니라 새로 도착한 사람들은 상세히 등록되어야 했다. 그리고 옹정제는 이념적 측면을 소홀히 하지 않았고, 자신의 신민들을 아이들처럼 보살피는 인자한 군주로서의 관점을 강조하였다.

공인받지 않은 이주에 대한 상유, 1728[17)]

지난해에 후난 · 후베이 · 광둥 · 광시 등의 성민省民 수만 명이 현지의 흉작으로 쌀값이 오르자 무리를 지어 쓰촨으로 이주하였다고 한다. 이미 쓰촨의 독무督撫에게 명을 내려 그들을 적절히 배치하여 거처할 곳이 없게 하지 말라고 하였다. 하지만 지난해 장시의 작황은 꽤 좋았던 것으로 알고 있다. 후난 · 후베이 · 광둥 등도 흉작은 아니었다. 다만 강가의 토지들은 좀 침수되고 손해가 있었다. 어떻게 그 많은 주민들이 가벼이 고향을 떠날 수 있단 말인가? 이런 상황은 주의 깊게 살펴볼 필요가 있다.

순무들이 올린 주접을 보니 아마도 쓰촨에 경작하지 않는 토지가 많고 쌀이 풍부하여 값이 싸기 때문인 듯하다. 무지한 백성들은 늘 이익만을 추구한다. …… 더구나 교활한 중개인들이 쓰촨은 살기가 편하고 일단 입적入籍되면 부자가 될 수 있다고까지 말한다. 그들은 약간의 돈을 지불하면 가족들을 그곳으로 보내 주겠다고 약속한다. 어리석은 백성들은 그들의 꾐에 넘어간다. 가난한 사람들만이 그들의 술수에 빠지는 것이 아니라, 재산이 있는 사람들도 자신이 가진 것을 팔고서 부를 찾아간다. 이것이 대략적인 문제의 원인이다.

하지만 백성들은 쓰촨의 곡물이 싼 이유가 땅은 넓고 인구는 적기 때문이라는 것을 이해하지 못하고 있다. 만약 타지로부터 많은 사람들이 모두 한 성으로 모여들면, 곡물 공급보다 수요가 많아지게 될 것이다. 그렇게 되면 어떻게 싼값이 이전처럼 지속될 수 있겠는가? 더구나 이주민들의 고향으로부터 쓰촨까지는 천 리 혹은 수천 리나 된다. 백성들이 고향을 등진 채 노인을 부축하고 아이들의 손을 이끌면서 산 넘고 물을 건

17) 『大淸歷朝實錄(雍正朝)』(1964c), 66, 23-25.

넌다. 그들은 어떻게 필요한 여비를 마련할 수 있겠는가? 도중에 곤란한 상황에 부딪히기라도 한다면 도움을 구할 방법도 없다. 그들은 굶주림으로 도적이 되거나 길가의 도랑에 고꾸라지게 될 것이다. 그러한 비극은 어찌 그들 자신의 무모한 행동 때문이 아니겠는가?

촌사람들은 식견이 짧다. 그들은 윗사람들이 깨우쳐 주어야만 이치를 깨달을 수 있다. 지방관들은 그들을 항상 통제하고 시기별로 그들을 깨우쳐 주는 노력을 기울여야 한다. 그들은 그들의 무지함을 계몽하고 그들의 가난을 구제해야 한다. 항상 그들을 어린아이처럼 보호하면서, 관리들은 그들에게 고향에 애착을 갖도록 가르치고, 이주하는 것의 단점을 깨닫게 해 줘야 한다. …… [그런 다음 황제는 지역민들에게 특정한 성들의 황무지를 제공하여 개간할 수 있도록 우대함으로써 황무지를 찾아내는 데 힘을 기울이라고 요구하였다.]

짐은 새벽부터 황혼녘까지 열정적으로 일하고 끊임없이 백성들의 삶을 보살핀다. …… 이제 이 상유를 내리는데, 백성들이 다른 지역에서 생계를 찾는 일을 금지하려는 것이 아니고, 단지 무지한 사람들이 이익을 좇다가 잘못된 말에 현혹되어 기꺼이 고향을 떠나고 이주의 어려움을 감내하려는 상황을 차마 볼 수 없기 때문이다. 백성들은 어디에 살든지 짐의 아이들이다. 만약 그들의 고향에 흉작이 들면 지방관들은 짐의 백성들에 대한 관심을 마음에 생각하여 즉시 상황에 대한 주접을 올려야 할 것이다. 짐은 반드시 [구휼이나 감세를 통해] 그들이 살 수 있도록 충분한 자비를 베풀 것이다. 그들은 불확실한 이익을 위해 타지로 이주할 필요가 없다. 각 독무들은 이 상유를 공포하고 해당 관할 지역의 관리들과 백성들이 잘 알 수 있도록 분명하게 설명하도록 하라.

안보의 관점

비록 공인받지 못한 국내 이주가 안보에 대한 관심을 높였을지라도, 조정은 해외로의 이주를 더 큰 위협으로 받아들였다. 관료들의 생각에 해외 이주는 상인들의 해외무역, 사업을 위한 해외 항구의 체류, 기한이 없는 체재 등을 포함하는 것이었다. 사적인 해외무역이 단정적으로 금지되는 때가 아닐 때조차 조정에서는 해외에 2년 이상(상인들이 해외 항구에서 적당히 사업하는 데 필요한 시간) 머무른 모든 사람들에게 가혹한 처벌을 내렸다. 1727년 옹정제는 "해외를 다니는 대부분의 무역업자들은 법을 지키지 않는 자들이다"라고 경고하였다. 만약 오랫동안 해외에 머무르다가 돌아오려고 한다면, 그들은 "외국인들과 비밀리에 공모하려는 계획을 가지고" 있을 수도 있었다.[18] 이민은 선량한 사람들에 의해서 실행에 옮겨지지 않는 정치적 행위라는 딱지가 붙여졌다.

이런 신념은, 상인에 대한 정형화된 유교의 불신을 반영하는 것 이외에도, 16세기 이래, 그리고 17세기 명청 교체기에 다시 등장한 해안의 불안에 대한 뼈아픈 경험으로부터 유래하였다. 타이완은 먼저 네덜란드 주둔군에 의해 점령되었고, 그 뒤에는 복명을 외치던 정청궁鄭成功(1661년에 네덜란드인을 몰아냄)에 의해 점령되었다. 따라서 타이완과 푸젠의 해안선은 새로 자리 잡은 만주인 정복자에 의해 일급 안보위협지로 여겨졌다. 1656년부터 1683년 정청궁 세력이 청군에 의해 무너질 때까지 동남 해안에 해금령이 내려졌다. 1656년의 상유는 "상인들이 바다로 나가는 것을 금지한다."는 내용이었다. 배를 한 척이라도 출항시킨 관리는 모두 면직되었고 중형을 받았다. 일반인이든 군인이든 적과 식량이나 다른 물품을 거래한 경우에는 기본적으로 육지와 바다 사이의 왕래를 금지한 군법을 적용한

18) 『宮中檔雍正朝奏摺』 8, 836-838.

즉결 처형이 기다리고 있었다. 1661년, 동남 연해 전 지역은 황제의 명령으로 사람이 살 수 없게 되었고, 정청궁 세력에게 물자와 인력 공급을 차단하기 위하여 주민들을 내륙으로 강제 이주시켰다.[19)]

실용적인 관점

비록 16세기와 17세기의 해안 안보위기가 여러 세대 동안 해상 변방에 대한 공식적인 정책에 영향을 주었을지라도, 관료 사회는 여전히 중국 해안의 경제적 현실과 맞닥뜨려야 했다. 해상무역—연해든 원양遠洋이든—은 생존을 위해 지속되었던 것이다. 실용적인 관점은, 위협적이었던 정청궁 세력이 진압되자마자, 1684년에 해금을 철회한 것에서 보인다. 공식적인 주의 사항들에 대한 언급 없이, 강희제는 백성들의 생계를 위하고, 상인들의 이익으로부터 국가 세입을 올리고, 전국에 혜택을 줄 수 있는 푸젠과 광둥을 경제적으로 부유하게 만들기 위하여 해금령이 즉시 철회되어야 한다고 강조하였다. 1684년 그의 상유는 왕조가 실용주의적 관점에서 상업의 사회적 재정적 이익뿐만 아니라, 해안 성들의 역사적 생태 환경과 체제 전반적인 관련성까지도 인식하고 있었음을 보여 준다.

> 만약 이 두 성의 자산이 풍족하고 재부가 막힘없이 흐른다면 모든 성들이 혜택을 받을 것이다. 이익이 나는 상업이 있게 되면 부유한 상인들에게 세금이 부과될 수 있고, 소민小民들은 부담을 지지 않을 것이고, 해안 성들의 군비는 내륙의 성들로부터 자금을 이동시키는 번거로움 없이도 충당될 것이다. 그리하여 국내의 재부가 넘치게 될 것이고, 일반인들은 그것들을 충분히 유지할 수 있을

---

19) Wei (1995), 374. 그럼에도 불구하고, 명나라의 옛 금령처럼 청나라의 그것은 단지 부분적으로 성공했을 뿐이었고, 해상무역의 실질적인 부분은 단순히 불법적인 경로로 바뀌었다. Ng (1983), 53.

것이다. 그러므로 우리는 해상무역의 재개를 명령할 것이다.[20)]

이념적 허식을 떠나서 강희제의 실용주의는 역사학자들에 의해 18세기 중국에서 해상무역과 이민이 확대되는 데 기초가 된 것으로 여겨져 왔다.[21)] 하지만 우리가 다음 장에서 살펴보듯이 이념과 안보는, 이주와 관련된 국가 정책과제로부터 그렇게 쉽게 분리될 수 없었다.

이주의 국가 통제

왕조가 시행 중인 정책이 어떤 것이든 이주는 항상 시스템의 틈을 파고들 수 있는데, 정부 통제가 피상적이기 때문이다. 비록 왕조가 아대륙 규모의 사회를 통치하였을지라도, 전국 구석구석까지 관리하려는 근대국가와 같은 야망을 갖지 않았다. 단일한 법 조항과 행정 시스템이 왕조 내내 제국 전체에 적용되었다. 하지만 왕조의 국가행정 틀은 훨씬 크고 복잡하며 역동적인 사회를 지배하였고, 더 일상적인 공동체 사무들은 지역 엘리트들에게 남겨졌다. 해안 성들에서 이러한 엘리트들은 해상무역에 지속적인 관심을 가졌다.

엘리트들에는 학인scholar literati과 부상富商이 포함되었다. 학인(때때로 서구 저작에서 영국 대지주 계급과 유사성을 가지고 "신사gentry"로 불림)은 과

20) Wei (1995), 378. 1684년 9월 1일 상유. 실용적인 접근에 대한 더 많은 사례들은 만주인의 고향으로 이주를 금지하는 것과 관련하여 등장하였다. 비록 만주인 정체성에 대한 조정의 시각에서 만주가 지닌 성서적, 서의 신비적인 중요성이 종족적 순수성을 위해 주장되었음에도 불구하고, 기아가 발생하는 동안 황제는 한인 농민들이 이주하여 농사를 짓도록 허가하였다. 『歷史檔案』(2001-2)을 참조. 나음에서 재인용. Benjamin Levy, "Famine, ideology, and migration policy towards Manchuria: 1740-1803" (미간행 세미나발표문, Harvard University, 2007, 저자 허가 아래 인용).

21) Blussé (1999), 113.

거 시험에서 학위를 얻었지만 관직을 갖고 있지 않거나 퇴직한 사람들이었다. 정부는 지역 차원의 공무 · 구휼 · 지역 방어 · 교육 등 많은 지역 일을 넘겨주었다. 그들의 힘과 재부는 부분적으로 토지 소유에서 나왔는데, 그렇다고 해도 공무에 대한 관련성과 자격이 더 중요한 부분이기는 하였다. 혈연이나 중개인을 통해서 많은 엘리트들이 상업에 간여하기도 하였다. 그들은 관료 체제로부터 형성된 집단으로서 지역 차원에서 잠재적인 지배층이었는데, 관청 쪽과 관계를 잘 맺었고 지역 사무의 중재자였다.(비록 영국 대지주 계급과 달리 지위가 공식적으로 세습되지 않았을지라도)

농사가 사회적으로 무역보다 더 가치 있다는 틀에 박힌 말은 지역사회의 실제 상황을 반영하기 힘들었다. 그곳에서는 상인들이 영향력을 가졌고 존경받았다. 구휼 · 지역 방어 · 사당 건립 등과 같은 공동체의 과제들에 기여하는 것이 사업적 재부를 사회적 지위로 바꾸는 용인된 방법이었다. 상인들은 자신들을 관리함으로써 지역의 관리에도 참여하였다. 그들은 상인 조합을 통해 가격 조절 · 분쟁 조정 · 사업 예측 등을 함으로써 도시들에서 상업적 삶을 조직하였다. 일부 도시들에서 (공동체 사당들과 같은) 지역 기구를 관리하는 일은 상인 · 학인 · 관리들이 함께 공동관리 엘리트 같은 것을 만들어 내게 하였다.[22] 왕조가 쇠락하고 사회적으로 불안해지는 19세기가 되면, 도시 관리들은 화재 진화와 같은 일부 도시업무를 상인 조합에 위임하였다.[23]

단순히 부유한 자들에 의해 도전받고 있던 학인의 위신과 정부의 권위를 지키기 위하여 상인들의 지위는 이론적으로 낮게 유지되었다. 하지만 그들의 실제 사회적 지위와 힘은 세서 학인 엘리트 바로 밑에 있었다. 공

22) Ng (1983).

23) Rowe (1984).

중을 위하여 기부함으로써 관청의 호감을 일궈 내고 도시의 봉사 활동에 참여함으로써 상인들은 학인·관료들과 함께하였다. 학인들이 자신의 이익을 위하여 거래를 하면 비난받았지만, 그들은 투자를 이끌어 내려고 상인의 대외적인 간판front men과 친척들을 이용할 수 있었고 그렇게 하였다. 그런 투자는 상인이 학인의 지위와 힘을 나누는 또 다른 방식이었다. 관리들은 상업에서 침묵의 동업자로서 역할을 하면서 보호의 대가로 자신들의 이익을 챙겼다. 학인과 상인 가족들 사이의 정략결혼은 두 엘리트 사이의 또 다른 연결 고리였다. 주요 상인들이 지역의 영향력을 휘두르는 데 익숙했다는 것은 놀라운 일이 아니다. 상인들은 어떤 중요한 재정적 임무를 맡기도 하였는데, 특히 염세와 상세는 둘 다 왕조의 재정에서 주요한 원천이었다. 하지만 이러한 점들에서도 다른 점들과 마찬가지로 상인들은 최종적인 힘을 가진 군주와 학인 관료들의 후원에 의존하였다. 나눠 받고 위임된 권위로 자리를 누리는 법을 배우는 일은 중국의 상인들에게 중요한 훈련이었다. 그들 중 일부는 외국 땅, 즉 정치권력이 식민주의자들이나 지역 왕족에게 완전히 장악되었고 자신이 어떤 계급 출신이든 중국인이라면 그러한 권력을 나눌 가능성이 극히 낮은 곳에 있다는 것을 발견하게 될 것이었다. 중국 밖에서 중국인 공동체들의 우두머리는 거의 이민을 떠나지 않는 학인이 아니라 상인이었는데, 그들 중 많은 수는 농민이나 장인 출신이었지만 자존심과 사회적 책임이라는 고대 상업 문화의 도움을 받을 수 있었다.[24)]

지역별 차이도 왕조 전체에 이주 정책을 강제하는 정부의 힘을 제한하였다. 비록 모든 지방관들은 중앙정부에 의해 임명되었을지라도, 그들의 관할 지역들은 삶의 관습·자산·방식 등에서 크게 달랐다. 북중국의 선

24) Yu (1997); Wang (1991), 181-197.

조 농업 지대로부터 습하고 물 사정이 좋은 양쯔 강 일대의 "어미지향魚米之鄕", 동남 연해의 산지로 둘러싸인 해안 성들까지, 중앙집권 국가는 다양한 지역의 관습과 경제에 직면하였다. 특히 남부 해안 성들(저장 · 푸젠 · 광둥)에는 여덟 개의 언어 집단들이 분포하였고, 그중 여섯 개는 서로 통하지 않는 방언이었다. 그리고 그 어떤 집단도 주요 언어였던 한어 사용자들과 쉽게 소통할 수 없었다. 그 지역의 생태적 특징 가운데 하나가 척박한 농경지를 보완하기 위하여 해상 상업에 의존하는 것이었고, 그러한 특수한 생태가 해상무역과 이민에 대한 금지를 강제하기 어렵게 만들었다. 지역 엘리트들은 학인이든 상인이든 민간 해상무역에 그들 자신이 억제할 수 없는 이해관계를 가졌고, 그것을 철저하게 금지하려는 정부의 노력은 결코 전혀 성공적이지 않았다. 그리고 이민은 해상무역과 연결되었기 때문에 정부가 그것을 멈출 수도 없었다. 지역 엘리트들은 그들의 상업적 이익과 공무에 대한 영향력으로 지역단체들이 자신들의 이익을 침해하는 중앙 정책에 저항하는 것을 도왔다. 그 방식은 정책들을 무시하고, 왜곡하고, 때때로 무력화시키는 것이었다. 만약 황제의 관리들이 그들의 명성과 경력을 중시한다면, 그들이 다스리는 성들의 특수한 요구를 무시할 수 없었다.

개별적인 해금령들이 어떤 정책에서 추진되든지, 그 모든 정책들을 끝내 실패하게 만드는 힘이 놓여 있었고, 그것은 무역과 이주를 통해 수입을 얻으려는 가구들의 욕구였다. 역사적으로 인간의 기본욕구를 채우는 물품이 규제를 통해 오래 부정될 수는 없었다. 중국에서 왕조의 소금 전매를 따르지 않는 것은 항상 밀매업자들에게 이득이 되는 틈새 사업이었다. 마찬가지로 밀매 · 암시장 · 이주 등을 무시하거나 심지어 이용하려고 하는 백성들(관리들을 포함)에게도 이득이 되는 틈새들이 있었다. 그 결과, 베이징의 안보나 이념적 우선순위가 어떻게 되든지, 해상무역과 그에 의존하던 이민은 결코 완전히 중지되지 않았다.

이주의 사회구조

1940년대 일본인 사회과학자가 북중국의 한 마을을 방문하여 어떤 농부와 가구 내의 균등 상속이라는 중국 시스템에 대해 인터뷰하였다.[25]

문: 만약에 예를 들어 막내 형이 일을 하러 만주로 가서 200원을 송금하였고 그 돈으로 토지가 구입되었다면, 그것은 누구의 토지인가?

답: 가구의 것이다.

문: 만약 막내 형이 분가하면[그리고 자신의 가구를 이루면], 그 토지가 자신의 것이라고 하면서 가져갈 수 있는가?

답: 그는 그럴 수 없다.

문: 세 명의 형제가 있다고 가정해 보자. 그들 중 장남은 부지런한 일꾼인데 막내는 거의 또는 전혀 일을 하지 않는다. 그런데 분가하기 전에 아버지가 장남이 번 돈으로 토지를 조금 구입하였다. 아버지는 특별히 생각하여 그 토지만은 장남한테 줄까?

답: 나는 그런 경우를 들어 본 적이 없다.

농부는 "공간적으로 확대된 가구"의 도래를 설명하고 있었다. 적어도 지난 5세기나 아마도 그보다 더 오랫동안 중국의 가구들은 공간과 시간이라는 두 연속체 속에서 살아왔다. 공간 연속체는 앞서 기술한 북중국의 가

25) Shiga (1978), 113-114.

구처럼 "함께 거주하는 것"이 반드시 물리적으로 같은 지역에 거주하는 것을 의미하지는 않는다는 것을 뜻하였다. 가구 "안"에서 사는 것(개인의 의무와 기대라는 의미에서)이 100, 1,000 혹은 10,000마일 밖에서 산다는 이유로 어려워지지는 않는다. 그리고 "따로" 사는 것은 동일한 구내에 살지만 따로 주방을 갖는 것을 의미할 수도 있다.

시간 연속체는 모든 남성 상속인들이 오랫동안 의례와 일에 의해 부계에 연결되는 것을 의미하였다. 그들이 조상의 신주에 경의를 표하는 의식("조상숭배")은 윗대 선조들과의 연결을 의미 있게 하고, (그들 사후에 그들 부부의 신주에 대한 경의를 통해) 아랫대 후손들과의 연결도 의미 있게 한다. 일을 통해 세대 사이의 경제적 연결 관계가 구축되고, 각 세대는 유지되며, 그 구성원과 후손을 위한 생계 수단(토지 · 거주 · 상업 토대)이 보존된다.

이러한 중국 가구구조의 두 가지 특징이 이주를 가능하게 만들었고, 집을 떠나서 체류하는 데 물질적 심리적인 지원을 제공하고 대부분의 이주민들이 감내하는 자기희생을 정당하게 만드는 장기적인 실리를 부추겼다. 이주는 그러한 특징들에 의해 촉진되었을 뿐만 아니라, 이주의 대가로 일반적인 생존 전략을 돕는 가구 구조의 발전을 가져왔을 수도 있다.

생존 전략으로서 이주는 중국의 근대 초기에 독특한 적응 행동이었고 오늘날에도 남아 있다. 토지는 부족한데 여전히 증가하는 인구는 그것에 의존하고 있다. 내한성의 영양 많은 신대륙 작물들은 구석진 곳의 불모지까지 유용하게 만들었다. 환금작물들은 일부 지역에서 농민들에게 높은 수익을 가져왔다. 가구의 노동력을 이용하는 새로운 방식도 도움이 되었다. 지역 시장들의 확산이 모든 일손(특히 여성과 아이들)을 방적紡績과 방직紡織 같은 비농업에 집중적으로 이용할 수 있게 만들었다.

이주와 함께 노동력은 남자가 너무 많고 토지는 너무 부족한 가구에게 추가로 팔 수 있는 자원이었다. 수백만 명이 임금을 받는 일을 하기 위하여 집을 떠나서 인접한 시진市鎭, 성 혹은 더 먼 곳으로 갔다. 비숙련자들은 농장 일꾼 · 물품 운반인 혹은 공공 근로자 등의 일감을 알아봤다. (광부 같은) 숙련 노동자들은 장점이 있었고, 많은 이들이 광산을 열고 운영하기 위하여 산지로 들어갔다. 하지만 일을 구하던 사람들이 모두 일을 찾았던 것은 아니었다. 떠돌이 날품팔이나 거지들은 중국 거리의 익숙한 모습이 되었다. 1740년대 무렵 거대한 수의 무직자("수많은 입들excess mouths")이 공공 사업장 근처에 몰려들고 있었고, "그들은 한마디만 소리치면 모이게 만들 수 있었다."[26] 도시들은 직업 시장에서 밀려난 떠돌이들로 넘쳐 났다. 베이징에 있던 어떤 관찰자는 이렇게 기록하였다. "낮에는 밀집한 무리를 이루고 밤이 되면 그들은 어디에 누울지 알지 못한다."[27]

모든 이주민들이 가난했던 것은 아니었고, 토지가 부족하다는 이유로 항상 고향을 떠나지도 않았다. 주요 상인들은 투자와 이윤의 기회를 찾아서 왕조의 주변 지역으로 이동하였다. 상대적으로 가난한 일부 지역들에서는 현지의 기회가 거의 없었기 때문에 사업심이 있는 남자들이 밖으로 나가는 특징을 보여 주었다. 예를 들어, 안후이 성의 산지가 많은 주는 "후이저우 상인들"의 전국망을 갖춘 것으로 유명하였다. 그들은 많은 도시에서 집단 거주지를 가진 전문 이주집단이었다. 산시 성은 자금의 원거리 수송을 전문으로 하던 은행가들을 내보냈다. 사오싱 부는 관청 사무를 보는 서리들을 내보냈다. 먼 지역에서 체류하면서 고향으로 자금을 보내던 상인들은 이주 현장에서 중요한 부분이었다. 남성 노동자의 유출 이외에도 전 가구의 이주가 1700년대에 보편적이었다. 그 무렵, 동시대의 관리들은 중국이 새로운 이주를 경험하고 있다는 것을 인지하였는데, 그것은 사연

26) Guo (1984), 110.

27) Guo (1984), 116(1714년의 한 기록).

재해 · 전쟁 · 정부 탄압이 아니라 토지에 대한 인구압 때문이었다.[28] 상술하였듯이, 쓰촨은 남중국과 중원 곳곳으로부터 이주민들을 끌어들였다. 북동부의 만주는 산둥과 허베이로부터 이주민들을 끌어들였다. 푸젠과 광둥 출신들은 타이완과 하이난 그리고 광시의 강 유역들로 향하였다. 수십만 명이 조밀한 삼각주와 유역들을 떠나 산악으로 이동하였고, 그곳에서 "오두막인(불법 거주자)"로서 고구마와 옥수수를 키우고 임산물을 팔아서 생활하였다.

이 모든 이유들—새로운 기회와 전문 상업활동을 추구하거나 단순히 토지 부족을 보충하려는 것—로 국내 이주는 18세기로 넘어갈 무렵 중국인의 삶에서 익숙한 부분이 되었다. 수백만 명이 이동 중이었다. 1722~1776년 쓰촨의 인구는 230만 명에서 660만 명으로 증가하였고, 그중 약 340만 명은 이주민들이었다. 1776년 무렵 쓰촨은 일곱 성으로부터 온 이주민들로 이루어진 일종의 다언어 사회였다. 세기가 끝날 무렵 쓰촨은 토지가 충분하던 곳에서 부족한 곳으로 기울었다.[29] 남서부 성인 윈난은 19세기 초까지 적어도 130만 명의 농민 이주민들과 100만 명 정도의 광부들을 받아들였다.[30]

중국인 이주민들의 변방 정착은 내륙 아시아의 왕조 정복자들에 의해 신속히 진행되었다. 내몽골과 신장의 광대한 지역이 왕조의 군사적 통제 아래 놓이게 되었고, 북서부의 만주인 고토故土는 정부의 산발적인 금령에도 불구하고 굶주린 농민들을 끌어당겼다. 1776년까지 약 90만 명이 만주의 펑톈 부와 진저우 부에 정착하였다. 1908년 무렵 펑톈(이때는 성으로 바뀜)은 5만 명을 받아들였다.[31] 인구가 적은 또 다른 변방이었던 타이완은

---

28) Guo (1984), 111-112.

29) Cao (1997), 95-104.

30) Cao (1997), 170.

18세기 중반까지 겨우 10만 명이 거주하고 있었다. 한 통계자료를 보면, 1811년 무렵 인구가 190만 명이었다.[32] 변방들이 유일한 장소는 아니었다. 내륙지역의 산지들도 인구가 넘쳐 나던 강 유역과 삼각주들로부터 이주민들을 끌어들였다. 18세기 말까지 중남부 지역의 많은 현들은 인구의 10~20퍼센트가 이주민들이라고 기록하였는데, 아마도 축소된 것 같다.[33] 국내 이주는 신구 정착 집단 사이의 충돌을 낳았고, 적대감이 경제적 경쟁뿐만 아니라 문화적 언어적 차이 때문에 증가하였다. 특히 객가("손님들")라는 방언 집단은 주변의 공동체들과 주기적으로 분쟁을 벌였다.

이러한 거대한 이주 과정에서 남부의 연해 성 출신들은 특별한 역할을 할 운명이었다. 산맥에 의해 내륙과 분리되었던 연해 거주민들의 생존 전략은 내륙이 아니라 바다로 눈을 돌리는 것이었다. 남부와 남동부 해안의 선원 인구는 이주 지형에 특별한 측면을 더하였는데, 그들의 지역무역 시스템은 멀리 바다로 공간 확장성을 가졌다. 그들의 배후지는 중국 해안이나 동남아시아의 무역항을 모두 포함하였다. 해안은 변경이 아니라, 외부와 연결되는 하나의 접점이었다.

방언 집단들의 생태와 그들의 고향

남부와 동남부의 해안 성들은 중국 이민의 중심점이었다.(그리고 지금도 그렇다.) 그 지역은 동남 해안과 링난 대구역이라는 지형학적 구역으로 이뤄졌고, 세 개의 성을 포함하였다.[34] 중국의 지형학적 대구역들은 (스키너

31) Cao (1997), 481-499.

32) Cao (1997), 331. 타이완 정착에 대해서는 다음을 참조. Shepherd (1993), chap.6.

33) Cao (1997), chaps.5-9.

에 의해 드러났듯이) 행정적 경계와 동일한 것이 아니고, 그 대신에 지형과 시장 지역에 의해 정해진다. 그 구역들은 산들에 의해 묶이고 핵심지역과 주변 사이에서 물품이 운반되는 강들에 의해 합쳐진다. 대구역의 경제는 최소 비용이 드는 노선들—대개는 수로—에 의한 물품 운반을 좌우했다. 그 노선들은 강 유역을 따라 내려가고, 대개 강의 합류점이나 삼각주 주위에 있는 상업화된 "핵심" 지역들에서 합쳐진다.[35](지도 1.1, 1.2와 1.3을 참조. 북동부에서 남서부까지 보여 준다.)

비록 대구역들을 통해 문화와 언어를 정확하게 드러낼 수 없을지라도, 상업화된 시장 지역의 핵심들은 혼인권 내부에서 혼인한 인구가 유전자 풀pool을 정하고 지속시키는 것처럼 독특한 방언 집단들을 양성한다. 이러한 점에서 상업은 인간 이동의 반복되는 영역을 통해 문화, 특히 구어에 영향을 준다. 비록 중국인들이 공통의 문자를 공유할지라도 언어의 지역적 구어 표현은 서로 이해할 수 없을 정도로 다를 수 있다. 역사적 지리적 이유 때문에 링난과 동남 해안 대구역들에서 방언 지역들은 특히 다양하다.

이러한 다양성은 이주에 중요하였다. 방언 집단들 내의 응집력은 공동체 결속 · 상호 보호 그리고 상업적 통합을 위한 자산이다. 직업적으로 방언 집단의 구성원들은 경제적 근거지, 본질적으로는 외부인들의 침투를 막는 카르텔을 세울 수 있다. 이러한 길드 같은 상업적 행동 능력은 집단 내의 경쟁을 감소시켜서 특정 상품과 서비스업에서 이익을 유지시킨다. 같은 방언을 쓰는 유대감은 멀리에서도 동향인이라는 것을 확인시켜 주고 사업망을 유용하게 한다. 그리고 방언의 공유는 연쇄 이민의 매개체이다.

방언의 공유는 역사적으로 동향을 뿌리에 두고 있다. 정체성의 제조자

34) 저장 · 푸젠 · 광둥.(장시의 변계 일부가 포함되면 그 성들은 모두 네 개가 될 것이다.)
35) Skinner (1977b), 211-220.

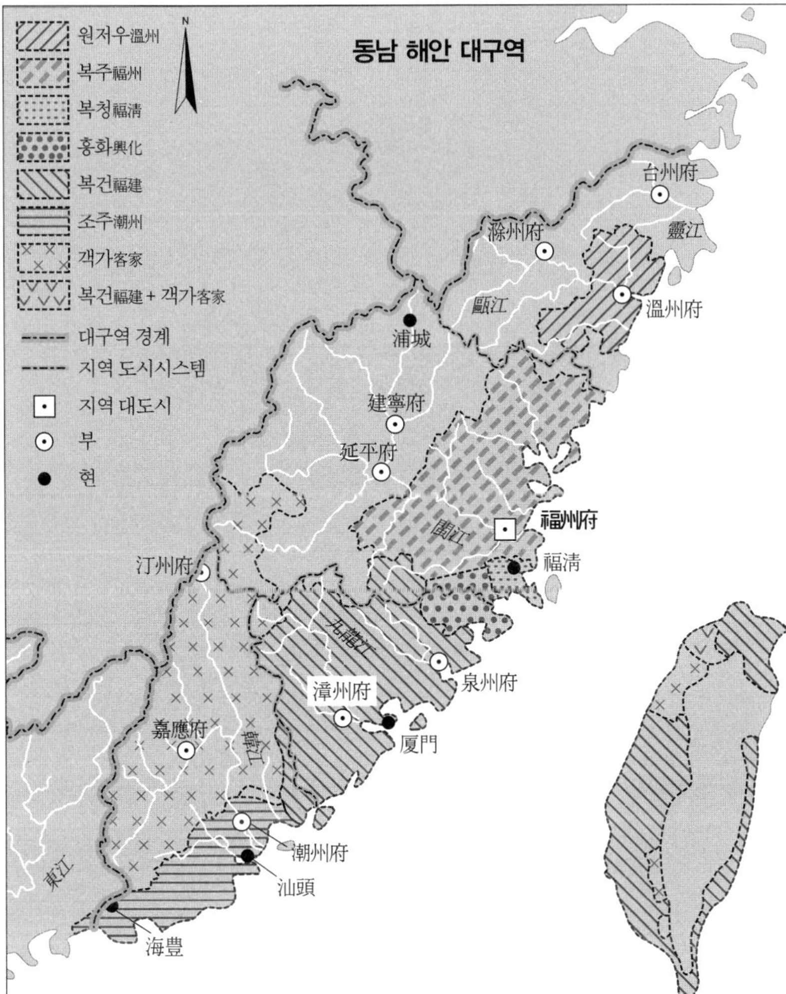

지도 1.1. 동남 해안 대구역 방언군

스키너(1985)와 리 외(1988)를 참조.

로서 방언은 친족·고향을 공유하는 것과 얽혀 있다. 역사적으로 중국인 이주민들은 국가적 친밀감보다는 동향인으로서 친밀감(방언과 고향)을 더 지속적으로 공유해 왔다. 특정한 고향이라는 측면에서 방언은 해외 중국인 공동체의 기본적인 요소였다. 중국인 (국내외) 이주의 역사에서 방언군

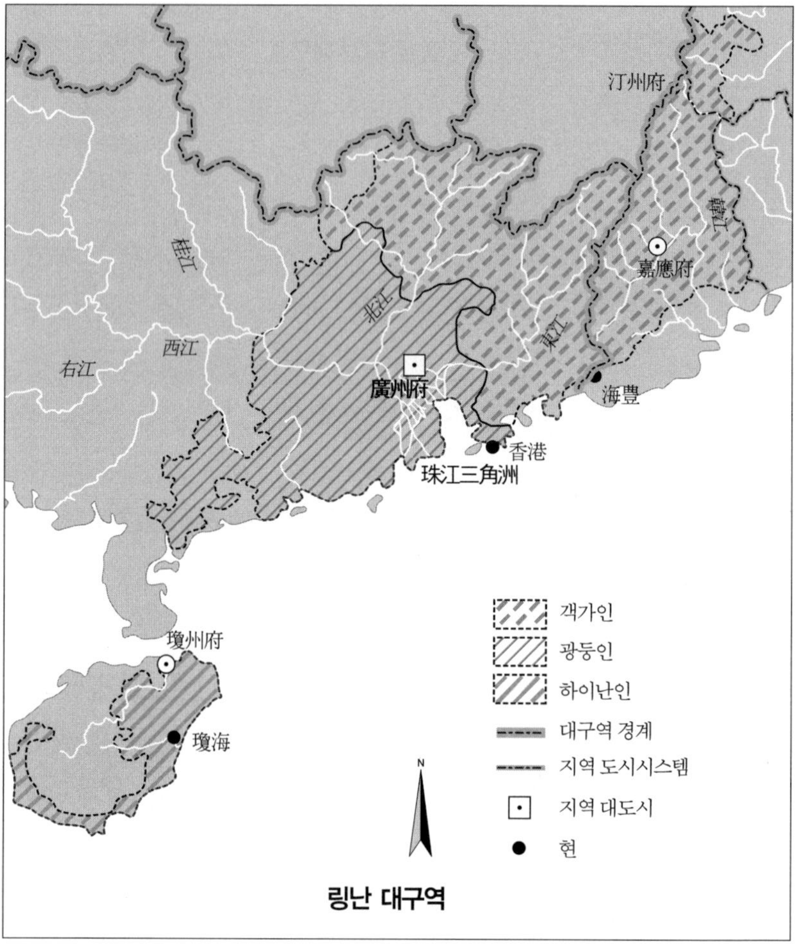

지도 1.2. 링난 대구역 방언군

스키너(1985)와 리 외(1988)를 참조.

은 사회구조 · 지위 자각 · 문화 표현 · 직종 전문화 · 시민 참여 등에서 분명한 자취를 남겼다. 20세기로 넘어갈 때 방언군은 대중 민족주의와 세계적인 상업 통합의 장막에 덮여 버렸다. 덮였다고 하더라도 질식당하지는 않았다. 방언군은 살아남았을 뿐만 아니라 여전히 해외에서 거대한 중국인 협회들을 묶는 데 역할하고 있다.(제8장에서 살펴볼 것이다.) 집단 정체성의 본질로서 방언은 오늘날까지도 공동체 결집과 공동체 간의 경쟁의식을 불러일으키고 있다. 이 모든 이유들 때문에 중국인 이민인구는 전통적으로 그들이 공유하는 방언으로 구분되었고, 그것은 대체로 동질감을 느낄 수 있는 출신지와 관련이 있다.

두 대구역 내에서 이민자들의 누드러진 지리적 원천은 다섯 곳의 상업화된 핵심 부府였고, 그곳들에는 각각의 하구와 항구가 있었다. 지도상에서 북동쪽으로부터 동남쪽 방향으로 훑어보면 이민자의 주요 방언 인구는 다음과 같았다. 1) 원저우인: 저장 성의 원저우 부 주변 지역으로 어우 강 하구 근처 출신. 2) 복주인: 푸저우 항이 있는 푸저우 부 일대의 민장 강 하류 지역 출신. 3) 복건인: 9세기 이래 여러 항구들이 있었고 17세기 중반부터는 샤먼이 자리한 곳으로, 민장 강 남부의 취안저우와 장저우 해안 지역 출신. 4) 조주인: 산터우 항이 있는 광둥 성의 차오저우 부 지역 출신. 5) 광주인(광둥인): 19세기 중반까지 광저우 항이 있었고, 그 뒤에는 급성장한 식민 중계무역항이었던 홍콩이 자리한 곳으로 광저우와 자오칭 부를 포함하는 주장 강 삼각주 출신.

이러한 상업화된 지역 출신의 이민자들 이외에도 더 주변부에 있었던 지역들로부터 떠나온 세 개의 방언집단이 있었는데, 대개 주요한 이민자 집단에 의해 사회적 하층으로 여겨졌다. 그들이 덜 효율적이거나 성공적이지 않은 이민자들이었다는 것을 의미하지 않았지만, 지역단체들의 회합 구조가 고향에서의 과거 지위를 일정하게 반영하기는 하였다. 주변부의 방언집단들로는 먼저 서로 뒤섞인 흥화興化/복칭福淸이 있는데 그곳에는 항구가 없었고, 푸저우와 취안저우의 경계에서 상업이 덜 발전된 복주와 복건 방언 집단 사이에 끼어 있었다. 다음으로 객가는 (자잉과 팅저우 부의) 한수이 강 고지대에 거주하던 사람들로 빈번하게 이주하면서 변경에 거주하였다. 그들은 (광저우와 홍콩 이주민들이 있는) 링난 대구역 전역으로 가기

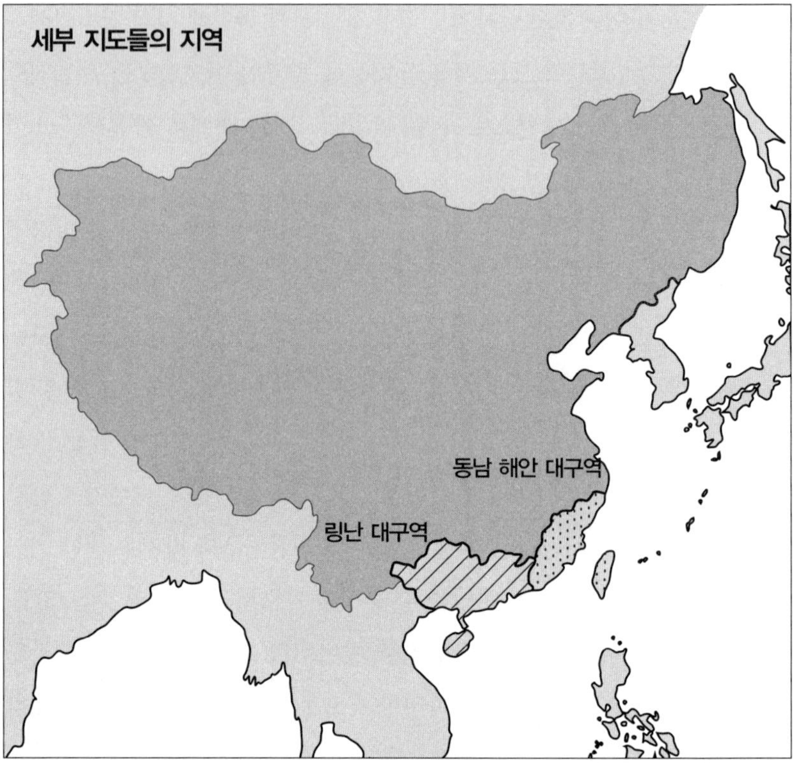

지도 1.3. 세부 지도들의 지역

위하여 정착할 돈을 챙겨 광둥 산터우와 베이징 강·둥장 강의 항구로 몰려갔다. 끝으로 해남海南인은 하이난 섬을 떠나 광둥 해안으로 왔다.[36]

이민자 송출 지역들의 자연적 사회적 생태는 지역민들을 상업·해상사업·이주 등으로 향하게 만드는 경향이 있었다. 이른바 "해상 이해관계"가 척박한 땅과 풍부한 인구로부터 자라났다. 인구 증가와 토지 부족에 대한 적응은 몇 가지 연계 전략을 수반하였다. 그것은 환금작물 재배·수

36) Skinner (1985), 277; Fukuda (1995), 43-45. 방언 지역에 대한 더 상세한 지도는 다음을 참조. Pan (1999)과 Wurm et al. (1998).

공업 · 임금노동 등을 통해 자급 농업을 보완하는 것과 이주민들이 유용하게 이용할 수 있을 정도로 넓은 지역에 상업과 노동력을 보내기 위해 항구의 이점을 이용하는 것이었다. 사실 제니퍼 구쉬만이 지적하였듯이 이처럼 조밀한 산지의 주민들은 "바다에서 일터field"를 창조하고 있었다.[37] 가장 오래된 이주 집단으로서 복건인은 이처럼 특별한 해안 생태의 전형적인 예를 보여 준다.

민난과 복건의 해상 개척자들

구어에서 민난("민장 강의 남쪽")이라고 불리는 푸젠 성 해안 지역은 역사적으로 가장 왕성한 이민의 원천이었다. 1500년대 이래 압력과 기회들이 민난인들을 해상무역과 그에 수반하는 이민으로 나아가게 만들었다. 산맥으로 가로막혀서 내륙 운송의 비용이 너무 높고 힘들었기 때문에 중국의 다른 지역으로 가는 주요한 무역로는 해안선을 따랐다. 그래서 복건인의 경험은 근대 초기 중국 전역에서 목격될 수 있었던 상업적 이동의 해상판version이었다. 그리고 복건 상인들은 고향을 떠나 체류한다는 점에서 후이저우 · 산시 상인들 같은 다른 전문 상인 집단들과 유사하였다. 복건 지역의 항구들은 천 년이 넘게 활기를 띠었고, 17세기 중반 이래 샤먼 항은 무역선의 부두를 갖추었다. 이민과 해상 활동의 장소는 취안저우와 장저우 부라는 두 상업 핵심지로 구성되었다.

수세기 동안 민난은 해상 이해관계와 국가 사이에서 미묘한 균형을 맞추었다. 국가의 지역 관청에는 풍성한 지역경제 내에서 경력을 쌓거나 개인적으로 뇌물을 챙긴 지방관들이 있었고, 그들은 국가의 해상무역과 이민에 대한 규제를 무너뜨리기 위해 공모하였다.(그리고 지금도 그렇다.) 고

37) Cushman (1993).

위 관료들 중에는 몇몇 실용적인 순무들이 있었는데, 후술하듯이 그들은 해상 이해관계를 생각하여 일을 하는 경향이 있었다. 촌락과 작은 시진들의 수준에서 상황은 훨씬 덜 뚜렷하였다. 비록 왕조가 해상무역과 이민을 금지하려고 했더라도, 멈출 수는 없었다. 왕조는 지역의 이해 당사자들인 종족 · 지식인 엘리트 · 상인들과 권력을 공유하였는데, 그들 모두는 대체로 하급 관리들과 공모하여 중앙의 접근을 피하거나 명령을 거부할 수 있었다.

복건인은 다양한 방식으로 그들의 생태에 적응하였다. 민난의 규모가 크고 부유한 종족들은 농업을 크게 능가하는 상업적 이익, 해상무역에 관심을 두었다. 규모가 작고 가난한 종족들은 힘 있는 라이벌들에 의해 눌려서 비싼 임대료를 지불하거나 토지에서 쫓겨나서 고향으로부터 멀리 떨어진 시진에서 생계를 찾았다. 권력자로서 종족들은 부유한 경우 상업 투자를 위한 자금을 만들어 내고 농촌 빈곤층들을 쫓아내는 두 방식으로 이민에 공헌하였다. 가까운 시진들에서 장인 · 소매 · 날품 등을 하게 되는 것은 종종 결국 바다를 건너는 이주의 길에서 첫 단계였다. 가장 가까운 곳이 타이완이었고, 타이완이 아니면 필리핀 · 자바 · 말라야 · 보르네오 · 시암 등이 다음이었다.[38] 가난 때문에 마을에서 밀려난 농민들은 북적거리는 상업 시진들에서 장인이나 노동자가 되었는데, 그곳의 교역은 포르투갈의 마카오를 거쳐 일본으로부터 유입되거나 스페인령 마닐라를 거쳐 신대륙으로부터 유입된 은화에 의해 활발해졌다. 17세기 무렵, 푸젠 남부는 활기찬 상업 사회였고, 그곳의 모든 사회계층 사람들이 교역과 이주를 통해 자신의 가구와 종족을 지원하고 지속시킬 수 있는 방법을 배웠다. 중국 해상운송을 위한 주요 항구로서 샤먼(복건 방언으로 "아모이")이 흥기하

38) Ng (1983), chap.1.

면서 배후지 전체 지역의 상업 발전에 기여하였고, 도시 중심지들로 수많은 농민들을 유인하였다. 민난 인구는 이미 이동의 시야와 범위를 확대하여 마을 단위를 넘어섰다.[39)]

17세기 초부터 시작된 복건인의 이주 경험은 타이완의 정착과 관계가 있었다. 타이완은 토지와 기회를 찾고 있던 농민들을 받아들이는 가장 큰 장소였다. 사실, 타이완의 정착은 1684년 베이징이 해금령을 푼 뒤에 본격적으로 시작되었고, 대체로 복건인의 사업으로서 시작되었다.[40)] 1700년까지 샤먼 근처의 장저우와 취안저우 부에서 신청한 20퍼센트 정도의 사람들이 실제로 타이완으로 이주하였다.[41)] 그와 동시에 더 작은 규모의 사람들이 상업선을 타고 마닐라(요새화된 스페인 항구)와, 네덜란드 파트너였던 자바의 바타비아로 향하고 있었다. 18세기 중엽이 되면, 많은 복건 상인들이 광저우로 이주하여 서양인과의 무역을 허가받은 프랜차이즈 무역 지점[行]을 운영하였다. 복건 방언은 타이완과 남중국해 전역으로 확산되었고, 오늘날 타이베이 · 싱가포르 혹은 방콕에서 복건 방언을 사용하여 택시를 잡을 수 있을 정도이다.[42)]

비록 동남아시아의 복건인이 전 사회 단위를 장악하고 있을지라도, 그들이 오랫동안 해상운송 사업을 통해 얻은 경험의 결과는 대규모 교역과 금융의 장악이었다. 초기 식민지 사회들에서 복건인은 자바의 혼혈 페라나칸Peranakan과 해협식민지Straits Settlements의 바바에게 중국인 조상이 되었고, 그들에 의해 사용되는 뒤섞인 사투리의 중국적 요소를 제공하였다. 국내 이주와 마찬가지로 "체류"는 (귀향을 이상적으로 예측할 수 있는) 상인

39) Ng (1983), 38-41, 213-222.
40) Ng (1983).
41) Ng (1983), 40.
42) Lin (2006), 991.

들, 그리고 아마도 (돌아갈 자금을 결코 확보할 수 없을 수도 있지만) 많은 가난한 노동자와 장인들 사이에서 선호되던 방식이었다.

복건인 이주와 관련하여 우리가 생각해야 할 것이 있다. 당시 사람들의 문화에서 "해외"라는 말이 의미하는 것은 상당히 다른 개념이었다. 광저우로부터 톈진까지 중국 해안의 항구도시들에서 상당한 규모의 복건인 체류자들이 살았고, 그들은 방언에 기반한 협력망을 통해 해상운송과 중계사업을 하였다. 어떤 가구는 국내외의 몇몇 지역으로 구성원들을 보내서 상당한 기간 무역을 할 수도 있었다. 당시 세계는 지금과 달랐지만, 몇몇 측면에서 시대를 앞서 초국가적이었다. 사람들은 사업이 유망하게 보이는 곳으로 국경에 개의치 않고 나아갔다.[43]

광둥인과 주장 강 삼각주의 생태

이민을 위한 발판으로서 삼각주의 지위에 바탕이 된 것은 농촌과 도시의 현들이 환금작물 · 수공업 · 노동력 송출 등에서 상호작용하던 독특한 지역 경제였다. 번영하는 시장들과 물품을 제조하는 시진들은 이미 상당히 상업화된 농업 배후지로부터 가까운 거리에 있었다. 농민들은 지방의 임금노동뿐만 아니라 고향으로부터 다소 먼 곳의 계절노동에도 익숙하였다.

광둥 성의 성도였던 광저우로부터 가장 가까운 지역들은 ("세 현"으로 알려진 판위 · 난하이 · 순더 등) 제조업과 무역의 중심지였다. 포산의 철과 자기 공장들은 수천 명의 노동자들을 주변 농촌지역들로부터 끌어들였다. 계절노동자들이 더 농업 중심적인 타이산 · 옌핑 · 카이핑 · 신후이 등 "네 현"으로부터 수공업 시진들로 왔는데, 네 현은 (비단 · 설탕 · 담배를 포함한) 노동 집약적인 환금작물에 의존하였다. 이러한 지역들의 노동자들은 임금

43) Ng (1983), 96-98; Chia (2006), 531.

노동에 익숙해서 먼 거리를 이동하는 것을 그다지 힘들게 여기지 않았다. 농한기에 수천 명의 소작농들이 순더와 포산의 제조 공장에서의 단기 노동을 위해 먼 거리를 이주하였다.[44] 많은 토지가 (제방을 쌓고 수로를 만들어 바다를 간척한 기다란 들판인) 해안 간척지로 구성되었던 삼각주 농업의 특이한 토지 형태도 특화된 임금노동에 기회를 제공하였다. 부유한 신사가 돈을 냈고, 그런 사업들이 많은 노동자들을 흡수하였다. 노동력 송출에 익숙해져서 주장 강의 가구들은 유연하고 다양화된 경제 전략들을 발전시켰다.[45]

주장 강 삼각주의 농촌 생활은 가구들이 자급 농업과 시장생산을 결합함으로써 어떻게 과잉인구에 적응할 수 있는지를 보여 준다. 환금작물에 지나치게 의존하는 대신에 그들은 그들이 먹을 식량을 위해 계속해서 자기 가구의 책략을 구사하였다. 예를 들어, 제당업은 플랜테이션 시스템보다는 많은 소농을 기반으로 하였다. 소작농들은 가구가 남성 노동력을 밖으로 내보냄으로써 수입을 다양화하는 동안에도 토지와 가족 중심의 농사에 대한 끈을 유지하였다.[46] 계절적 노동 송출이 개별 농가에 기반을 두고 있었던 것과 마찬가지로, 장기 이주도 삼각주 지역의 농촌 생활을 위한 정신적 지주로서 농가를 필요로 하였다. 체류자들의 생활 방식 중심에는 가족이 그들을 의지하고 있다는 것, 그리고 그들이 고향으로 보내는 것은 무엇이든지 가족 자산의 일부가 될 것이고 자신도 그 자산의 주주 중 한 명이라는 사실이 놓여 있었다.

광둥인들은 해외에서 생계를 찾기 위하여 노동력을 송출하던 선동에 의해 잘 무장되었다. 동남아시아를 향한 대량 이민은 광둥인들이 만주인

44) Li et al. (1989), 19-21.

45) Mazumdar (1998), chap. 5; Cao (1997), 517-19; Jiang (1987).

46) Mazumdar (1998), 292-294.

의 정복을 피해 참파와 안남(현재 베트남)에 정착하면서 시작되었다. 하지만 18세기 중반 이전 광저우는 이미 (조공 사절의 선박을 포함한) 외국 선박들에 의해 충분히 무역 이익을 내고 있었기 때문에 남양으로 이민자들을 보내는 데 푸젠의 샤먼이나 다른 항구들보다 처졌다. 따라서 광둥인들은 자신의 해상운송 (그리고 이민자 운송) 산업을 발전시킬 필요가 없었다.[47) 비록 광저우는 중국의 해상운송을 위한 항구라는 점에서만 보면 샤먼에 상대될 수 없었을지라도, 1757년 무렵 광저우는 서양인들의 해상 운송물을 취급하는 유일한 허가받은 항구였다. 그러므로 광둥인은 남중국해로 가는 무역 항로에 더 많이 접근할 수 있었다. 외국인들과의 접촉은 외국 기계들에 익숙하게 만들어 주었고, 일부 광둥인은 그것들을 가지고 기계를 다루고 고치는 것을 익혔는데 그것은 돈이 되는 기술이었다. 그 뒤, 영국인들이 홍콩을 차지하게 되면서 가장 붐비는 해상운송 항구가 될 기회를 얻게 되었다. 그래서 광둥인은 북아메리카 · 오스트랄라시아 그리고 복건인이 덜 가던 곳들에 이민지를 개척할 수 있었고, 19세기 후반이 되면 말레이 반도 정글의 주석 광산으로 몰려들고 있었다.

조주인: 해상운송 · 무역 · 정착

차오저우 부(조주인과 방언 발음이 유사) 주민의 조상들은 푸젠 남부로부터 왔다. 비록 광둥 성에 인접한 곳이기는 할지라도 그들의 방언은 복건어에 가깝다. 차오저우의 사람들은 환금작물(설탕과 인디고)에 숙련된 농민들이었고, 이것은 조주인 이민자들을 동남아시아 전역의 플랜테이션 농업으로 향하게 만들었다.[48)] 해상운송과 무역도 조주인들에게 중요하였는데,

47) Skinner (1957), 40.
48) Parkes (1853).

그들은 조선과 항해에 뛰어났다. 시암(현재 타이)과의 무역은 남중국의 경제에서 필수적이었다. 왜냐하면 그곳으로부터 반드시 수입해야 하는 쌀 때문이었고, 수입은 황제의 칙령에 의해 장려되었다. 17세기 이래 쌀 수입은 조주의 선박에 의해 이뤄졌다. 쌀 무역은 조주상인 체류자들에 의해 발전하고 있던 공동체를 지지하였고, 그들은 시암의 왕 아래에서 왕조의 선박 사업을 운영하는 일을 맡았다. 시암에 살던 조주인의 규모와 지위는 탁신왕(재위 1767~1782)이 통치하는 동안 증가하였다. 탁신왕은 조주인 이주민과 타이 부인 사이에서 태어난 아들이었고, 타이 귀족에게 입양되었다. 중국어와 타이어를 잘하였던 탁신은 조주인 파트너들에게 호의적이었고 그들의 상업적 행정적 재능을 자신의 조정에서 유용하게 사용할 수 있는 지위에 있었다. 탁신은 결국 몰락하였지만 방콕에 있던 조주인의 권력과 재부를 위태롭게 하지 않았다. 그를 계승한 왕들은 방콕에서 조주인들을 후원하고 그들의 이주를 환영하였다.[49] 숫자상 19~20세기 조주인 이민자들은 대체로 빈곤 · 전쟁 · 자연재해 등에 의해 밀려난 가난한 농부 · 장인 · 임금노동자들이었다. 그들의 이민지는 동남아시아 도처에 자리를 잡았는데, 그래도 시암/타이가 선호되는 곳이었다.(오늘날에도 타이의 중국인은 주로 조주인이다.) 산터우가 1860년에 무역항으로 개항되면서 노동자들의 유출은 급격하게 증가하였는데, 대략 2/3정도는 자발적인 이민자였고 나머지는 연기계약 쿨리들이었다.[50] 해외에서 조주인은 플랜테이션 농업(싱가포르와 말라야의 후추 · 갬비어, 시암의 설탕)을 통해 첫 발판을 마련하였다. 하지만 그 뒤에는 (타이에서) 사업과 재정의 최고 영역을 포함한 다양한 직업들로 진출하였다.[51]

49) Skinner (1957), 20-25.

50) Skinner (1957), 45-52, Leng (1999), 48.

51) Skinner (1957, 1958).

객가: 주변부 변방인

국내 이주민들이 대구역의 경계에 있는 산악 고지대를 정리하여 경작하는 데 적응하였을 때, 객가(직역하면 "손님들")는 주변부 방언집단으로서 독특한 문화를 갖고 있었다. 변경 생태환경에서 틈새를 차지한 뒤, 그들은 화전 농사와 함께 채광 · 벌목 · 채석 · 석공 · 금속 세공 · 숯 굽기 등의 일을 하였다. 독특하게도 한인들 중에서 객가 여성들은 전족을 하지 않았고, 그 덕분에 남편을 돕거나 남성들이 타지에 체류하고 있을 경우 혼자서 제 몫을 하는 경작자가 될 수 있었다. 역사에서 그들의 고향은 동남부와 남부의 세 대구역을 나누는 산악 경계에 있었지만, 그들은 일감이 많던 경제성장기에 그들의 정착지를 저지대로 확장하였다. 광둥어를 사용하던 적대적인 이웃들에 직면하였을 때, 그들은 적들에 포위되어 있고 공동체의 자위에 의지해야 안전할 수 있는 소수민족이라고 여겼다.(그리고 꽤 타당하였다.)[52]

변경에서 자란 사람들은 이민자로서 보르네오 서부의 정글처럼 험한 곳에서도 자신을 지킬 수 있었고, 객가(그리고 일부 조주인)는 1750년경 지방의 말레이 술탄의 요청으로 금을 채굴하였으며, 그곳에서 군사 자위대는 생존에 필수적이었다.[53] 공동체의 자위는 객가 공동체들을 더 큰 분쟁으로 이끌기도 하였다. 중국으로 다시 돌아가서, 광시 산간의 지역 군사연맹이 거대한 태평천국 반란(1851~1864)의 핵심이었고, 반란은 지역의 민족 간 대립을 반왕조적인 천년왕국 운동으로 바뀌게 하였다. 태평천국군의 패배, 그리고 광둥어 사용자들과의 지속적인 민족 간 전투는 수만 명의 두 방언집단을 해외로 달아나게 하였다. 광둥인과 객가 동향인들은 말레이 정글

52) Leong (1997).
53) Yuan (2000), 83-85.

에서 주석을 놓고 경쟁하게 되었고, 그곳에서 그들은 곧장 서로 싸움에 들어갔다. 19세기 동안 채굴은 계속해서 객가 노동자들에게, 특히 인도제국과 말레이에서, 중요한 틈새였다. 싱가포르와 같은 해외의 도시에서 객가는 하층으로부터 중하층에 이르는 공예와 서비스 업종에 그들의 유리한 발판을 마련하였다. 예를 들어 (싱가포르에서 실제적인 독점) 전당포 업자 · 장식장 제작자 · 목수 · 벌목꾼 · 톱질꾼 · 대장장이 · 하인 등이 있었다.[54]

해남인: 유쾌하고 억센 개척자들

하이난 섬은 현재 독립된 성이지만 역사적으로 광둥 성의 일부로서 통치되었는데, 그곳의 주민들("해남인" 이나 "회남인")은 전통적으로 더 부유한 이웃들(광둥인 · 조주인 · 복건인)에 의해 사회 하층으로 여겨졌고 주변부 방언집단을 형성하였다. 하지만 그들은 의연하게 선적 처리업자와 농업 전문가로서의 자신들의 모든 기술을 가지고 개척적인 이민자가 되었다. 동남아시아 전역에 체류했던 이 억센 섬사람들은 그들이 가진 선원 · 선박 제작자 · 어부 · 제재업자로서의 장점을 가지고, 또한 (열대 지역 출신으로서) 말라리아에 대한 유전적 저항력을 가지고 시암에서 그들의 독특한 흔적을 남겼다. 그들은 내륙 출신들만큼 유쾌하고 적응력이 있었고, 자본 집약적인 상업 무역에서 높은 지위를 갖고 있던 방언 집단과 경쟁하지 않았다.[55]

복주인: 20세기 이주민들

푸젠 성의 성도(푸저 우) 주변 지역과 그 시장 배후지인 푸젠 북부(민베이, "민상 강의 북쪽")는 농산물이 풍부하고 소출이 많아서 해상무역과 이주의

54) Cheng (1985), 91(1848년 자료); Chua and Tan (1990), 67.
55) Skinner (1957), 85-86.

문화가 부족하였다. 사실, 푸저우는 20세기까지 상대적으로 거의 이주민을 내지 않았다. 대량 이주는 1900년이 되어서야 비로소 시작되었는데, 그해에 차 재배자들은 가뭄과 외국 경쟁자 때문에 힘들었다. 하지만 1901년 이래 복주 방언지역은 두 지역에서 이주의 유명한 원천이 되었다. 처음에는 오늘날 보르네오 북쪽 해안에 있는 사라왁과 말레이시아 동부의 시부지역으로 갔다. 그곳에서 개혁가 · 개척자 · 감리교 목사였던 황나이상(제6장 참조)이 푸저우 농민 1,000명을 데려와서 정착하였고, 영국인 왕, 찰스브룩 경의 후원 아래 토지를 경작하였다. 오늘날까지 시부는 "신new 푸저우"로 불리고, 인구의 60퍼센트 정도가 중국인의 후손이다.[56] 1980년대 이래 그곳에는 더 큰 규모의 두 번째 이주가 있었고, 수만 명이 푸저우 근처 마을과 시진을 떠나 대개 북아메리카로 갔다.(제8장 참조)

흥화인/복청인: 진취적인 후발 주자들

우리는 흥화와 복청 방언 집단을 묶었는데, 그들이 경제적 사회적으로 북쪽에 복주, 남쪽에 복건을 경계로 삼고 있기 때문이다. (싱화부에서 사용되는) 홍화 방언은 복주(푸저우)와 복건(민난) 방언 사용자들이 알아들을 수 없었다. (푸칭 현에서 사용되는) 복청 방언은 복주 방언의 하위 방언이었지만, 푸칭 현의 일부 마을에서는 홍화 방언이 사용되었고 그 나머지 마을에서는 복청 방언이 사용되었다. 복청은 복합적인 문화를 지닌 현이었다.[57] 해남인처럼 이 방언 집단도 더 상업화된 이웃들에 의해 사회적 하층으로 여겨졌지만, 낮은 지위를 이점으로 바꿈으로써 해외에서 번영하였다. 예를 들어, 네덜란드령 동인도에 온 후발 주자로서 일부 가난한 홍화인과 복

---

56) Ye (1995), 20-27; Leung (2002); Chew (1990).

57) Cheng (1985), 22-23.

청인은 높은 지위의 중국인들보다는 원주민들과 더 성공적으로 협력할 수 있었고, 그렇게 해서 (제7장에서 살펴보듯이) 민족주의 혁명 시기에 번영하였다. 일부 인도네시아의 최고 재계지도자들은 이들 집단 출신이다.

원저우인: 뒤늦게 번창하는 이민 공동체

저장 성 해안에 자리 잡고 있어서 원저우의 구어는 양쯔 강 하류 지역과 통하는 우어吳語 집단에 포함된다. 그것은 표준 중국어, 그리고 링난과 동남 해안 지역의 다른 방언들과 서로 통하지 않는다. 비록 원저우 지역이 20세기 중반 이전에 이주민들의 주요한 원천이 아니었을지라도, 그 뒤 그곳에 관한 이야기는 빈곤과 독자적 지역 문화에 의해 형성된 탁월한 융통성과 시의적절한 기회주의를 보여 주었다. 20세기 말에 원저우는 힘 있는 이민자들의 고향으로 떠올랐고, 그곳의 노동력을 국내외로 퍼뜨리고 있다. 우리는 원저우의 유명한 성공담을 제8장에서 살펴볼 것이다. 제8장은 이용 가능한 자원들의 조작, 전통적인 이주 기술, 그리고 노련한 중앙정부의 통제 회피 등이 어떻게 결합되어 중국의 가장 뛰어난 지방 사영기업 모델을 만들어 냈는지 보여 줄 것이다.

적응력: 이민자들의 고향 관행

이민자의 고향들에 박혀 있는 사회적 관행은 해외 체류자들의 필요에 뛰어나게 적용될 수 있는 것이었고, 특히 정통적인 혈연의 상징들은 유연하게 이용되어 비정통적인 관행을 은폐하였다. 마을의 작은 집단이나 약한 종족들은 강력한 종족이웃들을 방어하기 위하여 같은 성씨나 여러 성씨 연맹 아래 함께 연대할 수 있었다. 부계의 정통성(저명한 공동 조상이 있었던 수백 년을 거슬러 올라가는 계보와 공용 사당들)은 비혈연 집합체(예를 들어, 친척이든 아니든 한 현의 조씨 성을 가진 기구들 같은)를 포괄하여 공통의 이익을 얻을 수 있게 하였다. 혹은 여러 성씨들로 된 한 집단은 새로 만들어 낸 전혀 다른 성 아래 함께 연대할 수도 있었다.[58] 친밀한 고향 종족들이 드문 해외에서 같은 성씨 아래 유사 혈연조직들을 만들려는 의지는 공동체의 단결과 생존을 위해 있을 수 있는 일이었다. 그 구성원들이 같은 방언 집단 출신이라고 가정할 경우, 가공의 혈연적 유대는 누구에게도 크게 선호되는 것이 아니었다. 1900년 광둥 출신 개혁가 량치차오가 샌프란시스코의 차이나타운을 방문하였을 때, 그는 12개의 단일 성씨 (정통) 혈연조직들[堂]과 9개의 다중 성씨 "혈연" 조직들을 만났는데, 각각은 정통 종족조직에서 공통적인 상서로운 명칭을 갖고 있었다. 비록 다중성씨 집단들을 (정통 혈연원칙을 버린 것이라서) "상상할 수 없는" 것이라고 할지라도, 량치차오는 작은 성씨들이 대개 큰 성씨들에 의해 억압받기 때문에 그런 일이 생긴 것으로 이해하였다. 그는 그런 관행을 "연방제federalism, 聯邦制"에 비유하였다. 특히 복건인들 사이의 또 다른 관행은 상업과 해외 체류를 직접 결합하는 것이었다. 한 종족 안으로 아들들을 입양하는 것은 남성 후손이 없을 때 조상에 대한 제사를 유지하기 위한 전통적인 방법이었지만, 진짜 상속인은 고향에 머물게 하고 덜 유망한 양자들에게 위험한 해외 항해를 하면서 가업을 유지하게 하는 방법이기도 하였다.[59]

우리는 이주를 위한 고향으로서 동남 해안과 링난 지역의 특별한 생태를 어떻게 더 일반적으로 정리할 수 있을까? 한 요소는 점진적인 인간 이동, 즉 계절적이든 영구적이든 도시에서 일하기 위해 마을을 떠나는 일이었다.[60] 이것은 종종 농업으로부터 소매상이나 장인으로 전환하는 첫 번째 단계에 해당하였고, 그런 직업들은 이주민들이 여러 지역에서 장점을

58) Ng (1983), 37.

59) Ng (1983), 29, 30, 37; Liang (1904), 116-117.

60) Ng (1983), 38.

활용할 수 있는 사회적 역할이었다. 상점 종업원으로부터 상점 주인, 지역 상인 혹은 지역 간의 무역업자로 전환하는 것은 열심히 일한 (그리고 운이 좋은) 이주민들이 성공으로 가는 길이었다. 다른 요소는 방언과 혈연으로 결합된 동향 집단의 강한 응집력이었고, 그 응집력은 먼 타지에서 안전망 · 상호부조 · 사업 협력 등에 도움을 주었다. 그런 동향 집단들은 중국 곳곳에서 발견되었다. (집성촌들에서) 마을과 혈연 사이의 밀접한 유대에도 불구하고 언어의 분열이 심했던 것은 남부와 동남부 해안 지역사회가 강한 특수성을 갖게 하였다. 언어 · 혈연 · 지역적 유대 등에 대한 의존은 좁고 방어적인 경계선에 의해 제한되는 정체성을 만들어 냈다. 마지막 요소는, 간단하게 말해서, 돈과 상업에 일반적으로 친숙하였다는 것이다.

틈새, 통로 그리고 생계

근대 초기 동안 국내 이주의 빨라진 속도는 이주민들에게 생존, 더 나아가 고향으로부터 더 먼 곳에서 번창하기 위한 효율적인 방법들을 찾게 만들었다. 단순히 생존하려는 시도는, 말할 것도 없이 이주 인구의 경쟁력을 높이는 관행들로 이어졌다. 이러한 관행들은 자연히 고향이 같다는 유대 혹은 동향인 의식을 키웠다. 동향인 의식은 우선 고향과의 관계를 유지하게 하였고, 그것은 (새로운 장소에서 직업적 틈새가 보장될 것이라는 생각에서) 이주민의 뒤를 따라온 사람들을 돕고 고향에 송금함으로써 친족에 대한 무거운 도덕적 의무들이 지켜질 수 있게 하였다. 동향인 의식은 안전 · 사업 협력 · 사기 진작 등을 위하여 현지 사회에서 함께 결속하는 것도 의미하였다.

동향인 관계의 이면에는 이주민들이 고향을 영원히 떠나서 정착한 것이 아니라는 가정이 놓여 있었다. 그 대신에 그들은 당분간 떠나서 다른 일터에 "체류하고 있다"고 여겨졌다. 이러한 비영구적이라는 생각은 장기 체류의 수익성, (2세들을 포함하여) 타지의 이주 공동체에서 생겨난 개인적 유대 관계, 그리고 이주민이 부자가 되어 귀향하려는 꿈을 실현하지 못하고 죽을 수도 있는 확률 등을 고려한다면, 때때로 비현실적인 경우가 있었다. 현실적이든 그렇지 않든, 체류한다는 생각은 존재 가치가 있었다. 그것은 이주민들이 제공하는 모든 사업과 사회적 혜택과 함께 이주지에서 동향인의 유대 관계를 강화하였다. 또한 이주 사업이, 새로운 자본과 노동을 끌어들일 수 있는 화교의 고향으로 향하는 통로를 지켜 주었다.

생활 방식으로서 체류는 국내외의 "임시" 거처에서 이주민들을 지원하는 조직을 낳았다. 상인과 지식인들은 친분을 나누고 중요한 서비스를 제공하며 공통의 관심사를 확대하기 위한 중심으로 동향 집합소[會館]를 세웠다. 성씨 협회(대개 전체 종족이 이주하는 경우는 드물었기 때문에 종족 조직을 대체하였다)는 특정 방언 집단의 상호부조와 사교를 위한 클럽이었다. 회관은 동일한 성·지방·현 등 공통점을 기반으로 조직되었다. 같은 방언은 회관의 응집력이 되었다. (사업이나 재미를 위해) 쉽게 말을 걸 수 있는 사람들과 함께한다는 것은 얼마나 즐겁고, 그들에게 줄 수 있는 신뢰의 깊이는 얼마나 될까?[61] 성씨 협회들은 실제와 가상의 혈연에 기반을 두었고, 종종 명칭에 (융춘 탄씨 같은) 특정 고향을 내세웠다.

회관에서 이뤄지는 서비스들은 상징적이기도 하고 실제적이기도 하다. 만약 어떤 남성이 멀리 타향에서 죽는다면 그의 지역 회관은 그를 동향인 무덤에 묻거나 친족들이 영혼의 안식을 위해 장례를 치를 수 있도록 그의 유품을 고향으로 보낼 것이다. 회관은 동향인 여행자들에게 숙소, 공통 관

61) 회관에 대한 문헌은 다음을 참조. Belsky (2005).

심사가 논의되고 고향 소식이 교환되는 사교 모임, 그리고 고향이나 지역의 신령들을 숭배하기 위한 제단 등도 제공하였다.

이러한 동향인 정체성의 조직적 표현은 회원들이 제2의 고향에서 동향인이 아닌 집단들과 협력을 그만두게 하지 않았다. 그들은 고향 유대 관계를 강화함으로써 새로운 지역에 적응하게 된다고 (그리고 더 진전된다고) 장담하였다. 단단한 동향인의 기반만이 체류자에게 새로운 사회에서 자신의 관계들을 확대할 만큼 안전하다는 느낌을 줄 수 있었다.

회관에 필수적이었던 것으로 지역 신령들을 숭배하기 위해 세워진 공동체 제단이 있었다. 그러한 의식들은 이주민들에 의해 무역로를 따라 쉽게 이동되었는데, 그들은 새로운 신전의 향로를 채우기 위해 이전 신전으로부터 향불을 옮겼다. 숭배되던 신은 때때로 특정 무역의 수호성인이기도 하였지만, 신전 숭배의 지역적 정체성은 보통 상당히 단순하였다. 왜냐하면 무역은 흔히 이주민들의 출신 지역을 구별하게 만들었기 때문이었다. 숭배 행위는 이민자들에 의해 계속 이동하였다. 때때로 "하늘의 여제"로 불렸던 여신 마조媽祖는 적절한 사례인데, 그녀는 선원들의 수호자였기 때문에 중국 동남 해안에서 가장 인기 있었다. 따라서 그녀의 신전은 중국인들이 정착한 곳이면 동남아시아 어디에서나 볼 수 있다. 상인 숙소들은 대개 지역의 특정 사찰과 연결되어 있었고, 그것은 동향 의식 · 직업 · 의례 등이 밀접하게 맞물린 영역을 분명하게 보여 주었다.[62]

동향 의식은 이주민들에게 정체성 공유가 주는 편안한 마음 이상을 가져왔다. 그것은 경쟁의 원천이기도 하였다. 타지에서 경제적 틈새를 발견하고 경쟁자들로부터 그것을 지키는 일은 이민 상인과 장인들에게 동향인 의식을 기반으로 한 길드를 형성하고 직업 근거지를 지킬 수 있게 하였다.

62) 마조에 대해서는 다음을 참조: Watson (1985).

국내외를 막론하고 부유한 상인들뿐만 아니라 일반 장인들 사이에서도 직업은 동향인이라는 연줄lines을 따라 분배되었다. 따라서 회관은 직업 길드의 모델이기도 하였다. 18세기 쑤저우의 많은 숙련 노동자들은 근처 성들 출신으로 ("잇따라 이끌려 따라온") 연쇄 이주에 의지하여 동향인들이 소유한 방직이나 제지 공장에서 일을 찾아 대도시로 온 체류자였다. "닝보 은행"은 상하이의 계약 이민자 단체였다. 후이저우 상인들은 양저우에서 소금 사업을 하였고, 복건인은 광저우에서 프랜차이즈 외국무역 대리점[洋行]을 운영하였다. 특정 도시에서 동향 의식과 경제적 틈새가 연계된 것은 많은 원인이 있었다. 역사적 우연들(개별 사업가의 재능이나 특정 상인에게 주어진 관청의 호의)이 그러한 연계를 시작하게 하였을 것이고, 연쇄 이주와 동향인 견습생의 고용 혹은 추가 파트너의 흡수 등이 동향인 집단을 수백이나 수천 명으로 확대시켰던 것 같다. 이민 길드는 자신들과 같은 방언을 쓰는 사람들에게만 무역의 문을 열어 주고 동향인의 노동에 대한 가부장적인 통제와 효율적인 방언 연계망을 통해 카르텔을 보호하려 하였다.[63)]

틈새를 만들고 보호하면서 이주민들은 그들의 고향과 끈을 유지하였는데, 그것은 추가 노동이 필요할 때를 위한 대비였다. 또한 문화 규범 때문이기도 하였다. 즉, 이주 상인은 신참자들의 후원, 친족 송금, 지역 기부 등을 통해 고향의 친족을 돌봐야 했고, 그 일을 소홀히 하면 존경받지 못하게 되었다. 우리가 살펴보았듯이, 이러한 지속적인 접촉이 이주민들로 하여금 해당 도시에서 동향인이 아닌 사람들과 협력하거나 두 문화가 서로 공존하면서 발전하는 것을 가로막지 않았다. 하지만 동향의식 틈새의 유

63) Liu (1981-1982); Ho (1966). Light and Rosenstein (1995)의 제1장은 기업가 정신과 민족성 사이의 관계에 대한 틀을 제공한다. 동남아시아의 비교 자료는 다음을 참조. Mak (1993).

지는 고향으로 향하는 문화 · 사회 · 경제적 통로를 유지한다는 의미를 지녔다. 명청 시대 중국은 돈 · 사회 거래 · 문화의 분주한 경로들channels, 통로들이 교차하는 장소였다. 통로들은 먼 곳의 동향인들을 보듬는 확장자, 원거리 사람들을 연결하는 이해와 관심의 장소로서 기능하였고, 그것들은 연결 고리이면서 살아 있는 문화 공간이었다.

후이저우와 산시 상인들 같은 지역 교역집단들 이외에도 다른 집단들이 노동력 수출과 이주에서 전문 기술을 발전시켰다. 강인하고 지략이 있는 객가들은 앞서 소개하였듯이 말하자면 직업적인 이주민이었다. 변경의 환경 속에서 회관의 임시변통적 성격을 지닌 유사 조직인 자치 조합[公司]이 만들어졌는데, 신령 숭배를 통해 조직되었고 무장한 사병에 의해 방어되었다. 우리가 제2장에서 살펴보듯이, 그것들은 18 · 19세기에 객가를 가공할 이민자들로 만든 특징들에 포함되었다. 객가들이 개척 광부들로서 사람의 자취가 없고 험한 말레이와 보르네오의 밀림에 잘 적응한 것도 이상할 것이 거의 없었다.[64]

직업의 특화

실제 외국 땅으로 이민을 간 중국인의 초기 공동체를 살펴보면, 틈새와 통로들이 그들에게 중국 내 이주에서 그랬던 것과 마찬가지로 삶의 구조를 형성하였다는 것을 발견할 것이다. 이런 맥락에서 틈새는 이주민이 생존할 수 있는 직업적 특기나 사회적 역할이다. 왜냐하면 그것은 그 사회에서 필요로 하고 다른 집단에 의해 채워지지 않기 때문이다. 생존 가능한 틈새들을 찾기 위한 도전은 모든 이주 집단들이, 특히 주류 경제에 경쟁할 자격을 갖추지 못하였을 경우에 불가피한 것이다. 새로운 환경에서 하나

64) Leong (1997); Chew (1990), chaps.1 and 2.

의 발판으로서 틈새는 생계를 향한 첫걸음이다. 이주민들은 나중에 더 넓은 노동시장에서 경쟁할 수 있는 기술을 얻을지도 모르지만, 대개 그들의 능력에 잘 맞고 다른 사람들이 차지하지 않는 틈새에서 출발한다.

중국 방언 집단들의 고유한 특성이 해외의 직업과 정확히 어떤 관련이 있는가에 대해 사용 가능한 전반적인 분석은 별로 없다.[65] 나는 적어도 네 가지 요소들이 이주민의 직업 틈새에 영향을 줄 것이라고 여긴다. 1) 고향으로부터 가져온 기술과 습관(그의 직업 자본). 2) (다른 이민자들 사이와 토착민 안에 존재하는) 이주 사회의 기존 직업분배 형태. 3) 그들의 동향인과 친족들을 위해 교두보를 건설할 특정 이주민들이 실현 가능한 틈새를 가질 수 있는 가능성. 4) 인원 충원의 절차. 첫 번째 요소의 사례부터 살펴보자. 새로운 곳에서 어떤 방언 집단에게도 초기 발판은 고향 생태에서 익숙했던 어떤 것을 이용하는 틈새 전략일 것으로 보인다. 예를 들어, 광둥인은 환금작물 경작 · 토지 개간 · 기계 기술 등에 친숙하였고, 조주인은 플랜테이션 농업에 익숙하였고, 객가인은 삼림 정리 · 채굴 · 금속일 등에 재능이 있었고, 복건인은 금융과 해상운송에 숙련된 재능이 있었다. 두 번째 요소로는 초기 이주민들이 선점한 한두 가지 틈새를 인용할 수 있다. 그들은 특정 방언 · 혈연집단 출신이었고, 그 구성원은 사환 · 피고용인으로 일할 수 있다는 희망을 품거나 이민자로 충원될 수 있었다.(기대와 달리 다른 방언 집단에 의해 선점되어 길이 막혀 있을 수도 있었다.) 예를 들어, 말레이에 있던 객가와 광둥인 채광 공사는 그들의 혈연 경로를 통해 새로운 노동자들을 충원하였고, 모든 방언 집단은 상점 보조원으로 가까운 친척이나 동향인을 모집하였다. 세 번째 요소로는 경쟁이 적고 실현 가능하다는 것을 주

---

65) 특정 지역에 대해 사용 가능한 분석들로는 다음을 참조. Skinner (1957, 1958), Mak (1993), Cheng (1985), Tan (1990). 뒤의 두 연구는 많은 방언 집단들이 작은 생태공간에 밀집된 장소인 싱가포르만 다루고 있다.

요 장점으로 하는 직업에 뛰어들 가능성이 있다. 정씨는 홍화인과 홍화어를 말하는 복청인이 말레이와 싱가포르에서 어떻게 자전거 사업을 지배하게 되었는지의 과정을 이렇게 이야기한다. 홍화인과 복청인은 후발 이주민으로서 인력거 사업에 뛰어들었는데, 많은 직업들이 이미 다른 방언 집단들에 의해 독점되었기 때문이었다. 1900년 무렵, 자전거가 싱가포르와 말레이에 등장하였다. 듣건대 말레이 쿠알라룸푸르의 여씨라는 홍화 출신 이주민이 영국인 자전거 대리점에서 견습공을 하면서 그 사업을 완전히 배운 다음에 주인을 떠나서 자기 상점을 차렸다. 필연적으로 여씨가 고용한 홍화인들도 그처럼 떨어져 나갔고 반세기 만에 홍화인은 싱가포르 · 말레이 · 인도네시아 등에 수천 개의 자전거 상점을 열게 되었다. 싱가포르에서 홍화인은 홍화어를 말하는 복청인과 동업하였는데, 복청인은 나중에 부품 · 모터사이클 · 삼륜차 · 택시 등으로 사업을 확대하였다.[66]

여씨의 경험은 경쟁자의 존재 여부가 틈새의 선택에 영향을 주는지 보여 준다. 경쟁적인 상황은 사업에 돈이 너무 많이 들어서 외부인들이 참여할 수 없게 만드는데, 조직화된 방언 집단인 방幇이 무역에서 카르텔을 형성하는 사례와 같은 것이다.[67] 고용은 혈연이나 방언에 의해 단단히 제한되었고, 언어와 직업을 묶이게 만들어서 외부인들이 들어오는 것은 불가능에 가깝거나 많은 비용이 들었다. 이러한 원칙은 중국인과 토착인의 상호작용에도 적용된다. 이민 집단이 틈새를 안전하게 만드는 가장 효율적인 방식은 토착인들이 제공하려 하지 않거나 제공할 수 없지만, 팔릴 만한

66) Cheng (1985), 98-99.

67) "방"(gang 혹은 제유사 연합)은 방언을 기반으로 조직화된 위계질서를 갖춘 도시 집단이고, 구성원의 사업상 이익을 증진하고 라이벌 방언 집단들로부터 경제적 영역을 지켜 주었다. 전형적으로 (1890년 이전 해협식민지에서) 호전적인 조직(서양인들에 대한 "비밀결사")의 후원자나 내부로서 명망 있는 부유한 남성이 우두머리였고, (자기 자신의 시하세계 사업뿐만 아니라) 고객의 영역을 보호하였다.

물품 혹은 서비스를 제공하는 것이었다. 시암의 중국인들을 사례로 들 수 있다. 무역업은 타이의 신분 질서에서 지나치게 낮은 위치에 있었기 때문에 경쟁할 만하였다. 이러한 노동의 사회적 구분은 중국인과 타이인들 사이에 민족 간 마찰이 적었던 원인 중 하나였고, 우리가 제7장에서 살펴보겠지만, 적어도 민족을 자각하는 20세기 이전까지는 그랬다. (말레이나 인도네시아처럼) 이슬람의 땅에서 성공한 중국 상인들은 토착인들이 정말로 진입하고 싶어 하는 틈새들을 봉쇄하고 있었고, 그에 따른 적대감이 해로운 반중 감정을 낳았다. 네 번째 요소와 관련한 기록을 보면, 계약이나 연기계약 노동자들은 방언의 연줄을 통해 중국의 조직원들이 모집하였고, 집단으로 동남아시아로 가는 배로 운반되어 목적지에서 지역 조직들의 우두머리에게 넘겨졌다. 우두머리들은 노동자들을 (연기 계약의 경우는 감금된 채) 광산이나 플랜테이션으로 옮겼다.[68](광저우 광부들은 말레이의 주석 광산으로, 조주인과 복건인은 수마트라의 담배 플랜테이션으로 보내졌다.) 일부 노련한 사람들[老哥]은 자신들의 계약을 채운 뒤에 고향으로 돌아가서 노동 도급업자[包工, 包客]로서 고용인을 위해 자발적인 노동자들을 모집하였는데, 이것은 연기계약 이후에 이익을 보려는 연쇄이주 형식이었다.[69]

이민이 자발적일 정도로 특정한 기준(각 방언 집단은 적어도 하나의 틈새에서 길드 같은 카르텔을 갖는 것)에 의해 유용한 생태적 틈새들이 분배되었는데, 이것은 하나의 공동체로서 이민자들의 생존이 새로운 체류 세대를 위한 교두보의 건설에 의지할 수도 있다는 점에서 그들에게 효율성을 위한 원칙으로 여겨질 수도 있다. 이러한 "상인 교두보"는 이민 인구 사이에서 널리 발견된다. 그들의 체계적인 배타주의는 파괴적인 경쟁을 피하고

68) Mak (1993), 72-73; Reid (1970).

69) 이것이 1910년 C. W. C. Parr의 보고서에서 언급된 "칸가니 시스템(kangany system)" 이다(제4장에 수록).

새로운 이민자들이 노동력으로 통합되는 것을 순조롭게 한다. 배타주의는 방언에 기초한 폐쇄적 고용 시스템으로 나아가고, 남중국 이민의 사회 · 언어적 형태에 딱 맞는 것이다. 그렇다고 경제적 영역에서 전혀 다툼이 없었다는 것은 아니다. 비록 상인 엘리트들이 그런 상황을 피하려고 하였을지라도 말이다. 더 물러설 곳이 없는 상황에서 방언 영역 시스템은 라이벌 집단들 사이의 격렬하고 파괴적인 다툼을 낳을 수 있었고, 무장한 조직원들이 죽기 살기로 싸우는 일은 통치 당국자들에게 골칫거리가 아닐 수 없었다.

"틈새"는 새로운 환경에서 특정 이주 집단이 살기 알맞은 장소이고, "통로"는 이주민들이 익숙해진 환경을 확장하는 것이다. 통로는 이주민이 자신과 고국(고향 · 종족 · 省) 사이에 의미 있는 관계를 유지하는 연결 경로이다. 그것은 실제로 "귀국의 신화"나 귀향의 갈망에 불리하게 작용할 수도 있다. 왜냐하면 어떤 점에서 이주민은 결코 고향을 떠난 적이 없기 때문이다. 이주민은 (경제 · 문화 · 혈연의) 다양한 소유 방식을 유지하고, 자신이 물리적으로 거주하고 있는 사회보다는 출생한 사회를 더 강하게 지향하는 경향이 있다. 그는 정신적 혹은 행동적인 측면에서 자신을 고국 · 문화 · 동향인들과의 관계와 완전히 단절하지 않는다.

비록 통로들에는 공간적인 측면이 있을지라도, 그것들은 사회 · 경제적 유기물로 여겨진다. 유럽의 중국인 이주에 대한 권위자는 다음과 같이 지적한다. 중국의 특화된 이민-송출 공동체들[교향僑鄕]은 "대응 관계에 있는 해외의 공동체들과 완전히 통합되어 있고, 대개 주위의 사회 경제로부터 고립되어 있다."[70] 다시 말해서, 교향의 수입 · 혈연관계 · 사회구조는 완전히 고향의 일부도 아니고 망명자들이 받아들인 땅의 일부도 아닌 특별

70) Benton and Pieke (1998), 10-11; Watson (1975), chap.7; Ch'en (1940).

구역에서 존재한다. 그들과 해외의 동향인들은 통로의 양쪽 끝에 있으면서 자연스럽게 초국가적인 공동체를 구성한다. 따라서 "이민 공동체"라는 용어는 정확히 말하자면 이주민과 고향에 있는 그들의 친척 · 이웃들을 모두 포함한다.

"이민 공동체"의 중국 쪽에는 주변 사회로부터 구별되는 문화적 정체성을 발전시킨 혈연집단, 더 나아가 전체 거주지가 존재한다. 우호적인 조건 아래에서 사람 · 돈 · 문화 등이 오가는 쌍방향의 길은 뚜렷한 정체성을 여러 세대에 걸쳐 유지한다. 이러한 혈연집단들의 특별한 지위(소위 "이민자 친척"[교권僑眷])에는 종종 농사일로부터 완전한 혹은 부분적인 탈피, 고용노동에 대한 의존, 그리고 대부나 무역에 대한 투자 등 더 높은 생활수준이 뒤따랐다. 그들 중 돌아온 친척들은 지역 사업에 자금을 댐으로써 높은 특권을 얻기도 하였다. 그러한 기부금의 눈에 보이는 표시에는 광둥 성 카이핑 현에 이민자들이 자금을 대서 세운 "감시탑[碉樓]"과 같은 중외中外 혼합 디자인의 건물이 포함된다. 시골에서 교권의 상대적인 풍요는 비적들을 불러들이기 때문에, 그처럼 눈에 확 띄는 강화 콘크리트 구조물이 필요하다.[71] 그런 우아한 요새들은 교권의 부유함뿐만 아니라 그들의 취약성을 상징한다. 취약한 재산가의 길고 불행한 끈은 다음 장들에서 반복되는 주제가 될 것이다.

틈새와 통로들은 시기와 환경에 따라 변화했고, 둘 사이의 상호작용은 이민의 역사에서 복잡하고 긴 양식을 만들며, 그 양식은 기술적 정치적 변화에 큰 영향을 받는다. 범선으로부터 증기선 시대로 바뀌는 과정에서 달라진 여행의 속도와 안전성은 이민자들이 중국에서 일어난 사건들에 대응하고, 고향의 친척들과 유용한 통로들을 유지하는 능력을 제한하거나 제

---

71) Batto (2006); Kan (2007); Ch'en (1940).

고시켰다. 빠르고 알맞은 쌍방향 여행은 1690년의 상황과 비교하였을 때 1990년의 체류를 전혀 다른 것으로 만들었다. 해상운송 편지로부터 유선 전보, 무선 전보, 휴대전화 등으로 통신 기술이 바뀌면서 해외 이민자와 고향 친척 사이의 전 지구적인 통로들에서 직업 시장에 대한 정보의 속도와 이민 규칙을 발전시켰다. 무역과 이주에서 정치적 장벽들은 통로들의 생존과 붕괴에 결정적일 수도 있다. 만약 이민 공동체의 틈새가 중국과의 무역을 진전시키는데 중국에 대한 연계가 무역과 이주의 금지에 의해 단절된다면, 그 틈새는 신속하게 타격을 받는다. 문화 변용도 통로들에 영향을 준다. 이주민의 후손들이 그들의 틈새를 넘어서 지역 경제에 더 넓게 참여하다면, 중국으로 가는 통로들은 약화되거나 사실상 사라진다.(우리가 제6 · 8장에서 살펴보듯이, 아마도 조건이 바뀌었을 때 다시 재건될 수도 있다.)

이민자들의 고향으로서 근대 초기 중국사회는 네 가지 주요한 주제들을 보여 준다. 첫째, 이주는 생활양식으로 자리 잡았고, 노동력은 기회가 생기면 공간적으로 퍼져 나갔다. 둘째, 이주의 결과로 나타난 "이주 공동체들"은 통로들에 의해 성격이 분명해졌다. 이주 공동체의 양쪽 끝은 서로 다른 쪽의 건강 상태에 영향을 주게 되었고, 사람 · 돈 · 정보 · 문화 등은 양쪽 사이에서 흐를 수 있었다. 셋째, 상업과 상업 지식은 모든 사회적 계급의식을 형성시켰는데, 특히 광대한 이주민들의 원천이고 농업과 상업이 오랫동안 생존의 요구로 뒤얽혀 있었던 동남부 해안과 링난 대구역의 핵심지역에서 두드러졌다. 그러한 지역들에서 농부들의 의식은 근본적으로 그들이 상업망에 대한 연결 고리에 의해 영향을 받았다. 도시뿐만 아니라 농촌 사람들도 신용과 재무, 위험, 그리고 임금노동 등에 익숙하였고, 시장 조건을 고려할 줄 알았다. 다시 말해서, 이주민이 아무리 가난하고 볼품없다고 하더라도, 그에게는 돈의 사용과 장사의 방식에서 재빠르게 행동할 좋은 때가 있었고, 대부분의 상업적 기회들을 이용하여 번 타지에서 독립할 수도 있었다.[72] 남중국 상업화의 계급이 교차하는 성격은 외국 땅에서 생존하는 데 노련한 이민자들을 만들어 냈다. 넷째, 17세기에 시작된 중국의 대이주 시대에는 국내 이주현상이 주요한 부분이었고, 해외 이민은 부차적인 부분으로 동남 해안과 링난의 주민들에게 특히 중요하였다.

이민자들을 위한 학교

인구압이 나라 밖으로 사람들을 "밀어내는" 주요한 동력이라고 간주할 수도 있다. 하지만 우리는 중국의 근대 초기에 붐비고 활기찼던 지역 내의 핵심들을 시장 관계들이 만들어지는 넓은 무대로 보려 한다. 그런 관계들 속에서 가구들은 합리적이고 계획적으로 상업적 기회들에 대응하는 것을 배웠다. 공동체들이 노동력 송출과 상업을 통해 토지 부족에 적응함에 따라, 남부 해안 지역들은 바로 그 고향 안에서 이민의 기술들을 키워 줌으로써 이민자들의 거대한 학교가 되었다. 수백만의 중국 가구들에게 삶은 상업과 이동을 포함하는 것이 되었다. 가구들이 상업과 이동을 다루기 위해 창조한 조직들—체류자들의 길드와 숙박소, 신전의 분점, 지역 조직원—은 고향이나 해외에서 작동할 수 있었다. 근대 초기의 상업화가 배타적인 유대를 약화시킨 것이 아니라 강화시켰다는 점이 눈에 띈다. 중국 해안 지역에서 보이는 언어와 문화적인 분열의 모자이크는 이민자들을 위한 주요한 자산으로서 배타주의를 강하게 만들었다.

72) Freedman (1979).

제2장

초기 식민제국들과 중국인 이주공동체

자신의 생명과 신념을 위해 떠날 수밖에 없었던 정치적 망명자들을 제외하고, 중국 밖에서 영구 정착한다는 생각은 중국의 어떤 계급 사이에서도 보편적이지 않았다. 의심할 여지없이, 이것이 중국어가 "emigrant"에 대한 명확한 용어를 갖지 않은 까닭이다. 하지만 외국무역의 현실은 종종 의도하지 않은 이민자들을 낳았다. 무역업자들이 해외로 나갈 때, 그들은 자신의 방문이 (자신의 상품을 팔고 그 대신 화물을 모으는 데 충분할 정도로) 일시적일 것이라고 기대하였을지 모른다. 하지만 그들의 상업적 기질은 자연스럽게 너무 빈번하게 귀국하는 것을 막았다. 무역 회사들의 중개상은 여러 해 동안 외국의 항구에서 머무르고 현지 여성과 결혼하고 2세대 가구를 형성할 수도 있었다. 일시적인 상태로서의 체류는 무역 공동체들에서 일반적으로 받아들여지는 삶의 일부였다. 하지만 많은 상업 체류자들이 없다면 귀국에 대한 기대감은 종종 더 오래갔을 것이다. 더 나아가, 체류자들과 그들의 후견인들을 위해 일하려고 고향으로부터 충원된 장인과 노동자들은 자신이 부족해서 아마도 그들의 상인 후견인들보다 귀국할 기회가 더 적었을 것이다. 해외의 중국 묘지들은 죽음이 체류자들을 빈번하게 가로막았고 귀국할 가능성이 낮다는 것을 깨닫게 해 주었다는 점을 보여 준다.

해외 공동체들의 건설

동남아시아의 터전

중국인 이주민들은 두 종류의 터전에 공동체를 건설하였다. 하나는 유럽 식민열강들이 점령한 항구도시들이었고, 다른 하나는 식민화되지 않은 토착 왕국들이었다. 식민 정권들은 말레이 반도의 말라카, 루손 섬의 마닐라, 그리고 자바 섬 서부의 바타비아(현재 자카르타) 등에 있었다. 토착 왕국들은 일본 · 조선 · 시암 · 캄보디아 · 라오스 · 버마 · 베트남 등을 포함하였다. 이 장에서 우리는 18세기 말 이전에 대영제국이 동아시아로 침략하여 중국인 이민 과정을 바꾸기 시작한 시기만을 검토할 것이다.

지역 통치자들의 고객과 그들의 상업업무 관리자로서 중국인들은 동남아시아의 무역 시스템에 오랫동안 참여해 왔다. 우리가 살펴보았듯이, 해외무역으로부터 세입을 얻던 통치자들은 주로 많은 국적(중국뿐만 아니라 그리스 · 아랍 · 페르시아)의 외국인들을 항구 관리자와 세관 징수원으로 이용하였다. 역사적으로 그 시스템에 참여해 왔던 중국인 상인 중개상들은 17세기가 되면 유럽인 후원자들에게 도움을 받아서 거의 완전하게 그런 일들을 넘겨받았다.[1)]

---

1) Reid (1992).

유럽 식민주의의 침략 이전 동남아시아에는 두 종류의 중국인 정착지가 있었다. 하나는 방금 서술한 상업 중개인들이 사는 곳이었고, 다른 하나는 무법자나 정치적 망명자들이 세워서 자치를 하던 무장 세력이 장악한 곳이었다.[2] 식민 정권이 그들의 힘을 확대하면서 상업 항구들이 번영하였지만 독립 왕국들은 거의 사라졌다. 유럽 식민주의자들은 중국인 무역업자와 장인들을 가치 있게 생각하였지만 어떤 정치 · 경제적 라이벌도 용납하지 않았다. 동남아시아로 온 중국인 이주민들은 진정으로 "제국 없는 상인들" 이었다.[3]

왕조 교체나 국내 불안의 시기에 정치적 망명자들은 동남아시아에서 체류하던 중국인 인구에 가세하였다. 일부는 상인들이었고, 다른 일부는 무너진 정권의 충신, 군인 혹은 금지된 조직("비밀결사")의 회원들이었다. 1644년부터 1683년까지, 만주인 정복의 격동과 안정은 수천 명의 망명자들을 양산하였는데, 그들은 동남아시아 사회의 경제 부문에서 틈새를 찾아야만 하였다. 일부는 무역이나 수공예에서, 다른 일부는 농사나 임금노동에서 찾았다. 베트남 남부에서는 중국 군대를 뛰쳐나온 무장 병사들이 지휘관의 지휘 아래 변경의 미개척지에 정착할 수 있었다. 비록 많은 망명자들이 의심할 여지없이 물러난 명조에 대한 충성심을 유지하였을지라도, 그들이 실제적으로 할 수 있는 것은 전혀 없었고, 망명지에서 그들의 삶은 잃어버린 고향이 아니라 생존을 위한 투쟁에 집중되었다.

2) 수마드라의 량디오밍과 자바의 천쭈이의 사례, 마닐라로 가려다 무산된 린펑의 원정
Wu (1993), 38-45.

3) Wang (1991).

다양한 생태: 여러 식민지의 양상

대부분의 중국인들은 경제적 이익을 위해 동남아시아에 정착하였지만, 해당 지역의 지배자들이 그들로부터 이익을 얻지 못할 경우 뿌리를 내릴 수 없었다. 어떤 경우에 중국인들은 활발하게 정착민으로 모집되었다. 식민지 정권의 후원 아래 무역을 하던 사람들은 경쟁자라기보다는 협력자로 남으려 하였다. 귀향하더라도 상인들은 관직을 가질 수 없었고, 아무리 부유하더라도 군주와 관료들에게 자신을 낮췄다. 중국 상인들은 해외에서도 자신이 살고 있는 나라의 통치자와 정치권력을 다투지 않았다. 그 대신에 그들은 중국에서처럼 그러한 통치자들의 손님이 되어서, 특정한 업무를 맡았고 제한된 특권을 가졌으며 특별한 통제를 받고 세금을 납부하였다. 그들의 업무는 상업과 "징세 청부"(지역 상업과 서비스로부터 식민지 정권을 위해 세금을 걷는 일)에 집중되었다. 이러한 것들은 초기 중국인 이주공동체에서 지도자 엘리트의 경제적 토대였다. 해외 중국인들은 부유하게 될 것이라는 기대를 받았고, 그 과정에서 그들의 후원자들도 그런 기대를 받았다. 그 대가로 그들은 (대개) 보호, 더 나아가 상당한 사회적 지위를 받았다. 이러한 방식은 양쪽의 필요가 맞아떨어지는 일이었다.

식민지들에서 중국인 이민자들은 허약한 국가들을 위해 일했는데, 그 국가들은 부적합한 기술과 인력으로 자신들의 세력 범위를 통제하기 위해 발버둥 치고 있었다. 비록 소규모의 유럽 행정가들과 상인들은 무력을 가지고 있었을지라도, 그들은 토착민들이나 중국 무역에서 재부를 짜내는 데 준비가 부족하였다. 그들은 수입을 끌어올리고 식민 통치에서 이익을 유지하기 위하여 어떻게 해야 했을까? 그들은 자신들이 거의 알아들을 수 없는 토착민들의 언어와 관습을 어떻게 처리했을까? 그리고 차별 대우, 부족한 시장 지식, 끔찍한 언어 장벽 등의 상황 앞에서 어떻게 중국과 무역

했을까? 이러한 초기의 식민지 사업들에서 중국인 이민자들은 반드시 필요한 동업자였다. 비록 중국 상인들이 독자적인 제국의 창업자는 아니었을지라도, 그들은 곧바로 타인의 제국들에게 필수적인 협력자가 되었다. 식민지 정권은 정치적 의미에서 "그들의 것"이 아니었지만, 중국인들은 그 안의 상당한 경제적 지분을 장악하게 되었고 그것들을 관리하는 데 중요한 역할을 했다. 그들은 (식민주의자들의 밑이지만 3등 시민인 토착민보다 위에 있는) 2등 시민이었다. 이러한 식민지의 카스트제도를 통해 중국인들은 거의 3세기 동안 번영할 수 있었지만, 그 제도는 지역민들 사이에 심한 적대감도 낳았고, 나중에 엄청난 결과로 나타났다.

말라카

1511년, 포르투갈인은 말라카의 이슬람 왕국을 손에 넣게 되면 동남아시아의 향신료 무역, 더 나아가 중국 무역까지 장악하게 될 것이라고 생각하였다. 남중국해와 인도양 사이의 전략적인 해협에 자리 잡고 있기 때문에, 말라카는 한 세기 이상 동안 번성하는 말레이 무역 왕국이었다. 1420년대 정허의 해군 원정대는 그곳에서 중국 선박들을 발견하였다. 다만 그곳에 정착한 중국인들의 공동체가 있었는지는 불분명하다. 포르투갈인이 도착하였을 때, 중국 상인들은 그들의 마음을 사려고 노력하였고 항구에서 중개 무역상으로서 일을 계속하였다. 16세기가 되면, 중국인의 수가 상당히 많아져서 포르투갈인은 중국인 "카피탄", 즉 자신의 지역공동체 사무를 관할하던 부유한 상인을 통해 그들을 다뤄야 할 정도였다. 1641년 네덜란드가 말라카를 포르투갈로부터 탈취한 뒤의 기록들에 나타난 카피탄들의 긴 명단이 보이는데, 이것은 지속적인 정착 공동체가 있었음을 보여준다. 이러한 "관리자officers" 시스템은 엘리트 외국 상인들에게 그들의 고국 사람들을 다스리게 한 동남아시아의 오랜 전통을 따른 것이었다. 그것은 하나의 정치체제 아래 있는 다민족 사회를 유지하였고, 일종의 법인을 설립함으로써 소수민족 집단들을 간접으로 통치하되 그들을 동화시키지는 않았다. 말라카에서 관리자들은 변함없이 복건인이었다. 복건인은 말라카에 있던 중국인의 대다수를 차지하던 방언 집단이었고 무역과 금융 같은 가장 이익이 많은 직업을 가진 집단이었다. 복건 상인들은 대개 지역 여성들과 결혼하였는데, 그 여성들은 말레이 지역민이거나 동인도로부터 데려온 노예였고 18세기 무렵 그들의 후손은 혼합된, 즉 "혼혈creole" 문화를 이루었다. 부유한 "바바Baba"(혼혈 중국인) 상인들의 호화로운 집은 중서식中西式으로 장식되었고, 현재 말라카의 네덜란드 거리에서 여전히 볼 수 있다.[4]

마닐라

필리핀에서 마닐라는 오랫동안 중국 상인들을 필요로 하는 항구였고, 그들은 마닐라를 "뤼쑹呂宋"(=루손Luzon)이라고 불렀다. 1571년 스페인은 중국 무역에 대한 기대 그리고 궁극적으로는 그곳을 기독교화시키려는 생각으로 마닐라 항을 점령하였다. 마닐라에서 그들은 약 150명의 복건인 무역업자들을 발견하였다.[5] 그들이 중국 상인 공동체의 핵심을 이루었고 스페인을 위해 중개인으로 일하였다. 중국인 무역업자들은 비단과 자기를 정크선에 싣고 마닐라로 왔고, 스페인인은 멕시코 은화로 그것을 산 다음에 그들의 동방 보물을 갤리언선으로 멕시코까지 운반하였고, 다음 교환을 위해 더 많은 은과 함께 돌아왔다. 중국인은 은을 싣고 푸젠으로 돌아갔고, 그곳에서 은이 지역 경제의 필수적인 중개 수단이었다. 비록 스페인

4) Tan (1998), 35-42.

5) Wickberg (1965), 4.

인들은 중국을 기독교화하는 기지로서 마닐라를 이용하려는 희망을 잃게 되었을지라도, 필리핀은 가장 성공적인 선교 지역으로 입증되었다.(많은 중국인들은 자신도 모르는 사이에 선교에 참여하였다.)[6]

마닐라는 곧바로 식민주의와 그 중국인 파트너 사이에서 전형적인 공생을 보여 주었다. (체류자이든 영구 정착자이든) 중국인 이민자들은 식민지 경제의 근간이었다. 하지만 그들은 어쩌면 공격적인 중국 제국의 대리인일 수도 있다며 믿을 수 없는 사람들로 여겨져서 엄청난 차별을 당하기도 하였다. 이처럼 협력과 탄압의 불안정한 혼합 때문에 유럽인 식민지로 이민을 가는 것은 위험한 일이었다. 하지만 수천 명이 그들의 가구에게 주어질 돈을 위하여 그러한 위험을 감수하였다.

스페인의 정책은 문화 공동체들을 물리적 법적으로 분리하는 것이었다. 스페인인 · 토착인("필리핀 인디오") · 중국인들은 따로 관리되었는데, 이것은 식민지 경제가 정확하게 그런 방식으로 나눠졌다는 사실을 반영하는 것이었다. 스페인인은 갤리언선 무역에, 토착인은 자급 농업에, 중국인은 중국 정크선 무역에 참여하였다. 중국인은 요새 도시에 식량과 서비스를 제공하고 도시와 농촌 사이에서 교역을 하기도 하였다.[7] 많은 중국인들이 스페인인들의 선교 활동에 적절히 적응하기도 하였는데, 스페인인은 중국인 개종자들에게 우선적 지위를 부여하였다. 개종하지 않은 중국인 체류자들은 (초기에 개종자들보다 10배 정도 많았고) 요새 도시의 장벽 바깥에 있는 분리 구역[파리안the Parian]에 살아야 하였다. 그러나 (적어도 형식상) 가톨릭으로 개종한 중국인은 토착 여성 개종자와 법적으로 결혼이 가능하였다. 적어도 사회적 이동은 똑같이 매력적인 일이었다. 신앙심이 없

---

6) 본문의 설명은 다음을 따른 것이다. Wickberg (1965), chap.1.

7) Chia (2006).

는 중국인들은 토착인과 섞여서 그들의 신앙심을 틀어지게 하지 못하게 하려는 이유에서 파리안 빈민가에 갇혔다. 반면, "가톨릭 신자" 중국인들은 내륙 주민과 도시들 사이를 자유롭게 다니면서 중개인으로 성장할 수 있었다. 따라서 중국인 거주지는 루손 섬의 도처에 퍼져 있었다. 중국인과 필리핀 인디오 사이의 후손들은 이동에 제한을 받지 않았고, 그들 혼혈인들(스페인어로 메스티소)은 무역업자가 되었고 나중에는 지주가 되었다. 그들의 언어와 관습은 중국의 것으로부터 계속 멀어졌다. 왜냐하면 식민주의자들은 가톨릭을 통한 문화적 수용을 확대하였고, 결국에 그들을 어느 정도 스페인화하였기 때문이다. 이것은 바타비아에서 네덜란드가 택한 초기 책략과는 뚜렷하게 대조된다.

바타비아

1619년 바타비아에 세워진 네덜란드 동인도회사의 중개상들은 지역 통치자들을 오늘날 자카르타에 있던 항구로부터 몰아냈고, 성벽 도시를 건설하였다. 처음부터 중국인들은 그 일에 간여하였다.[8] 중국 상인들은 가까운 항구였던 반텐 왕국에서 중국과의 후추 무역을 하고 있었고, 바타비아로 옮겨 오게 되었다. 그들은 네덜란드인들을 위해 도급업자와 세금 징수인으로 일하면서 중국으로부터 노동자와 장인들을 충원하였고, 건물과 도시 성벽에 벽돌과 목재를 제공하였다.

복건인은 네덜란드인이 자바로 왔을 때 지배적인 집단이었고, 식민주의자들의 자연스러운 협력자가 되었다. 맨 위의 상인들은 네덜란드인에 의해 "관리자"(카피탄 치나kapitan cina)로 임명되었고, 식민지 당국자들과 긴밀한 신뢰 관계에 있었다. 네덜란드는 필리핀에서 스페인이 했던 것과

8) Blussé (1986), 49-72.

달리 중국인들을 자신의 종교로 개종시키고 문화를 교육하려는 시도를 전혀 하지 않았다. 중국 상인 엘리트는 특권 · 후원 · 재부 등을 통해 그들의 동향인들을 다스리는 능력을 갖추고 있었고, 그들의 고국과 관계를 지속하였다는 점에서 유용하였다. 부유한 복건인 녀밍캉(네덜란드어로 "벤콘 Bencon")은 바타비아에서 초대 중국인 카피탄이 되었고 네덜란드 총독의 절친한 친구였다. 비록 "관리자 시스템"에 대한 견해는 다음 서술로 판단해 보건대 조금 더 회의적이었을지라도, 상인의 명성은 (고향에 있는 왕조의 관직에 해당하는) 카피탄 같은 자리에 임명됨으로써 커졌다.

18세기 세마랑(지비)의 카피탄 치나 설치에 대한 중국인의 묘사[9]

"어떤 중국인들이 카피탄에 임명될 때마다, …… 유럽인에게 선서를 해야만 한다. 그래서 신임 카피탄은 길일을 선택하고 자신의 친척과 친구들을 모은다. 그의 친척 손님들과 마을들로부터 온 방문객들은 수십 명이나 되고, 임명하는 날에 네덜란드인은 명령서를 가지고 다가온다. 카피탄과 그의 친구들은 문밖으로 나가서 그를 맞이한다. 네덜란드인은 들어와서 홀의 중앙으로 올라서고 우뚝 서서 명령서를 개봉하고 그것을 읽는다. 그 다음 위의 하늘과 아래의 땅을 가리키고, 이렇게 말한다. '이 사람은 예의 바르고 총명하고 박식하여 사물의 이치를 알기에 카피탄으로 올립니다. 여러분들께서는 어떻게 생각하십니까?' 그러면 모든 사람들이 한목소리로 '아주 좋습니다, 최고입니다!' 라고 외친다. 네덜란드인은 그들 모두와 악수하고, 그 의식이 끝나면 그들은 모두 그들의 자리로 돌아간다. 그 유럽인은 이제 카피탄의 손을 잡고 그를 홀의 중앙으로 데리고 오고, 그들은 서로 덕담을 나눈다. 이상이 네덜란드인이 우리들을 그들의 그물 속에 넣는 방법이다."

중국 무역의 중개인으로서 복건인들은 네덜란드 상업에서 빠질 수 없는 고리였다. 도자기와 비단은 중국의 해양 정크선이 샤먼으로부터 바타비아의 중국 상인들에게 가져온 화물에 포함되었고, 그것들은 동남아시아 상인들로 하여금 향료 수출품을 그곳으로 가져가서 교환하도록 유혹하였다. 정크선 무역은 바타비아의 중국인들에게 (해외 공동체의 모든 중국인들에게 기본적인 편의품인 중국 식품들 같은) 중국인의 생활용품을 제공하였고, 그 배에 탄 승객들은 식민지의 인력을 매년 1,000명 정도 증가시켰다.[10] 바타비아와 중국 사이의 직접 무역이 지닌 이점을 깨달은 네덜란드 동인도회사는 1690년대에 성가신 사업을 완전히 정리하였고, 중국인 상인과 운송업자들에게 그것을 넘겼다. 1691~1740년, 바타비아 정크선 무역의 황금기에 평균 11척의 대형 선박들이 매년 중국으로부터 도착하였다.[11]

1600년대 말 중국인들이 너무 많아지자 네덜란드 관리와 중국인 카피탄들은 불안해졌고, 팽창하는 흐름이 공공질서를 위협할 것 같았다. 그러나 이민 승객들의 운임으로부터 얻는 이익(1인당 10네덜란드 달러)이 너무 컸고, 확장되고 있던 (중국인 소유 · 운영의) 설탕 플랜테이션에서 노동자들이 급하게 필요해서 이민은 통제하기 힘들었다. 네덜란드가 유입을 막으려고 하였음에도 불구하고, 동인도의 중국인은 1800년까지 10만 명 정도 되었다.

식민지의 공포와 폭력

유럽 식민주의자들은 중국인을 필요로 하면서도 그들을 두려워하는 모순적인 감정에 의해 난처하였다. 그들은 중국 상인 · 장인 · 노동자들이 없

9) Wang (1849), 8.

10) Blussé (1986), 102-110.

11) Blussé (1986), 123.

으면 자신들의 식민지가 존재할 수 없을 것이라는 것을 알았다. 하지만 "이국적인" 인종들이 놀라운 속도로 들어오고 있는 것에 대한 두려움이 그들의 마음에서 결코 떠나지 않았다. 그 두려움은 전체 중국 주민들을 처형할 정도의 학살뿐만 아니라 대량 추방을 야기하였다. 최초의 학살(1603) 이전에 마닐라는 약 2만 명의 중국인과 단지 1,000명 정도의 스페인인이 사는 곳이었다.[12] 바타비아에는 1740년의 학살 이전 1,275명의 유럽인이 성벽 도시에서 4,199명의 중국인과 얼굴을 맞댔고, 그 밖에도 많지만 불확실한 수의 중국인들이 교외에 살면서 가까운 농촌의 설탕 플랜테이션에서 일하였다.[13]

마닐라와 바타비아의 학살은 중국인들의 마음에 비친 것처럼 유럽인의 걱정에서 비롯되었던 것 같다. 처형이나 추방을 두려워할 만한 이유가 있었던 중국인들은 미래의 공격자들에게 신세적으로 대항하였다. 마닐라에서 거의 모든 중국 주민이 보복 과정에서 살해되었다.(마닐라의 중국인 살해는 1639년과 1662년에 반복되었다.)[14] 바타비아에서 중국인 도시 주민은 제멋대로 살육되었고, 그들의 집과 점포는 약탈되었다. 그러한 재앙이 (1750년 약 20퍼센트의 주민이 중국인이었던) 말라카에서는 발생하지 않았는데, 아마도 중국인의 유입이 느렸고 이민자들이 근친혼을 통해 상대적으로 부드럽게 공동체로 통합되었기 때문이었을 것이다.[15]

학살은 의도적인 정책이 아니었고, 사고도 아니었다. 그 대신에 분명히 능력 있고 근면한 중국인들에 대한 유럽인들의 깊은 모순 심리 때문이었다. 중국인에 대한 경제적 의존은 문화적 무시와 노골적인 분노를 뒤따르

12) Wickberg (1965), 6.
13) Blussé (1986), 84.
14) Wickberg (1965), 10-11.
15) Blussé (1986), 95; Cushman (1978); Skinner (1996), 57.

게 하였다. 아마도 유럽인들은 중국인들에게 과중한 세금을 부과하고 자의적으로 보수를 강탈함으로써 학대하였고, 그것에 대한 보복을 두려워했던 것 같다. 더 나아가 모든 중국 이민자들이 식민지 경제에 통합된 것은 아니었다. 바타비아 밖의 설탕 산업은 자본이 부족한 중국인 이민자들에 의해 소유·경영되었고 불안정하였다. 고용주가 파산하면 노동자들은 네덜란드인도 중국인 엘리트도 통제할 수 없는 도시의 하층 극빈자가 되었다. 이렇게 성장하고 있었던, 계급이 분화된 중국인 공동체에서 오직 적은 소수만이 유럽인들과의 관계를 통해 부유해질 수 있었다.[16)]

초기 식민지 시대에 중국인 이민자들의 흐름은 단순히 다가올 대량 이주의 희미한 전조였을 뿐이지만, 신생 식민지들에 점점 고통을 야기할 정도로 큰 규모였다. 학살과 추방도 이민이 많아지는 것을 막지 못했는데, 이것은 중국인 이민자들에게 유럽인 식민지들이 강한 매력을 주었다는 것을 증명한다. 멀리 있던 중국의 청조 통치자들은 무역을 중단하는 보복을 가하지 않았는데, 이것은 무역이 해안 성들에게 중요하다는 실용주의적인 관점을 갖고 있었다는 것을 보여 준다. 무역이 계속되면서 그 자연스러운 부산물인 이민도 계속되었다.[17)]

식민지의 이익과 중국인 중개상

초기 중국인 이민자들이 바타비아의 경제생활에 끼친 중요성은 1700년 외국인 방문객에 의해 다음과 같이 서술되었다.

> 그들은 도시에서 차·자기·비단·칠기 등과 관련된 대형 무역을 하였을 뿐

16) Blussé (1986), 90-96.

17) Cushman (1993), 154.

만 아니라, 수많은 직업에 열심히 몸을 맡겨서 뛰어난 대장장이 · 목수 · 가구 제작자 등등이 되었다. …… 이곳에서 사용하는 모든 우산은 그들에 의해 만들어졌다. 그들은 칠과 도금에 뛰어나다. 그들은 아락arak(알코올성 음료)의 양조업자, 대규모 영농인이기도 하다. 그들은 벽돌을 찍고, 바타비아 주변의 그들 공장에서 설탕을 생산하고, 그 상품을 취급한다. …… 바타비아의 모든 농업은 그들을 의지한다. …… 그들은 1년 내내 필요한 물품을 생산할 뿐만 아니라, 온종일 사람들의 집으로 식료품 · 옷감 · 칠기 · 자기 · 차 등을 비롯한 물품들을 저렴한 값으로 배달한다.[18)]

초기 식민지 통치자들은 세 종류의 경제적 업무, 즉 중국과의 무역, 도착인 재부의 수탈, 식민지 도시들의 정비 등을 중국인에게 의지하였다. 하지만 초기 식민지라는 관점에서 주요한 업무는 중국과 무역하는 것이었다. 샤먼-아카풀코 무역을 위한 항구였던 마닐라에 체류하는 것은 복건인의 무역 과정에서 하나의 정해진 부분이었다. 필수적으로 같은 시스템이 초기 바타비아에서 네덜란드인들에 의해 사용되었고, 그들은 동인도회사 선박들에서 중국과 직접 거래하는 것이 귀찮고 비용이 많이 든다는 것을 알게 되었다. 비록 유럽인의 대형 선박들이 19세기 중반 무렵에 정크선 무역을 대신하기 시작하고 있었을지라도, 유럽 해운업자들은 여전히 식민지 항구에 사는 중국 상인들과 거래하였다. 중국 무역은 샤먼-마닐라의 양쪽 끝에서 중국인의 지식과 기술에 의존하는, 그 나름의 관례와 관행을 발전시켰다.[19)]

하지만 샤먼-바타비아의 정크선 직접무역이 18세기 후반에 (수많은 이

18) Salmon and Lombard (1980), 266.

19) Wickberg (1965), 80-83; Blussé (1986), chap.6.

유들이 있는데, 주로 영국의 참여와 네덜란드의 부실 관리 때문에) 쇠퇴하면서 자바의 적응력 강한 중국인들은 중개상으로서 자신들의 서비스를 다양화하였다.[20] 19세기 초 (스탬퍼드 라플스 지휘 아래의 영국인을 포함한) 식민주의자들이 토착 자바인들에게 노동력 대신 화폐로 세금을 부과하려 하였을 때, 중국인 대금업자들은 그들과 마을 주민들 사이에서 중요한 연결 고리가 되었다. 그와 동시에, 네덜란드는 아편의 징세 청부인으로서 중국인에게 더욱 의존하게 되었다. 아편은 식민지 통치가 확대됨에 따라 더욱 판로가 넓어진 상품이었다. 비록 많은 중국인들 자신이 아편 흡연자였을지라도, 아편 판매의 대부분은 토착 자바인을 상대로 하였다.[21] 중국인 아편 재배자들이 자신의 이익을 떼어 낸 다음에 식민지 정부에게 수익금이 넘어갔고, 가장 부유한 중국인의 재산은 세금 징수로부터 형성되었다. 네덜란드 영토 안의 중국인들은 식민지 행정의 다른 분야에서 이익을 찾는 방법을 알아냈는데, 정부는 사실상 수입 물품의 소매상이면서 세금 징수인이 된 중국 대리인들에게 모든 마을들을 임대하였다. 19세기가 흘러가면서 중국인 중개상들은 이익을 얻기 위해 기회들에 유연하게 적응하였고, 그들은 커피와 설탕 같은 수출 작물을 생산하는 강제 노동의 대리인으로서 더욱더 식민지 정권에 필수적인 부분이 되었다.[22] 1857년 이후 이민 자유화 정책 아래 스페인이 통치하던 필리핀에서 중국인들은 세금 징수 계약을 따냈고, 곧이어 도시와 성들에서 세입 전매 상품들을 장악하였다.[23]

중국인들이 처음에 식민지 시스템 안으로 편입된 이유는, 그들이 외부인이었고 토착인들과 연계되지 않아서 식민지 후견인들을 위협할 가능성

20) Blussé (1986), 139-155.
21) Rush (1990), 28.
22) Furnivall (1944).
23) Wickberg (1965), 59.

이 낮았다는 점, 아시아의 유럽인들이 아직 피지배자들을 통치하고 세금을 부과할 정도로 완전한 규모의 관료 기구 인원들을 갖추지 못하였다는 점, 그리고 많은 중국 이민자들이 상업을 처리하는 역사적인 경험이 있었다는 점 때문이었다. 이러한 현실이 중국인들을 식민지 시스템에서 필수적인 협력자로 만들었고, 강제 생산을 엄밀하게 통제하던 체제이든, 좀 더 느슨한 자유무역 시스템이든 관계가 없었다. 식민지 제도가 발달하면서 중국인들은 그것에 적응하는 방법들을 발견하였다.

초기 식민지 사회구조

우리가 살펴보았듯이, 초기 식민지 시기(대략 1500년대 말부터 1700년대 말까지) 동안 동남아시아와 일본에 거주하던 주요한 방언 집단은 복건인이었고, 그들의 해상 사업은 중국인 이민자들을 위한 교두보를 세웠다. 복건인의 지역 문화는 그곳에서 그들의 직업과 함께 종교 생활에 반영되었다. (17세기 초) 네덜란드인의 통치 아래 있던 제1세대를 시작으로 그들은 바타비아와 그 주위에 신전들을 건설하여 고향의 신들을 받들었다. 복건인들은 토지신[福德正神]과 "하늘의 여제"[天后 혹은 馬祖-바다를 항해하는 모든 사람을 보호하는 여성 수호신]와 같은 신들을 숭배하였다. 다른 신전들에는 특정 업종의 보호자들, 즉 수공업 길드의 보호신들이 안치되었다.[24] 이주민들은 중국으로부터 수많은 음력 명절들을 가지고 왔다. 음력 정월 초하루, 식민지 바타비아의 모습은 18세기 초 독일인의 묘사를 통해 알 수 있다. 중국인들은 자신들에게 가장 소중한 대중 축제들을 거행했고, 축세 때는 비非중국인들과 함께 아주 잘 어울렸다. 거대한 행렬이 도시의 거리를 뒤덮었고, "등불과 촛불로 밝힌 수많은 종이로 만든 말 · 선박 · 마차 ·

24) Salmon and Lombard (1980), 266.

물고기 등이 보였고, 그들은 거대하고 무서운 뱀[용]을 움직이며 사방을 뛰어다녔다."

거리 곳곳에서 잘 차려입은 중국 아이들과 수많은 네덜란드인들, 북 하나 정도를 들고 있거나 몸에 말 그림을 두르거나 마차 · 수레 혹은 촛불로 밝힌 카이만(악어)을 비롯한 다른 동물들을 타고 있는 노예들을 볼 수도 있을 것인데, 이 모든 것으로 아주 떠들썩할 것이다. …… 일부 사람들은 네덜란드인들이 그들의 아내들 · 딸들과 함께 있는 문 앞을 다니면서 그림자 연극을 공연한다. 그러면 주인들은 정중하게 차 · 빵 · 중국 음료 그리고 다른 맛있는 것들을 내준다.[25)]

농촌과 소도시로 이주하게 되면 공적인 부문과 자유로운 사업가 양쪽에서 틈새를 제공받았다. 19세기 말 어떤 중국인 여행자가 쓴 글은 소항구 도시 가운데 한 곳의 광경을 보여 준다.

1790년 무렵 페카롱간에 있는 중국인 거주지[26)]

"차이나타운은 언덕을 바라보는 바닷가에 있는데, 주택들은 50~60채 정도가 되어 보인다. 남쪽과 북쪽에 나무 말뚝들이 박혀 있고 중국인들은 그 사이에서 사는데, 보통 차이나타운이라는 뜻으로 파차이안(팟처란)이라고 부른다. 그 주택들은 층수가 높고 서로 연결되어 있는데, 서쪽으로는 카피탄의 저택이 있다. 저택의 오른쪽에는 나무들로 아름답게

25) Salmon and Lombard (1980), 269 (1724년 출판된 Francois Valentijn의 책 내용을 번역한 것임).

26) Wang (1849).

만들어진 1에이커 정도 되는 정원이 있는데, 나뭇잎의 색깔이 아주 멋지다. 그 정원에는 '흐르는 구름 정자' 라는 정자가 있는데, 그곳에서 카피탄은 여가를 즐긴다. …… 정원 너머에는 (중국식) 묘지가 있는데 높고 곧게 뻗은, 가지 잘린 수많은 코코넛 나무들이 서 있다. …… 펏처란의 북쪽으로는 쩌하이전런澤海眞人("바다를 돌보는 요정"[원래 중국인 해상무역 업자였던 궈씨가 신비스런 분위기에 익사했는데 신이 되었다고 여겨졌다.])에게 봉헌된 사원이 있다. 말뚝 울타리 밖에는 파베야안(보미안)이라는 세관이 있었는데, 그곳에서는 수출입 관세를 거두었다. …… 파처란으로부터 남쪽으로 바탕까지는 10마일 정도인데 [그곳에는] 제당 공장 두 곳이 있다."

동남아시아 정착지의 초창기에 중국인 협회는 대개 뒷날처럼 기능적이면서 지역적인 형식을 띤 다중 구조라기보다는 단순한 편이었다. 다양한 기능들이 하나의 협회를 통해 이뤄졌고, 그것은 17세기와 18세기 말라카의 선구적인 신전들을 통해서도 알 수 있다. 그곳에서 중국인 체류자들은 "푸른구름 정자青雲亭" 로 뭉쳤다. 청운정은 1673년에 네덜란드 식민지정부에서 관세징수 길드의 일원이었던 복건인들에 의해 설립되었다. 중국인 공동체의 최상층으로서 이민 사회에서 자신들의 역할에 대한 견해는 1801년에 새겨진 비문에 나타나 있고, 그들은 공동체 지도자가 된 상인들의 사례를 보여 준다. 청운정은 (만주인의 정복을 피해 망명한) 카피탄에 의해 설립되었는데, 그는 말레이에서 부기드 차이나로 불리는 묘지의 넓은 경사지를 기증하기도 하였다.(제7장을 참조) 원래 자비의 여신을 의미하는 관음이라고 불렸는데, 나중에 "푸른 구름"(청운)이라고 바꾸었다. 고대에 청운은 학문적 명예와 높은 관직을 상징했다는 점에서 카피탄이 고향의 지식인 엘리트에 해당한다고 여겼던 것이다.

1801년 말라카의 푸른구름 정자(청운정) 재건 축하 비문[27)]

"왜 이 푸른구름 정자가 세워졌는가? 우리 상인들은 판매를 위해 물품을 운반하고, 이 땅으로 오기 위하여 바다를 건너는 것도 두려워하지 않으며, 타오[주]·이[둔][고대 중국의 유명한 거상]처럼 되려고 노력한다. 이는 진실로 우리의 고귀한 야망을 보여 준다. [항해하는 동안] 우리는 해류와 바다가 고요하고 평온할 것이라는 상서로운 조짐에 의존하였다. 점괘가 '큰 바다를 건너면 더 부유하게 될 것이다' [고대 『역경』의 한 구절]라고 한 이유는 신들과 부처가 우리를 축복하기 때문이다. 그것이 바로 이 정자가 세워진 이유이다. 청운정은 부처의 가호를 드러내는 구조를 갖고 있고, 사람들의 야망을 불러일으키는 명칭이다.

무역을 통해 재부를 쌓는 것은 고대부터 오래된 관행이었다. 재부를 얻으려면 높은 야망을 품어야 한다. 그 높은 열망은 [하늘까지] 그들의 길을 찾아가는 푸른 구름과 같다. 이익만을 좇고 [존경스러운] 이름을 얻는 데 부족해서는 안 된다. 따라서 우리는 '푸른구름 정자' 라고 새긴 현판을 정자 위에 걸었다.

이 정자를 세운 고귀한 사람이 있기 때문에 그것을 재건하면 큰 사람이 되지 않을 수 없었다. 오랜 시간 뒤에 벌레가 먹어서 썩고 세월의 비바람에 깎여서 무너질 수 있다는 우려가 있었는데, …… 우리가 카피탄 차이스장을 갖게 된 것은 얼마나 행운인가? 그는 큰마음으로 청운정의 재건을 제안하였고 세관 길드[海關公司]의 동료들에게 그 계획을 이해시켰고, …… 카피탄 차이스장과 다른 기부자들은 신의 가호와 사람들의

27) Franke and Chen (1982), 238.

추앙을 받을 것이다.[아래에 기부자의 명단이 이어진다.]"

푸른구름 정자는 다양한 사회적 필요들을 충족시켰다. 자비로운 여신인 관음觀音의 신전으로서, 그곳은 중국인 공동체의 의례가 거행되는 중심지였고, 공동체의 조상숭배를 위한 공동 공간으로서 다양한 성씨의 사자死者들을 위한 위패들이 안치되어 있었다. 그곳의 묘지는 죽은 동향인들을 위해 장례를 치르고 묻는 장소로 제공되었다. 이민자들이 아무도 제사를 올려 주지 않을 것 같은 타향에서 죽었을 경우에 그들의 영혼을 잘 돌보는 것은 의례상 아주 중요했기 때문에, 공동묘지를 통제하는 조직은 이민자 공동체에서 강력한 존재였다.

결국 자선 행위와 교육이 신전의 공동체 서비스에 포함되었다. 지역 동향의식도 나타났다. (유력한 복건 공동체에서) 지도자가 복건 출신이었다는 것은 푸른구름 정자가 복건 방언 집단의 정치와 의례 사령부(사실상, 그렇게 불린 적은 없지만, 복건인의 지역 숙소였다)로서 기능했다는 것을 의미하였다. 정자의 지도 위원회는 해관세 징수인들의 길드로서 식민지 정부를 위해 일하였고, 그들 중 한 사람은 전체 공동체의 카피탄으로 임명되었다. 공동체의 지도력은 신전을 관리하는 것과 거의 동일시되었기 때문에 카피탄 체제가 1826년 영국인들에 의해 폐지된 뒤에도 "정자 우두머리亭主"라는 명칭은, 비록 사업가 엘리트의 핵심은 이미 싱가포르로 재이주하였음에도 불구하고, 20세기 초까지 중국인 공동체의 지도자를 임명할 때 이용되었다.[28] 그 정자에 의례 관리 · 징세 독점 · 공동체 지도력 등이 혼합되

28) Lim How Seng (1986); Tay (1986). 중국인 이민 협회에 대한 대략은 다음을 참조. Li (1995).

었던 것은 초기 식민지의 이민 엘리트가 지닌 특징이었다.[29] 의례를 수행하고 동향인을 돌보는 기능이 합해진 유사한 사례는 17세기 초 일본 나가사키의 중국 상인 공동체에서도 볼 수 있다. 그러나 그곳에서 체류자들의 출신지는 훨씬 다양하였다. 푸젠 집단이 두 개, 광둥과 장난江南에서 온 집단이 각각 한 개씩 있었고, 각각은 공동묘지를 제공하고 자선 활동을 진행하는 것 이외에도 자신들의 지역신을 위한 신전을 세웠다.

초기 식민지 시기, 신전들은 다양한 형태를 띠었고 사회의 모든 의뢰인들이 찾는 장소였다. 옛 바타비아에서 중국 신전들은 같은 성씨들이 조상을 숭배하기 위한 사당뿐만 아니라 직업 길드의 수호신들을 모시는 곳도 갖추고 있다. 이 모든 경우에 신전을 세우는 기금을 마련하고 관리하는 것은 상인 엘리트의 손에 달려 있었지만 그들보다 가난한 이민자들도 신에 대한 숭배의 추종자였다. 엘리트의 지배력이 확고했을 때도 계급들 사이를 잇는 다리가 놓여 있었던 것이다. 방언 집단의 분화는 1820년대가 되어서야 나타났고, 그때가 되면 복건인 이외의 방언 집단, 특히 새로 등장한 객가인들에 의해 신전들이 세워졌던 것으로 보인다.[30]

중국 태생과 혼혈(토톡과 페라나칸)

중국과의 무역 연계는 해외 상인 공동체의 경제적 버팀돌이었고, 그것은 고향에 있던 상인 회사들이나 중국 이민자의 가구들에게도 마찬가지였다. 따라서 그것은 고향을 향해 열려 있었고, 드나들 수 있는 통로였다. 중국 상품을 동남아시아로 운반하던 정크선은 승객들도 실어 날랐는데, 그들이 기존 중국 공동체로 들어가는 길은 이미 그곳에 있던 사람들에 의해

29) Li (1995), 27-31, 초기 협회에 관한 내용임; Franke and Chen (1982), 238.
30) Salmon And Lombard (1980), xviii-xxv.

만들어져 있었다. 하지만 1800년대 이전에 유입 속도가 느려서 정착한 공동체들이 새로운 사람들을 흡수하는 데 거의 어려움이 없었다. 오늘날의 이민자들처럼 새로 온 사람들은 새로운 고향에서 동향인들에게 의지했다. 자신과 같은 지역이나 혈연집단 중의 누군가가 일과 주거를 마련해 주고, 새로운 땅에서 발판을 구하는 데 도움을 줄 수 있었다. 이러한 의무들은 당연시되었을 뿐만 아니라 사회적으로도 존중받았다.

18세기 바타비아의 복건 상인 후견인[31]

호홍량[쉬팡량]은 장주[장저우]의 토박이였고 바타비아의 중국인 대장이 되었다. 그는 자유로운 성향이었고 참으로 관대하였으며, …… 낭시 호씨 일족에 속하는 모든 사람들이 존경을 받았고, 홍량은 그것을 자랑하곤 하였다. 그러나 그의 일족 중 한 명이 일용 노동자의 일을 하고 있다는 소식을 들었고, 홍량은 사람을 보내서 이렇게 말하였다. 너는 나의 친척이니 바타비아에 도착하자마자 나를 찾았어야 했었다. 왜 스스로 일을 그르친 거니? 그래서 대장은 그를 데려다 고용하였고, 몇 년 만에 그는 부자가 되었다. 이러한 인정을 베푼 사례는 빈번하게 있었다.

노동자로 해외에 나가고 상인으로 해외에 체류하는 일은 남성들에 의해 추구되었고, 중국 여성들은 (19세기 말까지) 거의 이민을 가지 않았다. 여성들의 임무는 고향에 남아서 자신의 시부모를 돌보는 것이었다. 따라서 장기 체류자들은 현지 여성을 두 번째 아내, 그리고 종종 사업 보조원으로 삼아 결혼하였다. 18세기 중반 무렵 유럽 식민지의 중국인 생활에서 주요한 형식은 혼합 공동체였다. 혼합 공동체는 차츰 중국인 남성과 현지

31) Wang (1849), 25.

여성들 사이의 결혼으로 태어난 후대들 사이에 형성되었다. 그처럼 문화적으로 안정된, 혹은 "혼혈" 공동체들은 자바('현지에서 태어난' 이라는 의미의 "페라나칸Peranakan" 으로 불림), 말라카 · 페낭 · 싱가포르(어원은 알려지지 않았는데 "바바Baba" 로 불림), 그리고 필리핀("메스티소Mestizo") 등지에 존재하였다.[32]

혼혈 중국인의 문화는 복건인과 말레이의 특징이 혼합된 형태였다. 중국의 동성불혼은 유지되었지만 결혼과 장례식은 양쪽으로부터 영향을 받았음을 보여 주었다. 엄격한 가부장적인 중국 가족형태가 말레이 관습에 의해 확대되었다. 예를 들어, 신랑이 신부의 가족과 함께 사는 것이 중국에서는 낯설었지만 동남아시아의 혼혈 공동체에서는 흔한 일이었다. 부계와 모계 양쪽 조상에게 제사를 드리는 것은 말레이 혈연관계의 쌍무적인 형태를 반영하였다. 페라나칸 의복은 말레이의 영향을 확연하게 보여 주었지만, 원래의 것과는 차이가 있었다.

초기 식민지 시기 동안, 이민자의 증가 속도는 새로운 이민자들이 혼혈 공동체에 흡수되어 그곳의 상인 우두머리에게 통제를 받을 수 있을 정도로 점진적이었다. 기존 공동체들은 혼인을 통해 대부분의 이민자들을 수용하고 그들을 자신들의 혼혈 문화에 동화시킬 수 있었다. 새로운 이주민들이 기존 공동체들을 압도하거나 그것들을 다시 중국화시킬 정도는 아니었다. 아직 이민과 상업은 견실한 상태였고 기존 공동체들이 고국의 문화와 접촉을 유지할 수 있을 정도였다.

왜 토착 문화에 철저히 동화되는 것보다 혼혈 문화가 더 일반적이었을까? 수많은 요인들에 의해 혼혈이 나타나게 되었다. 예를 들어, 중국 통로의 지속적인 생명력, 지역사회의 독특한 문화적 생태, 그리고 통치 당국의

32) Skinner (1996).

정책들 등. 중국 무역은 적어도 사회의 상층부가 그들의 고향 지역들과 지속적으로 교류하게 해 주었다. 그들은 자신의 아들을 고향으로 보내 공부를 하게 했을 수도 있고, 이민자들은 중국 생활과 계속 접촉할 수 있었다. 중국인과 말레이어를 사용하는 현지 여성 사이에서 태어난 아이들은 집안에서 어머니가 쓰는 언어로 말을 하였고, 그 결과 (대체로) 말레이어에 외래 복건어가 섞인 혼혈 언어가 등장하였다. 하지만 혼혈 가구들은 대체로 자녀들을 토착민과 결혼시키지 않았다. 그들은 혼혈 공동체 내에서 결혼하거나 중국인 이민 남성을 딸의 남편으로 맞아들였다. 식민지 사회에서 토착 엘리트는 무시당하였고 지방의 비非중국인에게 시집가는 것은 "낮춰서" 결혼한 것으로 여겨졌다. 반면 식민지의 유럽인 사회로 "높여서" 시집가는 것은 금지되었다. 그리하여 중국과 말레이의 특징을 함께 가진 지속성 있는 혼혈 문화가 형성되었다.

식민지 당국자들이 중국인 공동체들을 다룬 방식은 식민지마다 달랐다. 필리핀에서 스페인은 중국 이민 남성과 가톨릭 토착 여성들 사이의 결혼을 장려했다. 그것은 중국인들을 자신들의 통제 아래에 두는 방법이었고, 개종과 결혼을 통해 형성된 가톨릭 인구가 중국 자체를 개종시키는 데 도움을 줄 것이라는 바람이 있었다. 이러한 결혼을 통해 태어난 아이들－메스티소－은 일정한 특권도 누릴 수 있었는데, 그 속에는 토지 소유권과 (무역을 하는 집단에게 가장 중요한) 어디에서 살고 일할 것인지를 선택하는 상대적인 자유 등이 포함되었다. 바타비아의 페라나칸이나 말라카의 바바와 달리, 스페인화되고 가톨릭으로 개종한 주민들은 자신들을 "중국인"이라고 여기지 않았다. 왜냐하면 스페인 문화와 가톨릭 교회에 대한 동화가 사회적으로 더 두드러졌기 때문이었다. 이와는 반대로 네덜란드인들은 페라나칸들이 중국인으로서 정체성을 지키도록 했는데, 그 이유는 상업과 재정 분야에서 중개인으로서 식민지 체제에 아주 유용했다는 데 있었다.

필리핀의 메스티소는 원주민의 문화에 동화되지 않았다. 그들은 자신들이 식민지 통치자들과 가톨릭이나 스페인 문화를 공유하고 있다는 점에서 우월하다고 여겼기 때문이었다. 그들은 "특별한 형태의 중국인"이 아니라, "특별한 형태의 필리핀인"이었다.[33)]

그럼에도 불구하고, "중국인 메스티소"는 스페인 지배자들이 붙인 명칭이었고, 메스티소들은 중국인과 같은 의심의 눈초리를 받아야만 했다. 특히, 메스티소들이 (18세기 후반에) 상당한 경제 세력이 되자, 스페인인들은 그들이 뛰어난 사업 수완을 통해 원주민을 지배하고 착취하려 할 것이라고 걱정하였다. 어떤 스페인 관찰자는 이렇게 서술했다. "중국인 메스티소들의 경우 경제력과 탐욕은 자신들의 자금력을 증가시키려는 생각이나 정력과 함께 움직인다."[34)] 혼혈 문화는 왜 메스티소들이 선도적인 중간 집단으로서 번영할 수 있었는지를 설명해 주는 이유 중 하나이다. 그들은 촌락 차원에서 필리핀 인디오를 다루는 데 전문가였고, 그들은 (자바 페라나칸들이 토착 인도네시아인들을 그랬던 것처럼) 원주민의 언어로 말하고 문화를 이해하였다. 필리핀 인디오들이 자신들의 땅을 저당 잡힐 정도로 상황이 나빠지자, 메스티소 고리대금업자들은 그들에게 담보권을 집행하였지만 그 땅에서 소작인으로서 농사를 지을 수 있게 해 주었다. 환금작물 경작의 경우도 메스티소들은 자신들이 필리핀 인디오의 약점을 이용해서 미리 돈을 빌려줌으로써 미래의 생산물에 대한 권리를 얻은 다음에 다시 그 권리를 마닐라의 중국 상인들에게 팔았다. 1800년 무렵, 메스티소는 12만 명 정도였고 필리핀 전체 인구의 5%를 차지했는데, 이 비율은 (가톨릭으로 개종한 중국인 이민자들이 들어가게 된) 루손의 중심 성들보다 훨씬 더 높은

33) Wickberg (1965), 31.
34) Wickberg (1964), 79.

것이었다.[35)]

반면, 1800년 필리핀에서 중국 태생으로 개종하지 않은 체류자들은 겨우 7,000명 정도였고, 스페인인들이 그들을 다루는 방식은 식민지 체제들 중에서 독특하였다. (장인과 노동자들뿐만 아니라 상인들의) 순수 중국인 남성 공동체들은 마닐라 근처에 계속해서 존재했다. 마닐라는 그들이 도착한 항구였고, 스페인인들에게 분리된 곳에서 살도록 요구받았다. 중국인들의 계속된 유입은 초기 식민지 시기 전반에 걸쳐 비非가톨릭 중국인 공동체를 지탱해 주었다. 스페인인들은 줄곧 그들을 두려워했고 엄격한 거주 규정, 그리고 때로는 (이미 살펴보았듯이) 추방이나 폭력에 의해 그들을 통제하려 했다. 그와 동시에, 식민주의자들은 식민지의 경제생활이 그들에게 달려 있다는 것을 깨달았다. 이러한 모순된 심리 때문에 결국 이민도 거주도 효과적으로 통제되지 못하고 말았다.[36)]

자바와 말라카에서 페라나칸 중국인들은 식민지 경제에 유용한 존재여서 네덜란드인들은 그들을 인도네시아 원주민들과 계속 구별하였다. 그들은 쉽게 멈추게 할 수 없었음에도 불구하고, 대체로 페라나칸 중국인들이 이슬람으로 개종하는 것을 금지하거나 단념하게 하려 하였다. 1740년 학살 이후, 많은 중국인들이 살기 위해 어쩔 수 없이 개종하였고, 그렇게 한 사람들에게 변용된 페라나칸 문화는 개종을 더욱 쉽게 만들었다. 하지만 혼혈 "중국인"으로 남아 있는 것은 커다란 이점을 갖고 있었다. 카피탄들의 권위와 지위는 "중국인" 공동체의 통제 여부에 따라 결정되었는데, 그들은 동화되는 것에 반대하였다. 중국 통로의 지속적인 운영은 음식물·의례 제공 그리고 더 많은 이주민들을 통해 혼혈 문화의 중국적 요소를 유

35) Wickberg (1964).

36) Chia (2006).

지하게 만들었다. 이처럼 페라나칸 엘리트가 중국인으로서 정체성을 유지하는 데 관심을 지녔고, 더구나 네덜란드인들이 그렇게 해야 한다고 강조하면서, 자바와 말라카의 혼혈 공동체들은 문화적인 중간 지대로 남아 있었다.

혼혈화되는 과정에서 경제적 동기와 식민지정책들의 도움을 받았고, 19세기 중반까지 대부분의 새로운 이민자들을 효과적으로 흡수하였다. 19세기 초까지 필리핀에서 순수한 중국인은 (대략 17 대 1 정도로) 메스티소들에 비해 수적으로 절대적인 약세였다.[37] 상황은 자바에서도 유사하였고, 중국 태생 8,000명 대 페라나칸 10만 명의 비율이었다.[38] 18세기 중엽부터 대규모 이주의 시기에 들어서면서 비로소 새로운 사람들이 페라나칸/메스티소/바바 등을 경제적 문화적으로 위협할 만한 규모가 되었다.

필리핀의 메스티소와 네덜란드 식민지의 페라나칸 사이에는 몇 가지 유사점들이 있었지만, 둘 사이에는 분명한 차이가 존재했다. 메스티소들은 스페인의 개종 정책을 통해 식민주의자들의 문화 세계로 들어갔고, 이것은 해협식민지의 바바가 영어 교육을 통해 영국인들과 더 가까워졌던 것과 어느 정도 유사했다. 가톨릭교와 그것의 스페인화시키려는 힘은 필리핀 메스티소들로 하여금 자신들의 재부를 지배 엘리트들의 주류 문화와 연계하게 하였다. 중국인 메스티소와 순수한 중국인들 사이의 무역 관계에도 불구하고, 스페인 문화와 가톨릭교는 메스티소들을 식민주의자들의 자연스런 협력자로 만들었다. 개종하지 않은 중국인들이 식민지 국가와 갈등하게 되었을 때, 메스티소들은 자신들을 식민주의자들과 동일시하였다.[39] 반대로, 20세기 초가 되어서야 네덜란드인들은 페라나칸들을 자신

37) Wickberg (1965), 24-25.

38) Skinner (1995), 56.

39) Dobbin (1996), chap.2.

들의 문화권으로 끌어들이려 하였다.

정치 사회적 구조

중국인 공동체들은 초기 식민지 시기 동안 식민정책의 성격 그리고 토착민과의 관계에 의해 형성되었다. 그 상층부에는 상인들이 있었고, 그들은 식민주의자들에게 해양 무역업자이면서 세금 징수인으로서 일하였다. 다양한 형식의 세금 "청부" 독점권franchise에 입찰하였던 중국인들에게 세금 징수를 맡긴 것은 취약하고 인력들이 부족하였던 식민지 국가들의 어쩔 수 없는 수단이었다. 비록 토착인들을 군사적으로 지배할 수 있었을지라도, 식민지 국가들은 그들을 경제적으로 착취할 인원과 문화적 기술이 부족하였다. 이러한 사실로부터 동남아시아의 중국 상인 엘리트의 특징적인 제도, 즉 "징세 청부"가 생겨났다. 그러한 독점은 말레이 국가들에서 오랫동안 운용되었고, 최초의 식민지 시대에 네덜란드와 영국 식민지들에서도 나타났었다.(스페인의 필리핀에서는 1850년대에 비로소 등장하였다.)

징세 청부는 국가 당국에 발행된 일종의 허가증이었고, 일반적으로 경쟁입찰을 통해 상품 · 서비스 · 시장 등에 대한 세금을 징수하였다. 허가증을 따낸 입찰자는 국가에 미리 일정액의 지불을 약속하였고, 나중에 시장이 열릴 때마다 고객들에게 세금을 부과하였다. 제도적으로 징세 청부는 동남아시아와 유럽 양쪽에 뿌리를 두었다. 앞서 살펴보았듯이, 해양 도시의 통치자들은 다양한 국적의 사람들을 임명하여 그들의 동향인들이 하던 해양 무역에 세금을 부과하고 그 공동체들을 관리하게 했다. 이러한 관습은 식민주의자들 자신의 전통에 의해 강화되었다. 네덜란드인들은 바타비아를 점령하자마자 재빨리 징세 청부제를 만들었는데, 그것은 잘 갖추어진 유럽의 전통과도 일치하는 것이었다. 그들은 바타비아에서 그러한 독점권을 소유한 분별 있는 사람들로 주요한 상인 집단의 엘리트였던 중국인이 적당할 것이라고 여겼다. 네덜란드인들은 중국인들 가운데 지도급 인물에게 이미 카피탄 치나와 준군사적인 지위를 통해 공동체를 통제할 권한을 부여한 상태였다. 초기 식민지 세계에서 카피탄들의 경제적 기초는 세입 청부였다.

청부에는 여러 형태가 있었고, 일부 카피탄은 도살장 · 시장 그리고 해양과 국내 교역에 모두 세금을 부과했다. 그러나 가장 선망의 대상이 되었던 청부는 도박 · 술 · 매춘 그리고 마약 등에 관한 세금이었고, 이 모든 것들은 대부분의 사회에서 그렇듯이 엄청난 돈을 낳는 것들이었다. 중국 상인들은 그러한 활동을 하는 "청부"의 자리를 재빨리 차지하였고, 그 당시에는 그런 일을 하는 것이 도덕적 불명예가 되지도 않았다. 식민주의자들뿐만이 아니었다. 토착 통치자들(자바와 말레이 반도의 지역 술탄)도 자신들의 국가가 유럽 세력에 대항해야 하는데 재정적으로 대단히 궁핍한 상황에서 중국인이 관리하는 세금 징수 청부가 큰 도움이 된다는 것을 발견했다.[40]

상층 "청부업자"로서 부유한 중국 상인들만이 그들의 식민지 후원자들에게 선수금을 치를 수 있을 정도의 재력을 소유하였다. 식민지의 관점에서 보면, 이러한 상인들은 외부인이었지만 세금 청부 사업을 믿음직하게 수행하고 위임한 일을 잘 처리할 만큼 부유하였다. 그들은 중국인 공동체들을 지배했고, 무장 전사들을 보내 그들의 독점권을 강화시킬 수 있는 중국인 조직원들과 연계되었다. 농촌에서 중국인의 하층 "청부"는 도로나 강들이 만나는 곳에서 세워진 통행료 징수소tollhouse를 통해 이루어졌다. 중국인들이 세금 청부를 위해 자바 농촌으로 퍼져 나가면서 "자바 전쟁"이라고 알려진 1820년대의 반란에 기름을 부었다. 그 전쟁에서 이교도였

40) Reid (1993).

던 중국인과 네덜란드인들은 대중적 증오의 표적이 되었다.

관리자 시스템은 많은 중국인 정착지에서 지역 조건에 맞는 다양한 형태로 나타났다. 그것은 유럽인 식민주의자들의 필요뿐만 아니라 중국인 공동체의 문화 브로커, 즉 지역 정치체제를 효과적으로 다룰 수 있는 중개인이 필요했기 때문에 성장하였다. 카피탄들의 권위는 부분적으로 그들의 부유함에 의존하였지만 식민지 정부에 의해 부여된 반공식적인 지위라는 특권에 더 많이 의존하였다.

식민지 시대 후반, 공동체 권력에는 성씨 협회 · 사묘관리 위원회 · 지역 숙박소 등과 같은 사회집단들의 전횡과 맞물린 서비스가 뒤따랐다. 그런 서비스를 여러 계급이 있는 단체들에서 운용함으로써, 상인 엘리트들은 중국인 공동체 곳곳에 자신들의 지휘권을 보여 줄 수 있었다. 단체의 이사회들은 이사들에게 보통 개인적인 헌신의 표시로 상당한 현금을 요구하였다. 19세기 초가 되면, 세금 청부는 조직들과 밀접하게 협력하였고 실제로 조직원들의 등급을 매기고 있었다. 후견인들이 특권을 가진 시장을 보호하고 불법 공급을 막음으로써, 조직들은 상인 엘리트의 핵심적인 "주먹" 으로 일하였다.

의례 또한 카피탄들의 지배를 보장하는 데 일익을 담당하였다. 그들의 "공적 사무소公館"(법적 행정적 권위를 지닌 준정부적인 사무소)를 통해 카피탄들은 결혼 증명서를 발행하였고, 고향으로 돌아가는 희망을 잃은 이주민들에게 정서적인 필수품이었던 중국인 묘지들도 관리하였다. 묘지에 자리를 얻고 사후에 자신의 영혼이 제사를 받을 수 있다는 보상을 받으려 한다면, 그는 카피탄 엘리트의 중개상들에게 신청해야만 하였다.[41]

관리자의 위신은 또한 조상의 무덤에 제사를 드리는 청명淸明 · 춘절春節

41) Li (2003); Zeng and Zhuang (2000).

과 같은 주요한 공동체 의례에 의해 보장되었다. 19세기 말, 한 네덜란드인의 기록에 따르면 카피탄과 동료들은 모든 사회계급이 참여하는 의례에서 그들의 준공식적인 지위를 과시하였다. 4월 4일 오전 9시, 엄청난 군중이 바타비아의 중국묘지 근처에 있는 절로 모여들었다. 의례를 지휘하던 관리자들은 정식 중국 관복을 입고 예의를 갖췄는데,

> 중국의 관료들과 똑같았다. 맨 앞에 카피탄은 가슴에 정식 휘장을 두른 전령들과 주요 인사들의 수행을 받았다. 주요 인사들이란 항구에 있던 중국 정크선의 선장 · 상선 사무장 · 도선사들이나 주요 세금 청부업자들과 비슷한 지위를 지닌 사람들이었다.[42]

중국인들 가운데 하층계급들은 더 힘든 운명을 가졌다. 바타비아에서 많은 이들이 상인 사업가들에 의해 모집되어 플랜테이션이나 광산에 일하러 보내졌다. 변동성이 큰 설탕 시장은 플랜테이션 노동자들이 때때로 중국으로 돌아가거나 새로운 일을 구할 희망도 없이 실직 상태에 빠졌다는 것을 의미하였다. 굶주린 떠돌이 노동자들의 무리는 도시 근처 농촌에서 네덜란드나 도시의 중국인 엘리트들 누구에 의해서도 통제될 수 없었다. 우리가 살펴보았듯이, 네덜란드인은 그처럼 자포자기한 남자들을 두려워하여 그들을 강제로 추방하는 계획을 생각해 냈는데, 오히려 1740년의 반란과 학살을 야기하였다.[43] 유사한 상황이 1800년 필리핀에서도 보인다. 그곳에서 메스티소가 아닌 중국인들은 마닐라와 그 주변에서 주로 소매상이나 장인이었다. 그들은 반복된 학대에 그대로 노출되었는데, 대개 두려

42) Salmon and Lombard (1980), lix, 271.
43) Blussé (1986), chap.5.

움 때문에 벌어진 대량 추방뿐만 아니라 이미 언급한 학살이 있었다.[44)]

다양한 생태: 식민화되지 않은 군주국

중국인들이 무역 중개인 · 도시 건설자 · 세금 청부인 등으로 유용하다는 인식은 식민지 권력자들에게 국한된 것이 아니었고, 유럽인 식민지들만이 중국인들을 중개인으로 고용한 동남아시아의 정권도 아니었다. 식민화되지 않은 왕국들—시암 · 베트남 · 캄보디아 · 라오스 · 버마 등을 포함—은 중국인들에게 그들의 상업 시스템 안에서 특권을 지닌 장소들을 허가하였다. 이러한 토착 왕국의 통치자들은 외국무역과 국내 주민들로부터 세금을 징수하기 위하여 믿을 만한 중개인들, 그것도 정치적 야심이 없지만 상업 수완이 좋은 중개인들을 필요로 하였다. 이러한 정권들에게 중국인은 완벽할 정도로 적합하였다. 중국인들과 지역 군주들 사이의 연합은 역사가 깊었고, 18세기부터 더욱 밀접하게 되었다. 하나의 예외가 일본의 도쿠가와 정권이었는데, 그 정권은 17세기 초에 권력을 잡았고 모든 외국 상인들을 의심하여 그들을 엄격하게 통제하였다. 비록 일본인들이 유럽인들보다 중국인들을 조금 더 선호하였을지라도, 그들은 엄중히 제한되고 감독받았다.

시암

중국인 이민을 위한 장소로서 18 · 19세기의 시암 군주는 몇 가지 방식에서 초기 식민지 국가들과 닮았다. 시암이 중국 무역과 시암 항구의 체류

44) Wickberg (1965), 22 23.

는 13세기부터 확실한 기록이 있다. 상인들뿐만 아니라 장인들과 정치적 망명자들도 그곳에 정착하여 타이 여성과 결혼하고 시암 생활의 다양한 부문, 특히 국내외 무역에 참여하였다. 어떤 지역들, 특히 오늘날의 말레이시아와 인접한 시암 반도의 경우, 중국인들은 시암의 군주제 조직 안에 있는 지역의 통치자가 되었다. 복건인은 18세기 초부터 시암 궁정의 주요 관리, 특히 궁정의 외국무역을 책임진 대신으로 일하였다. 중국인 승무원들이 배치된 시암 왕실 선박들은 일본 · 중국 그리고 동남아시아의 왕국들과 무역하였다. 궁정에서 중국인들의 지위는 이미 방콕왕조 시기에 확립되었는데, 그 시기에 중국인들은 (조주인이 복건인보다 많아졌고) 타이의 통치자들에게 중개인 겸 행정가로서 일하고 있었다.

시암 사회의 상층부에서 남녀 중국인 조상이 얼마나 자연스럽게 받아들여지는가는 중국계 타이인 탁신왕의 이력을 통해 분명히 보인다. 그는 조주인 아버지와 타이인 어머니 사이에서 태어나서 타이 귀족 집안으로 입양되었고, 1760년대 미얀마 침략자들을 몰아내는 전투를 이끌었다. 전장으로부터 갓 돌아온 탁신은 왕위를 계승하였고 강력한 근대 시암 군주제를 위한 기초를 닦았다. 그의 후계자 라마 1세는 오늘날까지 타이를 통치하는 차크리 왕조의 최초 인물이고, 중국인 어머니를 가졌다. 새로운 왕조의 창립을 둘러싼 혼란은 방콕의 중국인들로 하여금 시암국과 관계를 더욱 확대하게 만들었다. 18세기 말부터 중국인 세금 청부인들은 차크리 왕조의 건설 계획에 아주 중요하였다. 시암의 중국인 생활에서 눈에 띄는 양상들은 먼저 관대한 사회로 쉽게 동화되면서 형성되었다. 그러한 양상들은 또한 기능이 분화되고 그에 따라 상업과 임금노동보다 정부와 농업에 가치를 두는 타이인들과 경쟁할 일이 적었고, 왕실의 권력과 재부를 증가시키려는 과정에서 세금 청부인들을 보조원으로 이용하였던 군주와 지속적으로 친밀한 관계를 유지하면서 형성되었다.[45]

활력이 넘치는 팽창주의적이었던 차크리 군주국은 식민지 국가처럼 행동하였고, 국경 지역의 자신보다 약한 정권들을 통제하고 시암 귀족의 재정 동력을 대체하려 하였다. 그들의 국가건설 계획을 중앙화하고 합리화하면서, 차크리 왕들은 왕위와 중앙정부를 위한 새로운 세원을 구하였다. 이것은 (지역 엘리트들의 힘과 재산을 유지해 주던) 옛 요역labor-service 체계를 무너뜨리고 직접세 체계로 바꾸는 것을 의미하였다.[46] 따라서 시암 군주국은 유럽인이 운영하던 식민지 정권과 어느 정도 같은 상태에 있었고, 토착 사회에 대한 통제도 강화하고 있었다. 통치 집단은 도움이 없이 더 많은 세입을 끌어낼 수도 없었기 때문에, 세금 청부인과 무역업자로 중국인 중개인들에게 방향을 돌렸다. 그리하여 더 강해지려 하고 있던 약한 국가들은 중국인 파트너들이 그들의 의제agenda를 진전시킬 준비와 의지를 갖고 있다는 것을 깨달았다.

차크리국은 세금 청부를 확대하려 하였고, 동시에 임금과 상업을 목적으로 한 노동을 해방시켰다. 이 때문에 대부분의 시암인들이 얽매여 있던 낡은 주인-농노 제도가 중국인들에게 강요될 수 없었다. 그 대신, 중국인들은 특별 인두세를 지불하려 하였고, 그들이 선택하지 않으면 타이 방식으로 주인에게 등록하고 요역을 하도록 요구받지 않았다. 그리하여 타이인이나 중국인의 사회적 역할들 사이에서 어떤 선택을 하느냐는 다가올 시기의 중국인들에 의해 결정되었다. 중국인들이 이처럼 본질적으로 정치적인 선택을 해야 했다는 것이 그들의 문화 정체성을 규정하지는 않았다. 그들은 중국 문화를 보유한다든지, 가장 받아들일 만하거나 유용하다고 여긴 타이 문화를 어느 정도 취할 수도 있었다. 민속적 분류는 낡은 시암

45) Skinner (1957), chaps.1-3; Wilson (1993); Kasian (1992); Wyatt (1984).

46) Kathirithamby-Wells (1992), 581-584; Hong (1984), chaps.1 and 2.

제도에서 일부가 아니었다. **민족적으로** "중국인" 임을 지울 수 없다는 생각은 20세기에 다소 공격적인 인종민족주의의 일부로서 등장하기 전까지 받아들여지지 않았다.[47] 이 점에서 시암은 (의심할 여지없이 유럽인들이 민족 이념을 가져와서) 인종 집단들 사이의 분명한 구분을 주장하였던 식민지 세계와 달랐다.

우리는 이미—윌리엄 스키너가 지적한 이래—시암의 중국인들이 스페인 · 네덜란드 · 영국의 식민지들처럼 "혼혈" 문화를 받아들이지 않았다는 것을 알고 있다. 최근 연구는 스키너의 관점을 확인시켜 준다. 혼혈화 대신에, 시암의 중국인과 중국계 타이인 사이에는 두 문화와 두 언어가 공존하는 현상이 널리 퍼져 있었다. 이것은 문화적 팔레트에 타이의 행동 양식과 언어라는 층이 하나 더 생기더라도 완전한 동화를 거부하는 일종의 중국적인 것이 존재했다는 것이고, 가족이나 중국인 사업 동료들과 중국어를 쓰고 타이인과 타이어를 쓰는 식이었다.[48] 두 문화 공존은 혼혈화로 가는 정거장이 아니었다. 상황이 만든 정체성은 중국인들과 그 후손으로 하여금 다수였던 타이인들을 대할 때는 타이인처럼 입고 말하고 행동하지만, 친척과 동향인들 사이에서는 중국식 문화를 유지할 수 있게 해 주었다. 시암은 이민자에게 융통성을 제공하였다. 동화는 경제적 필요에 의해 장려되지도 꺾이지도 않았고, 통치 권력에 의해 요구받지도 금지되지도 않았으며, 대부분의 중국인들이 잘못된 것이라고 여기는 (네덜란드령 동인도의 이슬람처럼) 종교에 의해 방해받지도 않았다. 부분적으로 불교 신앙과 유사한 시암인의 관용과,[49] 군주는 모든 민족 집단을 동일하게 보호한다

47) Kasian (1992).

48) Chan and Tong (1993); Szanton (1983).

49) 비록 시암에서 실천되고 있던 불교는 소승불교의 계통이었고 중국의 대승불교와 구분되었을지라도, 중국인 이민자들이 편하게 느낄 정도로 친숙한 종교였다.

는 시암인의 오래된 신념은 쉽고 유연한 문화적 적응에 도움이 되었다. 20세기 초, 지울 수 없는 "민족적" 성향의 신념들이 타이의 민족주의 정부에 의해 장려되었던 시기에만, 개인적인 취향에 상관없이 "중국적인 것"이 이민자들과 그들의 후손들을 구분하는 태생적 특징이었다.

베트남

식민지 이전 베트남에서 중국인 이민자들(대부분이 광둥인)도 광범위한 국가권력을 위해 할 수 있는 역할을 발견하였다. 응우옌 일족의 귀족들은 안남의 좁은 해안평야를 통제하였는데, 그들의 영역을 메콩 강 삼각주까지 확대함으로써 그들의 식량과 인력 기반을 확장하려 하였다. 그 과정에서 중국인 이민자들은 농민 · 개간인 · 무역업자 등으로 일하였다. 명조가 망하고 만주인이 정복할 무렵, 진란이 휩쓸던 시기 중국 남부의 성들로부터 수천 명의 중국인들이 경제적 혹은 정치적 이유 때문에 베트남으로 도망쳐 왔다. 1679년, 3,000명의 중국인 무장 병사들은 만주인의 침략을 피하여 광둥 성과 광시 성으로부터 50척의 정크선 함대를 이끌고 도착하였고, 망명을 허가받아서 메콩 강 삼각주에 흩어져 정착하였다. 응우옌의 통치자들은 그 억센 정착인들이 캄보디아 침략자들을 몰아낸 지 얼마 안 된 지역의 새로운 주민으로 적합할 것이라고 여겼다. 중국의 해안 성들로부터 온 상인들은 남부 베트남에서 환영받았고, 특히 철 · 강철 · 유황 등 군사적으로 필요한 물품들을 가져온 경우에 더욱 그랬다. 또 다른 광둥인 무장 집단은 막쿠우이 지휘 아래 1600년대에 도착하여 남부 멀리 하티엔의 개발되지 않은 분쟁 지역을 차지하였고, 그곳에서 그들을 캄보디아의 야심을 견제하는 데 유용하다고 판단한 응우옌의 후원으로 무장 자치국가를 세웠다. 그렇게 국경을 안정시키고 지역의 무역중심지를 세운 것은 남부 베트남이 권력자들에 의해 가치 있는 일로 여겨졌다.[50]

비록 부유한 중국인 이민자들이 동화에 저항하고 중국 신부를 구해서 (적어도 중국계 베트남인의 딸과 결혼을 통해서) 자신의 첫째 아들을 가짐으로써 정체성을 유지하려고 했을지라도, 순수 베트남인과의 결혼은 흔한 일이었다. 중국인의 다른 이민 장소들과 마찬가지로, 토착인 짝들은 지역 주민들과 사업을 하는 데 귀중한 파트너였다. 베트남인들은 만주인이 지배하는 중국으로부터 망명하여 부분적으로 동화된 후손들을 "명조를 숭상하는 사람들明香"이라고 불렀다. 19세기 중반 무렵, 베트남 거주 중국인들과 그 자손들은 북부에 2만 5,000명, 남부에 4만 명 정도 되었다.[51)]

일본

반면에 일본에 체류하고 있던 중국 상인들은 지역사회로부터 엄격하게 분리되었고, 그들의 정체성은 고정되었으며, 역할도 정부 명령으로 감시받았다. 16세기 동안, 중국 상인들은 주로 광저우 · 샤먼 · 타이완 · 푸저우 · 양쯔 강 삼각주 등을 포함한 중국 해안의 몇몇 장소에서 일본과 교역하였다. 큐슈 섬의 극서쪽 나가사키 항에 있던 중국 상인 공동체는 1603년 무렵까지 오랫동안 사람이 상주하지 않았고, 그해에 일본 당국이 최초의 중국인 지역촌장("통역", 通事)을 임명하였다. 이 작은 체류 상인들의 집단은 새로 세워진 도쿠가와 정권의 지배 아래에서 사는 것을 배웠다. 1688년을 시작으로 도쿠가와 막부는 (중국의 가톨릭 선교사들로부터 개신교의 영향이 들어오는 것을 걱정하여) 중국인의 거주를 성벽으로 둘러싸여서 엄밀한 감시가 가능한 구역으로 제한하였다. 하지만 막부는 갖고 싶은 중국 비단을 수입하고 아시아의 상황을 파악하는 창구를 제공하기 위해서 중국인들

50) Cheng (1976), chaps.2-4; Tarling (1992), 1:586; Purcell (1965), 181-185.
51) Li (1934), 117.

이 없어서는 안 된다는 것을 알았다. 일본인들은 당시 국외로 나가는 것이 금지되었기 때문에 막부는 동남아시아의 상황에 대한 정보를 중국인들에게 의존하였다. 비록 "통역들"로 초보적인 지역 촌장제도가 구성되었을지라도, 그들은 그들에 비견되는 대상들이 동남아시아에서 향유하였던 것을 갖지 못하였다. 즉, 그들은 지역 중국인들에 대한 상당한 권위뿐만 아니라, 세금 청부인으로서의 돈이 되는 역할도 없었다. 비록 나가사키의 중국인들은 아시아의 국제무역에서 중요하였을지라도, 일본사회 안에서는 중요한 집단이 아니었다. 이러한 사실은 일본인들이 외국의 영향에 대해 가졌던 의구심, 그리고 세금을 징수하기 위하여 외국 중개인이 필요하지 않았던 도쿠가와 통치자들의 유능함을 반영한다.

다양한 생태: 독립적인 중국인 정권

비록 주요한 형태는 중국인들이 정치적 통제가 다른 사람들의 손에 놓여 있는 곳(유럽이 지배하는 식민지 체제와 토착 군주국들)으로 가서 정착하는 것이었을지라도, 정치 구조가 취약하거나 부재해서 스스로 통치할 수 있는 지역에 독립적으로 정착하는 사람들도 존재하였다. 그러한 사례 하나는 보르네오 서부인데, 18세기 중반 광둥 동부 출신의 집단들(대부분이 객가이지만 일부는 조주인)이 빽빽한 열대밀림의 광부로 정착하였다. 그것은 작은 공화국과 놀랄 만큼 같은 형식을 통해 광부들 스스로 운영하는 지역 질서 안에서 고립된 채 독립하였던 이야기이다.[52]

보르네오의 중국인들은 광부로서 도착하였는데, 1750년대에 지역 말레

52) Yuan (2000).

이 술탄들에 의해 처음으로 충원되었다. 최초의 집단들은 중국으로부터 직접 온 것이 아니라 (멀리 수마트라) 방카나 브루나이처럼, 중국인 광부들이 현지 말레이 통치자-후견인들을 부유하게 해 주었다고 알려진, 중간 지역으로부터 왔다. 1760년대와 1770년대 무렵, 중국으로부터의 직접 이민이 있었다. 보트로 강을 거슬러야만 도달할 수 있는 금지된 국경지역들에서, 중국인들은 풍부한 사금매장을 탐사하고 채굴하기 시작하였다.

그들의 고향에서 개척자이고 광부들이었던 객가인들은 특히 험난한 개척에 적합하였다. 그들은 수세기 동안의 국내 이주를 통해 남부와 동남부 성들의 산악 주변부들을 따라 이동하였고 그들의 독특한 방언과 문화를 유지하면서 광산과 임산물을 가지고 살 수 있는 곳이면 어디에서나 정착하였기 때문에 보르네오 정글의 혹독함에 잘 맞았다. 그들은 힘든 생활뿐만 아니라, 필요하다면 무장력을 가지고 생존을 위해 다른 사람들과 경쟁하는 것에도 익숙하였다.[53] 초창기 보르네오에서 그들의 주요한 적대자들은 토착 다야크들이었는데, 많은 객가 개척자들이 다야크인을 아내로 맞이한 사실이 관계를 복잡하게 만들었다. 분명히 다툼과 변용은 보르네오 정글에서의 생존을 위해 상호보완적인 전략이었다.

보르네오 변경의 기회들이라는 말이 귀향한 광부들을 통해 신속하게 중국으로 전해졌다. 많은 지원자들은 복건인처럼 쫓겨나거나 곤궁에 빠지지 않았지만, 진취적인 남자들이 새로운 장소를 찾고 있었다. 그들 중에는 뤄팡보와 같은 교육받은 사람도 포함되었는데, 그는 1772년 만도르 지역으로 가는 이민자들의 무리에 합류하였고, 그곳에서 광산 공동체들의 독립연합 지도자가 되었다.

통치력이 미약한 변경지역으로부터 왔기 때문에, 객가 이주민들은 지

53) Leong (1997), chaps.1 and 2.

역 자치에 익숙하였다. 비록 보르네오에서 자치하는 중국 공동체들이 "민주국"이나 "공화국" 등으로 다양하게 서술됐을지라도, 그들이 의례 · 군국주의 · 공동소유 · 개인 지도력 등에 의존하였다는 점에서 아마도 "중국 특색의 민주국이나 공화국"으로 불리는 것이 더 나을 것이다. 그러한 요소 중 하나가 공통의 신에게 제사를 올리던 "회會"로 알려진 지역 종교협회였다. 협회에 기금을 찬조한 모든 사람들은 명망 있는 회원들이었고, 공동체의 복지에 공통의 이해관계를 가졌다. 회와 유사한 또 다른 기구로 주식회사가 있었는데, 해상운송이나 채광 같은 벤처 사업을 위해 자본을 모았고 이익은 투자 규모에 따라 주주들 사이에서 분배되었다. 이러한 조직에는 민주주의적인 요소가 있었는데, 그것은 조직에 공헌한 모든 사람들이 사업에서 자신의 몫과 해당 업무에 참여하는 권리를 갖는다는 점이었다. 하지만 개인 지도력이라는 강한 요소도 있어서, 명망 있는 (대개 부유한) 회원이 종교 협회의 관리자(亭主: 신전 책임자, 爐主: 향로 책임자)가 되거나, 주식동업인 경우에는 관리 위원회[公司]의 책임자가 되었다.[54] 재산과 (카리스마가 있었던 뤄팡보의 경우처럼 확실히 지식과 관련된) 능력의 차이는 기본적으로 평등주의적인 조직의 맨 위에 소수의 엘리트지도자 집단을 만들어 낼 수 있었다.

이러한 보르네오 공동체들에서 엘리트의 지도력은 군사 조직에 대한 긴급한 필요 때문에 강화되었다. 경쟁하는 공동체들이나 적대 민족들로부터의 지속적인 위협 아래에서 각 자치 공동체는 성인 남성들을 필요할 때 소집에 대비할 군사력 자원으로 여겼다. 중국에서도 이러한 지역 무장 집

54) 公司(현지에서 콩쓰, 표준 중국어로 공쓰)는 글자 그대로 어떤 종류의 공동 사업에서 관리자나 관리 위원회이고, 전체 사업을 위한 환유어(metonym)로 사용되었다. 이 용어는 종족 협회 · 종교 조직 혹은 (상업적인 의미에서) 사업 회사 등을 가리킬 수 있었다. 보르네오 객가의 경우 주식회사에 적용되었던 것으로 보인다.

단들은 이웃 공동체들, 특히 객가를 위험한 경쟁자로 여겼던 토착인 공동체들과의 다툼에 지속적으로 개입하였다. 보르네오에서 지역의 숙련된 무기 제조자들에 의해 만들어진 무기를 가지고, 무장 집단들은 변경 정글의 가공할 세력이 되었다.

공동체 방어의 필요성도 연맹들을 등장하게 만들었는데, 그러한 연맹은 수십 개의 광산 연합[쿵쓰, 公司]의 대표자들이 파견되어 군사적 행정적 안정을 도모하던 지역 세력의 연합 협의회總亭였다. 연합 협의회의 우두머리들은 공동으로 숭배하던 신의 최고 사제였고, 죽은 뒤에도 (종족의 조상들처럼) 숭배되었다. 연합 협의회들 중에서 가장 큰 것은 몬트라도에서 각각 800명 정도의 구성원들로 이뤄진 14개 협회들이 합쳐졌고, 창설될 때 대략 1만 명이 연합 협의회의 전체 주민이었다.[55)]

비록 이러한 광산 공동체들이 말레이의 지역 수장들의 후원 아래에서 시작하였을지라도, 그들은 곧 경제 · 군사적 힘을 바탕으로 그들의 독립성을 주장하였다. 네덜란드인들은 쿵쓰 연합들의 규모 · 의지력 · 사기 등에 크게 놀랐다. 어떤 사람은 1850년 무렵의 상황을 이렇게 기록하였다. 비록 유럽인들이 중국인들을 "비겁한 성격"(전쟁보다는 무역과 순응을 선호한다는 의미)을 지닌 것으로 간주하곤 하였을지라도, "보르네오의 [중국] 사람들은 그들의 조직과 많은 숫자가 가진 중요성 때문에 예외라고 인정해야 한다."[56)] 그는, 객가 방언 집단의 역사적 유산이었던, "자신들을 다스릴 수 있는 능력에 대한 신념을 지닌 덕분에"라는 말을 덧붙였을지도 모른다. 중무장한 네덜란드 정권이 그런 모든 지역정부들을 통제 아래 두기로 결정하기 전까지, 보르네오 이민자들은 그들의 독립을 유지할 수 있었다. 1884

55) Yuan (2000), 45. 19세기 네덜란드 학자 S. H. Schaank의 통계를 따랐다.
56) Yuan (2000).

년에만 길고 참혹한 군사 원정 끝에 최후의 쿵쓰 연맹들이 파괴되었고 그 구성원들은 식민지의 통제에 복종하였다.

말레이에서도 광산으로부터 시작된 유사한 이야기를 발견할 수 있었다. 말레이 반도에 있는 시암, 그리고 방카 섬의 주석 광산은 18세기 말 이래 중국인 자본과 중국인 노동을 끌어들였다. 말라야의 상황은 보르네오 금광과 유사하였다. 지역 말레이 수장들은 그들의 광산을 개발하는 데 중국인 노동을 참여시켰다. 비록 보르네오에서 중국인 쿵쓰가 그들의 후원자로부터 독립적이었을지라도, 말라야의 중국인들은 19세기 후반에 주석 자원을 통제하려던 말레이 귀족들 사이에 벌어진 잔혹한 전투에서 볼모가 되었다.

비록 그들은 독립적인 지역정부를 구성하지는 못하였을지라도, 말라야의 중국인 이민자들은 다른 자원들을 보유하였다. 그것은 걸출한 조직원들(쿵쓰라고도 함)이었는데, 그들의 무술 능력은 말레이 시민전쟁에서 이민 광부들을 가공할 군사적 도전자로 만들었다. 말라야의 조직원들은 상호부조와 노동조직 등 보르네오의 쿵쓰 연맹들과 같은 목적의 일을 하였다. 아마도 말라야로부터 귀환한 사람들의 영향을 받아서인지, 유사한 광산 쿵쓰가 18세기 중반 무렵 (멀리 남부 수마트라) 방카 섬에서 형성되었다.[57)]

요약하자면, 보르네오와 마찬가지로 말라야와 방카의 객가와 광둥인들이 19세기 중반부터 광산 사업에서 뛰어난 이민자들이었다. 이러한 이민 공동체들은 평균주의적인 정서를 강한 카리스마의 지도력과 결합시켰다. 자치 정부와 공동체의 보호는 그들의 준군사화된 집단을 통합하는 끈이었다. 의례도 부분적인 역할을 하였는데, 공동체 지도자들은 자신의 수하들에게 카리스마적 권위를 지닌 제사장으로서 행동하였다. 그들이 얼마나

57) Wong (1965), 17-29; Carstens (1993); Heidhues (1992), chaps.1 and 2.

"민주적" 이었는가는 의문의 여지가 있었다. 확실히 최초의 공동출자 형식은 재부 공유의 조직 모델(광부들이 선호한 지불 방식은 임금보다는 수익금의 배당이었다)을 보여 주었다. 하지만 조직원들 자체는 위계질서("형, 동생")와 규율 그리고 변경 정착지의 군사적 특성을 가졌고, 이것은 평균주의가 강제적인 지도력에 의해 유지되었음을 의미한다.

말라야의 조직 수장과 광산 개척자(카스턴스[1993]에서 재인용)

광둥 성의 가난한 객가 농가에서 태어난 얍아로이(예아라이)는 1854년 말라카로 이민을 가서 친척 상점에서 일을 찾았다. 그 뒤 잠시 말레이인의 주석 광산에서 일한 다음 삼합회의 우두머리였던 객가 카피탄의 경호원이 되었다. (그 지역에서 카피탄의 지위는 종종 조직들의 책임자와 연계되었고, 식민지 후견인들이 수여하거나 삼합회의 기구를 통해 계승되지 않았다.) 그의 후견인이 전투에서 살해되었을 때, (객가 문화의 자랑이었던 전투력과 지도자로서의 재능에서 모두에게 깊은 인상을 주었던) 얍은 카피탄으로 추대되었다. 얼마 지나지 않아 그 젊은 사나이는 (현재 말레이시아의 수도인) 쿠알라룸푸르가 시작된 지역으로 옮겨 갔고, 그곳에서 사업을 시작하여 두 개의 주석 광산을 소유하게 되었다.

그의 경쟁자였던 말레이 지배자들은 주석 세입의 통제권을 차지하기 위하여 근처에서 내전을 벌였고, 각 세력은 객가인 광부-전사들을 수중에 넣고 있었다. 아직 서른두 살밖에 되지 않았던 괴력의 얍은 다시 자신의 형제 광부들을 이끄는 쿠알라룸푸르의 카핀탄으로 불려 갔다. 실제로 얍은 자치적인 조직이었던 광부들과 그들의 무장 집단을 지휘하였다. 그의 지도력은 지역신 숭배뿐만 아니라 방언 집단의 결속에 바탕을 두고 있었는데, 이것은 보르네오 광산의 콩쓰와 유사하였다.

1874년 영국인들이 말라야에 개입하고 (주석 사업을 수익성 있게 진행하기 위하여) 질서를 확립한 뒤, 카피탄 얍은 자신이 쿠알라룸푸르의 중국인 공동체를 식민지 주인의 의뢰인으로서 다스리고 있음을 알게 되었다. 보르네오 객가들의 작은 "공화국들"처럼, 얍의 조직은 유럽 식민주의자들의 무장력에 상대가 되지 않았고, 곧 독립성을 잃었다. 하지만 쿠알라룸푸르의 카피탄으로서 얍은 주석 사업에서 크게 성공하였고, 그 도시에서 많은 부동산을 획득하였다. 그의 자선 행위(환자를 위한 쉼터와 최초의 중국인 학교)는 중국인 상인들이 재산을 사회적 지위로 바꾸는 표준 형태를 따른 것이었다. 부유하고 성공한 체류자로서 광둥의 고향에 금의환향하기도 전에, 그는 마흔여덟의 나이로 병들어 죽었다.

고향으로 가는 통로

식민지 동남아시아에서 중국인들이 얼마나 효과적으로 중국에 있는 그들의 고향과 끈을 유지할 수 있었을까? 고국 쪽에서, 황실이 내놓는 정책들은 중요한 요인으로 작용하였다. 청조의 해양무역 금지령은, 원래(1662~1683년) 만주인들이 타이완과 동남 해안을 통제하려고 분투하는 동안 내려졌는데, 1717년과 1727년 사이에 해외로부터 반청 한인들이 침투할지도 모른다는 호고험 때문에 다시 반포되었다. 이전과 마찬가지로, 그 금지령은 동남아시아와 무역하던 상인들에게 커다란 위협이 되었고, 그곳의 체류자들에게 타지 생활을 연장시켰다. 푸젠 남부의 관료들과 학인들 사이에서 금지령에 대한 반대가 격렬했고, 해상 이해관계가 그들의 힘을 뭉치게 하였다. 란딩위안(1680~1733)은 복건인으로 저명한 지리학자였고 동남 연해의 사정에 밝았다. 그는 1721년 타이완에서 일어난 주이구이朱一貴 반란을 진압하는 데 개인 자격으로 참가하였고, 실용적인 저술들을 통해 전국적인 명성을 얻었다. 비록 그가 과거 시험에서 높은 학위를 얻지는 못했을지라도, 옹정제는 그의 재능을 높이 평가하여 그에게 관직을 하사했다. 그는 관대하고 실용적이었으며, 여성 교육과 좀 더 현실적인 타이완 정착 정책에 우호적이었다. 복건인으로서, 그는 1717년 만주 조정이 안전을 위해 다시 반포한 무역 금지령에 반대하는 입장이었다.

란딩위안(1680~1733), "남양[南洋, 남쪽 바다와 동남아시아]에 대하여"(1724)[58)]

"남양의 오랑캐들은 우리에게 아무런 해도 끼칠 수 없을 것이다. 무역 금지령을 폐지하고 남양에서 무역을 할 수 있게 해야 한다. 그렇게 해야 해외에 풍족한 것들을 이용해서 국내에 부족한 것을 보충할 수 있다. 어떻게 이런 정책이 더 미뤄질 수 있단 말인가! ……

푸젠과 광둥은 좁은 지역에 많은 사람들이 살고 있다. 경작 가능한 토지는 사람들이 생명을 유지하기에 부족하다. 따라서 열에 대여섯은 바다에서 먹을 것을 구한다. 값싼 중국 상품들도 오랑캐의 땅으로 가면, 그것들은 보물로 여겨질 것이다. 그러므로 해안 지역의 백성들은 작고 정교한 수공품과 여성들의 자수품을 만들어서 원양항해를 떠나는 배들에 판매할 것이다. 매년 1000만[은량]이나 되는 은과 상품들이 오랑캐의 땅으로부터 중국으로 흘러들어 올 것이다. 이것은 사소한 일이 아니다.

* * * *

남양과의 접촉이 금지되기 전에 푸젠과 광둥의 사람들은 집집마다 살림이 넉넉하고 사람마다 의식이 풍족했다. 심지어 부랑자나 무뢰배들도

58) Lan (1726).

부자가 되려고 모두들 이적夷狄의 섬들로 가려 했다. 춥고 배고픈 사람들이 강도가 되는 일은 거의 없었다. 금지령이 반포된 후, 상품은 교역을 할 수 없게 되었고 사람들의 생활은 갈수록 어려워졌다. 이곳 주민들은 자신들의 기술을 이용할 방법이 없었고, 무역업자들은 멀리 나갈 수 없게 된 것을 탄식하였다. 그래서 4~5,000냥이나 들여 건조한 원양 선박들의 발이 묶여서 버려진 항구에서 썩어 가고 있었다. 이 선박들은 너무 커서 [먼 바다 이외의 곳을] 항해할 수 없었고, 어떤 값에도 팔릴 수 없었다. …… 하지만 [선주들은] 금령을 어떻게 할 수 없고 언젠가 풀려서, …… 다시 바다로 나가 무역할 수 있기를 바라고 있다. 선박 한 척을 포기할 때마다 수백 호에 달하는 가족들의 살 길을 막는 결과를 초래하였다. 비극은 더 이상 말로 표현할 수 없을 정도이다. 어떤 이유로 이것을 정당화할 수 있는가? 해안 주민들은 고립되었고, 그들을 빈궁하게 만든 것은 전적으로 금지령 때문이다. 바다를 항해하고 뱃일을 하는 데 익숙한 선원들은 등이나 어깨에 짐을 지는 일을 해서는 한 끼도 해결할 수 없다. 그래서 그들은 자신들의 몸과 영혼을 지키기 위해 위험을 무릅쓰고서 바다로 나가 해적이 된다. 그리고 이제 갈 곳이 없어진 부랑자나 무뢰배들은 떼를 지어 타이완으로 가는데, 그곳에서 소요를 일으킬지도 모르고, ……

…… 현재 남양무역 금지 정책은 해롭기만 할 뿐 이로움이 없다. 금지령은 해안 주민들 중에서 부유한 사람들을 곤궁하게 하고 가난한 사람들을 더욱 가난하게 할 수 있을 뿐이다. 이것은 기능공과 상인들을 부랑자가 되게 만들었고, 부랑자들을 좀도둑과 강도로 만들었다. 푸젠에서는 은이 생산되지 않기 때문에 사람들은 외국으로부터 들어온 화폐를 사용해야 한다. 만약 금지령이 오랫동안 엄격하게 강요되고 사람들은

[무역에서] 이용할 것이 없어진다면, 편법으로 저폐楮幣나 피초皮鈔를 사용할 것이다. 이러한 폐단은 결코 작을 수 없다."

해안 지역 관리와 지식인들의 지지 덕분에 무역 금지령은 마침내 1727년에 풀렸다. 그럼에도 불구하고, 해양 상인들의 지위는 전혀 바뀌지 않았다. 문제의 핵심은 체류하는 것이었다. 동남아시아에 가서 무역을 하는 상인들은 일반적으로 가을 계절풍을 타고 남쪽으로 항해하였고, 봄 계절풍을 타고 북쪽으로 돌아왔다. 하지만 상품이 팔리지 않거나 대금을 회수하지 못했을 경우, 바타비아나 말라카 같은 항구에서 보내는 시간은 한 계절 이상이었다. 보통 무역업자들은 믿음직한 대리인(형제나 조카)을 남겨 두어 회사의 외국 근거지를 유지하게 하였다. 그리고 항구들에서 부패한 하급 관리들이 갖고 있던 재정적 이해관계 때문에 문제가 복잡해졌다. 그들은 외부로 떠나는 체류자들에게서 신부를 빼앗았고, 이것은 상대적으로 느슨하게 해외 왕래를 규제하고 있었다는 것을 보여 준다. 하지만 그 부패한 작자들은 들어오는 선박들로부터 더 많은 이익을 얻었는데, 그 이유는 돌아오는 사람들은 흔히 대규모 부당 취득이나 노골적인 압수의 표적이 되었던 해외 이익을 국내로 가지고 왔기 때문이었다. 이러한 상황은 왜 관리들이 이민자들의 출국은 (약간의 뇌물만 요구하면서) 눈감아 주고 돌아오는 사람들을 붙잡고 조사하는 데 그렇게 열성적이었는지 설명해 준다.[59]

해외 중국인 체류자들과 그들의 고향 공동체 사이에 통로를 열어 놓는 것은 1700년대 중반 내내 논쟁거리로 남아 있었다. 일부 관료 세력들은 여전히 이민자들을 배신자나 안보에 대한 위협으로 간주하였다. 다른 쪽, 특

59) Zhuang (1989), 118.

히 해안 성들의 관료와 지식인들은 해양 무역을 자신들이 관할하는 지역을 번영하게 하는 데 필수적이라고 여겼고, 무역에서 체류자들이 지닌 중요성을 이해하였다. 1740년 바타비아의 학살 이후 청조의 이민정책은 실용적인 방향으로 바뀌었는데, 당시 무역 반대파 관리들은 네덜란드와의 무역을 금지함으로써 네덜란드 정부에 대한 엄격한 제재를 건의하였다. 하지만 남부 관리들은, 무역 금지를 통한 어떠한 심리적 만족감도 중국에 대한 경제적 피해 비용보다 많이 들지 않을 것이라는 이유로, 그들의 건의에 반대하였다. 해안의 성들은 심각한 피해(운송 사업에서 일자리를 잃은 사람이 50만 명 이상이고, 남부 경제의 붕괴로 가난하게 된 사람이 수천 명) 때문에 고통을 당하게 될 뿐만 아니라, 조정의 무역 세입도 줄어들게 될 것이었다. 그들의 의견이 신임 황제 건륭에게 전달되었고 그는 무역이 계속될 것이라고 선포하였는데, 그것은 체류자 문제의 궁극적인 해결책을 미리 보여 주는 조정의 실용주의에 대한 일종의 표시였다.[60]

체류자에 관한 논쟁은 불행한 사건 이후 더욱 격화되었다. 부유한 복건상인 천이는 중국을 떠난 뒤 2년이 지나서 귀향 금지법을 어기고 고향으로 돌아왔다. 그는 마카오를 통해 네덜란드 동인도로 가서 돈을 벌었고, 네덜란드 당국에 의해 카피탄에 임명되었다. 그는 적어도 한 번 정도는 사고 없이 푸젠의 고향을 조용히 방문했던 것으로 보인다. 하지만 1749년 자신의 외국인 아내, 아이들과 함께 은괴 상자와 선물을 가지고 어머니를 찾았다가, 지역 관리들에 들켜서 탐욕의 대상이 되었다. 그는 중국에 도착하자마자 체포되어 재판을 받았고, 해외에 체류했을 뿐만 아니라 외국 정부를 위해 일했다는 이유로 서북 변경으로 유배를 떠나게 되었다.[61]

60) Cushman (1978); Blussé (1986), 138-139.

61) Ng (1991).

1754년, "귀향 문제"가 관료들 사이에서 주요한 논쟁점이 되었다. 해안의 관리들은 조정에서 그들의 동맹자들과 함께 왕조의 안전 확보와 해안 관료·상인들의 사업 이익 사이에서 타협점을 찾고 있었던 것으로 보인다. 천이의 운명은 상인 체류자들을 오싹하게 만들었고, 당시의 해상 이해관계에 충격을 주었던 것 같다. 일을 주도했던 인물은 복건순무 천훙머우(1696~1771, 천이와는 관계가 없음)였는데, 그는 당시 유능한 성급 관료 중 한 사람이었고 건륭제로부터 특별한 신임을 받았다. 천훙머우는 무역이란 국가의 개입에 의해 방해받지 않으면 일반적으로 백성들에게 이익을 준다고 믿었다. 복건순무로서 천훙머우는 중국 상인들의 해외 체류를 겨냥한 규제 정책이 지닌 해악을 목격하였다. 그는 천이의 사례가 귀향하려는 체류자들에게 위협이 되고 풍요로운 동남아시아 무역을 무력하게 할 위험이 있다고 예측하였다.

해외에 체류했던 자들의 귀국허가 건의: 복건순무 천훙머우가 올린 주접, 1754[62]

"복건순무 천훙머우가 상주합니다. 외국에서 오래 거주한 푸젠 사람들이 자신들의 고향으로 돌아와서 친척들과 함께 정착하도록 허가하는 것이 황제의 은혜를 드러내는 데 적당할 것입니다.

푸젠 성은 해안에 위치하고 있고 남양의 다양한 외국인들과 접촉이 용이합니다. 푸닝·싱화·장저우·취안저우 등 네 부府는 경작지가 적고 인구가 밀집되어 있습니다. 농경지의 생산량은 인구의 절반도 먹여 살리지 못할 정도로 적습니다. 그래서 백성들은 배를 타고 바다로 나가서 생계를 유지합니다. 1717년 금지령이 내려진 이후, 무역을 하러 국외로 나갔던 푸젠 사람들은 자신들의 고향으로 돌아올 수 없었습니다. 그 뒤

62) GZDQL (1982-1986), 8:138-140; DQLCSLQL (1964b), 463.17-18.

황상[옹정제]께서 금령이 시행되기 전에 해외로 나간 사람들에게 3년 이내에 고향으로 돌아올 수 있도록 유예를 해 주셨고, 그들은 큰 은혜를 입었습니다. 그때 많은 사람들이 제한된 시간 안에 중국으로 돌아올 수 있었지만, 여전히 많은 사람들이 해외에 남아 있습니다.

1727년, 민절총독 가오치줘의 상주문을 기초로 하여 금지령이 폐지되었습니다. 그 뒤, 상인들의 흐름은 중국으로부터 외국으로 끊임없이 이어졌습니다. 그들은 중국으로 많은 은과 귀중품들을 가지고 돌아왔습니다. 하지만 먼 바다에서는 바람의 방향이 일정치 않기 때문에 일부 중국 상인들은 정해진 일정대로 귀국할 수 없었습니다. 1736년, 민절총독 하오위린이 상주문을 올렸고, 그 내용은 이랬습니다. 그들은 원래 선량한 백성들로 무역을 하러 해외에 나갔다가 물건을 다 팔지 못했거나 대금을 회수하지 못했거나, 아니면 돈이 떨어졌거나 …… 자신들이 사들인 부동산을 처분할 수 없는 등의 이유 때문에 기한을 지키지 못한 것입니다. 그래서 그들의 사정이 참 딱하다는 것이었습니다. 황상께서는 그의 요청을 받아들여서 체류자들이 고향으로 돌아오도록 하였습니다. 의정왕대신회의는 1717년 이후 몰래 외국으로 나간 자들은 돌아오지 못하도록 하고, 금령이 반포되기 전에 정상적으로 출국한 선량한 백성들은 돌아올 수 있게 하라고 권고하였습니다.

1737년, 총독 하오위린은 다시 체류자들이 해외에서 결혼한 아내와 그들 사이의 아이들도 함께 돌아올 수 있게 해 줄 것과, 사망한 체류자들이 남겨 놓은 아내와 아이들이 중국으로 와서 살 수 있게 해 줄 것을 요청하였습니다.[그리고 그의 요청은 받아들여졌습니다.] 그 다음부터 외국으로 무역을 하러 가서 합법적인 이유로 해외에 체류한 사람들은 누구나 선박 회사의 보증서를 받으면 돌아올 수 있게 되었습니다.

1749년, 룽시 현 출신의 천이는 사적으로[즉, 관의 출국 증명서 없이] 바타비아로 가서 20년 이상 살았고 "카피탄"을 맡았는데, 자신의 외국인 아내와 아이들을 데리고 몰래 귀국하였으며, ……

천이의 사건 때문에, 어쩔 수 없이 외국에서 시간을 지체하고 있던 중국 상인들은, 금령이 시행되기 전에 [합법적으로] 출국했음에도 불구하고, 다시 돌아오는 것을 꺼리고 두려워합니다.

대신들은 이렇게 믿고 있습니다. 천이는 사적으로 광둥 성을 벗어나서 외국으로 갔고 그곳에서 오랫동안 살았습니다. 그는 카피탄이라는 외국 관직을 맡았고 상품들에 대한 세금을 징수하여 외국 정부에 봉사했으니, 분명히 법을 잘 지키는 상인이 아닙니다. 그는 분명히 말썽을 일으킬 의도가 있었습니다. 따라서 그를 법률에 따라 처벌하여 후환을 막는 것은 당연합니다. 하지만 법을 잘 지키는 백성들도 빚을 받아 내지 못했을 경우 해외에 체류해야만 하고, 죽은 상인의 아내와 자식들이 중국으로 돌아오려 하는 경우 그것을 반대할 법적 근거가 없습니다. 청컨대, 상유를 내려 그들이 돌아오는 것을 허락하시고, ……

아뢰옵건대, [1727년] 남양무역 금지령이 해지된 지 이미 20년 이상이나 지났습니다. 그러므로 외국에서 사업을 해 온 사람들은 모두 금령 이전에 떠났든 이후에 떠났든 귀국을 허가해야 합니다. 신뢰성의 여부에 대해서는 …… 이렇게 생각합니다. 모든 선박 회사들은 그들의 승객들에게 자신들이 신뢰할 만한 사람들이고 범죄를 저지른 적이 없다는 보증서를 요구할 것이고 자신들의 잘못을 자유롭게 자백하도록 할 것입니다. 그다음에 그들은 승선해서 귀향할 수 있을 것입니다. 고향에서, 그들은 지역 관리들의 감독 아래 놓이게 될 것이고, 관리들은 그들을 친척들에게 넘겨주고 보증서를 받을 것입니다. 더 나아가서 지방정부의 관리들은 무역업자들이 돈이나 상품을 가지고 돌아와서 차익을 보려다가 문제를 일으키게 해서는 안 될 것이고, ……

앞으로 외국으로 나가서 무역을 하는 사람들은 3년 안에 돌아오도록 해야 할 것입니다. 만약 3년 안에 돌아오지 못하게 되면, 그들은 귀국을 금지당하게 될 것이고, …… 그러면 충실한 백성들이 외국에서 오랫동안 헤매지 않게 될 것이고, 충실하지 못한 자들과 범법자들이 몰래 외국으로 나가서 문제를 일으키지 않을 것입니다.(1754년 5월 9일)

황제는 천홍머우의 건의에 대해 연해 지역 순무들에게 여론을 알아보도록 지시했다. 광저우에 있던 남부 성의 책임자들은 천홍머우보다 더욱 관대한 조치를 요청하였다. 그들은 사실상 3년 체류라는 제한을 완전히 포기하고 상인의 체류를 중국인들의 생활과 삶에서 하나의 형태로 받아들였으면 하였다. 총독 서리였던 양잉쥐와 순무 허녠은 "현재 무역을 위해 해외로 가는 끊임없는 흐름이 있다"는 이유로, 질병 · 사업 지체 · 기후변동 등의 상황 때문에 3년의 체류 기한을 넘겼을 경우 선박 회사들의 보증을 받고 귀국을 허가해 줄 것을 요청하였다. 그리고 이렇게 말했다. "그러면 그들은 남은 생애 동안 외국 땅에 묶이지 않을 것이고, 황상의 은혜가 그들의 자손만대까지 이어질 것입니다."[63] 황제는 그 문제를 다시 군기대신들에게 논의하도록 하였고, 그들은 귀향확대 정책을 입안했던 천홍머우도 놀랄 정도의 결론을 내놓았다. 푸헝(군기대신이면서 황제의 자형)은 그의 동료들에게 광저우에서 올라온 요청을 받아들이면서 이렇게 말하였다.

63) GZDQL (1982-1986), 9:210-211(1754. 9. 6.)

무역을 하러 해외로 나간 백성들은 그곳이 어디이든지, 그 기간이 길었든 짧았든 귀향이 허가되어야 합니다. 더구나 이 결정은 해안의 모든 지역으로 보내져서 모든 백성들이 알게 해야 합니다. 그러면 누구도 어떤 의심이나 불안감을 품지 않을 것입니다. 해상운송 회사들에게 보증서를 제출하도록 하는 일의 경우, [양 총독의] 추천을 받도록 해야 합니다. 귀중품들을 가지고 온 사람들의 경우, 만약 지방 관리와 아역들이 음모를 꾸미고 [귀향자들로부터] 금품을 뜯어내려 하면, 그 상관들은 그들을 탄핵하고 벌해야 합니다.

1754년 10월 24일, 황제는 그의 요청을 받아들였고 시행을 명령했다.[64)]

이민정책의 전환점?

중국은 이제 해상무역뿐만 아니라 장기 체류자들에 대해서 관대한 정책으로 판단되어도 좋을 정책을 보유하였다. 그 정책은 해안 지역 성들과 조정 내의 고위 관료들에 의해 지지를 받았고 황제에 의해 승인되었다. 이것은 해외 중국인에 대한 정부의 공식적인 정책에서 획기적인 사건으로 여겨질 수 있었는데, 그것은 정부가 해외 중국인들의 귀향의 합법성, 더 나아가 시간의 제한 없이 해외에 체류하는 것의 합법성을 인정했다는 점에서 그렇다. 관료 사회나 일반인들 사이에서 모두 영구 이민이 아니라 체류하는 것에 대해 편견이 남아 있었다는 점을 주목하라. 가족과 고향을 저버리는 것으로서 이민은 분명히 누구도 입 밖에 내고 싶어 하는 단어가 아니었다. 해외에 나간 사람들이 돌아오고 싶어 하리라는 것은 쉽게 추측할 수 있다. 청조의 정책 전환은 얼마나 큰 의미를 지녔을까? 분명히 선언하는 것은 시행하는 것에 비해 더 쉬웠다. 황제의 상유에도 불구하고 강력한

64) DQLCSLQL (1964b), 472.12(October 24, 1754).

지역적 부패 경제를 완전히 해결할 수는 없었고, 부패는 여전히 귀향하려는 사람들을 막고 있었다. 좡궈투는 지방 관리들이 계속해서 체류자들을 희생시키고 위협하여 자신들을 살찌우는 기회로 이용하였음을 보여 주었다. 귀향한 사람들을 억압하는 사례는 수십 년 동안 아주 많이 나타났다. 사실, 해양 무역과 해외 체류 상인들에 대한 찬반 세력은 왕조가 끝날 때까지 대립하였다.[65] 귀향 문제가 공식적으로 해결된 뒤에도, 귀향한 체류자들은 재산을 가지고 돌아오는 것에 극도로 조심하였다. 그 결과 재산과 사람의 귀향은 밀수하듯이 진행되었다.

이러한 제약을 제외한다면, 중국과 동남아시아 사이의 통로들은 여전히 열려 있었다는 증거가 있다. 우선, 동시대의 경험 많은 영국인 관찰가가 쓴 글을 살펴본다. 토마스 스탬퍼드 래플스는 훗날 싱가포르의 영국 초대 총독이었고, 1811년부터 1816년까지 (네덜란드로부터 섬을 차지한 프랑스 점령자들을 처음으로 쫓아내고) 자바에서 부총독을 지냈다. 말레이어를 유창하게 구사했던 래플스는 자바 사회와 경제의 보편적인 상황뿐만 아니라 그 역사에 대해서도 정통했다. 그가 쓴 『자바의 역사』는 1816년 영국으로 돌아간 뒤에 정식으로 출간되었는데, 자바뿐만 아니라 군도群島의 외딴섬들에 대한 인구학 · 지역 관세 · 상업 등과 관련된 논문들을 포함하고 있다. 열렬한 자유무역주의자로서 래플스는 중국인들이 근면하고 재능 있으며 상업적으로 뛰어나다고 존중하였고, 그것은 1819년 싱가포르에 있을 때도 마찬가지였다. 그가 쓴 『역사』는 자바의 중국인 체류자들이, 중국 쪽의 부패한 관리들에 의해 방해물이 세워졌음에도 불구하고, 고향과 자신들의 통로를 유지하는 데 뛰어났음을 보여 준다.

---

65) Zhuang (1989), 118-119. (제7장에서 인용된) 1893년 쉐푸청의 주접을 참조. 좡궈투는 귀향자들의 학대에 대한 정부 정책이 비효율적이었다는 황커룬의 보고를 인용한다.

실행 가능한 통로: 1817년 영국인의 서술[66]

"[중국인들은] 매년 1,000명 이상이 정크선을 타고 삼백, 사백, 오백 명씩 중국으로부터 바타비아에 오는데, 그들은 돈이나 자산도 없다. 하지만 그들은 근면함에 힘입어 곧 상당한 부를 얻는다. …… 많은 이들이 매년 정크선을 타고 중국으로 돌아가지만, 결코 올 때만큼의 숫자는 아니다." (I.74-75)

* * * *

"중국으로부터 들어온 모든 것들 중에서 이 지역의 상업적 정치적 이익에 가장 광범위한 영향을 끼친 것은 중국인들이다. 화물 이외에도 이러한 정크선들은 한 척당 200~500명의 근면한 현지인들이라는 가치 있는 수입품을 들여온다. 이민자들은 보통 처음에는 쿨리나 노동자로 고용되지만, 근면한 습관과 지속적인 노동으로 얼마 지나지 않아 약간의 자산을 소유하게 된다. 그 자산은 무역에 사용되고, 신중한 계산과 투자를 통해 늘어난다. 시간이 지남에 따라, 그들 중 많은 사람들이 자립하여 중국의 친척들에게 상당한 돈을 송금할 수 있을 정도로 부유하게 된다. 그러한 송금은 대개 제비 집 · 말레이 장뇌 · 해삼 · 주석 · 아편 · 후추 · 목재 · 가죽 · 인디고 · 금 · 은 등의 귀중품으로 이뤄지고, 귀향 선박의 화물은 거의 믿기 어려울 정도의 가치를 갖고 있다." (I.205)

* * * *

"보르네오의 광산에서 생산된 금의 처리에 관해서는 이렇게 볼 수 있을 것이다. 모든 중국인들은 광산에 고용되든 농사일을 하게 되든 상인

66) Raffles (1817), 1:74-75, 205, 236-237.

이나 기능공으로서 매년 그럭저럭 최소 1냥 정도의 금을 중국으로 보낸다. 이러한 송금은 대체로 금괴의 형태로 정크선을 통해 이루어지는데, 그것은 화물 부피를 줄이고 악랄한 관리들의 눈을 피해 쉽게 몰래 들여갈 수 있으며, 육지에 사는 그들의 가족들에게 전달될 수 있기 때문이다." (I.236-7)

복건인의 주요한 고향 중 하나인 취안저우의 지방지들도 18세기에 상당한 쌍방향 왕래가 있었다고 기록했다. 그것들은 탐관오리들의 농간도 귀향하는 체류자들에 의해 무력화되곤 했음을 보여 준다. 황팅위안(1737~1804)은 이렇게 묘사되었다. "멀리서 폭넓게 사업을 하다가" 동남아시아로부터 "멋진 옷을 차려입고" 귀국했는데, 친척들에게 줄 많은 선물을 들고 있었다. 그는 고향의 집과 토지를 당숙과 조카들에게 넘겨주었다.(이것은 그가 자신의 해외 체류지로 돌아갈 것이고, 이미 결혼해서 페라나칸 가족이 되었다는 표시였다.)[67] 또 다른 이민자 류원슈(1686~1740)는 젊었을 때 불교의 교리를 배웠고 고향을 떠나 바타비아로 갔다. 그곳에서 다시 속세로 돌아왔는데 사업이 잘되었고 지역 페라나칸 여성과 결혼했다. 그는 고향에 돌아오자마자 자신의 재산을 어린 형제와 조카들에게 나누어 주었다. 그의 자손들은 계속해서 그를 존경했다.[68]

차이정두(1743~대략 1790)는 어렸을 때 부모를 잃었다. 돌봐 줄 사람이 없어서 그는 배를 타고 필리핀으로 가서 무역에 뛰어들었다. 20년 이상에 걸쳐, 그는 여러 번 고향을 찾았다. 그중 한 번은 우씨 성의 여성과 결혼하

67) Zhuang et al. (1998), 53.
68) Zhuang et al. (1998), 99-100.

였는데, 그녀는 오래지 않아서 그의 아들을 낳았다. 그는 필리핀에서 두 번째 아내를 맞이하였고(셰씨 성을 가진, 메스티소의 딸이 분명함), 둘째 아들을 얻었다. 셰씨 부인이 죽자, 차이정두는 둘째 아들을 데리고 고향으로 돌아왔다("그가 태어난 곳을 존중해야 한다는 원칙을 이해하고 있었다는 것을 보여 줌"). 곧이어 그는 천씨 성을 가진 마을의 다른 여성과 결혼하였다. 그의 아들 중에서 장자이고 첫 번째 상속인은 차이스린(우씨 부인의 소생)이었고, 두 번째는 차이스라이(셰씨 부인의 소생)이었고, 세 번째는 차이스화(천씨 부인의 소생)였다. "그는 성품이 성실하고 정직했으며" 마을과 친인척들에게 아낌없이 기부하였다. 그는 자신이 모은 돈으로 집안의 땅을 되찾았고 고향에서 여생을 보냈다.[69] 이상의 찬사들은 이민자의 사회적 양심을 형성하는 데 고향에 대한 충심이 중요했음을 분명히 보여 준다. 여기에 사실상 이주 통로의 정신이 존재하였다.

18세기의 무역 확장: 중국과 영국

중국과 서양 양쪽에서 주요한 발전들은 1600년대 말부터 시작된 중국 이민의 역사에 영향을 끼쳤다. 그러한 발전들 중에는 먼저 동남아시아와 중국의 교역 팽창이, 다음으로 중국 시장의 교두보를 확보하려는 궁극적인 목적을 지닌 대영제국의 동남아시아 침투가 포함되었다. 이 두 가지 발전은 포르투갈 · 스페인 · 네덜란드 등 반半정부적인 상인 체제에 의해 지배되어 온 초기 식민지 시대의 종결을 알렸다. 당시 처음에는 확대된 정크선 무역이, 그다음에는 1800년대 중반 청조에 대한 서양인의 직접적인 공격이 중국인 이민을 실질적으로 증가시켰다. 이 점은 다음 장에서 다뤄질

69) Zhuang et al. (1998), 517-518. 물론 해외에서 죽거나 알려지지 않은 운명으로 고통을 받았던 종족 구성원들에 대한 내용들도 많이 있다.

것이다.

1684년 해상 교역을 자유롭게 한다는 강희제의 상유가 내려지면서, 남중국해의 중국 정크선 무역은 천천히 탄력을 받았고, 지역 무역 시스템 내에 중국인들이 적극적으로 참여하기 시작하였다. 제4대 만주인 황제(건륭) 아래의 번영은 1740년대부터 동남아시아의 수입품에 대한 수요를 증가시켰다. 그와 동시에 인구 증가와 토지 부족의 악화는 해안 지역 가구들의 노동 수출을 자극하였고, 많은 이주노동자들을 동남아시아의 광산과 플랜테이션 사업장으로 보내게 하였다. 18세기 중반까지 시행되던 실용적인 상업정책으로 더 많은 상인들이 배를 타고 동남아시아의 항구들로 사업하러 갔고, 거의 모든 정크선이 이민 승객들을 운송하였다.(19세기 중반 네덜란드의 사료에는 바타비아행 정크선만 130명의 상인들과 함께 수백 명의 이민 승객들을 운반하였을 것이라고 적혀 있다.)[70] 나중에 마닐라와 바타비아행 정크선 운항이 침체하였을 때조차, 그 운항은 "시암으로부터 술루까지 독립국가들의 생명선"이 되었다.[71]

18세기 교역이 급증하는 과정에서 중국인들은 자신들을 지역 무역과 생산 시스템 안으로 통합시켰다. 상인들과 이민노동자들은 세 가지 형식의 현지 생태에서 유리한 틈새들을 발견하였는데, 그것은 유럽인 식민지 항구들 · 삼각주 토착 왕국들 그리고 동남아시아 본토와 자바 섬의 수도작水稻作 농업이었다. 그 핵심은 무역망을 침투시키고, (말레이 라자 · 시암 왕 · 유럽 식민주의자들을 포함한) 지역 통치자들과 협력하고, 징세 시스템과 외국무역을 통해 그 정권들에게 이익을 주는 것이었다.

18세기 중반 무렵, 중국인 사업가와 노동조직들은 지역 군주들의 후원

70) Blussé (1986), 109.

71) Reid, in Pan (1999), 52.

아래에서 지역 자원들(주석 광산들, 후추와 빈랑 플랜테이션들)을 개발하여 이용하기 시작하고 있었다.[72] 말레이 통치자들은 이민 공동체들에 있던 중개인들을 통해 중국인 노동자들을 모집하였다. 새로운 인원들이 자바의 설탕 플랜테이션들로 신속하게 유입되면서 난동과 1740년의 학살이 일어나는 원인이 되었다. (팔렘방의 술탄, 방카의 지배자와 같은) 토착 군주들과 식민지 정부는 중국인 노동을 이용하여 생산을 늘리고 세입을 증대하기로 결정하였다. 지역 술탄들은 말라야 · 방카의 주석과 보르네오의 금을 채굴하기 위하여 노동자들을 들여왔다. 그들의 상당수는 객가와 광둥인이었고, 이제 동남아시아의 방언 공동체들에서 더욱 중요한 부분을 구성하기 시작하였다. 조주인들은 플랜테이션 농업과 도시 무역을 위해 시암으로 계속 몰려들었다. 그와 동시에 동남아시아의 중국 조공 사절들은 1700년대 동안 르네상스를 경험하였다. 그것은 조공 항해와 연결된 수익성 좋은 무역 때문이었고, 때때로 중국 정크선의 선장들은 중개인 사업가들로서 중간에 끼어들었다.[73]

영국의 해협식민지들

그때까지 인도에서 기반을 발전시키는 데 열중하던 대영제국은 포르투갈 · 스페인 · 네덜란드 등보다 훨씬 늦게 동남아시아의 식민주의에서 주요한 선수로서 등장하였다. "항각港脚 무역상들"(아시아의 항구들 사이에서 무역하던 개인 해운업자였기에 독점권을 지닌 동인도회사와 경쟁하지 않았던)은 아편을 포함한 인도의 상품들을 싣고서 동남아시아와 중국에서 판매하였다. 산업혁명의 전야가 되어서야 대영제국은 말라카의 해협들에 그 모습

72) Blussé (1999), 116, 122-124; Reid (1996a) 41-49.

73) Reid (1996a), 41-48.

을 드러내었다. 사실 동인도회사를 설득하여 대영제국의 첫 번째 "해협식민지"인 페낭 섬을 확보하기 위하여 원정을 지원해 달라고 한 것은 바로 전직 항각 무역상이었다. 이 사건(1786)은 해협식민지들로 가던 중국인 이민의 규모와 성격에서 중요한 전환을 보여 주는 신호였다. 페낭(나중에는 싱가포르와 말라카)이 중국 자본과 노동을 끌어들이기 위해 새로운 틀을 만들었을 뿐만 아니라, 영국 주도의 중국 공격과 그에 뒤따르는 대량 이주를 촉발시킨 기지였던 것으로 밝혀졌다.

동남아시아에서 대영제국의 식민지 전초기지는 중국인 이주민들에게 특히 매력적인 것으로 드러났다. 왜냐하면 그들은 자유무역, 즉 모든 이들에게 개방된 관세 자유무역의 원칙에 힘을 기울였기 때문이다. 자유무역은 네덜란드 · 스페인 · 시암 등의 독점적이고 세금이 고정된 무역정책들과 확연히 대조되었고, 중국이 상인과 정착인들에게 매력적인 것으로 드러났다. 자유무역의 출현은 중국과의 무역 그리고 그에 따른 중국인 이민의 변화 속도를 빨라지게 만들었다. 자유무역으로 전환되면서 18세기 말부터 영국 "해협식민지들", 특히 페낭 · 싱가포르와 관련된 역사가 시작된다.

영국인의 동남아시아 진입은 1786년에 소규모로 시작되었다. 당시 말레이 반도 서부 해안 멀리에 있던 페낭은 프란시스 라이트 선장에 의해 기지로서 확보되었다. (항각 무역상) 라이트는 자연히 자유무역과 자유항을 선호하였다. 그는 페낭의 행정을 지원할 세입이, 활발한 교역을 방해하게 될 항구세나 관세로부터 나올 수 없고, 식민지 안의 세금 청부로부터 모여야 한다고 결정하였다. 따라서 페낭은 관세 자유항으로 선언되었고, 모든 민족들에게 개방되었고, 아편과 주류 관리는 속속 중국인들에게 허가되었다.[74)]

74) Hoyt (1991), chap.2.

페낭의 식민지는 중국 교역을 끌어당기는 자석 같은 것으로 드러났다. 수년 사이에 페낭 섬은 중국 공동체 하나를 끌어모았고, 그중 일부는 말라카에 있는 독점적인 방식의 네덜란드 식민지로부터 옮겨 왔다. 라이트 선장은 새로운 중국인 거주자들이 "우리 주민들 중에서 가장 가치 있는 부분"이라고 여겼다. 경제적 틈새들을 찾는 데 빨랐던 그들은 100년 전 네덜란드의 바타비아에서 찾았던 것과 아주 똑같은 직업, "목수 · 석공 · 대장장이, …… 무역업자 · 점원 · 농장주" 등으로 일하였다.[75]

말라카 해협에서 전략적 지점들의 장악을 놓고 네덜란드와 30년 동안 싸운 끝에, 영국은 지역 말레이 수장들로부터 싱가포르의 섬(1819)과 네덜란드로부터 말라카(1795년 점령, 1824년 공식적으로 획득)을 얻어 냈고, 그곳들을 자유무역항으로 선언하였다. 말라카에서 오래 자리 잡았던 중국 상인들(즉, 혼혈 바바)을 끌어들이는 이외에도, 페낭과 싱가포르의 사업 잠재력은 중국으로부터 직접적인 이민자들의 유입을 증가하게 만들었다. 이렇게 해서 말라카와 페낭에 지점을 두고 싱가포르를 중심으로 한 국제 해상거점이 등장하였다. 그것은 영국 해군력과 중 · 영 상업 활력에 기반을 둔 무역망이었다. 영국인의 더 큰 목표는 중국과의 무역이었고, 새로운 식민지 싱가포르는 중간 기착지가 되었다. 해협식민지들은 동남아시아에서 국제 해상무역항으로서 말라카－조호르－리아우 지역의 오래된 역할을 물려받았고, 그 영역은 더 이상 지역적인 것이 아니라 세계적인 것이었다.

자유무역이 가장 많은 이익을 얻은 곳은 바로 싱가포르였다. 그곳의 설립자였던 불굴의 래플스는 초기부터 무역이나 산업에 세금이 있어서는 안 된다고 결정하였고, 온갖 종류의 국가 세금에 익숙하였던 중국 상인들에게 전기가 통하는 것 같은 충격을 주었다. 싱가포르의 초기 중국인 정착민

75) Purcell (1965), 244.

들은 영국의 점령 이전에 (무두질과 염색에 사용되는 식물) 빈랑을 재배하던 소수의 조주인들이 있었을 뿐이었다. 하지만 얼마 뒤 중국 정크선들이 광둥으로부터 새로운 이민자들(광둥인과 객가)을 싣고 싱가포르 항구에 도착하였고, 그들은 재빨리 항구도시를 새우는 노동자와 장인으로 일하게 되었나. 상당한 규모의 중국 상인들이 오는 데 많은 시간이 걸리지 않았다. 래플스와 그의 부관은 무역업자들이 새로운 식민지에서 좋은 지역을 가져야 한다고 믿었고, 상업 예정 구역으로부터 노동자계급 이민자들을 축출하여 부유하고 "명망 있는" 복건인들이 들어올 수 있게 하였다.[76] 1824년 말라카가 네덜란드로부터 영국으로 넘어가면서, 재능 있고 부유한 중국인 이민자가 들어갈 주요한 문이 열리게 되었다. 전략적 중요성 이외에도, 1824~1827년 싱가포르로 다시 이주한 말라카의 부유한 상인 가문들이 싱가포르의 영국 통치에 귀중한 공헌을 하였는데, 이것은 당시에는 예측할 수 없었다. 오랜 시간을 거쳐 형성된 바바 가문들은 투자할 재산뿐만 아니라 문화적 자산도 가져왔다. 말라카에서 여러 세대에 걸쳐 거주하면서 그들의 언어와 문화는 혼합되었을 뿐만 아니라 그들에게 서구인들이나 외국 무역을 다루는 경험을 제공하였다. 원래 민난의 장저우와 취안저우 부 출신이었던 그들은 얼마 지나지 않아 긴밀하게 맺어진 동향인 집단을 형성하여 싱가포르의 중국인들에게 상업적 사회적으로 군림하였다. 실제로, 이러한 바바 상인들과 그들의 현지 출생 후손들은 20세기 초까지 싱가포르의 중국인 사회에서 상층부를 차지하였다. 영국인들은 바바들이 식민지에서 아주 유용한 집단으로 다른 중국인들보다 "더 배웠고" "더 훌륭한" 상인이라는 것을 알았다. 그리고 일부는 말라카에 있을 때 영어를 배우고

76) 어떤 권위자는 그처럼 명백한 차별 사례는 복건인과 다른 방언 집단들 사이에 100년 동안 이어진 적대감의 기원이었다고 추측한다. Lim How Seng (1995), 17.

"지속적으로 유럽인들과 교류"를 해 왔기 때문에, 외국인들을 "더 잘 받아들이는" 존재였다.[77] 그러한 식민지의 태도들이 해협식민지에서 상업과 행정의 중개인으로서 특권을 지니고 있던 바바의 지위를 강화시켰다. 그들은 모든 사람들의 중개인이었고, 영국인뿐만 아니라 중국으로부터 온 새로운 이민자들을 위해서도 일하였다. 뒤에서 우리는 그들의 문화적 변경 상태가 싱가포르의 푸젠 동향인들과 어떤 관련이 있는가를 살펴볼 것이다.

모든 방언 집단들 중에서 싱가포르의 중국인 인구는 싱가포르가 등장한 지 수십 년 만에 급속하게 성장하였다. 1827년 무렵, 중국인은 약 6,000명으로 (말레이 · 인도 · 유럽인 등) 모든 다른 민족들보다 더 많아졌다. 1867년이 되면, 그 숫자는 5만 5,000명으로 전체 인구의 65퍼센트를 차지하였다.[78] 싱가포르와 페낭은 신속하게 동남아시아에서 중국인들이 주요한 구성원이었던 유일한 장소가 되었다.

싱가포르는 해협식민지들의 행정 중심이면서 동남아시아의 다른 곳으로 가는 중국인 이주민들의 중간 기착지로서 부상하였다. 그곳의 사회구조는 그러한 목적에 잘 맞았다. 싱가포르 상인들은 노동 중개인으로서 일하였다. 그들은 선주에게 빚진 운임("신용 티켓")을 갚아 주고 이민자의 채무를 새로운 고용주에게 팔았고, 이민자들은 일을 해서 자신의 빚을 지불해야 하였다. 싱가포르의 법령에 그것을 제한하고 이민노동자들에 대한 요구를 제한한 법령이 있는 것으로 판단하건대, 1823년 무렵에 그런 시스템이 이미 운영되고 있었던 것으로 보인다. 노예는 금지되었을 뿐만 아니라, 이민자의 연기계약 기간도 2년으로 제한되었으며 징수 가능한 운임도

77) Song (1984), 30-31, 1837년의 자료 인용. 많은 바바들이 1820년 런던 선교회의 로커트 모리슨에 의해 설립된 말라카의 영 · 중 대학에서 영어를 배웠다.

78) Turnbull (1989), 36; Lim How Seng (1995), 20.

20싱가포르 달러로 제한되었다.[79)]

곧바로 더 많은 집단의 노동자들이 말레이 반도, 그 너머 네덜란드 동인도회사의 방카와 수마트라, 그리고 멀리 오스트레일리아의 플랜테이션과 광산에서 필요하게 되었다. 중국으로부터 이주민들을 모집하고, 그들을 동남아시아로 운송하고, 고용인에게 넘기고, 그들의 빚을 거두는 일들은 연기계약 이민자들의 무단이탈을 막기 위한 수단뿐만 아니라 자본을 필요로 하였다. 이러한 목적에는 조직원들이 잘 맞았다. 우리는 뒤의 한 장에서 조직원들을 살펴볼 것이기 때문에, 일단 노동력을 모집하고 훈련하는데 그들이 했던 역할만 언급한다.

제국의 협력자들

상인 · 세금 청부인 · 도시 건설인 · 장인 · 영농인 등으로서 중국 이민자들은 동남아시아의 식민지 체제의 확립에 필수적인 존재였다. 식민주의자들만 그들을 가치 있게 여겼던 것은 아니었다. 시암과 베트남 같은 대륙 쪽 왕국들도 중국인들이 무역업자 · 해운업자 · 세금 징수인 그리고 심지어 지역 행정가 · 정보원 · 군인 등 많은 분야에서 자신들의 국가에 유용하다는 것을 발견하였다. 그들이 가진 유용함의 중심에는 항상 중국 쪽 통로들이 있었다. 스페인인이나 네덜란드인, 영국인이나 시암인 누가 권력을 가져도 고국인 중국의 자원들과 연결하는 고리로서 유능하고 연줄이 좋은 중국 상인들을 필요로 하였다. 일본조차도 외국 여행에 대한 엄격한 금지와 체류 외국인에 대한 의구심에도 불구하고 무역 중개인과 선략석인 성

79) Turnbull (1989), 23.

보원으로서 중국인들을 필요로 하였다.

중국 조정의 이민과 이주민에 대한 의구심에도 불구하고, 이주민들은 스스로 그들이 식민지 정부들과 협력해서는 안 될 이유가 없었다. 국적과 시민권의 개념은 아직 동남아시아에서 볼 수 있는 요소들이 아니었고, 외국 땅에서 생계를 유지하는 것이 외국 정부에 대한 충성과 헌신으로 간주되지 않았다. 그 시절의 초기, "중국적인 것"이 동아시아에서 정치적 개념으로서 등장하지 않았고, 국민국가도 충성의 초점으로서 등장하지 않았다.

끝으로, 외국 땅에서 틈새들을 만들어 내는 중국인들의 능력은 그들이 떠나온 사회에 많은 빚을 지고 있었다. 혈연 · 방언 집단 · 지역 · 의례 등을 통한 후원, 즉 배타적인 끈들에 대한 의존을 통해 해외 터전으로 나가는 이주민들을 모집하였다. 식민지 세계에서 상인 교두보들은 일반적으로 이주민과 그들의 터전 사이에서 필수적인 접점이었다. 말라야와 보르네오처럼 식민주의가 약하거나 부재했던 지역들에서 지역 통치자들은 그들의 초기 후원자들이었다. 비록 일부 이민자들이, 뤄팡보와 괴력의 얍아로이 같은, 그들 자신의 지도자 아래에서 지역 자치정부의 틀을 확립할 수 있었다고 할지라도, 유럽인의 식민지 통치에 맞서서 자신들을 지킬 수는 없었다.

제3장

제국주의와 대량 이주

중국인의 대량 이주는 1800년대 중반에 시작되어 1920년대까지 지속하였고, 그 인구학적 공간적 규모는 과거와 확연히 달랐다.[1] 이러한 인류 대

---

1) 숫자에 주목하라. 중국으로부터 세계 곳곳의 목적지로 간 전체 이민에 대한 모든 추정치는 그것들이 수집된 방식 때문에 아주 조심스럽게 받아들여져야 한다. 예를 들면, 중국 항구를 출발하는 경우 "승객 1인, 1회"의 단위로 계산된다. "승객"과 "이민자"라는 용어는 시기에 따라 대충 사용되었다. 도착의 경우도 마찬가지다. 따라서 1인이 출발하고 도착할 때 이중으로 계산될 수도 있었다. 다른 일과 작업과 마찬가지로 현존 기록의 질(quality)이 지역 사이에 큰 차이가 있다고 추측할 수도 있다. 끝으로, 이주민이나 그를 태운 운송업자가 사정들 때문에 기록되는 것을 피하려 했을 수도 있다. 이주민들의 최종 주소지는 남아 있는 증거를 토대로 수치화할 수 없다. "이민자(emigrant)"라는 용어도 나의 지각이나 이와 유사한 지역에서 반드시 "정착인(settler)"을 의미하지 않는다.

이상의 주의 사항을 염두에 두고 다음 몇 가지 추정치를 참고하기 바란다.

* 1846-1940년, 190만 명 이상이 동남아시아와 다른 남태평양과 인도양의 터전으로 출발.(McKeown 2004)
* 1868-1939년, 630만 명이 홍콩에서 각지로 출발.(Sinn 1995a)
* 1869-1939년, 1470만 명이 샤먼 · 산터우 · 홍콩 등에서 출발.(Sugihara 2005)

이동의 에너지는 중국 내부에서 발생하였으나, 그 메커니즘은 산업화하고 있던 외부 세계에 의해 강요되었다. 당시 중국인에게 노동 수출이라는 몸에 밴 적응 전략은 늘어난 해외 일자리의 기회들과 연관을 갖게 되었다. 반면, 서양의 제국주의적 야심은 남아시아와 동남아시아에서 구식민지의 틀을 쓸모없게 만들었고, 자원 착취 · 공산품 판매 그리고 대량의 값싼 노동력 확보 등을 세계로 확대하였다. 유럽인 이민자들은 인구밀도가 낮고 온난한 아메리카와 오스트레일리아 지역에서 노동력을 지배하였으나, 아시아 노동자들(주로 인도인과 중국인)은 플랜테이션 농업에 적합한 열대 지역으로 보내졌다. 이 장에서는 중국인의 대규모 이주가 어떻게 조직되었고 그 제도는 어떻게 확립되었는지, 그리고 이주민들이 따라간 경로들과 그들이 정착한 장소들은 어떠했는지를 검토할 것이다. 다음 장들에서는 그들이 어떤 환경에서 어떻게 대처하면서 살았는지를 논의할 것이다.

19세기 초반 산업혁명의 최초 충격파가 동아시아에서 느껴지고 있었다. 영국 상인들은 인도의 기지로부터 매혹적인 중국 시장으로 손을 뻗었고 인도 아편은 중국 무역에서 주요 상품이 되었다. 아편 무역의 영향으로 중국 이민의 조건들이 변하였고, 해외의 중국인 공동체들이 재편되었다. 경쟁하고 있던 유럽 열강들이 시장 · 원료 · 노동 등을 찾아 아시아로 도달함에 따라, 중국 이민사회의 구식민지 형식들이 변형되었다. 반면, 외국의 침략으로 혼란에 빠진 남중국은 겉으로 보기에 국제 노동시장의 무궁무진한 원천이 되었다.

그 배후에는 성장하는 산업을 위해 궁극적으로 중국 시장을 포함한 시장들을 확보하려는 영국의 야망이 놓여 있었다. 앞 장에서 살펴보았듯이, 해협식민지들은 영국이 중국으로 상업적 진출을 하는 데 전진기지로 여겼

* 1868-1909년, 34만 1,000명이 홍콩에서 샌프란시스코로 출발.(Sinn 1995a)

던 징검다리였다. 중국 무역을 위한 기지로서 해협식민지들은 얼마 뒤 홍콩에 의해 대체되었다. 하지만 싱가포르는 중국인 이민을 위한 주요한 터전이 되었던 말레이 반도로 영국과 중국이 진입하는 입구였을 뿐만 아니라, 동남아시아로 이동하던 중국 무역과 중국인 노동을 위한 뛰어난 정거장이 되었다.

급증하던 차 무역의 뒤를 이어, 중국과 서양의 직무역이 외국 선박을 위해 유일하게 개방된 항구로 만들어진 광저우에서 확대되었다. 19세기 초반까지 이러한 교역은 아시아에서 가장 잘 팔리는 상품, 즉 영국인들이 인도의 플랜테이션으로부터 싱가포르를 거쳐 운반해 온 아편에 의해 재정 지원을 받고 있었다. 영국인들은 동남아시아의 식민지 항구들을 운영하는데 필요한 막대한 세입을 아편에 의지하게 되었다. 아편은 따라서 "자유무역" 체제의 필수적인 요소였고, 그 체제 아래에서 모든 국석의 무역업자들은 환영받았고 관세로부터 자유로웠다. 그리고 이러한 것들이 영국 식민지 항구들을 서양인과 중국인들 모두에게 매력적인 곳으로 만들었다.

"중국의 개방"이 이민에 끼친 영향들은 정치 · 사회 · 기술적인 측면에서 살펴볼 수 있다. 정치적으로, 영국이 청 정부에게 강요해서 얻은 조계는 중국 해안의 항구들에서 서양인들을 위한 특권의 틀을 확립하였고, 그곳에서 노동력의 모집은 중국 법에 의해 방해받지 않으면서 번영할 수 있었다. 사회적으로, 남중국 사회는 생계를 무너뜨리고 수많은 사람들을 떠나게 만드는 경제적 쇠퇴와 내전으로 고통을 받았다. 기술적으로, 서양 선박들이 등장하면서 대양 항해의 경제가 탈바꿈되었다. 가로돛 범선과 이어 등장한 증기선들은 쌍방향의 해양 항해를 (반드시 승객들에게 더 저렴하지는 않더라도) 더 빠르고 편안하게 만들었고, 그것은 대평양 무역에서 지배적인 운송수단이었던 중국 정크선을 압도하였다.(지도 3.1 참조)

중국 해안 항구에 서양인들이 도입한 "조약 체제"가 제국주의의 값싼

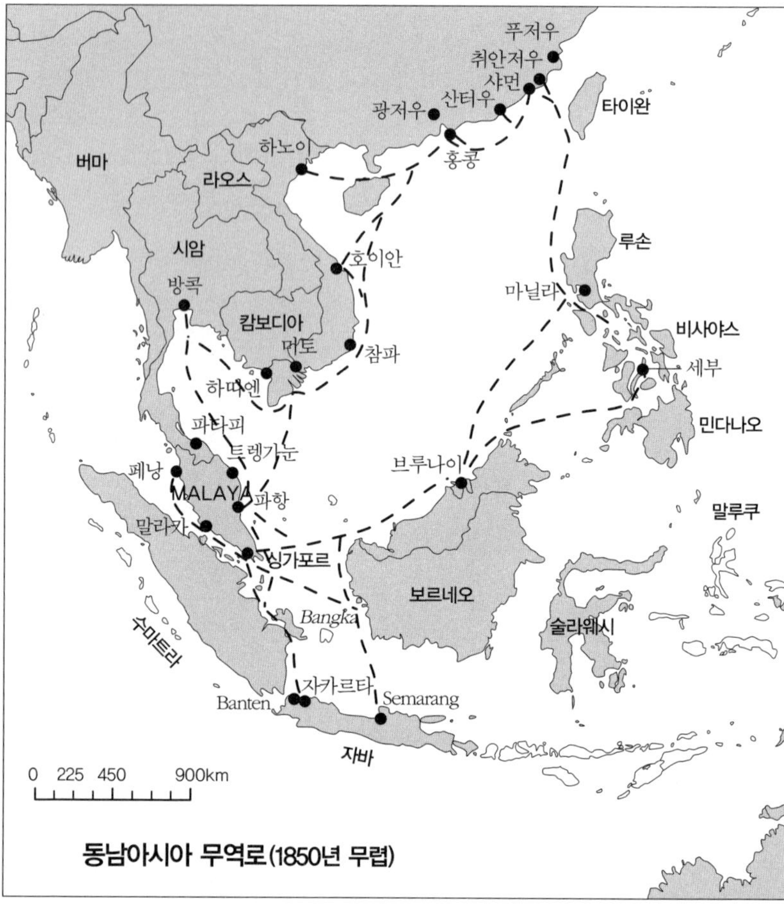

지도 3.1. 중국의 동남아시아 무역로(1850년 무렵)
레이드(1996)를 참조.

노동력에 대한 끈질긴 요구와 함께 강제적으로 시행되면서 중국 이민의 메커니즘을 탈바꿈시켰다. 구 식민체제 아래에서 해외이주 중국인들은 다른 중국인들에 의해 운영되던 시스템들을 따랐다. 이주민의 모집 · 운송 · 정착 등은 중국의 기존 해상무역 형식에 의존하였고, 중국 정크선을 타고 이주한 사회들에 정착하는 과정은 주로 기존 중국인 공동체들의 대리인들을 통해 이뤄졌다. 16세기 이래 확립된 많은 상인 교두보들은 직장 · 주택 · 사회 기구 그리고 때로는 결혼 상대 등에 다가가는 기회를 제공하였다. 고향과 현지 사회 모두에서 이주 관계망들은 공통의 방언 · 혈연 · 출신지 등에 의해 구축되었다. 그럼에도 불구하고, 일단 외국인들이 조약항과 식민지항인 홍콩과 마카오에 자리를 차지하자마자, 기존의 관계망들은 외국이 수도하는 새로운 형태의 관계망에 의해 도전을 받았다. 새로운 관계망 속에서 외국 회사들은 노동자들과 계약을 맺었고, 외국 선박이 그들을 운송하였으며, 외국인이 장악한 기업들이 그들을 고용하였다. 중국인 주도의 기존 관계망들도 많은 지역들에서 계속해서 역할을 하였다. 이처럼 이민 메커니즘이 새롭게 합쳐지면서, 해외 중국인 사회들은 더욱 복잡해졌고 내부적으로 갈라지게 되었다. (페루처럼) 외국인들이 완전히 양쪽 끝을 장악한 지역들에서는 중국인 공동체들이 형성되고 유지될 가능성이 낮았다.[2)]

아편전쟁과 그 영향

중국 해안에서 서구 세력이 자리 잡는 데 대략 제1차 아편전쟁(1840~1842)으로부터 20년 정도가 걸렸고, 그 뒤 영 · 프 연합군이 베이징을 점령하는 동안 일련의 갈등이 있었다. 그 결과는 이민에 영향을 주었고, 치외법권을 누리는 조약 항구들에서 외국인이 거주하게 되는 조약 체제가 등장하였다. 따라서 이주 노동자들을 모집하거나 징발하는 과정은 외국인의 주도와 법적 보호 아래에서 수행될 수 있었다. 제1차 아편전쟁으로 인도에 기지를 둔 영국 해군과 육군이 경제 · 사회적으로 어려움에 처해 있던 청

2) McKeown (2001), 69.

제국과 겨루게 되었다. 전쟁의 직접적인 원인은 아편 무역을 금지하려는 베이징의 움직임에 대한 논쟁이었지만, 더 큰 원인은 중국이 서양식 법체계와 외교 관계뿐만 아니라 자유무역을 받아들이게 하려는 영국의 결심이었다. 영국은 승리하여 1842년에 난징조약을 체결하였고, 청조는 홍콩 섬의 영구 할양과 서양인들이 치외법권 아래 무역을 하면서 거주할 수 있는 5개 항구의 개항 등을 포함한 많은 요구들을 수용하였다. 프랑스와 미국도 곧이어 같은 특권들을 요구하여 받아 냈다.

아편전쟁은 이민에 두 가지 중요한 영향을 끼쳤다. 먼저, 조약의 규정에 따라 서양인들이 중국 항구들(개항장의 수는 뒤이은 일련의 조약에 의해 크게 늘었다)을 지배하면서 수백만의 노동자들을 충원하고 해외로 운송하기 위한 법적 틀이 제공되었는데, 그 틀은 외국 열강들의 군사적 우위에 의해 유지되었다. 다음으로, 아편전쟁과 아편 무역은 해안 성들의 중국 사회를 심각하게 파괴하였다. 수천 명이 생계를 잃고 빈궁해져서 단순히 생존하기 위하여 (이민을 포함한) 필사적인 방향으로 내몰렸다. 그리하여 "중국의 개방"은 노동력을 모집하는 메커니즘을 제공하였을 뿐만 아니라 사회적 경제적으로 그 노동력의 뿌리를 뽑아 버렸다.

서양 침입이 끼친 직접적인 영향들에는 구舊 경제형태의 붕괴와 수천 명 노동자들의 실직이 포함되었다. (수많은 불법 판매조직들에 의해 행해진) 아편 무역은 남부 해안의 무정부 상태에 기여하였다. 주장 강 삼각주는 경제적으로 가장 취약한 지역이면서 해양 운송에 가장 편리한 곳이기도 하였다. 제1장에서 논의되었듯이 그처럼 인구가 조밀한 지역의 가구들은 오랫동안 제조업 시진이었던 포산, 그리고 광저우 · 마카오의 항구로 노동력을 내보내는 데 익숙하였다. 외국인의 존재는 1850년대부터 주장 강 삼각주에서 거대한 혼란을 촉발하였다. 역사적으로 이주 노동을 끌어당기는 장소였던 광저우는 즉각 새로 열린 "조약항"이었던 상하이 · 닝보와 상업적으로 경쟁하게 되었다. 약 10만 명의 하역 인부와 어부들이 갑자기 일을 잃었고, 재빠르게 불법 조직들에 가담하여 살기 위해 도적 떼로 바뀌었다. "홍건군" 반란은 그처럼 절망적이고 버림받은 사람들에 의해 불이 붙었고, 조직 수장들에 의해 이끌어져서 1853년부터 1855년까지 주장 강 삼각주를 휩쓸었으며, 그 폭력성은 관군이 보복하는 만큼 심해졌다. 많은 사람들이 정부의 보복을 피해 이민을 떠났다.

전쟁은 남부와 동남부 성들에서 주기적인 경제 침체를 심화시켰고, 시간이 갈수록 상황이 심해짐에 따라 지역 내 마을 사이의 다툼이 광범위한 혼란과 이동을 나타나게 만들었다. 부족한 자원을 놓고 벌이는 경쟁은 방언 집단들이 서로 대립하게 만들었고, 그 결과 1856~1868년 객가와 광둥인 사이에 전쟁이 일어나서 수십 만 명의 농민들이 죽었다. 광저우로부터 시상西江까지, 반복하고 있던 객가와 광둥인 공동체들은 전쟁을 위해 사람들을 동원하였다. 1850년 수적으로 열세이던 객가들은 군대를 모으고 새로운 정권, 즉 태평천국을 선포하였다. 태평천국은 천년왕국적인 중국판 프로테스탄트 개신교의 영감을 받았다. 그 교파가 추종자들(최고로 많았을 때는 2백만 명이나 되었다)을 끌어들였던 능력은 생존의 한계에 있던 사람들이 얼마나 쉽게 남중국에서 결집할 수 있었는가를 보여 준다. 따라서 가난과 폭력은 젊은 세대에게 운명이었고, 그들에게 멀고 불확실한 미래로 떠나는 이민은 고향에서 당면하고 있던 것과 비교하였을 때 거의 두려움을 주지 않았다.[3] 일단 대량 이주가 본격적으로 시작되자, 이주민들로 꽉 채워진 신박들이 외국 해상운송을 위해 개방된 항구들에서 출항하였다. 그런 항구에는 이제 개항장과 함께 명백한 식민 거주지였던 홍콩과 마카오가 포함되었다. 두 항구는 너 넌 해안들로부터 모집된 이민자들을 위한 중

3) Hsu (2000), chap.1; Wakeman (1996), chaps.14 and 15.

간 기착지가 되었다.

이민의 조건들

외국인의 지배는 자발적, 비자발적 이민을 위한 메커니즘을 확립하였다. 19세기 초반과 중반에 걸쳐 아프리카 노예제가 점차 세계적으로 폐지됨에 따라, 값싼 노동력에 대한 수요자들은 어려움을 겪게 되었다. 서인도에서는 중국인과 인도인 연기계약 노동자들이 설탕 플랜테이션의 아프리카인들을 대체하기 시작하였다. 동남아시아 · 오스트레일리아 · 신대륙 등의 성장하고 있던 경제 지역들에서는 중국인 노동력이 광산 · 플랜테이션 · 철도의 개발자들에게 매력적인 후보 대상으로 보였다.

홍콩(1842년 이후 영국의 식민지)이 중국인의 해외 운송에서 우위를 차지하게 된 것은 중국 관리의 존재로부터 자유로웠고, 증기 선박들의 종착점으로서 이점이 있었기 때문이었다. 이전보다 훨씬 더 많은 수의 광둥인 이민자들이 배를 타고 새로운 식민지로부터 복건인들에 의해 지배되었던 터전으로 갔다. 하지만 광둥인들만이 홍콩을 통해 떠난 것은 아니었고, 그곳은 주요한 국제 증기선의 항구로서 샤먼(복건인) · 산터우(조주인과 객가) · 광저우의 산악 출신 이주민들을 위한 중계항이기도 하였다. 홍콩에서 환승한 다음, 세 지역의 이민자들은 거대한 노동 중계항이었던 싱가포르에 도착하였고, 다시 네덜란드 동인도회사 · 말라야 · 시암 등으로 옮겨졌다. 홍콩에서 이민 선박들은 북아메리카 · 하와이 · 오스트레일리아 등으로도 갔다. 포르투갈의 마카오는 외국인이 지배하던 또 다른 항구였는데, 그곳은 쿠바와 페루로 가는 주요한 정박지로서 기능하였고, 쿨리들을 혹독하게 다뤘던 것으로 유명하였다. 포르투갈 식민지의 학대와 폭압은 억압적인 문화의 한 단면이었고, 신대륙의 라틴아메리카에 있던 플랜테이션과 구아노 광산까지 도달하였다.

1842년 이후의 이민에는 다양한 유형들이 보이는데, 눈에 띄는 요소는 이민자들이 장거리 이동의 경비를 충당하고 더 나아가 그들이 어떻게 개인적 자유를 즐기게 되는가를 결정하는 다음의 방식들이었다. 1) 가장 자유로운 이주민들은 그들의 가족이 지원하여 항해 운임을 지불할 수 있는 사람들이었다. 비록 그들은 확실히 송금을 통해 가족들에게 빚을 갚아야 하는 의무가 있다는 점에서 "빚을 지고" 있었을지라도, 외부의 채권자들에게 통제받지 않았다. 2) 그보다 덜 자유로운 사람들은 상인 · 중개인 · 운송 회사로부터 대출을 받았기 때문에 해외에서 일을 해서 번 임금이나 이익으로 그것을 갚아야 했고, 이것은 일반적으로 "신용 티켓"이나 "원조받은 이주"라는 용어가 붙었다. 3) 훨씬 덜 자유로운 사람들은 자신의 채무가 연기 계약의 계약서에 의해 명기되었고, 그것은 그들을 대개 3년 또는 5년이나 최장 8년까지도 해외의 고용주를 위해 일하게 만들었다. 4) 가장 자유가 적은 사람들은—사실상 거의 노예와 다를 바 없는 상태였고—강제로 혹은 속아서 배에 탔고, 협박 아래 계약서에 서명하였다. 이러한 쿨리 제도의 희생자들은 노예나 마찬가지로 잔혹하게 대우받았고, 주인의 채찍과 족쇄 아래 살았다.(혹은 죽었다.)

물론 네 가지 유형들 중에서 그 수가 가장 많았던 것은 2)와 3)이었는데, 그러한 이주민들은 그들의 운임을 빌려야 했지만 자발적인 채무자가 되었고 세계 곳곳의 이주민들이 그랬다.(지금도 그렇다.) 3)과 4)의 연기계약 유형의 이주민들은 다양한 방식들로 모집되었는데, 일부는 자발적이었고 일부는 강제적이었다. 그럼에도 불구하고, 목적지에서 그들은 종종 구속 상태에 놓였고 잔혹한 대우로부터 보호받지도 못하고 엄밀하게 감시당하는 구속으로부터 날아날 수 없을 정도로 고용주의 지배를 당하고 있었기 때문에 "준노예" 였다고 할 수 있다. 비록 그들이 그들의 주인에 의해 "소유될 수는" 없었다고 할지라도, 그들이 살고 일하는 조건들은 노예를 재산으로 간주하는 제도와 아주 유사하였기 때문에 "준노예"라는 말은 노예와의 차이에 딱 맞는 표현이다.

노예제 요소

신용 티켓이나 연기 계약제의 성행 여부는 터전이 되는 사회의 문화와 생산 생태에 영향을 받았다. 비록 아프리카의 노예제가 아시아인의 대량 이주 시기에 폐지되고 있었을지라도, 연기 계약을 맺은 준노예는 세계 곳곳의 식민 정권들에서 단단히 자리 잡았다. 노예무역과 그에 따른 노예제의 폐지는 그 대체물로서 아시아인 노동력을 수입하게 하였다. 전 세계적인 노예제 폐지는 점진적으로 진행되었다. 1807년 영국의 반노예 규정(노예무역을 금지하고 원칙적으로 모든 해상 노예 선박을 금지시킨 것)이 만들어졌고, 1833년 모든 영국 영토에서 노예제가 폐지되었다. 그 뒤에 스페인의 식민지와 그 뒤를 이은 지역들에서도 폐지되었고, 1865년 미국에서는 노예제가 제도적으로 금지되었다.

역사가들은 노예제 폐지 운동을 대체로 예속과 의존을 비난하던 산업 자본과 부르주아 이념이 등장한 것과 연결했다.[4] 하지만 그 폐지 과정에서 연기 계약제로 당황스러운 불일치가 나타났는데, 그것은 산업화된 식민지 열강들이 그들의 열대 점령지에서 만들어 낸 것이었다. 명목상 계약서를 근거로 특정 고용주에게 수년 동안 일하는 것으로, 연기 계약은 아시아 · 아메리카 · 아프리카 · 오세아니아 등에 있던 유럽인 열대 식민지의 경제적 지주로서 노예 소유제를 대체하였다. 노예제 반대 사상을 갖고 있

4) Drescher (1994); Vink (2003).

던 식민지 열강들은 그들의 열대 플랜테이션과 광산의 경제와 관련하여 심리적 분열을 경험하였다. 일부 지역들에서 20세기 초까지 지속되었던 연기 계약은 수십만의 자유롭지 못한 아시아 노동자들에게 영향을 주었는데, 특히 (카리브 해의) 네덜란드 · 영국 · 스페인 식민지들, 그리고 (동남아시아의) 영국령 말라야와 네덜란드령 동인도에서 그랬다. 연기 계약은 모리셔스 · 오스트레일리아 · 피지의 설탕 플랜테이션과 남아프리카의 금광 등에서도 사용되었다. 말라야에서 연기 계약의 규정은 플랜테이션 운영자들의 경제적 요구와 영국의 식민지 공무원 정책을 순화시켰던 인간적 규정들 사이에서 변덕스러운 논쟁을 일으켰다. 네덜란드 점령지들은 산업화한 대도시의 문화와 열대 식민지의 연기 계약 노동자들에게 가해시는 학대 사이에서 더욱 뚜렷한 대조를 보여 주었다. 예를 들어, 수마트라 동부의 규정들은 표면적으로 더욱 가혹한 형태의 연기 계약제라는 고삐를 부여하였고, 사실상 고용주들이 그들의 노동자들을 구타 · 감금 · 무시하는 방식으로 통제하는 것을 법으로 보장하였다.

19세기 대도시의 일반인들이 연기 계약에 대해 어느 정도로 무지하였는가는 1911년부터 아일랜드의 경제학자이자 역사가인 존 켈스 잉그램에 의해 "노예제" 관련 학술 논문에서 언급되었다. 잉그램은 연기 계약을 "법제화된 노예 매매"로 보는데, 노동자들은 "신분을 속인 채 노동 선박으로 유인된 다음에 강제로 감금되거나" 불법적으로 납치되기도 하였다. 노동자들의 모집은 실제 서비스라는 용어로 포장되었고, 결국 그것은 "기만과 잔혹함에서 과거 아프리카 노예무역과 다를 것 없이 서열한 제도"였다.[5] 하지만 그가 인용한 유일한 사례는 피지와 오스트레일리아 퀸즐랜드의 백인 농장주들이 수입한 태평양 제도 사람들의 연기 계약뿐이었다. 그는 말

5) Ingram (1911).

라야와 영국령 기아나의 영국 고용주들이 이용한 대규모의 중국인과 인도인 연기 계약에 대해서는 듣지 못했던 것 같다. 잉그램은 재빠르게 연기 계약은 변형 노예제라는 것을 알았지만, 그것이 대영제국에서 얼마나 널리 퍼져 있었는지를 분명히 알지 못하였다.

1850년 이후 대부분의 아시아인들에게 영향을 주었던 연기 계약의 현실은 어떤 측면에서 노예제를 닮은 제도였지만 계약이 구매를 대체하였고, 고용주는 노동자의 노동을 소유하였지 그 몸을 소유하지는 않았다. 다만 노예제의 일부 요소들은 계약으로 치장되었음에도 불구하고 여전히 남아 있었다. 계약의 갱신은 종종 강제적이었다. 노동자들은 감금이나 마찬가지 상황에서 살았다. 그러나 노예제와의 주된 개념적 연결 고리는, 계약에도 불구하고, 극도로 불평등한 관계를 국가가 지지하는 제도였다는 점이었다. 확실히 계약은 가장 일반적인 중국인이 아니더라도 익숙한 것이었다. 서면계약 방식은 토지 양도와 동업, 형제 사이의 가구 재산 분할과 가구들 사이의 혼인 서약 같은 친족 거래 등에서 일반적이었다.[6] 연기계약 노동자가 보통 계약서에 "서명하였다"는 것은 (한 손가락이나 지문으로 했더라도) 글자 그대로 사실이었다. 그럼에도 불구하고, 연기 계약에 서명하는 행동은 일반적으로 강제적이었고, 문맹의 서명자에게 계약서는 읽을 수 없는 것이었으며, 그것의 해석과 강제력은 전적으로 고용주와 그를 관리하던 식민지 정부의 손에 달려 있었다. 비록 식민지 정부들이 노동자와 고용주들 양쪽을 위해 규정을 발행함으로써 연기계약 제도에 간여하게 되었다고 할지라도, 그 제도의 존속은 (노동자들이) 계약서를 위반할 경우 법적 제재를 받게 되었다는 사실에 의존하였다. 즉, 그러한 위반은 계약 당사자들 사이의 민사 분쟁이 아니라 정부에 대한 형사 범죄로 다뤄졌다. 법

6) Cohen (2005), 42 등등.

적으로 연기 계약은 명백하게 그 가까운 조상, 노예제와 관련이 있었다.

열대 식민지에서 연기 계약이 (네덜란드령 동인도의 경우 1930년대까지) 오랫동안 존속하게 된 것은 생태의 두 가지 요소에 의해 영향을 받았다. 첫째, 가난한 유럽인들조차 쿠바나 수마트라처럼 그곳의 기후에 익숙하고 질병에 면역력이 없으면 불편하고 위험한 무더운 열대 지역으로 일하러 가게 만들 수 없었다. 둘째, 플랜테이션과 광산들은 노동 집약적인 사업이었고 노동자 1인당 부가가치가 낮았다. 열대지방은 어떤 임금으로도 유럽인 노동자들을 다가가지 못하게 하였고, 낮은 자본 생산성은 임금을 너무 낮게 만들었기 때문에 고향에서 더 낮은 임금을 받는 사람들만이 그곳에서 일을 하려 하였다.[7] 기후와 경제적 관점을 모두 고려하였을 때, 남중국은 장래의 고용주들에게 적당한 인적자원처럼 보이는 사람들을 내놓았다.

국가의 역할

노예제와 마찬가지로, 연기 계약의 준 노예제도 국가가 그것을 강제하려고 준비한 지역들에서만 번영하였다. 탈출은 형사 범죄로 여겨졌고, 노동자에 대한 학대 행위나 살인조차도 국가의 처벌을 면제받았으며, 비인간적인 생활과 작업 조건들도 묵인되거나 국가기관에 의해 합법화되었다. 이 모든 조건들은 노예제 문화를 키우거나, 농장주들에게 겁을 먹어서 거의 어떤 항변도 할 수 없었던 국가를 필요로 하였다. 식민지 정부가 단호하게 잔혹 행위를 근절하거나 대도시의 상관들로부터 압력을 받기도 하였고, 혹은 국가가 연기 계약을 (북아메리카의 경우처럼) 상요하려 하지 않았다. 이러한 상황에서 연기 계약의 준 노예제는 뿌리를 내리지도 그렇다고 시들해져서 사라지지도 않았다.

---

7) 경제적 상황은 다음을 참조. Lewis (1978), 14-16.

연기 계약을 유지하는 데 국가의 역할이 특히 모순적이었던 곳이 바로 영국령 남아프리카였다. 영국에서는 산업혁명과 함께 폐지론이 대두되었고, 우리가 살펴보았듯이 노예무역의 금지에 착수하여 영해상의 금지를 강제하였다. 비록 노예 소유제는 1834년에 마침내 모든 영국 점령지에서 폐지되었다고 할지라도, 영국의 플랜테이션과 광산들에서 일하는 연기 계약이라는 독특한 제도는 살아남았다. 연기 계약 노동은 당시 막 영국의 제국주의 통치 아래 들어간 남아프리카의 지역으로 금광이 경제의 지주였던 트란스발에 도입되었다. 보어전쟁(1899~1902) 이후, 광산에서 노동력 부족 때문에 "아시아계"(여기서는 중국인) 쿨리들을 들여오게 되었다.

세 가지 요소들이 트란스발의 "아시아계" 사업을 구별되게 만들었다. 첫째, 노동자들의 모집이 주로 북방의 즈리(허베이) · 산둥 성에서 이뤄졌고, 당시 일반적이었던 광둥인 노동력은 영국령 말라야와의 경쟁 때문에 공급이 부족하였다. 둘째, 국내 정치적 이유로 그곳은 영국 행정부와 그 정보원들에 의해 면밀하게 감시를 받았다. 처음부터 폐지론과 노동조합 사이의 연합이 "중국인 노예"를 간절하게 요구하자, 화이트홀(=영국 정부)은 문제를 신중하게 다뤄야 했다. 중국 정부와 합의가 이뤄졌고, 모집 절차는 조심스럽게 사기나 강압을 막는 안전장치에 의해 제한되었으며, 고용조건으로 (갱신할 수 있는) 3년 만기 연기 계약 후 귀국을 보장하였다. 셋째, 트란스발의 시스템은 영국 의회 선거에서 선동적인 쟁점이 되었고, 그것을 만든 정부를 실각하게 만들었다.

아마도 연기계약 노동의 가장 양심적이고 인간적인 일화 중에는 거의 6만 3,000명의 중국인들이 1905년과 1907년 사이에 남아프리카로 옮겨져서 가장 많을 때는 5만 3,000명이 광산에서 일하였던 사례가 있다. 모집을 엄격하게 규제하고 운송과 일 · 급료에 대한 동의 계약을 주의 깊게 감시하였음에도 불구하고, 연기 계약제가 시행되던 어느 곳에서나 보였던 준

노예제와 놀랄 정도로 가까웠다.

신규 충원은 초기부터 엉망이었는데, 대부분이 북중국 출신이었던 노동자들과 달리 통역 요원들은 광둥어만 말하였던 것부터 그랬다. 해외 중국인 감독관들은 노동자들 가운데 임명되어 풍기를 단속하였다. 이들 "중국인 경찰" 혹은 "경찰 친구들police boys"은 자유가 없는 모든 노동 시스템들에서 보이는 부패한 중개인 역할을 맡았다. 모든 연기계약 노동자들의 경우처럼 채무는 노예가 되는 족쇄였고, 주로 도박과 아편의 덫에 빠져서 그렇게 되었는데, 그것은 "중국인 경찰"이 그들의 이익을 위해 벌이는 사업이었다.[8)]

하지만 강압적인 대우의 배후에는 정부의 승인으로 어설프게 손댄 연기 계약들을 비롯한 국가의 지지가 있었다. 채광 회사들은 비용을 낮추고 생산성을 높이기 위하여 도급 방식을 시간제 임금으로 대체하였다. 임금을 가능한 선까지 공제하고 최고 선을 제한함으로써, 고용주들은 도급비를 임금 지불 없는 노동의 수준까지 낮추는 틀을 만들었다.(하루에 32인치의 깊이의 바위 구멍을 뚫어야 하루치 임금을 받았다. 적을수록 임금은 적어져서 24인치가 되면 무임금보다 낮아졌다.) 놀랄 것도 없이 노동자들은 폭동을 일으켰고 일부는 살해되었다.[9)] 국가는 어떤 노동자든지 도망치게 되면 "범법자"라고 딱지를 붙였고, 지역 농장주들은 그들을 현장에서 사살할 수 있었다. 산 채로 잡힌 탈주자들은 벌금을 받았고 감금되었다. 가벼운 위반에 대한 매질은 국가 감독관들에게 용인되었는데, 나중에 영국으로 알려져 국내정치적 위기를 촉발시켰다. 비록 보수적인 정부가 "중국인 노예제" 문제 때문에 물러났을지라도, 채광 회사들은 트란스발 연기 계약을 마지

---

8) Yap and Man (1996), 126-129.

9) Richardson (1982), 172.

막 계약이 만료되는 1910년까지 그럭저럭 유지하였다. 살아남은 광부들은 배에 실려 중국으로 돌아갔고, 아무도 식민지에 남지 않았다.[10)]

비록 연기계약 노동자들이 모든 영국령 카리브 해 식민지들에서 고용되었을지라도, 유일한 대규모 고용은 기아나에서 있었다. 그곳에서 1852년과 1879년 사이에 약 1만 3,500명의 중국인이 일을 하기 위해 설탕 플랜테이션으로 들어왔다. 기아나는, 이민자들을 그들의 교향僑鄕과 묶고 지속적인 신규 모집의 고리를 형성할 수 있는 통로가 없을 경우, 어떻게 이주 시도가 실패할 수 있는가를 보여 주는 하나의 사례이다. 영국령 기아나를 위해 중국인들을 모집하는 일은 어려웠는데, 그 이유는 희망봉을 거치는 여정이 너무 길고 돈이 많이 들고 힘들었기 때문에 그곳으로 간 사람들이 거의 돌아오지 못하였기 때문이었다. 광저우인들에게 그곳은 많은 사람들이 다시 돌아온 캘리포니아와 다르게 보였다. 결국 기아나로 갈 사람들을 모집하던 영국 쿨리 대행사들은 다음과 같은 사실을 알게 되었다. 농민들은 아무리 그들의 노동력을 팔고 싶더라도,

> 결코 자진해서 이민 항구로 가려 하지 않았다. 왜냐하면 그들은 그곳이 "어떤 여행자도 돌아오지 못한" 목적지로 가는 확실한 길이라고 들었을 뿐이기 때문이었다. 터무니없어 보이지만, 그럼에도 불구하고 많은 중국 소작농들이 실제로 외국 땅에 도착한 쿨리들이 아편을 만드는 데 쓰인다고 믿었다는 것은 사실이다.

선교사들을 중개인으로 참여시키는 것도 부질없는 일로 드러났다. 정착 노동자 집단을 만들어 내려는 바람으로 여성들을 모집한 영국인들의

---

10) Richardson (1982), 279-280.

(1860년대에는 드물었던) 활동은 거의 성공하지 못하였다. 왜냐하면 중국인들은 "여성들은 천박한 외국인의 성욕을 만족시키기 위해 요구되는 것" 이라고 믿었기 때문이다.[11)]

세실 클레멘티는 영국령 기아나의 정부 비서관이었는데, 1915년의 중국인 이민을 기록하면서 이런 질문으로 마무리하였다. 왜 비록 기아나는 "중국인들의 말도 안 되는 무모함과 위험을 감수하는 근면성이 가장 필요한 장소임" 에도 불구하고, 어떠한 시도에도 "그 식민지에 중국인 이민자들이 받아들여지지 않는 것일까?" 그 이유들은 다음과 같다고 믿었다. 1) 식민지에 적은 수의 여성 중국인 이민자(14퍼센트)를 끌어들였을 뿐이었다. 2) 유입된 노동력에 대한 수요가 들쭉날쭉해서 잠재적인 신청자들 사이에서 회의적인 전망이 나타나게 되었다. 3) 더 중요한 것은 "다리엔 지협" 을 지나는 운하가 생기기 전, (인도양과 남대서양을 지나는) 혹독한 해양 항해와 이주민의 중국 귀향 비용이나 가족 송금의 전달 비용 부담에 대한 거부감 때문에 기아나와 광저우는 서로 격리되었다는 점이다. 따라서 이민자는 "완전히 그의 고국에서 알았던 모든 사람들에게 멀어졌고, …… 그의 마을 친구들 사이에서 기아나에 대해 전혀 광고가 되지 않았다. 데머라라[=기아나]는 남중국에서 누구도 돌아오지 않는 땅으로 알려지게 되었다."[12)]

확실히 그들이 돌아갈 수 있었다면, 그들의 플랜테이션 생활담도 광고가 되지 않았을 것이다. 영국인 판사는 기아나의 참혹한 광경을 이렇게 요약하였다.

> [연기 계약은] 그들을 특수한 처벌 조항에 의해 강제되는 사적 복종 시스템과

11) Clementi (1915), 80-81, 245-246.
12) Clementi(1915), 357-358.

노예 상태 아래에서 토지에 부속되고 소유주를 위한 노동을 의무적으로 수행하는 지위를 따르게 한다. …… "하루 1달러"는 아주 일반적으로 도착 전 중국인 이주민들의 마음과 기대감에 영향을 주었던 수법이다. …… 하지만 그런 수법은 너무나 말도 안 되는 기만이었기 때문에 그렇게 할 수 있다는 주장은 틀림없이 말하는 사람의 의식 · 지식 혹은 진실성을 보여 준다. 확실히 "현장감독"의 자리를 얻은 이민자는 하루에 1달러를 벌 수 있었을지도 모른다. 그러나 이민노동자들이 벌었던 평균 임금은 그 1/4에도 훨씬 미치지 않았다.[13]

네덜란드령 동인도의 연기 계약

네덜란드령 동인도에서 준 노예제의 문화적 배경은 17세기 이래 인도양 전역에 걸친 노예제와 노예무역의 음울한 역사를 보여 준다.[14] 하지만 제국주의가 아시아로 손을 뻗음에 따라 더욱 세련되고 효과적인 방식으로 노동력을 동원하고 통제할 필요가 있었다. 따라서 계약을 기초로 하는 준노예제가 수마트라 동부(델리로 불린 변경)의 변경 지역에서 확립되었고, 그곳 노동력의 대부분은 남중국의 가난한 사람들로 충당되었으며 대개 해협식민지들을 통해 유입되었다. 19세기 말과 20세기 초에 존재하였던 플랜테이션 시스템은 시기 조절과 노동규율에 세심한 주의를 기울임으로써 철저하게 산업화되었다. 쿨리는 그들을 시스템에 맞게 훈련시켜야 할 필요가 있어서 혹독하게 다뤄졌다. 규칙들을 위반하게 되면—벌금 · 감금 · 강제 노동 · 매질 등을 포함한—형법 제재가 뒤따랐고, "쿨리 조례"에 의해 합법화되었다. 조례는 회사와 노동자들을 모두 규제하려는 취지를 가지고 있었지만 노동자들에게 불공평하게 적용되었다. 국가기관들의 뒷받

---

13) 다음을 참조. Lai (1998), 171-174, Beaumont (1871)의 재인용.

14) Vink (2003).

침으로 플랜테이션 운영자들은 그들의 노동력을 다루는 데 인간적인 조건을 유지하려는 조치를 거의 하지 않았다. 굶주림 · 질병 · 탈진 등은 플랜테이션들에서 고질적인 현상이었다. 심한 처벌에 의해 야기된 쿨리 폭동은 무장력에 의해 진압되었다.

델리의 상황은 너무 나빠서 중국으로부터 직접 노동자들을 모집할 수 없게 될 정도였던 것으로 알려졌다. 심지어 말라야와 해협식민지들의 영국 당국자들조차도 수마트라로 이민자들을 보내는 것을 꺼렸다. 그것을 막는 데 한계가 있기는 했었지만 말이다. 일반적으로 연기 계약제에서 중국인 중개인들(客頭)은 노동자들을 채근하고 단속하는 데 없어서는 안 될 연결 고리였다. 그들의 상당수는 아마도 페낭과 말라야의 조직들과 밀착되어 있었던 것 같고, 후자는 쿨리들을 모집하고 운송하는 데 중요하였다. 그들 자신의 금전적 이해관계는 농장주의 그것과 꽉 맞물려 있었다. 쿨리들로 하여금 희망을 잃고 도박 모임에서 빚을 지게 만든 것은 그들에게 계약이 끝나도 돌아갈 수 없다는 점을 확인시켜 주는 하나의 방법이었다. 국가권력에 의해 뒷받침되는 빚의 속박은 쿨리들을 영구적으로 구속하는 효과적인 방법이었다.

개혁가이자 경세가였던 장즈둥이 양광총독에 임명되자마자(1884), 그는 해외 중국인들(그들 중 상당수는 그의 관할구역에 친척이 있었음)이 그의 국가건설 계획을 위한 잠재적 조력자라는 것을 깨달았다. 장즈둥은 동남아시아의 항구들에 중국 거주민들을 보호하고 그들의 후원을 요청하는 주재영사들을 두자고 제안하였다. 그 후속 조치로, 그는 두 명의 외교관들을 보내서 이민 공동체들 사이의 상황을 조사하였다. 그의 사절들이 방문한 지역들 중에는 수마트라 동부의 델리가 있었는데, 그곳은 네덜란드 식민주의자들이 중국인 노동자들을 학대하는 곳으로 악명이 높았다. 지역 네덜란드 관리들은 "부관"(식민지 정권에 의해 임명된 중국인 "관리자")을 불러서 장즈둥 사절들을 상대하게 하였다. 하지만 사절들이 중국인을 때려죽게 만든 네덜란드 플랜테이션 관리의 체포를 요구하였을 때, 그들은 그 "부관"은 힘이 없다는 것을 알게 되었다. 다음은 사절들이 총독 장즈둥에게 보낸 글의 일부이다.

네덜란드령 동인도의 연기계약 노동자 처우에 대한 중국인의 보고(1886)[15)]

"여러 날 동안 우리 사절들은 그 감독과 많은 노동자들을 탐문하였습니다. 그들은 모두 중국인 모집 중개인들에 의해 산터우 근처의 여러 현들로부터 싱가포르와 페낭으로 오게 되었다고 말하였습니다. 그들은 영국인 법정으로 가서 모두 자발적인 노동자라고 진술하였습니다. 중국어 계약서가 작성되었는데, 각각의 노동자들에게 처음에는 그들의 운임을 지불하기 위한 [선불금으로] 30달러가 제공될 것이라고 하였습니다. 모든 돈은 모집 중개인들이 어떤 설명도 없이 가져가거나 여러 가지 명목으로 전용되었습니다. 결국 노동자는 3~4달러만 가졌습니다. ……"

* * * *

"매년 담배 수확이 끝나면 플랜테이션 소유주들은 감독들이 [노동자들을 위해] 대출 시스템을 만드는 것을 허락합니다. 일부 노동자들은 도박을 해서 그들의 돈을 잃습니다. …… 그 결과, 그들은 저축한 돈을 모두 잃고서 고향으로 돌아갈 수 없습니다. 플랜테이션 소유주들은 한결같이 착하거나 악하지 않습니다. 착한 소유주는 터무니없이 잔혹하지 않습니다. 악한 소유주의 경우는 만약 노동자들이 잠시라도 쉬면 가차없이 채찍을 휘두릅니다. 그들은 심지어 임금을 삭감하거나 구금하여 플랜테이션을 달아날 수 없게 합니다.

"서양인들이 플랜테이션을 세우고 담배를 심기 시작한 지 10년 이상

15) Liu (1966), 2:691-697. 본문의 일화는 다음을 참조. Yen (1985), 154-168.

이 되었습니다. …… 그들 중에서 가장 악한 자들은 아픈 노동자를 플랜테이션에서 쫓아냅니다. 그런 불운한 사람들은 거리에서 구걸하거나 길가에서 꼼짝 못하고 생각 없이 누워 있을 수밖에 없습니다. 그들의 친족과 마을 친구들은 그들을 차마 볼 수 없어서 그들을 돌보고 약을 주려 합니다. 어떤 노동자가 회복되면, 그를 발견한 감독이 누구든지 그 사실을 플랜테이션 소유주에게 알리는데, 그러면 소유주는 즉시 다시 끌어와서 일을 시킵니다. [그를 숨겨 주는 사람은 누구든지] 법정에 넘겨져서 3개월 동안 갇히게 될 것입니다. 결국, 아프고 집이 없는 중국인 노동자들을 보더라도, 감히 참견하지 못합니다. 그래서 길가에 버려져서 죽는 병든 중국인 노동자들이 무수히 많습니다."

한편 네덜란드에서는 시민들이 1902년 한 저널리스트의 팸플릿을 통해 동인도 연기 계약의 상황을 알게 되었고, 그에 대한 분노는 정부의 조사를 이끌어 냈다. 원래 팸플릿보다 훨씬 더 음울하게 묘사된 공식 보고서는 용의주도하게 공간되지 않았고, 분노는 가라앉았으며, 수마트라의 학대는 이전과 같이 계속되었다.[16]

연기 계약을 노예제와 동일시하는 것이 "거짓말"이었는지의 여부에 상관없이, 젊은 윈스턴 처칠이 (트란스발을 언급하며) 의회에서 선언하였듯이, 그 유사성은 형식적인 차이들을 무색하게 만들 정도로 아주 분명하였다.(영국 유권자들은 1905년의 선거에서 분명히게 판단하였다.) 계약 요소 그 자체는 대단히 절충저이고 공정하세 집행되지 않았기 때문에 기껏해야 눈속임에 불과하였다.

16) Breman (1989), chap.1.

자발적 이민

반면에 자발적 이민은 남부 성들의 가구에서 사용되던 오랜 노동송출 전략으로부터 자연스럽게 등장하였다. 제1장에서 살펴보았듯이, 주장 강 삼각주의 농민들은 소규모 농사만으로는 한 가구를 부양할 수 없고, 임금 노동이나 타지 소매업이―가구에 남성 잉여노동력이 있을 경우―부족함을 메울 수도 있다는 것을 오랫동안 당연하게 여겼다. 순더와 포산 같은 시진들의 산업은 주변 농촌으로부터 잉여 노동을 흡수하였다. 항구도시들에서 소매업과 임금노동은 일이 없는 농촌 남성에게 흔했던 마지막 수단들이었다. 아편전쟁 전야에 이미 농촌 사람들이 겨울 농한기에 마카오에서 출항하는 외국 범선들을 타고 계절적 일자리를 찾아 해외로 떠나는 것은 관습이었다.[17)]

자발적 이민자들은 그들의 운임을 모으는 방법들을 찾아냈다. 이민자에게 여행 경비를 제공하는 것은 일종의 투자였다. 친족 집단은 그 돈을 고향으로 돌아올 미래의 송금이나 재부라는 관점에서 주고 있었고, 사업가는 이자를 받는 투기적인 대출을 해 주고 있었던 것이다. 그런 뒷받침이 없는 이민자들은 신용 티켓을 구하려고 운송 중개인이나 해운 회사를 알아봐야 했는데, 그것은 원조 이주로 불리기도 하였다. 신용 티켓의 계약서는 (계약 노동자들의 운송에 대한 규제들을 피하려는 필요성 때문에) 출발 항구나 목적지에서 작성되었을 것이다.

이주민의 운임 빚 처리에는 흔히 여러 층의 중개인들이 끼어들었다. 중국인의 (상인 모임 · 지역 사무소 · 항해 중개인들 같은) 해외 단체들은 이주민이 도착하면 해운 회사에 빚을 지불해 주었고, 나중에 채무자에게서 받아

17) Mei (1979), 477, 린쩌쉬의 주접(1839) 인용.

냈다. 다른 사례들에서 대출자는 이민자들 무리와 함께 움직이거나 중개인을 보내서 그들을 받아들이는 쪽의 다른 중개인(본질적으로 노동 중개인)으로부터 빚을 수금하였다. 그러면 그 빚을 대납해 준 중개인들이 이제 채권자가 되었다. 이런 중개인은 광산이나 플랜테이션의 운영자에게 자신들의 채권을 팔려고 하였다. 때때로 채무자의 중개인은 계약의 이행을 보장받기 위하여 (예를 들어, 오스트레일리아의 금광으로 가는) 이주민과 함께 이동하려고 하였다.

이주민은 정해진 방식으로 절차를 거쳐 길을 가게 되었다. 출발 항구에서 그의 여정은 운임의 지불 여부가 기록된 티켓에 적시되었다. 조심스런 채권 관리인은 이주민의 고향을 티켓 위에 밝힐 것을 요구하였다. 그래야 이주민이 도착 항구에서 알맞은 지역숙소나 조직의 대리인과 연결될 수 있었고, 대리인은 자신이 이주민과 그의 빚에 대한 책임을 지거나 그것을 대신할 고용주에 이주민을 넘기는 일을 하였다. 이처럼 세심하게 이주민을 넘기는 과정은, 채무 변제와 더불어, 고향 관계망들이 계속 진행되고 있던 이주의 흐름에 의해 지속적으로 강화되었음을 확실히 보여 주었다.[18] 또한 그 과정은 이주민들의 고향 마을들을 주의 깊게 기록함으로써 대출금을 더욱 안전하게 만들었고, 그들의 가족에게 미지불 운임을 받을 수 있게 하였다.

이러한 부채의 이전이 신용에만 의지한 경우는 아주 적었다. 예를 들어 캘리포니아에서 샌프란시스코의 중국인 지역사무소들은 이주민들의 운임 빚을 넘겨받았고, 그곳은 운송 회사들과 연결되어 있어서 어떤 이주민도 그가 빚을 청산하였다는 것을 증명하는 서류가 없으면 귀향길에 오를 수 없었다. 이러한 시스템은 연기 계약의 형식은 아니었는데, 그 이유는

18) Wang Sing-wu (1978), 93-96, 실제적인 신용 티켓의 사례를 제시한다.

노동자가 특정 주인에게 얽매이거나 고정된 기간의 노동계약 아래 놓여 있지 않았기 때문이다. 여행 비용을 지불하기 위하여 빚을 지게 되는 것은 이주를 지원하는 흔한 방법이었다.(그리고 지금도 그렇다.) 비록 채권자나 채무자 양쪽이 모두 극심한 노동력의 부족과 강력한 이주장려 정책의 시기에도 위험 부담이 있었지만, 그 위험 부담은 받아들일 만한 것이었다.

우리는 자발적 이민자들 중에서 자비 승객과 신용 티켓이나 연기 계약에 묶인 채무자의 비율을 정확히 알 수 없다. 확실히 경비를 자신이 부담하거나 가족으로부터 빌리거나 상인들에게 충분한 담보를 제공할 수 있었던 사람들과, 자신의 미래 노동을 저당 잡혀야만 해외로 갈 수 있었던 사람들 사이에는 계급적 차이가 존재하였다. 자비 이민자들은 주로 상인과 장인 계급이나 집단으로 의사처럼 전문 기술을 갖고 있었다. 계약 상태에서 이민을 간 사람들은 (신용 티켓이든 연기 계약이든) 가난한 농민 · 날품팔이 · 어부 · 농촌 임금노동자 등 근근이 살고 있던 사람들이었다.[19] 이런 계급 차이는 의심할 여지없이 이민자들의 다수가 신용 티켓이나 연기 계약이라는 방법으로 이동해야 했다는 것을 의미하였다.

신용을 위한 담보에 이민자의 미래 노동밖에 없었다는 것은 채권자들(대리인 · 운송업자 그리고 도착하는 쪽에서 효과적으로 계약을 구매하던 상인이나 노동 수입업자회)이 이민자의 신체만을 그들의 안정적인 투자 대상으로 여겼음을 의미하였다. 따라서 일정한 양의 강제적인 집행은 연기계약 이민자의 무단이탈을 막기 위하여 필요한 것으로 여겨졌다. 이런 사실 때문에 해외로 가는 도중이나 목적지에서 많은 학대(감금 · 협박 · 체형 등)가 이민자들에게 가해졌던 것이다.

이민자 모집 시스템의 몇 가지 양상들은 임금노동 시장에서 중개인들

19) Wang Sing-wu (1978), 14.

과 거래하는 데 익숙했던 중국인들에게 친숙하였다. 중국에서 멀리 있는 고용주를 위한 작업은 관례로 "노동 중개인"(挖工 혹은 工頭)을 통해 배치되었고, 그는 자신의 고향 지역에서 일꾼들을 모집하고 고용주에게 데려갔고 때로는 주거와 음식까지 관리하였다. 급료는 고용주에 의해 중개인에게 지급되었고, 중개인은 그것 중 수수료와 비용을 공제하고 일꾼들에게 넘겨주었다. 노동 중개소는 일종의 벤처 사업이었고, 확실히 모든 해안의 성들에는 그런 일을 하는 사람들이 수천 명이나 있었다. 이민의 관리는 그런 전통적인 사업의 확장된 형태로 여겨질 수도 있다.[20]

중국인의 해외 이주하기는 보통 스스로 수속을 밟는 것이 아니라 중개인을 통해 이뤄졌다.[21] 이것은 가장 두드러지고 일반적으로 인정되는 중국인 이민의 특징(그리고 아마도 대체로 인류 이동의 특징)이기 때문에, 간단하게나마 논의할 가치가 있다. 이주에서 중개인들은 "조력자"로 여겨질 수 있다. 그들의 연줄과 전문화된 지식 때문에 이주민이 여행의 위험과 곤란을 피하는 것을 도와줄 수 있다. 하지만 조력자의 역할에서 더욱 기본적인 것은 특별한 종류의 연줄에 의지하던 중국인의 관행이다. 연줄이란 이주민들이 목적지에 도착할 때 관계망 안으로 끌어들일 수 있는 (혈연 · 방언 · 지역 · 직업 등의) 동질감이다.[22] 그런 동질감은 일반적으로 중국인들이 고향과 가족을 떠나 타지에서 작전을 펼칠 때 첫 번째 수단이고, 보통 조력자는 그의 고객들과 동질적인 연줄을 갖고 있을 것이다. 혈연과 동향인 관계망은 다른 한편으로 이주민들에게 "연착륙"을 보장할 수 있다.

조력자란 특별한 지식을 가졌고 다른 방식으로는 이주민과 만날 수 없는 사람, 사업과 직업의 기회라든가 여정의 조건들 그리고 행정적인 절차

20) Ch'en (1929), 64-67.

21) Heidhues (1996), 172; Ch'en (1923), 13-14; Yen (1985), 38-41.

22) 제4장의 "동질감"과 "동질 집단"을 참고.

와 그것을 다루는 방법을 아는 사람, 공식적인 장애물들과 그것들을 피하는 방법을 아는 사람들일 수 있다. 그는 현지에 연줄이나 연락책들이 있어서 이주민에게 직업 · 주택 · 안전 등에 대한 정보를 줄 수도 있다. 역사적으로, 그리고 지금도, (비록 때로는 "이익"이 사실 이주를 위해 도움이 필요한 혈연집단이나 공동체에서 후원자가 됨으로써 얻게 되는 지위와 찬사 덕분에 사회적일 수도 있지만) 조력자들은 이익에 몰두한다.

조력자들은 종종 힘들게 일해서 계약을 이행한 이주민들을 돌려받았고, 다시 노동자를 모으는 일을 하였는데, 당연히 그들에게 가장 유익한 모집 터는 그들의 고향 마을과 종족들이었다. 20세기 초까지 그런 시스템은 동남아시아에서 연기계약 노동자를 모으는 데 어려움을 겪고 있던 플랜테이션 운영자들에게 선호되었고, 연기 계약은 그 무렵 중국 해안 지역에서 악명을 얻었다. 이러한 유형에서 우두머리와 그 노동자들 사이의 관계는 강제적이기보다는 마음이 맞는 것이었다. 왜냐하면 조력자와 신청자를 묶는 가족이나 마을의 관계망이 자연스럽게 학대를 제한하였고, 이주민들은 기꺼이 자신의 빚을 갚으려 했기 때문이다.

조력자의 사업 이익은 (자발적인 이주민들을 도와서) 떳떳할 수도 있고, (비자발적 이주민들을 속이거나 납치해서) 그렇지 않을 수도 있다. 그러므로 우리는 "조력자들"에 여행 대리인들로부터 준비된 범죄자들까지를 폭넓게 포함시킬 수 있다. 이런 관점에서 조직들의 역할은 결정적이었다. 노동자들을 받아들이던 현지(특히 중국 이민자들이 동남아시아로 들어가던 주요 항구였던 싱가포르)에서 운송업자로부터 이주민의 빚을 넘겨받는 부두의 남자는 일반적으로 조직의 대리인이었다. 이주민들은 배에서 내리면, 그런 조직 대리인들이 그들을 줄줄이 항구 근처의 정해진 창고로 데려갔고, 다시 말라야 · 싱가포르 산간의 노동조직으로 넘기거나 네덜란드가 통치하던 수마트라의 델리 같은 식민지로 운송하였다. 노동자들은 마지막 목적지에서 운임과 수수료를 지불한 최종 고용주에게 넘겨지게 되었다. 그 전체 과정에서 노동 중개인들은 보통 조직들의 대리인들이었다.[23] 중국 해안 송출항에서 조직들의 역할은 명확하게 이해되지 않는 면이 있지만, 한 권위자는 중개인-조력자들이 무역항에서 대개 조직과 유착 관계를 가졌다고 여긴다.[24]

비자발적 이민

조약항들에서 악명이 높았던 모집 돈벌이는 수십만 명의 중국 남자들에게 연기 계약을 맺은 준 노예로 가는 길이었다. 납치나 사기에 속아서 선박들로 끌려간, 불평등조약들의 희생자들은 신체적 위협 아래 강제로 연기 계약서에 서명하였다.[25] 값싼 노동력에 대한 세계적인 수요는 적도 지역에서 제국주의가 확장되면서 나타난 자연스런 산물이었다. 자발적인 이민이 수요를 맞추는 데 필요한 양을 내놓지 못하였기 때문에, 비자발적 이민이 1850년대 초반부터 흔하게 되었다. 아편전쟁 이후의 수십 년 동안 강제 모집원들이 전 중국의 해안을 어슬렁거리고 있었다.

남중국에서 노동력을 강제로 모집하는 일은 중외 합작 사업이었다. 서양 회사들은 중국 대리인들을 통해 남자들을 손에 넣었고, 중국 대리인들은 서양인들을 통해 그들의 치외법권을 이용하여 사기나 납치로 고발당하는 것을 피하였다. 중국인들이 서양인들과 함께 쿨리를 모집하였다는 사실은 모든 인류의 비극이 누군가에게 이익을 준다는 것을 보여 준다. 그리

23) Reid (1970); Yen (1985).
24) Yen (1985), 41.
25) Wang Sing-wu (1978), 15; Sinn (1995a, 1995b).

고 강제이민은 엄청나게 이익을 내는 중외 사업이 되었다.[26)]

중국 해안은 범죄의 협력자들에게 활동하기 좋은 들판이었다. 영국인에 의해 "유괴업자들"로 알려진 폭력단들은 항구도시들의 외국 노동 지부들에 고용되었거나, 자신의 포획물을 두당 몇 달러를 받고 외국 지부들에 파는 프리랜서였다. 유괴업자들은 해안 마을들을 돌아다니며 가난하고 무방비 상태에 놓여 있어서 일을 준다는 약속에 쉽게 넘어가는 사람들, 도박의 덫에 걸린 사람들을 먹이로 삼거나 그냥 공격해서 납치하였다. 아편전쟁 이후 무정부 상태에서 민족과 종족들의 다툼은 쿨리 중개인들에게 팔릴 수 있는 죄수들을 양산하였다. 때때로 가난과 절망은 마을 사람들로 하여금 자신의 친족과 이웃들을 노예로 팔게 만들기도 하였다. 희생양들은 유혹에 걸려 항구로 끌려갔고, 그곳에서 그들은 감옥 같은 "노예 수용소"에 감금되어 배가 외국으로 데려다 줄 것을 기다렸다. 전체 범죄행위는 불평등조약 아래에서 서양 열강의 치외법권—그리고 실제는 그들의 피고용인—에 의해 보호되었다. 중국인의 협력이 없었다면, 외국인 노동 대리인들은 그들의 범죄 대상을 모을 수 없었을 것이고, 외국인들에게 치외법권이 없었다면, 그들의 중국 대리인들은 고발당할 걱정 없이 일할 수 없었을 것이다.

광저우 상인들이 영국 영사에게 보낸 청원서, 1859[27)]

[이 청원서는 (영사관에서 번역되었고) 34명의 광저우 상인들이 제출한 것으로 주장 강 삼각주에 피해를 주고 이제 마카오 전역으로 들어온 납치 돈벌이의 자세한 상황을 보여 준다.]

---

26) Wang Sing-wu (1978), chap.4.

27) House of Commons (1840), vol.69, Paper No.1, Inclosure No.2.

"적절하게 준비된 광저우의 중국 상인 공동체의 청원, 그들은 다음 업종 모임을 만들어서 장사한다.[길드들의 목록]

* * * *

우리 광둥 성은 200년 이상 귀국과 상업 교류를 해 왔고, 양측은 우호를 지키고 상호 신뢰를 유지하고 각자가 쌓여 가는 이점을 즐겨 왔습니다. 뜻밖에도 포르투갈인들이 최근 들어 마카오에 노예 수용소를 세우고 중국 상인들을 보호하고 숨겨 주면서 결탁해 왔습니다. 그들은 증기선과 서양식 중국 배를 고용하여 귀국의 이름을 팔았을 뿐만 아니라, 크고 작은 모든 온갖 종류의 하선河船들이 포르투갈인을 태우고서 황푸를 비롯한 광저우 해역 곳곳에 정박합니다. 그곳들에서 술책과 계략들이 순진한 백성들의 아이들과 미숙한 촌사람들을 속이고 유혹하기 위하여 사용됩니다. 일단 완력으로 납치되거나 사로잡힌, '사들여진 돼지들' 로 불리기도 했던 사람들은 거대한 해양 범선으로 보내지고, 어두운 화물칸에 감금된 다음 마카오의 '돼지 조합' 으로 옮겨졌습니다. 그들을 조사하고 숫자를 확인할 때 납치된 사람들은 학대로부터 달아나는 것을 포기하였는데, 일부는 굴복을 거부하다가 잔인하게 다뤄져서 총살을 당하기도 하였습니다. 그리고 무자비한 학대를 목격하였을 때 그들의 유일한 방법은 강압에 굴복하는 것입니다. 죽음이 두렵지 않은 사람이 있겠습니까? 그리하여 그들은 바다를 가로질러서 노예로 팔렸고, 가는 동안 1만 명 중에 한 명도 살아남지 못할 정도로 고통을 당하였습니다. 반면 고향의 부모와 처자식들은 그들이 부양해 줄 것을 기대하고 있습니다. 의지할 사람이 아무도 없이 밤낮으로 비애를 느끼지만 그들이 돌아오는 것을 보지 못하고, ……

* * * *

아마도 포르투갈 영사는 주목하거나 조사를 진행한 것 같지 않다. 왜냐하면 그는 그런 사악한 일을 잘 알지 못하였기 때문이다. 하지만 영국 영사는 올바른 생각을 하는 정직한 사람으로 자비롭고 강직한 마음을 품고 있어서, 그는 우리 생각에 그런 학대를 알게 되었을 때 가만히 앉아서 아무것도 하지 않을 리 없다."[1859년 4월 9일자]

1872년 7월, 납치된 200명 이상의 쿨리들이 요코하마 항의 난파선(마리아 루즈호)에서 구조되었는데, 그 배는 마카오로부터 페루로 가던 중이었다. 한 피랍인은 갑판에서 뛰어내렸는데, 영국 선박에 의해 구조되었다. 영국인들은 일본 당국에게 그 사실을 알렸고, 그것은 다시 청 정부에 통지되었다. 중국 관리 한 명이 보내졌고, 그는 피랍인들을 면담하고 상하이로 호송해 왔다. 그 뒤, 그들은 정부의 지원금을 받아서 고향으로 돌아갔다. 살아남은 피해자들 중에는 광둥 출신 196인, 푸젠 출신 27인, 그리고 후난 · 장시 · 저장이 각각 1인이었다. 광둥인 한 명은 병으로 배 위에서 죽었다. 그들의 개인사는 중국 관리들에 의해 기록되었고, 그들이 당한 사기 수법과 폭력 행위를 보여 준다.[28] 이러한 피해자들을 가리키는 당대 중국의 용어는 "돼지 새끼들豬仔"이었는데, 그들의 비인간적인 처지를 신랄하게 인정한 것이다.

독자들은 다음 이야기들 가운데 두 가지 사례에서 가구노동 송출 전략이 이상하게 왜곡되었음을 알게 될 것이다. 당시 절망적인 시대적 상황은 외국 돈의 유혹과 함께 남자들이 자신의 친척이나 이웃들에 의해 연기계

28) Chen (1985), ser.1, vol.3:976-1000. 마리아 로즈호의 일화는 다음도 참조. Stewart (1970), 27-28.

약 노예로 팔려 가게 만들었다. 남중국 사회에서 종족들과 종족들의 지파들은 종종 마을 단위로 거주하였고, 한 마을이 같은 성씨들로 구성되었다. 비록 보통 혈족과 이웃들이 서로서로 행복에 관심을 가질 것으로 예상되었을지라도, 가난은 상황을 반대로 만들 수도 있었다. 우리는 아래에서 어떤 종족의 한 지파가 다른 지파의 구성원을 노예로 팔아서 생존한 사례를 보게 될 것이다.

페루 선박 마리아 루즈호로부터 구출된 납치 피해자들의 진술(1872)

"자오야하오: 저는 광저우 부 신후이 현 싼장 촌 출신으로 스물두 살이고 양친은 모두 작고하였으며 형제는 없고 고향에 아내가 있습니다. 사촌 형["종족의 형族兄"] 자오야잉의 꾐에 넘어가서 외국 선박에서 요리를 하였고, 매달 양은洋銀 4원을 받기로 약속받았습니다. 저는 4월 22일 신후이에서 배를 탔고, 당일 오후 마카오에 도착하였고, 작은 보트에 실려 한 선박으로 옮겨져서 선창에 갇혔습니다. 그 배는 일본으로 항해하였는데, 누군가가 바다로 뛰어들어서 달아났습니다. 그는 구출되어 심문을 받았고, 진상이 밝혀졌습니다. 그리하여 우리는 선박으로부터 구출되어 중국으로 호송되었습니다. 이상은 사실입니다."

"덩야이: 저는 룽먼 현 수이시 촌[광저우로부터 100킬로미터 이상 떨어진 곳] 출신으로 스물다섯 살이고 양친은 모두 작고하였으며, 2형제 중 차남으로 농사를 지었습니다. 쑤청지우와 쑤아취안의 꾐에 넘어가서 뱃일을 하게 되었습니다. 그들은 매달 양은 4원을 약속하였습니다. 우리는 4월 14일에 성도[광저우]로 출발하여, 18일에 연락선을 탔고, 20일에 마카오로 갔습니다. 그다음 연락선은 나를 어떤 선박으로 데리고 갔습니다. 저는 고통을 참을 수 없어서 바다로 뛰어내려 달아나려 하였습니다. 하지만 다시 잡혔고, 변발이 잘렸습니다. 나중에 누군가가 저처럼 배 밖으로 뛰어내려 달아났습니다. 그는 구출되어 심문을 받았고, 진상이 밝혀졌습니다. 그래서 우리는 배에서 내려 중국으로 호송되었습니다. 이상은 사실입니다."

"허사오광: 저는 난하이 현 다사 촌[광저우 인근] 출신으로 스물네 살이고 아버지는 허더지우이며 어머니와 동생이 있습니다. 저는 장남입니다. 우리는 농사와 벌목으로 생계를 유지하였습니다. 4월 18일 저는 집을 떠나 성도로 향하였는데, 샤오부에 살던 사촌 형["종족의 형族兄"] 허구이가 한 달에 양은 4원을 받을 수 있다며 마카오로 일하러 가자고 꾀었던 것입니다. 저는 증기선 스보호를 타고 마카오로 갔습니다. [그 증기선이 마카오에 도착했을 때] 이미 밖이 어두웠습니다. 허구이는 작은 배를 빌려 저를 어떤 배로 데려갔습니다. 그 배는 22일에 출항하였는데, 5월 25일에 풍랑으로 돛이 부러졌습니다. 6월 4일, 배는 일본에 도착하였는데, …… [그다음은 위의 진술과 같다.] 이상은 사실입니다."

* * * *

"황무칭: 저는 광둥 성 자오칭 부 신싱 현 출신으로 스물다섯 살이고 우리 가족은 샤오시 거리의 톈탕쉬에서 삽니다. 아버지는 작고하였고 형제는 없으며 농사를 지었습니다. 마을의 아는 형 아룽과 이웃 마을 둥선 촌의 궈두가 마카오로 일하러 가자고 꾀었습니다. 저는 마카오에서 이삼일 동안 있으면서 문밖으로 나가지도 못하였습니다. 4월 19일, 저는 작은 배에 실려 어떤 선박으로 운반되었고, 짐칸으로 밀어 넣어져 감금되었습니다. 외국인들은 저에게 양은 8원을 지불해야 했는데, 지문[문맹자들이 계약서를 쓰는 관례]을 찍으라고 하였습니다. 그들은 지문을 찍지 않으면 밧줄로 묶어서 때릴 것이라고 경고하였습니다. 그래서 저는 지문을 찍었습니다. 배는 4월 22일에 마카오를 떠났는데, 풍랑을 만나서 돛이 부러졌습니다. 6월 4일, 배는 일본에 도착하였습니다. 참을 수 없는 고통과 굶주림 때문에, 6월 8일에 저는 "경고更鼓(시간 알림용 북)"를 안고 바다로 뛰어들었습니다. "경고"를 안고서 영국해군 선박으로 흘러가서 도와 달라고 소리쳤습니다. 그들은 저를 구해 주었지만 다시 배로 보냈습니다. 그 결과 변발이 잘렸습니다.[주로 외국인들이 중국인에게 가하던 모욕적인 처벌] 나중에 저는 다시 도망쳤습니다. 한 영국인이 제가 당한 고통을 동정하여 양은 100원을 몸값으로 지불하려 하였습니다. 하지만 선주는 그것을 받아들이지 않았습니다. 그리하여 영국인은 일본의 지방관들에게 보고하였고, 그들은 제가 당한 고통을 탐문하였습니다. 그다음 그들은 억류되었던 사람들을 선박에서 꺼내 주었습니다. 그들은 다른 지역의 관리들과 함께 우리를 보호하였고 음식을 제공하였습니다. 이달[9월] 13일, 중국인 관리들이 우리를 호송하여 미국인의 선박에 태웠습니다. 이상은 사실입니다." (Chen[1985], 1:3, 976-1000)

"쿨리 무역": 해양 항해

엄격히 말해서 악명 높은 "쿨리 무역"은 이주 노동의 한 형태였고, 노동자들은 강압이나 사기에 의해 모집되었고 "계약서"는 단순히 노골적인 노예제에 가까운 시스템을 위한 겉치레였다. 하지만 "쿨리"는 노동자와 고용자 사이의 불평등한 권력이라는 사정 속에서 떠나간 노동자를 광범위하게 가리키고 있고, 더 일반적으로는 가난한 이민노동자들 누구에게나 적용되는 말이었다.

선박 위의 가혹 행위는 당연히 쿨리 무역의 범죄적 태생으로부터 나왔고, 더 나아가 조약을 기초로 한 서양인과 중국인들 사이의 관계 아래에서 번성하였다.[29] 서양 쿨리 선박들에서 승객들은 카리브 해와 남아메리카로 수개월에 걸친 긴 항해 동안 악취가 진동하고 바람도 통하지 않는 짐칸에 갇혔다. 항해의 조건은 어느 곳이나 인간적이지 않았지만, 일부 최악의 상황은 1849년부터 중국 노동자들을 들여가기 시작한 페루행의 100일 항해에서 일어났다. 1861년, 페루 대통령 마샬 레먼 카스틸라는 쿨리 무역이 "부끄러운 [아메리카] 노예무역의 모든 해악을 재개하였다."고 언명하였다.(페루에서는 노예제가 1854년에 폐지되었다.) 강압과 사기에 의해 모집된 이주민들은 "좁은 배 안에 빽빽이 들어가서 공기가 통하지 않고 최소한의 음식도 없이, 항해하는 동안 야만적인 취급을 받았다."[30] 따라서 치사율이 아주 높았다. 1860~1863년 페루 항해에서 매년 사망률은 22~41퍼센트였다. 사망 원인은 괴혈병 · 이질 · 탈수 · 자살 등 다양하였다. 그것은 최악의 항로, 최악의 시기였다. 잔혹 행위가 대체적으로 알려지고 항해 조건들이 어느 정도 잘 규제된 이후의 시기가 되면, 페루 노선의 사망률은 6퍼센트 정도로 낮아졌다.

높은 사망률은 1850년대 중국 항구를 떠나 캘리포니아 · 오스트레일리아 · 카리브 해 등으로 갔던 승선 인원 초과의 선박들에서도 나타났다. 1852년 항해에서 로드 엘긴호는 샤먼으로부터 싱가포르까지 62일간 항해한 다음, 다시 23일을 항해하여 순다 해협의 한 항구에 도착하였다. 로드 엘긴호는 46일 후에 희망봉에 도착하였고, 다시 39일을 항해하여 영국령 기아나의 데메라라로 가서, 총 170일을 바다 위에서 보냈다. 전체 항해 기간에 154명의 중국인 승객 중 69명이 죽어서 사망률은 약 45퍼센트였다. 한 연구는 사망 원인이 불법적인 승선인원 초과 · 부적합한 음식 그리고

---

29) 마카오를 출항한 페루 선박들에 대해서는 다음을 참조. Stewart (1970), 62-75. 영국령 홍콩의 특징은 다음을 참조. Wang Sing-wu (1978), 125, 178.

30) Stewart (1970), 27-28.

새어든 바닷물에 젖어서 발효된 쌀이 내뿜은 가스 등이었음을 밝혔다.[31) 또 다른 대단히 참혹한 항해가 있었다. 1859년 아바나로 가던 영국 선적의 배는 남중국해에서 허리케인 급 강풍을 만나서 암초에 부딪혔다. 선장과 승무원들은 850명의 중국인 이주민들을 가라앉고 있던 배에 내버려 둔 채 구명보트를 탔다.[32) 이주민들이 향하고 있던 목적지에 대한 두려움뿐만 아니라 선상의 환경은 빈번하게 중국인 승객들의 폭동을 야기하였다. 페루와 쿠바의 환경에 대한 악명은 너무 끔찍하였고 그곳으로 가던 선박의 선상 환경도 견딜 수 없을 정도여서, 1850~1872년 24건의 폭동 중 19건이 칼라오나 아바나로 가던 선박 위에서 있었다.[33)

중국인 이주민들에 대한 학대의 책임은 결코 페루인들에게 한정되지 않았다. 영국 · 미국 · 유럽의 선박들도 중국인들을 신대륙과 오스트레일리아로 운송하였다. 영국 선박들의 환경은 너무 부끄러울 정도여서 의회가 1855년에 중국인승객법을 통과시켰다. 그 법은 영국 선박들의 승객들을 위한 최소 확보 공간과 환경을 명하였고, 1858년에는 개정을 통해 영국령 안의 목적지로 영국인이 이주민들을 운송하는 것을 제한하였다. 1843년, 미국 선박들이 중국인들을 쿠바로 운송하였고, 곧이어 금광 열기가 많은 선박들을 캘리포니아로 오게 하였다. 1858년 법안이 많은 영국 운송업자들에게 사업을 하지 못하게 한 이후, 미국인들도 그들의 길 가운데 일부를 채택하였다. 그런 항해들에 따라붙은 증오는, 1862년 미국 의회가 미국인들이 중국인 이민 승객 무역에 자국인의 참여를 금지하게 만들었다. 다만 완전히 자발적이고 연기 계약이 아닌 이주는 제외되었다.[34)]

31) Clementi (1915), 31-32.

32) Look Lai (1998), 95.

33) Look Lai (1998), 92-96, 1875년 의회 문서를 인용하고 있다. 편집자는 약 68건의 폭동들이 1847~1874년 사이에 발생한 것으로 알려져 있었다고 언급한다.

비록 우리가 1840년 이후를 "대량" 이주의 시기라고 언급하였을지라도, 분명히 "대량"은 결코 가난한 이민자들만으로 구성되지 않고 이미 무역업자나 상점 주인으로 기반을 잡은 사람들도 포함하였다. 예를 들어, 싱가포르에서 어떤 특정 지역은 일찍이 1822년에 복건인 상인들을 위해 확보되었는데, 이것은 샤먼과의 정크선 무역이 이미 일군의 상인 이민자들을 새로운 식민지로 끌어들이고 있음을 보여 준다. 비록 재이주민들이었던 말라카 출신의 바바(혼혈)들이 1824년부터 수십 년 동안 싱가포르 복건인 공동체를 지배하였을지라도, 그들은 복건인의 근거지를 숫자가 더 많았던 새로운 중국인 이민자들과 함께 나누었다.[35] 광둥인과 조주인들도 이주민의 유입에 상업적 재능을 발휘하였다. 상인 집단은 거대한 이민 물결에 필수적이었다. 상인들은 현지 항구들로 노동자들이 들어오는 데 자금을 대고 그들의 정착을 도와주었을 뿐만 아니라, 그들은 이민노동자들이 보호·구직 그리고 필수적인 사회적 서비스(제단과 묘지의 제공이 가장 두드러짐) 등을 위해 의지하던 지역 협회들幇의 핵심을 소개하였다. 세금 청부인이었던 상인들은 조직원들에게 재정적 기반을 제공하였고, 조직원들은 이민 노동을 조직하고 분배하는 현장 관리자로서 일하였다.

대량 이주의 규제와 법제화

이민의 법적 상태는 모호하였는데, 제2장에서 보았듯이, 남부 해안의 관리자들과 중앙에 있던 그들의 협력자들은 1754년에 실제로 동남아시아

34) Wang Sing-wu (1978), 165-171.

35) Yen (1986), chaps.4-6.

무역을 하던 업자들에게 복수 출입국을 허가하는 상유를 이끌어 냈다. 그럼에도 불구하고 약탈적인 지역 관리들의 상인 체류자들에 대한 괴롭힘은 계속되었다. 체류 노동자들은 그 상유에서 언급되지 않았고, 그들의 지위는 정해지지 않았다. 해안 성 출신의 중국인 노동자와 장인들은 어쨌건 오랫동안 이민을 떠나고 있었으며, 많은 관리들은 그런 사실을 대놓고 묵인하지는 않았을지라도 단순하게 받아들였다. 그러나 외국인들과 그들의 중국인 공범들이 자행한 사기 혹은 강제 모집은 정부와 주민들을 격분시켰다. 중국인 납치범들은 두려움과 증오의 대상이었고, 중국 당국이 그들을 체포하면, 그들은 참수되었다. 그러나 중국 항구들에서 외국인들의 조약상 지위 때문에 문제가 복잡해졌다. 그들은 중국 측 주요 협력자들과 함께 중국 법률의 적용을 받지 않았다. 외국의 압력에 반한다는 걱정 때문에 많은 지역 관리들은 이민 문제를 놓고 외국의 쿨리 대리인들이나 그들의 중국인 대리인들과 맞서지 않음으로써 골칫거리를 피하려 하였다.

그렇지만 중국인들을 격분하게 하는 일들이 있었다. 1852년, 샤먼에서 악명 높은 중국인 쿨리 중개인이 성난 시진주민들에게 공격을 받아서 체포된 다음 군사 감옥에 감금되었다가 그를 고용했던 쿨리 중개상이었던 시메Syme와 무이르앤컴퍼니Muir & Co.의 두 관리자들에 의해 구출되었다. 같은 날, 시메와 관계가 없던 영국인 행인 두 명이 군사 감옥의 군인들에 의해 공격을 받아서 상처를 입었다. 그 뒤 이틀 동안 화난 군중들이 외국인 구역을 습격하였고, 시메의 본부를 두렵게 만들었다. 놀란 영국 영사는 항구의 전함으로부터 해군 병력을 소집하였다. 해군들은 군중들과 거리를 유지하였지만 위협을 느껴서 끝내 그들에게 총격을 가하여 4명이 죽고 여러 부상자가 나왔다. 비록 이 사건에서 쿨리 중개상은 영국 정부에 의해 "영국인의 이름을 더럽혔다"는 말을 들었을지라도, 쿨리 무역은 영국 식민지의 이익에 경제적으로 엄청나게 중요하였기 때문에 그들에게 주의를 주는 것도 쉽지 않았다. 중국 해안의 쿨리 무역에서 영국 식민지의 이익이 너무도 강력해서 시메처럼 뻔뻔한 중개인들이나 중국인 협력자들을 엄격하게 규제하라고 할 수 없었다. 아편처럼 쿨리들도 너무 이익이 되는 상품이어서 선의로 만들어진 법률에 의해 효과적으로 규제될 수 없었다.[36)]

그럼에도 불구하고, 다양한 시도들이 만들어졌다. 1850년대 영국 의회는 쿨리들이 운송되는 조건들을 규제하는 법안들을 통과시켰다. 법안은 중국 항구를 떠나온 모든 영국 선박들과 홍콩을 떠나온 모든 국적의 선박들에게 적용되었다. 항해할 때마다 영국 관리들로부터 적절한 조건들(공간 · 음식 · 의료 용품)에 대해 보증을 받아야만 하였다. 납치범의 돈벌이를 근절하기 위하여, 홍콩의 쿨리 중개인들을 등록시키고 서로 묶어 놓았다. 연기 계약서는 영국이민 관리의 감독 아래 중국어와 영어로 준비되고 이민 지망자들에게 설명되어야 하였다. 누구도 예비 이민자에게 설득하거나 강요할 수 없었다. 그럼에도 불구하고, 영국 영사는 1867년에 이렇게 썼다. 어떤 식민지로부터든 자발적인 이민은 없었고, 모든 승객들은 법률을 피하는 방법을 알던 운송업자들의 강요나 사기를 당하였다. 샤먼 항은 이미 납치된 남자들을 해외로 운송하던 곳으로 유명하였다.(바로 앞에 언급한 1852년의 폭동이 있었다.) 영국의 1855년 "중국인승객법"—승객 1인당 최소한의 공간과 편의 시설을 법으로 규정함—조차도 효과가 보잘것없었다. 샤먼의 쿨리 송출 대리인들은 단지 그들의 사업을 더 아래쪽 해안 항구인 산터우(1860년대까지 조약항이 아님)로 옮겼을 뿐이었다.[37)]

그 후로 1850년대의 규제 효과는 쿨리 무역을 마카오로 이동시킨 것이었다. 강제 모집 폭력배들이 작은 배를 주장 강 삼각주의 은신처로 보내서

36) Morse (1910-1918), 1.402, 외무장관 로드 클래런던의 말을 인용함; Yen (1985), 44-52.
37) Wang Sing-wu (1978), chap.4.

젊은 남자들을 납치하고 그들을 밀폐된 축사("노예 수용소")에 감금하면, 갇힌 남자들은 쿨리 선박 화물칸의 운명을 기다렸다. 쿠바에서 일어난 쿨리 학대에 대한 충격적인 보도 이후, 1874년 대영제국은 포르투갈에게 마카오 쿨리 무역을 금지하게 만들었다. 이것은 법의 깃발 아래 강제이민이 종결된 것으로 여겨질 수 있다. 비록 학대는 19세기 내내 모든 항구에서 계속되었지만 말이다. 쿨리 수출은 아편 수입과 같았다. 소비자들의 채워줄 수 없는 요구에 의해 이익이 만들어졌고, 그 이익은 너무도 저항하기 어려운 것이어서 규제의 집행을 책임진 사람들이, 중국인이든 외국인이든, 감당하기 어려운 곤란에 직면하게 하였다.

청조 정부는 이러한 시스템에 어떻게 적응하였을까? 대중의 분노를 걱정하고 쿨리 무역의 비인간성에 반발하면서, 중국의 성 관리들은 쿨리 무역의 납치 · 사기 · 잔혹 행위 등을 멈추려 하였다. 하지만 쿨리 무역을 규제하기 위하여 그것을 하나의 사실로서 인정해야 했고, 이것은 이민에 대한 청조의 금령(결코 공식적으로 폐지된 적이 없음)을 어기는 일이었다. 공식적인 행동을 위한 기회는 영국과 프랑스가 1858~1860년 전쟁("제2차 아편전쟁") 때 광저우를 점령하고 있던 상황에서 다가왔다. 광저우에서 걷잡을 수 없는 납치가 야기한 혼돈상태는 영국과 프랑스로 하여금 그들의 중국측 대화 상대였던 양광총독 보구이와 힘을 합쳐 이민을 규제하게 만들었다. 이민은 양측이 이해할 수 있는, 등록된 계약서가 있어야만 허가받을 수 있었다. 이것은 한편으로 중국의 지방 당국이 이민의 현실을 인식한 것이었고, 따라서 이민자들과 일반인을 위하여 청조의 정책을 저버린 것이었다. 다른 한편으로, 외국인들이 그들의 통제와 영향 아래 있던 지역에서 강압에 의해 시행한 것이었다. 서인도 플랜테이션들에 필요한 노동자들을 모집하는 것은 영국에게 시급한 사안이었고, 모집이 인도적이어야 하고 중국의 공식적 검사를 받아야 하는 상황에서 성 관리들의 협조는 필수적이었다. 얼마 뒤, 제2차 아편전쟁을 끝내는 조약(베이징조약, 1860)을 체결할 때, 베이징은 중국인이 영국 회사들과 이민 계약을 맺는 것을 허가하는 조항에 동의하였다. 프랑스 · 스페인 · 미국 등도 곧바로 조약을 통해 유사한 보장을 받았다. 그리하여 외국의 압력으로 오랫동안 존재하던 사실에 법적 지위가 부여되었다.[38)]

법제화의 실제적인 세부 사항들은 1866년 베이징에서 서명한 **영국과 프랑스인의 중국인 이민의 업무를 규제하기 위한 조약**에서 논의되었다. 이 협의를 통해 외국 영사들과 중국 당국자들의 상호 동의 아래 외국인 이민 대리상들을 허가하는 절차가 갖춰졌다. 계약서에는 엄격한 급료 조건, 5년 한도, 귀국 비용 지급 등이 포함되어야 했고, 중국인 검사관의 면전에서 서명되어야 했으며, 이민자의 자유로운 의사가 전적으로 증명되어야 했다. 출항 전에 외국 영사들은 이민 선박의 상태가 온전한지 검사하였다. 중국 정부는 부적절한 모집을 금지하는 규정들을 추가하였다. 이 합리적인 규정은 중국 측에 의해 받아들여졌지만, 영국에 의해 끝내 거부되었다. 왜냐하면 그들은 카리브 해 식민지들에서 필요한 노동력은 용역 조건과 귀환에 관한 조항 아래서는 결코 충족될 수 없었기 때문이었다. 그리하여 외국인의 입장에서는 그 조약은 중국 정책의 근간을 형성하였고 강제로 시행하려 했지만, 전혀 효과가 없었다. 한쪽만이 동의한 문서는 규제하는 데 허약한 도구임이 드러났다.

청조 이민정책에서 또 다른 중요한 전환점은 1868년 미국과의 협약이었다.(베이징에 의해 서양 정부들의 대사로 임명된 앤슨 벌링게임이 발의해서 "벌링게임 조약"으로 알려졌다.) 그 조약은 "호기심 · 무역 혹은 영구 거주 등을 목적으로 하는" 쌍방향의 자유이민 원칙을 명확하게 언명하였다. 또한

38) Wang Sing-wu (1978), 22-37.

(1878년까지도 사실 중국인 자문위원들이 없었지만) 미국의 항구들에 이민자들의 복지를 포함한 중국인의 이익을 증진하기 위하여 영사들을 주재시킬 권리를 인정받았다.[39] 이렇게 원만한 조약은 하지만 미국의 "배척" 운동으로 위험해졌다.

즉각적인 결과가 어떤 것이든 1866년 협약과 1868년 벌링게임 조약은 중국의 자국민에 대한 이민정책에서 하나의 분수령이었다. 비록 정식 법제화는 1893년이 되어서야 나타나게 되었을지라도, 이민에 대한 규정을 만들려는 그러한 발걸음들은 그것을 합법화하는 효과가 있었다. 청 정부에게 해외 중국인의 증가는 이제 (장즈둥의 사례에서 보았듯이) 책임과 기회를 동시에 선물하였다. 책임이란 해외 중국인의 복지에 대한 관심을 보이는 것이고, 기회란 그들로부터 재정적 지원을 요청하는 것이었다. 이러한 업무들은 1870년대 말부터 해외에 설치된 공사관과 자문 위원들에게 맡겨졌다. 해외 체류자들을 문제라기보다 자원으로 여기는 것은 중국의 세계관에서 하나의 전환점이었다.

선박 기술과 이주 서비스

아편전쟁 중에 해안 경비를 맡았던 중국인들은 연기를 내뿜으면서 바람과 조류를 거스를 수 있었던 네메시스호를 보고 깜짝 놀랐다. 증기 기술은 곧 전쟁에 미친 만큼 큰 영향을 이민에도 미쳤고, 중국인의 대량 이민이 증기선을 따라 역사로 들어왔다. 영국에서 출항한 연간 증기선의 규모는 1835년 1만 1,000톤 아래였는데 1865년 30만 톤으로 증가하였다. 1870년 무렵 증기 선박의 연간 톤수는 범선을 초과하였다.[40] 증기선의 향상된

39) Tsai (1986), 24-29. 하지만 미국 상원은 벌링게임 조약을 승인하는 조건으로 귀화할 수 있는 권리가 될 수도 있는 이민권에 대해서는 부정하는 조항을 추가하였음을 주목해야 한다. Maltz (1994), 229.

속도와 수용 능력은 전체 운송 경비를 낮춤으로써 오늘날의 값싼 항공운송이 그런 것과 마찬가지로 이주에 영향을 끼쳤다. 이주와 기술 사이의 상승효과는 증기 에너지를 견디는 고속 크랭크축을 만드는 주석 합금이 개발되면서 두드러졌다. 19세기 말까지 세계의 산업용 주석은 영국령 말라야에서 공급되고 있었고, 그곳의 주석 광산은 중국인 사업가와 이민노동자들에 의해 한 세기 일찍 개척되었다.

증기선의 속도와 신뢰성은 해외 중국인 거주지와 중국 내 그들의 고향 공동체들 사이의 연계도 밀접하게 하였다. 증기 운송이 해로를 넘겨받아서 이주 통로를 더 효과적인 사람들의 왕래 수단으로 만들게 되자, 체류와 귀향은 더욱 실현 가능한 일이 되었다. 20세기 초가 되면 정보의 교류 수단에 이민자들이 고향의 사건이나 사람들과 연락을 유지하려는 필요를 충족시키기 위하여 만들어진 "해외 중국인의 소식지들僑刊 혹은 鄉訊"이 포함되었다. 소식지의 목적은 동향인과 친족들에 대한 충성심을 강화하는 것이었고, 그리고 물론 송금을 장려하기 위한 것이었다.

이러한 발전에 결정적이었던 것이 영국의 직할 식민지 홍콩이었는데, 그곳은 증기선의 주요 항구였을 뿐만 아니라 이민 서비스의 폭넓은 무대를 위한 기반으로 기능하였다. 이미 언급한 모집(그리고 강제 모집) 조직들은 제외하고, 수많은 조직들이 등장하여 이주민과 그 고향 가족들을 위해 일하였다. 그중에 하나가 "황금산 회사金山莊"로 불리던 상인 단체였고, 해외 통신 지부를 통해 미국이나 다른 나라들과 다양한 사업을 진행하였다. 그들이 진행한 교역에는 해외 중국인들이 생활을 더욱 견딜 수 있게 만들어 주던 (고향 음식과 같은) 중국 물품이 포함되었지만, 더 중요한 것은 중국의 가족과 채권자들에게 송금하는 것 같은 서비스들이었다. 따라서 그러

40) Watts (1911).

한 회사들은 이주 통로의 양쪽 끝에 있던 사람들에게 닻과 같은 역할을 하였다. 다른 필수적인 이민 서비스에는 이주민들이 해외에서 죽었을 경우 그들의 유골과 "영혼 상자"를 본국으로 송환해 주는 일을 하던 자선 조직들도 포함되었다. 이주민들이 연기 계약이 종료되거나 병 · 나이 때문에 퇴직하여 본국으로 돌아가는 일은 홍콩의 둥화 병원을 통해 처리되었다. 홍콩에 지부들을 거느린 지역 협회들同鄕會은 돌아온 체류자들을 돌보았다. 이러한 서비스들은 송금 사업과 함께 통로의 양쪽 끝에서 생필품들이 제공될 것을 보장하였고, 이민이 실행 가능한 가족 사업으로 남아 있게 하였다.[41]

새로운 방향, 새로운 터전

대량 이민은 중국인 이민의 세계적인 팽창에 영향을 끼쳤다. 19세기 이전까지 거의 동남아시아에만 있었던 터전들과 대조적으로, 중국 이민자들은 이제 지구 곳곳으로 퍼졌다. 이러한 확산이 가능하게 된 이유는 해양 교역의 기술과 조약에 따른 중국 해안의 모집 시스템이 바뀌었기 때문이었다. 그리고 더 근본적인 원인은 서양 산업주의, (주로 아메리카와 오스트레일리아에 있던) "정착민 사회들의 발전", 그리고 제국주의 등에 있었다. 주로 중국인과 인도인이었던 아시아인 노동력은 유럽인들로 하여금 식민지 광산과 플랜테이션의 착취를 가능하게 만들었다. 그와 동시에, 북아메리카와 오스트레일리아의 정착민 사회들에서 중국인과 유럽인 이주민들의 충돌은 자본과 노동 사이의 치열한 논쟁의 복판에서 치열한 경쟁을 촉

41) Sinn (1995b), 45-50; Sinn (2002) (서사의 허가 아래 인용).

발하였고, 결국 박해와 추방으로 이어졌다. 아프리카 노예가 (악명 높은 페루와 쿠바에서) 사라진 지 얼마 되지 않은 사회들에서, 중국인 연기계약 노동자들은 끈질긴 노예 문화 아래 고통을 받았다. 아프리카 노예가 존재한 적이 없었던 동남아시아의 네덜란드와 영국 식민지들에서 연기계약 노동에 대한 대우는 결코 더 낫지 않았다. 따라서 19세기 중반부터 새로운 터전으로 중국인 이민이 확대된 것은 고된 노동조건에 관한 이야기였고, 어떤 경우에는 쓰라린 민족 적대감의 이야기였다. 그 사이에 나타난 상인과 장인들의 동남아시아 이민은 여러 세기 동안 이어진 중국인들의 경제적 기회 추구의 연장이었다.

북아메리카와 오스트레일리아

정착 사회들로 가는 중국인 이민은 그러한 곳들로 가는 유럽인의 이민과 나란히 진행되었다. 그러한 사회들에서 중국인은 대량 이주 시기 동안 결코 백인 노동계급 이민자들의 적대감에서 벗어나 있지 않았다. 후자는 중국인을 열심히 일하면서도 적은 임금을 받음으로써 자신들의 직업을 빼앗아 갈 수 있는 무서운 경쟁자로 보았다. 그와 동시에 목장주 · 농장주 · 자본가들은 중국인들의 존재를 기쁘게 여겼을 뿐만 아니라 실제로 그들을 들여와서 절대적인 노동력 부족을 완화하려 하였다. (만약 값싼 아시아인 노동력을 쓸 수 없었다면) 노동자들은 협상을 이롭게 진행할 수 있었겠지만 고용주들은 당연히 그것을 피하려 하였다. 직업 경쟁은 보물 경쟁과 견줄 수 있었다. 즉 유럽인들이 아니라 중국인들이 금광 찾기에 현혹되었지만, 광산에서 그들의 존재는 유럽인 광부들의 적대감을 불러일으켰다. 그러한 조건들은 북아메리카와 오스트레일리아의 정착 사회들에서도 흔했는데, 유럽인과 중국인 이민자들은 거친, 때때로 무법적인 변경에서 마주쳤다. 놀랄 것도 없이, 중국인들은 이런 모든 환경 속에서 고통을 받았다. 불리하게도, 동남아시아와 달리 그들에게는 후원자가 없었고, 그곳에는 중국인 엘리트들이 선호하는 자리를 주는 데 관심을 가진 식민지 정권들도 없었다. 더구나 중국 상인의 교두보는 동향인들과 백인 정치권력자들 사이에서 효과적인 중개인이 될 수 있을 정도로 강하지도 부유하지도 않았다.

1848년 캘리포니아 금광의 발견은 전 세계 시굴업자들을 유혹하였고, 주장 강 삼각주의 광둥인들은 신속하게 반응하였다. 1850년까지 1,000여 명이 샌프란시스코에 도착하였고, 이듬해에 6,000명, 그리고 그다음 해에 2만 명이 도착하였다. 1852년 조사 때, 캘리포니아 인구의 약 10퍼센트(2만 5,000명)가 중국인이었다.[42] 홍콩 근처는 신속하게 북아메리카로 가는 남중국 이민자들의 주요 탑승항이 되었다. 1848년의 발견에 대한 초기 보고서들은 아마도 1849년 말 이전 남중국에 왔고, 그해에 샌프란시스코에서 상점을 열었던 광둥 상인들에 의해 전해진 것 같다. 1850년 무렵 아마도 500명의 중국인들이 약 5만 명의 황금에 굶주린 시굴 업자들 무리에 합류하였다. 1851년 무렵 샌프란시스코의 중국 상인들은 이미 이민에 자금을 대고 새로 온 사람들의 적응을 도와주느라 바빴다. 금광들이 급감하게 되자, 철도 도급업자들이 1865~1869년에 시에라네바다 산맥을 가로지르는 센트럴 퍼시픽선을 건설하기 위하여 1만 4,000명이나 되는 중국인들을 고용하였다.

캐나다의 금광 열기는 1858년에 시작되었고, 1860년대까지 수천 명의 중국인들이 브리티시 컬럼비아로 이주하였다. 북아메리카를 향한 중국인 이민은 열정적으로 시작되었다.[43] 북아메리카의 사례에서, 초기 카리브해나 페루의 이민과 달리, 중국인의 대량 이민은 초기 단계부터 준비되어

42) Price (1974), chaps.1 and 2.

43) Lai (1992), 7; Mei (1979), 476; Hsu (2000), 29.

있었던 상인 집단에 의해 발전되었다. 그러한 교두보들은 중국인 공동체들을 위한 중핵을 조직하는 일을 하였고, 그것은 우리가 제5장에서 살펴보듯이 북아메리카의 경험은 카리브 해 · 페루의 플랜테이션 중심 사회들과 달랐다.

오스트레일리아와 뉴질랜드에서, 노동력의 부족과 금광 열기는 비슷한 방식으로 상호작용하였다. 영국은 1840년에 오스트레일리아로 범법자들을 추방하는 것을 중지하였는데, 그것은 뉴사우스웨일스의 양목장주들 사이에서 극심한 노동력 부족을 보여 주는 사건이었다. 중국인 노동자들의 수입은 1828년에 이미 논의되었다. 하지만 영국 정부는 지방 당국과 마찬가지로 아시아인 노동자들을 식민지로 데리고 오는 데 어떠한 역할을 하는 것도 반대하였다. 다만 결국 개인은 자신의 경비를 들여 그런 노동력을 수입할 수 있다고 물러섰다. 그러자 목장주들은 샤먼에 있던 영국인 노동중개상에게 의지하였는데, 그 중개상은 1848년 여름 영국 선박에 120명의 중국인들을 태워 보내서 노동력 부족을 완화시켰다. 마침내, 1849년 런던은 중국인의 수입을 공식으로 허가하였고, 노동자의 수송선들이 샤먼 · 홍콩 · 싱가포르 등으로부터 들어오기 시작하였다. 그 뒤 3년 동안 거의 1,000명의 중국인들이 시드니 항으로 들어왔고, 약 400명은 다시 호바트(태즈매이니아)로 갔고, 225명은 모턴 만(퀸즐랜드)로 갔다. 그 대부분은 오스트레일리아인 고용주들에 의해 요청된 사람들이었다.[44)]

1851년 멜버른 근처에서 최초로 대규모 금광 파업이 시작되면서, 중국인들은 대량으로 들어오게 되었고, 그 속에는 자비나 신용 티켓을 끊어서 온 사람들이 많이 있었다. 1855년 빅토리아 식민지에 의해 부과된 중국인들의 높은 인두세 때문에, 많은 이민자들이 남오스트레일리아의 식민지에

44) Wang Sing-wu (1978), chap.7.

있는 구이첸 만에 도착하여 빅토리아의 금광까지 다시 250마일 이상을 걸어야만 하였다. 한 관찰자는 600명 이상의 무리가 "모두 막대기 하나와 바구니 두 개를 가진 채 일렬로 걷고 있었다."고 기록하였다. "그들의 행렬은 2마일 이상 뻗어 있었다. 그들이 지나는 데 한 시간 반이나 걸렸다."[45] 금광 열기가 정점에 도달한 1857년까지 2만 5,424명의 중국인들(그중 2만 명 이상은 광부들)이 빅토리아의 식민지로 들어갔고, 그중 여성은 단 세 명이었다. 이 점에서 중국인은 식민지 인구의 6.4퍼센트를 차지하였다. 그 뒤 중국으로 귀향하는 사람들이 생기면서 중국인들의 수가 감소하게 되었다. 1871년까지는 단지 1만 8,000명 선이었고 20년 뒤에는 단지 9,377명이었다.[46] 이러한 감소는 상당 부분 반중국인 법규 때문이었다.

그들의 출신지를 보면, 빅토리아에서 금광을 찾던 중국인들은 북아메리카 금광열의 조기 이민자들과 매우 흡사하였다. 가장 많은 이민자들이 "세 읍"과 "네 읍"三邑과 四邑으로 알려졌던 광저우와 그 배후지로부터 왔다. 뉴사우스웨일스(시드니 지역) 근교에서 중국인 이민자들의 출신지는 더 다양해서 앞서 언급한 지역 이외에도 둥관(광저우 서쪽)과 샹산(중산) 지역(마카오 북쪽)으로부터 왔다.[47] 그리고 북아메리카와 같이 출신지들은 이민 공동체의 이익에 도움이 되는 협회들의 토대가 되었다.

오스트레일리아에서도 북아메리카와 마찬가지로 중국 상인들(일부는 홍콩 회사들의 지부였음)은 이민 과정에 깊숙이 간여하였다. 금광열이 일던 지역들의 상인들은 중국인 광부들 사이에서 그들의 주요 시장을 발견하였고, 그들은 광부들에게 신속한 중국 음식과 소소한 상품들뿐만 아니라 예금이나 고향으로 보내는 송금과 같은 필수적인 서비스를 제공하였다.[48]

45) Wang Sing-wu (1978), 273.
46) Wang Sing-wu (1978), 270-271.
47) Yong (1977), 189.

아마도 그런 상인들 중 일부는 신용 티켓으로 그곳에 건너와야 했던 가난한 광저우 이민자들에게 자금을 제공하는 일에도 간여했을 것이다. 북아메리카와 마찬가지로, 광저우 상인들은 오스트레일리아에서 홍콩을 통해 지속적으로 그들의 고향 땅과 연결되었는데, 홍콩은 세계적인 이주망의 중심이 되고 있었다.

서인도 제도와 페루

식민지 항구 홍콩과 마카오는 노동 수출업자들에게 매력적인 곳이었다. 왜냐하면 그곳은 외국인 회사들이 치외법권에도 불구하고 (1852년 샤먼처럼) 주민들의 적대적인 반응으로 두렵고 불편하였던 조약 항구들에 비해 중국의 공적인 간섭으로부터 자유로웠기 때문이다. 홍콩의 영국 관리자들은 고국으로부터의 인도주의적인 요구와, 값싼 노동력을 원하던 (특히 서인도 제도의) 영국 식민지로부터의 청원 사이에서 자유롭지 못하였다. 그 결과 비자발적인 이주민의 수출을 막기 위해 만들어진 규제, 여객선의 설비를 관리하는 법률, 그리고 멈출 수 없을 것 같은 강제 모집의 흐름 등이 어정쩡하게 섞여 있었다.[49] 우리는 이미 "자발적"이란 강제할 수 없는 규제들이 존재하는 상황 속에서 믿기 어려운 말이라는 것을 살펴보았다. 그처럼 강력한 경제력에 봉사하는 완곡한 표현은 시류에 따르는 말이었다. 그리고 신용 티켓 시스템은 의심할 여지없이, 홍콩 당국의 의도가 어떤 것이든, 이민 지망자들이 점검을 받고 있을 때 눈을 감게 만들었다.

중국인 연기계약 이주민들은 남중국 항구에서 배를 탔고 순다 해협과 희망봉을 지나 서대서양을 가로질러 카리브 해에 이르는 항로를 이용하여

48) Yong (1977), 46.
49) Wang (1978), 128.

서인도 제도에 도착하였다.[50] 영국 · 스페인 · 프랑스의 카리브 해 식민지들에서 생산된 사탕수수는 산업화하고 있던 유럽 사회들의 대량 소비 품목이었던 설탕으로 정제되었다. 19세기 중반까지 설탕 플랜테이션은 아프리카 노예들에 의존하였지만 대서양 노예무역의 폐지는 카리브 해 농장주들로부터 그들이 익숙했던 값싼 노동력을 빼앗아 버렸다. 노동력 확보 경쟁은 자유롭게 협상되던 임금을 상승하게 만들었기 때문에 과거의 노예 소유주들은 그들의 노동력에 대한 통제를 회복하고 합법화된 예속 형태로 수입될 수 있는 대체 노동력 자원을 구하였다.

19세기 동안 카리브 해로 간 중국인 연기계약 이민자들은 대부분 쿠바로 향하였고(약 12만 4,000명), 다음으로 영국령 서인도 제도로 향하였다(약 1만 7,800명).[51] 두 지역에서 연기계약 중국인들의 수송은 실제적으로 1870년대에 끝났다. 쿠바에서는 마카오 항의 강제 모집과 식민시의 야만적인 대우에 대한 국제적인 분노 때문이었고, 영국령 서인도 제도에서는 계약 조건의 국가 규제로 인한 비용의 상승 때문이었다.[52]

페루에서 아프리카 노예제의 종말은 플랜테이션 경제의 위기를 야기하였는데, 스페인이나 인디언 주민들은 임금노동을 하려 하지 않았기 때문이었다. 중국인 연기계약 노동자들의 수입은 1849년에 시작되었다. 페루로 온 사람들은 대개 마카오를 출발하였다. 1849~1874년 유럽과 페루의 선박들이 약 9만 명의 중국인들을 페루의 주요 항구인 칼라오로 수송하였다.[53] 살아서 내린 사람들은, 모두 한 고용주와 계약이 성사되지 않을 경우, 부둣가의 노예시장처럼 일렬로 세워져서 노동력 대리인들에게 판매되

50) Cuba Commission (1993), 21.
51) Engerman (1986), 272.
52) Look Lai (1993), 48, 58-61.
53) Stewart (1951), 74.

었다.(명목상 분할 지급되는 계약 판매였다.) 대리인들은 다시 이민자들을 최종 고용주들에게 넘겼다. 대부분(약 80퍼센트)은 과거에 아프리카 노예들이 일했던 면화나 설탕 플랜테이션으로 가게 되었지만, 일부 매우 불행한 사람들은 오래된 새 배설물로 해안을 따라 섬들에 퇴적된 천연비료였던 구아노를 채취해야 했다. 고통스런 상황은 많은 구아노 노동자들을 자살로 내몰았다.

중국인들의 페루 대량 이민은 1849부터 1874년까지 계속되었다. 1856~1861년은 정부가 학대로 악명 높은 계약 노동을 종식하기로 결정하였기 때문에 휴지기였다. 하지만 노동력에 대한 필요성이 너무 커서 중국인의 수입은 1861년에 재개되었고, 13년 동안 더 지속되다가 마카오에서 쿨리 무역을 중지하라는 국제적인 분노가 일어나서 마침내 끝을 보게 되었다.[54]

태평양 군도

남태평양 군도 이주는 유럽 제국주의 산물이었다. 작은 규모의 연기계약 중국 노동자들이 몇몇 지역에 소개되었는데, 가장 유명한 곳은 타히티였다(1860년대 약 1,000명). 나중에 (과거 연기 계약을 맺었던 남자들의 가족들을 포함한) 자유 이민자들의 물결이 1907년부터 1914년까지 이어졌고, 그 다음에는 중국인 소수집단이 정착하고 조직된 공동체처럼 행동하기 시작하였다. 1960년대까지 주로 중국인의 후손들이었던 사람들은 8만 5,000명의 주민 가운데 약 1만 명이었고, 프랑스령 타히티에서 저명한 사업 엘리트가 되었다. 영국이 지배한 피지에서는 인도인 이민자들이 연기계약 틈새를 채우고 있었는데, 중국인들이 (빅토리아 금광들로부터 귀국한 집단들을 시작으로) 자유 이주민들의 신분으로 도착하였다.[55] 일반적으로 중국인의

54) Stewart (1951), chap.2.

남태평양 이민은 숫자상 적었지만 널리 퍼져 있었는데, 그것은 유럽인의 식민지화가 낳은 결과였다. 유럽인들은 연기계약 노동자를 모집하였고, 세계시장과의 연결 고리를 통해 정력적이고 지략 있는 무역업자들에게 틈새들을 제공하였다.

동남아시아 대량 이주

19세기 중반의 새로운 상황들은 중국인의 동남아시아 이주 형태를 크게 변화시켰다. 이주의 터전들에는 동남아시아의 모든 식민지들과 시암이 포함되었지만, 현지 정권들 자체가 급속하게 변화하고 있었다. 예를 들어, 해협식민지들은 영국인들의 말라야 반도 침투를 위한 교두보였고, 그곳에서 주석 광산과 설탕 · 고무 플랜테이션들이 이민 노동에 대한 새로운 수요를 자극하였고 이민 사업가들에게 새로운 기회를 제공하였다.

네덜란드인들은 나폴레옹전쟁 이후 동인도제도를 다시 점령하자마자, 자바로부터 그 외곽의 섬들까지 그들의 통제를 확대하기 시작하였다. 1850년대까지 망카와 베리퉁(주석 광산), 1860년대까지 수마트라(담배와 그 뒤의 고무 플랜테이션)는 계속해서 더 많은 수의 비숙련 노동자들을 필요로 하였다. 방카의 광산들은 18세기 중반의 쿵쓰 모델 이래 중국인들의 노동으로 운영되었는데, 그것은 제2장에서 서술된 보르네오와 유사하였다. 그런 시스템 아래에서 노동자들은 동일한 방언 집단의 중국인 중개인들에 의해 광둥의 객가 가운데 모집되었다. 그들의 모집 방식과 노동 시스템은 이민 초기 단계에 쿵쓰 모델은 잘 작동하게 만들었던 그것이었다. 1820년 방카에 있던 한 영국인 관찰자는 이렇게 적었다. "전체 노동자들은 평등하게 일한다. 나이 많고 경험 있는 사람들은 지휘하고, 젊고 활력 있는 사람

55) Yee (1974).

들은 실제적인 부분을 맡았다. 한편 모든 사람들은 이익을 평등하게 나눈다."[56] 하지만 세기 중반이 되면, 쿵쓰 시스템의 집단적인 측면들은 더욱 권위적인 관리에 자리를 내 주기 시작하였다. 중국인 우두머리(네덜란드의 페라나칸 "관리자들"과 그들 밑에서 일하는 광산 · 플랜테이션 운영자들)는 사실상 쿵쓰의 이익보다는 식민지 정부의 요구에 반응하는 단순한 기능인들이었다. 과거에 일반적이었던 사적인 모집은 점점 사적이지 않은 방식으로 대체되었다. 이민의 가장 흔한 경로는 이제 직접 중국을 통하는 것이 아니라 해협식민지(싱가포르와 페낭)를 통하는 것이었다.

네덜란드 점령지에 필요한 연기계약 노동자를 직접 모집할 수 없게 되는 데 오랜 시간이 걸리지 않았다. 그 이유는 중국인들이 귀국하면서 동인도제도의 가혹한 규율, 높은 사망률, 불충분한 보수 등이 알려졌기 때문이다. 수마트라의 델리 지역은 네덜란드의 식민 지배가 시작된 지 얼마 되지 않은 곳이었는데, 네덜란드 사업가들은 1864년에 담배 플랜테이션을 시작하였고 곧바로 싱가포르를 통해 중국인 노동력을 수입하였다. 그 뒤의 이야기는 방카 섬의 주석 광산과 비슷하였다. 그곳에서 중국 쿵쓰에 의해 운영되던 노동력 모집과 관리 시스템은 유럽인들이 운영하는 시스템으로 대체되었다. 수마트라의 네덜란드 담배 농장주와 말레이 광산 · 플랜테이션 운영자들 사이의 극심한 경쟁에서 네덜란드인들은 패배자였다. 일반적으로 중국 해안에서 받아들여졌던 사실은, 델리의 담배 플랜테이션에서 유럽인 고용주들이 그들의 노동자들을 말라야의 중국인 고용주들보다 더 가혹하게 다루었다는 것이다. 비록 두 지역 노동자들의 대우가 크게 다르지 않았을지라도, 말라야의 고용주와 감독자들은 항상 중국인이었다는 것은 사실이었다. 한편 델리에서 일부는 유럽인 운영자들과 계약을 맺었고, 그

56) J. Crawfurd, 다음에서 인용됨. Jackson (1961), 31.

들의 오만함이 분노를 일으키게 하여서 델리 플랜테이션의 악명(이미 이 장의 앞부분에서 장즈둥의 사절들을 통해 확인하였음)을 높여 주었다. 싱가포르에서 배를 갈아탔던 많은 중국인 이민자들은 네덜란드 점령지로 넘겨지는 것을 단호히 반대하였지만, 상당수는 그럼에도 불구하고 총구의 위협 속에서 수마트라로 향하는 배에 오르지 않을 수 없었다. 중국 정부는 델리 이민을 막았고, 해협식민지의 노동 중개인들(일반적으로 쿵쓰 조직원)은 말라야의 중국인 노동 수입업자들을 선호하였다. 따라서 중국인의 수마트라 이민은 적절한 수요보다 훨씬 느리게 진행되었다. 그 결과 플랜테이션 노동력으로 자바인들이 수입되었고, 수마트라는 결코 말라야의 서쪽 해안 지역들만큼 중국인 이민의 터전이 되지 못하였다.[57]

말라야와 해협식민지들은 오늘날에도 중국인들이 국외의 어느 곳보다 많은 인구를 차지하고 있는데, 그곳으로의 대량 이민은 1874년부터 영국이 말레이 반도에서 "전진 정책"을 펼치던 때로 거슬러 올라갈 수 있다. 당시 대영제국은 서부 말레이 국가들의 내전이 주석 산업의 이익에 위협을 주는 것을 목격하였고, 질서를 잡기 위하여 개입하였다. 지역 술탄들을 보좌하던 영국인 "주민들"과 평화를 지키기 위해 주둔하던 영국 부대들 덕택에 주석 생산은 급증하였고, 많은 수의 노동자들이 중국으로부터 광산 일을 위하여 충원되었다. 1882~1932년 전반에 걸쳐 매년 10만 명 이상의 수준으로 유입되면서, 중국인들은 말라야 서부해안 국가들에서 지배적인 민족 집단이 되었다.[58] 1882년 페락의 한 영국 주민은 중국인 이민자들이 매달 5만 명으로 증가하였고 "여전히 떼를 지어 도착하고 있다."고 보

57) Jackson (1961), 73; Reid (1970), 289. 1905년까지 수마트라의 동쪽 해안에는 약 9만 9,000명, 1930년까지는 약 19만 명의 중국인이 있었다.

58) Reid (1970), 289; 전환점은 팡코르 조약(1874)이었는데, 그것은 말레이 국가들에 대한 영국 지배에서 결정적인 단계였다. 이 점은 다음을 참조. Purcell (1967), 110.

고하였다. 1897년까지 중국 주민은 9만 명에 도달하여 말레이인들과 거의 같은 수준이었다.[59] 주요 해협식민지였던 싱가포르와 페낭도 19세기 말에 대규모의 중국인들을 끌어당겼다. 싱가포르는 신속하고 세계무역의 주요한 환적항으로 발전하고 있었고, 광범위한 직업에 중국인들을 끌어들이고 있었다. 빈랑과 후추 경작 이외에도 그들은 점차 도시에서 육체노동 · 상업 · 서비스업 · 수공 등의 일자리를 갖게 되었다. 페낭에서는 처음에 주로 설탕 경작이 매력적이었지만, 그곳에서도 주요 정착지였던 조지타운의 부두 · 상점 · 수공 등이 대부분의 이민자들을 흡수하였다. 1879년 페낭의 영국인 관찰자는 "중국인들은 어느 곳에든 있다. 배우 · 곡예사, …… 교사, 가정부, …… 소방수 · 어부 · 대장장이" 그리고 116개의 다른 직업들을 가졌다고 기록하였다. 1901년까지 페낭에는 (전체 24만 4,000명 가운데) 9만 7,000명이 중국인이었고, 같은 해 싱가포르에는 (훨씬 더 비슷한 규모로) 23만 명 가운데 16만 5,000명이 중국인이었다.[60]

싱가포르는 실제로 모든 항구와 중국 해안의 모든 방언 집단으로부터 이민자들을 끌어들였고, 그들 중 다수는 홍콩을 경유하였을 것이다. 이런 다양한 사람들의 흐름은 싱가포르에서 그만큼 다양한 대리인들과 만났는데, 조직 중개상들은 그들이 만나는 사람들과 같은 방언을 썼고 직업 시장으로 유통하기 위해 사람들을 모았다. 한 식민지 장교는 1872년의 상황을 이렇게 묘사하였다.

> 한 주에 두 척 혹은 매주 한 척의 증기선이 해협식민지에 중국인 쿨리 3,200명을 내려놓았다. …… 그[사람들], 그리고 그들의 움직임에 대해 정부도 경찰

59) Purcell (1967), 114, 117.

60) Vaughan (1974), 15; Purcell (1965), 232, 234. 1,000단위에서 반올림함.

도 전혀 알지 못하고, 그들을 통제하지 못한다. 그들은 육지에 내리고 통치 당국을 전혀 모르지만, 곧 가입하게 되는 비밀결사[즉, 조직] 혹은 그들과 계약을 맺고 플랜테이션들로 보내는 노동 고용주들을 안다.[61]

어떤 이민자가 자신의 운임을 지불했거나 그런 빚을 갚아 줄 고용인(종종 동향인이나 친척)이 있었다면, 그런 시스템을 피해서 지역의 일원이 될 수 있었다. 만약 그가 빚이 있는데 그것을 넘겨받을 사람을 찾을 수 없었다면, 그는 페낭행 배에 실리거나 조직 광산 모집원들에 의해 산간으로 보내지거나 (불행한 경우라면) 수마트라행 선박에 강제로 실렸다. 싱가포르 식민지 정부가 어떻게 그런 기계적인 일을 합리화하고 인도적인 것으로 포장하려 했는가에 대해서는 다음 장으로 넘겨질 것이다, 여기서는 1870년대까지 대량 이주민의 수송이 식민지 사회에 좋지 않은 영향을 주고 있었다는 점을 지적하는 것으로 충분하다. 그 식민지 사회는 대체로 중국인 사회 엘리트에 의해서 운영되었고, 유럽인의 힘으로 통제하거나 조직한 경우는 거의 드물었다. 대량 이민은 거리의 무정부 상태가 증가하면서 싱가포르 식민지에 강제로 이루어졌는데, 그에 대해 새롭게 접근하고 나서야 비로소 그 시스템이 지닌 노골적인 남용 사례들이 다뤄졌다.

중국인의 대량 이민은 한때 시암으로 향하였는데, 당시 왕국은 빈번한 전쟁으로 인구가 감소하였고 그 백성들을 부양하는 데 필요한 것보다 더 많은 자원을 보유하였다. 이주민들을 불러들이게 만든 것은 환경이었다. 1855년 대영제국이 강요한 보우링조약으로 자유무역에 문을 열어 준 이후, 시암은 급속한 경제성장의 국면에 접어들었다. 노동력이 필요하였고 무역은 번성하였다. 그리고 타이인들이 농업 · 군사 · 관료에 관련된 식업

61) Jackson (1961), 71. *Straits Settlement Labour Commission Report, 1890*을 인용함.

을 선호했던 경향은 중국 이민자들이 번성할 수 있는 많은 틈새들을 남겨 놓았다.[62] 그런 틈새들에는 (비숙련 노동 외에도) 숙련된 무역·상업 그리고 많은 종류의 중개업들이 포함되었다. 시암 이주의 메카니즘 변화는 해상 운송의 발전과 긴밀하게 연관되었다. 홍콩이 그 북쪽 해안에 있던 다양한 조약항들로 가는 증기선의 노선들과 연결되자(1860년대의 사건), 그곳은 (샤먼으로부터의) 복건인, (산터우로부터의) 조주인, 그리고 (이제 홍콩행 정기 증기선들에 의해 편리하게 연결된 주장 강 삼각주 지역으로부터의) 광둥인 등 모든 방언 집단의 중국인 이주민들을 위한 환적항이 되었다. 하이난 섬도 1886년에 홍콩과 유사한 상황이었고, 편리한 시암 여행을 제공하였다. 이민자 운송은 대체로 1876년까지 싱가포르를 경유하였는데, 그해에 증기선 직항 서비스가 홍콩과 방콕 사이에 자리 잡았다.[63] 필연적으로 대량 이주는 타이 사회와 그 중국인들 사이의 관계에 영향을 끼쳤다.

대량 이주의 경로와 메커니즘을 고려하여, 우리는 장을 바꿔 제4·5장에서 이주가 해외 중국인 공동체들의 사회·정치·문화 등에 끼친 영향, 그리고 그에 버금갈 정도로 고향에 끼쳤던 영향들을 살펴볼 것이다. 중심 주제들은 서로 다른 자연과 인간의 환경들이 어떻게 이민자들의 전도에 영향을 주었는가, 그리고 중국인들이 그 속에서 생존하기 위하여 어떻게 그들의 적응 기술을 동원하였는가 하는 점이 될 것이다.

---

62) Skinner (1957), chap.2.

63) Skinner (1957), 42-43. 비록 더 많은 광둥인·복건인·해남인·객가 등이 시암으로 쏟아져 들어가고 있었을지라도, 조주인은 가장 수가 많았던 방언 집단이었다. 조주인의 지속적인 우세 상황은 다음을 참조. Skinner (1957), 45-53.

제4장

대량 이주 시기의 공동체들

1. 동남아시아

증기선 수송과 서양의 조약 특권이 대량 이주의 수단과 동기를 제공함에 따라 오래전에 정착한 중국인 이주민 사회들은 새로운 사람들을 그들의 집단으로 흡수하는 것이 더 어렵게 되었다. 따라서 중국어를 말하고 그들의 교향僑鄕과 연락을 유지하며 그곳의 일들에 관심을 두고 있던, 새로운 사람들("토톡": 순수 혈통의)로 된 상당수의 공동체들은 기존의 혼혈("페라나칸": 현지에서 태어나고 혼혈화된) 주민들과 나란히 성장하였다. 지속적인 이주 물결들 사이의 상호작용들은 해외 중국인의 역사에서 주요한 주제를 형성한다.

19세기의 대량 이주를 시작으로 이주 통로들은 근대적인 형태를 획득하였는데, 새로운 운송과 통신 기술이 양쪽 방향의 여행을 더 싸고 빠르게, 그리고 송금을 더 빠르고 안전하게 만들었다. 그 결과 통로는 이민 공동체를 공간적 시간적으로 더 견고하게 확장시키는, 더 튼튼한 사회적 유기체가 되었다. 때때로 불리한 정치 혹은 경제적 문제들이 통로들을 제한하거나, 경기 침체나 전쟁이 끼어들었을 때 그것들을 폐쇄하였다. 그러한 시기에 해외 중국인들은 세계 경제의 형태들과 식민지 행정의 변화들에 의해 도전을 받고 있었다.

변화하는 식민지의 정치와 중국인의 적응

식민지 세계와 그 내부에서 중국인의 자리는 19세기 말 자유무역의 옹호자로서 영국인들이 해협식민지를 침략하였을 때부터 한 세기에 걸쳐 변화를 겪었다. 유럽 식민주의의 경쟁적 적대감이 영국 · 네덜란드 · 프랑스 등 시장을 확대하고 자원을 뽑아내기 위해 식민지 영토를 확대하고 있던 라이벌들 사이에서 곧바로 나타났다. 대영제국에 의해 이끌린 유럽인들은 중국의 조약항들에 더 자유롭게 접근하려 했는데, 그것은 아편전쟁과 그 결과로 맺어진 조약들에서 정점에 도달하였던 목표였다. 동남아시아를 유럽의 산업 시스템과 연결하기 위해서는 더 직접적이고 합리화된 식민지 경영 형태가 필요하였다. 이러한 흐름들은 연기 계약이든 자유노동이든 플랜테이션과 광산들의 노동 수요를 채운 수많은 아시아인들의 이민과 동시에 일어났다.(그리고 크게 의지하였다.) 시암은 곧장 식민화되지는 않았지만 영국인의 압력 아래 자유무역을 받아들였고, 크게 증가한 중국인 거주민들을 위한 터전도 되었다. 대량 이주의 시대는 새로운 이주민과 기존 정착 공동체들 모두에게 더 직접적인 유럽인의 감독이라는 상황에 적응할 것을 요구하였다.

네덜란드령 동인도제도

18세기 인도네시아가 여전히 네덜란드 동인도회사의 통치를 받고 있는 동안, 페라나칸 중국인의 경제적 역할은 중국 무역의 중개인으로부터 식민주의자와 현지 주민들 사이의 중재자로 바뀌었다.[1] 제2장에서 언급된 세금 청부인으로서 그들의 활동과는 별도로, 중국인들은 이제 동인도회사로부터 마을들을 통째로 임대하여 그 주민들에게 세금을 걷었고, 그 일부를 임대료로 회사에 지불하였다. 촌락 세금 징수인으로서의 틈새는 중국인들에게 실제로 인도네시아인 농부들에 대해 무한한 권력을 갖게 만들었다. 이런 역할은 당연히 그들을 현지인들에게 인기가 없게 만들었을 뿐만 아니고, 역설적이게 네덜란드인들에게도 마찬가지였다. 중국인들은 전면적인 세금 청부뿐만 아니라 수입 상품들의 판매도 통제하였다. 18세기 말까지 그들의 재부는 네덜란드인과 인도네시아인들의 재부를 둘 다 하찮게 만들 정도였다.[2]

1799년 동인도제도의 행정이 네덜란드 동인도회사로부터 넘어와서 본국 정부의 통제 아래 놓이게 되자, 더 효율적인 세입 징수와 더 직접적인 행정 통제를 목적으로 하는 개혁의 시대가 시작되었다. 앞서 언급하였듯이, 나폴레옹전쟁 동안 동인도제도는 잠시 동안 차례로 프랑스와 영국의 장악 아래 놓이게 되었고, 그 점령자들은 식민지 행정을 합리화하는 데 관심을 가졌다. 중국인들이 19세기 개혁 계획을 어떻게 다루었는가는 하나의 인상적인 적응이야기이다.

1811~1816년 자바의 영국인 총독으로 스탬포드 래플스는 훗날 그를 동인도제도의 "근대 식민지행정"으로 불리게 하는 것들을 설치하는 데 엄청난 정력을 기울였다. 비록 그의 개혁들에 대한 완전한 효과는 여러 세대 동안 느껴지지 못하였지만 말이다. "개혁"은 라플스에게 자신이 백성과

1) Phoa (1992), 10.
2) Furnivall (1944), 46-48.

국가 모두에게 이익이 될 것이라고 기대하였던 아담스미스의 자유무역과 토지 사유를 적용함으로써, 경작자를 국유지 경작의 대가로 소작료를 내는 개인 관리자로 여기는 것, 토착 귀족을 식민지 국가의 관리자들로 격하시키는 것, 그리고 "국민(여기에서 "국민"은 그가 교활하고 야박하다고 여겼던 중국인이 아니라 토착 인도네시아인을 뜻하였음)의 행복"을 증진시키는 것 등을 의미하였다. 그는 세금 청부와 소작료 감면, 그리고 세금의 현금 직접 징수 등을 통해 인도네시아인들을 토착 귀족과 중국인 중개인들 모두로부터 자유롭게 만들려 하였다. 하지만 현금이 부족한 촌락 경제에서 세금으로 낼 현금은 중국인 대금업자들에 의해 공급되어야 했고, 그들은 때때로 토지를 담보로 요구하기도 했다. 따라서 언제나 더 많은 재부가 중국인들에게 넘어갔고 그들은 금융 경제로 전환하는 데 핵심적인 중개인이 되었다. 래플스는 페라나칸 중국인 10만 명이 동인도제도에 있던 모든 유럽인들보다 10배는 부유하다고 여겼다.[3)]

네덜란드인들은 다시 통제력을 획득한 뒤에 수출 경제를 이익이 나는 식민지로 가는 가장 유망한 길이라고 보았다. 이것은 인도네시아인 농부들이 플랜테이션에서 어느 정도 강제적으로 노동하고, 수출 작물—설탕·커피·담배·차—의 사전 할당량을 현물세로 납부해야만 이뤄질 수 있었다. 식민지 정부는 지역 차원에서 작물을 징수하고 가공할 수 없었기 때문에 수수료를 주고 대리인들에게 그 일을 맡겼다. 이러한 중개인들은 노동자들을 고용하고 가공 공장을 세우고 사전에 결정된 가격으로 생산량의 일부를 배달하였다. 이렇게 하여 그 시스템은 외국인 도급업자들—영국인·프랑스인·벵골인 그리고 당연히 중국인—에게 넘겨졌다. 노동력은 강제로 징발되었고 정부가 기계와 건축 자재비를 현금으로 미리 지불하였

---

3) Furnivall (1944), 47, 72, 73, 78.

기 때문에 도급업자들은 크게 부유해졌다. 사실상 단일경작 시스템은 경제를 전체적으로 확대시켰고 상업 틈새들을 자바 곳곳에 열어 주었으며, 그것들은 신속하게 중국 상인들에 의해 채워졌다.[4)]

인도네시아인 농부들의 빈곤과 식량 작물 부족은 1840년의 기근을 낳았고, 그 뒤 "경작 시스템"은 자유무역을 위하여 단계적으로 폐지되었으며, 19세기를 생각나게 하는 것으로 남게 되었다. 수출 작물은 자바에서 자유롭게 팔리게 되었고, 토지는 이제 개인 자본가들에 의해 구입될 수 있었다. 실제로, 19세기 중후반에 성장하고 있던 네덜란드 식민지의 경제는 많은 부문의 중국인들에게 기회를 의미하였고, 그들은 자신들의 역할을 돈벌이가 되는 부문으로부터 다른 부문으로 이동시켰다. 외국무역이 확대됨에 따라, 수입 상품들은 중국인 소매상들을 통해 인도네시아 대중들에게 도달하였고, 인도네시아인들이 생산한 수출 가능 상품들은 중국인들을 통해 판매되어야 하였다. 중국인 세금 청부인들을 통한 아편 판매는 인도네시아인들로부터 많은 이익을 뽑아냈고, 현찰은 중국인 전당업자에 의해 공급되었다.[5)]

3세기에 걸친 경제성장의 국면과 제도들에 대한 적응은 하나의 중국인 성공 이야기였다. 그럼에도 불구하고, 농촌 산간의 틈새들로 뻗어 나가고 그곳의 경제를 장악한 중국인들의 능력은 계속해서 엘리트 페라나칸 카피탄들, 그리고 그 가족과 의뢰인들의 특권적인 지위에 의존하였다. 세금 청부는 아주 다양하였는데, 특히 아편 판매권은 청부 대리인들—그 시스템의 의뢰인과 부하가 되었던 수천 명의 하층 중국 이민자들—로 하여금 거주와 여행의 제한을 우회하여 시골 현지로 들어가고 그곳에서 장사할 수

4) Furnivall (1944), 143.

5) Furnivall (1944), 213-214.

있게 해 주었으며, 그것은 동시대의 필리핀에서도 똑같이 일어나고 있었다.[6] 1880년대 초, 이러한 특권적인 지위는 네덜란드인의 "민족 정책"에 의해 약화되었고, 그 정책의 목적은 중국인 대금업자와 세금 청부인들의 인도네시아 소작농에 대한 금전적 장악력을 이완시키는 데 있었다. 하지만 수상하게도 "민족적인" 새로운 정책은 아편 세금 청부를 폐지하여 그 마약을 정부가 독점하도록 만들기 시작하였다. 그 결과, 수십 년 동안 네덜란드 동인도제도에서 페라나칸 중국인의 문화적 태도, 정치적 지향, 그리고 사업 전략들은 상당한 변화를 겪게 될 것이었다.

필리핀

스페인은 1850년대부터 중국인들이 농업 부문에서 일하고 설탕과 다른 수출 작물들을 경작할 수 있을 것이라는 기대로 중국 이주민의 유입 증가를 독려하였다. 하지만 중국인들은 도움을 주지 않았고 가능한 한 빨리 무역에 뛰어들었다. 18세기 말 네덜란드령 동인도제도에서 대량 이주와 변화하던 식민지 정책들은 중국인들의 틈새를 농촌 경제의 중개인 역할로 이동시켰다. 그 이동은 해상무역으로부터 농촌과 도시들 사이의 무역이었고, 무역은 도시 소비나 외국 수출을 위해 농촌 생산품을 구입하고 농촌 마을을 위해 수입품을 파는 것이었다. 이러한 모든 부문들에서 이민 중국인들은 메스티소와 원주민 무역업자들을 대체하였고 필리핀의 상업 현장에 군림하기 시작하였다. 일부 중국인들은 독점 판매권을 가진 (우리가 여러 곳에서 살펴보았지만 필리핀에서는 새로웠던 식민지 방식으로) 세금 청부인이 되기도 하였다. 이러한 판매권에는 아편이 포함되었는데, 네덜란드 동인도제도와 달리 중국인들에게만 합법적으로 팔 수 있었다.[7] 필리핀 내부

6) Rush (1990), 100.

에서 중국인 무역업자들의 확산은 동남아시아 전역에 걸쳐 잘 확인할 수 있었고, 그것은 시골에서 "당신은 어디서나 중국인 행상을 볼 것이고, 그는 구석구석까지 다니면서 그의 상품들을 공급할 것이다."라고 할 정도였다.[8] 그리고 도시들에서 중국인들은 상업 중간계급으로서 메스티소를 대체하였다.

그렇다고 하더라도 언제 필리핀의 메스티소들이 중국인 이민 역사에서 떨어져 나간 것일까? 19세기 무렵 그들은 이미 자신들을 중국인이 아니라 필리핀인으로 여겼고, 동화되지 않은 중국 이민자들보다는 식민지의 스페인인들에게 더 문화적으로 가깝다고 느꼈다. 그들 자신의 독특한 문화는 스페인계 가톨릭과 토착 신앙의 요소들을 둘 다 포함하였다. 그들이 스페인인이 될 수 없었다는 것은 그들의 행로가 "필리핀인"이 되는 쪽으로만 열려 있었음을 의미하였다. "필리핀인"이라는 것은 중국 조상에 대한 언급을 가로막는 민족 정체성이었다. 스페인계 문화가 가톨릭을 통해 원주민들에게 확산됨에 따라, 메스티소들은 다수 집단이었던 필리핀인들과 제휴하는 편이 더 쉽다는 것을 알았다. 결국 일반 필리핀인의 민족주의는 독립된 문화 혹은 인구 집단으로서 메스티소의 어떠한 정체성도 모호하게 만들었다. 필리핀 혁명의 영웅 호세 리살은 가톨릭 중국계 조상과 그 메스티소 아내로부터 떨어져 나온 중국계 메스티소 5세대였다. 리살의 부유한 아버지는 당시 분위기에 따라 그의 호적을 메스티소로부터 원주민으로 바꾸었다.[9] 중국 이민자들의 혼혈 후손들이 필리핀화한 것은 이민 역사에서 특별한 종류의 마무리였다. 동남아시아 내륙의 불교 국가들(타이 · 버마 ·

7) Wickberg (1965), chap.2 and 115; Wickberg (1997), 161.

8) Wickberg (1965), 68(다음을 인용, *Report of the Philippine Commission*, 2, 227-229).

9) Wickberg (1965), 33-34.

캄보디아 · 라오스)에서만 그러한 정도의 동화가 있었고, 아마도 그 밖의 어느 곳도 필리핀에서처럼 완전히 중국인의 정체성을 상실한 사례는 없다.

말라야

1870년대 영국 세력은 중국인 주석 광산 조직들, 그들을 후원하는 라이벌 술탄들 사이의 격렬한 다툼에 대한 대응으로 말레이 반도의 독립국가들로 침투하기 시작하였다. 혼란은 무역에 나빴고 주석 산업의 발전에도 마찬가지였는데, 주석 산업은 해협식민지(주로 중국인)와 대영제국의 강력한 투자자들을 보유하였고 식민지 정부에 많은 수출세를 내놓았다. 영국인 식민지 "주민들"이 말레이 술탄들의 좌우에 앉아서 모든 행정적 결정을 "조언"하게 되면서 곧바로 다툼이 멈췄고, 중국인 주석 광산 조직들은 직접적인 식민지의 통제 아래 놓였다. 그들의 자유분방한 행태가 더 이상 영국인들에게 받아들여질 수 없게 되자, 얍아로이 같은 중국인 술탄들은 그들의 공동체들을 그들의 감독 아래에서 운영하였다.

영국 해협식민지들(페낭 · 말라카 · 싱가포르) 자체에서 19세기가 되면 중국 주민들은 더 직접적인 식민지 통치 아래 놓였지만, 그것은 아주 점진적이었다. 1826년 포르투갈인과 네덜란드인의 옛 술탄 자리는 영국식 사법 시스템을 위하여 폐지되었다. 하지만 1855년 이전까지는 그 시스템이 정착지들, 특히 1836년에 이미 3만의 주민이 거주하고 있었던 싱가포르의 증가하는 요구들을 맞출 수 있었다.[10] 그러는 동안 간접적인 통제는 자연스럽게 존속하였다. 비록 카피탄의 형식적인 지위는 사라졌을지라도, 복건 출신 말라카 체류자 집단으로부터 나온 저명한 싱가포르 바바 상인은 "정자 우두머리亭主"으로 알려졌다. 이는 우리가 제2장에서 살펴보았듯이

10) Turnbull (1989), 36.

말라카의 푸른구름 정자를 다스리던 복건인 지도자들에게 하나의 참고 사항이었다. 싱가포르에서 이것은 영국에 의해 부여된 지위가 아니라, 영국이 중국 공동체의 중개인으로 이용하였던 주요한 복건인 가문의 지도자에 의해 관례로 점유되었던 것이었다.

비록 영국인들이 조직들을 다루기 힘들고 위험하다고 여겼을지라도, 거의 19세기 내내 그들을 간접 통치의 도구로 이용하였다. 아편 세금 청부를 하던 부유한 상인들을 위한 집행자로서 조직들은 사실상 식민지 세수 시스템의 일부였다. "비정규적인 스파이와 정보원들이" 밀매자들에게 겁을 주거나 필요할 때 처벌하지 않았다면, 세금 청부인들의 아편 독점은 유지될 수 없었을 것이다. 세금 청부 상인 자신들은 실제로 조직들의 후견인이나 심지어 우두머리가 되었고, 이것은 영국인들에게 잘 알려진 사실이었다. 그러므로 조직들은 식민지 통제의 필수적인 부속품이었다.[11] 그들은 노동 수입업자들의 대리인으로도 일하였기에 수익성이 좋은 틈새를 획득하여 새로운 이민자들을 동남아시아 전역의 광산과 플랜테이션들과 연결시키고 연기 계약서를 강요하였다. 그들은 그렇게 함으로써 식민지 경제 시스템에서 필수적인 고리로서 기능하였고, 영국과 중국의 다른 메커니즘들이 발전하여 이민자들을 관리하게 된 것은 나중 일이었다.

조직의 격렬한 폭동이 (주로 라이벌 방언 집단의 단체들 사이에서) 말레이 반도뿐만 아니라 해협식민지에서도 발생하고, 조직 관리자들의 이민자들에 대한 끔찍한 학대의 증거가 드러난 뒤에야 영국인들은 마침내 조직들을 진압하였고 더 나아가 조직들은 "위험한 단체들"로 금시시키게 되었다. 1869년의 법령으로 강력한 단속이 시작되었고, 1889년의 더 엄격한 규정은 그 단체들을 분명하게 불법적인 것으로 규정하였다.

11) Blythe (1969), 56(1835년 페낭의 영국 사법관의 말을 인용); Purcell (1967), 111.

이러한 과정에서 직접적인 영국 통치의 새로운 조직이 등장하였는데, 그것은 중국인 보호국으로 중국어를 말할 줄 알았던 영국인 관리가 수장이었고, 그는 다른 해협식민지와 말레이 국가들에 대리인들을 두면서 싱가포르에 상주하고 있었다. 1877년 초대 보호관 윌리엄 피커링이 임명되었다. 조직들을 등록하는 것 이외에도, 보호국은 민사 분쟁에서 정의의 가부장적인 기계로서 기능하였는데, 이것은 (이민자 공동체들에서는 없었던 존재였던) 중국의 지역 신사와 같은 역할을 한 것이었다. 이러한 측면에서 보호국은 조직 수장의 효과적인 대체물이었다. 그와 동시에 보호국은 이민 노동자들을 더 인간적으로 대우하도록 하고, 납치와 이민자들의 강제 구금을 금지하고, 플랜테이션과 광산에서 노동 조건들을 향상시키기 시작하였다. 그러한 일은 힘겨운 투쟁이었다.

더 직접적인 영국인의 통치에 대한 반작용으로, 중국인 공동체는 직접 식민지국가가 더 용이하게 받아들일 만한 대안 조직을 발전시키기 시작하였다. 선도적인 중국 상인들은 19세기 말에 조직들로부터 발을 빼기 시작하였는데, 아마도 가난한 이민자들의 대량 유입과 자신들의 통제력에 대한 한계를 걱정하였기 때문이었다. 그것은 아마도 가난한 이민자들에게 더 안전한 정보들을 제공하는 지역 · 직업 · 성씨 협회들이 확대되었기 때문일 수도 있다. 비록 일부 세금 청부인 엘리트가 조직들을 관리자로 이용하였을지라도, 1860년대 이후 조직들에 대한 식민지의 증가하는 압력은 엘리트들의 후원을 위태롭게 만들었다.[12)]

시암 왕국

19세기 시암으로의 대량 이주가 출현했지만 타이의 엘리트 사이에서

12) Mak (1981), chap.7; Trocki (1990), 180.

반발을 불러일으키는 데 시간이 걸렸다. 왜냐하면 그때까지 중국인들이 타이 사회에 잘 통합되었고 왕국의 외국무역과 번영에 필수적이었기 때문이다. 그럼에도 불구하고, 조직이 주도하는 폭동의 발생은 대량 이주가 동남아시아의 다른 지역들과 마찬가지로 시암으로 가는 조직원들의 수를 크게 증가시켰음을 보여 주었다. 세기 말 무렵, 해협 모델의 중국인 보호국처럼 더 직접적인 통제가 고려되었지만 시행되지는 않았다. 하지만 중국인 조직들의 통제는 다른 해협식민지들에서처럼 경찰 임무가 되었다. 이러한 수단은 이민자들의 하층 계급을 표적으로 하였다. 민족이라기보다 계급 문제였다는 것은 군주가 재능 있고 성공한 중국인들을 왕실 행정, 특히 수많은 중국인들이 주석 공정에서 일하기 위하여 이민을 왔던 시암의 반도지역 총독으로 끌어들였던 점에서 잘 드러난다. 귀족 지위가 그러한 관리들과 저명한 중국 상인들에게 수여되었다. 비록 엄격하게 말해서 시암에는 (군주의 유연한 세계관이나 중국인 귀족과 군주 행정의 매우 자유로운 동화 때문에) "관리자 제도"가 없었을지라도, 중국인의 재부와 능력에 대한 타이 신분의 부여는 두 문화를 공유하는 유용한 중개인들을 만들어 냈다. 군주에게 중요한 것은 민족이나 문화가 아니었고, 오히려 중국인들이 그 정치 · 사회 제도에 얼마나 잘 맞추느냐는 것이었다.[13)]

제6대 통치 시기(1910~1925, 라마 4세), 대량으로 이주함에 따라 중국인들이 눈에 띄고 구분되는 존재가 되면서 새롭게 민족화된 민족 "타이" 군주의 목표물이 되었다. 실제로 어떤 권위자는 이렇게 주장한다. 오랫동안 군주에게 존경을 받았던 중국계 타이인을 묶는 정체성은 라마 4세의 통치 아래에서 의도적으로 지워졌다. 그 대신에 근대 국민국가에 더 적합한 "타이적인 것"이 세밀하게 나뉘어지고 장려되었다. 초기 군주들은 중국인들

13) Skinner (1957), 143-154; Kasian (1992).

을 그 왕국을 구성하는 많은 민족 집단들 중 하나이고 모두 "왕실의 보호"를 받을 자격이 있다고 여겼다. 다시 말해서, "종족"이 시암에서 정치적 문제로 변한 것은 라마 4세가 그렇게 만든 이후의 일이었다.[14)]

친목 단체와 문화 형판

해외 중국인 협회들은 친목 단체를 정식으로 부르는 명칭이었고, 그것들은 네 개의 기본적인 형식들로 구분될 수 있다.(사실 그것들은 결합과 중복을 통해 제도적인 형식을 만들어 내지만 말이다.) 중국 문화 형판의 주요한 색깔인 친목의 형태로는 (특정 성·현·시진 등 출신 지역이 같고 보통 방언으로 구분되는) **동향인**, (실제 혹은 관념적인) **친족**, (특정 신에 대한 숭배를 공유하는) **공동 의례**, ("비밀결사"로 나타나는) **조직** 등이 있었다. 비록 이상의 것들이 모두 대륙으로부터 나온 중국의 사회적 관습에 뿌리를 두고 있었을지라도, 과거 중국 사회를 정확하게 복제하기 위해서가 아니라(그것은 불가능하였다.), 다양한 해외의 터전들에서 공동체의 필요를 충족시키는 유연한 형판을 제공하기 위하여 적절하게 사용되어 왔다.[15)] 협회들은 보통 두 개 이상의 친목을 체현하는데, 그 때문에 해외 중국인 공동체들의 지도력이 탄탄하다. 즉, 어떤 남자는 몇 개의 협회에서 두드러질 수 있고, 그래서 서로 다른 생활 영역들의 친목을 공유할 수도 있다. 친족 조직은 출신 성이나 현과 관련이 있었을 수도 있다.(융춘탄의 경우 융춘 현 출신의 탄씨 성을 지닌 이민자였다.) 지역 조직은 직업 길드와 마찬가지로 보통 후원하는 신들

14) Kasian (1992), 116.

15) 나는 친목 집단의 독립된 형태로서 직업을 열거하지 않았는데, 그 이유는 (대부분의 경우) 그것은 동향의 하위 범주이기 때문이다.

과 관련이 있었다. 왜냐하면 (제1장에서 살펴보았듯이) 특정 시진의 직업적 틈새는 일반적으로 방언과 출신 지역이 같은 사람들에 의해 채워지기 때문에, 우리는 그러한 길드들을 동향인과 공동 의례에 연관된 것으로 간주할 수 있다. 이제 아래의 논의에서 중심 주제는 친목의 상호 침투가 될 것이다.

동향인

"방幇"이라는 글자는 같은 방언을 공유하는 특정 현이나 성 출신의 이민자 소집단에 사용되는 것으로 "돕는다幇"는 글자와 같고, 타지에서 같은 마을 출신끼리 서로 돕는 동향인의 전통적인 정신을 적절하게 보여 준다. 대량 이주의 시대 이전에 (식민지 말라카와 바타비아처럼) 하나의 방언 집단이 중국인 공동체를 지배하고 그 상인 엘리트는 공동체의 지도자가 되던 지역들이 있었다. 훗날, 대량 이주의 시대에 주민의 출신 지역들이 더욱 다양해지면서 다양한 방언 조직들이 등장하였다.

해협식민지(페낭 · 말라카 · 싱가포르)에서 대량 이주는 아편전쟁이 아니라 싱가포르의 건설까지 거슬러 올라갔다. 영국이 싱가포르를 차지하고(1819), 5년 뒤에 말라카의 네덜란드 식민지를 획득한 지 얼마 되지 않아서, 많은 말라카의 바바 상인들은 상업적으로 활력을 잃은 그곳으로부터 싱가포르로 다시 이주하였다. 그곳은 이미 중국으로부터 직접 도착한 사람들이 증가하고 있었고 그런 흐름을 받아들이고 있었다. 재이주민들은 이제 새로운 식민지의 상인 엘리트가 되었다.(비록 19세기 중반까지 그들은 자신들이 그곳에서 체류하는 사람들이고 말라카로 돌아가서 묻힐 것이라고 여겼을지라도.)[16]

16) Lim (1995), 94-101; Yen (1986), 11-16.

이 작고 부유한 말라카 재이주민들의 독특한 특징들은 새로 도착하여 영국 식민지 정부의 중개인으로서 그들을 필요로 했던 복건인뿐만 아니라 다른 방언 집단 출신의 이민자들(주로 조주인 · 광둥인 · 객가)에게도 그들이 지도자와 후원자가 될 수 있게 만들었다. 비록 영국이 1826년 카피탄의 직위를 폐지하였을지라도, 혼혈화된 복건인들은 계속해서 세금 청부를 포함한 기존의 기능을 상당 부분 수행하였다. 중국으로부터 직항을 통해 도착한 새로운 이주민들이 인구를 팽창시키자, 말라카의 체류자들은 그들과 관계를 정해야만 하였다.

그들이 1820년대에 싱가포르로 재이주하기 시작할 무렵, 말라카의 바바 상인들은 영국 식민주의자와 중국 주민들 사이에서 성공적인 중개인이 되었다. 그들의 성공은 혼혈화된 문화의 다른 양상들에 의존하였다. 그들은 자신들의 세계시민주의 (특히 서구인들과 거래하였던 경험) 덕택에 식민지 당국자들에게 쓸모가 있었는데, 일부 사람들에게 세계시민주의는 아마도 말라카의 영 · 중 대학에서 직접 (혹은 더 가능성이 높게는 그 아들들에 의해) 습득된 기초 영어를 포함하였다.[17] 그들의 중국인 공동체에 대한 연결고리는 그들이 지닌 중국적 유산이었던 의례적 측면에 달려 있었는데, 그들은 오랫동안 중국 해안 사회에서 익숙한 수호신을 섬겼고, 그러한 관습은 말라카의 청운정 시대까지 거슬러 올라갔다. 비록 바바는 부분적으로 말레이인화되었고 특별한 혼혈 사투리를 사용하였을지라도, 말레이의 요소는 이슬람을 믿는 정도까지 나아가지 않았다. 그들의 정체성에서 의례적 측면은 정확하게 복건인의 전통 안에 존재하였고, 당시 중국으로부터 직항으로 싱가포르에 도착한 수천 명의 새로운 복건인 이주민들과의 연결고리가 되었다. 문화적으로 대부분의 주변적인 지위를 형성하면서, 소수

17) 런던선교사회의 윌리엄 밀른이 1818년 설립하였다.

의 바바 재이주민 가구들은 그들의 주변적 특성을 통해 복건 방 더 나아가 중국인 공동체를 20세기 초까지 이끌 수 있었다. 즉, 그들은 다른 사람들과 균형을 맞춤으로써 각 문화적 사정에 따라 자신의 지위를 확립하였다.

복건인들은 새로운 식민지에서 가장 규모가 크고 부유한 방언 집단이었기 때문에 다른 집단들을 이끌고 후원하는 지위에 있었다. 한 가지 사례는 1838년에 설립된 천복궁이라는 사원으로 말라카 바바와 싱가포르로 무역을 하러 온 부유한 복건인 정크선 선주들 사이의 연합을 통해 마련된 기부금으로 세워졌다. 천복궁은 지금도 텔록 에어가街에서 볼 수 있는데, 중국 해안에서 낯익은 신들, 주로 천후天后("하늘의 여제")나 그녀를 대신하여 선원들을 보호하는 여신으로서 숭배되던 마조媽祖에게 제를 올렸다. 왜냐하면 동남아시아에서 생활하던 중국인들에게 천후는 중국을 오가는 항해의 안전뿐만 아니라 남양 선역에서 중국인의 해상 사업도 보호하였기 때문이었다. 그녀는 통로를 보호하는 여신으로 효과적으로 봉사하였다. 비록 1860년에 복건인들이 사원의 경내에 그들의 회관을 건립함으로써 자신들의 우월한 지위를 표시하였지만, 그 새로운 사원은 처음부터 모든 방언 집단의 구성원들을 위해 봉사하였다.[18] 그럼에도 불구하고, 그 사원의 커다란 포부는 1850년에 세워진 기념비에 보인다. 전체적으로, 그 비석은 동향인의 필수적인 기본 의례뿐만 아니라 편협한 배타주의를 넘어서 범중국적인 이주민 정체성을 만들려는 초기의 시도를 보여 준다.

18) Lim (1995), 94-101; Yen (1986), 11-16.

천복궁의 설립 기념 석비(1850) [19]

"싱가포르의 천복[하늘의 축복]궁은 하늘의 여제[천후, 마조]가 숭배되는 곳이고 우리 중국인들(我唐人)에 의해 공동으로 설립되었다. 가경 23년(1818/19), 영국 관리들이 이 지역을 개방시키러 왔다. 그들은 그곳의 지형을 조사하였고 상인들이 함께할 수 있는 장소로써 제공될 수 있다는 것을 발견하였다. 이런 이유로 그들은 가시덤불을 쳐내고 터를 다져서 항구를 만들고 바다로 연결시켰다. 그러자 배들이 구름처럼 오기 시작하였고 도처로부터 사람들이 여러 경로를 통해 왔으며, 모두들 이곳에 모여서 서로 교역하였다. [항구는] 나날이 발전하고 번영하였으며 불과 수년 만에 대도시가 되었다. 우리 중국인들은 중국으로부터 배를 타고 이곳에서 무역을 하였다. 우리의 항해를 자비롭게 축복하고 바다를 건너게 도와준 것은 하늘의 여황이다. 그녀 덕에 우리는 평화롭고 만족스럽게 살고 일할 수 있고 많은 상품을 싣고 바다를 건널 수 있어서 사람들은 평안하게 살 수 있다. 이것들은 모두 신의 보호 덕택이다.

우리 중국인들은 그녀에게 감사하며 그녀의 은혜에 보답할 방법을 구하였다. 그리하여 우리는 공개 토론을 통해 싱가포르의 서부에 천복궁을 설립하기로 결정하였다. …… 이 일은 도광 24년(1840/41)에 완성되었다.

이 절은 장엄하고 멋진 명소이다. 중앙 홀은 하늘의 여제상을 숭배하기 위한 것이다. …… 동쪽 홀은 관제신[상인의 보호신]을 숭배하기 위한 것이고, 서쪽 홀은 생명 보호(保生)의 신을 숭배하기 위한 것이다. 우리는 북쪽 홀에서 자비의 여신(관음)을 숭배하고, 아울러 그곳은 중국의 우리 고향 협회[회관]가 모임을 갖는 장소로 이용한다. 그곳은 규모가 크고 구

19) Chen and Chen (1971), 57-63. 마조 숭배에 대해서는 다음을 참조. Watson (1985).

조는 새롭다. 신들과 사람들이 조화롭게 소통한다. 주민들은 그것에 만족감을 표시하였다. 우리가 이 절을 '천복[하늘의 축복]'이라고 부르는 이유는 신들의 은밀한 보고가 '하늘'로부터의 '축복'과 같기 때문이다.

절의 완공을 축하하기 위하여 우리는 이 비석을 세워 건립 경위를 기록한다. 우리는 또한 기부자들의 이름을 영구히 새긴다. 이렇게 하는 목적은 양식 있는 후대 사람들이 믿고 신뢰할 수 있는 기록을 갖고 제사를 영원히 계속하게 하려는 것이다.

[기부자 명단]

"이 비석은 도광30년(1850) 6월 감독자와 총관리자들에 의해 세워졌다."

친족

식민지 시대의 이민 과정에 친족 전체(전 가구는 물론이고 종족이 움직이는 경우는 거의 없었다.)가 포함되지 않았다는 점을 고려하면, 해외 친족 협회들은 종종 같은 성씨들 사이에서 만들어졌다. 이러한 같은 성씨 집단들은 대체로 부계 쪽 관계를 증명할 수 없었지만 같은 고향을 기반으로 하였다. 이러한 방식으로 진짜 부계 혈통과 관련이 있지 않은 사람들 사이에서 더 큰 협력을 요청할 수 있었다. 몇 가지 사례들에서 특정 현이나 촌 출신으로 같은 성씨의 이민자들은 (19세기 초 싱가포르의 광둥인처럼) 너무 수가 적어서 협회를 지탱할 수 없었고, 임계량은 (여전히 같은 방언 집단에 있는) 몇 개의 무늬이 합쳐짐으로써 확보되었다.

성씨 협회들이 대량 이주 시대 이전에 존재하였다는 것은 그들이 세운 사당에서 발견할 수 있다. 바타비아에 있는 그런 종류의 사당은 1757년에 탄(천)씨 성을 가진 남자들에 의해 세워졌고, 복건 페라나칸 공동체의 엘리트 "관리자들"이 이끄는 친족 협회에 의해 유지되었다.[20] 페낭에서 구

(추)씨 성을 가진 102명의 이민자들이 1835년에 성씨 협회公司를 세웠다. 이 협회도 상인 엘리트의 관리 위원회에 의해 운영되었다. 그런 성씨 협회들의 두 가지 모습은 엘리트와 일반인들의 서로 다른 필요를 보여 준다. 엘리트는 자신들의 재부를 식민지 제도와 그 "관리자" 직급에 의존하지 않는 사회적 지위로 바꿀 틀이 필요하였다. 지역 협회들처럼 성씨 협회들은 이민 엘리트에게 순수하게 중국적인 지위의 표식을 제공하였다. 하지만 일반 남성에게 성씨 협회는 아마도 중국으로 돌아갈 만큼의 여유가 없었던, 죽은 "친족들"에게 제대로 된 장례식을 제공하는 것 이상이 아니었을 것이다.[21]

성씨 협회는 그 구성원들이 어떤 공통의 조상도 갖고 있지 않기 때문에 가짜이거나 만들어진 친족 집단으로 여겨질 수도 있고, 먼 과거에 뛰어난 명성을 지녔던 자신과 같은 성씨의 인물을 명목상의 "조상"으로 삼았다. 우리는 이미 중국의 푸젠 성과 광둥 지역에서 부유하고 강력한 종족들로부터 가난한 종족들을 보호하기 위하여 명목상 하나의 성씨 아래 통합된 다중 성씨의 연합들을 살펴보았다. 확실히 해외에서 이러한 형판의 이동은 같은 종류의 취약성을 보여 주는 것이었다. 가짜이건 아니건, 그것은 친족의 친목 형판이 이민 생활이라는 현실을 처리하기 위하여 적응한 것이었다.[22] 중국으로 돌아간 뒤에도 (종종 국내 이주의 사례들에서) 친족의 친목에 창조적으로 이용되어 사람들을 고전적인 부계의 자손 집단들을 단지 명목상의 관계를 가진 협회들로 묶을 수 있었다. 즉, "친족" 관계는 가공의 공통 조상으로 거슬러 가는 추론 구조에 의해 확인될 수도 있었다.

해외의 성씨 협회들은 농촌 시진으로부터 현, 부, 부의 단체들, 그리고

20) Salmon and Lombard (1980), 106.

21) Yen (1986), 74-75.

22) Lim (1995), 104.

방언에 기초한 방들에 이르기까지 서로 다른 규모의 지역적 틀에 의해 구성될 수 있었다. 동향인과 친족은 그렇게 함으로써 지역적 현실에 적용될 수 있는 공동체 구조, 사용 가능한 지도력 그리고 재정적 자원 등을 통해 서로를 강화하였다. 성씨 협회들은 성씨 "사당"의 제단에 위패가 모셔지는 자리를 판매함으로써 부유한 "친족들"로부터 재정적 지원을 얻어 낼 수 있었다. 그리하여 강력한 공동 의례가 성씨 협회와 지역 협회에 영향을 끼쳤다.[23)]

공동 의례

다른 형태의 친목처럼, 공동 의례는 사회 계급들을 가로지르는 공동체의 연계를 위한 소통 수단이었다. 하지만 그것은 상인 엘리트의 지위를 강화하는 경향도 있었다. 바로 위에서 언급하였듯이 성씨 협회의 홀에 위패를 모시는 것은 명예에 대한 값비싼 프리미엄을 필요로 하였고, 이러한 의례 참여의 측면은 오직 부유한 사람들을 위한 것이었다. 더 가난한 "친척"에게는 성씨 협회에 의해 제공되는 가장 기본적인 혜택이었던 조촐한 장례식을 위해 소액의 비용이 요구되었다. 상인 엘리트의 계급 "권한"은 말라카 청운정의 사례처럼 "정주"라든가 "노주" 같은 의례적으로 중요한 칭호를 주도적인 상인에게 부여함으로써 작동하였다.

장례식은 최소한의 묘지가 필요하였고 이민자 사회구조의 중심에 자리하였다. 묘지 터의 제공은 동향 협회들에 의해 제공되는 기본적인 서비스였고, 이런 한정된 지원의 통제는 강력한 지위의 표시였다. 어떤 경우에는 묘지에 대한 접근권이 지배적인 방언 집단의 엘리트들로 하여금 다른 집단들 사이에서 그들의 지위를 유지할 수 있게 하였다.(바타비아의 사례도 그

23) 성씨 친목의 규모에 대해서는 다음을 참소. Freedman (1957), 92-98.

렇고, 그곳에서 특권을 지닌 복건인 카피탄 엘리트의 생존이 그런 귀중한 자산을 통제함으로써 유지되었다.) 장례식은 더 작은 방언 집단들 사이의 동맹을 강화할 수도 있었다. 공동묘지와 그것을 관리할 위원회를 설립함으로써 작은 방언 집단들은 단결하여 그들의 공통 이익에 봉사할 수 있었다. 이것들은 싱가포르의 복건인들과 같은 강력한 라이벌 집단에 대항하는 동맹으로 발전할 수도 있었다. 실제적인 이익을 위하여 새롭고 상징적인 집단 정체성을 만드는 일은 이주민들의 적응 생활에서 한 부분이었다. 장례식 같은 중국 문화의 기본적인 요소가 이런 목적을 위해 동원되고 심지어 변경될 수도 있었다는 사실은 놀랍다.[24)]

조직

19세기에 한 이민자가 이주 노동자들을 위한 주요 환승지였던 싱가포르에 내려서 가장 먼저 만났을 법한 사람은 지역 조직들 가운데 하나의 대리인이었을 것이다. 중국의 특정지역 출신 이민자들과 같은 방언을 사용하였을 그 남자는 모집원客頭(아마도 이민지들과 함께 승선하여 여행한 조직원)에게 운임과 수수료를 합한 금액을 지불하였을 것이다. 그런 다음 그는 그 이민자를 다른 이민자들과 함께 들판의 오두막으로 몰고 가서 플랜테이션이나 광산 회사의 노동력으로 넘길 준비를 하였다. 이민노동자의 감시와 배치는 조직들에 의해 채워지던 중요한 경제적 틈새였다. (우리가 앞서 보았듯이) 그 외에도 조직들은 세금 청부 같은 독점 판매권의 경제적 틈새를 완력으로 보호하였다.

조직들[쿵쓰公司(광둥어), 궁쓰公司(표준어), 후이會, 대체로 서양 저작들에

24) 묘지 관리에서 幇 동맹은 다음을 참조. Zeng and Zhuang (2000); 바타비아의 묘지 관리는 다음을 참조. Li (2003).

서 "비밀결사"로 불림]은 타이완과 중국 동남 해안에서 유래하였고, 19세기 말에 동남아시아로 퍼져 나갔다. 그것들은 아마도 전통적인 마을의 상호부조 모임들에서 성장하였고, 이제 인구 증가와 노동 송출의 시대에 적응한 것이었다. "삼합회三合會"나 "천지회天地會"는 세계 곳곳의 그런 회합들 사이에서 가장 고전적인 명칭이었다. 서로가 피로 맹세하여 묶였던 중국의 조직원들은 보통 젊고 하찮은 남자들로 그들의 고향을 떠나서 상호부조와 보호가 필요하였다. 여러 세대로 구성된 종족들과 달리, 조직은 한 세대의 형제 관계를 모방하였다. 그 내부 구조는 형이 동생을 다룬다는 점에서 위계질서가 있었고, 그런 질서는 형식적으로 종족보다는 더 평등한 형태였지만 권위에 대한 근거를 제공하였다.[25] 해외 중국이주민들 사이에서, 대부분의 중국인들이 단신으로 이민을 가서 갑작스럽게 고향에 있던 그들의 종족과 떨어져서 많은 형태의 압박에 취약하던 때, 조직은 다양한 방식으로 친족 집단을 대신하였다.

19세기 초반의 수십 년 동안 조직들은 중국인 이민에서 노동력의 모집업자 · 유통 업자 · 관리자로서 주요한 세력이 되었다. 저명한 상인들은 연장자로서나 후견인으로서 배후에 있었고, 일반 조직원들 가운데 전투단을 선발하였다. 연기 계약을 강화하고, 그러한 계약서를 기꺼이 사려는 고용주들에게 새로운 이민자들을 연결하는 것은 이주 절차에서 필수적인 고리였다. 비록 조직들이 식민지 당국들에 의해 제멋대로 행동하고 공공질서에 해로운 것으로 묘사되었을지라도, 사실 식민지 정부들은 그것들을 증가하던 중국인 노동계급 사이의 질서를 부여하는 수단으로 삼았다.[26] 가난한 이민자에게 조직들은 다른 방언이나 직업군으로부터 보호받는 수단을

25) Ownby (1996), chap.1.

26) Yen (1985), chap 4

제공하였고, 상인 엘리트에게 그들은 계급 권력의 방어벽을 제공하였다.

동남아시아의 조직들은 (다른 사회집단들 사이에서) 쿵쓰로 알려졌는데, 이것은 연합 주식 사업을 위한 관리 위원회라는 것을 의미하였지만 더 나아가서 사업 전체를 의미하였다. 쿵쓰는 상호 관계와 공유 자산을 포함하는데, 이것은 형제라는 관념에 적합한 것이었다. 한 세대의 틀은 명목상 종족보다 더 평등하였지만, (중국의 형제 관계처럼) 권력은 실제로 아주 불평등할 수 있었다.

조직들이 변경 환경에서 노동 관리에 개입한 것은 그들의 역사적 모습을 약간 모호하게 만든다. 한편으로, 강압적인 측면이 있었는데, 조직들은 확실히 남중국에서 강제적이고 기만적인 형태의 모집에 개입하였고, (인간 노동의 매매에 해당하는 것으로) 이주민들이 지게 된 운임 빚을 매매하였으며, 최종적인 고용주에게 넘겨지기를 기다리는 노동자들을 "노예 수용소"에 강제로 구금하였다. 다른 한편으로, (이미 보르네오의 사례에서 논의하였듯이) 광산 지역의 정글에 있던 개척 캠프들에서 무장 보호를 제공하였고, 귀중한 경제 영역을 지키기 위해 한 방언 집단이 다른 집단에 대항하여 단결하게 하였고, 식민지 경찰에 의해 구성원들이 잡히면 도움을 주었으며, 새로운 광산 터전들에서 경제적인 위험과 이익을 공유하였다. 이 모든 것들은 무법적인 변방 생활에서 생존을 도와주었다. 19세기 초부터 대량 이주를 통해 수십만 명의 새로운 노동자들이 동남아시아와 신대륙으로 감에 따라, 쿵쓰 조직이 확산되었고 그것은 취약한 주민들이 위험한 환경에 효과적으로 적응한 것이었다.[27]

조직원들은 동향의 끈으로 가장 강하게 묶여 있었고, 이러한 끈은 보통 단일 방언 집단의 구성원이 되게 하였다. 객가와 광둥인 조직들 사이에 벌

27) Trocki (1990), chap.2.

어진 말레이 주석 광산의 유혈 다툼은 눈에 띄는 형태였는데, 의심할 여지 없이 태평천국운동 시기와 그 전후에 걸쳐 광둥에서 일어난 다툼이 남긴 적대감을 자극하였다.[28] 이민자들은 무엇보다도 해외로 나가서 과거의 다툼을 벗어나려 하였는데, 조직들이 바로 그 다툼을 재연하고 있었을지도 모른다는 것은 역설적이다.

대량 이주 시대 중국인 공동체의 구조적 변화들

대량 이주는 해외 중국인 공동체들에 지대한 영향을 끼칠 구조적인 효과들을 가졌다. 그중 하나는 중국으로부터 새로운 이민자들이 그렇게 많이 도착하였고 아주 신속해서, 그들이 기존의 혼혈이나 이중 문화 사회에 동화될 수 없었다는 것이다. 대신에 이러한 이민자들은 새로운 주민들을 구성하여 그들의 교향僑鄕과의 통로를 활기차게 유지하였고, 통로들은 그들이 체류하는 데 정신을 강하게 만들고 중국 문화를 보존시켰다. 중국 지향적인 신참자들과 기존의 혼혈 주민들 사이의 관계는 경쟁적일 수 있었지만 협력할 수 있는 중요한 분야들이 존재하였다.

동향 집단들 사이의 관계

중국인 인구구성이 더욱 다양해지면서 방언으로 구분되던 동향 집단들은 사회적 경제적 조직에서 한정적인 역할을 가졌다. 비록 식민지 당국들이 대체로 많은 동향 집단들 사이의 폭력을 비난하였을지라도, 방언에 의한 공동체의 분할은 이민자 경제의 확장을 위한 가치 있는 적응 지원이었다.

28) Carstens (1993), 126-127; Blythe (1969), 173-176.

동향에 의한 인구의 분할을 나는 "기본 공동체"라고 부르는데, 그 이유는 그것들이 가족을 넘어서는 사회 행위의 기본 귀속 단위이기 때문이다.[29] 그것들은 해외의 중국인들 사이에서 거의 모든 곳에 존재하고, 비록 그것들의 힘은 시간이 지나고 표준어가 확산되면서 약화되어 갔다고 할지라도, 같은 방언의 동향 의식은 중국 국내외의 이주민들 사이에서 역사적으로 가장 강력한 조직 요소였다. 해외에서 동향 의식은 민족적("중국적") 정체성의 등장보다 앞섰고, 오늘날까지 "중국적" 정체성의 중요한 기준으로서 살아남았다. (민족주의자나 범중국 운동의) 공동체 조직이 지닌 방언보다 우위의 형식들을, 나는 "파생적인" 것이라고 부른다. 왜냐하면 특정한 역사 단계에서 그것들이 강력한 정서적이며 통합적인 힘을 지녔음에도 불구하고, 그것들의 구성 요소들은 오래 유지되는 기본 공동체였기 때문이다. 기본과 파생적인 공동체들 사이의 관계는 선택 가능한 것이 아니라 정해진 것이었다. 한 개인의 정체성은 그가 서로 다른 기능들을 지닌 공동체들에 동시에 속하고 조직의 규모가 확대되고 있음을 반영한다.[30]

이 보금자리 효과는 환경의 요구에 적절히 반응할 수 있게 하였는데, 더 좁은 기본 공동체의 정체성은 직업적 전문성을 보존하는 방식으로 방언 집단을 제한하고 나누었고, 더 넓고 부차적인 "중국적" 정체성은 대체로 다수 주민들과의 관계 속에서 이민자들의 이익에 봉사한다. 보금자리를 튼 정체성들의 상호작용은 체류자 사회에 오랫동안 유연한 틀을 제공하였다.

특정 동향 집단은 특정 지역의 경제적 활동에서 대체로 분명한 특징을 가진 집단으로 분류되는데, 이것은 고국이든 해외든 중국인 공동체들의

---

29) Crissman (1967)은 그것들을 "하위 공동체"나 "분할"이라고 부르는데, 이것은 참고 단위로서 전체 "중국적인" 공동체에 지나치게 특권을 부여하는 것이다. "중국인 공동체"에 대한 다른 회의적인 견해는 다음을 참조. Benton and Pieke (1998), 12.

30) 사례는 다음을 참조. Crissman (1967).

특징을 잘 묘사한 것이다. 상당히 중복되고 경쟁적이었음에도 불구하고, 특정 무역의 지배 형태는 우리가 제1장에서 보았듯이 뚜렷하였다. 많은 방언 집단들이 서로 가까이 거주하는 지역들에서, 모자이크식 직업 형태는 대단히 매력적인 사회학 연구 주제로 다뤄져 왔다.[31]

동향 집단의 영역 안에 직업을 유지하는 것은 배타적인 모집에서 자연스럽게 파생되었고, 그런 모집은 우선 친족(아들 · 남동생 · 조카 등을 자신의 가게로 데려와서 장사를 익히게 함)을 통해 작동하였고, 그다음에는 동향(마을 사람이나 적어도 같은 방언을 쓰는 사람을 고용함)을 통해서 피고용인들 사이의 방언 동질성을 유지하였다. 그리하여 무역에만 사용되는 은어는 특정 방언의 말들과 같아졌다. 친족 집단들 이외에도, 방언에 기초한 무역 협회들은 그들의 구성원들을 설득하여 다른 방언 집단의 손에 넘어갈 위험이 있는 회사들을 사게 함으로써 카르텔을 형성하는 데 기여하였다.[32] 그러한 사업 접수는 방언에 기초한 동남아시아의 기본 공동체들에서 전형적이다. 사업 접수는 충원 · 연쇄 이주 · 송금 등을 위한 지역 집단들의 이주 통로를 강화함으로써 이주 경제에 봉사하였다. 대량 이주 시대에 시작된 동향인의 분화는 많은 지역들에서 조사될 수 있다. 예를 들면, 네덜란드령 동인도제도에서는 (그리고 인도네시아에서는 지금도) 복건인들이 그들의 정착 초기처럼 대규모 무역과 밀접한 관계를 맺었다. 19세기에 본격적으로 대량 이주를 시작한 광둥인들은 숙련된 장인 무역을 장악하였는데, 그들은 기계 제작인 · 장비 판매인 · 소기업인 · 호텔 경영인 · 음식 공급인 등으로 번영을 누렸다. 조주인들은 성공적인 플랜테이션 노동자와 채소 재배자로 유명하였다. 뿌리 깊은 변경거주자였던 객가들은 더 일찍부

31) Cheng (1985); Tan (1990); Mak (1993).

32) Cheng (1985), 89.

터 지략이 있는 광부로서 묘사되었는데, 그들은 많은 터전들에서 도시 교역으로 직업을 바꾸었다.[33]

방幇이라는 용어는 방언의 공유, 위계적이고 계급을 가로지르는 내적 조직을 나타냈다. 비록 방의 지도자들이 상인 공동체에서 가장 높은 자리에 있던 사람들로부터 나왔다고 하더라도, 그들의 계급을 가로지르는 역할은 소상점 주인 · 장인 · 육체노동자 등과 공유하던 신전 숭배를 통해 발휘되었다. 방의 지도력과 신전 숭배 사이의 연계는 신전 경내의 숙소에 몸을 일정 기간 거처함으로써 상징적으로 표현되었다.(오늘날 싱가포르의 천복궁과 페낭의 구씨 사찰에서 볼 수 있는 것과 같다.) 덜 분명하긴 하지만, 방의 계급을 가로지르는 특징은 그와 연관된 조직을 통해서도 표현되었다.

위에서 제시된 모습은 이민자의 동향 집단들이 중복과 경쟁을 최소화하기 위하여 어떻게 경제 영역을 나누는지 보여 준다. 그럼에도 불구하고, 방의 영역 다툼은 19세기 동안, 특히 수익성이 좋고 배타적이었던 틈새들에서는 나타나지 않았다. 틈새 중 하나는 아편세 독점권이었는데, 그것을 놓고 격렬한 경쟁이 나타날 수 있었다.[34] 다른 하나는 말레이 정글의 주석 광산이었는데, 그곳에서 국지전은 서로 다른 방언이나 고향을 대표하는 무장한 조직들에 의해 벌어졌다. 그러한 갈등은 1870년대에 영국이 말레이 반도에 대한 통제를 확립할 때까지 지속되었다. 방들 사이의 전투는 영국이 1890년에 조직들을 금지하고 아편 농장의 무장을 해제한 뒤에 급속히 줄어들었는데, 당시 조직들은 어쨌든 차츰 상인 엘리트의 손에서 벗어났다. 이러한 갈등의 감소는 방언보다 우위의 조직이나 "파생적인 공동체"를 제도화하기 위한 전제 조건 중 하나였다.

---

33) Skinner (1967), 102-103.

34) Trocki (1990), chap.6.

19세기 중반부터 싱가포르는 방언 집단의 경계를 넘는 의미 있는 협력을 발전시켰다. 1849년 최초의 중국인 학교(崇文閣)가 설립되었고, 이사회에는 말라카 바바 출신뿐만 아니라 부유한 복건어 사용 이민자 출신의 기부자들이 조주 집단의 지도사(조주어는 복건어와 아주 가깝다)와 함께 참여하였다. 다수자였던 복건인 집단의 힘에 균형을 맞추기 위하여, 소수자들의 지역과 방언 집단들이 대응 차원에서 협력하여 연맹을 만들기도 하였다. 1854년에 개시된 이러한 연맹에는 광범위한 광둥의 지역 집단들이 포함되었는데, 광둥어 사용자들뿐만 아니라 객가 · 해남인 · 조주인 등도 그 구성원이었다. 분명히 방언 집단의 배타적 성향은 강력한 외부 단체에 성공적으로 경쟁하기 위한 필요성 때문에 상쇄되었다. 그리고 1860년대 무렵 야심적인 복건인들조차 전체 중국인 공동체를 이끌기 위해서는 복건 방이 책임자의 자리를 차지하는 것뿐만 아니라 다른 방언 집단들의 온건한 후원을 통해 상호 의무감을 만들어 낼 필요가 있다는 것을 인식하였다. 영국은 싱가포르에서 방언 집단들 사이의 협력을 장려하였고, 명예와 직함을 수여하였는데, 그것은 도시의 평화에서 성과를 올리는 정책이었다. 1854년 복건인과 광둥인 조직들 사이의 폭동은 복건 방과 조주 방 지도자들의 연합에 의해 조정되었다.[35] 하위 계급들도 때때로 조직의 틀 내에서 협력하였다. 비록 대체로 방언 집단들 사이의 갈등을 유발하는 매개물일지라도, 그들은 몇몇 방언 집단들로부터 특히 직업적 공유 의식을 바탕으로 구성원들을 받아들였다.[36]

파생적인 공동체의 최상위 형식은 지역적 조건과 특정한 역사적 원인들에 의해 등장하였다. 그러한 형식 중 하나는 "연합 본부總會館" 였는데, 그

35) 장방림의 사례는 다음을 참조. Lim (1995), chaps.2 and 4.

36) Lim (1995), 55-56.

것은 전체 중국인 주민들을 대표하는 동향 집단들의 연맹이었다. 그러한 공동체들은 북아메리카의 중국인 역사에서 초기에 형성되었다. 연합 본부들은 다수 백인들에 둘러싸여 있는 상황에서 "중국인의" 이익을 방어하기 위하여 필요한 법적 경제적 완충제가 필요할 때 중국인들을 대변하였다. 중국인 공동체의 중화 총회관中華總會館 혹은 여섯 중국인회사[中華六會館]로 알려진 샌프란시스코의 단체가 그런 사례였다. 시카고와 뉴욕에서도 비슷한 단체가 등장하였는데, 각각은 유사한 연합 본부를 갖추었다. 공격적인 이민 법률에 항의하거나 합동특별위원회(1877년 "배척" 청문회) 같은 공식 토론회에서 차이나타운을 대표하기 위하여 변호사를 고용한 뒤, 연합 본부는 (대부분 패배하였지만) 반중국인 운동에 대항하여 용감한 전투를 수행하였다. 가끔 그것들은 주 정부 법원의 위헌적인 결정에 대하여 연방 법원의 보장을 얻어 내는 데 성공하였다.[37] 그것들은 주장 강 삼각주 주변의 많은 현들로부터 이민자들의 기본 공동체들을 받아들였는데, 그 이민자들은 다양한 종류의 광둥어를 사용하고 각각 너무 작아서 자신의 영향력을 갖지 못하였다. 이러한 사례들에서 방언의 상대적인 폐쇄성은 의심할 여지없이 도움이 되었지만, 배타적인 동향 의식은 많은 쟁점들을 놓고 공동체를 내부적으로 분열시켰다.(제5장 참조)

부차적인 공동체의 또 다른 형식인 중국인 상공회의소는 19세기 말과 20세기 초 사이에 등장하였다. 그 형태는 한 도시의 모든 방들의 주요 구성원들로 구성된 연합관리위원회 같은 것이었다. 1906년 싱가포르에 설립된 상공회의소는 인구 비율에 따라 다른 방에 일부 지분을 나눠 주는 방식으로 (가장 큰) 복건 방에 의해 지배되었다. 회장직은 복건 방에게 돌아갔고, 나머지 사람들도 모두 차례에 따라 맡았다. 동시대 중국의 도시 사회

37) *Yick Wo v. Hopkins* (1886), *Supreme Court Reporter*, 118 U.S. 355.

의 부차적인 공동체들에서 방언과 직업을 가로지르는 형식이 똑같은 절차를 거치고 있는 것이 우연의 일치는 아닌데, 그것은 대체로 외국 제국주의에 대한 반작용이었고 경제 민족주의에 의해 활력을 얻었다. 상공회의소의 발상은 청 정부의 영사관을 통해 중국으로부터 비롯되었다. "상업 전쟁"商戰이라는 19세기 말의 구호는 타민족에 대항하던 것으로 중국에서 나와서 동남아시아와 정착 사회들로 신속하게 퍼졌다.[38] 우리가 제6장에서 살펴보게 되듯이, 부차적인 공동체들은 20세기 일본의 침략에 대한 대응으로, 특히 태평양전쟁 전야에 다시 홍기하였다. 그것들은 대개 중국민족이나 해외에 있던 모든 중국인이 집단적으로 적대적인 다수 주민들의 위협에 대처해야 했던 상황과 관련이 있었다. "신이주"(1960년대부터 현재까지)가 개시된 이래, 그것들은 터선이 있는 전체 국가 정도의 규모 혹은 그보다 훨씬 더 큰 형태로 조직되었다.(제8장 참조)

기존 정착자와 신참자: 페라나칸과 토톡

비록 신참자와 기존 정착자들 사이에 마찰과 경쟁의 요인들이 존재하였을지라도, 그들에게는 후원과 중개의 관계도 존재하였고 이미 갖춰진 공동체의 엘리트들은 신참자들이 외국 땅에서 발판을 마련하게 도와주었다. 후원과 중개는 몇몇 경로를 따라 작동하였는데, 기존 사업 엘리트들은 방언 · 지역 · 친족 유대를 통해 노동자들이나 가게 점원들이 될 신참자들을 모집하였고 식민주의자들과의 관계를 중개하였다. 그런 중개 역할은 오랫동안 유럽인들의 언어와 관습에 익숙해진 고참들에게 잘 맞았다. 그리고 여전히 동남아시아에서 시행 중이던 "관리자 시스템" 아래 혼혈 엘리트들은 계속해서 카피탄 후보자들이었고, 그들은 하층 계급에서 충분한

38) 같은 시기 중국에서 확산된 상황은 다음을 참조. Skinner (1977a), 547-553.

인력을 요구하였던 세금 청부 사업처럼 여전히 가지고 누리고 있던 독점 판매권뿐만 아니라 (특히 결혼 등록이나 묘지 배정 등) 중요한 서비스들을 수행하였다. 식민지 세력들이 동남아시아의 점령지들로부터 자원을 뽑아내려고 노력하고 있던 시기에, 이미 자리를 잡고 있던 중국인 사업가들은 그들의 고향으로부터 새로운 이민자들을 들여와서 플랜테이션과 광산에 노동력을 제공하고 있었다.[39)]

네덜란드령 섬들 가운데 인구가 가장 많았던 자바에서 신·구 중국인 공동체들은 20세기 초가 되어서야 분리된 사회를 형성하기 시작하였다. 깊은 역사적 뿌리와 오래된 혼혈(페라나칸) 우세의 사회는 대량 이주라도 큰 영향을 줄 수 없는 안정을 제공하였다. 20세기 말까지도 페라나칸 인구는 토톡보다 50퍼센트나 더 많았다. 외곽의 섬들, 특히 수마트라·방카·보르네오 등 중국인 정착지가 나중에 발달한 곳에서 상대적으로 적은 페라나칸 집단은 신참자들에 의해 크게 압도되었고, 그들이 합해지면서 덜 양분된 사회가 나타났다.[40)]

오래된 자바의 페라나칸 가구들이 지닌 문화적 지속성은 앞서 논의하였듯이 네덜란드 식민지 시스템으로부터 유래하였다. "관리자" 시스템의 직위를 가진 우두머리로서 주도적인 엘리트들의 권력과 특권은 대체로 후원과 보호를 통해 페라나칸 집단에게 유리하게 기능하였다. 식민주의자들이 중국인들을 토착 주민들로부터 분리해 놓기 위하여 조심스럽게 다듬어낸 정책들은 페라나칸들에게 적어도 유럽인과 인도네시아인 사이에서 2등 시민이라는 의식을 제공하였다. 비록 말레이어의 혼혈화된 형태가 그들이 매일 쓰는 언어였을지라도, 페라나칸들은 자신들을 분명하게 중국인

39) Rush (1990), chap.5; Godley (1981), chap.1.

40) Skinner (1967), 105-106.

이라고 여겼다. 바타비아의 "콩콴"(표준어: 公館, "관청", 카피탄들의 공식 본부) 문서는 기록 보관이 중국어 문어체의 지역적 형태로 이뤄졌고, 페라나칸과 비중국인들 사이의 사회적 차이는 19세기 말까지 조심스럽게 유지되었음을 보여 준다.[41]

하지만 1890년대 기존의 아편 청부제가 끝나 가던 때 네덜란드의 경제 정책 변화는 페라나칸의 특권화된 지위를 약화시키고 그들로 하여금 사업의 다양화와 생존을 위한 새로운 틈새의 발굴을 통해 적응하도록 강제하기 시작하였다. 그와 동시에, 신속하게 기반을 굳히고 있던 토톡 공동체들은, 동남아시아 전역에 걸쳐 확인할 수 있었듯이, 공격적인 경쟁자임이 드러나고 있었다. 중국어 학교들과 기구들과 신문들이 성장하고 있던 토톡 공동체들을 더 많은 수의 페라나칸 이웃들과 구별 지었다.

페라나칸 혼혈들이 중국 민족주의의 등장과 중국 지향적인 토톡 공동체들에 어떤 영향을 받았는가에 대한 이야기는 제6장에서 언급될 것이다. 여기서는 역사적 조건들이 신참자 공동체들과 성공적으로 동화된 기존의 주민들로 하여금 20세기의 도전들에 따로 적응하도록 만들었다는 간단한 설명으로 충분할 것이다.

앞서 살펴보았듯이, 필리핀에서 자유화된 스페인의 정책들은 중국인 공동체를 확대했고 그 경제적 틈새들을 변화시켰다. 대략 1828년부터 식민지 당국은 설탕과 같은 수출 작물에 대한 장려를 포함한 몇몇 방식으로 식민지의 수익성을 신장시키려 하였다. 그들은 중국인들이 그러한 작물들을 재배하는 노동력을 공급하기 위해 계약을 맺고 들어올 것이라고 생각하였다. 그럼에도 불구하고, 중국인 이민이 19세기 중반에 신속하게 팽창하였지만 신참자들은 거의 플랜테이션 노동을 채우지 않았다. 그 내신에

41) Blussé and Wu (2002).

새로운 이민정책은 정력적인 새로운 무역 공동체를 만들어 냈다. 중국인들은 이제 (1839년부터) 오랫동안 제한을 받았던 마닐라 지역 밖으로 자유롭게 여행할 수 있게 되었고, 여러 주들 곳곳으로 퍼져 나가서 사업가, 환금작물 가공과 유통 업자, 그리고 촌락의 소상점 주인 등이 되었다. 이민은 1848년 이후 홍콩의 개방 덕택에 회복되었고, 1870년대에는 홍콩과 마닐라 사이의 정기적인 증기선 서비스가 확립되면서 더욱 빠르게 증가하였다. 비록 복건인들이 가장 큰 방언 집단이었을지라도 그들은 홍콩을 통해 들어온 광둥인의 숫자가 증가하면서 서로 합쳐졌다. 중국인 인구는 대체로 1847년에 5,700명이었는데 1890년대에는 대략 10만 명으로 증가하였고, 전국 주들에 분산되었지만 약 3/4이 마닐라와 그 주변에 거주하였다.[42]

중국인 메스티소 주민들에게 대량 이주의 효과는 엄청났다. 새로운 이민자들로부터의 경쟁은 대부분의 메스티소로 하여금 소매와 도매에서 손을 떼게 만들었고, 수출 작물의 생산에서 그들의 (과거 중국인 메스티소들이 전문이었던 지주로서) 역할은 훨씬 더 확고해졌다. 중국인 소매업자와 그의 사리사리(잡화점)는 곧 필리핀 전역의 수많은 촌락들에서 눈에 띄게 되었다. 이민자들의 새로운 물결이 필리핀 시골에 상업망을 확대하였던 철저함은, 1931년 필리핀의 가장 큰 섬 민다나오를 도보로 여행하였던 미국인 정치학자 헤이던에 의해 묘사되었다.[43]

> 섬의 중심을 지나려면 군데군데 칼로 길을 내야 할 정도로 원주민들이 사는 원시림을 통과하였다. …… 이런 거친 시골의 복판에서 작은 티엔다[가게]가 발견되었는데, 거기에는 계산대, 한 다스의 선반, 그리고 잠잘 장소가 있을 뿐이

42) Wickberg (1965), 61.

43) Hayden (1942), 699-700, 다음에서 인용됨. Purcell (1965), 541.

었다. 그 소유주였던 중국인은 그곳에 없었지만, 우리는 다바오에서 약간의 장사 도구들을 등에 진, 두 명의 모노보 수레꾼과 함께 귀가하는 소유주를 만났다. …… 이런 개척 상인은 진취성과 투지의 전형이었고, 극동의 변방 무역에서 거대한 부분을 [중국인의] 손으로 가져왔다.

하지만 "개척 상인"은 결코 혼자가 아니었다. 그는 멀리 확장하고 있던 중국 상업이라는 나무의 가장 가는 덩굴손이었고, 아마도 그는 샤먼이나 홍콩의 운송업자를 거쳐 마닐라의 환적 중개인이나 다바오 항구로, 지역 중개인의 창고를 거쳐 숲속 요새의 외딴 오두막으로 도달하였을 것이다.

해협식민지에서 영국의 정책들은 혼혈화된 중국인들의 중심 지위를 유지하는 방향이었지만, 대량 이주가 개시되면서 결국 바바들로 하여금 새로운 종류의 중개인 역할을 선택하게 만들었다. 싱가포르의 초기 수십 년 동안, 바바와 새로운 이민자들은 공통의 문화적 지향을 통해 공동 이익을 증진하는 방법들을 찾았다. 그들의 복건인 신들에 대한 숭배와 공동체의 중심으로서 사찰의 사용은 협력을 위한 의례적 틀을 제공하였다. 중국인 학교들을 세우고 관리하는 것은 또 다른 틀이었다.[44] 하지만 1880년대에 바바와 중국 출생자들 사이는 벌어지기 시작하였고, 서로 각자의 문화·언어적 방향으로 나아갔다. 영어를 통한 교육은 많은 바바 가구들을 끌어들였고, 장사 업종들은 전문직에 자리를 내주기 시작하였다. 중국의 지식인 전통이 바바들에게 매력적으로 남아 있었던 만큼, 전통이 영어나 말레이어 번역을 통해 전달되었다. 한편, 중국어를 사용하는 엘리트들은 자신들의 신분을 높여 주는 청 제국과의 관계에 늘렸다. 새로 설치된 싱가포르의 중국 영사(1877)는 청 제국과 그 공식적인 직함을 전달하는 유용한 연결

44) Lim (1995), 94-99.

고리로 드러났다.

바바 혼혈뿐만 아니라 이민자의 해협 태생 아이들은 법적으로 영국 신민이었는데, 그들은 그들이 사는 문화들 사이에서 타협해야 하였다. 네덜란드령 동인도제도처럼, 그들의 충성 경쟁이 존재하였다. 영국인들은 모든 방언 집단들의 거물들에게 "평화의 재판관" 같은 명예로운 직함을 부여함으로써 신참자들을 끌어들이려 하였다. 민간사업에 대한 재정 지원을 통해 모든 방언 집단들의 부유한 중국인들에게 식민지의 신분제도 안에서 자리를 살 수 있게 하였다.[45] 베이징도 부유한 동남아시아 중국인의 충성심을 독려하기 시작하였는데, 더 중요한 것은 그들의 돈이었다. 동남아시아 전역의 새로운 중국인 영사들은 청조에 새로운 이민자들을 배양할 수 있는 수단을 제공하였다. 이민자들은 명예로운 직함을 구매함으로써 고국의 신분 질서에서 발판을 마련하였고, 동시에 그들의 새로운 거주지에서 특별함의 표식으로 사용하였다.

부모가 이민자였던 해협 출생자들이 상징적으로 식민지 문화와 중국문화를 둘 다 받아들이는 것이 가능하였고 적합하기까지 하였다. 어떤 영국 관리가 말했듯이, 중국계 영국 신민은 "말하자면 일상생활에서 두 개의 얼굴을 해야 한다. 그는 한쪽 얼굴을 유럽인들에게, 다른 쪽 얼굴을 중국인들에게 보여 준다." 그럼에도 불구하고, 그는 그들이 중국 출생의 다수에게 더 가까워지는 "성향"에 놀랐다.(그래서 그들에게 명예를 부여함으로써 경쟁하는 것이 중요하였다.)[46]

일부 이민자들은 두 개의 문화 세계에서 그런대로 성공적으로 자신들을 드러내었다. 저명한 해협중국인 거물 장방림章芳琳(동남아 화교들의 이름

45) Lim (1995), 55.
46) Lee (1991), 187.

은 우리말 발음으로 표기함–역자)은 성공적인 제2세대 싱가포르인의 사례인데, 그의 혼성 문화는 그가 영국 식민주의자들의 환심을 사려 했음에도 그를 중국과 새로운 이민자들에게 연결해 주었다. 문화 사이의 중개인-사업자로서 그의 세대는 옛 말라카의 바바 공동체 지도자들을 계승하는 역할을 하였다. 그들처럼 장방림은 해협 출생자였지만 문화적으로 더 중국적이었다. 그의 복건인 아버지는 1830년대에 싱가포르로 이민을 왔고, 영국 해군의 식량 납품 업자로서 부를 축적하였으며, 아편 청부 독점권을 얻었다. 방림은 그의 세금 청부를 물려받았고, 그의 사업 경쟁자들을 겨냥하여 대량 아편밀매 계획을 세움으로써 악명을 얻게 되었다. 비록 해협 출생의 영국 신민으로서 그는 (일부 공모자들이 그랬던 것처럼) 추방될 수 없었고, 너무 영향력이 큰 공동체의 인물이어서 감금할 수 없었을지라도, 정부는 그에게 굴욕적인 사과를 요구하였다. 장은 한 조직의 우두머리가 아니었지만 분명히 한 조직의 후원자이기는 하였다. 그러나 그처럼 부유하고 무자비한 사업가는 식민지와 중국 양쪽에서 신분을 매수하고 환심을 사서 명예직을 얻었다. 그의 막대한 기부는 오늘날 싱가포르의 공공장소에서 기념되고 있다. (중국인 영사에 의해 작성된) 가식적인 묘비는 그가 영국과 중국 두 세계에서 일궈 낸 상징적인 명성을 보여 준다.

장[방림] 선생 묘비: 청조의 명예 영록대부 겸 후보염법도(1894)[47]

"황쭌셴 작성, …… 중국 싱가포르 총영사, ……

[장 선생의] 이름은 구이위안이고, 그는 [호 號가] 팡린으로 알려졌는데 밍윈이라는 호를 쓰기도 하였다. …… 그의 조상들은 푸젠에 거주하였고, 그들은 창타이 현에서 여러 세대 동안 살았는데, 그의 부친은 상인이

47) Chen and Chen (1971), 305-307.

되어 남양으로 가서 싱가포르에 정착하였다. 그의 고조부 이, 조부 위수이, 그리고 부친 자오[장싼차오, 싱가포르에서는 장삼조로 알려짐] 등은 모두 [사후에] 영록대부로 추존되었다. 그의 고조모 천, 조모 왕, 모친 옌 등은 모두 '일품부인'으로 추존되었다.[이 모든 명예는 장방림이 (그의 효심을 보이기 위하여) 중국 정부로부터 구매하였다.] 그의 아버지가 남양으로 와서 부자가 된 이래, 그의 가족은 영향력이 있었고 부유하였다. 그는 사형제 중 장남으로 아버지의 사업을 물려받았다.

"영국 법에 따르면 아편과 술을 사적으로 판매하는 것은 엄격하게 금지되었고, 이러한 사업을 하기 위해서 부상들은 중국의 소금 교역과 다소 비슷한 높은 세금을 지불해야 했다. 이런 직업을 가진 사람들은 [조직] 첩보원을 고용하여 벌금 망을 넓게 깔아 놓고 [불법 상품을] 압수하였고, 전체 시장을 통제하기 위하여, ……

하지만 장 선생은 관직을 갖고 있던 15년 동안 관용 정책을 적용하였다. 그는 상인들이 '아편 끊는 약'을 파는 것을 허가하였다. 만약 어떤 남자가 사적으로 상품을 팔고 뇌물을 받지 않았다면, 처벌받지 않았다. 누군가가 사적으로 판매한 것을 적발하였을 때, 장 선생은 개인적으로 그 남자의 집으로 가서 그에게 말하였다. '우리는 네가 한 것을 알고 있다. 만약 네가 숨긴 물품을 넘겨준다면, 나는 너를 처벌하지 않을 것이다.' 이렇게 하면, 모두들 부끄러움과 고마움을 동시에 느꼈다. ……

그는 대영제국에 이렇게 봉사하였다. 당국은 먼저 그를 하이먼의 새 영토에 카피탄으로, 그다음에 차례로 평화의 재판관과 자문 협의회의 회원에 임명하였다. …… 그는 정직하게 그의 임무를 수행하였고 누구도 불법적으로 비호하거나 법의 정도를 벗어나지 못하게 하였다. …… 장 선생은 부유하고 관대하였다. 그는 병원 · 고아원 · 양로원 등을 포함한 많은 자선단체에 자금을 기부하였다.

나는 외국 땅의 사절로 임명된 후에 일본에서 아메리카까지 여행하였다. 내가 거쳤던 쿠바와 페루, 그리고 서쪽의 인도와 예멘 등 대부분의 나라들에는 해외 중국인과 영사들이 있다. 남양의 섬들에 사는 중국인들은 수백만 명이다. 그들 중 일부는 그곳에서 네댓 세대 동안 거주하고 있으며, 더 최근에 그곳으로 간 사람들은 수십 년 동안 거주하고 있다. 나는 개인적으로 그들이 달력 · 의복 · 장례 · 결혼 등과 같은 중국 관습을 여전히 보존하고 있어서 기쁘다.

그럼에도 불구하고, 차츰 외국인들의 영향을 받고 있는 사람들이 있다. 예를 들면, 그들은 더 이상 변발을 하지 않고 옷 입는 방식을 바꾸었다. 그들은 전통 의례와 교육을 경시하고, 그들의 친족을 마치 낯선 사람들처럼 여긴다. 하지만 장 선생은 어렸을 때 부모를 여의였음에도 모든 면에서 효심을 보여 주었다. 그의 저작 『밍원 가훈』은 성심 · 정직 · 효 · 우정 등을 담고 있다."

후기 식민지 시대의 해외 중국인 자본주의

초기와 중기 식민지 시대 중국인에게 가장 수익성이 높은 직업은 세입 청부였고, 1800년대 중반에 가장 중요한 세입 청부는 아편 소매의 독점권이었다. 아편의 거래는 엄청난 이익이 있었고, (이미 살펴보았듯이) 막대한 중국인의 부를 창출하였다. 네덜란드령 동인도제도에서 아편은 주로 토착 주민에게 팔렸다. 말라야와 해협식민지에서 소비자들은 주로 중국인 노동자들이었고, 그 시장은 19세기 중반부터 대량 노동이민이 탄력을 받으면서 급속하게 성장하였다. 세입 청부는 중국인 엘리트를 위한 자본과 후원의 중요한 생산 원천이었다. 그것이 생산해 낸 재부는 해상 교역 · 작물 가공(설탕과 쌀) · 주석 광산 등을 포함한 다양한 형태의 사업들에 투자되었다. 독점권 보유자들은 식민지 정부와 밀접한 관계를 향유하였기 때문에, 그들은 하층 상인과 도처에 있던 조직들을 포함한 중국인 공동체의 많은 집단들에게 후원과 보호를 제공할 수 있었다.

유럽 식민주의자들이 그들의 직업을 더 직접 관리하고 그것들로부터 재부를 더 철저하게 뽑아냈을 때, 중국인 사업가들은 변화하는 환경에 적응해야만 하였다. 해운업자로부터 농촌의 중개인과 대금업자, 상품 교역업자들에 이르기까지, 그들은 식민지정책의 변화하는 조류에 맞춰 방침을 전환하였다. 말라야에서 해협식민지의 투자자본 회수 가능성은 주석 광산 개발을 자극하였다. 19세기 중반, 1만 5,000명 이상의 중국인들이 말라카의 중국 상인자본과 조직 수장들의 노동 관리를 통해 광산을 운영하고 있었다.[48] 1874년 이후 영국인들이 말라야 반도에서 세력을 확대함에 따라, 중국인 주석 광산은 사업을 확장하기 위하여 점점 벽촌이 지닌 안전성을 이용하였다. 그들은 (한 번의 채굴에 70여 명 정도의) 소규모로 간단한 장비를 사용하여 광산을 운영하였다. 광산 노동력을 관할하던 조직들은 무장한 저항이 있을 경우 그 조직원들을 전사로 동원할 수 있었다. 보르네오 쿵쓰에 있던 그들의 동향인들처럼, 그들은 일반적으로 급료가 아니라 이익 할당 방식으로 일하였다. 말라야의 광산은 중국 이민자들이 점유하였던 경제적 틈새의 한 사례로, 그들은 토착 주민과 노동력 자원을 놓고 경쟁하지 않았다.[49]

아편 세입 청부를 폐지하는 방향으로 나가던 흐름은 의심할 여지없이 중국인 자본가들의 상층이 직면한 가장 엄중한 도전이었다. 다양화는 이

48) Wong (1965), chap.1.
49) Wong (1965), chap.2.

미 19세기 말에 진행 중이었고, 세입 청부인들은 다른 분야, 특히 주석과 쌀 사업 같은 생산 및 가공 산업에 수익을 투자하고 있었다. 20세기로 전환할 무렵, 세입 청부와 아무런 관계도 없었던 새로운 중국인 투자자들이 경쟁에 뛰어들었다. 신참자들뿐만 아니라 선직 세입 청부인들까지 쌀 도정에 참여하면서, 중국인 투자는 시암 · 프랑스령 인도네시아 · 버마 등을 생산지로, 싱가포르를 수출입항으로 발전시켰다. 쌀에 대한 세계적인 수요 증가는 (중국 자체의 거대 시장을 포함하여) 해외 중국인들로 하여금 무역을 지배할 수 있게 하였는데, 그들은 조달 · 도정 · 선적 등을 포함한 사업을 연계시켰고, 그 모든 것이 가족과 방언 집단의 끈으로 연결되었다. 1930년까지 중국인들은 시암의 전체 도정 사업을 장악하였고, 인도차이나에서는 80퍼센트를 장악하였다. 말라야에서 주석 광산의 2/3와 고무 가공의 1/3이 중국인들의 손에 있었다.(대공황으로 크게 떨어진 수치)[50)]

중국인 상업 엘리트들이 20세기 초의 도전에 적응한 방식은 제니퍼 쿠쉬만의 시암과 말라야 허許씨 연구가 잘 보여 준다. 이 중국계 타이 가족은 19세기 중반에 시암인 군주 아래에서 세금 청부로 첫발을 내디뎠고, 남부 시암의 주석 광산 채굴권을 인수함으로써 대영제국의 강한 제국주의 압박 아래 있던 북말레이 반도의 시암인 지역정부에서 수장들이 되었다. 종족과 인척 관계들을 통해 허씨들은 페낭에서 기반을 잡았다. 페낭의 연줄은 허씨 주석 사업의 종적인 연합을 가능하게 했을 뿐만이 아니었다. 그 연줄은 영국인들과 해협식민지의 중국 의뢰인들로부터 나온 경쟁과 정치적 압박 앞에서 그들의 사업에 자금을 확보하고 다변화하는 데도 필수적이었다. 그들은 국가 후원-아편 청부 모델이라는 종족에 기초한 회사로 출발하였는데, 조심스럽게 만들어진 인척과 방언 관계들에 기초하여 더 범위

50) Brown (1994), 123-141; Fukuda (1995), 50-51.

가 넓은 회사들의 "집단" 으로 발전하였다.(그리고 결국 몇몇 상징적인 서양인들을 집행부로 끌어들였다.) 구쉬만은 이러한 적응이 (네덜란드령 동인도제도의 황종함 같은) 동남아시아의 다른 거물들의 회사에서 전형적이라고 여기는데, 그 거물들은 서양인의 사업 방식을 적용하여 가족회사의 모델을 넘어서서 더 효과적으로 자본을 대고 더 기술적으로 관리를 전문화시켰다.[51)]

대규모 중국인의 상업망이 동남아시아 경제의 넓은 부문을 소유할 정도로 서양인이나 일본인의 이익과의 경쟁에서 성공하였지만, 해외 중국인 사업의 절대다수가 가족을 기반으로 하는 소규모 상점이었고 지금도 그렇다는 사실에 눈을 감아서는 안 된다. 비록 큰 회사들이 가족 모델에 서양식 경영과 재정 방안을 더함으로써 경쟁에 적응하였다고 할지라도, 가족 규모의 소형 사업들은 중국인들 중에서 상업을 생계 수단으로 삼았던 사람들에게는 여전히 가장 흔한 형태였다. 소매상과 장인의 "가정집 겸 가게" 는 아래층의 가족 일터와 위층의 생활공간으로 되어 있었고, 동남아시아나 남중국의 광대한 하층민에게 사업의 전형적인 전제 조건이었다. 그리고 소규모로부터 대규모로 나아가는 가족회사의 형태는 오늘날까지도 대부분의 중국식 사업에서 발견할 수 있다. 사실, 다른 상황에 변함이 없다면, 소규모 중국식 사업들을 농촌의 "주택" , 즉 모든 구성원이 참여하여 먹고사는 가家의 상업화 결과로 볼 수도 있다.

오모훈드로는 1970년대 한 필리핀 지역 도시[일로일로]의 중국인 사업에 대한 민족학 연구를 통해 가족사업 모델이 지닌 장구성과, 해외의 조건에 적응해 온 방식을 잘 보여 준다. ("작은 주석 상점이나 마닐라를 기반으로 한 큰 주식회사에 똑같이 출자한") 어떤 회사의 핵심층, 즉 소유주 이사회는 제3세

51) Cushman (1991), chap.3.

대까지 내려가는 남성 소유자의 확장 가장과 동일하였다. 이러한 핵심 집단은 "돈을 보유하고, 결정을 내리고, 모든 책임을 지며, 이익을 축적"하였다. 그 집단 외곽에는 고용된 중국인들이 있었는데 관리 · 회계 · 판매를 담당하며 신뢰받았던 직원과 친족이 아닌 소수의 동업자들이 포함되었다. 하지만 그보다 더 외곽에는 필리핀인 고용 일꾼과 중국인 기능공들이 있었다. 그러한 사업은 주변인들에게 기술적이고 전문화된 업종들을 가져다주지만, 힘과 이익은 그 가족들에 의해 완전히 장악된다.[52] 이 형태는 물론 이미 자리를 잡은 가족회사들의 오랜 관습뿐만 아니라, 중국으로부터 계속 신참자들이 들어와서 이민 인구를 공급함으로써 유지되어 왔다.

국내외에서 중국인의 사업은 역사적으로 친목 관계를 통해 운영되었는데, 국내 사업에서는 친족, 해외 상업망에서는 (방언과 지역) 동향인이 중요하였다.[53] 사업이 소규모든 대규모든 가족의 소유권과 경영은 부계로 상속되면서 표준이 되었다. 비록 근대적인 개편이 주변인들을 경영 안으로 들어오게 할 수 있었을지라도, 궁극적인 통제는 보통 설립자의 가족 안에서 유지되었다. 대규모 관계망들 속에서 방언은 핵심적인 연결 고리였다. 이러한 친목 관계가 사업상 효율과 생존경쟁을 위해 분명 적합하였지만 소수의 이주민들에게 적어도 현실에 적합하지 않은 한 가지 부작용이 있었다는 사실을 명심해야 한다. 그것은 민족 배제나 심지어 민족 우월감-타인들을 쳐내거나 하찮은 일에만 고용하는 것-의 인상을 보여 주고, 토착 주민들 사이에서 분노와 적개심이 생기게 할 수 있다. 이런 인상은 피할 수 없는 "사업상 비용"일 수 있지만, 제7장에서 보게 되듯이, 그 비용이 지나치게 높을 수 있다.

52) Omohundro (1981), 139-140.

53) Wong (1996), 19.

1895년 이후 일본의 타이완 종주권은 아시아 내부의 지역무역에서 새로운 기회들을 창출하였고, 그 기회들은 국적의 모호성에 의해 잘 제공되었다. 비록 베이징이 1909년에 해외 체류자들에게 중국 시민권을 부여하였을지라도, 그러한 체류자들은 거주지의 국적 혹은 실제로 몇 개 나라의 국적들을 보유할 수 있었다. 외국 국적, 특히 모든 주요 열강들이 보유한 치외법권은 중국인 국제 상인들에게 중국 내에서 세금이나 경찰의 괴롭힘으로부터 보호를 포함한 상업적 이익을 제공하였다. 일본이 점령한 타이완에서 상인들은 푸젠과 동남아시아 각지에서 사업하는 동안 그들이 얻은 일본 국적에 의지하여 보호받았다.[54] 여기에서 우리는 다시 경계인의 지위를 이용하여 사업상 이익을 끌어내는 것을 보는데, 경계의 양쪽에 있는 행위자의 지위는 다른 쪽의 이익을 끌어내는 데 지렛대로 이용된다.

19세기 말부터 대공황 시기까지, 중국의 교향僑鄕으로 가는 과거의 통로들을 따라서 자본주의도 번성하였다. 역사적으로 복건인 이주의 핵심이었던 샤먼은 적절한 사례이다. 동남아시아의 중국 자본가들은 지역적 기반시설과 도시의 부동산을 갖춘 샤먼을 수익성 있는 투자지로 이용하였다. 그러나 교향 관계라는 독특한 가치는 사업가들이 통화의 차이를 이용하거나 식민지 정부에 의한 감당할 수 없는 세금을 피하려고 장단기 자본을 이동시키는 장소로 그들의 출생지를 활용할 때 드러났다. 세금 회피는 식민주의자들이 전쟁 손실을 만회하기 위하여 중국 사업에 추가 부담금을 올렸던 제2차 세계대전 시기에 특히 중요하였다. 식민주의자들의 중국인 특권들에 대한 탄압(동인도제도의 "민족 정책", 말라야의 아편 청부 중지, 미국 통치령 필리핀의 중국인 차별법 등)이 중국인 자본이 샤먼 · 홍콩 그리고 다른 교향 항구들로 유출되는 것을 자극하였을 수도 있다.

---

54) Lin (2001a).

1920년대 무렵, 해외 중국인의 자본은 샤먼의 상공업에서 서양인의 자본을 무색하게 만들었다. 샤먼을 주변의 다양한 교향과 연결하는 철도·도로의 건설 등 운송 분야에 실질적인 투자가 이뤄졌다.

샤먼으로 돌아온 이민자들은 구랑위의 해안가에 중서 혼합식 호화로운 주택을 세우기 시작하였는데, 그곳은 오랫동안 외국 영사와 무역업자들의 거주지였다. 그곳은 식민지 항구들의 도시 편의시설과 외국인들 사이에서 사는 것에 익숙하였던 귀국 이민자들에게 완벽한 장소였다. 그리하여 샤먼과 구랑위는 중국과 외국인 소수자들의 번영하는 거주지, 중국의 도시 근대화로 나아가는 또 다른 관문으로서 홍콩과 상하이에 합류하였다. 사실, 샤먼에서 귀국 자본가들은 지방 도시의 관리들과 밀접한 관계 속에서 일하였는데(어떤 이는 당당하게 시장이 되기도 하였음), 그것은 왕조시대에 그들의 전임자들에 의해 좀 더 조심스럽게 시작되었던 형태의 반복이었다.[55]

대량 이주 시대의 노동

대부분의 일반인들은 배 운임을 지불할 수 있는 여유가 없었기 때문에, 신용 티켓 시스템(때때로 "원조 이민"이라고 불림)이나 노골적인 연기 계약으로 항해료를 지불하고 일정 기간 채권자에게 변제하는 것이 흔한 메커니즘이었다. 결과적으로 그것은 선적 회사와 노동 중개인들, 그리고 노동자의 최종적인 고용인들, 즉 동남아시아의 광산과 플랜테이션 사업가들에게 수지맞는 일이었다. 제3장에서 서술하였듯이, 많은 연기계약 노동자들은 강압 혹은 사기에 의해 모집되었고, 그들의 여성은 가족들과 연락이 두절되어 있어서 대단히 잔인하였다. 하지만 다른 사람들에게 연기계약 시

55) Cook (1998), chap.5, 241, 252, 그 외 여러 곳.

스템은 17세기와 18세기에 신대륙의 많은 정착자들이 참여하였던 계획적인 투자였다.

노동 조건은 식민지 동남아시아 전역에 걸쳐 아주 다양한 양상을 띠었다. 중국인과 유럽인 고용주들은 둘 다 연기계약 노동자들을 마치 노예처럼 다룬다고 비판받았는데(제3장 참조), 종종 영구적인 주인의 소유물로서 보호할 만한 가치가 있는 물품으로 여겨졌던 노예보다 더 못하기도 하였다. 고용주와 현장감독은 계약 기간이 끝난 뒤에도 이민노동자들을 속박하는 방법을 찾았다는 사실은 잘 알려져 있다. 사실, 노동자 감독이라는 전문 틈새는 일부 경험 많은 이민자들[老客]에게 도박이나 아편 판매 같은 부업을 통해 수입원을 제공하였다. 대부분의 억압 체제처럼 연기계약 시스템은 중개인들에게 수익성 있는 틈새를 창출하였다.

1870년대 이래 베이징은 국제 외교에 더 많이 간여하였고, 거기에는 세계 곳곳, 특히 카리브 해와 동남아시아에 있던 중국인 노동자의 여건에 대한 조사가 포함되었다. 다음 보고서의 저자인 첸쉰은 중국의 초대 유럽공사 쉐푸청을 수행하였는데, 그곳에서 그는 중국의 초기 해외 영사 가운데 한 명이 되었다. 주네덜란드 중국 공사의 사무원으로 일하는 동안, 첸쉰은 중국인 공동체에 대한 보고를 위해 네덜란드령 동인도제도로 파견되었다. 그는 능력을 인정받아서 공사로 승진하였고, 황제에게 올린 보고서는 총리아문總理衙門으로 보내졌다. 첸쉰의 보고서 가운데 주목할 만한 점은 중국인들 사이에 엄청난 부와 지위의 차이, 동향인들의 일부 중국인들에 대한 억압이었다. 비록 모든 중국인들이 네덜란드 법에 따라 차별로 고통을 받았을지라도, 일부는 중개인으로 번성할 수 있었던 반면, 다른 일부는 중국인 노동계약자들의 손아귀 아래 육체노동자로서 비참하게 삶을 마감하였다.

네덜란드공사 첸쉰의 네덜란드령 동인도제도의 해외 중국인에 대한 주접(1908)[56]

"1906/7년, 저는 외무부 · 학부 · 농공상부의 지시를 받고 공상 업무를 조사하기 위하여 자바 섬을 방문하였습니다. …… 지난해에 공사로 임명된 이래, 해외 중국인의 여건은 저에게 중요한 문제였고, ……

해외 중국인 노동자들의 곤경에 대해서는 이미 신임 공사 뤄하이환이 주접을 올렸습니다. 최근에 네덜란드 정부는 몇 차례 규정을 개정하여 관심을 보여 주었습니다. 하지만 그 결과는 만족스럽지 않고, 해외 중국인들은 여전히 청원을 하고 있습니다. 그 섬에 있을 때, 저는 열 가지 이상의 사례를 직접 들었고, 공사관에서는 해외 중국인 노동자들의 비참한 생활에 대해 불평하는 공식 · 비공식 서신을 100통 이상 받았습니다. 만약 그들이 주장한 내용이 사실이라면, 그들의 고통은 이루 다 말할 수 없습니다. 그러한 해외 중국인 노동자들 대부분은 중국에서 교활한 자들에게 사기를 당하여 팔려 왔습니다. 그들은 영국 식민지 싱가포르로 보내졌고, 그곳에서 배에 실려 외국의 다른 항구들로 옮겨졌습니다. 광둥과 푸젠에서 그들은 '돼지 새끼' 로 불렸는데, 그들이 사람으로 다뤄지지 않았기 때문입니다. 2년 전, 제가 싱가포르에 갔을 때 영사 쑨스딩이 돈을 지불하고 구출한 몇 명의 '돼지 새끼들' 을 심문하였고, 그렇게 불리는 이유가 있음을 알았습니다.

일부 네덜란드 식민지에서는, …… 담배를 재배하고, …… 다른 곳에서는 주석 광산을 운영합니다. 그들은 많은 노동자들을 필요로 하고, 그러한 '돼지 새끼들' 에 의존합니다. 무지한 사람들은 '해외에서 부사가 된다' 는 소문에 유혹을 당하였고, 일부는 모집이 아니라 스스로 가기도

56) Chen (1985), 1: 286-291.

하였습니다. 초기에는 총명한 한두 사람이 부자가 되기도 하였습니다. 하지만 최근에는 수만 명의 사람들이 해마다 해외로 갔는데, 아무도 돌아왔다거나 해외에서 사업을 하였다는 소식이 들리지 않습니다. 우리는 얼마나 많은 사람들이 묘표도 없는 무덤에서 생을 마쳤는지 알지 못합니다.

냉정하게 말해서 비록 서양인들이 중국인 노동자들을 경멸한다고 할지라도 해외 중국인들 역시 그들의 종족에게 상처를 줍니다. 주석 광산과 담배 플랜테이션을 소유한 네덜란드인들은 오랫동안 그곳에 있었고 말을 잘 듣는 일부 중국인들을 선발하여 감시자 · 관리자 · 노동 중개인包攬人 등으로 삼습니다. 이러한 이기적인 중국인들은 노동자들의 음식을 줄이고 노동량을 늘리는 것 같은 잔인한 짓을 합니다. 그들은 심지어 노동자들에게 도박을 부추겨서 돈을 빌려 주고, 결국 빚에 빠져서 관리들에서 처벌을 받게 될 지경이 되게 만듭니다. 그런 자들은 정말 가증스럽습니다. 비록 계약에는 기한이 있을지라도, 노동자들은 그들이 일을 할 수 없었던 계약서상의 기한을 보충하기 위하여 몇 배나 더 오래 일을 해야 합니다. 계약이 만료된 뒤에도 [이런 중국 감독자들은] 온갖 종류의 규정을 들어서 노동자들에게 출국 허가를 얻어 주려 하지 않습니다. 그래서 그들은 남은 여생 동안 그곳에서 머물러야 합니다. 세계 곳곳에서 어떤 힘든 환경, 즉 땡볕과 폭우 속에서 일을 해야 하더라도 중국인들은 고용됩니다. 왜냐하면 백인들은 육체적으로 너무 약하고 흑인과 오스트레일리아인들은 지능이 떨어지기 때문입니다. 중국인 노동자들은 모집되는 곳마다 가혹하게 다뤄집니다. 영국인과 미국인들도 그렇게 다루지만, 네덜란드인들이 더욱 심합니다. 그 이유는 위에서 언급한 [중국인] 중개인들이 그들의 윗사람을 기만하고 아랫사람을 학대하기 때문입니다."

영국령 말라야와 해협식민지의 상황들은 중국인 보호령이 설치되고, 말레이 연합주에서 대리인들이 수입 노동자들의 조건을 감시하고 규제하는 책임을 맡게 된 다음부터 다소 개선되었다. 아래는 보호령의 지방관들 중 한 명이 1910년에 설탕과 고무 플랜테이션에서 증거를 수집하여 작성한 보고서의 일부이다. 노동자들의 처우에 대한 보고서들은 경제 부문들(광산 · 고무 · 설탕) 사이에 큰 차이가 있다. 다만 대체로 그것들은 보호령의 강제력이 약하였고, 불법적인 연기계약 노동자들이 그들의 고용주들에게 불이익을 받고 있었던 상황을 반영한다. 특히 가혹한 조건들은 "루마 케칠"("작은 방"이라는 말레이어, 즉 오두막)로 알려진 시스템 아래에서 만연하였는데, 그것은 플랜테이션의 라오커老客에게 청부를 주는 방식이었다. 확실히 이러한 중국인 노동자들의 관리자 계층은 (첸쉰의 주접에서처럼) 동포들의 비참한 상태로부터 이익을 얻고 그것을 더 심화시키는 데 전혀 죄책감을 느끼지 않았다.

루마 케칠 시스템 아래 영국령 말라야에서 연기계약 노동자들의 처우(1910)[57]

"[연기계약 노동자들의] 처우

"77. 꾸라우 강과 끄리안 강에 위치한 사유지에 고용된 연기계약 노동자들의 사례에서, 상대적으로 외진 지역성은 고용주(사유지의 관리자와 "루마 케칠"의 우두머리를 둘 다 포함)로 하여금 노동자들을 가혹(어떤 경우에는 포악하다는 말로 표현될 수 있음)하게 다룰 수 있게 만들어 왔는데, 접근이 덜 어려운 곳에서는 불가능한 일이었을 것이다. 이번 파견을 통해 진행한 직접적인 조사와 확보된 증거를 통해 판단하건대, 나는 끄리안 지역의 연기계약 중국인 노동자들을 둘러싼 잔혹한 학대가 여전히 만연

57) 말레이 연방국(1910), 허가를 받고 발췌함.

하게 된 원인이 상술한 지역적 상황과 "루마 케칠" 때문이라고 본다. 나는 연기계약 시스템이 끄리안[지역]만 보면 말레이 연합주에서 나타났지만 사탕수수 재배와 함께 시작되었다고 믿는데, 이러한 시스템 아래에서 사유지들은 중국인들에게 경작을 위해 임대되고 어르신, 즉 "루마 케칠"의 우두머리들을 불러들였으며, 수확물은 소유주가 정한 가격으로 구매된다. 많은 연기계약 노동자들은 이러한 임차인과 도급업자들 사이에 분포되어 있고 작은 작업 라인이나 오두막 같은 곳에서 사는데, 이렇게 해서 "루마 케칠"라는 이름을 얻는다. 연기계약 노동자들은 "루마 케칠"의 우두머리들에게 넘겨진 다음 완전히 그들의 손안에 놓인다. 소유주 혹은, 반콕형 지역의 사례처럼 소유주가 현지에 거주하지 않는 경우라면, 관리자는 노동자들의 일에 거의 관심이 없다. "루마 케칠"을 감시하거나 노동자와 그 직접적인 고용주, "루마 케칠"의 우두머리 사이의 관계를 조사할 적절한 시스템이 없어 보인다.

78. 이른바 높은 쿵쓰의 연기계약 노동자들-소유주에 의해 경작되는 사유지에 고용된 노동자들-의 상황은, 최근 쾅리 사유지(쿠라우 강 유역)에서 일어난 사례로 판단하건대, "루마 케칠"에서 우두머리를 위해 일하던 동료 노동자들보다 더 나을 것이 전혀 없었다.

* * * *

증언 25.

반혹 농장[플랜테이션], 1910. 5. 29.

다음 보고는 중국인 보호관 리즈 씨 면전에서 이뤄진다.

탄먼쌈: 신커新客[신참자], 나이 29세. 끄리안 556/09, 싱가포르 12008

나는 탄기헝[571/09, 싱가포르 12023/09] · 부참휘[559/09, 싱가포로 12011/09]와 함께 왔다. 부참휘는 음력 11월 16일에 캉타우工頭[십장]

탄아카우라는 "루마 케칠" 10호[부재중]에게 맞아 죽었다. 나는 음력 8월 23일[지난 10월 5일] 오전 6시에 사유지에 도착하였다. 음력 11월 16일, 나는 탄아카우가 부참휘를 괭이 모서리를 다지는 데 사용하는 쇠막대로 때리는 것을 보았다. 타아카우는 그의 가슴을 내리쳤고 왼쪽 다리를 부러뜨렸다. 이 일은 "루마 케칠"의 부엌[노동자 막사]에서 일어났다. 우리는 일을 하던 하지 않던 맞았다. 만약 일이 목표치에 많이 미달하면, 그날의 일은 무효였다. 나는 도착한 지 열흘 만에 처음으로 맞았다. 내 두 엄지손가락은 묶였고, 그날 들판에서 해머 손잡이로 맞았는데, 새벽(5시 30분)에 빨리 걷지 않아서 일터에 늦었다는 것이 이유였다. 나는 지팡이를 짚고 일하러 나가서 구타당하였다. 탄기형은 그것을 보았다. 탄아카우는 나를 구타하었다. 탄기형도 여러 차례 구타당하였다. 탄기형은 다른 곳 출신이지만, 나와 같은 방언을 사용한다. 부참휘도 마찬가지이고, 그는 탄기형과 같은 지역 출신이었다. 부참휘는 새벽 6시에 맞았다. 그는 하루를 쉬고 싶어 했지만, 캉타우는 들어주려 하지 않았다."

연기계약 시스템 아래에서 자행되는 학대가 중국 연해에 알려지면서, 말레이 광산과 플랜테이션의 노동력을 모집하기 어렵게 되었다. 1890년대부터 차츰 농장주들이 캉가니—타밀어로 노동력 모집 중개인으로 말레이시아, 미얀마의 플랜테이션에서 일할 노동자들을 모집하였음—를 통해 대체물을 구하였다. 조금 전에 인용한 1910년 파C. N. Parr의 보고서 〃〃에서, 저자는 이미 말레이 광산 사업에서 이용되고 있던 캉가니 시스템의 적용을 플랜테이션들에 추천하였다. 그 이점은 "고용주의 신임을 받는" 노련한 노동자들이 중국으로 돌아가서 "동향인이나 친척들"을 모집할 것이라는 사실에 있었다. 그런 모집은 "고용주에게 거의 혹은 전혀 애먹이지 않을 것이고, 잘 아는 사이라서 대부분의 경우 미리 지불한 항해 운임을 충분히 보상해 줄 정도로 오래 머무를 것이다." 이러한 시스템은 강압 혹은 사기 모집을 어렵게 만들고 노동 감독자들이 더 품위 있게 대우하도록 보장할 것으로 기대되었다.[58]

이민자 중국 문화에 대한 견해

중국인 이민자들이 지역 상황에 적응해야 했던 세계 곳곳의 터전들에서 중국인의 문화 자본은 특정 맥락 속에서 유연하고 선택적이고 적절하게 투자된다. 국내에서는 "순수" 중국 문화라는 것이 없고 오히려 특정 시대와 장소에서 행해지는 문화가 있을 뿐이다. 문화적 관행의 적응 가능한 재배치를 이해하려면, 우리는 (이주민들처럼) 문화 특성을 고정된 제도나 맥락으로부터 분리할 방법을 찾아야 한다. 우리가 대개 소위 "표준" 형태의 문화를 중국에서 찾기 때문이다.

여기 1950년대 무렵 (레이먼드 퍼스의 학생들이 수행한) 동남아시아의 중국인들에 대한 민족학적 연구 사례들이 있는데, 모리스 프리드만과 앨런 엘리엇(이상 싱가포르에 대한 연구) 그리고 톈루캉(사라왁에 대한 연구) 등의 저술이 그것이다.[59] 이들 연구의 특징은 해외의 조건들에 중국 문화의 요소들이 유연하게 융합되었다는 것이다. 프리드만은 이렇게 서술한다. "해외로 이주한 뒤에도 부계친족의 원칙은 유지된다. 하지만 부계친족들이 지역 기업집단들을 함께 묶기보다는 협회에서 활동하거나 같은 성씨의 개

58) Satyanarayana (2001). 이러한 목표들이 얼마나 잘 맞아떨어졌는지에 대해서는 그럼에도 불구하고 확실하지 않다. 인도의 경우, 일부 캉가니는 후견인과 사회 상층으로서 지원자들을 속여서 빚을 진 노예 상태에 빠지게 하였고, 그들을 연기 계약의 준노예와 별로 다를 것 없는 예속 상태에 놓이게 만들었다.

59) Freedman (1957); Elliott (1955); T'ien (1953).

인들 사이에 막연하게 규정된 의리를 다지는 데 기초가 된다." 프리드만은 (친족은 진짜 부계친족들의 기업집단들로 제도화되지 않기 때문에) 그것을 "조상숭배보다는 추도 의식"이라고 부른다. 그는 "죽은 조상과 관련된 특정 관례와 사상은 더 넓은 의미의 친족 제도와 독립하여 유지되어 왔고, 그 제도는 고국의 상황에 따라 지원을 받기 위하여 변화하였던 것 같다. …… 조상숭배의 어떤 요소들은 분리되었고, 말하자면 친족의 기초가 붕괴되었을 때 떨어져 나간 요소들과 독립되어 독자적으로 존재하였다." 따라서 비록 종족이 아닌 가정이 싱가포르에서 친족의 기초인데, "그럼에도 불구하고 그들의 사회적 기원과의 강한 연속성을 주장할 수 있을 것 같은 몇 가지 **절차와 원칙들**을 발견할 수 있을 것이다."[60]

톈루캉은 사라왁의 중국인 공동체들에 대한 연구에서 유사한 결론에 이른다. "…… 관찰사는 방언 관계들에서 이웃·친척·동종직업 의식 등을 쉽게 발견할 수 있다. …… 수많은 무리들은 …… 쿠칭에 있는 방언 협회에서 증명되는 서로 다른 사회적 관계들[방언·친족·고향·직업]은 모든 해외 중국인 공동체들에서 공통적이다." 중국의 지방 가문은 "사라왁으로의 항해에서 급격한 변화에 고통을 받는다." …… "상호 연대감"[이라는 부분]은 고국에서보다 더 크다.[61]

싱가포르에서 앨런 엘리엇은 다음 사실을 발견한다. "중국의 다양한 종교적 사상과 신념들의 배경으로부터 나온 요소들은 남양으로 간 이민자들에 의해 선택적으로 제도화된다."[62]

이상의 연구들에서 민족학자는 문화적 요소들이 고국으로부터 멀리 떨어진 환경 속의 사회적 집단들에게 어떻게 변경되고 단단하게 재결합되는

60) Freedman (1957), 224-227(강조는 필자).

61) T'ien (1953), 19.

62) Elliott (1955), 166.

가를 서술한다. "**절차와 원칙들**"은 주목할 필요가 있다. 적응을 위해 투쟁하는 이민자들은 소위 문화적 요소들을 그들의 "표준" 사회 모체로부터 분리하였고, 필요에 따라 그들이 살고 있는 터전의 환경 속에서 작동하게 만들었다. 이 장의 앞부분에서 나는 동향인 · 친족 · 공동 의례 · 조직 등을 "중국 문화 형판의 네 가지 주요한 색깔"로 언급하였다. 해외 중국인들 사이에서 우리는 이런 "주요한 색깔"을 오랫동안 사회조직에 강하게 결합된 것보다 더 순수한 형태로 엿볼 수 있는 가능성이 높지 않을까? 중국에서조차, 중국 문화의 기본적인 성격은 소위 규범적인 "전통" 사회제도와 너무 지나치게 연결되어 있어서 감춰져 있는 것 같다.(마치 프리드만의 부계 종족 혹은 오래된 의식으로 포장된 우상숭배처럼) 특히 중국인의 해외 공동체들과의 관계 속에서 이런 주요한 색깔은 시각화될 수 있는데, 그들은 변방 생활의 도전에 대처하기 위하여 (편의적이고 순응적으로) 결합하고 분리하고 재결합하였다. 스티븐 생그런이 지적하였듯이, 민족학자들은 특정한 조직 형태 아래 놓인 문화 관습의 "심층"을 찾아야 한다. (동향 관계 등) 분명한 친목들은 "규범적인" 모델이라기보다는 이주 행위를 위한 보호색이고, 그 보호색은 (고향에 있는 형태와 비교하였을 때 정통적이 아니지만) 그 나름의 특별한 적응 기능과 목표를 갖는다. 생그런은 이렇게 주장한다. 핵심은 "운영 규범"이 조직의 "형식적인 특징"보다 중국인의 사회 관습을 차별화하는 데 더 중요하다는 것이다. 이러한 규범들의 결합과 재결합은 "다양한 적응반응을 낳는 것"이 가능하다.[63]

63) Sangren (1984), 410. Sangren (1984)은 407쪽에서 이런 지적도 한다. 관습에 내재한 "규정하기 힘든" "중국적인 것"의 특징에는 만장일치의 결정과 위계 조직 내의 의례적인 직책의 순환이 있고, 그것은 (기업 부계집단과 같이) 중국인 기업에서 소위 어떤 친목보다 더 중요한 특성이다. 그의 지적에서 핵심은 친목 집단의 연계가 특정 조직의 형판에 딱딱하게 결합된 것이 아니라, 다른 목적을 위해 영향을 받고 변형될 수 있다는 것이다.

제5장

대량 이주 시기의 공동체들

2. 정착민 사회 내 · 외부의 배척

식민지 사회들과 정착민 사회들에서 중국인의 정착은 대조적인 생태를 보여 주었다. 식민지 사회들은 동남아시아의 상당 부분(특히 네덜란드 식민지들), 카리브 해 지역, 페루 등을 포함하였다. 정착민 사회들은 북아메리카와 오스트랄라시아를 포함하였다. 동남아시아에서 중국인 이민은 처음에 초기 식민지 정권이나 독립 왕국들에서 중개인으로 봉사하던 상인 엘리트들 중심으로 조직되었다. 상인 조직들에 의해 제공되던 후원과 보호는 새로운 이민자들이 경제적 발판을 만들도록 도와주었다. 정착한 엘리트들은 상당수 지역에서 토박이들과의 관계를 통해 특권화된 지위를 누리던 공동체들을 이끌었다. 후기 이주민들의 물결은 때때로 이러한 엘리트들에 의해 흡수되거나 후원되었고, 경제적으로 후자를 대체하기도 하였다. 식민지 정권들은 기존 중국인 정착민들을 광산과 플랜테이션 사업들에서 노동력 모집원과 감시원으로 이용하였고, 수십만 명의 연기계약 노동자들을 들여와서 열대 지역(자바 · 수마트라 · 방카 · 말라야 등)의 가혹한 조건 아래 일하게 하였다. 이러한 사업들에서 인간의 가치는 카리브 해 지역과 남아메리카에서 준 노예제의 그것에 비견할 만하였다. 정착민 사회들(북아메리카, 오스트랄라시아)의 중국인 이민자들도 고통을 당하였지만, 다르게 그리고 전혀 다른 생태 속에서 당하였다.

19세기의 정착민 사회들

그 어떤 것도 그들을 통치하던 국가의 성격만큼 지역사회들의 아시아계 이민자들에게 더 결정적으로 영향을 주지는 않았다. 결국 그러한 이민자들을 고용한 자본가들, 그리고 그들과 경쟁하던 집단들은 뜻이 잘 맞는 국가권력 아래에서만 성공적으로 그들의 이익을 추구할 수 있었다. 연기계약서의 강제성 여부, 체벌의 금지나 용인 여부, 시민권의 보호나 부인 여부 등은 모두 한 국가의 헌법 구조와 역사에 달려 있었다.

대영제국의 식민지들(서인도 제도 · 영국령 기아나 · 말라야)과 네덜란드의 식민지들(동인도제도)은 정권의 수익성에 대해 본국 정부에 해명해야 하였다. 따라서 그들은 생산 비용을 낮게 유지함으로써 광산과 플랜테이션을 운영해야 하는 압박을 받았다. 그들은 값싼 연기계약 노동자들을 수입하고 통제하는 데 몰두하였고, 그 결과 노예제와 거의 구별이 없게 만들 수 있었다. 식민지의 중심 도시에 있던 어떠한 양심의 가책에 의해서도 그러한 조건들이 거의 완화되지 않았다. 노예를 재산으로 간주하던 역사를 지닌 국가들(쿠바 · 영국령 기아나 · 페루 · 네덜란드령 동인도제도)에서 연기계약 노동자들의 처우는 특히 열악하였다.

원래 식민지였지만 기후가 대체로 온화하였던 북아메리카와 오스트랄라시아의 정착민 사회들에서 대부분의 이민자들은 유럽인이었다. 비록 중국인들이 그러한 사회들에 오기 시작하였을 때 강제 노동이 여전히 존재하고 있었을지라도(미국 남부의 아프리카 노예와 오스트레일리아의 죄수 노동), 그곳의 정부들이 그것을 폐지하기 직전이었다. 사실, 우리가 짧게 살펴보는 것과 같이 미국에서 노예제에 대한 적대감은 중국인의 이민 경험에 이상하고 역설적인 역할을 하였다. 두 지역 중 어느 곳에서도 연기계약 노동자들이 발판을 구축하지 못하였다. 비록 미국 남부와 오스트레일리아 북부 모두 플랜테이션 생산에 적합한 기후를 갖고 있었을지라도 말이다.

그렇지만 북아메리카나 오스트레일리아 · 뉴질랜드 어느 쪽도 중국인 이민자들을 점잖게 대우하지 않았다. 19세기 말부터 20세기 중반까지 두 지역은 모두 중국인들을 배제하고 이미 부여된 자유와 시민권을 제한하기 위해 최선을 다하였다. 이 장에서는 강제 노동이 폐지되었음에도 불구하고 그 사회들이 중국인 이민자들을 쫓아내려 하였고, 그것이 실패하자 그들의 시민 지위를 부정하고 인간의 존엄을 손상시키고 일자리의 기회를 제한하려 한 이유를 찾아보려 한다. 19세기 중반부터 20세기 중반까지 수천만 명의 유럽인과 아시아인들이 그들의 고국으로부터 이주하였다. 유럽인들에게 북아메리카와 오스트랄라시아는 주요 대상지였다. 중국인들의 경우 많은 수가 익숙한 길을 따라 자발적으로 동남아시아로 출발하였다. 그 밖의 사람들은 연기계약 노동자로서 동남아시아 · 태평양 군도의 플랜테이션과 광산의 경제에, 그리고 아프리카 노예들이 사라지고 있던 카리브 해 지역과 남아메리카의 유사한 장소들에 충원되었다. 인도인들도 같은 종류의 연기계약 노동을 위해 모집되었고, (특히 카리브 해 지역에서) 열대 플랜테이션의 노동자로서 중국인들과 함께 일하였다. 제4장에서 드러났듯이, 제국주의는 인도와 중국에서 풍부하고 값싼 노동력을 확보할 수 있었을 뿐만 아니라, 수많은 노동자들이 유용하게 이용될 수 있는 동남아시아와 서인도 제도에서 토지를 점령하였다. 아서 루이스가 지적하였듯이, 플랜테이션과 광산들의 노동자 1인당 생산성이 떨어졌기 때문에 임금이 그만큼 낮았고, 고국의 경우만큼 낮거나 더 낮은 보수를 얻는 노동을 끌어들일 수 있었다.[1]

반면에 온화하고 인구가 적었던 북아메리카와 오스트랄라시아의 지역들은 농경·목축 그리고 (19세기 중반부터) 공장에서 일을 찾는 수백만 명의 유럽인들을 끌어들였다. 이러한 "정착민 사회들"은 동아시아의 상인과 노동자들을 주로 중국, 나중에는 일본과 한국으로부터 끌어들이기도 하였다. 여기에서 아시아계 이민자들은 식민지 플랜테이션 지역들의 이민자들과는 전혀 다른 환경에 직면하였다. 그들은 즉각 유럽인 이민자들과 필연적으로 같은 경제적 틈새들을 놓고 경쟁하게 되었다. 민족적으로 다양한 이주민들이 만나게 된 상황 속에서 중국인들은 민족적 적대감과 정치적 기회주의 때문에 커다란 불이익을 받게 되는, 지독하게 경쟁이 심한 상황에 대처해야 하였다.

북아메리카와 오스트랄라시아의 정착민 사회들은 동의에 의한 통치라는 영국의 전통에 따라 그들의 공적 생활을 만들었다. 그들의 정부는 대의권代議權을 기초로 하였고, 그들의 법률은 영국 관습법을 기초로 하였다. 하지만 형식적인 평등과 법에 따른 절차는 경제적 불안감과, 계속해서 규모가 팽창하던 유럽 출신 이민자들의 민족적 사고방식에 자리를 내주었다. 북아메리카의 서부와 오스트레일리아에서 19세기 중반에 금이 발견되면서 유럽인과 중국인들의 직접적인, 그리고 종종 폭력적인 경쟁이 야기되었다. 이것은 배척 운동으로 나아가는 여정과 중국인의 장기적인 소외에서 시작에 불과하였다.

우리는 중국인 이민에 대한 오스트레일리아인의 반응들을 검토함으로

1) Lewis (1978), 14-16.

써 북아메리카의 배척 운동을 더 명확하게 이해할 수 있다. 두 가지 문제가 드러났다. 첫째, 대륙 북부의 열대 지역의 설탕 생산자들의 요구—알려진 대로라면 해외로부터의 연기계약 노동자들에 의해 충족된 요구—를 어떻게 충족할 것인가? 둘째, 북부의 수입된 노동력이 따뜻한 남쪽으로 이주하여 백인 노동력과 일자리와 시민의 지위를 놓고 경쟁하지 않는다는 것을 어떻게 보장할 것인가?

1870년 무렵 오스트레일리아를 방문하였던 저명한 영국의 식민지 관리는 중국인의 위협을 예감하였다. 1888년 런던의 『더 타임지』에 기고한 글을 통해 조지 바든 포웰 경은 오스트레일리아가 유럽의 크기에 포르투갈 규모의 인구를 지녔다는 점에서 중국인이 골칫거리를 의미한다고 경고하였다. 미래의 번영을 위하여 그곳은 이민노동자들을 끌어들일 필요가 있었다. 하지만 그 모든 이민자들이 새로운 식민지에서 영국의 문화와 정치를 유지하려 할 것인가? 문제는 영국인 이민자들이 결코 북부의 열대기후를 견뎌 내거나 플랜테이션의 임금을 위해 일할 수 없었다는 것이었다. 그리하여 퀸즐랜드의 생산성을 위해 "일부 '흑인' 형[비非백인] 노동력이 필요하다." 하지만 중국인들은 연기계약 여부에 상관없이 전혀 고려되지 않았다. "만약 상륙이 자유롭게 허가된다면 그들은 아주 신속하게 영국 문명을 중국의 것으로 대체할 것이다." 중국인들은 열대와 온대기후 양쪽에서 효과적으로 일할 수 있을 것 같다는 것이 문제였다. 오늘 그들을 퀸즐랜드로 데려오면, 내일은 빅토리아에서 마주치게 될 것이다. 오스트레일리아의 열대 지역에는 연기계약 인도인들을 들여오는 것이 더 좋을 것이었다. "왜냐하면 힌두인들은 열대 지역을 떠나거나, 백인 노동이 가능한 온대 지역으로 일하러 가려 하지 않을 것이기 때문이다."[2)]

2) Baden-Powell (1888). 조지 경은 보이스카우트 창립자의 큰형이었다.

이런 예리한 평가는 아서 루이스의 열대와 온대 노동 생태에 대한 구분이 옳다는 것을 보여 주고 설명해 준다. 열대와 온대 지역의 이민 사이에서 노동이 구분되는 데 영향을 주는 것은 단순히 시장의 힘만은 아니었고, 적어도 오스트레일리아처럼 기후가 다양한 식민지에서는 그렇지 않았다. 사실, 거무스레한 피부는 식민지 관리들에 의해 값싼 열대 노동력과 연관되었다. 하지만 중국인들은 양쪽 기후에서 효율적으로 운용될 수 있었고, 그것은 중국 국내와 동남아시아 전역의 이주 확대와 적응을 통해 증명되었다. 그리고 자신감 있는 문화를 주도하는 강한 국가 출신의 이민자들로서 중국인들은 백인 노동자들과 경쟁할 뿐만 아니라 결국 오스트레일리아의 영국 문명을 압도할 수도 있었다. 새로운 식민지의 "백인 오스트레일리아" 정책 밑에 깔린 문화적 불안감으로 판단해 보면, 그러한 결과는 금광 열기 이후 수십 년 동안 영국계 오스트레일리아인들의 사고방식과 전혀 상관이 없지 않았다. 인구가 더 많았던 북아메리카에서 이러한 인구학적인 불안감은 사소한 주제였고, 지금도 그렇다. 사실, 남부 노예제의 종말은 노동문제를 수반하였다. 일부 중국인 계약 노동자들이 시민전쟁 이후 남부 경작자들에 의해 모집되었지만, 그들은 수적인 규모에서 결코 자유를 얻고 주요한 생산력이 된 노예들을 대체할 수 없었다. 북아메리카의 서부에서도 오스트레일리아처럼 19세기 중반까지 노동력의 공급이 부족하였다. 미국 남부의 노예제 몰락과 폐지는 중국인 연기계약 노동자를, 특히 철도 건설을 위해 도입하는 소규모 실험을 이끌었다. 그럼에도 불구하고, 대부분의 중국인 이민자들은 그들의 여행 경비를 빌렸고, 해외에서 돈을 벌어서 이자와 함께 빚을 갚을 생각이었다.

정착민 사회의 중국인 생활과 노동

동남아시아에서처럼 북아메리카로 간 중국인 이민자들은 대개 남성 체류자들이었다. 그들의 고향으로 향한 통로는 끈질기게 유지되었고, 그 통로를 통해 체류자 사회의 돈 · 교역품 · 정보 그리고 쌍방향 인신매매 등이 움직였다. 또한 동남아시아에서처럼 상인의 교두보는 중국인 이민자들에게 후원자와 중개인들을 제공하였다. 주장 강 삼각주의 더 부유한 도시로부터 온 소규모의 풋내기 상인들은 최초의 대규모 이민노동자들이 하선할 때 이미 샌프란시스코에서 사업을 하고 있었다. 이러한 무역업자들을 중핵으로 하여, 분화된 중국인 사회는 지역과 방언 조식에 기반을 갖고 신속하게 발전하였다. 그럼에도 불구하고, 상인의 리더십과 다수였던 백인들 사이의 관계는 보잘것없었다. 중국 상인들은 백인들에게 어떤 필수적인 봉사도 제공하지 않았기 때문에, 정부들은 그들을 보호할 생각이 거의 없었고 더 나아가 우호적이지도 않았다. 비록 중국인 노동력이 많은 백인 사업가들에게 중요하였을지라도, 백인 노동자계급은 중국인들을 부족한 일자리와 빈약한 임금을 놓고 싸우는 위험한 경쟁자로 여겼다.

북아메리카와 오스트랄라시아에서 사금 매장층은 빠르게 고갈되었다. 광부들은 그리하여 일자리 시장으로 내던져졌고, 채굴 경쟁은 경제적으로 대안이 될 틈새를 놓고 벌이는 경쟁을 야기하였다. 중국인들은 몇 가지 틈새 직업에서 자신들의 유능함을 증명할 수 있었는데, 처음에는 철도 부설, 다음에는 삼각주의 제방과 수로 건설, 그다음에는 농업 노동과 제조업 능의 분야였다. 각각의 틈새들에서 그들은 사업가들에 의해 믿음직하고 근면하며 저렴한 것으로 여겨졌다.

미국 서부와 캐나다로 간 이민자들은 대체로 광저우 부의 두 지역 출신이었다. 하나는 상대적으로 상업화된 광저우 시의 주변 도시들이었던 "세

현"(삼읍三邑으로 불림) 지역, 다른 하나는 더 시골이었던 "네 현"(사읍四邑으로 불림)으로 주장 강 삼각주의 서부와 남부 지역이었다. 두 지역은 광둥어가 사용되고 있었다.[3] 역설적이게도 그들은 공통으로 사용하는 언어에 의해 구분되었는데, 그 이유는 현들 사이의 경쟁이 특히 "세 현"과 "네 현" 사이에 치열하였기 때문이었다. 전자는 주로 농사를 짓고 가난하였으며, 후자는 더 상업화되었고 부유하였다. 많은 사읍 농부들은 순더와 포산처럼 상업과 제조업이 활발한 중심에서 계절적인 노동을 하였고, 일부는 마카오와 광저우의 항구에서 일하였다. 사읍 중에서 타이산(훗날의 신닝)은 결국 다른 어떤 곳보다도 북아메리카로 가장 많은 이주민들을 보냈다.[4] 다른 두 집단은 작은 소수를 형성하였는데, 객가와 샹산(훗날의 중산) 이민자들로 포르투갈 식민지 마카오의 주변 현들 출신이었다.

삼읍 출신의 뛰어난 상인들이었더라도, 신세계에서 중국인에게 사업 기회는 식민지나 군주제 정부의 후원 아래 동남아시아에서 번영하던 촘촘한 틈새들의 연결망과 비교될 수 없다. 북아메리카나 오스트랄라시아에는 수익 농장 시스템에 비견할 만한 것이 존재하지 않았고, 어떤 중국 상인들도 정치권력에 필수적인 협력자로서 부유하고 저명하지 않았다. 사실상 정착민 사회들에는 중개인과 유사한 역할을 하는 사람이 없었다. 따라서 상인 엘리트는 그들의 공동체를 제한적으로 보호할 수 있을 뿐이었다.

그럼에도 불구하고, 소규모 상인 교두보가 만들어졌다. 1849년 말 무렵 주로 상인이었던 수백 명의 중국인들이 샌프란시스코로 이주하였는데, 아마도 광저우 지역의 무역이 조약 항구들의 개항으로 방해를 받았기 때문이었을 것이다. 사업에는 전형적인 잡화점뿐만 아니라 중국산 사치품을

3) 광저우 지역의 방언과 밀접한 관련이 있는 사용자들이었다.

4) Hsu (2000), chap.2.

취급하고 중국인들과 미국 백인들에게 공급하던 상당한 규모의 회사도 포함되었다. 작은 동네가게들은 공동체 조직들을 위한 장소로써 제공되었다. 이러한 가게들 중 일부는 1848년 금광 발견 소식을 때맞춰 전달하고, 반응을 보인 수만 명의 동포들에게 서비스를 제공하기 위하여 개설되었다. 서비스에는 고향으로 보내는 편지와 금전, 임시 숙소의 제공, 광저우 채권자를 위한 부채 수금, 그리고 캘리포니아 직업 시장을 위한 중국인 노동자의 모집 등이 포함되었다. 1849년 무렵, 샌프란시스코의 중국인 사업가들은 300명의 농촌 남성들을 동원하여 동네 연합을 결성하였고, 이듬해에는 타일러 대통령의 기념행사에 중국인 대표자를 보낼 수 있었다.

1851년이 되면, 샌프란시스코 상인들은 최초의 동향 숙박업소들을 설립하였다. 하지만 그 상황은 크고 작은 숙박 조직들이 동시에 존재하면서 복잡해졌다. 대규모 업소들은 여러 현의 출신을 받아들였고, 소규모 업소들은 대체로 특정 현의 출신을 받아들였다. 후자는 전자 안에 둥지를 틀었고 유연한 구조를 형성하였는데, 관련된 문제의 크기에 따라 지역적 정체성을 다르게 이용할 수 있었다.[5)]

이러한 "대규모 숙박업소에 소규모 숙박업소가 둥지를 튼" 구조의 가장 좋은 사례가 있었다. 여섯 곳의 소규모 숙박업소가 출신 집단들 사이의 논란을 정리하고, 더 중요하게는 미국 백인 사회의 중재자이면서 전체 중국인 공동체의 대변인으로서 봉사할 목적에서 폭넓은 상부 조직을 설립하려 하였다. 이 집단은 미국인들에게 여섯 중국인회사들the Chinese Six Companies 혹은 중국어로 중화쭝후이관中華總會館으로 알려졌다.[6)] 이 상부 조직은 어떤 점에서 동남아시아 중국인들 사이의 상공회의소(20세기 초에 등장함)

5) 캘리포니아의 중국인 조직들에 대해서는 Liang (1906), Lai (1992), Ma (1983, 1988) 등을 참조.

6) Lai (1992), chap.2; Hsu (2000), 29.

와 닮았고, 방언 집단의 대표자들로 구성된 조직이기도 하였다. 상공회의소처럼 여섯 중국인회사의 역할은 상공업을 넘어 정치를 지향하였다.

미국 관리들과의 주요 중재자이면서 중국인 공동체의 실제적인 사법 당국으로서 기능하였기 때문에, 여섯 중국인회사들의 조직은 초기에 카피탄과 유사한 역할을 맡았다. 하지만 지배적인 정치권력에 의해서 부여된 지위도 아니고 특별한 경제적 독점 사업권도 없었다는 점에서는 달랐다. 그들은 중국인 공동체를 제대로 평가하여 그 지도력에 약간의 권력·특권·안전 등을 부여할 힘 있는 후원자가 부족하였다. 따라서 여섯 중국인회사들의 수장들은 식민지 세계의 "관리자들"처럼 부유하지도 권력을 지니지도 않았다. 미국에서 식민지의 후원자들에 가장 근접한 지위의 사람들은 대사업가들(철도 건설자 찰스 크로커와 같은)이었는데, 그들은 큰 이익을 보면서 중국인 노동자들을 고용하였고 1877년의 중국인 배척 청문회가 진행되는 동안 중국인들을 용감하게 방어하였다. 하지만 이러한 자본가들은 반중국인 정서의 파도를 꺾는 데 무기력하였다. 1890년대가 되면 여섯 중국인회사들의 지도력은 중국인 배척법으로부터 공동체를 보호하는 데 무기력하였고 위신을 크게 잃었다.

여섯 회사들에 의해 집단적으로 대표되던 상인 교두보는 지역 주민들과의 태생적인 연결 고리를 갖는 특징을 띠었다. 개별 이민자는 단순히 출신지, 즉 하위 방언을 공유한다는 이유로 지역 숙박업소의 회원으로 여겨졌다. 이러한 동향 의식을 통해 상인 리더십은 이민자 집단 전반에 걸쳐 영향력을 확대하려 하였다.

훗날 "차이나타운"으로 유명해진 곳은 초창기에는 주요한 주거지가 아니었다. 중국인들이 박해와 폭력 때문에 도시 중심으로 밀려들기 전에 차이나타운은 대체로 상품과 서비스의 지역 중심지였다. 계약 노동자·직물상점·중국산 농수산품 도매 등은 경제생활이 만나는 지점이었다. 사원들은 이민자들이 고향의 신들에게 건강과 성공을 기원하던 의례의 장소였다. 사교와 여가의 중심지들—식당·도박장·아편굴·사창가—은 대체로 중국 남성 고객들을 위해 봉사하는데, 그들은 고향에 부모 그리고 종종 처자식을 두고 왔다. 홍콩 회사들의 지점들이었던 가게들은 그러한 가족들에게 송금하는 대리점의 역할을 하였다.[7]

배척의 기원과 효과

1848년 금광이 발견된 지 1년 만에 풋내기들을 캘리포니아로 끌어들였고, 그들은 대부분 남성들이었다. 1860년이 되면, 그 수는 세 배 이상이 되었다.[8] 당시 캘리포니아 인구의 9퍼센트 정도였던 중국인들은 무질서한 사회와 대면하였다. 산간 오지는 사실상 거의 토지 소유권이 정해지지 않은 무법 상태였다. 거친 백인 금광 업자들과 벼락부자가 되기 위하여 경쟁하던 상황에서, 중국인들은 다른 민족 집단들의 불만과 불안을 해소하는 허약한 목표물로 보였다. 금광 지역에서 그들에 대한 폭력은 고질적이었다. 아주 초창기부터 그들은 새로운 금광 채굴지로부터 백인들이 포기한 버려진 장소로 쫓겨났다. 합법적인 청구서 이외의 청구서를 통해 그들에게 차별적인 세금을 부과하여 이민의 의욕을 꺾었다. 하지만 1882년 최초의 배척법이 통과될 때까지 중국인들은 갈수록 많이 캘리포니아로 흘러들었다.

중국인 배척의 방식은 긴 일련의 공적·사적 행동들로 나타났고, 골드

7) Ma (2000), chaps.1-2.
8) Chan (1986), 35, 48.

러시의 최초 이민자들 집단들이 도착하자마자 시작되어서 1900년대 초까지 이어졌다. 거의 60년 동안 반중국인 혐오감은 폭행 · 방화 · 살인 등 군중 폭력을 야기하였고, 법정은 그들에게 특별 규제를 결정하였으며, 법률은 그들에게 일상적인 시민의 자유(법정 진술 · 배심원 · 투표 · 토지 소유 등의 권리)를 박탈하였고, 그러한 상황에서 유무형의 수많은 학대가 그치지 않았다. 배척의 형식적인 구조는 새로운 이민자들을 막고 이미 와 있던 자들을 내쫓는 것이었고, 1943년 결국 (천천히) 사라질 때까지 지속되었다.

중국인에 대한 육체적 괴롭힘은 1854년 캘리포니아 법정이 그들로 하여금 백인에게 불리한 증언을 하는 것을 금지하는 판결을 함으로써 고무되었는데, 중국인들은 살인을 직접 목격했더라도 증언을 할 수 없었다. 인디언과 흑인들에 대한 옛 법률을 토대로 하였던 이 판결은 마침내 1863년 법령에 포함되었고 형사사건뿐만 아니라 민사사건에도 적용되었다. 캘리포니아의 중국인들에게 신체나 재산의 안전은 존재하지 않았다.

그럼에도 불구하고, 법정들은 때때로 서부 지역 입법부들의 반중국인 열정을 방해하였다. 1857년, 캘리포니아 대법원은 외국무역의 규정이 특정 주가 아니라 전국적 특혜라는 점을 근거로 중국인 이민자를 수송하던 선박 회사들에 대한 특별세를 폐지하였다. 연방 지방법원(북캘리포니아)은 중국인 증언을 금지하지 않았다. 중국인에 대한 차별적인 세금의 강제는 어느 정도 주 법원에서 금지되었지만, 중국인이 법정에서 백인에게 불리한 증언을 할 수 없게 한 법률은 어떠한 저항에도 불구하고 유지되었고, 심지어 미국 연방헌법 수정 제14조와 그 속의 "동등한 보호"라는 구절이 1868년에 발효된 뒤에도 그랬다. 중국인의 법정 증언권은 1872년이 되어서야 획득되었는데, 그해 캘리포니아 입법부는 1870년의 연방 시민권리법에 의거하여 옛 금지를 폐지하였다. 중국인들의 입항을 막으려는 주 정부의 노력들이 저지된 뒤(가장 유명한 것은 매춘부가 된 것으로 여겨지는 모든 여성 이민자에게 500달러의 보석금을 요구한 1870년 법령을 뒤집은 판결임), 이민은 연방 정부의 규정에 의해 결정된다는 것이 분명해졌다. 만약 중국인 이민이 제한되거나 중지되었다면, 그것은 주 정부의 규정에 의한 것일 리가 없었다. 그리고 마찬가지로 서부 주들의 반중국인 운동은 워싱턴에 의지하였고, 그곳에서 결국 호의적인 반응을 발견하였다.[9)]

연방 정부의 배척 규정에 결정적인 압박을 가한 것은 백인 노동자의 고조되고 있던 투쟁력, 캘리포니아 주 정책에 대한 영향력, 그리고 전국적인 파급력 등이었다. 1860년대의 반중국인 소요는 이미 도시 작업장, 주로 경공업(담배와 신발 제조)과 반숙련 직업을 가진 중국인에 대해 반대하고 있었다. 그들은 하층 백인 노동자들과 직접적으로 경쟁하였고, 직업을 차지하려는 경쟁은 황금을 차지하려는 경쟁보다도 훨씬 더 백인 적대감의 강력한 동력이 되었다. 중국산 제품의 불매는 적어도 1859년에 이미 시작되었는데, 샌프란시스코의 구마다 조직되어서 합법의 경계에 서는 방식으로 중국인들과 싸웠던 "반쿨리 클럽"이 선호하던 수단이 되었으며, 그 운동은 중국인에 대한 집단 공격과 중국인 점원이 있는 상점에 대한 방화로 확산되었다. 백인 사업가들도 고용주 아래에서 장사를 배워 그들의 기술을 가져다가 자신들에게 경쟁이 되는 시설들을 개설하는 중국인들에 대해 두려움을 느꼈다. 이미 하루 8시간 노동을 쟁취하기 위하여 싸우고 있던 노동조합들은 당연히 중국인 노동자들에 의해 위협을 느꼈다.[10)]

정치인들은 이러한 경제적 경쟁과 인종적 적대감이라는 수프를 게걸스럽게 먹어 치웠나. 1867년 캘리포니아 선거들에서 공화당원들은 반중국인 운동의 리더십을 놓고 민주당원들과 겨루었다. 인종차별과 노예제의 연계

9) McClain (1994), chaps.1-2.

10) Saxon (1975), chap.4.

에 민감하였고 패배한 남부 동맹으로부터 거리를 두려 하였던 민주당원들은 중국인을 목표물로 삼는 것이 백인 노동자들의 공포감에 호소하는 안전한 방법이고, 그 과정에서 남부의 노예들을 보호하였던 역사로부터 민주당을 자유롭게 할 것이라고 판단하였다. 재건 중이던 남부에서 흑인의 참정권처럼 중국인의 참정권도 지지한다는 비웃음 때문에 곤란하였던 공화당원들은 그들의 반중국인 입장을 증명하기 위하여 싸웠지만 효과가 없었고, 그들의 주지사 후보(출판인이면서 철도 로비스트)가 중국인 문제를 두고 결정을 내리지 못하였다. 1867년 민주당원들의 압도적인 승리는 7년에 걸친 공화당의 주 정부 장악을 종결시켰다. 그들의 승리는 대체로 공화당원에게 책임을 돌렸던, 중국인의 "위협"을 기반으로 하였다.[11]

주의 규정을 통해 중국인을 배척하려는 노력이 법원에 의해 방해받자, 캘리포니아 활동가들은 워싱턴에 도움을 구하였다. 1870년대 최고조로 달아오른 정치적 분위기는 그들의 일을 더 쉽게 만들었다. 1869년 센트럴퍼시픽 철도의 완공과 함께 약 1만 명의 중국인들이 실직하였고, 대부분은 샌프란시스코에 모여서 제조업 일자리를 찾았다.

그 무렵 전국적인 경제 불황으로 더 힘든 시기가 찾아왔고, 자본과 노동자 사이의 전투는 격렬해졌다. 전형적인 대립 상황에서 사업가들은 가능한 낮은 임금을 운용하여 인건비를 낮춰야 했고, 노동 구매자들의 시장을 통해 더 값싼 노동 자원이 마련될 수 있다면 이러한 목표를 이룰 수 있을 것으로 보였다. 캘리포니아에서 실업률은 20퍼센트까지 올라서 중국인 노동자들이 찾은 모든 틈새들은 백인 노동자들에게 치명적인 위협으로 비쳤다. 중국인들은 최저 생계 수준으로 살고 백인 남성 누구에게도 너무 낮아 보이는 임금을 받고도 일을 할 수 있다고 여겨졌다. 그 결과 광범위한 운

11) Maltz (1994), 225; Saxton (1975), chap.4.

동이 진행되었다. 운동은 캘리포니아에서 시작되어 1870년대 말이 되면 전국적으로 확대되었고, 목표는 중국인을 노동시장으로부터 완전히 몰아내는 것이었다. 경제적 틈새들을 놓고 벌인 투쟁들은, 광산이든 공장이든, 농업이든 어업이든, 통치 권력자들이 세금 청부인 · 교역 중개인 · 임금노농자 등으로 중국인을 필요로 하였던 동남아시아의 중국인 이민 형태와 뚜렷하게 대비되었다. 그러한 틈새들이 정착민 사회들에서는 존재하지 않았다.

의회를 향한 반중국인 호소는 1876년 4월에 캘리포니아 상원의 한 위원회가 개최한 청문회와 함께 시작되었다. 해당 위원회의 책임 아래 의문이 제기되었고, "주의 중국인 숫자와 그들의 존재가 주의 사회 · 정치적 상황에 끼치는 영향" 그리고 "그러한 이민이 중단되지 않을 경우" 전국에 미칠 영향에 대하여 조사하였다. 위원회의 "조사 결과"(연방의회로 보낸 "의견서"에 요약됨)는 이렇게 추정하였다. 미합중국의 중국인들이 "[중국의] 주민들 중 쓰레기들"이었고 상당한 "범죄 요소"를 안고 있는데, 어느 정도인가는 중국인들이 위증을 하고 다른 방법으로 법을 어기는 성향 때문에 결코 드러날 수 없었다. 범죄자가 아니었던 남성들은 계약 노예들이었다. 실제적인 연기 계약의 존재 여부에 상관없이 중국인들은 원래 전통적으로 "노예들"이었고, "그들에게 노예노동은 자연스럽고 피할 수 없는 운명이었다." 그처럼 비천한 자들에게 대항하여 백인 노동자들은 사실상의 노예가 되는 희생을 통해서만 경쟁할 수 있었다. 과거 아프리카 노예들보다 더 끔찍한 예속 상태에서 "극도로 천시당한 계급"의 남성들은 쓰임 없었다. 중국인에 대한 전형적인 고정관념은 이랬다. 그들은 그들이 번 모든 것을 배에 싣고 중국으로 돌아갔고, 그들의 다고닌 성격 때문에 미국인의 방식에 결코 동화될 수 없었고, 중국의 엄청난 인구는 이 나라에 몰려들어서 "자유인"이 그들의 숫자에 의해 먹힐 것이다. 오스트리아에 찬사를 보냈는데, 그곳에서 식민지 정부는 그 무렵 법률, 그리고 "몇 가지 사례에서는 강제로" 중국인을 배척하려 하였다. 위원회의 의견서는 의회에 법률을 제정하고 조약을 폐지하여 중국인의 물결을 차단하면, 국내의 중국인들도 실망하여 귀국할 것이라고 간청하였다.[12)]

서부에 있던 주 출신의 의원들은 자신들의 입장을 역설하였고, 이어서 10월에는 미합중국 상원의 "연합 특별위원회"가 샌프란시스코에서 열렸다. 증인들은 중국인 문제에 대한 모든 측면을 진술하였는데, 그들은 배척운동의 후원자들 · 시민 대표들 · 성직자들 · 지역 정치인들 그리고 농지와 철도 개발자들이었다. 한 "과학적" 증언은 인류 유형의 위계질서에서 "몽골 인종"의 열등한 지위에 대한 것이었다. 시민 의식을 지닌 어떤 수간호사는 중국인들이 어린 "소년과 소녀들"로부터 괜찮은 일자리의 기회를 빼앗고 있다고 주장하였다. 선교사 · 선장 · 노련한 중국통들은 중국과 그 사람들의 자질에 대한 의견을 내놓았다.

반중국인 진술은 세 가지 주제에 집중되었다. 1) 백인 노동계급 사이의 지위 불안감. 2) 중국인들은 명목뿐만 아니라 사실상 노예라는 추정. 3) 산업화 시대 초기의 노동 · 자본 갈등.

지위 불안감

많은 증인들이 백인 노동자들은 중국인과 함께 일하기를 꺼린다고 증언하였다. 노동하는 남자는 "중국 남자와 사회적 지위가 같지 않다."고 느끼고, "그가 그런 부류의 사람들과 연계되면 품위가 떨어진다."고 여겼기 때문에 "중국 남자 옆에서 일하기를 싫어한다." 하인으로 일하기 위해 집을 나선 백인 아이들은 "난 중국 남자가 있거나 함께 일하는 집에는 결코

12) California Legislature (1878), 57-66.

가지 않을 거야"라고 말한다.[13] 수십 년 전, 동부 주들에서 유사한 말이 아일랜드 이민자들을 향했던 적이 있었다. 어떤 백인 이민자 집단도 아일랜드인들처럼 심하게 대우받지는 않았다. 그들은 이국적인 행실과 가톨릭 때문에 멸시와 학대를 당하였고, 미국의 문화에 동화할 수 없는 것으로 여겨졌으며, 마침내 일자리를 얻을 정도로 충분히 운이 좋은 상황이라는 것도 겨우 가장 하찮은 일에 만족하는 정도였다. "아일랜드인 응모 사절"은 남북전쟁 이전 수십 년 동안 일자리 전단지의 공통적인 꼬리표였다.

미국 동부의 주들에서 아일랜드 이민자들은 자신들이 해방되거나 남부로부터 도망쳐 온 흑인들과 함께 사회적 사다리의 제일 밑 칸을 공유하고 있다는 사실을 알게 되었다. 하지만 그들의 반응은 그들과 같은 고통을 당하는 사람들과 협력하는 것이 아니라, 부족한 일자리를 놓고 다투는 경쟁자로서 그들을 공격하였다. 하지만 일자리 이외에 사회적 지위라는 뼈아픈 문제가 있었다. 1842년 필라델피아에서 흑인들에 대한 살인 폭동 후 아일랜드 남성 노동자는 이렇게 말하였다. "난 이 나라에 16년 동안 살았는데, 지긋지긋한 검둥이들만 아니라면 나는 충분히 일을 구할 수 있었어." 그러나 마음을 괴롭게 한 것은 실직만이 아니었다. "검둥이들"은 그들에게 맞는 일을 얻었고, 그에 따르면, "그들은 백인들 속에서 살 일이 없다." 1860년대 어떤 필라델피아인은 다음 상황을 목격하였다. "아일랜드인은 검둥이를 싫어하는데, 그들이 일을 놓고 경쟁하기 때문만이 아니라 그들이 사회적 지위가 비슷하였기 때문이다. 따라서 아일랜드인은 남부의 노예제에 우호적이고, 같은 이유로 백인 노동자계급은 그것을 지지하였다. 즉 그들 아래 다른 계급의 존재가 자존심을 만족하게 한 것이다."[14] 그래

13) United States Congress (1877), 3: 264, 246.

14) Ignatiev (1995), 137.

서 흑인들을 비난함으로써 아일랜드 이민자들은 천대받는 하층계급으로부터 백인 계급의 일원이라는 심리적 변화가 가능하게 되었다. 캘리포니아의 아일랜드인들 사이에서 이처럼 잘 이해할 수 있지만 비극적이었던 인종적 낙인이 이제 중국인을 향하였다.

"노예"라는 믿음의 기원들

비록 대부분의 반쿨리 운동 참가자들은 아일랜드인이었을지라도, 반중국인의 외침은 모든 백인 집단 사이에서 들을 수 있었다. 그리고 지위에 대한 불안감은 분명히 그런 적대감의 유일한 심리적 근원이 아니었다. 또 다른 근원은 노예에 대한 적대감과 두려움이었다. 배척 운동 이전 시기에 중국인 이민자들의 지위는 약간 혼란스런 사안이었다. 왜냐하면 "쿨리"와 "노예" 같은 표현은 중국인 배척이 왜 합리적이고 필수적이며 심지어 긴급한 정책인가를 보여 주는 데 이용되곤 하였기 때문이다. 캘리포니아 입법부에서 "노예" 문제는 일찍이 1852년에 제기되었는데, 중국인 이민자들은 예외 없이 고용주의 노예라고 선언되었다. 그들을 들어오지 못하게 할 어떤 수단이 발견되지 않는다면, 노예화된 "쿨리들"은 곧 미합중국을 뒤덮을 것이다.[15] 반중국인에 열광하던 사람들은 어떤 형태든 채무를 진 노동자를 노예로 보았다. 하지만 채무와는 별개로 유색인종과 부자유스런 노동의 연계, 아프리카 노예의 긴 역사에 의해 만들어지고 유지되었던 연계는 캘리포니아의 중국인에게 투영된 노예 이미지를 선명하게 만들었다.[16]

중국인 이주민들에 대한 미국인들의 의심은 누가 그들의 여행에 돈을

15) Coolidge (1909), 31.
16) Bush (1993), 1412; Galenson (1984).

대 주고 미합중국에서 그들의 노동을 통제하느냐는 것이었다. 이주 초창기 이래, 연기계약 노동자들은 노예나 다름없는 상태로 중국으로부터 카리브 해와 페루로 보내지고 있었던 것으로 알려졌다. 캘리포니아는 1850년의 타협안에 의해 (노예가 용인되지 않는) 자유로운 주로서 미연방에 병합되었다. 그럼에도 불구하고, 대부분의 "노예제 확대를 반대하는" 지지자들의 편에서 캘리포니아인들은 분명히 노예제 반대의 감정과 흑인에 대한 인종적 적대감을 전혀 서로 모순된다고 여기지 않았다. 마치 노예제의 악폐가 바로 그것의 희생자들을 오염시켰던 것 같고, 그것은 중국인들과 함께 나타났는데, 당시 중국인들은 노예 같은 지위의 이미지와 결합하고 있었다.[17)]

어떻게 그런 지위가 중국인들과 결합하였을까? 해답은 연기계약 노동에 대한 이해가 바뀌고 있었다는 데 있다. 중국인 이수에 대한 "진실"이라는 것들 중 하나는 노예화와는 전혀 상관이 없는 과정을 통해 나타났다는 것과, 그들이 그들의 주인에게 완전히 예속되어 있다는 것이었다. 그들을 배척하는 핑계에는 그런 말들로 가득하였고, 그 말들은 고국을 떠나온 중국인들이 대부분 강요에 의해 그렇게 하였으며, 결코 자유로운 사람들이 아니었다는 것을 암시하였다. 자유롭지 않았다면, 그들은 노예로 살았음에 틀림이 없었다.

사실, 연기 계약은 식민지 아메리카의 초창기에 일반적이었다. 당시 연기 계약을 통해 대다수 영국인의 이주비가 충당되었는데, 왜냐하면 대양 운송의 비용이 대부분 이민자들의 재산보다 많이 들었기 때문이었다. 이민자들은 그들의 뱃삯을 대신하여 정해진 햇수 동안 "주인"을 위해 일을 하기로 되어 있었다. 연기 계약을 맺은 "하인들"(사실상 개별 농장주들에게

17) Saxton (1975), 36.

임대된 육체노동자들)은 17세기 버지니아 회사의 부속물이었고, 아프리카 노예들로 대체되기 시작하고 나서야 연기계약 제도가 남부 식민지들에서 사라졌다.

그 배경에는 대영제국에서 예속 노동이 쇠퇴하였고, 동시에 영국인 이민자들이 세운 사회에서도 쇠퇴하였다는 사실이 존재하였다. 근대 초기 대영제국에서 노동자는, 비록 고용인과 피고용인의 강제적인 관계에 놓여 있었지만, 형식적으로 "자유로운" 상태였다. 따라서 자유와 부자유 사이의 구별은 훗날처럼 그렇게 분명하지 않았다. 17 · 18세기 대부분의 시간 동안 연기 계약은 어느 정도 부자유가 기꺼이 받아들여졌던 아메리카의 식민지들로 이주하는 데 비용을 마련하는 일반적인 방법이었다. 그럼에도 불구하고, 아프리카 노예들은 연기계약 노동자들을 보완하기 시작하였고 나중에는 그들을 대체하게 되면서, 자유-부자유의 구별은 차츰 인종과 결합하였다. 그와 동시에, 미국 이민에 비용을 마련하는 방법으로서 연기 계약은 덜 중요해지게 되었는데, 대서양횡단 여객 요금이 유럽의 1인당 재산에 비해 낮아지고 있었기 때문이었다. 한편, (백인들을 위한) 자유노동의 이념이 식민지의 주민 사이에서 확산하였고, 채무에 의한 형벌이 더 이상 식민지의 법률에서 받아들여질 수 없었다.[18] 노예제 반대 운동은 대영제국과 미합중국에서 일어나고 있던 인종차별에 대한 도덕적 우려를 보여주는 증거였다. 1830년대까지 노예제 반대는 영국의 식민지에서 승리하였고, 그로부터 30년 뒤에는 미합중국에서 승리하였다. 1867년, 오랫동안 백인들에게만 적용되어 왔던 예속 철폐가 "노역 반대법"을 통해 흑인들에게도 적용되었고, 강제 노동을 완전히 금지하는 제13차 수정헌법을 제정하였다.

18) Galenson (1984); Bush (1993), 1412.

계약 노동이 신생 주들에 도입되는 계획을 막기 위해, 캘리포니아 의회는 1852년에 이미 주의 법정들에서 중국인 연기계약을 강제하려는 제안을 거부하였다. 연기 계약의 노예와 같은 조건은 노동자를 특정 고용인에게 일정한 햇수 동안 묶어 놓는 것으로, "자유로운 주들"에서는 받아들여질 수도 강제될 수도 없었고, 곧이어 미합중국 어디에서도 받아들여지지 않았다. 하지만 카리브 해와 페루 같은 다른 이주 지역들에서 "쿨리 무역"은 제4장에서 언급하였듯이 노예 같은 상태로 중국인들을 데려왔다. 그곳들은 국가권력이 그런 계약을 강제하는 데 이용되었던 사회였고, 그것은 마치 국가권력이 미합중국 남부에서 아프리카 노예제를 강제하였던 것과 같은 상황이었다.

그렇다면, 미합중국에서 중국인들의 지위는 실제로 어땠을까? 자료를 보면 대부분은 그들의 뱃삯을 빚지고 있었지만 책임을 지는 한 개인적으로 자유로웠다는 점, 그리고 이러한 채무 형태의 메커니즘은 "신용 티켓" 시스템이었다는 점을 보여 준다. 태평양 횡단의 비용은 절대다수 이주 희망자들의 당시 재산보다 많았다. 그럼에도 불구하고, 이자 대출은 도시든 농촌이든 중국인들에게 대단히 익숙하였다. 이주의 경우, 미래의 노동을 예상하여 돈을 빌리는 것은 채권자에게 받아들일 수 있는 위험이었고, 채무자에게도 받아들일 수 있는 부담이었다. 그것은 양쪽에게 돈을 벌 수 있는 전망이 있었고, 이주민의 새로운 일자리에서 얻을 수 있는 높은 임금에 기대 가치가 추가되었다. 조달되는 자금은 보내는 쪽에서 나올 수도, 받는 쪽에서 나올 수도 있었다. 즉, 샌프란시스코의 중국 상인들이나 노동지 모집원들은 홍콩의 중개인을 통해 자금을 공급하려 하거나, 홍콩에서 발생한 빚은 샌프란시스코의 중국 상인에 의해 수금되었다. 이주민들은 여행 경비에 이자를 더한 빚을 진 채 도착하였지만, 반드시 일정한 기간이나 특정 고용인에게 묶여 있을 필요는 없었다. 그가 고용인을 바꾸는 개인적인 자유는 (순수한 연기계약일 경우처럼) 제약을 받지 않았고, 채권자에게 채무와 이자 이외의 것에 대한 의무도 없었다.

철도 회사들(어떤 계획의 규모와 지속성을 평가해야 하였음)은 다양한 신용 티켓을 고안해 냈다. 예를 들어, 북아메리카나 오스트레일리아의 도급업자는 홍콩의 중개인에게 일정한 임금을 받고 5년이나 10년 동안 일할 남성들을 찾아 줄 것을 요청하고, 그들의 뱃삯은 빚이 변제될 때까지 임금에서 공제될 것이라고 하였을 것이다. 노동자들은 집단으로 조직되었고, 우두머리가 그 집단의 간부(성격상 工頭나 客頭)로 있었다. 노동자의 고용주에 대한 속박을 국가가 강제하는 일은 없었다. 어떤 노동자가 도주하였을 경우 단지 미지급된 임금을 잃을 뿐이었다. 동남아시아 · 남아메리카 · 카리브 해 등과 대조적으로, 북아메리카와 오스트레일리아 어느 곳에서도 국가가 도주한 채무자를 벌하지 않았다. 신용 티켓은 진정한 연기계약 시스템에 한 발짝이 미치지 않는 것이었다.[19)]

신용 티켓은 거의 문서 계약의 형태로 만들어지지 않았는데, 아마도 그 때문에 해당 계약서들이 거의 발견되지 않는 것 같다.[20)] 신체 신용 티켓은 그 자체가 대체로 계약서를 대체하는 것으로 기능하였다.[21)] 티켓은 이주민들에게 승선 자격을 주었고, 목적지에서 만나는 중개인에게 채권자의 신원을 알려 주었다. 더 나아가, 티켓에는 이주민의 이름과 출신지가 명기

---

19) 신용 티켓의 자금 조달의 형태는 다양하였지만, 신뢰할 수 있는 자료를 보면 그것은 노예 같은 연기 계약의 형태는 아니었다. 다음을 참조. Sandmeyer (1991), 27-29; Campbell (1923), 29-33; Tsai (1986), 16-17; Cloud and Galenson (1987); Li (1998), 20-23.

20) Wang (1978), 321. 이민자와 상하이에 사무실이 있던 이민 중개인 사이의 "합의 메모"를 번역한 것이 있는데, 이것은 샌프란시스코 웰스파고 은행의 기록 문서에서 발견되었다.

21) Wang (1978)은 홍콩에서 온 신용 티켓의 형태들을 보여 준다.

되어서 해당인(과 그의 빚)이 목적지 항구에 설치된 고향 회관으로 넘겨질 수 있었다.[22] 하지만 연기 계약을 강제하는 사법 시스템이 부족한 상태에서, 어떻게 이주 노동자에게 그의 고용주와 함께 머무르거나 그의 빚을 갚으라고 강제하였겠는가?

몇 가지 요소들이 채권자에게 그의 투자금은 이익과 함께 회수될 것이라는 확신을 주었다. 하나는 이주민의 고향에 있는 친족들의 보증이었는데, 그것은 주로 토지를 담보로 하였다. 다른 하나는 현지 감독과 빚 수금인으로서 우두머리工頭를 이주민들과 함께 보내는 관행(캘리포니아의 철도 건설단뿐만 아니라 오스트레일리아, 동남아시아에서도 발견됨)이었다. 그렇지만 다른 냉정한 관행도 있었는데, 어떤 선수가 이주민을 중국으로 데려가려고 할 경우에 해당인이 머무른 회관은 부채 전표를 선주에게 지급해야만 하였다. 그러한 감독망에 걸려 있던 채무자들과 함께 이자가 포함된 뱃삯의 변제도 대체로 관련자들을 만족하게 했던 것 같다. 이러한 측면에서 "노예제"라는 오명은 잘못 판단한 것이었다.[23]

하지만 그런 오명은 백인이 아닌 인종들에 대한 미국인의 일반적인 태도와 결합하였고, 그 기원은 19세기 초까지 거슬러 올라간다. 그 무렵, 노예든 자유인이든, 흑인에 대한 일반적인 적대감은 당시 오하이오 · 인디아나 · 일리노이 등 남부의 노예주들과 맞닿아 있었고 "북서부"로 불리던 변방으로 확산하였다. "흑인법"은 노예든 자유인이든 아프리카인을 배제하였고 이미 통치 아래 있던 사람들에게 투표권 · 법정 진술권 혹은 백인과의 혼인권(이 모든 제한들이 나중에 중국인들을 옥죄었다) 등을 부정하였는데, 새로 사람들이 정착한 모든 주들에서 통과되었고 1802년 오하이오가 첫

22) Wang (1978), 93-95.

23) Cloud and Galenson (1978); Sinn (2004)에서 확인할 수 있다.

번째였다. 대다수 백인 정착민들에게 노예제 혐오감은 분명히 **흑인이라는 이유로** 흑인에게 갖는 두려움과 적대감보다 덜하였다. 일리노이 주의 어떤 상원 의원은 노예제가 아니라 인종이 쟁점이라면서 이렇게 설명하였다. "그들이 설사 하인으로서 우리들 사이에 거주하더라도 …… 도덕적 정치적 해악을 낳는다. …… 그들과 우리들 사이의 자연적인 차이는 그들이 우리 정부의 정치적 사안들에 우리와 함께 참여하는 것을 용인해야 한다는 생각을 가로막는다."[24] 그리고 1850년 오하이오 논쟁에서 한 자유 토지당원이 미합중국은 "하늘의 하느님에 의해 앵글로색슨족과 그들만이 거주하고 통치하는 곳으로 설계되었다."고 주장하였다.[25] 그 시대의 표현 방식은 독선의 기운을 자유로운 백인 시민들의 관점, 즉 비루하고 동화할 수 없는 방식을 가진 외부 인종들에 의해 더럽혀지지 않은 사회를 세우려는 관점으로 바꾸었다. 아프리카 노예의 확산에 대한 반대는 펜실베이니아 하원 의원 데이비드 윌모트에 의해 나타났다. 그는 1846년 그 유명한 "윌모트 단서"를 도입하여 멕시코로부터 얻어 낸 지역들에서만 노예제를 금지하려 하였다. 그는 자신이 노예들에 대한 어떤 동정심 때문에 노예제를 반대한다기보다 서부에 백인만의 사회를 보장하려 한다고 상원을 설득하였다. "나는 백인 자유민의 대의명분과 권리들을 옹호한다. [그리고] 나는 자유로운 백인 노동자들을 위해 공정한 나라, 부유한 유산을 지킬 것이다. 그곳에서 나와 같은 피부색을 가진 인종의 노동자들은, 검둥이 노예들과 함께 들어와서 자유노동을 수치스럽게 만든 것과 같은 일 없이 살 수 있다."[26]

캘리포니아의 백인 이주민들은 많은 사람들이 옮겨 간 중서부 주들로

24) Berwanger (1967), 31. 다음에서 인용. *Senate Journal* (1828~1829), 182.

25) Berwanger (1967), 39. 다음에서 인용. *Ohio Debate* (1850~1851), 1:679.

26) Berwanger (1967), 125-266; Saxon (1975), 19-20.

부터 인종을 의식한 노예 사용 반대 정신을 가져왔다. 중서부의 흑인 배제 규정들에서 사실상 동일한 용어로 표현되었던, 중국인을 배제하는 제안들은 중서부의 "흑인법"을 마음에 두면서 백인들만의 미래에 대한 전망을 품고 있었던 캘리포니아인들에 의해 사용되었다.[27] 따라서 아프리카인들과 노예제를 향한 적대감은 새로운 비非백인 이주민들에 대한 캘리포니아인들의 두려움과 증오심을 부채질하였다. 그리하여 중국인 이민자들은 오래 지속되고 있던 아프리카 노예제라는 사회적 짐의 일부를 짊어졌다.

"링컨당"도 자유로워진 노예들을 위해 시민과 사회적 평등을 고취하지 않는 것은 마찬가지였다. 전쟁 이전 링컨당의 성명은 노예제의 비확산에 집중되었고, 시민의 평등과 관련 없는 언어에 집착하지 않았나. 공화주의 정치인들은 해방된 흑인들을 위해 평등을 옹호하는 것이 정치적 자살행위라는 것, 그리고 자유노동의 이상들은 명백히 서부를 발전시키기 위한 백인들만의 공식으로서 제기되어야 한다는 것을 알았다. 의심할 여지없이, 민주당원과 공화당원들은 반중국인 표를 위하여 지칠 줄 모르고 경쟁하였다. 1867년 선거운동에서 양당은 중국인들을 무자비하게 공격하였다. "법률에 의해 제한되어야 할 악마"(공화당원); "[우리는] 이 공평한 땅에서 아시아의 인종과 사는 것을, 열등한 인종과 나라의 정부를 공유하는 것을, …… 반대한다."(민주당원) 민주당원들은 (공화당원이 주시하는 가운데 발생한) 중국인의 캘리포니아 이민과 함께 남부 재건의 "검둥이 득세"를 반대론자들의 사악함을 보여 주는 사례로서 지적하였다.[28]

금을 캐던 중국인들에 대한 최초의 폭력은 인종적 우월감과, 노동자들이 자본과의 투쟁에서 질 수도 있다는 두려움이 서로 연결되었다는 것을

27) Saxton (1975), 19; Berwanger (1967), chap.3.

28) Saxton (1975), 89, 91.

보여 주었다.

노동, 자본, 그리고 중국인

금광은 계급, 인종, 이념 등의 광범위한 쟁점들이 점화되고 녹여지는 도가니였다. 1855년 무렵, 한 광부 협회는 만약 중국인들이 "광산으로부터 배제된다면 우리 자신의 노동계급은 오랜 시간 동안 자본가들보다 더 유리하게 될 것이다."고 주장하였다.[29] 숙련되었든 그렇지 않았든 백인 노동자(특히 이민자의 경우)는 산업자본이 그를 무자비하게 노예 상태로 짓이길 것이라는 두려움을 가질 만하였다. 왜냐하면 자본은 가장 싸게 사용할 수 있는 노동력에 도움을 받으려 하기 때문에 중국인은 (중부와 중서부의 자유민이 된 흑인들처럼) 자유로운 백인 노동자들이 거의 감당할 수 없는 강력한 경쟁자처럼 보였다. 인종은 계급에 굳게 묶여 있었기 때문에 "노예" 딱지는 신속하게 중국인들에게 붙여졌고, 그들의 낮은 기대 임금, 근검, 이국적 방식, 그리고 피부색 등은 속박하는 데 눈에 띄는 조건들이었다.

1870년대와 1880년대 반중국인 운동이 최고점에 있었던 시기는 산업화한 동부와 중서부 도시들에서 경제 침체, 노동의 조직화, 대자본 고용주들에 대한 파업의 물결이 있었던 때였다. 당시 중국인에 대한 적대감은, 특히 철로 인근에서 고용주들이 전반적으로 무자비해진 것과 관련이 있었다. 캘리포니아에서 "중국인 문제"는 실업, 임금 하락, 파업 파괴, 그리고 노동자계급의 고충과 결합하면서, 쿨리 반대 운동을 존경스럽게, 사실상 영웅적으로, 보이게 하였다. 국가와 연방 정부의 배척 청문회에서 나온 증언은 종말론적인 시나리오를 보여 주었는데, 자본을 가진 통치자들이 비백인 노예들의 지지를 바탕으로 최고의 지위에서 지배하려 한다는 것이었

29) Sandmeyer (1991), 42.

다. 중국인 이민의 효과는 궁극적으로 영국령 인도에서처럼 "아주 부유한 사람들과 아주 가난한 사람들로 구성된 공동체"가 될 것이라고 하였다. 당시 인도에서 "살고 있는 극소수의 백인들은 가마를 타고 수십 명의 하인들에게 시중을 받았지만, 모든 일은 하층계급에 의해 이뤄졌다."[30)]

"쿨리 반대 운동"은 일자리 경쟁이 치열했던 당시 캘리포니아 노동운동의 중심이었다. 많은 중국인들은 백인 노동자들이 원하지 않던 일들(특히 시에라네바다 산맥을 넘어 철도를 건설하는 힘들고 위험한 노동과, 새크라멘토 삼각주에서 모기가 창궐하는 늪을 메우고 제방을 쌓는 노역)에 고용되었다는 사실과는 상관이 없었다. 직업이 없는 백인 노동자에게 중국인들이 어디에서 일하고 있는지는 분명하였다. 제조업의 경우, 중국인은 여러 분야 가운데 담배와 의복 산업에서 두각을 드러냈다. 특히 그들은 국가 경제에서 경쟁하던 회사들에서 모습을 나타냈다. 그 회사들은 거대한 동부의 회사들과 경쟁에 유달리 취약했기에 인건비에 크게 민감하였다. 그들은 농장 노동과 어업에서도 활약하였다. 넓은 토지를 가진 백인 소유주로부터 경작지를 임대한 사람으로서, 그들은 친족 연결고리를 통해 자신의 방언 집단 출신의 노동자들을 고용하였다. 대략 1920년까지 수천 명의 중국인들이 농촌에 정착하여 캘리포니아의 거대한 과일과 채소 농장에서 일하였다.[31)]

임금 경쟁과 중국노동자 도입 관행에 직면하여, 백인 노동자들은 위협을 느꼈다. 지역에 중국인들을 과도하게 공급해서 임금을 낮추려는 것이 자본가들의 계획이라는 불길한 주장들이 또 다른 문제였다. 그런 두려움들은 외국인 혐오, 그리고 앞서 논의되었던 "노예제"에 대한 강박관념에

30) United States Congress (1877), 3: 287.

31) Saxton (1975), chap.1; Chan (1986), chap.9.

의해 증폭되었다. 1880년대 무렵, 노동자들의 내부 정치는 공통된 적의 존재를 요구하였다. 즉, 숙련된 직업 종사자들은 한편으로 비숙련 백인 노동자들이 중국인(그리고 훗날의 일본인) 이민자들에게 갖는 적대감에 초점을 맞춤으로써 조합 운동에 대한 지배력을 유지하려고 했다.[32] 그리하여 많은 엔진들이 반중국인이라는 대형 버스를 움직이고 있었고, 그 모든 것들이 인종적 혐오감, 즉 힘없는 집단을 희생양으로 삼아서 지위 불안과 경제적 두려움에 초점을 맞추는 동족 중심주의라는 연료를 공급받았다.

그러한 동족 중심주의는 주요 정당들에 의해 철저하게 이용되었고 1880년대에 전국으로 확산하였으며, 곧이어 연방 법률에서 나타났다. 중국인 노동자 배척은 장기간 연방과 주의 법률에서 연속적으로 나타났는데, 1882년에 중국인 육체노동자(상인, 외교관, 그리고 학생은 제외됨)의 이민을 10년 동안 금지하는 법안이 최초였다. 연이은 확대와 수정을 거친 뒤, 금지법은 1902년 중국인 노동자를 영구적으로 배척하는 법률에 의해 확정되었다. 이처럼 특정 민족에 대한 전례 없는 행동은 60년 동안이나 지속하였다. 비록 최초의 배척법은 중국으로 일시 귀국했던 사람들이 증명서를 가지고 미합중국으로 재입국하는 것을 허가하였지만, 1888년의 더 강화된 의회 법률(스코트법)은 그러한 특권을 폐지하였다. 중국으로 가는 귀국 방문은 그렇게 해서 편도 여행이 되었다. 이러한 체류의 주춧돌이 제거되고 대부분이 고향으로 영구 귀국함에 따라, 미합중국의 중국인 수는 실제로 줄어들기 시작하였다. 최고점이었던 1883년에 13만 6,000명이었는데, 1900년이 되면 중국인 수는 약 9만 명으로 줄어들었다. 시간이 지나면서 귀국과 사망으로 그들의 공동체는 지속적으로 작아졌다.[33]

32) Saxton (1975), 265.

33) Chan (1986), 46; Coolidge (1877), 498-501.

배척의 사회적 충격

중국인 이민자들에게 박해는 직업과 거주에 영향을 주었다. 1890년대까지 대부분의 제조업 일자리에서 쫓겨났고, 어장 · 광산 · 벌목장 · 공사장 등으로부터 위협과 시달림을 당하였고, 때로는 백인 군중에 의해 잔인하게 공격을 받아서, 서부의 주들에 있던 많은 중국인들이 도시의 차이나타운들에서 피난처를 찾았다. 비록 완벽하게 안전한 피난처는 아니었을지라도, (특히 당시까지는 가장 컸던 샌프란시스코의) 차이나타운은 다수에 의한 안전과 경제적 틈새 일자리를 제공하였고 백인 노동자와 경쟁할 필요가 없었다. 배척의 시기가 1880년대에 지속되자, 농업과 광산에서 직업을 강화하였던 중국인의 도시화는 점점 위험해졌다. 광범위한 반중국인 폭력은 1880년대 서부의 주들을 휩쓸었다. 중국인과 백인 광부들 사이의 와이오밍 논쟁이 1885년 "록스프링스 학살"을 폭발시켰고, 약 25명의 중국인들이 총격으로 사망하였다. 1910년까지 대략 76퍼센트의 중국인들이 도시 거주자였는데, 이 수치는 1940년이 되면 90퍼센트 정도로 상승하였다.[34)]반중국인 폭력은 많은 사람들을 미합중국의 다른 곳으로 내몰아서, 1890년까지 약 10퍼센트가 서부 밖에 살았다. 차이나타운은 시카고, 뉴욕, 보스턴 등과 같은 철도 도시들에서 성장하기 시작하였다.

이러한 차이나타운들에는 남성 인구가 압도적으로 많이 거주하였다. 배척법이 여성들을 특히 엄격하게 배척하였을 뿐만 아니라, 이주의 사회경제적 배경도 대체로 남성 이민자 집단을 생산하였다. 우선, "미혼남 사회"로서 차이나타운의 일반적인 모습은 오도된 것이다. 왜냐하면 (1890년의 경우) 미합중국의 중국 남성 가운데 1/4 정도는 사실 기혼자였다. 그들 중에서 약 9/10는 독신으로 살고 있었다. 1890년과 1940년 사이에 미합중

34) Chen (2000), 52-60; Lai (1992), 79.

국에 있던 중국인 남성 가운데 2/5는 아내와 떨어져 살고 있었다.[35] 사회적 기대와 경제적 필요 때문에 그 아내들은 중국에 있었다. 한 체류 노동자의 아내는 집에 있으면서 아이들을 돌보고 시부모를 모셔야 했다. 이러한 사회규범은 20세기 이전에 남중국에서 북아메리카와 오스트레일리아뿐만 아니라 동남아시아로 간 모든 이민자들에 영향을 끼쳤다. 단순히 해외에서 자신을 지탱하는 것 이외에도 체류자는 고향으로 송금하고 뱃삯을 지불했던 대출금도 갚아야 했다. 이것은 근근이 살았고 일자리를 찾기 어려운 가족을 데리고 오지 않았다는 것을 의미하였다.

그럼에도 불구하고, 관례적인 사회적 기대가 전부는 아니었으며, 노동력의 합리적인 배치가 가족경제의 전략에서 중심 요소였다. 남중국 여성들의 가정을 기반으로 하는 노동은 가사에 제한된 것이 아니라, 누에 기르기, 비단실과 무명실 잣기, 그리고 목축 등도 포함하였다. 체류 남성들이 돈을 벌어서 놀고 있는 여성 식구들에게 송금하는 양상은 남중국에서 평균적인 것이 아니었고 예외적인 것이었다. 남성과 여성은 둘 다 가족의 생계와 이주 전략에서 필수적이었다.[36]

부분적으로는 이러한 이유 때문에, 그리고 부분적으로는 배척 때문에 미국의 차이나타운에서 성비는 한쪽으로 치우쳐 있었다. 1890년 남녀 성비는 대략 26대 1이었다. 1900년까지 그 비율은 18대 1로 감소하였는데, 아마도 배척이 심했던 것에 대한 반응으로 귀국했던 남성들 때문이었다.[37] 성비는, 배척이 폐지된 뒤에, 1940년대부터 완만하게 정상화되기 시작하였다. 그리고 1965년 이민법이 개정되고 도시화한 이민자 송출 공동체들이 기존의 농촌 광둥인 패러다임을 대체하기 시작한 뒤, 성비가 비슷

35) Hsu (2000), 99.

36) Mazumdar (2003), 64-65.

37) Tsai (1986), 40.

하게 되었다.(제8장 참조)

사업 틈새로서 배척-회피

"차이나타운"은, 어디에서나 발견되는데, 신변 불안에 대한 반응일 뿐만 아니라 다른 필요에 대한 반응이기도 하였다. 차이나타운의 기능 중 하나는 배척법을 피하기 위하여 필요한 인적 관계망들을 유지하는 것이었다. 거대한 수요가 있는 상품들은 금지하는 것이 분명히 어려운 일이다. 이 경우에 수요는 미합중국으로 들어오는 노동력이었고, 중국인 이민자들의 임금이 아무리 적다 하더라도 중국의 가족들에게 보낸 정기 송금은 궁핍과 생존에 영향을 줄 수 있었다. 그래서 감소하였지만 지속적인 이민의 흐름은 전혀 놀라운 일이 아니다. 그 흐름은 악착같이 집행된 가혹한 법률에도 불구하고 계속되었다.

배척법을 피하려는 사람들은 1906년 샌프란시스코의 지진과 화재로부터 갑작스러운 도움을 받았다. 당시 (가장 중요한) 출생증명서를 포함한 많은 시의 기록들이 파괴되었다. 미국 출생은 중국인에게 시민권을 주장할 수 있는 유일한 근거였다. 화재의 결과 중 하나는 "서류상 아들paper son" 술수였는데, 어떤 이민 지망자는 자신이 대화재에서 출생증명서가 사라진 미국 태생 중국인의 아들이라고 주장하려 했다. 그러한 명목상의 시민은 고향을 방문했다가 결혼하여 아이들을 얻었을 수도 있었다. "아버지"는 이제 청소년이나 성인이 된 "아들"에게 그의 가족 · 주택 · 마을 등이 상세하게 적힌 신상명세서를 제공하려 했나. 그 신상들은 모두 "아들"에 의해 암기되었는데, 그는 이민국 관리들이 부정 입국자들을 잡아내려고 하던 심문을 통과하려 했다.

이처럼 기발한 방법은 미합중국으로 입국하려는 강력한 수요에 의해 만들어진 다른 많은 방법들 중에서 일종의 상업적 틈새였다. 또 다른 이윤

창출 사업에는 노골적인 인신 밀매나 이민국 관리 매수가 포함되었다. 그들은 모두 비밀 유지, 집단적 비호, 법적 지원, 지하 관계망(조직원들), 그리고 안전한 환경 등을 필요로 하였고, 그것들은 불법 이민자들을 고용하고 발각되지 않게 하였다. 이러한 목적을 위하여 차이나타운은, 백인 관리들의 언어 장벽과 중국 문화에 대한 무지를 고려한다면, 상당히 안전한 곳이었다. 차이나타운의 유력 상인들은 이익이 되는 사업으로 (가짜 신상 서류가 완비된) 밀수를 은밀하게 진행하였다.[38] 백인 변호사들은 법적으로 방어할 수 있는 상황의 이민 지망자들을 대행하여 큰돈을 벌었다. 더 작은 규모였던 미국의 차이나타운들은 동남아시아의 중국인 공동체들과 모습이 유사하였고, 그곳에서 이주 절차는 중개인들에게 이익을 낳았으며, 이주민들은 부유한 상인 후원자들과 그 고객의 조직들에 의해 받아들여져서 이동하였다. 그리고 노동 중개는 하나의 수익성이 좋은 틈새 사업이었다.

미합중국에서 배척 시스템 자체는 중국인 공동체가 배척을 피하기 위하여 노력함으로써 이익을 얻을 수 있는 다양한 경제적 틈새들을 생산하였다.(이민 당국은 아마도 자신들이 약 90퍼센트의 부정 입국자들을 체포하는 데 실패하였다는 것을 인정하였다.)[39] 하지만 이것은 어두운 그늘이 드리워진 성공담이었다. 미합중국에 불법적으로 들어온 수천 명의 중국인들에게 성공적인 이민은 불안과 속임수의 생활에 빠지게 된 것을 의미하였다. 가짜 신상들을 안고 있는 상황에서 불법 체류자들은 명백한 차별만큼이나 불완전한 상태에 의해 고립되었다.

북아메리카에서 1880년대 이래 중국인 공동체들에서 직업의 무게중심은 서비스업과 소매업에 쏠려 있었다. 세탁소 · 식당 · 잡화점은 아편 판

38) Salyer (1995), chap.3; Hsu (2000), chap.3.

39) Hsu (2000), 71.

매 · 도박 · 매춘 같은 서비스산업과 함께 배척 시기 동안 많은 차이나타운 거주자들에게 생계를 제공하였다.[40] 이러한 틈새들은 대체로 백인 노동자나 백인 자본과 경쟁하지 않았기 때문에 생존할 수 있었다. 세탁소는 백인 거주 지역까지 퍼져 나갔고, 유통망은 차이나타운을 교제와 소매의 중심으로 가진 조합들에 의해 규제되었다. 식당은 중국인과 백인 고객들을 맞이하였고, 잡화점 상인들은 중국인 공동체 내에서 필요로 하던 친숙한 존재였다. 수천 명이 중국으로 돌아가면서 텅 비게 되자, 배척 시기의 중국인 공동체는 배척 이전의 모습이 거주자와 직업의 수에서 축소된 것이었다. 단지 점진적으로 일부 이민자들이 그러한 구조를 간신히 깨뜨리고 더 큰 규모의 사업가가 되었다.

오스트레일리아의 배척 방식

오스트레일리아의 골드러시는 대체로 캘리포니아의 그것과 같은 때에 일어났는데, 그럼에도 불구하고 그 내용은 동일하지 않았다. 금은 1851년 동남부의 식민지들에서 발견되었는데, 수천 명의 대담한 광둥인들이 배를 타고서 그 장소로 서둘러 갔다. 징역 제도가 단계적으로 폐지되는 동안, 일부 중국인 계약 노동자들은 노동력의 부족을 해소하기 위하여 이미 1848년부터 수입되고 있었을지라도, 대부분의 중국인 광부들은 신용 티켓 이민자였다. 그들은 빚을 지고 있었지만 (캘리포니아의 광부들처럼) 예속 상태에 있지는 않았다. 보통 한 무리의 탐사자들이 배편을 배정하고 빚을 상수하는 중개인으로서 역할을 하던 사업가에 의해 인도되었다.[41]

40) Lai (1992), 80-92; Chan (1986), chap.2.

캘리포니아처럼 광산에서 중국인 숫자의 급속한 증가(그들을 추방하기 위하여 법적 장애물들을 세웠음에도 불구하고 1857년까지 빅토리아의 식민지에는 2만 명 이상이 있었음)는 백인 탐사자들을 자극하여 폭력적으로 만들었다.[42] 하지만 오스트레일리아인의 반응은 미국인의 그것과 미묘한 차이가 있었다. 오스트레일리아인의 "중국인 위협"이라는 인식에는 "노예노동"을 포함하고 있었지만 미합중국보다는 덜 강박적이었다. 대신에 신참자들은 "이교도에 열등한 인종"이라고 규정되었고, 만약에 그 유입이 지속된다면 "셀 수 없이 많은 중국 남성들의 무리" 아래 상대적으로 한 줌밖에 안 되는 식민주의자들이 묻힐 수 있을 것이라고 보았다.[43] 하지만 상상 이상의 노예들이 유입되면서 오스트레일리아인들은 인종이 뒤섞이고 그에 따라 "열등한" 아시아인의 피에 의해 소수이고 불안정한 영국 식민지가 오염될 것을 걱정하였다.[44] 다른 인종 간의 출산이 오스트레일리아인들을 더 두려워하게 만들었던 것에 반해, 캘리포니아에서 "노예제"의 고정관념이 지닌 힘은 미국인들이 아프리카 노예제와 관련된 모든 모멸적인 효과들에 의해 얼마나 깊이 영향을 받았는지 보여 준다.

금광들이 멈추기 전에 수많은 단기 금지령들이 만들어져서 중국인들의 수를 낮추려 하였는데, 그 대부분은 차별적인 세금에 의한 것이었고, 대부분이 선주들의 기발한 재주와 중국인 광부들의 투지에 의해 좌절되었다. 더 나아가, 중국인에 대한 오스트레일리아인의 관점이 한결같이 부정적이지 않았다. 멜버른의 일류 신문이었던 아르고스의 기자 패터슨은 편집장에 의해 빅토리아로 파견되어 금의 채굴 현황과 미래의 전망을 조사하였

41) Wang (1978), 39-40, 89-92, 112 ff.
42) Yong (1977), 11; Wang (1978), 274 ff.
43) Melbourne (1855), 2:li.
44) Walker (1999), chap.4.

다. 그의 설명은 골드러시 시절의 중국인에 대한 오스트레일리아인의 관점들 가운데 덜 편향된 것이다. 그의 기사들이 작성되었을 때, 광부들의 첫 번째 물결은 이미 퇴조하였다. 기존의 사금 채취 장소들 중 많은 수가 유럽인 광부들에 의해 버려졌는데, 그들은 고갈된 매장량 때문에 그들의 노동을 보상받지 못한다고 여겼다. 캘리포니아에서처럼 그곳에서도 중국인은 그들 문화의 상대적인 장점을 활용하였다. 즉, 협업 방식, 장기적인 실리주의, 그리고 미래의 이익을 위해 현재의 안락함을 기꺼이 포기하는 태도 등. 비록 패터슨이 동양학자의 이국풍을 따라 당시에 일반적이었던 생색내는 듯한 태도("중국인 존John")를 보여 줄지라도, 그의 글에는 동시대 많은 사람들이 가졌던 적내감이 보이지 않는다.

금을 쫓는 중국인에 대한 한 오스트레일리아인의 관점(1862)[45]

"길드포드는 오랫동안 식민지에서 주요한 중국인 마을이었고, 그곳에는 약 5~6,000명의 중국 남성과 한 명의 광저우 여성이 있었다. 그녀는 그 마을에 있던 여행을 많이 한 조선공의 아내였다. 그런 사람들이 '캠프Camp'의 거주자들을 형성하였다. …… 그 계곡에는 금이 많이 나던 채굴지가 있었지만, 중국인이 오기 전에 유럽인 채굴자들에 의해 이미 잘 이용되었다. 하지만 구멍 파기는 쉬웠고 평균적인 소득은 양호했으며 때로 아주 큰 발견을 하기도 하였다. 그곳에서 중국인들은 함께 움직였고, 큰 집단으로 묶여서 땅바닥을 구획하거나 파내고, 힘껏 흙을 밀고, 그다음 땅을 다시 처음 상태로 만드는 일에 투입되었다. 그러한 남성들의 대부분은 같은 국적의 자본가들에 의해 정해진 기간 낮은 임금을 받고 일한 다음에 계약을 해지하는 조건으로 온 것이라고 한다. 아마도 예

45) Patterson (1863), 133-135.

속적이든 자유롭든 '존' 이 운이 좋지 않아서 빚을 지고 있던 때는 검소하고 아끼는 것 같았고, 운이 좋을 때는 진취적이고 자유로웠다는 것은 사실이다. 신속하게 캠프는 성장하여 좁고 조잡했지만 크게 북적거리는 길들이 나타났다. 한편 계곡 전체는 자신의 구역이나 구덩이에 떼 지어 있는 중국인들로 활기찼다.

일반적으로 '존' 은 작고 거친 텐트에 만족하였는데, 그는 가지와 잎으로 엮은 고무나무 차양으로 솜씨 좋게 그늘을 만들었고, …… 점포들을 지나치는 행인들, 유리가 없는 창가에 앉아서 제품을 음미하는 차 상인, 출입구의 고객 정수리에 기구를 놀리고 있는 이발사, 방석에 앉은 작은 아편굴의 아편쟁이 등, 그곳을 지나면서 햇볕을 피하려는 모든 사람들에게 그늘을 제공하였고, ……

그들은 큰 집단으로 뭉쳐서 함께 다소 거대한 작업장 구축 사업을 진행하였고, 튜브와 받침대를 가지고 거친 바닥에서 인내하며 일하였는데, 그곳은 유럽인들이 더 이상 이익을 내지 못하던 곳이었다. 그들은 도로를 청소하는 일을 하였고, 밸러랫에서 부분 임금을 받아들였고, 흙을 밀어내는 일을 그만두고 금을 찾으러 떠났으며, 한 부스러기의 금도 그들을 피할 수 없었고, ……

가장 찬란했던 시절에, '캠프' 는 고정 극장과 서커스 단원들을 보유하였고, 거리마다 자스Joss[중국의 신상에 대한 피진pidgin 영어]를 위한 사당들이 많았다. 그들이 고향에서 했던 것처럼, 모든 기술—합금을 만드는 것에 이르기까지—이 넘쳐 났다. 식당 · 찻집 · 도박 살롱 · 구두 가판 · 양복점 등은 광저우의 것 그대로였다. …… 하지만 최근에 '캠프' 는 크게 빛을 잃었고, 단지 3년 전의 모습이 되어 버렸다."

뉴질랜드에서 정착지들은 크게 다르지 않았다. 1883년의 한 기록은 남부 섬의 금광들에 있던 중국인의 개척지 공동체가 "세상 최남단의 중국인 정착지"라고 묘사한다. 그곳의 작은 마을("라운드힐" 채굴지인데 "광둥"으로도 알려짐)에는 통나무 길이 있었고 그 양쪽에는 거칠게 지어진 오두막들이 흩어져 있었다. 스물세 채의 "중국인 막사"에는 서른아홉 명의 거주자가 있었고 모두 남자였다. 작은 정착지는 황량하게 보였지만, 결코 원시적이거나 고립되어 있지 않았다. 그곳의 시설들 중에는 "찻집"("다안大安": 큰 평온)이 있었는데, 식당으로도 사용되었고, 다른 찻집 한 곳, 잡화점 한 곳, 그리고 작은 상점(중국 약품의 조제실로도 사용됨) 두 곳이 있었다. 동쪽으로 1.6킬로미터 밖에는 리버튼이라는 큰 읍이 해안가에 있었는데, 더 크고 물건이 더 많은 중국 상점들을 갖고 있었다. 그 상점들은 "학식과 재산이 있는 사람"—지역의 중국 상인 엘리트—에 의해 운영되었다. 라운드힐의 광부들은 "리버튼을 자기 고향의 시진처럼 이용하였다." 다시 말해서 (해양 항구 더니든을 경유하여) 중국으로부터 들어온 상품들을 사는 쇼핑센터, 그리고 잡담하고 도박하고 잘 꾸며진 거실에서 약한 아편을 피우며 휴식하는 사교장으로 이용하였다. 리버튼에는 도교 신들이 갖춰진 작은 중국 사당들도 있었다. 확실히 이러한 공동체들은 너무 작고 궁핍해서 지역 회관을 후원할 수 없었다. 그럼에도 불구하고, 알아볼 수 있을 정도의 중국식 생활이 유지되었고, 편안함을 기준으로 하면 아마도 주장 강 삼각주의 농촌보다 그렇게 크게 뒤지지 않았다.[46)]

하지만 캘리포니아에서처럼 금광들에는 폭력이 존재하였다. 뉴사우스웨일스와 퀸즐랜드의 빅토리아 식민지들에서 1850년대부터 1870년대까지 폭동이 일어났고, 중국인 이민자들은 다수 백인들을 달래기 위하여 자

46) Ng (1993), 2:9-18.

신들의 사용 가능한 자금들을 최대한 이용해야만 하였다. 그러한 자원 중 하나는 공동체의 자선 활동을 정기적으로 지원하는 것이었는데, 그것은 중국에서 신뢰할 수 있는 전략이었다. 다른 자원은 중국 문화 자체였고 잠재적 적들의 마음을 사로잡는 데 이용되었다. 두 전략은 1870년대부터 1900년대까지 벤디고의 금광 타운에서 쓰였다. 지역의 자선병원과 요양원에 기부하는 것 이외에도, 중국인 공동체는 매년 부활절행사에 참가하였다. 그들의 보여 주기 기여 방법은 예복, "야만적인 음악", 곡예와 경극 공연, 그리고 남성 육십 명이 움직이는 거대한 장식을 한 용 등으로 구성된 화려한 행진을 하는 것이었다. 벤디고 애드버타이저는 그 행사가 "사람들이 가장 기쁜 마음으로 기대하는 것이었다."고 보도하였고, "그것을 목격한 수천 명의 존경심"을 강조하였다. 세부적인 일은 중국인 지도자와 축제 조직자들 사이에서 처리되었고, 문제가 생기면 협상을 통해 해결되었다. 한 백인 시민한테서 나온 반중국인 비방은 그 타운의 행정 담당자들과 지역 신문에 의해 진정으로 거부되었다. 그리하여 양측의 위신은 지켜졌고, 해마다 중국인의 부활절 쇼는 모든 사람들이 잠시나마 배척 운동의 비열함을 초월할 수 있었던 일종의 심리적인 행사, 즉 카니발이 되었다.[47] 그러한 적응 방식이 반중국인 조류를 역전시키기는 거의 힘들었지만, 1909~1910년 벤디고의 중국인 소매상들에 반대하는 "반아시아 연맹" 불매운동의 충격을 완화시켰던 것 같다. 당시 비록 지역 중국인들 사이에서 "상당한 고난"을 야기하였음에도 불구하고, 그것은 "소수의 반중국인 운동"으로 묘사되었다.[48]

47) Rasmussen (2004).

48) Yong (1977), 77.

적대감에 적응하기

초기부터 정착민 사회에서 중국인 이민자들은 그들을 둘러싼 적대감에 적응하는 방법을 발견하였다. 적응은 일반적으로 백인들이 버려진 경제적 틈새들을 발견하는 것을 의미하였다. 금광에서 중국인들(멕시코인, 인도인, 그리고 흑인들처럼)은 일반적으로 권리를 주장할 수 없었다. 그럼에도 불구하고, 더 부유한 채굴자가 되고 싶었던 백인들은 쓸모가 다한 현장들을 기꺼이 중국인들에게 팔았고, 중국인들은 힘든 맨손 노동으로 이익을 내었다. 이러한 "사금"(더 높은 곳의 암반층으로부터 씻겨 나온 금 "먼지"를 포함한 모래나 자갈 침전물)을 채굴하는 일은 단지 간단한 도구, 적은 자본, 그리고 지루한 노동집약적 노동을 해야 했다. 중국인 이민자들은 최저한의 보수를 받고 힘든 일을 하는 데 이용되었다. 그들은 다른 광부들을 위하여 수송원에, 목재와 물의 운반, 작은 소매점과 세탁소 운영 등과 같은 서비스 업종으로 옮겨 가기도 하였다. 채굴 일에서 밀려난 뒤, 수십 년 동안 많은 중국인들이 금광 지역에 머무르면서 그런 업종에 종사하였다. 그들은 금을 함유한 석영 광산에서도 일하였는데, 백인 노동자들이 원하지 않던 새로운 폭파 기술을 신속하게 습득하였다.

철로 노동에서도 중국인들은 백인들이 꺼리던 위험하거나 힘든 일을 부담하였다. 산악 지역을 통과하는 센트럴퍼시픽 철로를 놓는 데 두드리고 뚫고 폭파하는 일은 중국인들에게 떨어졌다. 캘리포니아나 중국 현지의 노동 중개소들을 통해 모집된 중국인들은 철로로 몰려들었다. 1866~1869년의 건설 고조기 동안 1만 1,000명이나 고용되었다. 사업이 완료되자마자, 일부 중국인들은 1870년대와 1880년대에 다른 철로에서 일하였고, 철로선이 확장되는 것을 따라 서쪽으로 이동하였다.[49] 철로 노동은 한

49) Saxton (1975), chap.3.

정된 햇수 동안 특정 고용주들의 행태를 보여 주는 이민자 노동계약의 소수 사례들 중 하나였다. 계약된 노동자 무리들은 집단으로 모집되었고, 각 집단은 장부를 보관하고 급료를 배당하고 음식을 공급하였던 중개인(工頭나 包工)이 책임졌다. 이것은 이민자들이 고향에서도 익숙했던 노동 동원의 형태였다. 이민자들에게 현장감독은 문화의 중개자로서 양쪽과 소통할 수 있을 정도로 영어가 되어야 했다. 역설적이게도 중개인은 그렇게 필수적인 존재였지만, 백인 노동자들로 하여금 중국인 노동자들은 비참한 노예라는 의심을 사게 하였다.

찰스 크로커(1822~1888)는 19세기 자수성가한 미국인 대사업가들 가운데 한 사람이었고, 그는 북부의 뉴욕에 있던 가족 농장으로부터 아이오와로, 다시 캘리포니아로 이주하였는데, 그곳에서 릴런드 스탠포드 등과 함께 서부 철로를 건설하기로 계약하였다. 크로커는 센트럴퍼시픽 철도의 건설을 감독하였는데, 철도는 대부분 중국인의 노동력으로 1869년에 완공되었다. 그는 중국인 고용을 조사하기 위한 공동특별위원회에 출석하였고, 하원 의원 윌리엄 파이퍼(민주당, 캘리포니아)에게 질의를 받았다. 파이퍼는 초기부터 배척을 지지하였고 중국인들이 "노예 같은" 조건으로 미합중국에 보내져서 그들의 우두머리에게 예속되어 있다고 믿었다.

중국인 철도노동자들과 "노예 같은 노동"에 대한 질의(1877)[50)]

"문: 당신은 중국인들을 고용할 때 개별적으로 했나요, 아니면 어떤 사람을 고용하여 특정한 수의 중국인들을 공급하게 했나요? 당신은 당신이 일하고 있던 곳에 중국인들을 개인적으로 고용했나요, 아니면 몇 명의 중국인 보스를 고용하여 그 많은 사람들을 공급하게 했나요?

50) United States Congress (1877), 675.

답: [우리는] 항상 중국인들을 시쏜 윌리스 회사라는 곳을 통해 구하였고 …… 그곳은 우리에게 중국인들을 공급하였습니다. 그들은 한 번에 한 명씩, 한 장소에서 둘 · 셋 · 넷씩 모았고, 다시 무리로 만든 다음에 각 무리 단위로 숫자를 매겼습니다.

문: 마치 노새들과 같이?

답: 글쎄요, 의원님, 우리는 이름을 가지고 중국인들을 제대로 구별할 수 없습니다.

문: 노새들과 같이?

답: 노새들과 같지 않았고, 사람들과 같았습니다. 그리고 그들은 사람, 착하고 진실한 사람입니다. 제가 말했듯이, 우리는 그들을 그렇게 고용하였습니다. 우리가 그들을 써야 할 일이 있을 때, 그들은 25명과 30명씩 무리를 지어 함께 옵니다. 그리고 거래는 번호1 · 번호2 · 25 · 30 · 50 · 100 등과 같이 무리를 단위로 이뤄집니다. 각 무리는 장부 관리자가 있어서 그들 사이의 거래를 기록합니다. 우리는 현장 감독을 두는데, 그는 무리와 거래하고 돈을 지불합니다. 중국인 장부 관리자는 노동자들 중 한 명이고 그들과 함께 일하는데, 매일 밤 그는 그의 장부를 정리하고 이렇게 말합니다. 저 무리들이 너무 오래되었는데, 보이시오? 그는 정산하고 받아들이고 그 내용을 기록합니다. 그러면 중국인들은 자신의 명세서를 각자 보관하지만, 우리는 무리 단위로 거래합니다. 급여일이 되면, 무리는 그 모든 노동에 대한 임금이 지불되고, 그들은 그것을 자기들끼리 나눕니다.

문: 같은 방식이 백인들에게도 가능한가요?

답: 아니요, 의원님. 우리는 백인들을 개별적인 명의로 고용합니다.

문: 당신은 중국인이 당신에게 일하면 개별적으로 임금을 지불하지 않

지요?
답: 우리는 무리의 우두머리에게 지불합니다.
문: 어떤 우두머리죠?
답: 그는 그들 사이에서 일개 노동자입니다.
문: 당신은 백인들에게 하는 방식으로 그들에게 임금을 지불하지 않지요?
답: 우리가 중국인들의 이름을 알 수 없는 경우 이외에는 같은 방식으로 하는데, 그건 불가능합니다. 우리는 아씨우, 아유, 쿵원 등과 같은 이름들을 알려고 하지 않습니다. 우리는 그들의 이름을 일반적인 방식으로 기억할 수 없는데, 왜냐하면 언어가 다르기 때문입니다. 당신도 그 어려움을 알잖아요. 그들이 노예이기 때문에 그런 식으로 처리되지는 않습니다.
문: 그것은 일종의 노예 같은 노동이 아닌가요?
답: 전혀 아닙니다. 저는 여기에서 제 명예를 걸고 말씀드리는데, 아마도 매춘부가 아니라면, 우리 주에는 중국인 노예가 한 명도 없다고 믿습니다. 저는 그런 말을 들었지만, 그것에 대해 전혀 알지 못합니다. 만약 당신이 알고 있다면, 저보다 더 많이 아시는 겁니다."

농업에서도 중국인들은 백인들과 경쟁하지 않는 틈새들을 발견하였다. 제방을 쌓아서 새크라멘토-샌요하임 강 삼각주의 늪지를 매립하는 것은 힘들고 더러운 일이었고, 백인 사업가들을 위한 중국인들의 노동에 의해 이뤄졌다. 1850년대부터 기계화가 시작되는 1880년대까지, 그런 등골 빠지는 일은 대체로 중국인들의 분야였다. 그 많은 이민자들의 고향이었던 중국 주장 강 삼각주의 생태 환경을 잘 아는 사람이라면, 대부분의 삼각주 농업을 지탱하는 "모래밭" 간척지를 만들기 위하여 늪지대 땅에 노동력을 집중적으로 투여하고 제방을 쌓은 광경을 이해할 것이다. 남중국 출신 중국인들은 간척 기술에 오랫동안 친숙하였고, 그 기술은 캘리포니아의 환경으로 유익하게 이전되었다.[51] 또한 남중국에서 노동력을 조직하는 형태도 캘리포니아 삼각주의 환경에 적용되었다. 노동 중개인은 사실 도시의 상인으로 수수료보다는 노동자들에게 쌀과 다른 생필품을 팔아서 이익을 냈는데, 노동자들은 그들에 의해 모집되었다. 노동자들은 "그들 사이에서 작은 공동체들을 형성하는데[그들의 고용주들 중 한 명이 기록하였다.] 40명이나 50명 혹은 100명이고, 그들은 공동으로 계약하는 것에 관심을 갖는다."[즉, 공동으로 그 절차를 진행하고 일에 대한 책임을 진다.] 그 고용주는 그런 "조화롭고" 효과적인 노동자 무리들이 백인들 사이에서는 모집될 수 없다고 증언하였다.[52] 그래서 제방 건설 기술과 함께 노동조직의 공동체적 형태들은 남중국의 촌락과 종족 문화로부터 수입되었다.

두 가지 상황 전개는 중국인들이 구할 수 있는 틈새들의 폭을 좁혔는데, 그것은 1869년 센트럴퍼시픽 철도 사업의 완공과 백인 노동자들의 중국인에 대한 폭력의 증가였다. 그 결과, 샌프란시스코의 차이나타운은 1860년 3,000명 이하였던 것이 10년 뒤에 12,000명 이상으로 성장하였다. 1870년대 후반이 되면, 약 30,000명이 그곳에 집중되었던 것으로 추정되는데, 그들 대다수는 담배를 만드는 것 같은 제조업에 종사하였다.

배척에 대처하기

정착민 사회에서 배척은 단지 사람들을 들어오지 못하게 하는 시스템이 아니었다. 이주의 통제와 함께, 다수의 차별 수단이 이미 해당국에 있

51) 간척에 대해서는 다음을 참조. Chan (1986), chap.5.

52) Chan (1986), 183-185(1870년대 동안 간척을 위해 중국인들을 고용하였던 한 대토지 소유자를 인용하고 있다.).

던 사람들의 자유와 권리를 제한하는 데 사용되었다. 배척은 다양하고 모욕적으로 시민의 권리를 제한하였다. 미합중국에서 1790년의 국적법은 "자유로운 백인들"에게 귀화를 통한 시민권을 허가하였고, 1870년에 흑인을 포함하는 것으로 개정되었다. 하지만 개정된 법은 중국인들에게 의미가 없었다. 따라서 국가로부터의 배척당하는 모욕은 내부에서 배제되는 것과 결합되었다.[53] 미국인이 되는 유일한 길은 미국 땅에서 태어나는 것이었다. 상대적으로 소수에게만 특혜가 제한되었는데, 왜냐하면 오직 예외적인 계급(상인, 외교관, 학생)만이 아내를 데리고 올 수 있었기 때문이다. 그 규정은 1875년의 "페이지법"(매춘부만을 대상으로 하고 있었지만 사실상 이민국에게 중국 여성들을 전반적으로 배척할 수 있는 권한을 주었음)에 의해 더 열정적으로 강제되었다. 경제적 권리들도 부정되어서, 1913년 캘리포니아 주의 법부터 중국인(다른 아시아인들)의 토지 소유를 금지하기 시작하였다.[54]

배척당하고 있던 중국인 이민자들은 두 가지 형식으로 시련에 적응하였다. 하나는 방어적인 것이었는데, 특화된 틈새 사업(세탁소, 식당, 잡화점)의 경영, 즉 차이나타운 해결법이었다. 다른 하나는 미국 생활에서 주도적으로 문화를 받아들이는 것이었는데, 가치 · 연줄 · 기술 등을 흡수함으로써 이민자들은 미국에서 생존하고 더 나아가 부유해질 수도 있었다. 미국의 중국인들은 상황이 허락할 경우 두 형식을 모두 따를 수도 있었다.

중국 내의 사건들은 더 적극적인 접근 방법을 고취하기 시작하고 있었다. 20세기로 전환하던 시기, 이민자는 배척당하는 자신의 어려움이 이민족의 통제 아래 있던 고국의 어려움을 반영하는 것이라는 사실을 알게 되

53) Maltz (1994).

54) Hing (1993), 23, 30.

었다. 샌프란시스코의 중국어 신문[中西日報]은 배척당하는 수모가 중국의 상황 때문이라고 여겼다. 당시 한인들은 만주인의 압제 아래에 있는 피정복민이었기 때문에 해외에서도 멸시를 당하였고,[55] 망명객 량치차오가 이끌던 보황회保皇會(사실은 진보적인 입헌주의자 집단)나 쑨원의 반만혁명 운동과 같이 개혁적이거나 혁명적인 관점을 지닌 집단들이 호소력을 얻고 있었다. 이러한 범汎한인 조직들은 주요 도시들의 중국 상공회의소와 일종의 상부 조직, 즉 치공당致公黨을 포함하였는데, 미합중국과 캐나다에 지부를 두고 쑨원을 지지하였다. 이러한 2차 공동체들은 고향 회관, 성씨 협회, 그리고 방언 기반의 조직들 위에 세워졌다. 그것들은 모두 중국에서 온 특사들에 의해 지도되고 조언을 받았다. 또한 영향력은 반대 방향으로도 확산하였다. 1905년, 미합중국의 배척에 대한 분노는 중국과 동남아시아로 가는 미국 수출품에 대한 운송 파업 운동을 고무하였다.[56]

1911년 혁명은 민주적인 중국을 만드는 데 실패하였다. 하지만 이민족 군주의 축출은 해외의 중국인들에게 문화적 해방이었다. 최후의 보수적인 권위가 붕괴되면서 그들은 외국 방식으로 변화할 수 있는 더 큰 자유를 얻었다. 쉽게 눈에 띈 사례 중 하나는 만주인 정권이 통치에 대한 존중의 상징으로 모든 한인 남성들에게 강제하였던 변발을 자르는 것이었다. 변발은 미국 백인들 사이에서 악명 높은 조롱의 대상이었다. 자신의 변발을 자르는 것은 민족주의적이었고 한인의 민족성에 대한 확인이었다. 하지만 미국의 중국인 남성에게는 아마도 그것이 문화적 적응을 위한 행동이라는 점에서 더 중요하였을 것이다.[57] 이민자의 정체성이 중국 내 사건들에 의해 영향을 받으면서, 북아메리카의 일부 사업들은 더욱 활발해졌다. 20세

55) Ma (1990), 33.

56) 제6장을 참조.

57) Tsai (1986), 90.

기로 전환하는 시기, 중국인들의 상업적 활력은 이미 세탁소, 식당, 차이나타운의 다른 틈새들 이외의 것들에 주목하고 있었고, 주류 경제에서 경쟁하기 위하여 뻗어 나갔다. 1907년 중국인 투자자들은 샌프란시스코에 캔톤뱅크를 열었고, 그것을 중국인의 사업 영향력을 보여 주는 것이라고 여겼다. "상업 전쟁[商戰]의 시대에 은행업은 부와 권력의 중추"라고 그들의 주식 공모에서 표명하였다. "부와 권력"은 1860년대 중국인의 국가 건설과 결합된 것으로, 원래 "국가를 위한 부와 권력"을 의미하였다. 하지만 20세기 해외였다는 맥락에서 그것은 중국인의 민족주의와 자부심을 둘 다 내포하였다. 분명히 중국 민족주의자들이 국내외에서 품고 있던 "상업 전쟁"이라는 개념은 이주민 사업가들로 하여금 미국 시장에서의 경쟁을 고무하였다.[58] 같은 해, 중국 정부의 독려로 뉴욕의 상인들은 중국인 상공회의소를 설립하였고, 그것은 중국과 동남아시아에서 중국인의 경제적 경쟁을 자극하려는 노력과 연결되어 있었다. 일부 상인들은 그들의 고향[僑鄕]에 근대적인 형태의 사업 투자를 하기 위하여 중국으로 돌아갔다.[59]

배척 시기에 중국에서 태어난 사람들은 줄어들고 미국에서 태어난 사람들이 느리게 증가함에 따라, 중국계 미국인들은 그들의 생득권과 시민권을 이용하여 공동체 몫의 힘을 요구하려 하였다. 이미 1895년에 중국계 미국 시민 연합들이 캘리포니아에서 등장하였는데, "출생자들"의 백인 캘리포니아인 연합의 가입을 거부당한 중국계 미국인이 설립한 "골든 스테이트[the Golden State=캘리포니아]의 출생자들"이 첫 번째였다. 1915년, 전국적인 "중국계 미국 시민 연맹"이 모든 시민권의 행사를 목표로 내걸고 결성되었다.

58) Lai (1992), 93.

59) Chen Yong (2006), 165-169.

"백인 오스트레일리아"를 향해

오스트레일리아의 중국인들은 많은 유사한 시도들을 하는 데 힘들었고 그것들에 대처하는 유사한 방식을 고안하였다. 하지만 그 차이점들은 중요하다. 왜냐하면 오스트레일리아는 1901년까지 하나의 연방국으로 묶이지 않았고, 개별 식민지들은 각각의 입법기관을 통해 중국인 배척 법안을 통과시킬 수 있었기 때문이다. 영국 식민 당국은 중국 정부를 불쾌하게 만들고 싶어 하지 않았지만, 오스트레일리아 식민지들에서 반중국인법을 막지 않았다. 배척법에 대한 동요는 백인 사회의 많은 분야로부터 나왔는데, 그것은 단지 "유색인종" 노동자들의 임금수준에 끼치는 영향을 걱정한 무역 협회뿐만이 아니었다. 1890년대 "유색인종"에는 때때로 "페르시아인, 이탈리아인, 그리스인, 미국인, 일본놈Jap, 아프간인, (그리고) 중국인"등 다양한 집단이 포함되었다. 이러한 점에서 오스트레일리아인의 인식은, 1924년 미합중국에서 확립된 "출신 국가" 할당량에 의해 구현된, 북유럽인들에 대한 선호의 전조가 되었다.[60]

1901년 오스트레일리아의 탄생은 식민지 연맹이 오스트레일리아 연방으로서 중국인 이민에 반대하는 효과적이고 공통된 법안을 제정하려는 열정에 의해 가시화되었다. 사실상 새로운 의회의 첫 번째 사업은 이민 제한법이었고, 그것은 중국인들의 입국을 즉각 중단시키기 위하여 고안되었다. 실제적인 수단은 영국 정부에 의해 제안되었는데, 영국 정부는 완전히 인종을 근거로 한 배척법이 직접적인 금지보다는 간접적이지만 가장 효과적이라고 주장하였는데, 당시 오스트레일리아는 제대로 알려지지 않았던 외국어의 "받아쓰기 시험"을 이민 희망자들의 조사법으로 사용하려 하였다. 이런 우아한 속임수는 1901년 신생 오스트레일리아 의회에서 이용되

60) Markus (1979), 259.

었다.[61] 어떤 외무부의 관리는 그의 부하직원이 간과할 때마다 다음과 같은 점을 분명히 하였다. "[유색인종] 사람들이 그 시험을 치르도록 하는 것은 바람직하지 않고, 그 시험이 시행되기 전에 관리는 그들이 실패하게 만들어야 할 것이다." (뉴질랜드에서 중국인 이민을 좌절하게 만든 최초의 장치는 적어도 더 직접적이었다. 그것은 몰수나 다름없는 인두세였다. 하지만 뉴질랜드는 결국에 번역 시험 방식을 사용하였다.)

백인 오스트레일리아 정책의 기초는 제국의 중심으로부터 지구 반대편에 있던 광대한 식민지에서 희박한 영국인 인구가 느낀 불안감이었다. 오스트레일리아인들은 놀랄 필요도 없이 그들의 생존 자체를 걱정하였다. 대부분은 이민을 두려워하였을 뿐만 아니라 노골적인 침략도 두려워하였는데, 중국인이 아니라도 일본인이 할 수도 있었다.(사실 제2차 세계대전 동안 위험이 거의 임박했었다.) 고립된 영국의 식민지 주민들이 얼마나 오래 멀리 있는 폭압으로부터 생존할 수 있었을까? 오스트레일리아가 틀림없이 중국인들에 의해 짓밟힐 것이라는 바렌 포웰의 경고는 그가 현지 방문에서 알게 된 태도들을 반영하였다. 논쟁은 찰스 피어슨의 「민족 생존과 특징」이라는 긴 논문에서 다시 언급되었는데, 그는 "우월한 인종들"이 제국을 확장하다가 어떻게 자연스런 한계에 이르고, 결국 열대뿐만 아니라 온대 지역에서도 번영할 수 있는 ("중국인"과 "힌두인"과 같이) "열등한 인종들"에 의해 교체될 수 있는가를 보여 주었다. 영국인 역사학자 피어슨은 오스트레일리아로 이민을 갔고, 정치와 교육 분야에서 활약하게 되었다. 그의 책은 오스트레일리아의 정치 지도자들 사이에서 영향력이 있었고, 그들 가운데 한 사람은 연방의 최초 총리가 되었으며 "백인 오스트레일리아 정책"의 설계자였다.[62]

61) Macintyre (2004), 142.

찰스 피어슨의 "우월한 인종들"에게 보내는 경종(1893)[63]

"오스트레일리아인의 민주국가가 품고 있는 중국인 이민에 대한 두려움을 고국의 영국인들은 이해하기 어려운데, 사실 그것은 경험으로 신속하게 나타난 자기 보호 본능이다. 우리는 유색인종과 백인 노동자가 함께 존재할 수 없다는 것을 알고, 우리는 중국이 단 1년의 잉여 인구만으로도 우리를 짓밟을 수 있다는 것을 잘 알며, 우리는 민족의 생존이 극소수의 광산과 사탕수수 플랜테이션의 노동을 위해 희생된다면 패배자는 오스트레일리아만이 아니라 전체 문명 세계가 될 것이라는 것을 안다. …… 우리는, 우월한 인종들이 더 높은 문명을 위하여 자유롭게 살며 숫자를 늘릴 수 있는, 세계의 마지막 부분을 지키고 있다. 우리는 황인종을 오직 그들의 출생지와 인도의 말레이 제도[즉, 말라야와 네덜란드령 동인도제도]에서만 볼 수 있다는 것을 부정하고 있는데, 그곳들에서 백인들은 전혀 이국인으로서 살 수 없다. …… 우리는 아리안 민족과 기독교도에게 속하는 것으로 운명 지어진 세계에서 패권을 위하여 투쟁한다. …… 우리는, 자신들이 노예라고 멸시하였고 항상 시중을 들 운명이라고 여겼던 사람들에 의해, 이리저리 떠밀리고 내팽개쳐지기까지 한다는 것을 깨달아야 한다."

미합중국에서 중국인에 대한 두려움은 경제적(임금 인하와 노예노동), 정치적(미국의 민주주의에 대한 부적합)이었다. 북아메리카의 환경에서 아시아인 이민자들에 대한 반감은 널리 퍼져 있었지만, 소수의 사람들을 통해 문

62) Macintyre (2004), 142; Cochrane (2005).
63) Pearson (1893), 16, 85.

화적으로 소멸할 것이라는 두려움이 그 중심에 있지 않았다. 오스트레일리아인들이 크게 관심을 가졌던 것처럼 보이는, 인종적 혼합에 대한 두려움에 초점이 있었던 것도 아니었다. 백인 영국인의 혈통이 까맣게 되어서 결국 사라질 것이라는 가능성은 오스트레일리아인의 걱정이었고, 그것은 임금과 노동시간에 대한 걱정보다 훨씬 더 컸다. 아무튼, 두 가지 걱정은 함께 결합하여 중국인을 반대하는 데 치명적인 상승작용을 하였다.

이미 오스트레일리아에 있던 중국인들에게 백인들과 맞닥뜨리지 않고 돈을 버는 것은 일상적인 도전이었다. 이민 초기에 많은 중국 상인들은 중국인 주민들에게 일상용품을 공급할 수 있다는 생각으로 오스트레일리아에 왔다. 그들의 중국 수입품들은 대체로 중국인 소비자들의 소비를 위한 것이었다. 그 뒤 19세기에 중국 상인들은 과일을 재배하고 판매하여 많은 수익을 올릴 수 있는 무역을 개척하였는데, 퀸즐랜드와 피지의 플랜테이션 그리고 시드니와 멜버른의 도매 직판장을 이용하였다. 20세기 초가 되면, 중국인들은 뉴사우스웨일스 주의 바나나 사업 대부분을 장악하였고, 그들의 피지산 바나나는 빅토리아에서도 풍부하였다. 중국인 과일 재배인과 판매인에 반대하는 차별적인 법률들에도 불구하고, 사업은 중국인 도시엘리트의 부와 지위를 끌어올렸다. 하지만 어떻게 수익을 투자할 것인가?

오스트레일리아에서 중국인들이 상업적으로 번성한 결과 중 하나는, 차별적인 법률들과 불매운동을 자극하지 않으면서, 자본을 투자할 새롭고 수익성 좋은 틈새들을 알아보는 것이었다. 그들은 억압적인 백인 오스트레일리아라는 환경 밖에서 투자를 위한 틈새들을 찾으려고 시도하였는데, 그것은 국제무역이나 중국 무역이었다. 그러한 벤처 사업 가운데 하나는 중국-오스트레일리아 우편 증기선 항로였고, 시드니와 멜버른의 중국 상인들이 자본을 투자하였다. 다른 상인들은 노동과 소비자들이 풍부한 홍콩과 중국으로 자본을 수출하였다. 많은 사업들이 그런 방식으로 투자되었고, 그중에서 가장 유명한 것은 세 곳의 백화점이었다. 신시어, 윙온, 선 등은 시드니의 정찰제 백화점들을 본떠서 만들었다. 새로운 소매업 형태와 함께, 그 백화점들은 홍콩과 중국 도시들에서 엄청나게 성공적이었다.[64] 오스트레일리아산 상품들의 중국 수출은 오스트레일리아계 중국인들에게 또 다른 수단이었다. 1930년대가 되면, 중국은 (대영제국과 일본 다음의) 세 번째로 큰, 오스트레일리아 생산품을 위한 시장으로 떠올랐다. 오스트레일리아계 중국인들이 그 시장에서 했던 역할이 해당 시기 동안 배척법들의 강제력을 완화했을지도 모른다.[65]

어떤 환경에서 획득한 자본과 기술을 이용하여 다른 환경에서 사업을 하는 것, 상대적인 이점이 있는 틈새들을 최대한 활용하는 것, 그리고 다른 분야를 피하는 것 등 유연한 적응력은 모두 일반적으로 성공한 사업의 특징들이다. 이주민 사업가들은 특히 그들의 주변인 상태를 이용할 줄 안다. 즉, 관할권이 양쪽에 걸쳐 있음으로서 갖는 독특한 기회들을 발견하고, 한쪽에서 자신이 갖는 지위를 다른 쪽에서 높이기 위하여 양쪽의 상대적인 장점을 모두 이용한다.

오스트레일리아에서 차별에 저항하는 과정에서 중국인 공동체는 미합중국보다 훨씬 더 단결하는 효과를 얻었다. 예를 들면, 오스트레일리아의 "비밀결사" 조직들은 미국의 차이나타운을 뒤흔들었던 "비밀결사 전쟁"을 모면하였다. 그 대신에 그들은 자신들을 "중국 프리메이슨 결사"라고 주장하였고, 그러한 우산 아래에서 전체 이민사 공동체의 이익을 위하여 협력하였다.[66] 입법기관과 신문사에 청원함으로써 통일된 중국인의 저항

64) Yong (1977), chap.2.

65) Markus (2004), 53.

66) Cai (2004), 142-143. 차이는 오스트레일리아 조직들의 협조 능력이 그곳 이민사들

은, 미합중국에서 그랬던 것처럼, 적응한 중국인들이 그들에게 동정적인 백인들과 함께 합리적인 공개 대화를 통해 차별을 반대함으로써 가능하였다. 오스트레일리아에서 태어난 윌리엄 아 케트(1876~1936)는 멜버른의 법정 변호사로 30년 이상 동안 영국인의 "공정한 경기"라는 신성한 원칙에 호소함으로써 중국인의 권리를 전문적으로 옹호하는 데 힘썼다. 1907년 빅토리아 주 의회가 열리기 전에, 그는 중국인 노동자들을 가구 공장에서 쫓아내기 위하여 기안된 "공장법"에 대하여 상급의 오스트레일리아인 변호사와 제대로 토론하였다. 이민자 공동체의 저명인사이면서 백인 오스트레일리아인들과 잘 지낼 수 있었기 때문에(오스트레일리아인 여성과 결혼), 아 케트는 사실상 두 문화를 겸비한 사람이었다. 즉, 그는 둘이 합쳐진 타협물이 아니라 중국인과 서양인의 세계관의 자연스런 결합을 추구하였다.[67]

이, 미합중국과 동남아시아와 비교하였을 때, 더 큰 공통 방언 공동체였기 때문이었다고 주장한다. 하지만 그곳의 중국인들이 유사한 정도로 같은 방언(거의 대부분 三邑과 四邑)을 사용하였다는 점을 고려한다면, 미합중국에서 작동했던 또 다른 요인들이 있었을 것 같다.

67) Ah Ket (2003); Yong (1977), 68. 아 케트의 서양과 동양 문화 비교는 다음을 참조. Ah Ket (1933).

제6장

혁명과 "민족 구제"

1840년대와 1850년대의 사건들로부터 등장하게 된 대량 이주는 중국과 해외의 중국인들 관계를 변화시켰다. 그것은 해외의 공동체와 그들의 교향僑鄕 지역 사이의 더 밀접한 관계, 중국어를 사용하는 인구와 더 일찍 동화된 중국인 거주자들 사이의 달라진 비율, 해외 중국인들 사이에서 "중국"―사람, 문화, 국가―의 운명에 대해 높아진 관심 등이었다. 20세기 초 정도에 등장한 "민족주의"는 그럼에도 불구하고 복잡하고 모호하였다. "민족"이 교향, 인종, 그리고 민족국가와 어떻게 관련이 있느냐는 문제는 해외 중국인 공동체들의 "민족주의"에서 중요한 부분이었고, 그 대답은 그들의 환경에 의해 형성되었다.

동아시아의 혁명

일본과 중국의 낡은 정치체제들이 근대 국민국가로 개조되기 시작하자마자, 서구 식민주의 시절도 끝나가고 있었다. 중국의 항구도시들에 서구 세력을 심었던 난징조약을 체결한 지 1세기가 지난 1942년에, 일본 제국의 무력은 동남아시아의 서구 속령에서 서양 세력들을 내쫓았고 서구의 신비감을 산산조각으로 만들어 버렸다. 싱가포르 독립의 지도자 리콴유李光耀는 훗날 이 시절을 "영국의 식민 사회는 산산이 부서졌고, 이와 함께 영국인이 우월하다는 모든 주장들도 마찬가지 상황이었다."고 회고하였다.[1] 이렇게 적나라하게 자신의 취약성을 드러낸 뒤 식민 세력은 실제로 아시아의 어느 곳에서도 다시 기반을 공고히 할 수 없었다. 비록 최종적인 목적이 의도하였던 것과 정확히 같은 것은 아니었지만, 일본은 사실상 아시아를 서구의 지배로부터 해방시켰다.

한편, 중국의 국가와 사회는 1860년대를 시작으로 변화되고 있었다. "제2차 아편전쟁"으로부터 생겨난 민족주의의 원형이 지식인 엘리트의 상층계급에서 나타났다. 그들은 서양의 군사와 공업 기술이 지닌 비밀을 찾아내서 "부강한 국가와 강한 군대"를 만들고자 하였다. 또한 얼마 지나지 않아서 중국과 중국 문명을 구하기 위해서는 무기 이상의 것이 필요하다는 사실이 분명해졌고, 국가권력의 틀 자체가 개조되어야만 하였던 것이다. 일련의 굴욕적인 군사적 패배 이후, 1895년은 하나의 전환점이었다. 그때 일본은 기술적으로 향상되었던 중국 군대에 신속하게 승리하였다. 승자의 평화협정 조건에는 중국 타이완 성의 할양이 포함되었다. 이 재앙은 일부 상층 지식인과 광서제에게 기술만으로는 부족하다는 것을 증명해

1) Lee (1998), 1:52.

주었다. 국가는 헌법을 통해 구성된 의회에 국민들(물론, 엘리트들부터)을 적응하게 해야만 하였다. 일부 사람들은 일본이 지역의 강자로 부상한 이유가 입헌 정부를 만들었기 때문이라고 여겼다.

해외 중국인들에 대한 베이징의 지원

정부에 더 광범위하게 참여한다는 개념과 함께 중국 밖의 중국인들에 대한 새로운 사고들이 등장하였다. 베이징은 (1877년 싱가포르를 시작으로) 외국 도시들의 영사관들을 통해 해외 중국인들의 마음을 얻으려고 하였다. 하지만 정말 필요한 때에 국가를 후원할 수 있을 정도로 그들을 설득하려면 정부의 입장이 더욱 이해가 가도록 바뀌어야 했고, 그것은 더 지켜볼 일이었다. 1893년, 청 조정은 오랫동안 사건들에 휘말렸던 이민 금지령을 폐지해 달라는 중국 외교관의 제안을 받아들였다. 그 제안은 즉각 조성에 의해 채택되었고, 그 상유는 다음과 같았다. 앞으로 "성실한 상인과 양민은 얼마나 오래 외국에 머물렀는지에 상관없이, 그와 그들의 아내 및 아이들에게도 해외 중국 외교관들에 의해 여권이 발급될 것이고, 중국으로 돌아와서 거주하고 사업하는 것이 허가될 것이다. 더 나아가 그들은 귀국하였을 때 괴롭힘을 당할지도 모른다는 두려움을 가질 필요 없이 언제든 사업을 위해 출국할 수 있을 것이다."[2] 중국 이민자와 그들의 후손들은 이제 중국에 뿌리를 가진 세계적인 공동체의 일원으로 인식되었다. 법안의 발의는 중국 최초의 공사였던 쉐푸청薛福成에 의해 이뤄졌다. 여기 발췌된 제안서는 쉐 공사가 런던에서 보낸 것으로, 이민에 대한 오랜 제국 금령에 분명하게 상처를 주었던 1893년 8월 21일과 9월 13일 상유의 기초가 되었다.(실제로는 폐지되었지만 여전히 기술적으로 강제되고 있었다.) 쉐푸청의 주

2) DQLCSLGX (1964a), 326.4와 327.1b.

장은 해금에 따른 오랜 문제점을 지적한 것이었다. 사업, 은퇴, 친지 방문 등을 위하여 고향에 돌아오는 이민자들은 우선 이주를 했기 때문에 엄밀한 의미에서 해금을 무시한 것이었다. 해금이 거의 제대로 지켜지지 않았다는 것은 문제의 핵심이 아니었다. 건륭제가 귀국한 체류자들에 대한 박해를 금지한 뒤 거의 한 세기 반이 지난 뒤에, 쉐푸청은 여전히 불법적 지위를 당국에 고발하겠다고 위협하는 '악덕 서리들과 사악한 향신' 들에게 갈취를 당하였다.

해외 중국인들의 오명을 벗겨 주기 위한 쉐푸청의 제안(1893년 6월 29일)[3)]

"1842년 이래로 우리는 동서양의 외국과 수많은 조약을 맺어 왔습니다. 영국과 맺은 난징조약의 첫 조항에는 영국에 사는 중국인과 중국에 사는 영국인의 경우 그들과 그들의 가족들이 보호를 받아야 한다고 되어 있습니다. 미국과 맺은 벌링게임 조약의 다섯 번째 조항에는 중국인과 미국인이 서로 상대국을 방문했을 때 시민권 취득에서 자유로운 선택을 할 수 있고 원하는 대로 오고 갈 수 있다고 되어 있습니다. 중국인 노동자에 관한 페루 · 쿠바와의 조약에는 해외의 중국인들을 보호하고 돌봐야 하며 영사관을 둔다는 조항이 있습니다. 오늘날 기차와 배가 어디든지 갈 수 있고, 지구 반대편의 국가들이 우리의 문간에 있는 것 같아서, 문을 닫은 채 자국을 통치하는 것은 불가능합니다. 게다가 우리 왕조는 200년이나 넘게 번영하여 현재 인구 과잉의 위험이 있습니다. 따라서 우리는 생계를 위하여 더 많은 백성들이 고용되도록 만들고, 사람들의 생필품을 공급하기 위해 상업 활동을 하게 해야 하며, 우리와의 일체감을 증진하기 위해 백성들의 바람에 보조를 맞춰야만 합니다. ……

3) Chen (1985), 1:1, 292-294.

해상무역 금령이 폐지됨에 따라, 시대의 정신은 개방적인 것이고, 이제는 멀리서 온 백성이나 가까운 곳에서 온 백성이나 모두 평등하게 취급받아야 합니다. 비록 공식적으로 폐기되지는 않았더라도, 예전의 규정들은 사실상 폐기되었습니다. 이는 해외로 나간 중국인들에게 특혜를 인정하는 문제가 아니라 시대의 흐름에 맞추는 문제입니다. ……

백성들의 속성이란 누구든지 그들에게 평화로운 삶을 주는 이에게 충성하는 법입니다. 수백만 명의 중국인들이 해외로 나가고 있습니다. 많은 광둥인들이 해외에서 일하고 있습니다. 그 나라들의 관습이 그들을 멸시하고 있더라도, 그들은 그럼에도 불구하고 자신의 방식에 따르고 생계를 유지할 뿐 아니라 얼마간의 돈까지 모을 수 있습니다. 중국 연안의 이떤 주와 현들은 [그들이 보내 준 송금 덕분에] 번영하게 되었습니다. 많은 푸젠 출신의 이민자들은 부유한 상인이었습니다. [관리들의] 악습이 그들을 학대했기 때문에, 전 재산을 가지고 해외로 나가 살았습니다. 그들 10명 중의 1명도 돌아오고 있지 않습니다. 중국인들이 고국을 그리워하지 않기 때문이 아니라, 중국 정부가 이들을 몰아내는 정책을 펴고 있기 때문입니다. 이는 새로운 규정이 정해졌음에도 모든 사람이 다 알 수 있도록 널리 선포하지 않았기 때문입니다.

[주: "새로운 규정"이란 아마 1866년에 중국, 영국, 프랑스 사이에서 타결되었지만 외국 열강에 의해 비준되지 않았던 협약을 가리키는 듯하다.(제3장 참조)]

따라서 우리 왕조의 깊은 배려와 관심이 멀리까지 미칠 수 없었고 악덕 서리들과 사악한 향신들이 그들을 이용하고 곤란하게 만들 수 있었습니다. '물고기와 새들을 안전한 서식처에서 내쫓는 것'은 건전한 정책이 아니고, ……

악인들이 [귀국한 사람들을] 곤란하게 만들지 못하도록 하기 위하여, 백성들에게 낡은 규제들이 이미 바뀌었음을 분명하게 해야 합니다. 모든 총독과 순무들, 또한 해외로 파견된 고위 관료들은 가능한 방법을 동원해 조정의 의도를 백성들에게 알려야 합니다. 해외 항구의 중국인 영사관들은 [귀국하기를 바라는 이들에게] 그들의 행동과 평판을 검사한 후에 여권을 발행해야 합니다. 이렇게 하면 우리들은 큰 불편 없이 대중적인 지지를 얻고 우리의 상황을 크게 개선할 수 있습니다. 이 정책은 중국과 서양 사이의 차이를 줄이고 관리들과 일반 백성들 사이의 장벽을 낮추는 데 도움을 줄 것입니다. 만약 고국을 그리워하는 이들이 더 많이 돌아오고 소작인들이 가볍게 고향을 버릴 생각을 하지 않게 된다면, …… 우리 왕조는 '백성들 사이에 부를 쌓는' 이익을 얻게 될 수 있을 것입니다. 이에 저는 [중국으로 돌아오는] 상인들을 보호하고 더 많은 이들이 [돌아오도록] 유인하기 위해 [이민에 대한] 낡은 금령이 폐지되기를 청원합니다."

이 시기 '중국인 체류자[華僑]'라는 용어는 해외 중국인들을 가리키는 공식적이고도 보편적인 용어가 되었다. '체류자'라는 표현은 이민자가 (적어도 그들의 자산이) 돌아오기를 기대하는 고향과의 지속적인 연계성을 함축하고 있었다.[4] 그럼에도 불구하고, 그것은 해외의 특정한 중국인들이 그들의 출신지나 터전이 된 사회에 대해 어떤 경험적 지식에 근거하지 않은 완곡한 표현이었다. 그럼에도 불구하고, 공식적인 중국인의 국적을 이

4) Wang (1981).

민자와 그 후손들까지 확대하는 것은 논리적으로 그다음 단계였다. 이후에 큰 영향을 미친 1909년 제정 법률은 아버지가 중국인인 모든 자녀는 (혹은 아버지가 알려지지 않았다면 어머니가 중국인인 경우도) 어디에서 태어나더라도 중국 국민이라고 선언하였다.[5] 동남아시아에서 이러한 "혈통주의"는 결국 소수자인 중국인들과 그들의 터전이 된 사회 · 정부들 사이의 관계를 복잡하게 만들었다.

초기의 해외 화교 민족주의

왕조가 쇠락하던 시기에 개혁과 혁명 운동들은 거의 동시에 등장하였다. 그러한 운동들은 우선 세계를 여행하면서 동포들을 독려하여 은신처와 자금을 지원받았던, 망명한 지도자들에 의해 남양에서 촉진되었다. 청조는 1880년대 이래 영사관을 통해 관직과 학위를 팔아서 해외 중국인들에게 재정적 원조를 구해 왔다. 광둥 출신의 학자-지식인 캉유웨이康有爲와 량치차오梁啓超가 이끌던 개혁파들은 자신들의 보황회保皇會에 대한 지지를 호소하였고, 입헌군주제 아래 근대국가 건설을 옹호하였다. 해외에 친척이 있던 광둥 출신의 평민 쑨원이 이끌던 혁명파들은 자금과 지원을 둘러싸고 개혁파들과 경쟁하였다. 1894년, 쑨원은 하와이에서 "흥중회興中會"를 창립하였다. 회에서 내세운 목표는 만주 군주를 타도하고 공화국을 건설하는 것이었다. 그 뒤 쑨원이 주도하였던 동맹회同盟會(1905년 도쿄에서 창립)는 계속해서 정치적 · 재정적 지원을 중국 이민공동체에 의존하였다. 세계적으로 서로 연관된 두 가지 이유가 중국 이민자들을 더욱 정치에 참여하도록 만들었는데, 그것은 중국, 특히 자기 출신 지역의 미래에 대한 걱정과 희망, 그리고 해외의 터전에서 소수자로서 중국인들의 복지에 내

5) Yen (1986), 199-202.

한 관심이었다. 강하고 진보적인 중국은 이민 공동체에 더 나은 미래를 제공할 것처럼 보였고, 이들 이민 공동체들은 중국과 그들의 교향僑鄕이 부강과 진보로 나아가는 데 도움을 줄 수 있었다.

선구적인 입헌론자였던 캉유웨이의 제자로 출발했던 량치차오는 얼마 지나지 않아서 스승의 영향에서 벗어났고, 중국에서 민족주의 · 근대국가 건설 · 서구 사회사상 등에 대한 중요한 해설가가 되었다. 그의 저작은 중국 전역에서 교육받은 사람들에게 읽혔다. 입헌 정부의 기획자이고 유산된 "1898년 개혁 운동"에서 캉유웨이의 협력자로서, 량치차오는 현상금이 걸린 채 고국에서 달아났다. 그의 입헌군주를 위한 세계 여행이 원론적으로는 충성스러운 것이었지만, 암암리에 혁명적인 것이었다.

량치차오는 중국이 이민자들을 보호해 줄 힘을 가지고 있기만 하다면 그들이 국력을 키우는 데 도움을 줄 수 있을 것이라고 확신하였다. 이민과 이주민들의 성격은 량치차오에게 모험적이고 진취적이며 심지어 제국주의적이기까지 했던 과거 중국 이민자들을 생각나게 하였는데, 그들에게는 중국의 후원만이 부족하였다. 량치차오가 쓴 1906년의 글 「위대한 중국 식민주의자 8인의 전기」는 중국 이민자들을 동남아시아에서 권력을 놓고 경쟁했던 늠름한 역사적 인물들로 그렸는데, 그들은 유럽인에 못지않게 힘이 넘치는 영웅적인 개척자들이었다. 사회진화론의 추종자였던 량치차오는 개개인의 야심을 끌어올림으로써 중국을 "환경에 적합하게" 만들어야 한다고 호소하였다. 왜냐하면 강력한 국민국가에 의한 제국주의의 팽창이 당시의 묵시적인 사실이었기 때문이었다. 왜 중국은 그것을 따르지 않아야 하는가? 량치차오는 중국인들이 국가 건설의 과제에 직면했을 때 그들에게 긍정적인 자기 이미지를 줄 수 있는 과거의 사례를 찾으려 하였다. 그가 든 사례들에는 망명한 군사 지도자들, 무법자들 그리고 형제애로 뭉친 두목들이 포함되었는데, 그들은 군사화된 소왕국을 일궈 냈다. 그중 일부는 일찍이 14세기에 자바 · 보르네오 · 말라야에 만들어졌는데, 그곳들은 나중에 유럽 식민지가 된 지역들이다.

량치차오, 「위대한 중국 식민주의자 8인의 전기」(1906)[6]

"『명사明史』의 외국 기사를 훑어보던 중에 나는 스리비자야, 보르네오, [말라야] 자바에서 이들 네 왕을 발견하였다. 나는 놀랍고 기뻐서 할 말을 잃었다. 그리고 이렇게 위대한 민족적 인물들이 케케묵은 책 속에 이처럼 깊숙이 묻혀 있었던 것이 유감스러웠다. …… [그들이 지금까지] 중국의 역사 밖에 있었던 것은 중국 자신이 생존을 위한 현재의 세계적인 경쟁의 외부에 있었다는 점을 상징적으로 보여 준다. ……

* * * *

내가 그들의 전기를 스케치하는 일을 마쳤을 때, 시대정신에 대한 감상 이외에도, 세 가지 생각이 더 들었다. 첫째, 해양 사무와 국가 활력 사이의 관계이다. …… 그들 가운데 일곱 명은 광둥 성 출신이고, 두 명은 푸젠 성 출신이다. 앞으로 우리나라가 제국주의를 밖으로 확대할 수 있다면, 이들 두 성의 백성들이 유용할 것이다. 그러나 다른 연안 성들의 백성이나 심지어 내륙 성들의 백성들도 자격이 있을 것이다. 핵심은 그들의 능력을 배양시키는 것이다. 예를 들어 미국의 해양 세력은 단지 두 연안 지역 사람들의 힘 때문에 발전한 것이 아니었다.

둘째, 식민지 사업과 정부의 장려 사이의 관계이다. 모든 큰 세력들은 직간접적으로 자신들의 정부로부터 그들의 식민지 사업에 대해 장려를 받고 있다. 우리나라는 상호 의심과 질시가 지배하였기 때문에 모든 사람들이 각자 다른 방향으로 나갔다. 따라서 비록 일부 사람들은 뛰어난

6) Liang (1906).

능력과 정력을 가지고 있었음에도, 결국 지원이 부족하여 실패하였다. 이것이 바로 최근 몇십 년 동안 미국 · 오스트레일리아 · 아프리카 등에서 많은 화교들이 비참한 경험을 하였던 원인이다.

셋째, 정치권력과 국제 경쟁 사이의 관계이다. 고대에는 중국 정부의 도움이 없어도 우리 백성들이 여러 나라에서 점포를 열거나 사업을 후손들에게 물려줄 수 있었다. 그러나 그들이 강력한 문명을 가진 나라들과 맞닥뜨렸을 때, 그들은 이들 나라들의 통제에 복종해야 하였다. …… 슬프도다! 100개 이상의 남양 왕국들 대부분은 황제黃帝의 후손이다. 지리적인 관점에서든 역사적인 관점에서든, 그것들은 당연히 우리들의 식민지이다. 그러나 지금 그곳에 사는 중국인들은 오로지 자신을 소와 말에 비유할 수 있을 뿐이다. 슬프도다! 누구의 탓인가? 누구의 탓인가? 더 나아가, 우리가 황제로부터 물려받은 자신의 땅조차 지켜 낼 수 없는데, 어떻게 동남아시아의 [동포들을 보호할 것이라고] 기대할 수 있겠는가?"

해외 중국인들 사이에서 민족주의의 등장이 고국인 중국의 그것과 같은 길을 따라야 한다는 것을 기대하기는 거의 어려웠다. 비록 중국이 외국 세력에 종속되어 있었을지라도, 그 권력은 간접적인 통치에 의해 행사되었다. 하지만 해외 중국인들은 외국인들의 직접적인 통치 아래 있었다. 그들의 가족과 경제생활의 구조는, 식민지적이든 토착적이든, 외국인 정권 아래에서 특별한 틈새들과 숙박 시설들에 적응되었다. 어떠한 반중국인 적개심이 밑바닥에서 끓고 있었던, 소수자였던 해외 중국인들은 그들이 살던 환경에 적응하는 양식을 만들어 냈고, 그것은 가볍게 버려지지 않았다. 그런 환경에서 그들이 중국과 그 미래, 그리고 그들과 그 국가의 연계에 대해 복잡한 태도를 보였다는 사실은 놀라운 것이 아니다.

1912년부터 1937년까지 해외 중국인의 민족주의에 대한 조사에서, 왕궁우는 민족주의 의제들에 대한 단일한 형태를 발견하지 못하였다. 남양의 중국인들 사이에서 민족주의는 자생적인 것이 아니라 본국으로부터 온 활동가들에 의해 나타난 "교육된 민족주의" 였다. 그러한 활동가들은 대부분 (그들에게 오래된 문화에 대한 깊은 감탄, 외국인의 손아귀에 놓인 상황에 대한 분노로부터 나온 강한 굴욕감을 느끼게 하였던) 계급 교육과 (근대국가들이 획득한 부와 힘을 목도하였던) 해외여행의 산물이었다. 해외 중국인들에게 이러한 민족주의자 사절들은, 그들을 학대로부터 보호해 줄 뿐만 아니라 근대화되고 계몽된 중국과 연결되었다는 것에 자부심을 느끼게 해 줄, 강한 국가에 대한 전망을 제공하였다.

하지만 그다음 30년 이상 동안 등장한 정치 상황에 따라 반응은 다양하게 나타났다. 한쪽 끝에는 중국의 이슈들에 대해 열정적으로 심숭하고 간여하는 사람들이 있었다. 다른 한쪽 끝에는 (종종 식민지 교육의 산물인) 동화된 공동체 지도자들이 있었는데, 그들은 식민지적이든 토착적이든 그들의 터전이 된 사회에서 공적 생활에 참여하려 하였다. 그 둘 사이에 있던 다수에는 지역공동체에서 서로 친밀하게 연결된 점포 주인 · 상인들이 포함되었는데, 그들은 그 공동체들의 이익에 초점을 맞췄고 정치 참여에 조심스러웠다. 이들 중간의 다수가 지닌 민족주의는 "계산되고 통제된"[7] 것이었고, 기회와 환경에 반응하면서 이쪽 혹은 저쪽 방향으로 신중하게 움직였다. 그것은 복잡한 정체성과 조심스럽게 다듬어진 적응 능력을 지닌 주민들의 생존 본능이었다.

---

7) Wang (1981), 157; 다음도 참조. Wang (1970).

민족, 민족국가, 그리고 민족주의

서구의 담론에서 "민족"의 오래된 의미는 어떤 영토 국가와 필연적인 관련성을 보여 준 적이 없었다. 18세기 이전에 "민족"은 보통 문화 · 언어 · 역사 등을 공유하는 사람들을 의미했을 뿐이고, 반드시 그 자신의 주권 정부에 의해 통치되는 것을 의미하지는 않았다. 예를 들어, 비록 주권을 지닌 조국이 없었지만, 디아스포라로서 유대인은 대체로 문화 · 역사적 의미에서 "민족"으로 언급되었다. 20세기 이전에 "민족"은 오로지 산발적으로만 "민족국가"와 동일시되었는데, 그것은 "공통의 민족적 정체성(역사적으로, 문화적으로 혹은 종족적으로)을 공유하는 사람들로 구성된 독립적인 정치적 국가였고, (보다 일반적으로는) 모든 독립적인 정치적 국가였다."[8] 근대 민족주의는 국가와 국민에 초점을 두지만, 반드시 동등한 비중을 두지는 않는다. 이 장의 사례들은 문화 · 언어 · 역사로서, 즉 기본적으로 "어떤 국민"으로서의 "민족"이 해외 중국인들 사이에서 주요한 요소였음을 보여 준다. 논리적으로 우리는 약하고 비효율적이며 종종 정통성이 부족한 국민국가의 어떤 국민을 상정할 수도 있다.

해외 중국인들은 (심지어 현지에 동화되어 중국어를 잊어버린 중국계 주민들조차도) 자신들을 집단으로서 토착민들과 구별해 주는 독특한 문화에 자부심을 가졌다. 왜냐하면 그들은 다른 사람들(토착민과 식민 통치자들)에게 하나의 단일한 인구 집단으로 다뤄졌기 때문이었고, 그들 사이의 뚜렷한 구분들(방언 · 지역 · 혈연)은 필요하다면 범중국적인 시각에 의해 대체될 수 있었다. 우리가 제4장에서 살펴보았듯이, 이러한 구분들은 때때로 하나의 우산 아래 집단(하나의 통합된 중국인 모임이나 근대적인 총상회)으로 합쳐졌고, 비중국인의 세력 구조와 효과적으로 협상할 수 있었다. 그러나 기록에

---

8) 옥스퍼드영어사전의 "민족", "민족국가."

따르면 우산 아래의 모든 조직들은 특정 지역이나 방언 집단의 연합체였으며, 각 집단의 정체성과 그 지도자들은 여전히 뚜렷하게 구별되었다. 더 나아가, 현지의 실용적인 목적을 위해 힘을 합치는 것이 모두가 중국을 하나의 국민국가로서 받아들였다는 것을 의미하지는 않을 것이다. 19세기 말까지 해외 공동체가 중국의 중앙집권적인 국가권력에 대해 언급한 것은 매우 적었고 모호하였다. 이민자들은 자신들을 상징적으로 통치 정권("위대한 청나라大清"에서 보이는 것처럼)과 연계된 것으로 보았던 것 같지만, 정치적으로라기보다는 문화적이었다. 문화적 통합성의 의미는 자신을 가리키는 화런華人(중국인, '화華'는 국가가 아니라 문화를 가리킨다)이나, 광둥인 사이에서 이미 천 년 전에 사라진 "탕런唐人(당나라 사람)으로 표현되었다.[9] 따라서 19세기의 마지막 30년 이전에 이민자들이 하나의 중국 안에 있는 하나의 문화를 그렸을지는 의문의 여지가 있다. 이민자들—비록 몸은 그곳에 없더라도—은 그 중국에서 이해 당사자나 시민이었다.

1910년대에 중국 "민족nation"이라는 의미는 세 가지 형태로 표현되고 있었다. 첫째, 모든 지지자들을 품위 있어 보이게 하였던 문화적 전통이었다. 둘째, 언젠가 해외에 있는 자기 시민들을 지켜 줄 수 있을 근대화가 진행 중인 국가였다. 셋째, 생존을 위한 사회 진화의 전투에서 사라질 위험에 처한 "인종"이었다. "민족"의 마지막 의미—문화와 혈통을 모두 공유하는 "인종"의 내재적인 통합—가 바로 가장 분명하게 20세기 초 해외 중국인들의 민족주의를 특징지었다. 이러한 의식의 일부는 중국에서 이민족이 통치할 때 한인 백성들 사이에서 오랜 시간에 걸쳐 형성되었다. 만주인들이 부분적으로 동화되었는가에 상관없이(많은 만주인들이 언어를 잃어버렸다), 특권을 지닌 이민족 엘리트로서 그들의 지위는 통치의 약점이 드러

9) Shiba (1995), 19, 163.

난 상황에서 더욱더 분노를 야기하였다. 민족의 자의식도 서양인이 중국에게 준 굴욕감에 대한 반발로 높아졌다. 그리고 "인종"과 사회진화론(옌푸가 번역한 헉슬리와 스펜서의 저작으로 고전적인 중국 지식인들에게 알려짐)은 그 강력한 서양인들이 가장 최근에 이룩한 "과학적인" 발견은 아니었을까? 하지만 소수자였던 해외 중국인들 사이에서 하나의 민족문화 단위로서 "민족"의 의미는 바로 다음 사실로부터 파생되었다. 즉, 하나의 공동체로서 "중국인"은—표면적인 국적에 상관없이 그리고 그들을 구분하는 지역주의에도 불구하고—비중국인 주민들에 의해 둘러싸여서 비중국인 통치 세력에 의해 통제받고 있었다. 따라서 민족으로서 중국인과 "타인들" 사이의 차이는 극명하였다. 비록 국가권력으로서 "민족"과 인종 집합체로서 "민족"이 둘 다 초기 중국의 민족주의에서 보일지라도, "인종"(黃種, 同種, 人種, 그리고 種族)[10]을 공유한다는 개념이 더 강했던 것으로 드러났고, 특히 방언 집단들 사이의 적대감을 완화하려는 운동이 진행되는 시기에 더욱 그랬다. 아무리 공상적일지라도, "인종적인" 통합은 불안한 소수자의 공동체들에서 적절한 방어 수단인 것 같았다.

실제로 해외 중국인에게 "민족주의"는 집단적인 태도와 전략이었고, 그들이 뿌리내린 지역적 환경들이 달랐을 뿐, 중국은 그들의 기원이 된 고국땅이었다. 그들의 지역적 환경에서 민족주의의 의제는 다양한 요구에 봉사하였다. 즉, 중국인의 지위와 안전을 증진할 수 있는 자기—혹은 집단—이미지를 창조하는 것, 그들의 경제적 지위를 보호하는 것, 그리고 지역이나 방언에 구분 없이 공통의 위협이 있을 때 하나로 뭉치는 것 등. 결국 민족주의 운동은 중국인 공동체에서 정치적 경쟁과 사회적 이동의 장들을 제공하였다.

---

10) Ye (1995), 53-54; Wong (2001), 90.

대량 이주와 분화된 공동체들

비록 제2차 세계대전 이전에 해외 중국인들의 민족주의가 고양된 것은 잘 알려져 있듯이 일본의 중국 침략에 대항한 대중 캠페인과 관련이 있을지라도, 그 기원은 대량 이주에 따른 인구학적 결과로 해외 중국인 공동체들의 구조를 근본적으로 변화시켰던 시기까지 소급할 수 있다. 고향과 긴밀한 연계를 유지하고 있던 해외 중국인들은 자녀들을 중국인 학교에 보냈고 중국어 신문을 읽었으며, 중국의 정치가들에게 동원을 위한 새롭고 유망한 장을 제공하였다. 정치적 전망은 각기 다른 터전에서 페라나칸과 토톡의 비율에 따라 달랐다. 1891년에 해협식민지의 바바는 5만 명이었는데, 중국에서 온 신참자들이 17만 5,000명이나 되어 압도적으로 많았다. 말레이 반도의 중국 주민은 사실상 모두 토톡이었고, 1931년 말레이 반도의 중국인 가운데 68퍼센트는 사실상 출생지가 중국이었다. 그들의 민족주의적 열정은, 예를 들자면 46퍼센트만이 중국 태생이었던 태국보다 더 강했는데, 이것은 놀랄 만한 일이 아니다. 스키너는 이렇게 주장한다. 식민지라는 환경의 삶이 중국인들을 급진적인 사상에 놓이게 만들었고, 이것은 태국처럼 식민지가 아니었던 터전의 주민들과 비교된다. 또한 말레이 반도의 중국인들 가운데 다수였던 광둥인들은 역사적으로 광둥의 혁명운동에 동조해 왔다.[11] 인도네시아에는 1960년대가 되어서도, 자바의 경우 페라나칸이 여전히 3대 2 정도로 토톡보다 많았는데, 그 비율은 다른 외곽 섬들에서는 반대였다.[12] 20세기로 바뀐 다음에는 차츰 더 균형 잡힌 성비가 토톡으로 하여금 중국 문화를 지키게 하는 또 다른 요소였다. 새로운 인구 추세는 야심 있는 중국인 정치인들과 재정난에 처한 중국 정부에

11) Skinner (1996), 82; Skinner (1977b), 227.

12) Skinner (1967), 106.

게 하나의 유혹이었다.

새로운 다양성은 페라나칸들로 하여금 그들의 이례적인 상황에 주의를 돌리게 하였다. 그들 자신의 "중국적" 정체성은 새로운 이민자들 사이에서든 고국에서든 현재의 "중국인다움" 의 정의에 들어맞았을까? 일부 페라나칸들은 언어 이외의 중국 문화에서 새로운 자부심을 찾았고 자신들을 다시 중국화하려 하였다. 이러한 시도로서, 그들은 문화 협회(1900년에 바타비아에서 설립된 "중화 회관中華會館", 그리고 그곳과 해협식민지에서 전개된 유교 교육 운동 같은 것)를 통해 역사적 유산에 대한 자각을 일깨웠고, 중국인 학교를 후원하였으며, 특히 유교 경전의 번역을 통해 공자와 그의 가르침을 숭상하였다. 실용적인 측면에서 강력하고 근대화하고 존경받는 중국은 보호의 원천이 될 수 있었다. 20세기 초, 페라나칸들은 개인적인 가치와 안전의 필요성을 더 분명히 느끼고 있었다. 자바의 페라나칸들에게 19세기 중반 이후의 시기는 상황이 나빠지고 있었다. 1854년에 통과된 법률은 페라나칸들을 "동양 외국인" 으로 구분하였고, 법적으로 인도네시아 원주민과 같은 지위로 격하시켰다. 더 큰 모욕은 1870년에 거주와 여행에 관한 요건이었는데, 그들이 살 수 있는 곳을 제한하고 여행을 규제하였다. 두 요건은 모두 무역에 관여하는 이들을 무기력하게 만들었다.[13]

페라나칸 엘리트의 경제적 독점권은, 우리가 살펴보았듯이, 네덜란드인들에게 빼앗겼고, 중국인들도 이제 대출 사업에서 배제되었다. 토착인들보다 높은 특권과 명망을 갖는 대신에 페라나칸들은 굴욕적인 명령을 받는 대상이 되었다. 그들은 (1899년) 일본인들이 유럽인들과 같은 지위를 갖도록 협조하였다. 한편 중국인들은 "동양 외국인" 으로 남아 있었다. 중국인들에게 (네덜란드인에 이은) 두 번째 계급의 지위를 부여한 인종적 구

13) Coppel (2002), 140-142.

분이 이제 모욕적이게도 페라나칸들의 지위를 토착인의 그것과 가깝게 하락시켰다. 이러한 상황에서 근대화하고 있는, 힘 있고 뛰어난 문화를 지닌, 민족국가로서 중국이라는 새로운 전망은 페라나칸들에게 매력적으로 보이기 시작하였다.

그 전망은 페라나칸들에게 두 가지 측면에서 호소력을 가졌다. 첫째, 그들이 더 이상 식민 체제에 의존하지 않을 수 있다고 믿게 하였던, 보호라는 실제적인 문제였다. 인도네시아에 외교 대표 기구를 두고 (1909년 이후) 중국 국적에 대해 포괄적인 정의를 적용하던 중국이 더 강력해진다면 해외의 국민들을 실질적으로 지원할 수 있을 것이었다. 둘째, 모욕감이 문화적 자긍심으로 경감될 수 있다면, 중국 문화야말로 필요한 것이었다. 역사적으로 중국 문화는 세계적으로 존경받았고, 철학적 · 문화적으로 우월하고 대단히 뛰어나다는 이미지를 분명하게 표명해 왔다. 중국 혁명은 아직 문화적 우상파괴의 단계에는 이르지 않고 있었다. 중국이 유교와 모든 유교 경전을 왕좌에서 끌어내리려 했던 것은 한 세대가 지난 뒤의 일이었다. 한편, 페라나칸들은 이제 식민지에서 그들의 특권적인 지위가 위협받는다고 느끼고 있었고, 유교는 그들에게 자존심의 공백을 메워 줄 것 같았다.

1919년에 페라나칸 활동가였던 림군현Lime Koen Hien, 林群賢은 중국이 "자기 발전"을 도와 달라고 그 (국내외의) 시민들에게 호소하고 있는 "바다 건너 아버지의 나라"라고 썼다. "우리는 우리의 모든 희망을 중국에 두었기 때문에" 그것에 호응하는 것은 "페라나칸 중국인의 의무"였다. 비록 "해외에서 우리들의 지위 향상은 다소 느리게 이뤄질 것이지만", 페라나칸들은 참을 수 있다.[14] 먼 곳까지 퍼져 있는 중국 시민들의 지위 향상은 궁극적으로 중국의 발전을 통해 이뤄질 것이었다. 그리고 그것은 처음에

14) Suryadinata (1993), 60.

는 식민주의자들에게 그들의 목적을 위해 이용당하고 그다음에는 그들에게 배신당한 사람들에게 결코 불명예스러운 결과가 아닐 것이 분명하였다. 해협식민지의 바바들과 마찬가지로, 림군현과 같은 인도네시아의 페라나칸들에게도 중국 문화는 잡종의 어중간한 상태로부터 구해 줄 수 있는 문화적 생명선처럼 보였다. 또 지역 질서 속에서 지배 세력의 후원에 의존하지 않는 정체성을 제공하였다. 페라나칸들은 더 이상 거만한 유럽인들의 단순한 심부름꾼으로 모멸감을 느끼지 않을 것이며, 오히려 완벽한 문화적 자격을 갖춘(그리고 아마도 청의 영사관으로부터 약간의 지원도 받는) 소수자들로서 존경받을 것이다.

하지만 영국과 네덜란드 식민지 모두에서 중국식이 아니라 유럽식 학교 교육이 더 선호되었다. 1818년부터 말라카의 바바 엘리트의 아이들은 그곳의 영중 대학Anglo-Chinese College을 다닐 수 있었다. 이들 대부분은 1820년대에 싱가포르로 이주했는데, 그곳에서는 곧이어 영국식 중등교육을 위해 큰 복건 사찰 옆에 세워진 푸젠 중등학교가 추가되었다. 그곳에서 바바 상인들의 아이들은 샤먼 지역으로부터 새로 온 상인 이민자들의 아이들과 나란히 공부하면서 부분적으로 다시 중국화될 수 있었다. 이에 따라, 1819~1877년의 시기에 바바들과 새로 이주한 엘리트들 사이에 어느 정도 융합이 나타났다. 그러나 1880년대가 되면 이 두 언어 계열들은 서로 멀어졌다. 토톡들은 청의 영사관이 설립되자 성공한 사람들에게 관직과 학위를 판매하면서 그들의 중국 의식을 고양시켰다. 그리고 바바들은, 영국이 영국식 교육을 받은 재능 있는 학생들을 위한 퀸스 장학프로그램Queen's Scholarship program과 같은 교육적인 기회를 통해 명문가들을 끌어들이면서 신참자들과 멀어졌다.[15] 1890년대에 이르면 해협식민지의 새

15) Lim (1995), chap.4.

로운 이민자들은 그 수에서 바바들을 크게 능가하였고 방 조직서 지도적 인 지위를 갖기 시작했다. 바바들(특히 거의 철저하게 영국화한 바바들)은 중국어 사용자가 압도적인 새로운 신참자들의 사회에서 점차 입지가 좁아지고 있음을 알았다. 그들 다수에게 보호막이 되었던 것은 바바를 영국의 신민으로 규정했던 1900년에 설립된 중영해협협회the Straits Chinese British Association였다.

유사한 이행이 인도네시아에서도 일어났다. 자바에서는 1900년경에 범중국인 운동의 첫 번째 고조가 나타났다. 그러나 중국인 학교를 설립했던 페라나칸들은 곧바로 더 중국 지향적이고 정치적 성향이 강한 토톡들이 자신들보다 앞서 있다는 것을 알았다. 1915년에 이르면 토톡들이 새로운 학교들을 장악하였다. 재再중국화 운동과 경쟁하기 위해 식민지 당국이 제공한 대안, 즉 네덜란드식 교육(1907년에 부여된 특권)과 더 큰 사법적 평등은 점차 대부분의 페라나칸들을 재중국화로부터 멀어지게 만들었고, 그 결과 이들과 새로운 이민자 계층 사이의 문화적 격차는 더 커졌다. 식민주의자들의 언어에 의한 교육은 해협식민지 바바의 정체성을 규정하는 강력한 힘이었고, 그것은 나중에 인도네시아의 페라나칸들에게도 마찬가지가 되었다.

페라나칸들에게는 중국어든 식민지의 언어든 지위를 보여 주는 추가적인 기능을 가졌는데, 그것은 어느 정도 위험성을 동반하였다. 언어는 그들의 토착 말레이인들에 대한 차별성과 우월감을 강화하였고, 강한 적대감을 불러일으켰다. 페라나칸 무사들에 의해 이해된 유교는 그들의 차별성이 더욱 강화되었음을 상징하였는데, 그 방법은 사회적 관례들(장례와 결혼)에서 "도착적인" 것들을 제거하는 것이있다. 유학자들은 현지에서 사용한 것들 가운데 어느 것 하나도, 천하고 미신적이어서 순수한 중국의 사회적 방식과 모순되지 않은 것이 없다고 단언하였다. 오염되지 않은 유교적 의례들을 대중화하는 것은 그들을 둘러싼 사람들로부터 그들을 차별화하는 한 가지 방법이었다. 죽은 사람의 주거지 지붕 위에 베개를 올려놓는 것과 같은 "타락한"(인도네시아의 관습을 흡수한) 장례식은 (비록 그렇게 하지 않는다면 덜 유교적인 이웃들로부터 도리어 "불효"라고 낙인찍힐지라도) "불효"라고 비난받았다.[16]

소수자였던 중국인들과 토착민 및 지배 엘리트(식민지 체제에서든 토착 왕국 체제에서든) 사이의 기존 관계들에 대한 모든 가정들은 의문시되었다. 새롭게 눈에 띈 관례들과 "중국인다움"의 상징들(중국인 학교, 신문, 임의단체, 의식)은 중국 본국과 관련된 정치적 행동주의와 더불어 토착민들의 분노를 일으키기에 충분할 정도로 거슬렸다. 그 피할 수 없는 결과가 필리핀, 인도네시아, 타이의 반중국인 운동이었다. 특히 페라나칸들의 우월한 지위와 부가 오랫동안 인도네시아인들을 화나게 만들었던 자바에서, 토착인들은 페라나칸들의 새로운 문화적 자부심을 오만함으로 받아들였고 당연히 반감을 품었다. 타이에서는 중국인의 사회적인 자기주장, 정치적 행동주의, 경제적 성공 등은 인종적 차이를 더 강조하고 선전했던 정력적인 타이 민족주의의 성장과 동시에 나타났다. 우리는 그 결과로 나타난 반중국인 감정을 짧게 살펴보려 한다.

식민지 교육이 페라나칸들과 바바로 하여금 강력한 유럽인들과 직업·문화적으로 더 가까워지도록 도와주었던 것만큼, 중국 문화는 (중국어를 알든 모르든) 식민지 신민의 최하층과 다르다고 스스로 규정하는 틀을 제공하였다. 역설적으로, 유교는 일부 진보적인 바바들에게 특별한 호소력을 가졌는데, 그 이유는 유교가 (강력한 서구의 매력적인 측면들이었던) 합리주의·도덕주의·진보성 등을 모두 구현하고 있는 것으로 보였기 때문이

16) Williams (1960), 60-61.

었다. 영국에서 교육받은 바바 내과 의사였던 림문경林文慶(1869~1957)이 보기에, 유교는 대체로 중국인 이주사회에 더 나은 미래를 줄 수 있었다.

림문경은 조상이 푸젠 성 출신으로 제3세대 해협식민지 중국인이었다. 싱가포르 라플스 인스티튜션(중등학교)의 우수한 학생으로 퀸스 장학제도의 첫 번째 장학금 수혜자였고, 에든버러 대학에서 의학 교육을 받았다. 싱가포르로 돌아온 뒤 내과 의사, 사업가, 동맹회 회원, 유학 교육자와 개혁 운동가, 중영 해협 협회의 창립자 등으로 활동하였다. 비록 바바-말레이어와 영어를 구사하면서 성장하였지만, 그는 중국 고전 철학을 신봉하였다. 수년 동안 중국어를 공부했음에도 그는 결코 중국어에 통달할 수 없었다. 이러한 복잡한 중국과 영국의 문화유산, 그리고 그의 세계주의로 인해 유학, 영국의 자유주의 사상, 근대주의가 혼합되어 독창적인 종합물을 만들어 냈다.

림문경은 1917년에 바바 페라나칸들이 "중국과 말레이 피가 섞여 만들어진 …… 새로운 인종"이라고 썼다. 비록 이 문화적인 혼혈인들은 "모든 면에서 중국인"이지만, 그들은 "자신들 자체로 하나의 계층"이 되도록 구분하는 사회적 관습들을 가진다. 영국은 영어 교육을 해협식민지에 도입했고, 그 결과 (혼혈 중국 상인들이 자식들을 영어 교육을 하는 학교로 보냈기 때문에) "구분선은 …… 더 분명해졌다." 림문경은 페라나칸 "인종"이 네덜란드령 동인도제도에서도 번성했지만 그곳의 식민 당국이 네덜란드식 교육을 허용한 것이 늦었기 때문에 "영국 국기의 보호 아래 중국인으로 태어나고 길러지는 이점을 누렸던" 말라야의 페라나칸들과 "현저한 질적 차이"를 갖게 하였다.[17]

비록 림문경이 한문 고전을 열심히 공부하였지만 원어로 유교 경전을

17) Lim (1917).

읽고 이해하는 것은 일종의 고투였다. 그럼에도 불구하고 림문경은 전통 유산에 대한 강한 사명감으로 해협식민지와 말레이에서 저명한 유교 교육자이자 선전가가 될 수 있었다. 아래의 인용문은 림문경의 유교가 혼혈 바바들의 말레이화된 "중국적인 것"과 뚜렷한 대조를 이루는 순수주의적이고 불가지론적이며 세속적이었다는 사실을 보여 준다. 사실, 이것은 림문경이 싱가포르와 스코틀랜드에서 받은 합리적이고 진보적인 빅토리아시대의 교육과 관련이 있다. 이러한 상황은 림문경과 그의 동료들이, 19세기 초에 이르러 해협식민지에서 영어를 쓰는 바바들을 수적으로 크게 압도한, 중국어를 쓰는 이민자들의 "미신적인" 민속으로부터 거리를 두게 만들었다. 림문경의 유교에는 바바들의 "타락한" 중국 문화와 중국인 대중들의 화려하고 주술적인 민간 문화 모두에 대한 일종의 관료적 경멸이 존재하였다.[18)]

림문경의 유교, 식민주의, 근대성(1917)[19)]

"근대 교육은 …… 모든 형태의 미신을 죽이고 있다. 영국적 사상과 관습들이 광범위하게 퍼지고 있다. 수많은 젊은이들이 해외로 가서 공부하고 돌아와서 법률, 의학 그리고 다른 전문직에서 활동한다. 해협 출

---

18) 림문경의 유교는 "효도"를 "인간 감성의 기본"으로 강조하였다. 그는 유교(孔教)가 사랑과 조화의 정신적인 자질을 체현하는 것으로 결국 사회주의와 비교할 만한 순수 종교라고 믿었다. 그는 과학이 『대학』의 "격물"과 비교할 만하다고 여겼고, (캉유웨이의 숭배자로서) "대동(大同)"으로 나아가는 역사적 발전을 믿었다. 요컨대, 그의 유교는 낙관적, 개량적, 합리적, 진보적이었다. Li (1991), chap.3. 페라나칸의 중화회관(中華會館) 창설자, 반경혁(潘景赫)은 림문경이 민간 장례 관습을 경멸함에 동조하였다. "우선, 이 협회는 현재 장례와 결혼 관습들에 의해 중국인에게 지워진 무거운 짐을 경감시켜 주기를 바란다." Suryadinata (1997), 6.

19) Lim (1917), 875-882.

신 중국인 청년들은 유럽과 미국의 대학에서 우수한 성적을 거두었다. …… 송왕상宋旺相, Mr. Song Ong Siang(M.A., LL. M.: 케임브리지에서 교육받았으며 사회적으로 저명한 바바 개혁가)은 건전하고 의식 있는 변호사이자 개혁과 여성 교육 향상의 옹호자로서 영국령 말레이 전역에 널리 알려져 있고 존경받고 있다. 그와 필자는 진보적인 사회운동과 지식인 운동을 일으키려고 힘을 쏟고 있지만, 빛이 나는 일은 아니다. 주로 1897~1910년 사이 이 글의 필자가 한 강연을 통해, 중국 자체에 대해 성찰하려는 움직임과 함께 말레이 전역에 유교의 부흥이 일어났다. 그 직접적인 결과는 현재의 말레이 전역에 존재하는 중국인 학교의 부활이었다. ……

* * * *

중국인을 옹호하는 다음과 같은 말이 있다. 그들의 모든 거래에서 많은 다수의 사람들이 정의와 공정이라는 규칙을 발견하고, 이것이 바로 그들의 세력과 영향력을 말레이 전역의 구석구석에서 확고하게 만든 도덕적 자질이다. …… 영국의 영역 내에서는 모든 인종이 평등하게 취급받으며, 한 인종이 다른 인종을 적대하는 경우가 전혀 없다. 영국의 통치하에서 중국인들은 번성해 왔고, 사람이 살 수 없는 정글을 글자 그대로 젖과 꿀이 흐르는 땅으로 바꾸어 놓았다. …… 중국인들은 어떤 통치자 밑에서도 어떻게든 헤쳐 나가겠지만, 그들은 영국의 통치가 중국인들의 민주적 이상과 가장 잘 일치하고 공자가 말한 경체체제의 실현에 가장 근접한 방식이라는 것을 안다. …… 영국의 통치와 중국인의 산업 · 무역이 합쳐져 해협식민지를 대영제국의 식민시 가운데 가장 성공적인 곳으로 만들었다. ……

* * * *

아마도 중국인의 가장 충격적인 관습은 결혼과 장례에 관련된 것이다

> …… 장례에서 고인의 자식들은 종종 아주 곤란한 처지에 놓인다. …… 중국인들은 은혜를 모르는 아들로 여겨지는 것을 가장 두려워한다. 따라서 그는 장례와 묘지의 비용을 아끼지 않는다. 불교 승려는 장례에서 중요한 인물이다. 그는 지옥과 연옥을 넘나드는 힘을 가지고 있고, 부처의 진정한 대리인으로 행동한다고 주장한다. …… 일정한 규모에 따라 마음대로 낭비할 수 있는 구조가 있는 것 같다. 종이로 만든 집과 수레, 가축 등등은 불의 힘을 빌려 사후 세계에서 천상의 존재로 바뀔 수 있다. [이것들은 고향 푸젠의 풍습이다.] 승려가 이승에서 일정한 비용을 받고 저승의 재산목록을 건네주는 광경은 바보스러울 정도로 기묘하다! 그러나 그런 일은 매일 행해지고 있으며 수천 명의 효자들이 죽은 혈족을 위해 저승에 있는 가상의 '좋은' 자리를 위해 높은 비용을 치르고 있다. 유학자는 이런 어리석은 행위들에 측은한 미소를 보이지만 미신을 저지하는 데는 무력하다. 그러나 근대적인 교육은 악마와 주술에 대한 믿음에 가장 무서운 적이다. …… 유학의 부활은 서서히 이런 분위기를 제거하고 있으며, 모든 낡고 무지한 전통들은 사라지고 있다. 새로운 사상이 사회혁명을 일으키고 있다."

지역 리더십과 사회구조

중국에서 발생하는 사건들에 반응하며 민족주의적 감정에 강력하게 휩쓸린 것은 주로 토톡 신참자들과 그들의 후손들이었다. 그러나 정확하게 말하자면 (국가) 중국은 그들의 유일한 초점이 아니었다. 적어도 더 관심을 가졌던 것은 고향 땅에 있는 재산이었다. "중국"은 융통성 있게 받아들여졌으며, 관심 영역은 사건의 전개에 따라 확대되기도 줄어들기도 했는데 그 핵심은 출생지인 고향이었다. 지역적이고 특정한 문제에 관심의 초점이 맞춰지는 것은 이주민들이 현재 살고 있는 중국인 공동체에서도 마찬가지였다. 이들의 사회적 의무들은 지역과 방언을 공유하는 그의 친족들, 그리고 그와 같은 방언을 쓰는 동향인에게 집중되었다. 해외 공동체들에서 사회적 행위는 지역화한 동포애에 기초하여 이뤄졌다. 심지어 범중국적인 민족주의적 동원조차도, 그 기반은 여전히 더 큰 조직 틀 안에 있는 동향 및 방언 집단이었다. 그리고 범중국적인(즉 모든 동향 집단을 아우르는) 중국구제 기금 운동과 같은 가장 높은 수준의 협력에서, 우리는 방언 그룹인 방幫의 지도자들이 지역 수준에서 그들의 개인적인 기반을 통해 활동하고 있음을 발견한다.

국민국가의 무엇이 이러한 협력 활동의 초점이었을까? 민족국가 "중국"이 해외 중국인들의 의식에서 어느 곳에 자리하고 있는가를 이해하기 위해서, 우리는 왕소석 충성과 순선히 다원 신화론식의 "인종"[種]이 섞여 있는 20세기 초의 수사법에서 시작해야 한다. 강조점은 중국의 통일이라기보다는 실재하는 분열의 위험이었다. 황나이상黃乃裳은 싱가포르에 체류하던 1899년의 글에서, 만약 중국인이 배타적인 구분을 넘어서서 응집력 있는 (정치적이 아니라 인종적) 집단으로 행동하지 못한다면 중국 인종의 소멸은 목전에 있다고 하였다. 아마도 제각각의 서로 다른 터전들에서 살아가고 있었던 해외의 중국 민족주의자들은 오로지 종족적 친화력만이 이들을 묶을 수 있다고 믿었던 것 같다. 그러나 통합력으로서 중국인의 종족적 감정은 얼마나 강했을까? 대립과 분열은 토톡들 사이에서 특히 뚜렷하였다. 이들의 배타주의는 고향의 지역, 방언, 심지어 출신 마을에 따라 분명하였다. 해외에서 이들 생활의 사회적 구조는 그들이 중국에서 살던 때와 마찬가지의 기반 위에 이뤄졌다. 방언, 지역 그리고 종족 등은 친목 단체의 분열상을 보여 주는 모자이크였는데, 그 구성 요소들은 대부분 빈번하게 서로 경쟁하고 유혈 투쟁을 벌였다. 황나이상의 저작에 나타난 남양 중국인의 민족주의는 종말을 예언하는 묵시록이면서 현실적이기도 하였다. 분열은 중국 인종의 멸종을 자초하였다.(사회진화론의 무서운 묵시록이다.) 그러나 다른 전망들은 더 현실적이었다. 중국의 인종적 생존에 대한 관심 이외에도, 남양의 상인들은 서양과의 사업 경쟁에 대해 합리적이고 시의 적절한 걱정을 하고 있었다. 사업과 민족주의. 이것이 서양 제국주의를 그렇게 강력하게 만든 결합이 아니었는가?

우리는 황나이상을 제1장에서 만났는데, 그는 북부 보르네오 사라왁에서 세 그룹의 푸젠 이주민들을 이끌고 정글 변경에서 농장을 개척하여 중국인 정착촌을 세웠던 기획자였다. 푸저우 근교의 가난한 수공업 농가에서 태어난 황나이상은 집에서 교육을 받다가 후에 미국 선교사를 통해 감리교로 개종하고 푸저우에서 목사가 되었다. 선교사들로부터 영어를 배우고 미국의 역사를 공부하였으며, 특히 미국의 개척사에서 영감을 얻었다. 나중에 과거 공부를 시작하여 향시에 합격해 국가 공인의 성급 학위 소지자인 거인이 되었다. 열성적인 민족주의자이자 개혁가로서 황나이상은 1895년에 캉유웨이가 시작한 입헌 개혁 운동의 추종자였다. 개혁 운동이 1898년에 진압된 뒤, 황나이상은 고향을 떠나 싱가포르로 갔고, 그곳에서 저널리즘에 종사하였으며, 다음과 같은 호소문을 썼다.

황나이상의 해외 중국인 단결 호소문(1899)[20]

"세 가지 형태의 창조물 — 식물, 날짐승과 들짐승, 그리고 인간 — 은 지혜와 힘의 수준이 서로 다르다. …… 가장 현명하고 강한 것이 덜 현명하고 덜 강한 것을 괴롭힌다. 같은 종이나 같은 인종 사이에도, 더 강한 것이 더 약한 것을 부린다.

20) Ye (1995), 52-61. 다음에서 인용. *Jit Shin Pau*, Singapore, November 7-14, 1899.

가장 현명하고 가장 강한 자들은 오늘날의 황인종 중에서는 발견할 수 없다. 적절한 때가 되면 가장 현명하고 가장 강한 인종이 틀림없이 나타난다. 그 인종은 더 약한 인종들을 학대하고 심지어 멸종시켜 버릴 것이다. 우리 황인종 중에 이 사실을 모르고 두려워하지 않는 자는 아무도 없다. 그럼에도 불구하고 우리는 어떻게 멸종을 피할지 충분히 생각하고 이해할 줄 모른다. 이것은 우리가 지식과 힘의 원리를 알지 못하기 때문이다. 만약 우리가 이 원리를 이해한다면, 우리는 우리 황인종 역시 자신을 방어할 수 있는 지식과 힘이 있다는 것을 알 것이다. 우리는 단합되어 있지 못하기 때문에 가장 강한 자[인종]로 불릴 수 없다. ……

만약 황인종이 멸종의 심각한 위험을 알아채고 [인종 사이의] 지식, 힘 그리고 단결에서의 차이뿐만 아니라 지혜와 힘의 중요성을 이해한다면, 자기방어의 방법을 깨닫게 될 것이다. 선택의 여지가 없다. 비록 이것이 중국 전체의 상황에 영향을 끼칠지라도, 남양의 중국인들부터 시작해야 한다. ……

어제 글에서 남양의 중국인들을 단합시키는 데 상회의 설립이 필수적이라고 하였다. 우리 중국인들은 지난 백 년 동안 발전해 온 새로운 이론에 대해서 거의 알지 못한다. 우리의 지식이 일천하기 때문에 우리가 해외에 있을 때 단결하는 데 어려움을 겪을 뿐만이 아니다. 심지어 고국에서도 성 · 현 · 군 · 마을 그리고 종족 등의 차이에 따라 사람들 사이의 관계가 소원하다. 따라서 사소한 의견의 불일치가 분쟁이나 심지어는 폭력적인 난투까지 불러일으킬 수도 있다. 때때로 두 마을이나 종족 전체가 계투에 호소하기도 한다. 사소한 경우에는 법정에 가서 가산을 탕신하고, 심각한 경우에는 피의 복수를 낳는다. 이러한 수치스러운 관습은 푸젠 성과 광둥 성에서 흔하다.

사이공으로부터 동인도제도와 오스트레일리아에 이르기까지, 500만 내지 600만의 중국인들이 남양의 여러 섬들에 흩어져 산다. 그들 중 대부분은 푸젠 성과 광둥 성 출신이고, 다른 성에서 온 자들은 소수에 불과하다. 이들 500만 내지 600만의 중국인들은 대대로 물려 온 집과 묘지를 뒤로 하고 외국에서 식량을 구하고 타인들의 주거지에서 살고 있다. 그들은 영국, 프랑스, 미국, 포르투갈 혹은 스페인의 통치 아래 있다. 그들은 말레이 민족들을 비롯한 다른 민족들과 함께 산다. 도처에서 살면서, 중국인들이 그들과 좋은 관계를 유지할 수 없다면, …… 외국인들은 틀림없이 우리들 사이의 소원함을 이용하여 우리를 멸시하고 학대할 것이다. 영국, 프랑스, 미국, 포르투갈, 스페인과 같은 강대국뿐만 아니라 말레이인들과 다른 지역 사람들도 우리와 분쟁을 일으킬 것이다. …… 그들이 아직 그렇게 하지 않는 것은 단지 우리 푸젠인과 광둥인들이 여기 온 지 겨우 30년밖에 되지 않아서 아마도 우리의 약점을 아직 알아채지 못했기 때문일 것이다. 나중에 우리가 여전히 단결하지 못하고 서로 해친다면, 그들은 자신의 강함과 야만성을 드러낼 것이다. 그 경우의 총체적인 파국은 상상이 가능할 것이다.

더욱이 영국, 프랑스, 미국, 포르투갈, 스페인과 같은 서구 열강들은 교역에 뛰어나다. 그들은 이윤을 낼 모든 기회를 붙잡을 것이며 바닥에 떨어진 수은처럼 들어가려 하지 않는 구멍이 없다. 그들은 남양 전체의 교역을 장악할 때까지 포기하지 않을 것이다. ……

* * * *

우리가 만약 상회를 설립하고자 한다면, 우리는 먼저 상업학교들, 상법 변호사들 그리고 경제계에 타국에게 학대당하지 않는 방법을 조언해야 한다. 그다음, 남양 화교가 증기선, 철도, 광산 [그리고 다른 여러 근대적 산업] 등을 발전시켜야 한다. …… 또한 젊은이들을 교육하고, 낡은 관습을 바로잡고, 개혁을 촉진하고, 이윤을 위한 기초로 기술을 배우도록 학교들을 설립해야 한다. 이렇게 하면 우리는 동서양의 다른 강대국들을 따라잡고, 남양에서 축적한 이권을 보호하고 외국에 의해 밀려나지 않을 수 있다.

그렇게 하면 우리[남양 중국인]들은 인자하고 위대하신 황제를 위해 중국의 22개 성의 무너진 강산을 회복할 수 있고, 우리 4억 (중국의) 동포 겨레는 우마, 노예, 죄수가 되지 않을 것이다. 그러면 비옥한 20만 리의 비옥한 토지를 한가롭게 돌아다닐 수가 있고, 아마도 잃어버린 변방의 영토를 회복함으로써 왕조를 영예롭게 할 수도 있을 것이다. 이것이 숭고한 뜻을 지닌 남양 중국 상인들이 왕조에 감사하는 마음을 전달하고, 우리 중국 영토가 입은 손실을 메울 수 있게 하는 것이다. 그들의 명성은 전 세계에 퍼질 것이며, 황인종에 속한 모든 사람들의 입에 회자될 것이며, 만세까지 지속할 것이다. 얼마나 훌륭한가!"

20세기 초 중국 민족주의의 조류는 태평양 양안을 휩쓸었다. 북아메리카에서 이민자들은 중국을 가난하고 후진적이며 노쇠한 무기력에 빠져 있으며, 질병과 악덕의 온상으로 보는 대중적인 관념이 널리 퍼져 있었기 때문에 고통을 받았다. 이 모든 서구인의 거만한 개항장 사고방식이 투영된 무서운 이미지는 진취적인 남양 화교들에 대한 견해와도 전혀 다르지 않았다. 제5장에서 언급하였듯이, 미합중국의 중국인들은 서구 국가들에서 나타나는 계급 모순과 인종적 적대감이 결합한 유해한 환경에서도 고통을 받았다. 심하게 적대적인 배척법 아래에서, 이주민들이 자신들의 어려움을 은유적으로 고국의 상황과 연관 짓는 것은 쉬운 일이었다. 중국은 서양

제국주의만이 아니라 그 자체가 이민족 체제였던 만주 왕조 군주제로부터도 억압받았다. 중국을 해외 이주민의 처지와 연결하게 함으로써, 고국의 개혁파와 혁명파의 투쟁을 억압받는 이주민들에 대한 정신적 지원으로 보는 것은 아마도 충분히 일반적이었을 것이다. 강력하고 진보적인 중국은, 억압받고 멸시당한다고 느끼던 해외 중국인들에게 강력한 연상을 불러일으킬 수 있었다. 중국의 개혁에 대한 대중적 지지가 미국의 중국인 공동체들을 휩쓸었다.

1905년 그러한 공동체들이 최초로 초국가적인 범중국인 저항운동을 동원하는 데 도움을 주었던 것으로 보인다. 미합중국 정부에 중국인 노동자들을 더 공정하게 대우하도록 압박하기 위하여, 베이징에서 워싱턴으로 보낸 특사가 샌프란시스코의 중국인들을 설득했다고 소문이 돌았는데, 그 내용은 상하이 상인들에게 미국 상품들을 불매하도록 요청하는 것이었다. 상하이 총상회는 대중적인 반미 불매운동에 착수함으로써 호응하였고, 그 운동은 상회의 핵심이었던 동업조합에 의해 조직되고 진행되었다. 머지않아서, 불매운동은 해안을 따라 항구도시들로 확산하였다.

상하이의 불매운동에서 핵심 인물은 쩡사오칭曾少卿이었는데, 그는 싱가포르에서 성장한 복건인 사업가였다.[21] 남양의 다른 중국인 활동가들은 그의 지도를 따랐다. 아래의 사설은 페낭에서 출간되었는데, 6년 전 황나이상과 유사한 인종주의적 민족주의자들 가운데 한 사람이 쓴 것이었다. (비록 1905년의 불매운동이 그 뒤 수년 동안의 항의 운동에 영향을 주었지만, 그것은 미합중국의 배척법에 실제적인 영향을 전혀 주지 못하였다.)

21) Wong (2002), 29, 47.

배척법에 항의하기 위한 미국 상품 불매 호소문(1905)[22]

"남양의 중국인 상인들은 긴급하게 미합중국의 배척 조약에 대항하여 투쟁해야 한다.

미합중국에서 중국인의 노동 이민을 규제하는 법안[1882년 '배척법']은 기러리라는 미국인에 의해 처음으로 도입된 이래 20년이 넘게 시행되고 있다. 초기에 이 법은 중국인 노동자들만을 규제하는 것으로 보였고, 상인들은 배척하지 않기로 되어 있었다. 하지만 최근에는 [사업체의] 실제 주주들만이 상인들로 계산되고, 따라서 나머지 사람들[사업체에서 일하는 직원들]은 상인의 권리를 갖지 않는다. 그러므로 비록 상인들에 대한 금지가 없는 것처럼 보일지라도, 사실상 금지가 이뤄지고 있다. 우리 백성들은 그들이 야만인이라도 되는 것처럼 모든 종류의 장벽 속에서 학대를 당한다. 이것은 결코 세계 어느 곳에서도 일어난 적이 없는 일이다. …… 열 달 동안, 상하이의 중국 상인들은 모여서 회의를 하였고, 미국의 모든 수입품들을 불매하기로 계획하였다. 그래서 홍콩과 광저우의 총상회도 호응하였고 공감을 표시하였다. 수많은 군중들이 떠들썩하게 그 소식을 전파하였다. 그들의 애국심과 응집력은 그들이 말과 행동에서 분명하게 드러났다. 왜 남양의 중국 상인들만이 여전히 침묵하고 어떤 식으로든 반응하지 않는가?

* * * *

우리는 수천 년의 문명을 지닌 인종이지만 미국인들에게 이렇게까지 굴욕을 당하고 있다! 지난 20년이 넘는 시간 동안 [미국에서] 무수한 중국인들이 그들의 권리와 가족들을 잃고 있다. 이것은 우리 모두가 다른

22) Wong (2001), 89-91. 檳城新報 (페낭, 1905.6.20.)의 승판본.

나라들에서 무역하면서 보고 들어 온 것이다. 올해 배척법의 만기가 되는데, 만약 우리가 [이 굴욕적인 지위로부터] 우리를 해방시키지 못하고 그들이 계속해서 법을 강제하도록 한다면, 그들의 잔인함은 더욱 심해질 뿐일 것이다. 우리 중국인들이 기꺼이 그 모든 것[상처와 굴욕]을 참을 수 있는가?

* * * *

오늘 우리의 단합된 행동은 중국의 상황을 바로잡는 효과적인 방법이다. …… 이제, 많은 성과 항구도시들의 모든 중국인들은 이 소식을 듣자마자 즉시 행동하고 있다. 하지만 남양의 많은 항구의 사람들은 아무 것도 하고 있지 않는 유일한 사람들이다. 남양의 중국 상인들만이 다른 중국인들과 애국심이나 단합을 공유하지 않는 유일한 사람들이 될 수 있겠는가? 그들도 우리 황제黃帝의 자손들이고, ……

남양은 수만 명의 상인들이 모여 있는 곳이다. 그곳의 전체 중국 상인 수는 1백만 명을 넘고, 그들이 교역하는 미국 상품의 양은 어마어마하다. 우리 모든 상인들과 주주들이 단결하여 남양의 많은 항구들에 미국인들이 어떻게 중국인 노동자들을 배척하는지 알리는 것이 어떤가? 우리 함께 미국 상품의 사용을 중지하고 그들이 상륙하지 못하게 하는 원칙을 유지하고, ……

우리는 남양의 중국 상인들이 즉시 행동하고 이 호소에 호응하기를 머리 숙여 희망한다. 만약 우리가 미국 상품들을 불매하게 되면, 우리는 4억 우리 종족의 존엄을 되찾게 될 것이다."

지역과 방언의 차이를 묶는 것이 종족적 결속이라는 인식의 공유는 최초의 대중운동에 힘이 되었고, 고국의 중국인들과 해외의 여러 지역에 있던 이주민들을 결합시켰다. 비록 불매운동이 미국에서 반중국 세력을 쓸어버리는 데 실패하였지만, 미합중국에 있던 수천 명의 중국 이주민들에게 민족주의적 항거의 잠재력을 일깨웠다.

중국과 해외에서 불매운동은 근대적 도시에 사회구조의 이행으로부터 나타났다. 즉, 새로운 사회적 이합집산이 낡은 기구들과 결합하여 새로운 종류의 행동주의를 만들어 낸 것이다. 모든 이러한 근대적 성향에도 불구하고, 불매운동은 오래된 방언과 동향 조직 없이는 불가능했다. 중국에서든 캘리포니아에서든 동향 단체의 지부들과 그곳 상인 엘리트들의 지도력이 불가결한 요소였다. 상하이에서 동향의 체류자 집단들, 예를 들어 총상회를 지배하고 있던 닝보 방, 해외 동포들에 가장 깊은 관심을 보인 광둥방과 푸젠 방은 운동의 지도력과 동원의 중심이었다. 이러한 동향 그룹들은 (동업 길드, 보통은 동향 단체와 함께) 불매운동에서 협력하기 위해 별도로 만남을 가졌다. 따라서 불매운동은 초국가적으로 확대되었지만 그 뿌리는 지역에 있었다. 하지만 구식의 동향 조직들과 나란히 한 것은 학생들과 전문직 집단이 포함된 도시의 변화하던 시민 계층이었고, 그들은 새롭고 정치적으로 예민한 대중을 이루었다. 상회와 마찬가지로 근대적 조직 안에 구식의 동향 지부가 있는 구조는 중국에서나 해외에서나 범중국적인 민족주의 운동의 특징으로 남아 있었다.

북아메리카의 차이나타운에서도 불매운동의 지도력과 사회적 구조는 신구가 혼합된 모습을 보였다. 구식 상인 집단들(中華六會館 아래 조직된)은 불매운동의 핵심적인 지지자들이었다. 차이나타운 상인들의 가게는 대체로 홍콩 본사의 지부였으므로 그들 자신이 배척법의 적용 대상은 아니었다. 그럼에도 불구하고, 그들은 자신들이 식료품 같은 중국 상품을 수입해서 파는 주된 고객층—중국인 노동자 대중—을 배척하는 사실에 놀랐다. 그 결과, 샌프란시스코의 여섯 중국인회사[中華六會館]와 그것을 구성하는 각 지역 회관이 1905년 배척법에 반대하는 조직된 분노의 기초가 되었다. 그렇지만 이러한 구식 엘리트들은 주도적인 개혁주의자 정당, 보황회, 중국어 신문사, 치공당致公堂으로 알려진 삼합회三合會 등과 함께 활동하였다.[23] 불매운동은 계급을 뛰어넘었고 다방면에 걸쳤으며 범중국인적인 것이었지만, 대중과 자금을 동원하기 위해서는 빈틈없이 짜인 동향 집단에 의지하였다. 유사한 상황을 동남아시아 전역에서도 볼 수 있었는데, 중국인 공동체들은 해외의 백성들을 보호하기에 충분할 정도로 중국이 강력하고 단호해질 것이라는 바람으로 분발하였다.

해외 공동체들의 정치적 행동주의

이주민들이 조국의 일에 개입하게 되는 다양한 이유들 가운데 가장 많았던 것은 중국 측의 이들에 대한 접근이었다. 20세기 중국에는 해외 중국인을 정당한 인적자원으로 보는 정부가 출현하였고, 그에 따라 그들을 동원하고 통제하기 위한 기구를 설립하였다.[24] 30년이 넘는 시간 동안, 일본의 침략은 해외 중국인들이 국민국가로서 중국에 닥친 위협에 관심을 집중하도록 만들었다. 전쟁 희생자들을 위해 기금을 모집하는 광범위한 캠페인이 반복되면서 놀라운 역사적 순간이 만들어졌다. 중국의 정부들은 해외 중국인들의 부를 확보하고 정치적으로 영향을 주기 위하여 그들을 통제하는 데 힘을 쏟았다. 국민당 정부(국공합작의 협력자였던 공산주의자들을 포함하는데, 그들은 일본이 조정하는 왕징웨이汪精衛 괴뢰정권에 의해 1937년부터는 좀 더 규모가 작아짐)는 설득·협박·조직 그리고 은밀한 공작을 다

---

23) Wong (2001), 29-30; Ma (1990), 34-36.

24) 통로의 양쪽 모두의 기대감이라는 관점에서, 이러한 새로운 층위의 정착민과 체류자들이 "중국의 해외 확장"으로 여겨질 수 있을까? 이 용어(중국어로 "中國海外發展")는 그런 상황을 축하하는 사람들이나 놀랍게도 그것을 두려워하는 사람들이나 국수적으로 사용되었는데, 해외 중국인들의 진정한 상황을 묘사하는 것은 아니다.

결합하여 해외 중국인 공동체들에 대한 통제력을 확대하는 활동을 펼쳤다.

이처럼 놀라운 국가권력의 확대는 사라진 제국 정부의 태도와 일치하는데, 청 정부는 심지어 1909년의 속지주의적 국적법(혈통주의) 반포 이전에도 해외 영사관이 해외 중국인들의 생활의 합법적인 감독관이라고 생각하였다. 영국이 1877년에 "중국 보호령"을 세운 것은 단순히 중국인 노동자들의 생활을 통제하던 비밀결사로부터 노동자들을 "보호"하기 위해서가 아니라, 부분적으로는 그들이 청조 정부에 의한 권력 탈취로 간주했던 것에 대항하기 위한 것이었다. 궁극적으로 보호령과 그 후신은 중국인 공동체를 감독하려는 청 제국 영사관의 야심을 차단하였다. 그러나 베이징(그리고 나중에는 난징)은 사용할 수 있는 다른 카드를, 특히 중국어 교육의 영역에서 가지고 있었다. 말레이의 중국인 학교에 대한 중국 정부의 영향력은 너무 강력해서 1920년부터 영국 당국은 교수들을 엄밀히 심사하고 교과서를 검열함으로써 그에 대응하려 하였다.

해외의 중국 시민들을 직접 통치하려는 광범위한 시도는 산둥 성에 일어난 유혈이 낭자했던 지난濟南 사변 직후인 1928년에 혈통주의 원칙을 재확인하면서 힘을 받았다.[25] 그 뒤 국민당은 반일 감정의 고조에 편승하여 중국 전역에서 "산둥의 구제"를 위한 기부 운동을 시작하였다. 여기에는 법률적인 논리 이상의 것이 존재하였다. 즉, 국민당은 중국인에 대한 보편적인 지배권에 대해 두 가지 다른 주장을 하였다. 하나는 쑨원의 유산에 내재한 종족적 요소였다. 1911년의 중국 혁명은 부분적으로 국가에 한족漢族이란 정체성을 부여한 것에 기초하고 있는데, 이 종속이란 국가의 영역 안에 가둬질 수 없었다. 다른 하나는 1924년 쑨원이 발표한 개정된 "삼민

25) 지난 사변은 장제스의 "북벌군"과 일본 군대 사이에 유혈이 낭자했던 충돌이었고, 수천 명의 중국 시민과 군인이 사망하였다.

주의" 에 나오는 반제국주의 주장이었다. "민족주의" 는 "불평등조약" 의 철폐만으로 한정되지 않고, 코민테른의 전 세계적인 반제국주의 의제를 체현하였는데, 이로써 국민당은 명목상 중국공산당과의 연합 전선을 통해 공조하였다. 반제국주의는 중국의 국가적 자립을 더 보편적인 목표(식민지 체제에서도 사라지지 않았던 인적 관계망)와 결합하였다.

동원과 통제

민국 시기 초기부터 중국 정부의 해외 중국인에 대한 관심은 그들을 통제하고 그들의 충성심과 자원을 동원하려는 특설 기구를 두는 것으로 제도화되었다. 모든 단계의 정부 기구에서 "해외 중국인 업무[僑務]" 를 담당하는 사무실을 설치하였다. 쑨원이 1923년에 광저우에 혁명정부를 세웠을 때, 그는 즉각 "해외 중국인 업무국[僑務局]" 을 설립하고 자신이 그것을 주관하였다. 그가 말한 목적은 귀국한 체류자들의 불안을 가라앉히기 위한 확고한 조치로서 보호와 보살핌을 보장하겠다는 것이었다.[26]

1928년까지 난징에 새로 들어선 국민 정부는 동원과 통제를 모두 아우른다는 중요한 정치적 과제에 발맞춰 국민당 중앙위원회 직속의 교무국을 설립하였다.[27] 정보 수집 업무(예를 들어, 학교, 공동체 집단, 신문 발행인들의 파악)는, 귀국한 체류자들이 해외 중국인 업무를 당 기관으로부터 분리하려고 노력했음에도 불구하고, 국민당 교무국 직원에게 할당되었다.[28] 교무국의 임무는 관리를 파견하여 이민자들의 상태를 조사하는 것, 그들의 교육 · 이데올로기 및 문화를 감독하는 것, 중국 본토의 산업에 투자하도록 장려하는 것 등을 포함하였다. 그 뒤, 위원회의 지역별 지부가 중국 각

26) Guangzhoushi (2000), 2-3.

27) He (1931), 196.

28) Qiaowu (1957), 2.

지의 이민자 배출 도시들에 세워졌다. 해외 중국인들을 동원하고 통제하려는 난징 정부의 노력은 정력적이고 지속적이었는데, 그것은 이민자 공동체들과 오랫동안 지속되었던 연계라는 관점에서 이뤄졌다. 마침내 해외 중국인들 사이에서 반일 운동을 선동하는 임무가 교무국에 배당되었는데, 이 정치적으로 민감한 업무는 말레이, 인도네시아, 타이와 같은 해외의 터전들에서 통치 당국의 반감을 샀다.

당 · 국가의 "동등한 위계"라는 원칙에 따라, 유사한 단위였던 교무 위원회는 행정원에 배속되었고, "교무관"에게 중국의 외교 임무를 배정하고 재외 동포들의 관계를 처리하는 일을 영사관의 관리들과 함께하도록 하였다.[29] 위원회의 역할 중에서 특히 중요했던 것은 해외 중국인 공동체들을 위하여 특별 책자를 편집하고 동남아시아 곳곳에 학교들(1937년 중일전쟁 전야에 2,800곳 이상이 설립됨)을 세우는 일이었다.[30] 그러나 국민당과 해외 중국인 공동체들을, 특히 대중운동의 관점에서, 연결하는 정보와 통제의 중심으로 기능하였던 것은 해외 중국인 공동체 곳곳에 설립된 국민당 지부였다.[31]

명백히 국민당과 국민 정부는 해외 중국인들의 정치적 충성도, 교육, 자치단체, 그리고 재력 등 그들 삶의 많은 측면을 감독하려고 하였다.[32] 역사적으로 남양 지역과 연관이 깊었던 국민당은 해외 중국인들과 관련된 일에서 활동적인 역할을 하였고, 국가의 시민인 해외 중국인들이 국가를 통치하는 정당에 의해 통제되어야 한다고 여겼다. 남양을 중심으로 여겼던 국민당의 성향은 해양 무역에 대한 실용주의에도 불구하고 여전히 해외의

29) Akashi (1970), 6.

30) Guojia jianshe zongkan (1971), 36.

31) Fitzgerald (1972), 76.

32) Akashi (1970), 1-14.

중국인들을 불신하였던 청의 지배자들과는 대조적이었다. 국민당은 해외 중국인들을 폭넓게 통치하려고 구상하였고, (남양의 사람들과 지배자들에게 그렇게 보였던 것처럼) 동남아시아를 그들의 해외 시민을 통해 중국이 영향력을 행사할 수 있는 영역이라고 여겼다. 따라서 남양은 국가에 대한 충성심을 선양해야 할 영역이었고, 1930년대 동안 중국 항일 투쟁을 위한 경제 전쟁터였다.[33] 국민당이 이끌었던 국민 정부는 이러한 목표를 성취하는 데 얼마나 성공적이었을까?

태평양전쟁 이전 10년 동안, 상술한 국민당의 근거 없는 구상은 남양의 정치적 지배자들뿐 아니라 많은 해외 중국인들로부터도, 저명한 바바들(陳槙祿과 같은)뿐만 아니라 가장 유명하게는 남양의 중국구제 조직 지도자였던 싱가포르의 진가경陳嘉庚으로부터도 반발에 직면하였다. 중화 상회나 남양 현지의 신문들도 결코 완전히 국민당의 세력 아래 놓여 있지 않았다.[34] 어떤 중국 정부든 해외 중국인들을 통제할 것이라는 전망은, 그것이 공인된 외교관이든 교육자든 혹은 비밀 요원이든, 어느 곳에 정착하거나 체류한 중국인들에게도 무서운 일이었다. 해외 중국인들 자신도 1937~1945년의 중일전쟁 동안 대륙에 존재했던 세 개의 지역 정권들(충칭의 국민당, 옌안의 공산당, 난징의 왕징웨이 정권) 중 어느 것도 해외 중국인들의 사회에 최소한의 보호조차 제공할 수 없다는 것을 깨닫게 되었다. 왜 많은 체류자들이 한곳에 헌신하는 것을 피하거나 양다리를 걸쳤는지를 이해하기란 어렵지 않다.

영국 · 네덜란드 · 프랑스 · 미국 혹은 타이 등 동남아시아의 그 어떤 지배 권력자들도 소수자였던 중국인들이 외부 세력에 의해 통제받게 할 수

33) Yong and Mckenna (1990), 103.

34) Akashi (1970), 8-9.

없었다. 혁명당으로서 국민당의 지위를 고려한다면, 그들이 경계할 만한 이유들이 있었다. 식민지 당국은 1919년 5월 4일의 반제 운동—해외에서 베르사유조약을 비난하는 성난 중국인 군중들의 호응이 있었음—이 남양 전반에 걸쳐 외국 통치에 반대하는 봉기를 야기했던 것을 두려워하였다. 또한 스스로 서구 식민주의의 적이라고 선언한 소비에트 볼셰비즘에 대한 두려움도 있었는데, 그것은 1920년대 국민당 내부에 중국공산당의 형태로 기반을 갖고 있었다. 영국 식민 당국 관리들에게 1925~26년 홍콩에서 국민당이 이끌었던 파업과 불매운동은 말레이 반도에서 소수자였던 "자신들의" 중국인들에게 자극이 될 것 같았다. 또 다른 두려움에는 일본인들과의 관계가 포함되었다. 교역을 중단하고 시민들을 공격함으로써 일본에 적대감을 드러내는 것은 동남아시아의 어떤 정부도 원하는 방식이 아니었다. 따라서 말레이 반도와 해협식민지의 국민당 지부는 1889년에 비밀결사를 불법화했던 것과 같은 "사회 법령"으로 1925년에 정부 명령에 의해 금지되었다. 인도네시아의 네덜란드인들은 국민당의 활동을 엄격히 제한하였다. 말레이 반도에서 국민당은 지하에서 살아남았으나, 결국 1930년에 다시 금지되었고 그 효과는 훨씬 컸다. 하지만 그러는 동안 국민당은 말레이 반도와 해협식민지의 중국인 학교에 성공적으로 침투하여 학생들과 교사들 사이에 공고한 기반을 확보하였다. 남양의 중국인들을 통제하려던 중국 정부의 노력을 전반적으로 평가하려면 반드시 학교들로부터 시작해야 한다. 학교에서는 애국주의와 문화적 자부심이 젊은이들 그리고 공식적으로는 중국인 공동체를 전반에 가장 효과적으로 주입되었다.

어떤 측면들에서, 해외 중국인 엘리트들은 그들이 살고 있는 동남아시아의 정부들에게 느끼는 두려움만큼이나 국민당의 통제에 두려움을 느꼈다. 심지어 진가경과 같은 동맹회의 원로조차도 국민당 관리들을 의심하게 되었다. 그는 자신의 고향인 푸젠에서 1910년대와 1920년대에 근대적인 학교를 세우면서 관리들의 부패를 목격하였고, 결국 푸젠 성의 잘못된 통치 때문에 국민당과 결별하게 되었다. 급진주의에 대한 두려움과는 별개로 남양의 사업가들이 (당이든 정부든) 중국인 관료들을 불신한 이유를 이해하기란 쉬운 일이다. 그 관료들의 행실은 청나라 관료들과 거의 차이가 없었기 때문에 많은 이민 상인들이 달아나고 싶어 하였다. 황나이상이 썼던 것처럼, 남양의 중국 상인계급은 고향의 "탐욕스런 관리들과 냉혹한 아첨꾼들"의 통제에서 벗어남으로써 수익을 얻어 왔다.[35]

반중국 의식: 초기 단계

1912년 중화민국의 출범과 함께 발효된 중국 국적법의 장기적인 영향은 해외, 특히 동남아시아에서 살고 있던 중국계 사람들에게 복잡한 축복이었다. 식민지와 그 뒤를 이은 "새로운 국가"의 정부들은 소수자 중국인들을 통치할 수 없거나 골칫거리라는 사실이 드러날 수도 있다고 의심하였는데, 이것은 이민자들과 그들의 후손들을 상당한 위험에 놓이게 만들었다. 그 결과는 몇 곳의 터전들에서 즉각 나타났다. 자바에서, 20세기 초기부터 페라나칸들이 문화적인 긍지를 갖는 자기주장을 한다고 여겼던 토착인들의 감정이 무슬림 집단들 사이에서 반중국인 폭력을 촉발하게 만들었다. 거의 같은 시기에 타이 자체의 민족주의적 성향은 소수자 중국인들의 그것과 함께 등장하였고, 부분적으로는 후자에 의해 촉발되었다.

타이(20세기 초부터 시암이 자신들을 부른 명칭)는 빠른 속도로 중국인 이민자들을 받아들여서, 1893년과 1917년 사이에 매년 1만 5,000명 정도가

35) Ye (1995), 59.

들어왔는데, 1917년에 이르면 현지에서 태어난 중국인들이 중국에서 태어난 숫자를 압도하였고, 그 비율은 3대 2 정도였다.[36] 현지에서 태어나서 동화된 사람들로 구성된 거대한 공동체들은, 전형적인 중국 사회의 관습들이 신참자들 사이에서 나타남에 따라, 새로운 층위의 이민자들이 정치적 문화적으로 영향을 주고 있다는 것을 감지하였다. 그러한 영향에는 지역과 방언 단체들, 비밀 사회조직들, 공동체 자선 조직들, 신문사들, 그리고 중국 정당의 지부들이 포함되었다. 1900년대 본국의 정치적 싸움들은 타이에서 활기 있고 논쟁적인 중국어 언론을 등장하게 만들었고, 당시 경쟁적인 지지 집단들이 개혁, 입헌군주제 혹은 혁명 등을 후원하였다.

타이인들의 반응은 놀랄 정도로 적대적이었는데, 우리는 제7장에서 보게 될 것이다. 근대 국적 이전의 시기에 시암의 군주는 정치 질서 속에서 민족으로서 중국인이 아니라 중국이라는 정소에만 관심을 가졌을 뿐이었다. 따라서 문화 혹은 민족으로서 "중국적인 것"은 시암의 통치 계급에 의해 중요하게 받아들여지지 않았다. 그럼에도 불구하고, 20세기 초 "타이" 민족은 새롭게 주조된 "타이인"으로 표현되었고, 민족적 차이들은 더 적극적이고 강해지고 있던 소수자 중국인들에 대한 새로운 통제를 합리화하였다. 중국계 타이 학자 카시안 테자피라는 이렇게 표현하였다. 타이에서 "소수자 중국인의 문제는" 정치적으로 "한편에서 중국 국민정부가 노력하고, 다른 한편에서 시암의 라마 6세의 인종적이고 절대주의적인 체제가 결합되면서" 만들어졌다.[37] 타이는 "민족주의"가 교차하는 문화들의 상호작용에 의한 산물로 등장하였던 인벽한 사례이다. 또한 타이의 사례는 반중국 의식이 중국의 사건들에 대한 기회주의적 반응, 특히 중국 국내 성

36) Skinner (1957), 61, 79.

37) Kasian (1992), 97; Skinner (1957), 159-171.

치를 해외 중국인 공동체들로 주입시키려는 상황에서 어떻게 등장하는가를 보여 준다. 타이의 새로운 중국 정책들은 이민 제한, "중국구제" 기금의 모금 금지, 중국 국민당 활동가와 공동체 지도자들의 체포와 추방, 그리고 모든 타이 출생 중국인들에 대한 타이 학교 입학 요구 등을 포함하였다. 가장 무서웠던 것은 경제적 "타이화" 계획을 통해 타이인을 위하여 중국인들을 주요 산업과 노동 부문으로부터 몰아낸 것이었다.[38)]

일본 침략과 중국인의 "구국"

동남아시아 전역에 걸쳐 "구국"과 "중국구제" 캠페인을 벌인 중국인 지도자들은 중국어를 사용하던 이민 제1세대 혹은 제2세대였던 토톡들이었다. 토톡들에게 "중국"은 중국의 특정 촌·현·성 등 그들에게 활짝 열린 통로들이 있는 장소로부터 시작하였다. 그들은 돌볼 교향僑鄕을 갖고 있었다. 중국 사회의 어떤 요소들이 그들로 하여금 교향에 대한 관심을 넘어서 중국 국민국가의 이상을 품게 할 수 있었을까? 일본 침략에 저항한 시기의 역사는 말해 준다. 중국에 대한 감정이 아무리 격렬하더라도 중국인 이민 사회의 배타적인 구조는 대중적 행동주의의 기초로 남아 있었다.

진가경과 "중국 구제"

배타주의를 더 큰 틀의 사회적 행동을 위한 기초로 이용한 것은 20세기 해외 중국인 가운데 가장 존경받았던 민족주의 지도자 진가경의 경력을 특징 지웠다. 진가경의 아버지와 삼촌은 푸젠 성의 농촌으로부터 번화한

---

38) Skinner (1957), chap.5.

항구 싱가포르로 이민을 갔고, 그곳에서 그들은 기반을 갖춘 미곡 중개상이 되었다. 1890년 가족 사업에서 일하기 위하여 싱가포르로 이주한 뒤, 15년이 지나자 그는 자수성가하여 부유한 사업가가 되었다.

자선 기부 활동은 재부를 지위로 바꾸는데, 중국 사회에서 그런 기부는 혈연집단과 고향으로부터 시작한다. 처음에는 그의 고향 마을, 그다음에는 그의 출신 성에서 진가경은 자선 교육 사업가로 유명해졌다. 1933년 진가경은 교육이 그의 평생 사명이 된 계기를 술회하였는데, 그는 1912년 고향 지역을 방문했다가 농촌 학교 제도의 붕괴에 깊은 충격을 받았다. 그는 지나는 마을마다 이런 장면을 목격하였다. "많은 젊은 남자들이 일부는 지방극의 공연을 보고 일부는 도박을 하고 있었다. 내가 마을 사람들에게 물어보면, 그들은 모두 마을의 전통적인 초급 학교들이 오래전에 방치되었고, 근대적인 형태의 공립학교를 설지할 만한 자금이 없다고 내답하였다. 나는 만약 그 상황이 바로잡아지지 않는다면, 이런 마을들은 10여 년 안에 야만적인 상태로 떨어지는 것을 피할 수 없을 것이라고 깨달았다. 그것이 나에게 교육을 장려하게 만들었다."[39)]

진가경은 그 자신과 싱가포르 동포들의 헌신으로 고향 마을의 학교들에 자금을 제공하였고, 10년 뒤에는 그의 출신 지역인 민난閩南에서 가장 큰 항구 샤먼에 사립대학을 세웠다. 샤먼 계획은 그의 출신 성뿐만 아니라 동남아시아에서 온 많은 동포들에게도 도움이 되었는데, 후자는 새로운 집단의 절반을 형성하였다. 이러한 모든 계획들은 분명 민난 사회와 방언 집단에 대한 열렬한 의무감에 의해 동기가 부여되었다. 다만 유교의 관점에서 그것들은 국가적인 사안으로 적합하였다. 자신의 출신시에서 신행한

39) *Nanyang shangbao*의 원문은 다음을 참조. Yong (1980), 40; Yong (1987), chap.3; Liu (1989), 358.

진가경의 교육이 궁극적으로 "질서 있는 중국"에 기여할 것이라는 생각은 유교의 고전적인 사회적 행동 강령, 즉 먼저 집안을 바로잡은 뒤에 나라를 다스린다는 말을 따랐다. 마을로부터 성으로—그런 다음에 비로소 국가로—나아가는 것은 진가경이 사회 개혁과 국력 신장에 이르는 길이었다.

중국이 지난 사변에서처럼 외세에 위협을 받고 있을 때, 진가경은 국가적인 단계의 행동으로 옮겨 갈 수 있었다. 싱가포르에서 일본에 대한 대중의 분노가 공동체 전체의 모금 캠페인에 불을 지폈고, 진가경과 다른 선진적인 자본가들이 그 일을 주도하였다. 산둥구제 캠페인은 식민지 전역에 걸친 일본 상품 불매운동과 궤를 함께하였다. 비록 말레이 반도의 금지에도 불구하고 국민당은 지난구제 기금 활동에 깊숙이 개입하였다. 진가경이 정치적으로 비동맹이라는 사실("無黨無派": 당도 파벌도 없음)은 영국이 그를 중국인 공동체의 지도자로서 받아들이는 데 도움을 주었다. 사실, 진가경은 영국 행정부가 깊이 불신하고 있던 국민당이 아니라 싱가포르 사회의 배타적인 구조를 통해 모금을 조직하였다. 학교, 여성 단체, 무역 협회 등만이 아니라 방 조직(진가경 자신의 세력 원천), 동향회도 모두 강하게 배타적인 싱가포르 대중들 사이에서 발판으로 역할을 하였다. 대부분의 실제적인 모금은 방 조직의 연줄을 따랐고, 비록 그 운동의 대중적인 열정과 계급적인 폭에도 불구하고 분할된 권력구조는 모든 단계에서 살아 있었다.

진가경의 지역과 국가적 관심 사이에서 연결 고리를 제공한 것은 무엇이었을까? 융은 이렇게 설명하였다. 진가경의 폭넓은 사회 활동은 싱가포르의 푸젠 방 내에서 그의 지위에 의존하였지만, 동시에 방 체계를 뛰어넘어서 방언 집단에 보편적인 시민의 의무감이 더해진 사회를 바라보았다. 푸젠 학교를 재정적으로 지원하는 것은 방언 집단의 연줄을 초월한 학교 설립으로 이어졌고, 그런 학교들에는 나중에 말라야 대학을 거쳐 싱가포르 대학으로 바뀌는 라플스 칼리지가 포함되었다. 싱가포르 푸젠 방에서 그가 가진 지위는 모금 캠페인의 필수적인 협력자로서 말레이 반도 주위에 있던 푸젠 공동체의 지도자들과 연결시켜 주었다. 방언 집단의 지지는 변함없이 그에게 더 넓은 사회 지도력을 갖는 기초를 제공하였다. 진가경은 쑨원의 초기 후원자 중 한 명이었고, 1911년 혁명 이전에 동맹회의 회원으로 쑨원을 재정적으로 지원하였다. 분명히 그는 민족을 바탕으로 한 포괄적인 공화주의라는 쑨원의 상표에 기부했음이 틀림없다. 하지만 쑨원은 아래로부터의 민주주의 건설이 가능하다고 믿었다. 진가경의 경우, 지역과 국가에 대한 관심이 함께 존재하였다. 한쪽의 관심은 다른 한쪽을 대체하지 않았다. 방언 집단이라는 기초가 없었다면 진가경은 정치적 지도력에 필요한 신뢰를 얻을 수 없었을 것이고, 방언을 뛰어넘는 지지층을 확보할 수도 없었을 것이다. 진가경의 특별한 정치적 취향에서, 국가와 지역은 범중국적인 규모로 확대된 때도 분리될 수 없었다.[40]

진가경의 가장 야심에 찬 계획은, 넓은 범위의 중국인 조직들을 공통된 이상으로 함께 뭉치는 데 도움을 주는 것이었기 때문에, 1937년 전쟁이 폭발한 뒤 가장 큰 싱가포르 중국구제 기금 위원회를 조직하는 것이었다. 비록 말레이 반도와 싱가포르에서 중국인의 반일 민족주의가 강렬했음에도 불구하고, 진가경은 1929년에 계급을 뛰어넘는 범중국인 "협회"를 도모할 수 없었다. 그 이유는 부분적으로 영국의 반대 때문이었고, 부분적으로 식민지의 중국인 사회를 지배하는 방 우두머리들 사이의 고질적인 경쟁 때문이었다. 진가경이 산둥구제 기금과 같은 범중국인 계획에 착수할 수 있을 만큼 충분한 후원을 확보할 수 있었던 것은 바로 그가 푸젠 방의 지도자들이 주도하던 "백만장자 클럽" 흡화헌恰和軒의 대표라는 자리에 있었기

40) Yong (1987), 116, 146-147.

때문이었다. 싱가포르 사회는 민족적이었지만 행동에 나설 만큼 쉽게 뭉쳐 있지 않았다. 1937년 여름 일본의 중국에 대한 전면적인 침략은 남양 전체에서 "중국구제" 운동에 활력을 불어넣었는데, 처음에는 싱가포르(진가경이 싱가포르 중국인 총상회와 흡화헌을 통해 조직함)에서, 그다음에는 1938년 10월 싱가포르에 근거지를 둔 "남양중국구제총협회"가 동남아시아 전역의 지역 계열사들과 함께 운동을 진행하였다. 이러한 지역적 협력은 1938년 11월부터 1941년 12월 태평양전쟁이 시작될 때까지 중국의 전쟁을 돕기 위하여 거의 1억 7800만 원(1938년 기준으로 약 1060만 달러에 해당함) 가까운 금액을 모았다. 가장 많은 기부금은 말레이 반도, 네덜란드 동인도회사, 그리고 필리핀 등의 중국인들한테서 나왔다. 다양한 지역들로부터의 기부가 들어와서 1942년 충칭 정부의 외국환 결손을 메울 수 있었는데, 이것은 진가경의 광범위한 명성 덕분이다.

하지만 진가경의 가장 큰 관심 대상은 여전히 고향으로 남아 있었다. 1940년에 그가 전시 상황을 살피기 위하여 (국민당과 공산당의 보루였던 충칭과 옌안의 여정이 포함된) 중국 방문을 진행할 때, 그의 출신지인 푸젠 성은 장제스와 밀접한 관계가 있던 저장 성 출신 장군 천이陳儀라는 무도하고 부패한 외지인에 의해 다스려지고 있었다. 충칭과 옌안(그는 후자가 더 요지라고 평가함)의 방문 이후, 그는 자신의 출신지로 갔다. 그의 마음을 강하게 움직인 것은 푸젠 성에 대한 약탈, 그리고 그의 문제 제기에 대한 장제스의 냉담한 거절이었다. 싱가포르로 돌아오자마자, 진가경은 푸젠 방에 자신이 본 것을 자세하게 이야기하였다. 일련의 공포는 "징집된 병사들의 학대"로부터 시작되었는데, 그 힘없는 희생자들은 "유죄가 선고된 중범죄자처럼 도망가지 못하도록 10여 명씩 밧줄에 묶이는" 취급을 받았다. 진가경은 이렇게 회고하였다. "젠양建陽을 지나면서 나는 시체 두 구가 길가에 있는 것을 보았는데, 한 구는 발가벗겨져 있었다. 나의 여행 동행인들이, 그들은 징집병들인데 병이 들어서 죽었거나 너무 아파서 움직일 수 없어서 총살된 것이라고 말해 주었다."[41]

성장省長 천이가 이익을 짜낼 수 있는 것이라면 성민들을 착취하였던 사실이 더해진 직권남용의 긴 목록들이 뒤따랐다. 진가경이 먼저 천이에게, 다음으로 장제스에게 푸젠 성의 약탈과 폭정이 중지되어야 한다고 요구하였지만, 그는 두 사람에 의해 저지당하였다. 진가경은 장제스와 그의 아내가 자신이 천이를 심하게 비난했다는 이유 때문에 "미워하고 거부하는 것"이라고 결론 내렸다.[42] 이 문제의 밑바닥에는 아마도 진가경이 공산주의자들에 대해 결국 용인하는 태도를 보였던 것이 더 중요한 요소로 자리 잡고 있었다. 그가 충칭에 있던 장제스 전시 정부의 부패를 혐오하고 옌안에 있던 마오쩌둥의 눈에 띄게 질서정연한 생활을 존경했기 때문만이 아니었다. 싱가포르에 있던 푸젠 동포들은 진가경이 1940년 고국 여행을 마치고 돌아오는 것을 환영하면서 이렇게 말하였다. 진가경의 "시찰 대상은 [푸젠] 사람들이었지만, 시찰의 궁극적인 목표는 국가였다."[43] 그러나 진가경의 지역주의는 그의 결연한 무당파적 입장과 함께 영국으로 하여금 그가 외부 세력들에 의해 통제되고 있지 않다는 것을 확신하게 하였다.[44]

그럼에도 불구하고, 중국 구제는 많은 해외 중국 상인들의 두려움과 무관심뿐만 아니라 통치 당국의 저항이라는 중대한 장애물들을 넘어야만 하였다. 해외 중국인들의 민족주의는 뜨거웠지만 보편적이지 않았다. 개인 사업가들이 일본 제품의 불매를 꺼렸던 것은 일부 품목들(예, 자전거)의 대체품이 항상 손에 넣을 수 있는 것은 아니라고 여겼기 때문이었다. 저항

41) Yong (1980), 148. 원래 南洋新報 (1941.01.20.)에 "福建內務"로 게재되었다.

42) Tan (1994), 197 205.

43) Liu (1989), 360.

44) Yong (1987), chap.6.

은 많은 폭력 사건들과 완강한 상인들에 대한 협박을 야기하였다. 남양의 사업가는 그가 상점 주인이든 재계 거물이든 끔찍한 압박을 받고 있었다. 만약 불매운동을 거부하면 심한 도덕 혹은 신체적 제재를 받을 수 있었는데, 거기에는 반역자라는 비난, 재산에 대한 방화와 파괴, 그리고 신체적 상해나 죽음까지 포함되었다. 하지만 불매운동은 사업 실패를 포함한 파멸적인 재정 손실을 줄 수 있었다. 더 나아가, 터전 사회들에서 정치권력은 전쟁 전야의 몇 년 동안 일본의 심기를 거스를까 걱정하여 지역의 행동주의를 진압하려 하였다.

토톡들은 대의를 위해 희생하는 데 페라나칸들보다 더 적극적이었을까? 자바의 부유한 푸젠계 토톡 한 명(면직물 수입업자였는데 제2차 세계대전의 발발로 유럽으로부터의 공급이 중단됨)은 일본인 관찰자들에 의해 일본인 회사들과 긴밀한 사업 관계를 갖는 것으로 분류되었지만, 동시에 그는 바타비아 해외중국인 중국구제위원회의 의장, 동남아시아 푸젠인 단체 협의회의 부회장, 국민정부 입법원의 회원으로 있었다.[45] 다양한 직함을 갖는 것은 국가 구제의 위기에서 해외 중국사업가들에게 고유한 생존 방식이었다. 공동체의 유지와 개인의 명성은 더 큰 선행을 요구하였고, 1930년대 말에 선행이란 일본 침략과 중국에 대한 관심으로 제한되었다. 같은 시기에, 자신의 가족과 사업에 안전을 보장하고 지위를 지켜 준 것은 무엇이었을까? 모순되는 도덕적 중대사들 가운데 하나를 선택하는 일은 누구도 쉽게 할 수 없는 것이었다. 신중한 토톡 사업가의 경우 일본인들이 자바를 점령했을 때 운명이 그의 발목을 잡았다. 그는 그의 면직물 재고품 전체를 바타비아로부터 더 안전한 곳으로 옮겼는데, 그곳에서 그의 물건은 즉각

45) Akashi (1970), 34; Kagotani (2000), 486-487; Kagotani (2005), 67-68; Suryadinata (1992), 105-106.

성난 반중국의 인도네시아인 군중에 의해 장악되었고, 실 한 줄까지 약탈되었다.[46)]

린만홍은 해외 중국인들의 민족 정체성에 대한 유연한 태도가 그들로 하여금 광범위하게 외국 국적을 사용하게 만들었던 방식을 보여 주었는데, 중국인들은 중국 국적법에서 속인주의를 가장 중시하였다. 그들에게 국적은 "둘 중 하나"의 문제가 아니라 "양쪽 다"의 문제였다. 형식적인 국적은 단지 외국의 터전들에서 사업의 편의를 위해 존재하는 외적 조건이었다. 식민지 강국들(특히 네덜란드와 영국)의 국적은 (유리한 세율이나 법정 판결을 얻는 것 같은) 사업 목적에 유용할 수 있었지만, 가장 유용한 것으로 밝혀진 것은 떠오르는 아시아의 강국 일본의 국적이었다. 동남아시아와 중국에서 정부에 의한 착취와 억압에서 벗어난 것은 다중 국적의 첫 번째 이점이었다. 국적증명서는 "마치 과거 시험의 진사 학위나 한림원 학생 자격처럼" 푸젠인의 출입문에 걸려 있었다고 한다. 인도네시아의 설탕과 차 산업의 거물이었던 푸젠인 곽춘앙郭春秧(진가경의 고향인 퉁안 출신)은 중국 국적과 함께 네덜란드, 영국, 일본 등의 국적을 동시에 소유하였다.[47)](그는 타이완 총독부를 방문하여 일본 국적을 얻었다.) 다중 국적의 관례는 해외 중국인들에게 "사업은 사업"이라는 기풍과 일치하였다. 이것은 쉽게 반역이라고 분류되지 않았다. (혈연집단과 구분되는) 형식적인 국적은 당사자의 정체성에서 떼어 낼 수 없는 표시가 아니라 다소 유연한 요소로 받아들여졌고, 아마도 대부분의 사람들에게 거의 혹은 전혀 의미가 없었다. 중국 사회에서 민족 정체성이 개인을 규정하는 지배적인 특성이 아니었던 시대의 특징이 유연함이었고, 특히 식민지의 터전들에 있던 해외 중국인들은 강

46) Twang (1998), 71-72.
47) Lin (2001a), 994.

력한 타국과 약한 중국이라는 환경 속에서 체류자로서 살고 있었기 때문에 더욱 그랬다. 그런 유연함은 가장자리의 지렛대를 통해 만들어졌는데, 양쪽 가장자리에 산다는 이중적인 정체성은 한쪽에서 다른 쪽의 장점을 활용하는 데 도움이 되었다.

일부 사회들은 태생적으로 반일 감정의 분노가 나타날 수 없는 터전이었다. 물론 그런 장소 가운데 한 곳은 일본이었다. 근대 중국인의 일본이주 역사는 1853년 페리 사절이 도쿠가와 쇼군으로 하여금 해외무역을 위하여 항구를 개방하게 만들었던 때부터 시작되었다. 중국인은 서양 상인들을 위하여 매판, 하인, 장인 등으로 따라 들어왔다. 1871년 톈진조약에 따라 중국과 일본은 외교와 상업 관계를 시작하였다. 1895년 일본의 타이완 병합 후, 타이완인들은 일본에서 일하기가 쉬워졌다. "세 가지 칼"(요리, 이발, 재봉 등의 업종)로 알려진 틈새 기술 이외에도, 중국인은 외국무역에서 결정적인 역할을 맡았다. 수년 동안, 고베항의 중국인 공동체는 일본 면직물을 동아시아와 동남아시아 전역으로 옮기고 교역하였고, 중개인이라는 틈새는 일본의 산업 경제에 중요한 요소였다. 나고타니 나오토는 해외 중국 상인들이 공산품을 유통하기 위하여 서양인의 관계망과 독립된 일본의 동아시아 무역 체계를 세우는 데 어떤 역할을 했는지 연구하였다. 1880년대 초, 중국인 체류자들은 복건인과 광둥인을 포함하여 고베에서 주요한 수출입 회사들을 경영하면서 남중국과 동남아시아와 교역하였다.[48] 1937년부터 새로운 중국 상인 집단이 고베에 상점을 열었는데 명백하게 자바에서 일본 면직물 시장이 성장하면서 생겨난 틈새를 이용하려는 것이었다. 자바에서는 페라나칸들(그리고 때로는 토톡)이 국민당의 불매운동에 상관없이 일본 회사들과 거래하려 하였다.[49] 페라나칸과 토톡 사이

48) Nagotani (2000), 68-71.

의 민족적 열정에 차이가 있었다는 점을 고려한다면, 페라나칸이 실제적인 다수였던 자바에서 불매운동이 상대적으로 약했다는 것은 놀랍지 않다. 대부분의 자바인 고객들은 푸젠계였기 때문에, 우리는 고베의 새로운 체류 상인들도 복건인이었다고 추정할 수 있다. 같은 고베에 기반을 둔 이들 상인들이 자바에서 국민당의 반일본 기금 운동에 공헌하였다.

중국 민족주의의 모자이크

망설임, 불화, 그리고 국민당의 가혹함 등에 대한 충분한 증거를 고려하였을 때, 단합된 남양 중국인들의 민족주의라는 흥분되는 광경은 의심할 여지가 있다. 진가경처럼 명망 있는 지도자도 남양 중국인들 사이에서 중국 민족국가를 위하여 단결을 이끌어 내지 못하였는데, 그 국가가 그들에게 어떤 보호도 제공할 수 없었기 때문이다. 진가경 자신은 국민당이 남양의 중국 구제 노력에 개입하고, 그 일환으로 1940년에 자신을 그 책임자로 삼으려고 시도하는 것에 크게 화가 났다. 남양의 "단결"에 대한 그의 견해를 마무리하면서, 진가경은 그의 지지자들이 전후에 통일된 남양 중국인 조직을 이끌어 달라는 호소를 다음과 같이 부드러운 반어법으로 응수하였다. 배타주의는 여전히 동남아시아 전역에서처럼 싱가포르에도 가득하였다.

> "단결"이라는 말을 하는 것은 얼마나 쉬운가? 잠시만 동남아시아나 말레이 반도 전체 같은 큰 지역을 고려하지 말지요. 싱가포르의 사례만을 볼까요. 나는 해외 중국인들이 이곳에서 뭉칠 수 있는지 그렇지 않은지 확언하지 못하겠어요. 왜냐하면 단결이라는 것 자체는 단지 무의미하고 공허한 말이지요. 확실히

49) Nagotani (2005), 68-99.

단결은 진정한 의미 이전에 어떤 실제적인 성과가 있어야 해요. …… [진가경은 계속해서 모든 종족협회들의 제거뿐만 아니라 방언 집단 자산의 철저한 합병을 제안하였다.] 하지만, 푸젠 방과 관련이 있는 한 어떤 누가 이러한 생각을 고취하려 해도 좌절하게 될 거예요.[50)]

20세기 전반기 중국인의 민족주의는 단순한 구조가 아니라 심리적 상황과 행동의 수단들이 관련된 모자이크였다. 일부 페라나칸들은 중국 문화의 새로운 발판 그리고 본토인들과 구분되는 것으로서 유교를 통해 사회적 지위 의식과 자기 인식을 변화시키려 하였다. 토톡들은 식민지 세계의 정치적 보호가 없는 상황에서 중국(혹은 외국) 국적이라는 피신처를 찾았고 교향(僑鄕)의 끈을 통해 사회적 효력을 확보하였다. 일부 해외 중국인들에게 근대화하고 있는 중국은 보호의 원천이 되고 배타적인 사회들에서 그들의 지위를 향상시켜 줄 것처럼 보였다. 하지만 이러한 모든 사람들은 외국의 터전들에서 생존을 모색해야만 하였는데, 그것은 지역 통치 체제와 함께하고 토착민들과 잘 지내야 한다는 것을 의미하였다. 정치적으로 중국인다움을 주장하는 것은 너무 대담한 일이라서 누구나 그 위험을 감내할 수 있다고 여기지는 않았다. 그리고 다시 부활하는 중국의 모든 매력을 위하여 해외 공동체들의 사회 · 교육 · 재정적 측면에 개입하는 것은 많은 이유에서 불쾌할 수 있었다.

해외 중국인의 민족주의를 이해하기 위해서 무엇이 그들의 지위를 고국 동포들의 그것과 다르게 만들었는지를 염두에 둘 필요가 있다. 먼저, 그들은 그들의 터전이 된 사회들에서 지역 현실에 적응함으로써 생존하였다. 그 현실은 토착민들의 문화, 토착 혹은 식민지의 통치 엘리트들의 이

50) Tan (1994), 285-287.

해관계, 그리고 어렵게 획득하여 힘겹게 유지하고 있는 경제적 틈새들이었다. 그러한 현실은 종종 중국인의 정체성과 타인이 용인하거나 요구하는 행동 사이의 미묘한 균형 잡기를 필요로 하였다. 중국인다움의 지나친 표현들은 그것이 문화적이든 정치적이든 거의 생산적이지 않았다. 번영은 말할 것도 없이, 생존하기 위하여 소수자들은 사회적 기술과 문화적 감성을 요구받았다. 그것들은 그들의 필요와 감정을 타인의 그것과 조화시켜 주었고, 타인들은 그들을 받아들이고 함께 살고 있는 사람들이었다. 따라서 그들이 저 멀리 있는 중국으로부터 자극적인 호소에 쉽게 반응할 것이라고 기대할 수는 없었다.

그들의 민족주의가 지닌 형태와 강도에 영향을 준 또 다른 요소는 사회구조였다. 중국에서 민족주의 사상을 퍼 나르고 전달한 사람들은 교육받은 엘리트였다. 왕조시대 문화 전통의 관리인으로서 사대부의 영예는 외국의 침략으로 짓밟혔다. 이러한 사대부의 일부가 선두에 서서 처음에는 19세기 말의 "자강 운동"을, 그다음에는 1890년대 중반의 입헌과 혁명 운동을 이끌었고, 계속해서 5 · 4운동과 1920 · 30년대의 무장 정당 운동으로 이어졌다. 국민당과 공산당의 민족주의에 대한 선전은 왕조 사대부와 유사한 지적 방식으로 작성되고 전파되었다. 새롭게 끌어안은 "화교華僑"를 민족주의 조직에 동원하기 위하여 해외여행을 떠난 사람들은 (서양의 교육을 받았지만 서민적 친화력을 지녔던 쑨원의 활력적인 모습은 논외로 하고) 지식인 계급이나 그들의 제자들에게서 나왔다. 그들은 다시 말해서 대부분 관례적으로 향촌민들을 문화 · 정치적으로 가르치는 유서 깊은 사명감을 지닌 지식인의 대표였다.

하지만 해외 중국인 공동체의 지도자들은 사대부도 근대적인 지식인도 아니었고, 그들은 문화 전달자도 사업가도 아니었다. 그들이 인생의 기회와 의무에 접근하는 방식은 가족, 혈연집단, 그리고 사업 단체들과 묶여 있었다. 비록 그들이 사대부의 문화적 경향 가운데 일부를 공유하였을지라도, 그들은 자신들의 명예와 의무감을 지녔고, 그것은 보통 국가정치나 어떤 형태로든 정치에 집중되었다. 정치와 사업은 좀처럼 잘 섞이지 않는데, 그것은 중국에서 상인들이 오랫동안 이해하고 있었던 격언이었다. 이들 영리하고 적응력이 뛰어난 상인들에게 위험의 예측은 정교하게 다듬어진 기술이었다. 그들 대부분은 존경받는 사람들이었지만 대체로 정치적 열정을 가진 사람들은 아니었다. 민족주의를 효과적으로 동원할 수 있거나 하려는 사업 지도자들은 드물었다. 진가경은 상당히 희귀한 존재였다. 하지만 그의 의무감은 처음에 그의 가족에 대한 봉사로부터 고향으로, 그 다음에는 싱가포르와 푸젠 성의 복건인 동포로, 마지막에는 민족국가 중국으로 점점 외연을 확장하였다. 대부분은 민족주의에 공감할 수 있었지만, 그들의 독특한 이주 환경들에서 영향을 받았기 때문에 모두가 따를 수는 없었다.

제7장

식민지 시대 이후 동남아시아의 중국인 공동체

중국인 이민자들의 변화하는 역사적 상황에 대한 적응력은 태평양전쟁(1941~1945)과 그에 뒤이은 식민지의 붕괴로 전례 없는 방식으로 시험대에 올랐다. 식민지 정부들은 중국인이 일하고 고통받고 종종 번창하던 환경을 지배하였다. 식민주의자들과 군주들은 똑같이 그들의 재정 제도를 관리하고, 도시들을 건설 · 유지하고, 부를 창출할 무역을 위하여 중국인에게 의존하였다. 중국인에게 유용했던 틈새들은 육체노동자에서 노점상, 소매상, 원자재 무역업자, 그리고 때로는 재계 거물 등에 이르기까지 많고도 다양하였다. 모두 합쳐서, 이 틈새들은 중국에서 발견되는 것들보다 영리사업에 적절한 환경을 형성하였다. 그것은 사실 많은 사람들이 이민을 가는 첫 번째 이유였다. 그런 환경이 전쟁, 탈식민지화, 그리고 소수자 중국인들이 경제적으로 우위를 차지하던 상황에서 다수자 토착민이 보인 반감 등에 산산이 조각났을 때 무슨 일이 일어났을까? 그리고 동남아시아 중국인들의 지위는 그들의 고국에서 통일된 혁명정부가 등장하면서 어떻게 영향을 받았을까?

서구 식민주의의 몰락과 일본의 침략

서구 제국주의에 대한 일본의 대응은 자신이 중앙 집권적인 산업 민족 국가로 바뀌어서 스스로 제국주의 국가가 되는 것이었다. 첫 번째 행보는 1895년 타이완의 합병이었는데, 첫 번째 중일전쟁에서 중국에 승리한 뒤의 일이었다. 일본의 타이완 총독부는 곧이어 태평양 지역의 교역 형태를 바꾸기 시작하였다. 오래지 않아서 타이완은 일본 제국의 일부가 되었고, 점령자들은 타이완을 태평양 교역로의 중심 중개 지점으로 바꾸는 계획을 세웠다. 1930년 무렵, (비록 홍콩이 여전히 동남아시아의 중국인들과 더 밀접한 관계를 맺고 있었지만) 타이완은 홍콩과 함께 지역의 중개무역항으로서 지위를 공유하였다.[1)]

서양이 제1차 세계대전(1914~1918)으로 여념이 없던 상황을 이용하여, 일본은 동아시아와 동남아시아에서 자신의 상업적 폭을 확장하기 시작하였다. 비록 일본이 20세기 초부터 정치나 경제적인 실익보다는 일종의 낭만적인 환상으로 동남아시아에 관심을 갖기 시작하였지만, 제1차 세계대전은 그 환상에 단단한 구조를 제공하는 기회였다. 일본은 연합국에 가담을 선언하자마자, 독일이 지배하고 있던 미크로네시아의 섬들을 접수함으로써 전쟁에 첫 번째로 기여하였다. 그 뒤, 일본의 제조업은 시장을 확대하고 고무나 철과 같은 전략적 원자재들을 위하여 동남아시아로 향하였다. 일본 선박은 기존에 유럽 열강들이 지배하던 항로를 놓고 경쟁하였다.

1) Lin (2001b).

상품로와 운송로를 위한 경쟁은 1920년대에 격화되었지만, 서양을 정치적으로 대체하려는 어떤 이념적 전략적 의도도 없었다. 일본의 "남진" 은 아직 "반제국주의" 나 대아시아주의의 구호와 연결되지 않았다. "남진" 은 전략적이 아니라 상업적 움직임으로 시작되었다. 그럼에도 불구하고, 1930년대에는 일본의 경제적 공격이 산업계와 정부의 협력으로 동력을 얻었고, 둘은 모두 군사정보와 연계를 맺었다. 남양 협회는 도쿄와 타이완 총독부의 지원을 받은 확장의 도구였다.

일본에서 생산된 상품은 더 낮은 인건비와 효과적인 유통망으로 서양의 동남아시아 시장 지배에 주요한 위협이 되었다. 1930년대 말 영국과 네덜란드의 제재가 일본 무역에 가해지기 시작했을 때 반서양의 구호들과 대아시아주의는 일본의 남진에서 수사적 표현의 일부가 되었다. 군사 원자재의 심각한 부족과 함께 지역 토착인에 대한 경멸감은 1942년 일본의 기습 공격에 잠재되어 있었는데, 당시 독일의 유럽 침략은 서양 정부들로 하여금 그들의 동남아시아 식민지를 방어할 수 없게 만들었다.[2)]

서양은 그들의 아시아 중개인, 즉 일본의 "남진" 으로 교역 망을 위협받고 있던 해외 중국인들도 방어해 줄 수 없었다. 지역 경제로 침투하기 위하여 소형 유통 중심들을 이용하는 것 이외에도, 일본은 자신들의 상품을 팔기 위하여 중국인의 기존 관계망들도 이용하였다. 이런 형태는 1931년 이후에도 확대되었는데, 당시 반일본 행동주의가 중국인 공동체들 사이에서 일어났다. 일부 해외 중국인들은 운송이나 유통업자로 활동함으로써 일본의 수출 운동으로부터 이익을 취하는 방법을 찾아냈다. 이미 살펴보았듯이, 고베에 기지를 둔 중국 무역업자들은 계속해서 일본 제품들을 동남아시아로 운반하였고, 식민지 지역에 유통시켰으며, 중국의 불매운동이

2) Peattie (1996).

일본 수입품을 막으려 했을 때도 중단되지 않았다.[3)]

놀랄 정도로 빠르게 말레이 반도, 싱가포르, 네덜란드령 동인도제도 등을 압도해 버린 다음, 일본은 기존의 식민지 주민들을 강력하게 옥죄었고, 가장 잔혹한 처리를 위하여 중국인을 선발하였다. 그들은 소수자 중국인들을 경제 · 정치적으로 겨냥하였다. 현지의 경제에 필수적이라고 여겨졌던 사업가들은 그들이 상점과 공장들을 계속해서 가동하였지만, 일본의 점령에 자금을 대는 데 엄청난 "기여"를 해야만 하였다. 반일 활동가로 알려지거나 의심받던 중국인들은 1942년 초에 검거되어 살육되었는데, 싱가포르에서만 3만 명이 넘었고, 타이핑과 페낭 같은 중국계 말레이인의 도시들에서는 수천 명 이상이었다.[4)] 핵심적인 반일 전사들은 해외로 피신하였고, 싱가포르의 거물 진가경은 자바의 오지로 필사적인 탈출을 감행하였다. 다른 사람들은 말레이 반도의 정글로 들어가서 게릴라전을 벌였는데, 소위 말레이 인민(대체로 객가 출신 중국인) 반일 군대의 경우 중국 공산주의자들이 지도 · 교육하였고, 영국인 관리들이 무장시키고 자문하였으며, 살아남아서 전후 부흥의 핵심이 되었다.

네덜란드령 동인도제도에서 일본 점령자들은 중국인들을 위협하고 그들의 재산을 몰수하였다. 거액을 그들로부터 짜냈다. 대부분이 고통스러웠음에도 불구하고, 일부 중국인들은 그들의 점령으로부터 이익을 볼 기회가 있었다. 일본에게 이익이 되도록 경제를 유지하기 위하여, 일본인들은 토착인과 중국인의 무역 조직[組合, 즉 "협동조합"]을 후원하였는데, 그 속에서 중국인들은 인도네시아의 상류 시민이면서 경제 관리자로 부상하였다.(인도네시아의 독립 이후, 이러한 구도는 중국적인 것과 인도네시아적인 것

3) Kagotani (2005), 68-69.

4) Kratoska (1997), 94; Turnbull (1989), 190.

이 하나로 결합한 "알리 · 바바" 체계로 존속하였는데, 중국인들은 사업을 관리하였고 인도네시아인들은 정치적 가림막을 제공하였다.) 점령기는 새로운 중국인 사업가들에게도 기회를 제공하였다. 해상과 육상 무역의 위험하고 예측불가능한 성격은 중국인 이민 사다리의 더 아래쪽으로부터 용감한 모험가들을 끌어들였는데, 그들은 소수 방언집단(특히 푸젠 성 북부의 푸칭) 출신으로 인도네시아 경제에서 칼자루를 잡고 있었다. 이러한 진취적인 이민자들은 인도네시아인들과 함께 거주하고 통혼하고 현지 말을 배웠다. 페라나칸들과 비교했을 때, 그들은 추가적인 자산을 보유하였다. 즉, 그들은 한자를 알았기 때문에 일본 점령자들과 필담을 할 수 있었다. 잠시 뒤 보게 되듯이, 이들 중 일부는 독립 이후 중국인의 경제 사다리에서 꼭대기로 향하는 길로 나아갔다.[5] 식민지의 붕괴에서 결정적인 순간으로서 태평양전쟁은 과거 식민지 영토(동남아시아 "신생국들")의 소수자 중국인들에게 장기적인 영향을 끼쳤다. 비록 전쟁 이전 "민족구제" 운동이 그들 대부분을 범중국인 애국자라고 이해하였지만, 해외 중국인 대다수는 이후에 그들이 받아들여진 사회의 조건에 의해 더 직접적인 영향을 받았다.

반중국 의식의 뿌리들

소수자 중국인들에 대한 차별(그리고 그 이상의 것)은 20세기 초 이래 동남아시아의 민족주의와 국가 건설 과정에서 나타났다. 반중국 의식은 반중국적 정책들을 대체로 정형화하고 정교하게 정당화한다. 하지만 그것은 새로 독립한 사회들에서 갓 등장한 것이 아니었고, 해외 중국인들이 함께

5) Twang (1998), chap.3.

살고 있던 "타인들", 즉 토착인들에게 식민지가 오랫동안 미쳤던 영향들에 뿌리를 두고 있었다. 아시아 식민지로부터 서양인들이 길고 피비린내 나는 과정을 거쳐 후퇴하는 과정에서, 소수자 중국인들의 상황과 미래는 현지에서 크게 바뀌었다. "신생국들"이 식민지로부터 어떻게 벗어났느냐는 중국인의 정치 · 경제적 운명에 영향을 끼쳤다. 중국인 공동체들이 식민지의 붕괴에 어떻게 적응했느냐는 이민자들의 다음 세대들이 지닌 서로 다른 능력과 이해관계에 달려 있었다.

신생 독립국 인도네시아의 반중국 의식은 깊은 역사를 갖고 있었다. 20세기 초, 민족을 구하자는 목소리를 지닌 대중운동은 적대적인 반중국 의식을 종교, 사회 계급, 식민지 등에 대한 분노들과 연결시켰다. 인도네시아의 "운동"은 "정당"이나 엄밀한 의미의 민족주의자들이 주도하지 않았고, 이슬람, 토착인, 반식민주의, 반자본주의 등의 집합체였다. 대중의 행동주의는 모호하게 자유라고 정의되었는데 자발적인 조직이었고, 모두 떠오르는 토착 지식인들 사이에서 힘차게 일어났다. 운동의 정신은 실제적이든 잠재적이든 분명히 반중국적이었고, 운동은 자본가, 이교도, 외부인, 그리고 싫으면서도 존경하는 네덜란드인의 협력자였던 중국인들을 표적으로 삼았다.[6] 1913년 새로운 이슬람 형제들, 사레카트 이슬람 등에 의해 동맹이 결성되었고, 중국인들은 때때로 군중들에 의해 상처를 입거나 살해당하였다. 무지한 농민들 사이에서는 모든 중국인들이 살육되고 그들의 토지는 토착인에게 돌아갈 것이며 네덜란드인들은 추방되는 대변화가 곧 닥칠 것이라는 말이 돌았다.[7]

역설적이게도, 운동은 중국인들이 네덜란드의 "윤리 정책"에 의해 경

6) Shiraishi (1990), chaps.1-4 · 7.

7) Shiraishi (1990), 68.

제 · 거주 · 여행 특권 등을 박탈당하고 제한받는 공격을 당하고 있는 상황에서 시작되었는데, 그 모든 것이 표면적으로는 취약하고 오랫동안 고통을 당해 온 "토착민"의 이익을 보호하려는 것이었다. 중국인들로서는 억울하였지만, 한편으로는 부활한 중국이라는 가상의 세력에 의해 보상받게 될 것이라고 느끼고 있었다. 확실히 20세기 초의 새로운 중국은 자국의 해외 시민들이 희생당하는 것을 용인하려 하지 않았다. 1911년 혁명의 결과, 인도네시아의 중국인들은 사실상 더욱 확신에 차서 행동하기 시작하였다. 그들은 변발을 잘랐고 양복을 입었으며 (원주민이 보기에) 비중국인들에게 "오만하게" 행동하였다. 사레카트 이슬람과 반중국인 폭력의 등장은 실제였든 만들어 낸 것이었든 그런 행동에 의해 촉진되었던 것 같다. 중국의 국가 건설과 혁명에 의해 품게 된 새로운 자존심은 해외 이민자들에게 스스로 자립할 수 있다는 용기를 주었다. 중국인들 사이의 새로운 자신감은 타인들 사이에서 적대감을 낳았다. 반중국 의식은 원주민들 사이에서 축적된 시기심, 그리고 식민지 통치자들보다는 중국인들을 공격하는 것이 상대적으로 덜 위험한 선택이었다는 것을 고려한다면, 예상 가능한 결과였다. 인도네시아 반중국 의식의 또 다른 원인 가운데 이슬람 사업가들이 장악하고 있던 (담배 제조와 같은) 분야에 중국인 사업투자가 확대된 것이 있었다. 그런 사업의 다양화는 네덜란드 당국이 중국 자본가들의 징세 청부권을 폐지한 지 얼마 되지 않은 상황에서 현명한 적응이었다.[8)]

신생 독립국 인도네시아에서, 중국인들이 과거 네덜란드에 의해 점유되었던 경제 틈새들을 접수할 것이라는 사실이 알려지자마자, 반중국 의식이 들끓게 되는 데 시간이 오래 걸리지 않았다. 인도네시아인 사업가 아사트는 공격의 대오(나중에 그의 이름을 딴 아사트주의를 낳음)를 밀고 나갔

8) Coppel (1983), 22.

고, 인도네시아 프리부미pribumi의 경제적 권리와 특권을 부여하고 중국인들을 반대하였다. 그의 캠페인에서 분명한 목표물들은 중국계 인도네시아 시민들이었고, 그들이 신생국의 경제를 장악하지 못하게 하려 하였다. 기본적인 생각은 분명히 인종주의적이었다. 아사트에 따르면, 어떤 경우 중국인들에 대해 너무 강경해서 그들의 시민권조차 끓어오르는 사회 경제적 배척을 사라지게 할 수 없었다. 그들은 선천적으로 욕심 많은 기회주의자여서 결코 "진정한" 인도네시아인으로 받아들여질 수 없었고, 그들이 인도네시아의 시민권을 획득한 다음에도 마찬가지였다. 중국인의 경제력은 "네덜란드 식민주의의 유산"이었고, 골수 인도네시아인을 위하여 무너져야만 하였다. 비록 부유한 중국인들에 대한 경제적 시기심이 분명하게 존재하고 중국인들이 어울리지 않게 사업을 하고 있었다고 하더라도, 모든 중국 사업가들이 부유했던 것은 아니었다. 유사한 형태의 적대감이 부유한 인도네시아인에게는 존재하지 않았다. 아사트주의의 결과 가운데 하나는 중국인들이 지방에서 소매상을 운영하지 못하게 하는 규정이었다. 서부 자바에서 이러한 차별적인 법률의 집행(1959)은 군대가 지원하였고 경제에 광범위한 피해를 줬다. 10만 명이 넘는 중국인들이 중화인민공화국에서 보내온 배를 타고 (그들이 잘 대접받지 못한) 중국으로 달아났다.[9] 다음의 "전체 인도네시아 민족수입업자회의 연설"은 인도네시아인의 반중국 의식에 대한 분명한 이유를 보여 주고 그 밑에 있는 감정을 암시한다.

9) Coppel (1983), 37-39.

아사트, "중국인의 우리 경제 지배"(1956)[10)]

"배타적인 집단으로서 중국인들은 문화, 사회, 특히 경제 영역 등에서 타인들의 진입에 저항한다. 경제 영역에서 그들은 너무 배타적이어서 실제로 독점하고 있다. 인도네시아인 사업가는 모두 현실에서 중국인의 독점을 경험한다. …… 한 인도네시아인 상점 주인은 자신의 가게에서 쌀을 팔려고 하면, 중국인 쌀 도매상에게 구매하도록 강요받는다. 그리고 그는 중국인 상점 주인과 다르게 대우받는다. 쌀 도매상은 중국인 상점 주인에게 외상, 가격, 질 등에서 더 많은 편의를 제공한다. ……

새로운 시민 혹은 외국계 시민—이 경우 중국계—이라고 불리는 집단은 어떤가? 이 질문에 대답하기 위하여, 우리는 이들 새로운 시민이 현재 우리나라의 현재 규제 아래에 놓여 있는가를 조사해야 한다. 네덜란드에 있었고 인도네시아 시민권을 거부하지 않았던 중국인들은 자동으로 법에 따라 인도네시아 시민이 된다.

이들 네덜란드 국적 중국인에는 누가 포함되었는가? 부모가 중국인으로 인도네시아에서 사는 외국의 동양인이고, 인도네시아에서 태어나면 누구나 네덜란드 국적 중국인이었다. 그래서 중국인 토톡 아버지와 중국인 토톡 어머니가 인도네시아에 낳은 아이는 그가 거부하지 않는 경우 인도네시아 시민이 되었다. 토톡 아버지, 토톡 어머니, 아버지의 자산. 이런 남자가 외국인이다. 사회 경제적으로 그는 여전히 중국인 토톡 공동체의 일부이지만, 그는 인도네시아 시민이 될 수 있다.

이들이 자신을 인도네시아인이라고 느낄까? 그들이 인도네시아 사람들과 하나라고 느낄까? 만약 다른 나라, 심지어 중화인민공화국이나 타

---

10) Feith and Castles (1970), 343-346.

이완과 분쟁이 있어도, 그들이 인도네시아의 이익을 방어할까?……

이런 종류의 시민을 위하여 특별한 보호를 확대하는 것은 중국인들이 정치적으로 독립한 인도네시아에서 그들의 지위를 유지하고 더 공고하게 할 수 있게 하는 것을 의미한다. 모든 다양한 규제들은 인도네시아인의 이익 증진을 목표로 하였는데, 중국인들은 이들 새로운 시민들을 통해 그것들을 회피하고 모면할 것이다."

식민지 이후 동남아시아의 국가들 중 인도네시아의 반중국 의식은 가장 뿌리가 깊었다. 그 정치적, 종교적, 민족적 구조는 식민지의 경험과 함께 "중국인 문제"에 대한 아주 완고한 믿음으로 지속되어 왔다. 한 세기 이상 인도네시아에서 소수자 중국인들을 후원과 집단 학살 사이에서 요동치게 하였던 것은 무엇인가? 수수께끼의 해답은 식민지 시절부터 중국인들이 경제에서 했던 역할에 있다. 시장의 핵심적인 부문들―대규모 사업에서 마을 수준의 상점들까지―을 지배함으로써, 그들은 (늘 그랬던 것은 아니지만 전체적으로) 그들의 이웃들보다 더 부유하게 되려 하였고, 그래서 비호감이면서도 없어서는 안 되는 존재였다. 모든 인도네시아의 지배 집단은 식민지 시절부터 그들의 경제력을 장려하여 거기에서 이익을 얻을 것인가 아니면 그들을 내쫓을 것인가 하는 문제를 놓고 고민하였다. 그들은 (대중적인 분노 때문에) 전자도 (중국인 없이 경제가 유지할 수 없기 때문에) 후자도 할 수 없다는 것을 알게 되면서, 인도네시아는 한 극단과 다른 극단 사이에서 휘청거리거나, 소수자 중국인의 포용과 차별을 불안정하게 혼합하는 것에 만족해 왔다.

하지만 여기에는 경제 이상의 것이 있다. 1965년 인도와 중화인민공화국의 관계가 최악이었던 때 반군부 쿠데타가 실패한 뒤, 인도네시아 당국이 "중국China"에 대해 공식적으로 사용하던 명칭은 중국Tiongkok, 中國, "central kingdom"에서 "지나"Tjina(나중에 "China"로 바꿈)로 바뀌었는데, 이것은 제2차 세계대전 이전 일본이 중국을 언급할 때 사용하던 공격적인 용어였다. 베이징은 강력하게 항의했지만 효과가 없었다.

이렇게 바꾼 목적은 무엇이었을까? 한 공식적인 이유에 따르면, 그것은 "**우리 국민에게 있는 자격지심과 …… 그 나라와 관련된 집단[즉, 중국 민족]에게 있는 우월감을 제거하기 위한 것**"이었다.[11] 여기에 인도네시아의 "중국인 문제"에 대한 하나의 실마리가 있다. 즉, 토착 인도네시아인들 사이에 굴욕적인 지위와 분개라는 해묵은 감정, 식민주의의 몰락 이후에도 잔존한 감정이 있다. "중국인 문제"의 뿌리 깊은 역사는 네덜란드 통치 아래에서 토착 인도네시아인의 수모에서 비롯된다. 우리가 제2장에서 살펴보았듯이, 중국인들은 식민지 체제에서 2등 시민으로 지위를 부여받았고, 식민주의자들보다 아래였지만 네덜란드인들이 인볼링inboorling이라고 하였던 하층의 원주민들보다는 위에 있었다. 인볼링은 단순히 "현지인"을 의미하지만 "노예"와 비슷하였다.[12] 강제적인 경계들이 설정된 이런 카스트와 같은 체계는 식민주의자들에게 (지위의 상승도 하락도 금지된) "그들의 중국인들"이 계속해서 중개인으로서 임무를 수행할 것이고, 인볼링은 식민지를 이롭게 하는 커피, 설탕, 그리고 다른 수출 작물들을 위하여 농업 노동을 제공할 것이라는 믿음을 주었다.

이러한 역사로부터 다수자 인도네시아인들의 고통받는 자기 이미지가 흘러나왔다. 근대에 "프리부미"(부미푸트라bumiputra와 같은 뜻으로 말레이시아에서 "흙의 아들")라고 불리던 사람들은 식민지 아래에서 원한을 가지

11) Suryadinata (2004), 206. 강조는 저자.

12) 나는 이 용어와 그 중요성에 대해 Wilt Idema에게 빚이 있다.

고 자신들의 지위, 그리고 "그들 자신의" 식민지 이후 국가에서 더 열악해지던 지위를 노려보았다. "프리부미"는 특권을 나타내고 자존심을 드러내지만, 굴욕을 함축하고 원한을 담고 있다. 소수자 중국인들 사이의 속성이었던 "우월감"은 어떻게 되었을까? 네덜란드 아래에서 페라나칸 중국인들의 특권적인 지위는 식민지 말기에 그들이 중국의 부활과 자신들을 동일시하면서 강화되었다. 이런 역사적 특권과 새로운 민족주의의 합류는 불안한 이행의 시기에 소수자들을 지탱시키는 일종의 집단 자부심을 부여하였다. 프리부미가 그것을 민족적 속물근성이라고 본 것은 너무도 당연하지 않은가! 연이은 인도네시아인 정부들 아래에서 경제적 불안이 지속하는 가운데, 이러한 적대감에 무슬림과 이교도 사이의 종교적 구분이 더해지고, 중국계 인도네시아인들은 확실한 희생양이 된다.

영국 식민지 말레이 반도에서 중국인에 대한 토착인의 불만은 뿌리 깊은 불이익으로부터 터져 나왔다. 이런 감정이 (영국의 말레이인 인식의 중심이었던 임금노동과 상업에 대한 내재적인 무시와 같은) 문화적 요인으로부터 나왔든, 아니면 식민지 체제 자체의 산물이든, 적어도 식민지 체제가 말레이 농민들이 이러한 직업들에 대해 느꼈을 혐오감을 강화시켰다고 말할 수는 있다. 광산과 플랜테이션의 운영자들은 현지 노동자들보다 수입된 연기계약 노동자들을 선호하였다. 왜냐하면 그들이 더 싸고 더 유용하고 더 다루기 쉬웠기 때문이었다. 말레이 농민들 자신도 중개인으로서 말레이인보다 중국인을 더 선호하였다. 왜냐하면 중국인은 자본을 처리하는데 더 준비되어 있어서 거래를 더 적극적이고 능숙하게 할 수 있었기 때문이다. 그 결과, 말레이 민족 하면 근대적인 경제 부문을 위한 자질이 부족하다는 인상을 주었다.[13]

13) Abraham (1997), chap.4.

이처럼 말레인들 사이에서 적응하지 못한 고통은 식민주의와 관련이 있었고 "고유한" 중국적 기술들과는 대조되는 특징을 갖고 있었는데, 식민지 이후에 소수자 중국인들에 대한 불만으로 표면화되었다. 그 불만은 중국인의 경제적 지배에 대한 반발을 정치적으로 관념화한 마하티르 빈 모하마드(1925~) 박사에 의해 합리화되었다. 이 반발은 "신 경제정책(1970~1990)"을 낳았고 말레이인의 사업에 특혜를 주었는데, 사실상 다수자를 위한 행동이었다.

마하티르는 인도계 말레이인으로 영국 식민지 말라야의 교사 집안에서 태어났고, 싱가포르에서 의학을 공부한 다음에 개업의가 되었다. 그는 1946년에 창당한 선구적인 말레이 민족주의 정당인 통합말레이민족조직(UMNO)에 가담하였다. 1969년 5월 말레이인과 중국인 사이의 유혈 폭동 이후에 마하티르는 UMNO의 지도자들이 귀족적이고 영국식 교육을 받아서 말레이 대중들과 유리되어 있고 지나치게 중국인들과 타협적이라고 비판하였다. 이 때문에 마하티르는 UMNO에서 제명되었다. 그럼에도 불구하고, 폭동들은 말레이인에게 우호적인 새로운 정책을 위한 새로운 단계를 만들었고, 이슬람 문화를 강조하면서 말레인과 중국인 사이의 경제적 불평등을 조정하려 하였다. 이 새로운 정치적 환경에서 UMNO의 기존 지도자들은 더 호전적인 노선을 채택하였다. 마하티르가 다시 UMNO에 입당한 뒤, 그의 민족 단결적(즉, 민족 전투적) 관점은 그를 정당 안에서 핵심 역량으로 만들었다. 그의 저작 『말레이의 딜레마』는 1970년에 처음 출간되었을 때 위험스러울 정도로 선동적이라는 이유로 금지되었고, 1981년 그가 총리에 오르고 나서야 비로소 해금되었다. 그는 2003년까지 총리직을 수행하였다.

마하티르 빈 모하마드: 소수자 중국인에 대한 말레이인의 관점[14]

"사람에게 유전과 환경의 효과들은 서로 관련이 있으며 상호 보완적이다." 비옥한 땅과 식물의 성장에 좋은 열대기후 덕택에, 말레이 문명은 큰 어려움이나 도전에 적응할 필요 없이 발전하였다. 이러한 환경에서 약한 자들도 살아남고 번식할 수 있었다. 반면에 중국인들은 그들의 고국에서 생존을 위하여 투쟁해야만 하였다. 자연선택에 의해 "의지와 신체가 약한 자들은 강하고 우수한 자들에 의해 도태되고, ……"

"말레이인들은 그 유전과 환경의 영향이 너무 약했기 때문에 중국인 이민자들의 맹공에 후퇴할 수밖에 없었다. 말레이인들이 할 수 있는 것은 무엇이나 중국인들이 더 잘, 그리고 더 싸게 해낼 수 있었다." 열심히 일하며 야심 있는 중국인들이 소규모 장사와 숙련된 수공 일에서 말레이인들을 대체하는 데 오랜 시간이 걸리지 않았다. 그들은 기술과 재부를 가지고 정치적으로 강력한 후원자들을 찾았다. 그들은 지역 귀족과 식민지 당국자들에게 상품을 제공하고 봉사함으로써 성공적으로 관계를 구축하였다. 이런 이유로 그들의 발전은 멈출 수 없었다.

인종에 따라 육체적 성격뿐만 아니라 문화적 특성도 다르다. "예를 들어 유대인들은 매부리코일 뿐만 아니라, 본능적으로 돈을 이해한다. 유럽인들은 하얀 피부를 가졌을 뿐만 아니라, 만족할 줄 모르는 호기심을 갖고 있다. 말레인들은 갈색 피부를 가졌을 뿐만 아니라, 친화력이 좋고 인내심이 강하다. 그리고 중국인들은 타원형의 눈을 가졌을 뿐만 아니라, 선천적으로 뛰어난 사업가들이다." 동남아시아 전역에서 그들이 거둔 경제적 성공은 그것을 입증한다. 그것이 바로 "말레인들은 시골스럽

14) Mahathir (1970), 발췌 인용, 20, 24-25, 84-85.

고 경제적으로 뒤떨어졌으며, 비말레이인들이 도회적이고 경제적으로 앞선 이유이다. 말레이인들이 시골스럽고 가난하게 되어야 했던 것은 그들의 선택이 아니다. 그것은 인종적 특성이 충돌해서 나온 결과이다. 그들은 친화력이 좋고 인내심이 강하다. 중국인들은 열심히 일하고 사업에 뛰어나다. 둘이 만났을 때, 이런 결과는 피할 수 없다. 탐욕스런 중국인들의 맹공이 있기 전에 말레이인들은 덜 희망적인 지역으로 후퇴하였다."

* * * *

말레이 민족이 자신의 나라에서 짓밟히는 것은 차별적 법률 때문이 아니라, "말레이시아의 주요 인종 집단들이 가진 성격과 행동 때문이다. 말레이인들은 정서적으로 인내심이 강하고 친화력이 좋다. 비말레이인들, 특히 중국인들은 물질을 추구하고 공격적이며 일 욕심이 많다. 공평한 상황을 만들기 위해서는 이처럼 확연하게 대비되는 인종들이 서로 맞춰 줄 필요가 있다."

"법률은 이것을 할 수 없다"고 공언하면서, 마하티르는 사실 법률은 "우리가 4천 년 동안 알지 못한 것이기" 때문에 필요하다고 여겼다.[15] 결국 말레이인들에게 직업, 교육, 자본 소유 등이 일정하게 할당되었고, 이것은 1957년 독립이 확정되었을 때 문서로 약속하였지만 실행되지 못하였던 보장 내용을 그제 떠어넘는 것이었다.

앞의 두 글에서 인도네시아인과 말레이인의 반중국 의식 사이의 차이는 단순한 어투라기보다는 실제로 존재하였다. 둘 다 경제적으로 더 강한

15) Mahathir (1970), 31

소수보다 더 약한 다수에게 이익을 주도록 규정할 것을 호소한다. 둘 다 중국인을 냉혹한 사업가라고 딱지 붙인다. 둘 다 전체 민족 집단을 낙인찍는다는 점에서 "인종적인 것"으로 분류될 수 있다. 하지만 마하티르의 글에서 중국인들에 대한 마지못해 표하는 경의를 느낄 수 있는데, 그들은 진화론적인 투쟁에서 "선택되어" 거칠고 유용하게 된 것으로 여겨졌다. 또한 마하티르는 눈에 띄게 중국인을 억압하기보다는 말레이인들의 수준 향상을 더 강조하였는데, 이것은 경제가 급속히 성장하는 상황에서 상상할 수 있는 결과였다. 제약과 공격을 받는 대상이 중국계 말레이시아인들이었던 것만큼이나 짜증나는 일이었지만, 마하티르의 말에는 중국인들이 선천적으로 절개가 없고 불충하다는 것을 암시하는 내용이 거의 없었다. 마치 마하티르와 그의 동료들은 소수자 중국인들이 말레이시아를 번영하는 국가로 만들 수 있을 만큼 충분히 대단하고 능력이 있다는 것, 혹은 중국인들이 그들의 자본과 재능을 갖고 떠나 버리면 말레이시아가 가난해질 수도 있다는 것을 이해하는 것 같았다. 인도네시아의 "아사트주의"는, 이와는 반대로, 냉혹하였고 자기 파괴적일 가능성도 있었다. 우리가 이미 살펴보았듯이, 1959년에 발효된 엄격한 대통령령 10호는 "외국인들"이 지방의 소매업에 종사하는 것을 금지하였다. 그 결과, 10만 명의 중국계 상점주들이 나라를 떠났다.

식민지 이후 말레이시아와 인도네시아에서 중국 민족이 겪은 경험은 어떤 점에서는 유사했고 어떤 점에서는 크게 달랐다. 두 "신생국"은 모두 경제적으로 강하고 활력적인 소수자 중국인들에게 고향이고, 그들의 사업 기술과 자본은 국가의 안정과 경제의 성장에 필수적이다. 두 나라는 식민주의로부터 다원적인 사회로 모습을 드러냈고, 중국인들(그리고 말레이시아의 경우 인도인들도)은 식민지 권력자들에 의해 이민을 권유받았다. 대체로 (그리고 점차적으로) 두 사회에서 도시의 상인층으로서 중국인들의 정체성은 분명하였고, 다수자인 토착인들에게 시기의 대상이었다. 말레이시아와 인도네시아는 주요한 이슬람 국가이고, 비록 근본주의가 두 나라에서 현존하더라도 전반적으로 통용되는 이슬람교는 중동과 비교하면 더 절충적이고 유연하다. 가장 두드러진 차이는 인구 규모이다. 인도네시아의 소수자 중국인들은 인구의 3퍼센트가 되지 않지만, 말레이시아의 중국인은 25퍼센트를 차지한다. 인도네시아인들이 "중국인 문제"라고 여기는 것은 말레이시아의 그것과는 규모면에서 상당히 큰 차이가 있다. 인도네시아의 중국인은 (동화하고 견해를 버린다거나 프리부미 통치 엘리트 사이에서 자신들을 보호해 줄 후원자를 구함으로써) 지배 집단과 할 수 있는 최상의 거래를 해야 한다. 말레이시아의 중국인들은 너무 많고 경제적으로 없어서는 안 되기 때문에 후원을 받거나 동화를 강요받을 수 없었고, 더구나 내쫓을 수도 없었다.

필리핀의 사례는 유익한 비교 대상이다. 제4장에서 살펴보았듯이, 아편전쟁 이후 중국인 이민의 새로운 물결은 스페인인들의 계획이었던 경제적 틈새의 배분으로부터 플랜테이션에서 일할 중국인들을 모집하는 쪽을 바꾸었다. 사실 신참자들은 중국계 혼혈인들이 살던 곳에서 신속하게 상업적 역할을 넘겨받았다. 새로운 중국인 이민자들(사실상 토톡으로 중국계 혼혈인들은 페라나칸과 유사한 필리핀인이었음)에 의한 상업적 지배는 20세기 초에 더욱 강해졌고, 1930년대 초까지 중국인들은 소매업과 쌀 무역의 75퍼센트를 장악하였다. 중국인 구매자들은 농민들에게 수확할 농작물을 담보로 신용 대출을 해 주었고, 때때로 압류를 통해 토지를 차지하였다.

중국계 혼혈인을 포함한 필리핀 주민들 사이에서 적대감이 타오른 것은 전혀 놀라운 것이 아니다. 이미 1920년대에 경제 민족주의가 반중국 규제들을 만들어 냈다. 예를 들어, 회계법은 모든 계좌들이 영어, 스페인어, 혹은 타갈로그어로 작성되어야 한다고 규정하였다. 비록 이러한 법들이

10년의 투쟁을 거친 뒤에야 비로소 효과를 보았을지라도, 많은 중국인들에게 소매업을 그만두도록 재촉하였다. 그럼에도 불구하고, 1950년대까지 적응력이 강한 중국인들(필리핀 인구의 2퍼센트 이하)은 여전히 적어도 소매업의 절반 정도를 경영하였다. 결국 1954년 "소매업국영화법"이 "외국인들"을 소매업에서 완전히 몰아냈는데, 이듬해 경제 침체로 비난을 받았다. 중국 상인들은 자본을 외국으로 보내거나 도매업과 제조업으로 전업함으로써 적응하였다.

필리핀의 반중국인 행동은 확실히 "말레이시아와 인도네시아"와 마찬가지로 식민지 이후의 상황이었는데, 중국인 이민자들이 식민지 지배(처음에는 스페인, 그다음에는 미국) 아래 경제적 장악력을 얻었다는 점을 고려한다면 그렇다. 중국계 혼혈("치노이") 필리핀인들은 스페인의 멸시와 "인치크"(즉, 토톡)의 불신, 그리고 미국인들의 다소 이중적인 태도 등을 경험하였다. 미국인들은 명목상으로는 그들을 배제하였지만, 어떤 일이든 진행되어야 한다면 중국인들이 더 빠르게 잘할 것이라고 생각하였다. 신생 독립국 필리핀 정부(1946)는 당시의 상황을 처리해야만 하였다. 불행히도 필리핀의 중국인들에 대한 방식은 (필리핀의 인구에서 중국인의 비율이 낮았던 것과 함께) 말레이시아보다도 인도네시아에 더 가까웠다. 다시 말해서, 그 방식에서 필리핀인 중심이기보다 반중국적인 성격이 더 강하였다. 하지만 인도네시아와 가장 큰 차이는 확실히 동화시키는 방향으로 완전히 선회하였다는 것이다. 1970년대 페르디난드 마르코스의 통치 아래 귀화나 출생을 통해 완전한 시민권을 갖는 것은 중국인들에게 손쉬운 일이었다. 그리고 반중국인의 끔찍한 차별과 의구심이 여전히 남아 있었음에도 불구하고, 1950년대 이후에 등장한 세대들은 일상적인 필리핀 문화에 더 가까이 다가갔다. 경제에서 중국인들의 지분은 대체로 25~35퍼센트를 유지하였다.[16)]

시암 왕국에서 중국인들은 20세기 초에 시작된 공식적인 반중국 의식으로부터 고통을 받았지만, 다른 맥락에서 그랬다. 비록 시암이 1855년 영국과의 "불평등조약들"을 시작으로 서양의 요구를 받아들이지 않을 수 없었지만, 결코 서양의 식민지 지배를 받지는 않았다. 통치 엘리트나 일반 시민들도 식민지의 신분 위계질서에 의해 굴욕을 당한 적이 없었다. 반중국 의식은 시암 정부가 근대화를 진행하고 타이 민족성이 당시 민족국가(그리고 "타일-랜드", 즉 타이 민족의 땅)의 기반으로 강화되면서 등장하였다. 미래의 라마 6세가 포함된 타이 엘리트의 젊은이들은 19세기 말에 해외에서 공부하기 시작하였고, 유럽의 민족주의와 인종주의 이념을 반유대주의, 반중국 의식과 함께 흡수하였다. "황화론"의 공포는 다양한 형태로 유럽에서 모든 아시아인을 반대하게 만들었다. 타이에서는 그 초점이 중국인에게 맞춰졌다. 일부 타이 엘리트, 특히 군인들은 중국인들이 중국의 혁명운동과 연계를 맺고 있었기 때문에 그들을 시암의 군주제에 잠재적인 위협이라고 여겼다. 타이에서 반중국인 감정은 1909년에 새 정부의 세금 정책에 항의하기 위해 중국인들이 파업을 하면서 불타올랐다. 라마 6세는 당시 유럽에서 유행하던 반중국적 사고방식이 가득 담긴 영국의 교육을 마치고 귀국하였는데, 그런 사고방식은 타이 사회에서 소수자 중국인들에 대한 정형화된 생각과 일치하였다. 젊은 왕은 중국인들이 자신의 민족주의적인 반감을 위해 편리한 포장지라는 것을 발견하였다.

16) Wickberg (1999), 191, 그리고 개인 서신; Appleton (1960); Purcell (1965); Wilson (2004), chap.5.

1914년의 반중국적 글: "동양의 유대인"[17], 와치라우트(라마 6세) 작성.

"[유럽인들이] '황화론'(황인종의 백인종에 대한 공격의 위험을 의미함)을 말할 때, 나는 그 용어에 반대할 특권을 달라고 요청한다. 그들은 그 용어를 일반적으로 모든 아시아인들에게 사용하기 때문이다. 사실, 그들이 말하는 위험은 중국인에게만 해당한다. 타이에서 우리는 백인들이 가진 것만큼이나 중국인들에 대해 큰 두려움을 갖고 있고, …… 나는 "황화론"에 어떤 식으로든 타이가 포함되는 것에 반대한다. 왜냐하면 타이인은 유럽인이 유대인과 다른 것만큼이나 중국인과 다르기 때문이다.

* * * *

돈! 거기 당신이 갖고 있지! 중국인들의 심장! 그건 그들이 한순간도 쉬지 않고 가져야 한다고 느끼는 것이다. 그건 그들 심장의 가장 큰 바람이고, 그 어떤 것도 비교가 될 수 없다. 지위와 명성, 명예와 정직, 사랑과 자선과 열정 등은 우리 나머지 사람들에게 생명수인데, 그들에게는 단지 하느님인 **돈신**에게 뿌려지는 술 한 잔일 뿐이다. 그것을 더 많이 생각할수록 더 두렵고, 그런 마음을 가진 사람이 된다는 것은 더 측은하다!

하지만 그러한 취향을 가졌으니 …… 그들이, 중국인으로 태어나지 않으면 아마도 이해할 수 없는, 그들 자신의 도덕 체계를 발명했다는 것은 전혀 놀랍지 않다. 돈이 관계되는 한, 그것을 얻는데 정직하지 못하고 잘못된 방식이란 없다. 그들은 '결과가 수단을 정당화한다'는 윤리를 존경하고 실천한다.

들을 수 있는 작은 것만으로도 이런 종류의 사람들과 소통하는 것이 항상 얼마나 극도로 어려운가를 보여 주는 데 충분하다. 세계의 어떤 나

17) Landon (1941), 35, 40-41.

> 라든 감당하기 어려울 정도로 셀 수 없이 많은 중국인들이 있다. 이 사실은 다른 나라로 들어가는 것을 막는 **인종중심주의**와 고난을 극복하는 그들의 믿을 수 없는 능력, 그리고 재정 문제에 대한 통찰력 등과 함께 어느 나라에서든 "**황화론**"의 두려움을 나오게 만드는 데 충분한 이유들이다."

정말 이상하게도, 라마 6세의 반중국 의식은 시암인의 마음 깊숙이 흐르고 있는 중국인에 대한 적대감을 전혀 반영하지 않았다. 시암 왕국(대체로 국가의 민족적 토대를 반영하여 1938년부터 공식적으로 "타이"라고 불림)은 우리가 인도네시아의 사례에서 "프리부미 문제"(즉, 외국 지배하의 모욕)라고 언급했던 것을 물려받지 않았고, 이런 점에서 식민지 이후 이웃 국가들과는 달랐다. 시암국의 중국인들은 토착 타이인들보다 높은 지위를 가져본 적이 없었고, 오히려 타이 귀족이 항상 지배계급이었으며 중국인 엘리트들은 군주에 대한 봉사의 대가로 지배계급에 들어갔다. 타이인들은 중국인들과 상업적으로 경쟁하려 하지 않았다. 따라서 "민족" 요소는 국가나 사회에서 일어나지 않았다. 국가와 사회에서 받아들여지는 기준은 민족이나 문화가 아니라 시암의 정치체제에 대한 복종과 군주에 대한 충성이었다. 이러한 기준은 다른 집단이나 계층 간의 결혼과 함께 중국계 타이인뿐만 아니라 중국인들도, 와치라우트와 그 계승자들이 반중국을 표방했음에도 불구하고, 통치 엘리트 속으로 잘 통합되었다는 것을 의미하였다.

20세기 전반에 문제들이 나타나게 된 원인 중 하나는 근대화하고 있던 시암 군주와 당시 중국에서 진행되고 있던 혁명운동 사이에서 민족주의가 충돌한 것이었다. 우리가 앞서 살펴보았듯이, 후자는 세계 곳곳의 해외 중국인들에게 손을 뻗었다. 우선 1911년의 반청 혁명이 일어나서 시암 군주에게 두려움을 가져다주었고, 그다음에는 중국 공산주의가 일어나서 동남아시아 전역의 중국 이민자들에 대한 의구심을 높여 주었다. 또 다른 원인은 제1차 세계대전 말기와 1930년대 대공황 초기 사이에 타이로 유입되는 이민자들이 급속하게 증가한 것이었다. 50만 명 정도의 이민자들이 상주하는 중국 인구(드나든 사람들 사이의 중간값)를 크게 늘렸다. 1957년, 스키너는 "오늘날 타이에 살고 있는 중국 출생 중국인들 가운데 적어도 절반은 1918~1931년 사이에 처음으로 이민을 왔다" 고 추정하였다.[18] 1932년에 권력을 잡은 타이의 군사 지도자들에게, 이러한 새로운 이민자들의 홍수는 중대한 위협인 것 같았다.

반중국 의식에 대한 중국의 반응

아시아로부터 서양 세력이 물러나면서 과거 식민지의 주민들은 자신을 주권을 지닌 정치적 실체일 뿐만 아니라 문화 공동체라고 정의하게 되었다. 식민지 체제는, 독립 민족국가로서 영토가 가질 미래의 활력에 대한 고려 없이, 자기 마음대로 외연을 확장하였다. 그 결과, 식민지 이후의 국가들은 자신들이 다민족 인구, 그리고 문화적 가치가 충돌하는 요구들을 다뤄야 한다는 것을 알게 되었다. 한 국가는 하나의 단일한 "민족문화" 만을 가져야 하고, 그렇다면 어떤 것을 가져야 하는가? 문제를 더 복잡하게 만든 것은 문화적 정체성이 경제와 정치적 힘의 분배와 일치하지 않을 수도 있다는 것이었다. 소수자 중국인들은 대체로 그들의 경제적 강력함과 정치적 허약함이라는 불일치를 경험하였다.

---

18) Skinner (1957), 173-174.

정치적 주도권을 가진 다수의 문화를 모든 시민들에게 강요함으로써 국민 생활을 통일시키는 것이 바람직하거나 가능하기나 한 일이었을까? 오랜 시간에 걸쳐 정착한 중국인들과 같은 소수자들조차도 민족적으로 강력한 외국과 연계를 맺는다면 국가적 안보에 위협이었을까? 비록 소수자 중국인들이 식민지 이후 국가의 지도자들 사이에서 안보에 대한 두려움을 높였다고 할지라도, "중국인 문제"는 애초에 "중국 문제"가 아니었다. 대신에 그것은 자신들의 세계를 식민지 역사라는 렌즈를 통해 보았던 과거 백성들 사이에서 전달된 개념들에 뿌리를 내리고 있었다. 중국인들은 식민주의자들에게 유용하였다. 왜냐하면 그들은 식민지를 움직이는 경제의 바퀴들을 돌렸기 때문이다. 식민지 이후 독립국가들에서 경제적 기능과 민족의 문화 사이에 있던 긴장은 중요하게 되었다.

인도네시아: 경제적 팽창, 문화적 억압

반중국의 물결이 식민지 이후 인도네시아에서 일고 있었음에도 불구하고, 중국인들은 그들의 경제적 지위를 강화하였다. 제2차 세계대전 이전과 비교했을 때, 중국인들이 전반적으로 더 도시화됨에 따라 육체노동자의 비율은 줄어들었고, 더 작고 중간 규모의 사업을 선호하게 되었다. 이렇게 도시 행상, 장인, 상점주 등으로 바뀌는 것은 농업을 벗어나기 위해 중국인이 따르던 관례적인 길이었다. 네덜란드인 회사가 추방된 뒤, 중국인들은 일부 대규모 상업 부문을 인수하였다. 그들의 경제적 상승은 1960년대 말부터 수하르토의 "신질서"가 새로운 은행업과 제조업 벤처들과 함께 시작되면서 가속화되었다. 1970년 이후, 그들은 인도네시아의 산업화에 폭넓게 참여하였고, 종종 외국 회사들과 함께하였다.[19]

---

19) Mackie (1998), 240-242.

부유한 상층부에서 중국인의 적응력은 훨씬 더 두드러진다. 독립한 지 20년이 되면서 인도네시아의 중국인에는 엄청나게 부유하고 인맥이 잘 갖춰진 새로운 사업가들이 포함되었다. 가장 눈에 띄는 것은 중국계 사업가들(대부분이 토톡)의 방식인데, 그들은 토착인 사업가들, 권력자(특히 군부 인사)와 잘 지냄으로써 인도네시아의 경제 민족주의에 반응하였다. 1960년대는 위험한 시기였고, 1965년 실패한 반군 쿠데타에서 인도네시아의 공산당과 신분이 불분명한 중국인 동조자들이 의심을 받았는데, 그 뒤에 반중국의 물결은 더욱 거세지고 있었다. 당시 쿠데타는 중국인 자본가들로 하여금 두 가지 적응 방식을 통해 안전을 확보하게 만들었다. 두 방식 다 후견인-의뢰인 관계 혹은 부유한 중국인과 권력 있는 인도네시아인 사이의 동업 관계를 포함하였다. 한 가지 방식은 프리부미를 중국인 소유 회사의 관리(앞서 언급된 "알리·바바" 체계로 일본 점령의 결과물이었음)에 끌어들이는 것이었다. 다른 하나는 (역시 점령기에 뿌리를 둔) "추공"(중국어의 主公, "주인"이나 "두목"을 의미함)이라는 체계였다. 그 체계에서 중국인 사업가는 힘 있는 정부 관료(대개 수하르토 장군과 같은 군부 인사였는데, 그는 1965년 수카르노의 자리를 차지한 뒤에 1968년부터 1998년까지 인도네시아 정부를 이끌었음)의 고객이 되었다. 중국인 사업가는 정부 기관으로부터 조달 계약을 따냈고, 사업을 직접 경영하였으며, 이익의 일부를 그의 후원자와 나누었다. 민주정치 제도에서 이것은 "뇌물" 행태로 비난받겠지만, 고도로 개인화된 독재정치의 상황 아래에서 그것은 거의 바뀌지 않았다.(수하르토를 비판하는 사람들은 수하르토 자신이 아마도 반은 중국인이었다고 얼굴을 찌푸리면서 주장하였다. 그는 부패 혐의로 길게 고소당하였지만, 재판을 받은 적은 없었다.)

수하르토의 주요한 중국인 고객들 가운데 한 사람은 다름 아닌 림소량 林紹良이었다. 그는 복청인 이민자로 인도네시아 독립전쟁 동안 인도네시아 군대에 물품을 판매하였고 수하르토의 비호를 받았으며 중간계급의 장교가 되었다.[20] 림소량과 같은 복청인은 무일푼으로 인도네시아에 와서 소규모 사업을 꾸려 나갔다. 도착한 지 얼마 안 되는 중국인들 가운데 가장 밑바닥이었고 (사회적 지위가 낮았고 알아들을 수 없는 복청어 때문에) 다른 중국인 공동체들과 보잘것없는 끈만이 있는 상황이었는데, 그들은 토착인들 사이에서 대금업자로서 틈새를 발견하였고 인도네시아어를 배워서 그들이 할 수 있는 사업 연계망을 만들었다. 대금업이 화폐를 주조하기 시작한 지 얼마 안 되는 사회에서 반드시 적대감을 낳는 것은 아니었다. 왜냐하면 장기 채무는 서로 의지하게 하고 그것은 가까운 사적 관계로 나아갈 수도 있기 때문이다.[21] 일본 점령기 동안 일부 복청인은, 때로 자전거 뒷좌석에 탄 것처럼 몰래 인도네시아 공화 혁명파를 위하여 지하 교역을 하는 것 이외에도, 일본 켐페이타이(헌병대)에게 협력하였다. 이러한 것이 아신 많은 중국인 사업가들과 힘 있는 인도네시아 정치군인들 사이에 만들어진 이로운 관계의 배경이었다.

이러한 후견인-고객 관계의 뿌리는 몇 가지 측면에서 역사적이다. 첫째, 그것들은 우리가 이미 살펴보았듯이 부유한 중국인이 그들의 공동체와 식민지 권력자들 사이에서 중개인이 되는 식민지 체제의 "관리자" 제도와 유사하다. 둘째, 그것들은 동남아시아 왕국들에서 식민지 시대 이전에 있었던 외국인 항만장을 상기시킨다. 그들은 왕실 후견인의 신임을 받으면서 관세를 징수하였고, 분명히 현지 엘리트들보다 지배자에게 덜 도전적인 외부인이라는 이유로 돈이 생기는 자리에 선택되었다. 중국 국내에서처럼 해외의 중국인 사업가들도 그들 후견인의 정치적 영역을 침해하지

20) Suryadinata (1988), 270.

21) Twang (1998), 59.

않으면서 경제력을 발휘하는 방법을 알았다.

수하르토의 "신질서" 인도네시아에서 중국 민족자본이 등장한 것은 20세기 중반 중국인 사회구조가 지닌 적응력을 보여 준다. 한 가지 결정적인 요소는 이주민 소집단들의 지위 위계질서였다. 토착인과 이익이 되는 동맹을 형성하는 것은 사회적 하층 방언집단으로부터 가장 최근에 나타난 이민자 물결에 달려 있었다. 하층 방언집단은 견고한 중국인 민족 엘리트들과 연계가 부족하였고, 위험한 길을 개척하여 토착인 문화 속으로 들어가고, 힘 있는 토착 후견인들과의 관계를 맺어야만 하였다.

반중국인 적대감과 폭력에도 불구하고, 인도네시아의 혁명은 복청인과 같은 중국인 신참자들에게 이익이 되는 경제적 기회를 제공하였다. 공화혁명파에 의한 해상 지역 봉쇄를 포함하여 돌아온 네덜란드인들이 일으킨 군사작전은 민간과 군대의 물자 부족을 야기하였다. 빈곤한 소수 방언집단 출신이었던 대담한 중국인들, 특히 복청인들은 싱가포르와 페낭에 기지를 두고 내륙과 해상의 밀수 조직을 운영하였다. 이들 지략이 뛰어난 이민자들은 인도네시아 혁명군 지도자들과 독점적인 관계를 맺었고, 1965년 이후 추공 체계에서 핵심 인물들이 되었다. 이들이 인도네시아의 독립에 얼마나 열정을 느끼고 있었고, 위험하지만 잠재적으로 이익이 되는 기회들에 얼마나 민첩하게 적응했는지 알기 어렵다. 네덜란드의 봉쇄를 무시하면서 공화주의자들을 위해 밀수를 하는 것과 같은 위험한 일들은 반중국인 박해에 대한 신중한 대비책으로 보였을지도 모른다.[22]

비록 인도네시아에서 태어난 일부 중국인들(따라서 정치적 의미에서 정식 시민들)이 문화적으로 동화될 준비가 되어 있다고 할지라도, 다른 중국인들은 그들의 중국적 정체성을 유지하기 위하여 문화적으로 다중의 해결책

22) Twang (1998), chap.5와 6.

을 구하였는데, 그것은 문화적으로 동화되지 않은 채 정치적으로 통합되는 것이었다. 바페르키라는 조직은 1954년에 만들어졌는데, 중국계 인도네시아 시민들을 대표하고 차별과 소외에 반대할 것을 표방한 공동체 집단이었다. 바페르키는 인종차별에 반대하였고, 한동안 말레이시아의 중국인 조직이 취한 것과는 다르지 않은 길을 가는 것처럼 보였다. 하지만 1950년대 말 수카르노의 치하에서 인도네시아의 정치가 전반적으로 좌경화하면서 바페르키는 인도네시아 공산당의 이념 노선에 더 가까워졌다. 다수의 장군들이 암살된 실패한 쿠데타(1965)에 중국 정부가 연루되었다는 수상이 있었을 때, 바페르키의 운명은 결정되었다. 모든 좌파적 대중조직들, 특히 중국인들이 만든 조직들은 전면적으로 금시되었다. 반면에, 말레이시아의 중국인들은 심각한 위협으로부터 중국 문화를 보호할 수 있었는데, 그 이유는 말레이시아가 독립국으로 이행한 방식이 실세적으로 차이가 있었기 때문이다. 이 점은 이 장의 말미에서 논의될 것이다. 프리부미 박해의 긴 역사를 고려했을 때, 인도네시아에서 수백 개의 다른 소수민족들에게 부여된 것 같은 문화적 관용이 중국 민족들에게는 미치지 않은 채로 남아 있었다.[23]

그 뒤에 1965년부터 인도네시아의 중국인 문화—페라나칸과 토톡—는 인도네시아 민족주의 앞에서 속수무책이었다. 실패한 쿠데타의 실상이 어떤 것이든, 중국인들이 중국 정부에 동조했다는 군부의 의심은 반중국인 규제를 강화하게 하였다. 수하르토 장군의 "신질서"에는 중국어 신문, 중국식 교육, 중국인 조직들의 전면적인 금지를 포함하였다. 우리가 이미 살펴보았듯이, 이 사건 이전에도 중국인 공동체의 안팎에서 동화주의자들이 강력한 영향을 끼치고 있었다. 페라나칸들은 대부분이 중국어를 하지 않

23) Coppel (1976).

았고 이미 부분적으로 동화된 상태였다. 1966년의 법은 모든 중국인들에게 인도네시아어로 된 이름을 갖도록 요구하였고, 많은 페라나칸들은 일반 대중들 사이에 섞여 들어감으로써 더 곤란한 일을 당하지 않으려 하였다. 다른 이들은 개명법에 따르면서도 소수민족으로서 문화적 정체성이라는 것을 유지하였다. 토톡들은 제1세대의 경우 여전히 문화적으로 중국인이었고, 1965년에 금지령이 내려지기 전까지 그들의 아이들을 중국식 학교에 보냈다. 그 후, 토톡의 아이들은 인도네시아 중등학교에 진학하였고 급속히 동화되었다.

인도네시아 당국이 페라나칸과 토톡 중국인들에게 언어 억제를 통해 동화를 압박한 것은 동남아시아 다른 지역의 동향들과 일치한다. 다만 인도네시아의 사례는 그 잔혹함이 두드러졌다. 역설적이게도, 다양한 (명백하게 뚜렷한 민족 집단으로서 중국인들을 없애기 위하여 고안된) 동화 수단들은 정해진 문제를 갖고 있었다. 아사트주의의 정신은 중국계 시민들에게 시민권을 부여하더라도 그들을 프리부미를 위해 남겨진 특정 경제 부문에 접근하지 못하게 하였다. 더 역설적이게도, 정부가 중국계의 신분증에 특별한 코드—그들이 문화적 지향이 어떤 것이든지 그들을 영원히 "중국인"이라고 구분하는 "카인의 표시"—를 각인시킴으로써 분명히 중국계 시민들의 동화를 방해하였다.

인도네시아 사회의 악의적인 반중국 의식은 (말레이시아와 타이에 비해) 대다수 중국인들이 법을 따르게 할 정도로 두려움에 떨게 하였고 충분히 강력하였다. 1998년 수하르토의 실각으로 중국어와 명절 행사들에 대한 금지들이 부분적으로 완화되었을지라도, 변치 않는 반중국의 편견은 대중들 사이에서 여전히 중국인의 문화적 정체성을 드러내는 일에 그림자를 드리웠다. 그리고 (1998년의 대량 강간과 살해라는 아주 잔혹한 사건을 포함하여) 반중국 폭력은 여전히 인도네시아인의 태도에 영향을 준다.

말레이시아: 문화 다원주의의 추구

식민지 이후 말레이시아에서 중국 민족은 그들의 공동체와 중국인으로서 개별적인 정체성을 유지하기 위하여 성공적으로 투쟁하였다. 국가 독립의 헌법적 기초는 식민지 통치의 가상현실에 의존하였는데, 가상현실이란 영국령 말레이 반도의 합법적인 통치자들은 말레이 귀족들이었고, 영국의 식민지 장교들이 술탄의 이름으로 말레이 반도를 관리하였다는 것이다. 단지 문화적 사건들(주로 종교)이 말레이 엘리트들에게 남겨졌다. 하지만 그 엘리트만이 식민지 이후 국가를 책임지게 하는 것은 그렇게 단순하지 않았다. 중국인과 인도인들(당시 중국인은 전체 인구의 1/3, 인도인은 1/10)은 움직일 수 없는 요구들을 제기하였다. 일본의 점령은 중국인과 말레이인 사이의 관계에 불을 지폈다. 항일 게릴라전은, 영국 장교들에 의해 무장되고 자문을 받았으며 금지된 말레이 공산당에 의해 이끌어졌는데, 중국인들이 중심이었다. 한편, 일본인들은 말레이인을 후원하여 게릴라들과 영국 식민주의 둘 다 반대하는 동맹을 추구하였다. 전쟁이 끝나자, 중국인들의 시민권과 문화적 권리에 대한 요구는 무시될 수 없었다. 1948년부터 1950년대 중반을 거치면서 상황은 복잡해졌다. 당시 "비상사태"가 발생했는데, 그것은 중국인 공산주의자들이 이끄는 게릴라들이 이번에는 일본이 아니라 제국주의자들에 반대하는 투쟁을 다시 정글에서 재개한 것이었다. 그런데 뜻밖의 결과가 나타났다. 게릴라군을 제어하고 결국 패배시키는 과정에서 영국인들은 말레이 중국인 협회 주류로부터의 정치적 후원에 의존하였고, 협회로부터 중국인 민속 공동체에 특별 시혜을 고려해 달라는 추가 요청을 받게 되었다.[24]

마침내 영국에서 교육받은 말레이인과 중국인 주민들이 말레이 위주의

24) Heng (1988), 98-101.

틀에 동의하였고, 모든 민족 공동체들은 똑같이 정치적 시민권을 향유하지만 "민족" 문화의 상징(언어와 종교)은 (비록 비말레이인들은 그들이 소수 언어와 문화를 보유할 수 있더라도) 말레이의 것으로 하였다. 더 나아가, "독립헌법"(1957)은 말레이인의 경제적 지위를 보호하고 영국 통치 아래에서 부여된 고용 우대를 유지하는 조항을 포함하였다. 공동 투쟁이 부재하는 것과 같은 모순적인 틀이 작동할 것으로 기대되었을 수 있었다. 하지만 결국 투쟁은 피할 수 없었다.

독립으로 가는 길을 편하게 한 것은 말레이인, 중국인, 인도인 등의 지도자들로 구성된 "동맹" 연합체였다. 연합체가 주로 영국에서 교육받은 엘리트들에 의해 주도되고 극단적인 지방자치주의자들(민족 문제에 대해 굳게 비타협적인 집단)을 배제하였기 때문에 독립한 뒤 처음 10년 동안 일정하게 온건한 성격을 유지하였다. 하지만 동맹은 평화와 안정을 선호하여 그 민족을 구성하는 일반 대중, 특히 말레이인들을 만족시킬 수 없었다. 1969년 5월 선거에서 연합체가 참패한 뒤, 젊은 말레이인들의 격렬한 폭동이 뒤따랐다. 말레이 지도자들은 더 가난한 민족구성원들이 유연한 우대와, 헌법에서 필요로 하는 명목상의 지위로는 거의 이익을 얻을 수 없었다는 사실을 분명히 알게 되었다.

따라서 이슬람교를 공식적인 종교로, 말레이어를 공용어로, 그리고 이슬람문화를 말레이시아 민족의 규범으로 하는 더 적극적인 말레이 지상주의를 바탕으로 평화가 회복되었다. 비록 새로운 정책의 기초 헌장에는 비말레이인들의 "합법적인 이익"을 위한 여지가 남아 있었고 법 앞에 평등하다고 확언하였을지라도, 경기장은 이제 소수자들, 특히 중국인들에게 더욱 경사지게 바뀌었다. 더욱이 "민감한 주제들"을 공개적으로 토론하는 것이 금지되었다. 대중 생활이 (집단 지도자들 사이의 상호 선출, 논쟁의 억제, 밀실 협상 등을 통해) "탈정치화될" 수 있었다는 것은 영국 식민지 국가의 신조를 반영하였다. 그런데 그 신조는 영국식 교육을 받았고 사회적으로 양립할 수 있는 말레이인과 중국인 엘리트들 사이에서 유지되었고, 정부가 정치 위에 있고 불편한 공개적 문제 제기를 포함한 "선동적인" 행동들은 진압되어야 한다는 것이었다.[25]

1957년 독립 직후, 중국인들은 중국식 교육 문제를 둘러싸고 첫 번째 문화 전투에 직면하였다. 소수자 중국인들이 말레이 민족의 문화 지배에 저항하는 능력은 주로 중국식 교육에 사적인 재정 지원을 하는 방식에 의존하였다. 1961년 이래 정부는 표준적인 "민족 특성"을 교과과정으로 가르치는 경우 중국인 초등학교들에 자금을 제공하였다. 하지만 정부가 지원하는 중등학교들은 영어나 말레이어로 가르칠 것을 요구받았고, 1970년대에는 말레이어만 가능하였다. 이러한 요구는 많은 중국인 중등학교들로 하여금 정부 지원을 거부하고, 공동체가 지원하는 독립적인 기구로 생존하게 만들었다. 2002년까지 말레이시아에는 대략 60여 곳의 독립적인 중국인 중등학교들이 있었다.[26]

국어 문제

언어와 교육은 줄곧 감성적인 주제였다. 중국인은 그들의 개인과 공동체의 정체성이 언어의 지속성(중국어에서 방언은 중국인 공동체를 결합했던 것이다)에 의존하고, 중국식 교육을 통해서만 보장될 수 있다고 보았다. 근대적인 중국인의 정체성을 규정하는 것으로서 언어를 공유한다는 감성의 힘은 식민지 말레이 반도에 중국 출신 교사들을 통해 들어왔는데, 그들의 교육철학은 근대적인 민족적 자각을 위한 문화적 기초가 된 5·4운동 때

25) Means (1976), 401-402; DeBernardi (2004), 114-116,

26) Tan (2002).

형성된 것이었다. 사실 독립 이전에도 바바 거물 진정록陳禎祿, 중국인 교사 협회의 열정적인 지도자 림연옥林連玉(1901~1985) 등과 같은 활동가들은 중국식 교육을 단계적으로 폐지하려는 초기의 계획에 항의하였다.

림연옥은 푸젠의 가난한 교사 집안에서 태어났다. 그의 유년기 교육에는 중국 고전뿐만 아니라 민족주의자 캉유웨이와 량치차오의 저작들도 포함되었다. 그는 복건인 싱가포르 자선사업가 진가경이 세운 지역 사범대학을 졸업하였고, 그 대학의 교사가 되었다. 1926년 학교가 문을 닫자, 림연옥은 말레이 반도로 가서 쿠알라룸푸르에 선도적인 중국인 중등학교("유교 중학교")에서 교사 자리를 발견하였다. 림연옥은 일본 점령기 동안 말레이 반도에 남아 있었고, 1951년 말레이의 시민권을 획득하였다. 그는 중국인들이 아이들에게 모국어로 교육할 수 있는 권리를 위해 비타협적으로 저항하였는데, 이 때문에 말레이시아 정부를 격분하게 하여서 1964년에 시민권이 취소되었다.

림연옥은 중국 민족문화의 증진을 말레이 민족의 영향력에 연결시켜 자기의 주장을 펼쳤다. 단일 민족문화의 신봉자들에게 이런 문제는 불합리하거나 불경스럽기까지 한 것처럼 보였다. 하지만 림연옥은 중국 문화의 보존이 말레이시아의 민족적 발전에 유리하다고 여겼다. 여기에는 문화적 자존심 형태를 띤 중국 민족주의 이상의 것이 있는데, 그것은 정확하게 인도네시아에서 분노를 증폭시키고 반중국 의식을 심화시켰다. 그럼에도 불구하고, 림연옥은 (하나의 현실이었던) 중국인의 공동체 의식과 말레이 민족을 연결하는 개념을 제공하였다. 말레이사 민족은 정치적으로 통합되었지만 다문화적인 특징을 갖고 있었다.

림연옥, "첫 번째 중국 교육의 날 선포"(1955)[27]

"오늘은 말레이 연방의 첫 번째 중국 교육의 날이다.

이 축제를 하게 된 것은 중국인 교육이 심각한 위험에 빠져들고 있기 때문이었다. 1952년 11월 21일, 말레이 연방의 식민지 정부 입법부가 새로운 교육령을 통과시켰다. 이 교육령에 따르면, 1,200명 이상의 중국인 학교들이 26만 명 이상의 청년들을 가르치고 있는데, '폐지' 되어야 하였다.

중국인들 쪽에서는 격렬하게 반대하였지만, 그들의 반대는 무시되었다. 그 뒤 1954년 10월에 입법부는 전술을 수정하였고, 문제를 완화하기 위한 필요에서 교육 백서 67호를 통과시켰다. 그래서 가능한 한 짧은 시간 안에 중국식 학교들은 영국식 중등학교로 전환될 예정이었다. 이것이 중국인 교사 연합 회의가 11월 21일로 예정된 연례 모임에서 중국 교육의 날을 선포하게 만든 이유였다.

긍정적인 측면에서 우리는 중국 문화를 진작하는 하나의 방법으로 중국식 교육을 지지한다. 모두가 알고 있듯이, 말레이 반도에서 중국식 교육은 50년 전, 식민지 정부가 일반인의 교육에 대한 책임을 포기하였을 때부터 시작되었다. 그 뒤, 선견지명이 있는 지도자들이 결연하게 자기 자신의 자원을 가지고 그런 책임을 감당하였다. 왜냐하면 그들은 그들의 후손들이 무지와 문맹에 빠지는 것을 참을 수 없었기 때문이다.

지금 우리의 중국식 교육은 깊은 토대를 갖고 있을 뿐만 아니라, 완전한 체계도 갖고 있어서 우리나라에 빼어난 본보기가 되었다. 미래를 놓고 보았을 때, 우리는 말레이 반도의 독립은 가까이 와 있다는 것을 볼

27) Lim Lian Geok (1986), 72-75.

수 있다. 우리는 말레이에서 강력한 구성원이고, 우리 문화는 당연히 말레이 문화에서 주류 가운데 하나이다. 따라서 우리 중국식 교육의 임무는 더더욱 중요하다. 우리는 그것을 시대적 요구로서 지지해야 할 뿐만 아니라 더욱 발전시켜야 하고, ……

말레이의 역사를 공부한 사람은 누구나 중국식 교육이 말레이 반도에 커다란 공헌을 했다는 것을 알 것이다. 50년 전, 말레이 반도는 여전히 계몽되지 않은 상태에 있었다. 당시 사회의 상황을 오늘날에는 상상하기 어려울 정도이다. 하지만 지난 50년 동안, 문명의 수준이 신속하게 향상되었는데, 그것은 중국인에 의한 교육의 정력적인 증진 덕택이었고, 문명국의 수준을 따라잡았으며, ……

둘째, 중국식 교육은 대단히 융통성이 크다. 말레이 반도는 세계 인종들이 만나는 장소라고 여겨진다. 언어와 사상은 지구의 곳곳으로부터 왔다. 그것들은 틀림없이 [소통을 위한] 도구이다. 우리 중국인 학교들이 주요한 매개물로 모국어와 모국 글을 사용하지만, 그곳들은 분명히 외국어와 외국 글을 보조 수단으로 사용한다. 모든 졸업생들은 현실적인 필요를 위하여 중국어와 서양어 둘 다 잘해야 한다. 이러한 종류의 교육은 실제로 다른 나라들에게 본보기가 될 수 있다.

말레이의 독립 전야, 우리는 이 나라에 사는 모든 사람들이 말레이의 상황이 특별하고 다른 지역과 같은 용어를 사용해서 논의될 수는 없다는 사실을 진정으로 이해하기를 바랐다. 말레이 반도의 중국인들은 숫자로 본다면 대략 다수를 차지하는 민족과 비슷하다. 문화와 경제적 측면에서 그들은 다수를 차지하는 주민들보다 크게 앞선다. 만약 말레이 반도가 독립을 준비하지 않고 있다면, 별개의 문제가 될 것이다. 하지만 독립은 곧 현실이 될 것이기 때문에, 중국인들은 가장 큰 공헌을 해야 한다. 이것은 의심할 여지가 없다. 이러한 사실들을 마음에 둔다면, 중국인들은 그들의 교육이 국민교육 제도의 일부를 구성하고 동등한 대우를 받아야 한다고 주장하는데, 그것은 지당하다.

우리는 근대국가에서 영토의 원리는 인종 · 혈통의 원리보다 더 중요하다는 것을 솔직하게 인지해야 한다. 우리 중국인 정착민들은 남쪽으로 왔고, 이곳에서 거처를 마련하였고[직역하면, '그 곡물을 먹고 그 땅을 걸었다.'], 자연스럽게 오랫동안 살고 시민이 되고 싶어 한다. 하지만 우리는 의무에 대한 충성, 성실, 주의를 통해서 존재의 권리를 얻는다는 점을 분명히 해 두자. 우리는 분명히 누군가의 후원을 위해 우리의 명예를 팔거나 우리가 희생당하는 것을 받아들이지 않는다. 따라서 우리는 큰 소리로 선언한다. 우리 문화는 우리 민족의 정신이고, 우리 교육제도는 우리 문화의 보루이다. 우리는 우리 조상들의 가르침을 유지하고 전승해야 한다. 이렇게 해야만 우리의 삶이 행복할 수 있다. 이렇게 민족적으로 복잡한 영토에 하나의 국가를 세우는 데 깰 수 없는 원칙은 서로가 평화롭게 살고 함께 번영하는 것이다. 우리는 타인의 교육을 크게 존중해야 하고, 같은 원칙으로 우리는 타인에게 우리의 것을 존중해 달라고 당당히 요구한다."

5년이 넘게 정부의 완강한 차별에 맞서서 중국인 학교를 유지하기 위하여 투쟁하는 과정에서 중국인 공동체들은 한데 뭉치게 되었다. 교육은 어느 쪽으로 업무 지원을 집중하느냐에 대한 기준이 되어 왔다. 상인 엘리트들에게 학교의 재정과 관리는 경제적 성공을 공동체 지도사의 지위로 바꾸는 기초로 이용되어 왔다. 따라서 중국인의 교육은 문화적일 뿐만 아니라 사회구조적인 논쟁점이 되었다. 중국인 사업 지도자들과 그들 공동체 사이의 사회적 연대는 학교 재정 문제와 관련이 있었고, 중국 문화의 수호자로서 사업 조직의 정당성을 증명해 주었다.

문화 보존의 문제

1980년대 (무엇을 말레이시아의 민족문화로 인정할 것인가에 대한) 민족문화 논쟁은 정부가 반복적으로 수많은 민감한 분야에서 말레이 문화의 우위를 주장하면서 촉발되었다. 논쟁에는 중국식 대학의 배제, 신년 맞이에서 중국인에게 중요했던 "사자춤"의 민족 관습 인정 거부, 그리고 쿠알라룸푸르 민족자본의 중국인 "설립자" 얍 아 로이에 대한 사후 지위 강등 등이 포함되었다. 이러한 말레이 문화의 헤게모니에 대한 주장들은 중국인 공동체들에서 두려움을 촉발시켰는데, 그 두려움은 그들의 문화가 말레이시아에서 합법적인 부분이 아닌 것으로 여겨지고 민족적인 존재로 인정받지 못하는 위험에 놓이는 것이었다.[28] 1983년과 1984년에 신문 지상에서 치열한 논쟁이 벌어졌다. 중국인들의 입장—중국인 조직들의 전국적인 회합에 호응하여—은 "종교와 문화의 다양성"이 말레이시아를 규정하는 특징이고, 정부의 "말레이 중심" 정책은 "공동체 의식과 강제적인 동화에 강하게 치우쳤다"는 것이었다. 그 대신에 "민족문화"는 "국가 내부의 극단적인 인종주의에 반대하는 모든 민족 집단의 문화에서 뛰어난 요소들"을 체현해야 한다는 것이었다.[29]

중국인의 문화적 저항은 다수의 구체적인 지역 문제들을 통해 나타났는데, 그것들 가운데 가장 폭발력이 강했던 것은 세계 최고의 중국 묘지를 보존하려는 싸움이었다. 부키트 차이나("중국인의 언덕", 싼바오산三寶山으로

28) Carstens (2005), chap.8.
29) Kua (1985), 241-243.

도 알려짐)는 42만 평방미터나 차지하면서 말라카 시를 바라보고 있다. 1600년대 이래 중국인 이민자 공동체의 묘지 터로서, 그곳에는 수백 기의 무덤들 사이에 가장 저명한 중국 상인 지도자들의 무덤들이 자리하고 있다. 그 위치는 상업적 개발을 위해 최상의 목표물이 되었다. 1983년 봄, 말라카 주 정부는 언덕을 평평하게 하고 그 흙으로 해안을 매립한 다음, (역사 테마 공원을 포함한) 광대한 상업/주거 중심으로 개발하는 계획을 내놓았다. 그 계획은 중국인 민족 공동체의 분노를 일으켰다. 대부분은 그 계획이 말레이인의 중국 문화에 대한 멸시와 말레이시아에 대한 충성심을 의심하는 상징이라고 여겼다.

부키트 차이나 보존 운동은 다양한 인물들을 등장하게 하였다. 말라카 주의 말레이인 주지사는 특이하게도 한 중국인 정치인 겸 사업가와 결탁하여 상업개발 계획을 제안하였다. 보존론자에는 두 개의 주요 중국인 정당 대표가 포함되었다. 청운정의 신탁관리자들은 묘지의 신탁자로서 주도적인 역할을 하였다. 말라카의 말레이 행정부가 중국인 보존론자들이 반정부적이고 은밀한 뇌물 혐의가 있다고 기소하였을 때, 민족 감정이 타올랐다. 결국 중국인 조직들이 전국적인 동원을 통해 중앙정부를 설득하여 그 계획을 눌러 버리게 하였다. 타협파의 명성에 걸맞게, 영국 교육을 받은 전임 수상 툰쿠 압둘 라만은 말레이 정계의 대원로로서 보존론자들을 지원하였다. 하지만 궁극적으로 보존 운동은 말레이시아 중국인 공동체의 정체성을 상징하는 중심이었던 부키트 차이나(대다수의 저명한 카피탄들은 17세기 이래 그곳에 묻혔음)를 바탕으로 한 효과적인 풀뿌리 조직 덕택에 성공하였다. 말라카 시 자체는 적어도 네 개의 주요한 중국어사용집단의 고향이었고, 말레이 반도에서 가장 오래되고 현존하는 중국인 정착지가 있는 곳이었다. 부키트 차이나 보존 운동은 공동체 조상의 흔적을 담고 있으며 (묘비명을 통해) 공동체를 남중국 고향과 연결해 준 신성한 장소가 가진 상징적인 힘을 보여 주었다. 묘지 터에 대한 신성모독은 중국인들의 정당한 분노를 불러일으키는 인화점이었고, 개발론자들은 유리한 싸움터를 선택할 수 없었다.[30]

다음 사설은 동포 단체에서 조상숭배, 풍수, 자부심 등 상호 보완적인 상징들이 지닌 힘을 보여 주는데, 마찬가지로 분명한 것은 중국인 공동체가 그들의 정체성을 담고 있는 문화유산을 보호하려고 하면서도 말레이시아에 대한 충성심을 확실하게 증명하려 했다는 점이다.

말라카의 중국 묘지 보호(1984)[31]

"유적지와 도시 개발"

"수세기 동안, 말라카는 극적인 변화를 경험하였고, 다양한 민족의 문화를 혼합한 수많은 유적지를 남겼다. …… 15세기 파라메스바라 왕조의 유적, 세인트 폴 언덕의 오래된 네덜란드 요새와 교회 이외에도, 수십만 평의 부키트 차이나가 말라카시에 자리 잡고 있는데, 그것은 중국인 선조들의 힘겨운 투쟁담을 담고 있는 유적지이다. 부키트 차이나의 옛 무덤들은 그들이 [죽기 위하여 중국으로 돌아가거나 그들의 유산을 본국으로 송금하는 대신에] 이곳에서 살다가 죽었다는 점에서 중국인들이 말라야에 충실하였다는 움직일 수 없는 증거이다. 이 무덤들은 중국 민족의 문화와 역사의 기록일 뿐만 아니라, 지울 수 없는 말레이 반도 역사의 한 페이지를 구성해 왔다. 그와 동시에 그것은 '말레이의 중국문화 발전 형태를 보여 주는 관광지' 이다. …… 의심할 여지없이, [묘지를 밀어 버리고 상업적으로 개발하자는] 제안은 즉시 전체 중국인 공동체에 충격을

30) Cartier (2001), 156-166.

31) *Xing-bin ribao* (1984).

주었다.

비록 정부는 국민의 이익을 위해 이 계획을 추진하고 있다고 할지라도, 왜 '부키트 차이나가 불행하게 그 대상으로 선택되었는가'에 대한 의심을 피할 수 없다. 사실, 부키트 차이나는 독특한 풍수風水를 갖추고 있다. 1840년, 그리고 다시 1920년에 영국 정부는 두 번에 걸쳐 다른 목적으로 그곳을 사용하려 하였다. 두 시도는 모두 [부키트 차이나를 신탁한] 청운정의 신탁 관리자들로부터의 강력한 반대 때문에 실패하였다. 현재 '부키트 차이나를 밀어 버리고 그 흙으로 해안을 매립하는' 계획은 단지 1920년대에 …… 흘러간 영국인의 노래를 반복하는 것일 뿐이다. 왜 이 모든 정부 당국들이 부키트 차이나를 차지하려고 열망하였을까? 하마도 그들은 그들이 우리 조상들이 우리에게 유산으로 남겨 준 것을 이용하고 있는 것이 아니라, 단지 관광에 방해된다며 '죽은 사람들이 묻힌 장소'를 없애 버리려는 것이라고 생각하였다. …… 우리는 이 문제가 이번을 끝으로 마무리되어 부키트 차이나 지하의 우리 조상들이 평화를 얻을 수 있기를 바란다!

"부키트 차이나에는 이 나라를 연 [직역하면, 덤불을 헤치고 가시를 잘라 낸] 개척자들과 이 나라에 공헌한 카피탄들의 유산이 묻혀 있다는 것을 부인할 수 없다. 어떻게 우리가 그들의 공헌과 역사 문화적 배경을 무시하고, 우리 자신의 근본을 잊을 수 있겠는가?"

말레이시아의 중국인 경제생활은 1970년부터 1990년까지 진행된 신 경제정책의 말레이인 중심적 특징에 어쩔 수 없이 영향을 받았다. 확실한 행동 목표에 따라 1990년까지 말레인이 적어도 국가 자본 가치의 30퍼센트를 소유해야 한다는 요구가 있었다. 이것은 신 경제정책이 시작되었을 때

말레이인 사업이 2.4퍼센트를 소유하고 중국인 사업이 사실상 22.8퍼센트 가량을 소유하였던 상황에서 중국인들에게 위협처럼 들렸다. 그럼에도 불구하고, 1990년까지 중국인의 주식은 45.5퍼센트였고, 반면에 말레이인의 것은 19.2퍼센트였다. 다행히 이런 지속적인 불균형은 경제성장의 배경으로 간주되었고, 소득 격차에도 불구하고, 말레이인의 "상승" 효과는 상당하였다.

위와 반대되는 말레이시아정부의 행동에 대한 중국인의 적응 방식에는 정치적으로 힘 있는 토착인들(추공, 즉 알리 · 바바) 사이의 동업자와 후견인 구축, 해외로 세력 확대, 그리고 자산을 확대 · 분산하기 위한 합병 등 인도네시아에서의 사례와 같은 것이 포함되었다. 또한 말레이시아 사회 전체에 걸쳐 수천 개의 분산된 소규모 사업체들이 여전히 중국인의 손에 놓여 있는 것 같다. 말레이시아에서 중국인의 자산에는 전국 통치협의체의 소수자 회원으로서 전국 단위의 중국인 정당이 포함되는데, 그 정당은 말레이시아 중국인 협회로 중국인 사업의 보유 자산 확대를 촉진하기 위해 적극적이었다. 그럼에도 불구하고, 중국-말레이인의 협력과 동맹을 통해 함께 번영하는 방식을 찾는 과정에서도, 전반적으로 중국인들이 신 경제정책을 무디게 만들기 위하여 열정적으로 노력하는 상황이었다. 왜냐하면 말레이시아는 식민지 이후에 줄곧 민주적이었고, 추공 현상(군부 실력자와 중국인 경제 거물 사이의 은밀한 형태의 관계)이 인도네시아와 똑같은 방식으로 나타나지는 않았기 때문이다. 하지만, 소수자 중국인들이 정치적으로 더 약자였지만 경제적으로 더 강자라는 사실은 가장 높은 단계의 정치와 경제 세력들 사이에서 정실 인사가 가능하게 만들었다.

인도네시아, 그리고 그보다는 덜하지만 말레이시아에서 식민지 이후의 유산은, 타이의 중국인 경험과 비교하였을 때, 그곳 국민들 사이의 반중국 의식에 확연히 눈에 띄는 쓴맛을 느끼게 해 주었다. 우리가 살펴보았듯이,

시암 왕국은 외국 식민주의자들에 의해 지배당한 적이 없었다. 중국 민족도 네덜란드 동인도회사의 경우처럼 시암의 통치자에 의해 토착인보다 높은 자리에 앉혀진 적이 없었다. 근대적인 국적 이전의 시대에 중요한 신분은 가변적이었고 형식적인 정치 질서와 통합되어 있었다. 따라서 문화적인 "중국인다움"의 여부는 시암의 통치 계급에 의해 중요하게 여겨지지 않았다.[32] "타이" 국적은 (인도네시아 프리부미의 경우처럼) 배타적인 문화와 민족적 정체성에 의존하였고, 중국 민족에게 "타이" 문화의 정수가 부족하다는 이유로 영원히 시암 시민권의 밖에 존재한다고 딱지를 붙임으로써 강화되었다. 민족과 시민권 사이의 연계는 1938년 독재자 필분에 의해 공식화되었는데, 당시 그는 시암을 정식으로 "타이"라고 개명하였다. 하지만 타이의 권력자들은 라마 6세와 그의 후계자들을 포함하여 모두 부유한 중국인을 사업상의 동업자로서 의지하였다.[33] 1932년 절대군주제의 붕괴 이래, 특정 전문직과 사업을 타이 시민에게만 허용함으로써 중국인을 경제적으로 제한하였는데 여전히 독특한 방식이 등장하게 되었다. 예를 들면, 중국인 혹은 중국계 타이인 사업가들과 타이인 정치 군부 엘리트들 사이의 복잡한 동업 관계 같은 것이다.[34]

중국 민족주의(특히 공산주의자들의 관점)에 대한 두려움은 필분 원수와 그의 군부 계승자들에게 반중국 의식을 위한 강력한 원천이었다. 그럼에도 불구하고, 일단 중국 혁명이 1980년대에 이익을 좇는 실용주의에 길을 터 주자, 중국계 타이인의 지위는 변화되었다. 1990년대 중국 무역의 유혹이 중국어 회화를 뛰어난 재능으로 만들면서, 그들의 지위는 부분적인 중국인으로서 정체성을 유지하기 위해서가 아니라 그들의 가족과 타이를 위

32) Kasian (1992), 109.

33) Kasian (1997), 80-81.

34) Skinner (1958), 186-199, 301-319, 여러 곳에서 인용.

해 이익이 되는 것이었기에 사회적으로 대접받게 되었다. 출라롱콘 대학에서 중국학 센터는 중국 무역뿐만 아니라 중국인 공동체의 역사적 유산을 위한 열정의 물결에 편승한 타이의 중국 사업가들로부터 기금을 끌어들였다.

인도네시아·말레이시아와 비교했을 때, 타이의 소수자 중국인의 역사는 독특하다. 제2,3세대의 중국계 타이인(즉, 타이 학교에서 교육받았고 중국어보다 타이어가 더 유창함)은 다수자 공동체에서 받아들여지는 데 거의 어려움이 없었다. 일부 중국계 타이인에게 동화는 "대체로 타이인의 몸 안에 중국인의 정신"을 유지하는 것일 수도 있었다. 이것은 민속학자 리차드 바샴이 중국계 타이인을 묘사한 것이다. 그는 타이의 몸짓언어, 즉 "운동 근육 도덕"(자신의 몸을 어떻게 품위 있게 움직이느냐를 아는 것)을 국제화시킨 사람이다. 그 이외에도, 타이는 이웃과 동창생들을 섬세하게 관찰하여 타이인다움을 배운 중국계 타이인들을 (그들의 가족과 개인적 감정이 사실 중국적인 상태라고 하더라도) 기꺼이 받아들였다. 이러한 사례들에서 타이가 "표면적으로 타이의 행동 기준에 맞춘 중국인들을 받아들이는 데 열심이었던 것"은 어쩔 수 없었던 것으로 보인다. 타이의 문화적 자신감과 두 나라 국민들 사이에 사회·경제적 틈새들을 놓고 오랫동안 경쟁하지 않았던 것과 함께, 우리는 왜 타이의 많은 중국인들이 동화하면서도, 검소하고 열심히 일하며 스스로 훈련하고 성공 지향적인 중국적 자아를 유지하는 식으로, 양다리를 걸치게 되었는지를 이해할 수 있다.[35] 중국인이 외국 지배자들의 협력자들로 여겨지지 않았던 역사적 배경 속에서, 타이인들은 결코 중국인이나 외국인에 의해 굴욕을 당한 적도 없어서 자신을 회의하거나 혐오하지 않는다. 따라서 인도네시아와 말레이시아에서 나타난 프리부

35) Basham (2001), 132-133.

미와 부미푸트라의 반중국 의식 쪽으로 가까이 달려갈 정도가 아니었다.

끝으로, 싱가포르는 식민지 이후 중국인 정체성의 특별한 사례를 보여준다. 리콴유는 객가의 후손으로 영국에서 교육받은 싱가포르인이고, 제2차 세계대전 이후 케임브리지에서 법학을 공부한 뒤에 귀국하여 식민지 통치의 종말을 앞당겼다. 일반적으로 1959년 싱가포르가 자치 정부를 갖게 되었을 때 마침내 신생 독립국 말레이시아의 일부가 될 것이라고 여겨졌다. 그렇게 되지 않은 것은 리콴유와 그의 국민행동당(PAP)이 말레이시아의 말레이인 지도자들과 달리 말레이시아의 미래에 대해 상당히 다른 견해를 갖고 있었기 때문이었다. 리콴유와 PAP에게 신생국은 모든 민족 집단들이 동등한 몫으로 참여하는 "말레이시아인의 말레이 반도"("대체로 말레이인의 말레이시아가 아닌" 방식)가 되어야만 했다. 리콴유는 PAP가 1964년 선거에서 경합하였지만 실패한 경험을 상기시키면서 이렇게 썼다. "[말레이 정치 엘리트는] 중국인들이 정치에 비非집단 혹은 다민족적인 접근법을 제기하고, 중국인에게만 한정되지 않는 열정적인 지도자에 의해 대표되는 것을 원하지 않았다."[36] 리콴유는 말레이 지도자들이 **신뢰했던** 유일한 종류의 중국인과 직접적으로 갈등을 벌이고 있는 자신을 발견하였다. 즉, 말레이시아 중국인 협회의 해협중국인(바바) 지도자 진수신陳修信은 리콴유의 사회주의(와 그의 카리스마)가 정치에 대한 반집단 혹은 다민족적인 접근만큼이나 위험하다고 여겼다.

그래서 1965년 리콴유는 괴로웠지만, 싱가포르가 말레이시아로부터 쫓겨나서 독립 공화국이 되었다. 두 주요한 민족(중국인과 말레이인) 공동체의 보수적인 지도자들은 영어를 사용하지 않는 중국인들의 싱가포르에 의해 위협을 느꼈고, 공산주의의 영향이 대단히 민감한 것으로 여겨졌다. 하

36) Lee (1998), 542.

지만 독립 싱가포르가 문화적으로 "중국적인" 국가가 될 운명이었을까? 몇 가지 이유 때문에 그렇지 않았다. 첫째, PAP의 지도부는 대체로 영국에서 교육받았고 거의 혹은 전혀 중국어나 문화에 정서적 교감을 느끼지 않았다. 리콴유 자신은 중국어 수업을 받은 다음에야 선거 연설을 할 수 있게 되었다. 리콴유와 그의 부하들은 중국 교육을 받은 (혹은 받지 않은) 재계 거물들이 동포 회관을 운영하는 것을 불신하였는데, 그 거물들은 방언 사용 주민들 사이에서 PAP 세력의 라이벌이었다. 둘째, PAP의 지도부는 중국식 교육을 (실제로 중국 중등학교에서 그랬던 것처럼) 파괴적인 공산주의자의 전달 도구라고 여겼다. 셋째, 식민지 이후 국제무역뿐만 아니라 싱가포르 관료의 공용어는 중국어가 아니라 영어였고, 중국인 부모들은 영어를 자녀들이 공직이나 회사에서 직업을 구할 수 있는 통로로 여겼다. 끝으로, 리콴유는 "중국 국수주의"의 위험성을 꿰뚫고 있었다. 중국 문화와 사업수완에 대한 정당한 자부심은 인도네시아의 수카르노와 같은 이웃나라의 선동정치가에게 폭발적인 반중국 의식의 탄약을 제공하였다. 싱가포르는 말레이인의 바다에 있는 중국인의 섬이었다. 그 나라의 좌우명 "마줄라 싱가푸라"(싱가포르를 키우자)는 여전히 말레이어로 되어있다.

결국, 다민족의 싱가포르에서 등장한 것은 (다수자 중국인이 보기에는) "아류" 중국 문화였다. 1960년대 말이 되면, 부모들이 직업과 부에 이르는 길로 영어를 선택하면서 중국식 초·중등 교육이 쇠퇴하였다. 그 뒤, 1987년에 싱가포르의 학교들은 영어를 공용어로 채택하였고, 각 학생들의 출신 집단이 사용하는 "모국어"를 제2언어로 하였는데, 중국인의 중국어, 말레이인의 말레이어, 인도인의 타밀어 등이었다. 중국 문화―그리고 그 정치적 영향―에 대한 싱가포르의 애매함을 보여 주는 상징적인 표시는 1953년 푸젠 출신 고무사업왕 진육사陳六使와 그의 푸젠 방이 세운 유일한 중국식 대학인 남양 대학의 운명이었다. 진육사는 푸젠의 지도자로서 어떤 의미에서 진가경의 후계자(혈연관계는 없음)였지만 진가경의 수완과 치밀함이 부족하였다. 남양은 중국어를 사용하는 노동계급의 일반 구성원들이 파견되어 집단적으로 힘을 보탠 대중적인 계획이었다. 시작부터 남양은 중국인의 문화적 자부심, 사실상 중국 민족주의의 상징이었다. 그럼에도 불구하고, 싱가포르가 독립하고 영어를 정부와 국제무역의 언어로 사용하자, 남양은 졸업생들에게 적합한 일자리를 제공하는 희망을 줄 수 없었다. 1975년, 대학은 영어를 교육의 기본 언어로 채택하였고, 5년 뒤에 정부는 남양을 국립 싱가포르 대학에 합병, 다시 말해서 문을 닫게 하였다. 이런 결과는 다른 세 가지 측면에서도 관찰될 수 있었다. 첫째, 싱가포르 학교들에서 중국어의 퇴조. 둘째, 중화인민공화국으로부터의 파괴적인 공산주의에 대한 PAP의 경계심. 1950년대 중반 싱가포르 자치 정부의 초기 단계에서 그것은 실제적인 위협이었다. 셋째, 남양의 후원자들을 무력화시킨 수상 리콴유의 냉정한 결단. 후원자들은 진육사와 같이 방언을 사용하는 재계 거물이었다. 이들은 리콴유의 정치적 라이벌일 뿐만 아니라, (PAP의 용어로) 싱가포르의 허약한 다민족의 안정성을 위협하는 "중국 국수주의자들" 이었다. 하지만 더 심각했던 것은 그들이 작은 공화국과 거대한 이웃 이슬람 국가 말레이시아 · 인도네시아 사이의 관계를 위험하게 만들었다는 사실이었다.

그럼에도 불구하고, 리콴유는 오랫동안 중국 문화를 숭상하였는데, 주로 고귀한 도덕 사상, 공익 윤리, 그리고 권위에 대한 존중 등의 측면들이었다. 이것들은 의심할 바 없이 권위주의 국가에 유리하였고, 1980년대 초 짧은 기간의 캠페인에서 싱가포르 사회에 "아시아적 가치들" 을 주입하기 위하여 선전되었다. "아시아적 가치들"은 실제로 유교, 즉 가족 · 사회적 책임 · 자기 수양 등에 대한 강조를 의미하였다. 하지만 후원자들은 바로 위에서 언급한 이유들 때문에 결코 그것들이 "중국적" 가치들이라고 하지 않았다. 싱가포르는 오늘날 유교에 대한 관심이 줄어들고 정치적 자유가 부족하다. 하지만 시민의 3/4이 중국계이기 때문에 (전반적으로) 다민족주의를 식민지 이후 활기찬 국가의 안정적인 기초로 여겨 왔다.

제8장

새로운 이주

1960년대부터 시작된 현재 중국의 이주는 네 가지의 역사적인 사건들에 의해 형성되어 왔다. 1) 북아메리카와 오스트랄라시아의 정착민 사회들에 의한 인종 배척 포기, 2) 중국의 마오주의 포기와 국제무역의 시작, 3) 소련과 그 위성국가들의 붕괴를 포함한 유럽의 재구성, 그리고 4) 이민에 대한 중국 정부 정책의 방향 조정이 그것이다. 일련의 사건들은 혁명보다는 진화로 이해하는 것이 옳다. 인종차별에 대한 정착 사회의 비판은 점차 민족성과 인간의 권리를 인정하도록 태도 변화를 이끌어 냈다. 중국이 마오주의(그리고 그 과정에서 마르크스주의)를 거부하고 자본주의적 권위주의가 그것을 대체한 것은 중국의 기나긴 정치사의 패턴과 맞물린다. 유럽의 재구성은 부분적으로 두 개의 비참했던 세계 전쟁과 함께 나타났던 마르크스주의 이상의 부패와, 인간의 욕구를 만족하게 하지 못한 국가사회주의가 실패한 이후에 유럽의 연합을 추구했던 결과라 할 수 있다. 이민에 대한 중국 정책의 재구성은 해상무역에 대한 제국의 진화하는 실용주의에 의해 그 전조가 보였다.

중국의 입장에서 새로운 이주는 노동 송출의 잘 배치된 사회적, 문화적 기반에 의존한다. 하지만 그것은 세계 역사의 현 단계를 반영하는 몇 가지 분명한 모습을 보여 주기도 한다. 중국의 용례에서, "새로운 이주[新移民]"는 1978년 이래의 개혁 시대에 중국을 떠난 사람들을 일컫는다. 그들은 더 교육받고 숙련되었으며 도시화된 "새로운 중국"의 산물이었다. "새로운 이민자들"은 제2차 세계대전 직전에 중국을 떠났던 "옛날 이민자들", 특히 동남아시아에 정착한 이들과 구별되는데, 그들 중 일부는 번성했지만 "봉건적인" 문화를 따랐다. 여기서 봉건적인 문화란 구식의 사업 관행, 동향 회관, 그리고 방언 · 혈연 단체 등과 같은 시대에 뒤떨어지는 조직들을 말한다. "신이민"은 대체로 중국 내의 이주, 즉 중국에서 확대되는 도시로 공장, 제조업 또는 서비스업의 일자리를 찾고 있는 일억 명의 시골 이주민들을 포함하는 이주 형태를 총체적으로 표현하는데 잘 쓰이지 않는다. 이러한 일시 체류자들은 단기 고용된 농가 인구에서 비롯된 "유동 인구流動人口"라 불린다. 이것은 중국의 오랜 과거로부터 비롯된 모욕적인 표현인데, 더럽고 무능하며 어쩌면 범죄자일지도 모르고 정부의 지배 권역 안에 구속되어 있지 않은 국내 이주민들에 대한 의심과 경멸을 반영한다. 정부의 규제 바깥에서 그들 가족으로부터 떨어진 채 살아가는 체류자들은 그들이 쓰레기를 수거해 주는 이웃들이나 집안일을 도와주는 가정들, 최저 임금으로 그들을 고용한 제조업자나 청부업자들을 제외하면 도시 사람들에게 환영받지 못하였다. 그럼에도 불구하고 이 연구를 전반적으로 관통하고 있는 동일한 주제와 관련이 있는데, 국내외 이주민들이 모두 같은 역사적인 과정에 참여한 사람들로 여겨진다는 것이다. 복잡하고 경쟁적인 환경 속에서 경제적 생존을 위한 합리적인 추구는 노동 송출이나 (최근 일반적으로 증가하고 있는) 가족형 이주로 나타났다.

국내외 이주는 모두 세계 자본과 기술의 움직임에 영향을 받고, 위에 열거한 역사적 사건에 따라 형성된다. 그러므로 이러한 인류의 이동들은 상호작용하는 "새로운 이주"로 이해되어야 한다. 더 나아가서, "새로운 이주"라는 단어를 1980년 이후 중국에서 유래된 것으로 볼 수도 있지만 여기서는 1960년 중반부터 현재에 이르기까지 전 시기를 아우르는 단어로 사용하겠다. 즉, 북아메리카와 오스트랄라시아 사회에 의한 인종 배척 포기 이후의 시기이다.[1] 이러한 1960년대의 돌파구들이 상당히 많은 타이완과 홍콩 출신의 교육받고 숙련된 이민자들—새로운 이주의 전위부대—로 하여금 서양에 정착할 수 있게 하였다.

정착 사회들의 인종 배척 포기

세계 대공황 동안 동남아시아로 향했던 중국인들의 이동은 실은 귀국 이주로 되돌아오는 것이었고, 제2차 세계대전 이후 새롭게 독립한 국가였던 인도네시아, 말레이시아 그리고 필리핀뿐만 아니라 타이완과 일본에서도 중국인 이민자들에 대해 제한이 가해졌기 때문이었다. 그럼에도 동남아시아는 매년 수많은 중국인 이민자들을 받아들이는데, 대부분 불법이고 필리핀이나 타이완이 선호되는 국가이다. 동남아시아 국가들은 서양으로 불법 이주하는 징검다리 역할을 한다.[2] 이주 경로에서 전통적인 동남아시아의 터전으로부터 정착민 사회들과 유럽으로 바뀌는 극적인 변화가 나타

1) "새로운 이주"는 다른 맥락에서 19세기 말과 20세기 초에 동부와 남부 유럽으로부터 미국으로 이주한 사람들을 지칭하는 용어로 사용되어 왔다. 다음을 참조, Dunlevy and Gemery (1978).

2) Chin (2003), 50-51.

난 것은 제2차 세계대전 이후 나타난 새로운 이민 환경의 결과였다.

미국(1943년과 1965년), 캐나다(1947년과 1962년), 오스트레일리아(1958년과 1966년) 그리고 뉴질랜드(1987년) 등의 배척법 폐지는 약 80년의 인종 장벽들을 없앴다. 그러나 폐지에도 불구하고 구식의 관점은 천천히 단계적으로 진통을 겪으며 사라져 갔다. 미합중국에서 1943년의 "폐지론"은 공인된 숫자들(중국은 여전히 시행 중이던 "출신국" 할당량에 의해 105명을 배정받았음)에 상당한 영향을 주었지만, 폐지론자는 비난의 표적이었다. (원칙적으로) 중국의 이민자들에 대한 두 가지 심각한 규제가 폐지되었는데, 인종차별을 끝낸 것 이외에도 중국인들로 하여금 마침내 귀화한 시민으로 인정받게 하였다. 또한 이는 1946년의 놀라운 법을 만드는 계기가 되었다. 이 법에서 미국 시민들의 중국인 아내들은 할당량과는 별도로 국적을 갖게 되었다. 대부분의 중국 여자들은 (우리가 제5장에서 살펴보았듯이) 1875년의 페이지법 이래 합법적으로 국적을 취득하여 부부로서 가정을 만드는 것이 불가능하였다.

그럼에도 불구하고 중국인과 다른 아시아인들에 대한 대중의 선입견은 미국의 관련 법령을 끊임없이 효력 없게 만들었다. 1952년 맥칼란-월터법은 북유럽 이민자들에게 특권을 부여하였던 1924년의 불공평한 출신국 기준을 유지하였다. (아시아-태평양 삼각형이라 불리는) 인도에서 일본, 그리고 태평양 군도의 모든 아시아인들은 원칙적으로 1943년 중국인들에게 부여한 것과 동등한 귀화 권리를 받아야 했음에도 불구하고, 매년 2,000개로 제한된 이민 비자는 방대한 지역에 발급되었고 아시아 이민자들에 대한 인종 상한선을 더 엄격하게 고정시켰다.[3)]

1965년 이민 개혁을 위한 하트-셀러법이 마침내 출신국 할당제를 폐기

3) Hing (1993), 36-38.

하였고, 한 국가당 2만 개의 자리(중국, 홍콩 그리고 타이완은 결국 각각 2만 개의 자리를 할당받았음)를 제공하였다. 하지만 **할당 이외**에도 가족 초청 이민에 해당하는 "직계 가족들"(미국 시민권자의 배우자, 미혼의 자녀 그리고 부모)을 위한 조항들이 있었다. 할당제에는 시민권자와 영주권자의 자녀를 비롯한 우선순위가 있었다. 그다음이 전문가, 과학자와 예술가, 기혼 자녀, 그리고 성인 시민권자의 형제들이었다. 가족 관계의 강조와 함께, 할당 예외와 우선 조항이 대량 연쇄 이민의 길을 열어 주었다. 그 결과는 의회를 놀라게 하였다. 1965년 이후 4반세기가 지나자, 미합중국은 약 71만 1,000명의 중국인 이민자를 받아들였다. 10년 뒤 마오주의가 몰락한 1989년이 되자 연쇄 이주가 붐을 이루었다. 미합중국으로 온 모든 중국인들 중에서도 중화인민공화국의 가족 초청 이민자들은 우선순위에서 직업 이주민들의 숫자를 크게 압도하여 93퍼센트 대 5퍼센트였다. 홍콩 출신의 경우도 90퍼센트 대 1퍼센트였고, 타이완 출신의 경우는 거의 비슷했다(30퍼센트 대 32퍼센트). 가족 초청의 범주가 넓어지는 것을 용인함으로써, 의회는 자신도 모르게 중국인들의 가족 체계를 강화하는 역할을 하였다. 가족 체계는 오랫동안 떨어져서도 살아남았고—직계가족의 면책과 가족 우선 할당을 통해—성공적인 이주의 가장 확실한 길을 제공하게 되었다.[4] 미합중국 내 아시아인의 숫자는 1965년 약 120만 명에서 2000년 1100만 명 정도로 증가하였다.[5]

1965년 법령은 결과적으로 중국인 이민자들에게 더 넓은 입구였지만, 수많은 불법 이주민의 숫자로 볼 때, 충분히 그들의 요구를 수용할 만큼 넓지 않았다. 1965년 개정된 규정은 실제로 상당한 숫자의 합법적 이민자

4) Hing (1993), 81-82.

5) Ngai (2004), 262.

들을 배출했지만, 동시에 엄청난 숫자의 불법 이민자들을 양산하였다. 이런 일이 일어난 이유는 어쩌면 단순히 제한이 너무 늦었기(혹은 아예 없었기) 때문이 아니라, 송출국의 문화와 관련이 있을 것이다. 이 문제에 대해서는 잠시 뒤에 살펴보겠다.

캐나다의 중국인 배척은 (심한 인두세가 이민을 좌절시키는 데 실패한 이후) 1923년에 공식화되었다. 미국의 "중국인 배척 철폐"에 상응하는 법안이 1947년에 의회를 통과하였다. 비록 (미국과 마찬가지로) 각각의 제약들이 모든 아시아인들에게 여전히 남아 있기는 했지만 말이다. 마침내, 1967년 이민법은 모든 국적자들에게 동등하게 적용되었다. 그리하여 캐나다와 미합중국은 새로운 이주에 최적의 터전으로 자리 잡게 되었다. 캐나다 유입은 "점수"제로 걸러졌는데, 1985년 사업 투자자들에게 높은 점수를 주던 것을 비롯하여 교육받고 기술이 있는 이들을 선호하였다. 놀라울 것도 없이, 홍콩과 타이완의 높은 수준의 교육을 받은 사람들이 최초의 수혜자였고, 중화인민공화국 국적자의 수가 늘어난 1990년대로 접어들어서도, 홍콩은 중국 이민자의 주요 원천으로 남아 있었다. 1991년이 되면, 중국인들은 두 주요한 대도시 지역에 집중되었는데, 밴쿠버(150만 명)와 토론토(390만 명)였다.[6] 두 도시 모두에서 홍콩의 이민자들은 양적인 수뿐만 아니라 문화적으로도 자리를 잡았다. 도회적이고 세련되었으며 종종 부유하기까지 한 홍콩인들은 다문화가 섞여 있던 캐나다 사회에서 역동적인 소사회였다.

1958년에서 1980년대까지, 오스트레일리아와 뉴질랜드도 20세기 초 이래 유지해 오던 배척 정책을 단계적으로 철폐하였다. 1958년부터 1973년까지 일련의 조심스럽게 조절된 단계들에서, 오스트레일리아 정부는 연이

---

6) Li (1998), 34-35, 89-90, 103-104, 113 (chap.3, 7과 8)

어 이론적, 실제적으로 "백인 오스트레일리아 정책"을 폐기하였다. 불쾌한 "받아쓰기 시험"은 1958년에 사라졌고, 민감한 인종 문제에 대한 분명한 거부는 없었지만, 정부는 기존 정책을 적절하게 처리하도록 여지를 남겨 두었다.[7] 정부는 1966년 처음으로 인종에 대해 매우 신중하지만 긍정적으로 언급하였고, "유럽인은 아니지만 적합한 자격을 갖고 있는" 소수의 사람들에 대해 이민을 허용한다고 선언하였다. 그 뒤, 이 선언은 백인 오스트레일리아 철폐의 기원이 되는 중요한 분기점으로 인용되었다. 1973년의 새 법령은 시민권을 갖는 길을 단축시켰고 이는 인종 장벽을 확실히 무너뜨렸다. 오스트레일리아의 해외 영사관들은 이민 지원 과정에서 인종을 무시하기로 하였고, 인종과 이민에 관련된 모든 국제조약들은 비준될 수 있었다. 이렇게 획기적인 정책의 변화가 20년도 채 걸리지 않고 완성되었다는 것은 인상적이다. 모든 이민자들의 연간 할당 수(2001~2002)는 9만 7,000명이었고, 대체로 "기술" 또는 "가족" 할당제 아래 가능하였으며, 14퍼센트만이 "인도주의적" 측면에서 배정된 것이었다. 그때까지 오스트레일리아 인구의 약 1/4정도가 외국에서 태어난 사람들이었다. 그해, 150개 나라가 오스트레일리아에 약 8만 9,000명의 이민자를 보냈다. 그중 17.6퍼센트는 뉴질랜드에서 왔으며, 9.8퍼센트는 영국에서, 7.5퍼센트는 중국에서, 5.7퍼센트는 인도에서 그리고 4.7퍼센트는 (분명히 대부분이 중국계) 인도네시아에서 왔다.[8]

그처럼 오랫동안 관념적으로 깊이 박혀 있던 배척의 습관 이후에 나타난 변화들이 얼마나 정치적으로 민감했는가는 상상할 수 있다. 그런 민감함은 오스트레일리아 정부의 이민국이 진통을 겪으며 내놓은 신중한 공식

7) Glick (1980), 774.

8) Australian Government (2007).

발표들에서 엿볼 수 있다. "받아쓰기 시험" 문제는 굉장히 세심하게 제기되었다. 법이 발효되었던 20세기가 끝나 갈 때는 백인 오스트레일리아가 사실상 오스트레일리아인들 사이에서 이의 없이 **받아들여져 왔던** 시기였다. 1901년 이민 제한법에서 정신병자와 불구자, 매춘부, 범죄자 그리고 계약직 노동자들의 입국을 금지하였던 것을 살펴보면, 이렇게 되어 있다.

> 다른 규제들에는 받아쓰기 시험이 포함되었는데, 지원자들이 반드시 익숙하다고 보기 어려운 언어를 이민국 관리가 지정하여 보게 하는 쓰기 시험이었고, 일부 지원자를 배제하기 위하여 사용되었다.
>
> 이러한 혹독한 수단들로 보완된 "백인 오스트레일리아" 정책은 사회 대부분에서 열렬히 환영받았다.
>
> 1919년 총리 윌리엄 모리스 휴스는 이를 두고 "우리가 이루어 낸 가장 위대한 일"이라고 묘사하였다.[9)]

현재 오스트레일리아는 인종을 가리지 않고 다문화를 진정으로 포용하는데, 백인 오스트레일리아의 역사는 여전히 정치의 짐과 감정의 자극제가 되고 있다.

중국의 마오주의 폐기와 국제무역의 시작

중국 혁명사는 언제나 이민의 역사의 한 축을 담당해 왔다. 1911년(군주제의 몰락), 1927년(국민당의 권력 쟁취), 그리고 1949년(사회주의의 승리)의

---

9) Australian Government (2007).

결과들은 이주민 공동체들에 폭넓은 영향력을 발휘하였다. 앞의 두 사건에서는 (제6장에서 논의하였듯이) 해외 중국인들 사이에서 중국 민족의 힘을 확장하려 하였고, 세 번째 사건은 결과적으로 30년 가까이 동안 해외 중국인들과 중국 대륙을 분리시켰다. 이 분리—그리고 그 둘을 만나게 하려는 열정—를 이해하기 위하여, 우리는 그것이 이민자들과 오랜 교향僑鄕의 딸린 식구들을 연결시키던 이주 통로에 가한 피해를 이해해야 한다.

사실상 거의 30년에 가까운 기간 동안 이민을 중단시킨 것 이외에도, 중화인민공화국의 정책은 해외 중국인들과 화교들과 그들의 권속(僑眷, 이민자들에게 딸린 식구)에게 해로운 영향을 주었다. 지주와 자본주의자들의 재산을 몰수하고 추방한 것은 해외 송금액으로 투지한 토지와 사업들이 모두 몰수의 표적이 되고 그 재산의 소유자들이 탄압받았다는 것을 의미하였다. 그러나 중화인민공화국 정부는 송금들이 전 정권에서 외환의 주요 원천이었음을 알고 있었다. 외환을 확보하는 것이 사회혁명을 위하여 가치가 있었을까? 남중국 이민자들에 딸린 식구들이 송금을 받게 할 것인가, 아니면 그들을 외국식 생활을 하는 "착취계급"으로 취급할 것인가? 본국의 딸린 식구들을 처벌하는 것은 해외 송금자들을 소원하게 만드는 효과를 기대할 수 있었다. 그러나 철저한 사회주의경제는 이런 특권의 여지들을 무시하였다. 불행하게도, 이들 대부분의 딸린 식구들은 은퇴하려고 귀향한 이민자들이나 나이 든 이민자들에 의해 남겨진 아내, 자식 그리고 노인들이었다. 그들의 땅을 경작할 힘이 없었기 때문에, 그들은 소작인에게 토지를 임대해 주고 농사 노동자들을 고용하거나 이자를 받고 돈을 빌려주었는데, 모두 1950년대 초 "토지개혁" 운동 시기에 몰수나 사형을 당할 수 있는 위험한 계급 지표였다. 그럼에도 불구하고, 송금 수령자나 귀향 이민자들에게 어떤 제한된 면책이나 특권들이 공익을 위하여 선언되었다.

그러나 지방 간부들은 토지개혁기 혼란, 질투, 폭력의 상황에서 그러한 특권을 집행하는 데 어려움을 겪었다. 일부 희생자들의 끔찍한 이야기는 반중화인민공화국 자료들로부터 나온 선동이었을지도 모른다. 하지만 그 1/10만 사실이었을지라도, 교권僑眷들의 절망은 보편적이었을 것임에 틀림없었다.

"토지개혁"과 해외 중국인들의 딸린 식구들(1951)[10)]

["토지개혁" 운동(토지 재분배, 수천 지주들의 조사 또는 처벌은 이민자들을 배출한 광둥과 푸젠 지역의 해외 중국인 가족들을 불가피하게 표적으로 삼았음)은 많은 해외 중국인들을 두려움에 떨게 하였다. 해외 송금을 받아서 집이나 땅에 투자했던 이민자의 가족들이나 (남성 노동력의 부족으로 인해) 그들의 토지를 빌려 주고 다른 이들에게 경작을 맡겼던 사람들은 모두 "지주"로 분류되었다. 다음 사례들처럼 반공산주의 언론에서 등장한 놀라운 이야기들은 화교들의 공포를 조장하여 화교들이 그들의 고향으로 가는 통로를 스스로 끊게 하기 위해 계산된 것이었다.]

"싱가포르의 로이터통신 보도: 해외 중국인의 가족들은 집단 자살을 강요받았다. 한 해외 중국인의 네 가족은 노인과 어린아이 모두 27명이었는데 공산당 공안국의 협박으로 독약을 마셔야 했다.

또 다른 사건은 더 잔인하다. 항구도시의 차오양潮陽 8구에서 공산당은 남양으로 이민 간 아들을 둔 65세의 천다루陳大祿를 '해외 중국인 지주'로 분류하였다. 그의 조카딸과 손자만이 그와 함께 집에 남겨져 있었다. 가족은 3무[0.5에이커도 되지 않음]의 땅을 소유하고 있었다. 조카딸은 늙은 노인을 도와 생활하고 있었다는 이유로 '동조자'로 기소되었다. 공산당 간부는 폭력배들을 보내 조카딸의 옷을 벗기고 천다루와 성관계

10) Chen (1951), 18-23.

를 하게 만들었다. 그들은 천다루의 옷도 강제로 벗겨서 서로 포옹하게 만들었다. 그 후 두 사람은 수치스러움에 자살하고 말았다. 차오양 지역의 주민이라면 누구나 이 이야기를 잘 알고 있다.

다른 사건들은 해외 중국인들과 귀향한 이민자들을 공산주의자들이 대량 학살한 경우이다. 올해[1951년] 4월 21일 다장쉬大江墟에서 공산주의자들은 헝융橫永 마을에 살던 귀향한 이민자들을 죽였는데 류무칭劉木慶과 '지주' 리주타오李柱濤 그리고 그의 아들 리둬민李鐸民이었다. 올봄부터 공산주의자들은 타이산泰山에서 많은 사람들을 죽였는데, 그중 3/4 정도가 모두 교권僑眷이거나 귀화한 이민자들이었다. 해외에서 거주하던 사읍四邑 출신의 시골 사람들은 부당하게 죽임을 당했던 그들의 동포를 알고 있었으며 그들의 무능력함을 죽은 자들이 용서해 주기를 바랐다. [타이산에서 1월부터 공산주의 정권으로부터 죽임을 당했다고 전해지는 44명의 사람들의 명단은 대부분 비슷한 상황의 사람들이고], 2/3는 교권이나 귀향한 이민자들이었고, ……

교권과 해외 친척들 사이의 왕래 사례: 우리가 본국으로부터 받은 편지의 모든 단어는 일일이 공산주의자들에 의해 검열된 것이었다. 도시에 살고 있던 교권들은 공산주의자들의 통제 아래 있었고 그들은 당연히 검열을 받지 편지를 외부로 보낼 수 없었다. 만약 당신이 의도적으로 이름이나 사는 주소를 누락했다면, 공산주의자들은 우체국에 특별 요원을 파견해 당신을 추적해 낼 것이다. 그 양이 얼마나 많든지 간에 그들은 당신이 보낸 편지의 외국이름과 주소를 소사할 것이다! 해외 중국인 협회와 '공산주의자들'은 '교무과'와 '교무국'을 갖고 있고, 조심스럽게 모든 관련 정보들을 기록한다."

1952년이 되면 많은 교권들이 고통을 겪었음이 분명하였다. 해외 송금액들은 확연히 줄어들었다. 그 이유는 부분적으로 환전이 외국 정부에 의해 통제되었기 때문도 있었지만, 동시에 '이민자들' 이 본국에서 가족들이 받는 대우에 실망했기 때문이었다.[11] 따라서 1953년에는 좀 더 관대한 정책이 나타났다. 일부 지나치게 심한 계급 딱지들은 폐지되었고, 가정에서 송금받는 가구들이 노동력을 사거나 돈을 빌려 주는 일들은 용인되었다. 그럼에도 불구하고, 곧 국내의 상황의 흐름에 따라 정부의 정책은 다시 강경 노선으로 되돌아가게 되었다. 해외 중국인의 딸린 가족들이 얻는 특혜는 질투와 사회적 균열을 야기하고 있었다. 한편, 해외 중국인들은 동남아시아에서 받는 차별에 항의조차 못 하게 하는 것에 대해 비난하며 정권에 당황스러운 어려움을 드러내고 있었다. 이에 대해 베이징은 국외와 국내를 두 가지로 분리하여 상호 보완적인 전략을 채택하였다.

외국 문제에서, 그 목적은 동남아시아의 국가들, 특히 인도네시아의 불안을 가라앉히는 것이었다. 당시 인도네시아는 (여전히 "혈통의 원칙"을 통해 중국 시민권을 갖고 있던) 소수자 중국인들이 중화인민공화국 공산주의의 이익을 위해 봉사하는 잠재적 "제5계급"이었다. 이중 시민권에 따른 외교정책의 비용에 대해 걱정이 커지고 있던 베이징은 저우언라이 총리에게 1955년 인도네시아 반둥에서 열린 아시아-아프리카 회의에서 그것을 포기하게 하였다. 베이징은 더 이상 모든 사람들이 아버지가 중국인이라는 이유로 자동적으로 중국 시민이 된다는 것을 주장하지 않았다. 이중국적에 관한 중국-인도네시아 협정은 1955년 4월 반둥에서 체결되었고, 인도네시아에 거주하는 중국인들에게 두 국적 중 어느 하나를 선택하도록 요청하였다. 시민권 "선택"은 1960년이 되어서야 시행되었다. 한편, 동남아

11) Fitzgerald (1972), chap. 4; Wu (1967), 147.

시아의 정부들은 공식적인 국적과 상관없이 해외 중국인들과 중국 사이에 존재할 것으로 예상하는 충성심에 대해 의심을 갖고 있었다.

인도네시아는 특히 그들의 법적 위치에도 불구하고 중화인민공화국 출신을 결코 진정한 시민권자로 인정한 적이 없었다. 1946년 헌법의 "인도네시아 시민"을 위한 WNI의 지정은 법적으로 인도네시아인이지만 **인종적으로** 외국인(대개 중국인들)임을 의미하였다. 따라서 중국 민족이면서 중국 국적을 포기하고 인도네시아인이 되기를 선택한 사람들에게 보호가 부족하였다.[12] 하지만 베이징의 경우 외교정책이 시행 중이었다. 1958년까지, 중국 지도부는 점차 해외 중국인에 대한 책임감에서 벗어났다. 그들은 "외국 국가를 선택하였다. 그들은 다른 거주하는 나라에서 평화롭게 일하고 살아야 한다. …… 이것은 중국과 그들이 거주하는 나라 사이의 친밀한 관계를 증진하는 데 도움이 될 것이다."[13]

그럼에도 불구하고, 인도네시아 내의 "중국인 문제"는 다루기 어려운 것으로 밝혀졌다. 1959~1960년 "외국인"의 소매업 금지가 야기한 혼란은 중화인민공화국의 애매한 도전에 직면하였다. 베이징의 선택은 인도주의적인 재앙이 일어나기 전에 이민자들을 본국으로 송환하는 것이었다. 그와 동시에 본국 송환은 동남아시아 권력들의 초조함을 일시적으로 완화하고, "해외 중국인들이 전복을 위한 중국의 제5계급이고, 중국 인구의 증가는 아시아의 중국 이웃들에게 '위협'이 될 것이라는 제국주의자와 외국 반동주의자들이 퍼트린 비방들을 철저하게 분쇄하는" 것을 목적으로 하였다. 중국 함대가 약 10만 명의 피난민들을 중국의 "해외 중국인 농장"에서 "재정착"을 위하여 데려왔다.[14]

---

12) Coppel (1983), 3.

13) Fitzgerald (1972), 142.

14) Fitzgerald (1972), 147.

내부적으로, 베이징은 가능한 한 빨리 교권을 집단 경제 속으로 동화시킴으로써 질투와 지역 분열을 완화하려 하였다. 따라서 1957년부터 무자비한 반우파 운동과 대약진운동(인민공사와 평균주의)에는 교권의 특권에 대해 거친 비난이 포함되었다. 교권에 대한 경직된 태도는 이민자들과, 암암리에 "해외 연줄"[海外關係]을 가진 고향의 모든 중국인들이 잠재적으로 계급의 적들이고 신뢰할 수 없다는 것을 의미하였다. 그러므로 해외의 친척들과 연락하는 것은 위험한 일이 되었다. 질긴 생명력을 가진 왕조시대 이민자들에 대한 여전한 태도는 다음 인용문에 충분히 담겨있는데, 1727년 상유는 이렇게 되어 있다. "대부분의 해외 무역상들은 법을 지키지 않는 자들이다. …… 그들을 되돌아오게 해서 무슨 쓸모가 있는가? 그들은 오래전에 고향을 떠났는데, 갑자기 우리나라로 돌아온다. 나는 그들이 (외국인들과) 비밀리에 연합할 계획이 있는지 우려된다."[15] "계급투쟁"을 우선시했던 것은 해외 중국인 공동체들과의 관계에서도 마찬가지였다. 이것은 귀국 이민자들에게도 해당하였다. 공산당은 인도네시아계 중국인들처럼 1960년 중화인민공화국의 배를 타고서 난민으로 돌아온 사람들조차 믿지 않았다. 다음 네덜란드에 있던 한 원저우 출신 이민자의 이야기는 1950년대와 1960년대 해외 중국인과 그 가족들에게 적용된 전형적인 사례를 보여 준다.

중화인민공화국 시민들의 "해외 연줄"의 위험성(1950년대)[16]

"나의 아버지는 내가 태어난 지 몇 달이 되지 않았을 때 해외로 나갔다. 그리고 그는 나의 어머니와 연락이 끊겼다. 나는 아주 어려운 상황

15) Chap.1의 각주 17을 참조.

16) Li (1999b), 38.

속에서 어머니에 의해 길러졌다. …… 1950년대 초, 나는 인민군에 들어갔다. 나는 군대에서 매우 일을 잘했다. 나는 예비 장교로 선출될 것이란 말을 들었고 자신감에 가득 차 있었다. …… 갑자기, 내 삶의 모든 것이 바뀌어 버렸다. 아버지가 나타난 것이다! 그는 버리고 떠났던 자신의 하나밖에 없는 아들을 찾기 위해 네덜란드에서 돌아왔다. …… 곧 나는 군대를 떠날 것을 명령받았다. 내가 소위 **해외 관계**[해외 연줄]를 가진 사람이 되었기 때문이었다. 나는 나의 아버지가 공산주의 중국을 사랑하는 애국적인 해외 중국인이라고 해명하려 하였지만, 아무 소용이 없었다. 나는 제대를 당하였다. 나는 더 이상 당의 신뢰를 얻을 수 없었다."

이런 이야기들은 왕조시대 이래 통치 계급의 태도가 거의 바뀌지 않았음을 보여 준다. 이민자와 그의 가족들은 그들이 소유하고 있는 돈 때문에 착취할 만한 가치가 있었다. 비록 그들의 금전적 성공 덕택에 존경받고 칭송을 받았을지라도, 그들은 그 때문에 또한 경멸당하였다. 유교 관리들은 그들의 지독한 영리 추구를, 공산당 간부들은 그들의 뿌리 깊은 부르주아적 성격을, 그리고 양쪽은 그들을 정치적으로 신뢰할 수 없다는 점을 경멸하였다. 1978년 마오주의자들의 몰락은 흐름을 바꾸었다.

중국과 식민지 이후 동남아시아 정권들은 같은 "중국인 문제"를 공유하였지만, 그 이유는 서로 달랐다. 해외 중국인들이 현지 정부들에 의해 학대당할 때, 베이징은 그들을 보호하지 못하는 무능력함 때문에 낭패할 만하였다. 하지만 베이징과 인도네시아처럼 불안한 동남아시아 국가들 사이의 관계는 노력하면 할수록 망가질 수 있었다. 중국의, 식민지 이후 이웃나라들은 "중국인 문제"에서 늘, 소수자 중국인들의 자본 · 사업 재능에 대한 필요성과 다수 토착인들의 만성적인 반중국 감정 사이에서 딜레마에 빠졌다.

집체주의 이후: 새로운 국내 이주

경제나 사회생활에 대한 중국의 경직된 국가 통제는 1979년에 시작된 "개혁의 시대"의 첫 10년 동안 빠르게 무너졌다. 자영업의 확대와 농촌 집단화의 해체는 국내외 이주에 폭넓은 영향을 주었다. 집단 농업은 농부들을 그들의 구획된 마을에서 노예로 만들었고, 이주뿐만 아니라 대부분의 고용과 사적 거래를 막아 버렸다. 그래서 농촌 가구의 수백 년 된 생존 전략들—노동 송출, 환금작물, 그리고 가내수공업—이 멈춰 서게 되었다. 하지만 집체주의의 압박이 느슨해지면서 다시 수백만의 사람들이 움직이게 되었다. 일자리를 찾아 도시로 가는 계절적 노동이 단순히 고향에서 이익을 낼 만큼 충분한 땅을 갖지 못한 빈농들에게 일반적인 수단이 되었다. 도시 가장자리에는 도시의 일용 노동시장으로 들어가거나 소규모 장사와 용역을 찾는 체류자 공동체들이 산재하였다. 이주 공동체들은 민영 제조 회사들을 세워서 그들의 고향으로부터 온 새 이주민들을 고용하는 것을 시작하기까지 하였다. 1995년 무렵, 체류하는 "유동 인구"는 8000만 명에서 1억 명 사이였다.[17] 2004년, 베이징의 이주민 숫자는 160만 명, 상하이는 330만 명, 광둥의 산업도시들에는 1200만 명 정도로 추산되었다.[18] 이러한 이주민들은 상하이 연안을 따라 번창하고 있던 항구도시들과 주장강 삼각주 주변의 발전소 건설에 필요한 노동력 수요에 반응하고 있었다. 풍부한 (대부분이 해외 중국인들로부터 나온) 해외 자본의 지원을 받았던 해안 지역의 강렬한 산업화는 중국 국내이주 상황의 그러한 국면에 "새로

17) Chan (1999), 55; Murphy (2002).
18) Alexander and Chan (2004), 618.

운" 요소들을 추가한다.

집체주의 아래에서 농촌으로부터 도시로의 이주는 농촌 집단농장 구성원의 승인을 받지 않은 이동의 금지뿐만 아니라, 도시 주민의 식량 배급 · 주택 구입 · 건강관리 그리고 교육 등에 대한 권한이 농촌 이주민들로서는 거의 얻을 수 없었던 거주 증명서[戶口]에 달려 있었던 호구제에 의에 금지되었다. 1950년대 초부터 호구는 도시와 농촌에 모두 적용되었다. 1955년이 되면 국가는 분명하게 시골로부터 도시를 보호하기 위해 장벽을 건설하기로 결정하였는데, 이것은 왕조시대 행정 도시들을 둘러싸던 물리적인 성벽과 유사하였다. 1958년의 규정은 호구가 없는 자는 도시 안에서 음식을 구할 수 없게 만들었다.[19] 이렇게 매우 엄격한 방법으로 베이징은 도시의 성장을 막고 가난한 이주민 지역의 사람들로부터 혜택받고 있는 산업 분야를 보호하려 하였다. 그럼에도 불구하고, 1980년대 중반 집체주의가 해체되기 시작하자마자, 민영기업이 합법화되고 노동 송출이 재개되었다. 곧이어, 노동시장의 구매자들은 새로운 도시 하층민이 되고 있던 사람들을 착취하기 쉽게 만들었는데, 하층민이란 시민으로서의 권리, 사회적 안전장치나 그것을 얻을 어떤 기회조차 없었던 계층이었다. 그들은 2년이 지나면 집으로 돌아가야 하였다.

이 하층민에 대한 통제는 이주 통로의 양쪽 끝에서 국가가 승인하는 규정에 의존하였다. (합법적으로) 자신의 마을로부터 이동하기 위해서는 이주민이 제시해야 하는 통행증이 필요하였다. 도시의 공장에서 일을 하기 위해서는 임금에서 떼어 낸 "예치금"이 요구되었는데, 이것은 이주민들로 하여금 즉각 고용주에게 빚을 지게 만들었다. 고용주는 노동자들의 통행증과 신분증을 보관함으로써 속박의 형태, 즉 경찰에 의해 교묘하게 강제

19) Solinger (1999), 43-44.

된 체계를 확립하였다. 이러한 국가가 공모한 체계는 백인이 통치하는 남아프리카의 아파르트헤이트와 비교되어 왔는데, 그곳에서는 인종 구분에 의해 도시로 온 농촌 이주민들을 영구적으로 정착하지 못하게 하였고 낮은 임금을 유지하게 하였다. "인종" 대신에 중국은 "농촌"이라는 딱지로 이주 노동자와 도시 정착 주민을 구분하였다.[20]

최근 사회학 연구는 새로운 국내 이주에 대한 더 긍정적인 관점을 보여준다. 그 근거는 국내 이주가 단순히 빈농을 착취하는 것이 아니라 체류하던 이주민들이 귀향하여 마을 전체를 바꾸는 데 기여하고 있다는 것이다. 귀향한 이주민들은 새로운 기술, 새로운 시각, 그리고 약간의 돈 등을 갖고 있었고, 그들은 사업을 시작하여 농촌의 가난을 완화하는 데 공헌함으로써 한 명의 촌민 이상이 되었다. 일반적으로 정부는 도시의 임시 체류를 촌민의 "자질"(素質, 현대적 시각, 예의 그리고 기술을 의미하고, 마오주의자가 찬양했던 촌민의 그것과는 반대됨)을 끌어올리는 하나의 방법으로 공인하였다. 어쨌든, 도시 체류는 정부로 하여금 농촌에서 교육하는 것보다는 적은 비용을 소모하게 하였다. 마침내, 베이징은 농촌의 노동 송출을 낙후한 성들에서 현대화와 노동 기술을 증진하고 동시에 산업화를 위해 저임금의 노동력을 순환시킬 수 있는 하나의 방법으로 간주하였다. 지역사회에서 "이주의 긍정적인 효과는 광범위하다." 왜냐하면 이주는 농촌 사람들에게 "자신의 목표를 성취할 수 있도록" 도와주기 때문이다. 그리고 예전보다 교육, 주택, 결혼 그리고 창업을 위한 돈이 더 많아졌다.[21] 이런 관점에서 보면, 해안과 낙후한 성들 사이에서 벌어지고 있는 경제적 격차는 차츰 줄어들게 될 것이었다.

20) Alexander and Chan (2004).

21) Murphy (2002), 220-222.

국내외 이주: 동일한 배경?

중국의 새로운 이주(경작 외의 고용을 위한 이동)에서 내부적 요소는 외부적 요소(1980년대 달아오르기 시작한 이민의 흐름)와 어떤 연관성이 있을까? 비록 해안 성들 안에서 이뤄지는 국내 이주가 국외 이주로 향하는 첫걸음이라고 확언할 수 있을지라도, 그것은 낙후한 성들의 이주민들이 원하지 않았을 것 같은 걸음이었다. 동남부 해안 지역에서 퍼진 이민 문화는 역사적으로 오랫동안 축적된 지식, 해외 연줄, 가족 습관 그리고 사회적 기대 등에 의존하였다. 해상무역은 해외 노동송출에 방향을 제공해 왔다. 중국 어느 지역에 있든지, 교육받은 도시인들은 다양한 이민의 기회를 가질 수 있었고, 사업, 여행 그리고 교육이 일반적인 경로였다. 그러나 대다수의 국내 이주민들은 그런 연줄이 없었다. 해외의 친척이나 동향인, 교두보, 그리고 자본 접근성 등은 그들에게 능력 밖의 일이다. 이것이 바로 가장 가난하고 고립된 사람들이 거의 이민을 가지 않은 이유이다.[22)]

하지만 우리는 국내외의 터전들로 이주민들을 보낸 역사를 가진 송출 공동체들을 검토함으로써 국내외 이주를 연결하게 할 수 있다. 이처럼 양쪽의 모습을 다 가진 해안 공동체들은 그렇게 특이하지 않다. 특히 두드러진 두 방언집단의 사례는 (푸젠 성의) 민난 지역 푸젠과 (저장 성의) 원저우 주변 지역이다. 푸젠 상인-체류자들은 동남아시아 전역뿐만 아니라, 원근의 중국 도시들에서도 발견될 수 있다. 19세기 청나라 전역에 있던 지역 회관들에 대한 연구는 복건인 회관(푸젠에서 가장 상업화된 방언 집단)이 15개 성의 65개 도시에 자리 잡고 있었음을 보여 준다.[23)] 19세기 동안 복건인 체류자들은 특히 중국 해안 위아래 쪽의 무역항에서 활약하였다. 내륙

22) Giese (1999), 201.

23) Chang (1957), 85-86.

하의 대규모 쌀 무역항 쑤저우에는 1만 명이 넘었고, 톈진에는 수백 명이 있었으며, 발전하고 있던 상하이에는 상당한 수가 있었다.[24] 아마도 이들 중국의 선적항들은 복건인들이 남양과 일본을 가는 무역망을 관리하면서 국외 이주를 위한 연결 고리로서 역할을 했던 것 같다.

동시대의 이주에서 더 유명했던 곳은 그런 이중성을 갖고 있던 또 다른 교향, 원저우이다. 그곳은 해안 지역으로 1900년대 초부터 국내외 이민자들의 체류가 활발했던 곳이었다. 비록 원저우 이민은 대체로 20세기 상황의 산물일지라도, 먼저 가까운 성들로 이주하였다. 태평천국 이후, 1970년대부터 토지가 부족했던 많은 원저우인들은 장수, 안후이, 그리고 저장(우吳 방언 지역) 등으로 버려진 들판을 찾아서 인구가 적은 이웃 성들로 이주하였다. 1876년 원저우가 조약항이 되고 국제 증기선의 노선을 제공하기 시작하면서, 국외 이주는 현실적인 대안이 되었다.[25] 많은 이주민을 낸 동남부 해안의 다른 지역들과 마찬가지로, 원저우는 인구와 토지 사이의 비율이 불균형을 이루고 있었다. 1978년 추정치에 따르면 전국의 1인당 경작지 평균의 1/3 정도였다. 지역 노동력의 63퍼센트는 토지의 수용력을 감안하였을 때 "잉여" 상태였다.[26] 울퉁불퉁한 산악 지형이었고, 타 지역으로 가는 육상 교통은 20세기의 대부분 시간 동안 원시적인 상태였다.

(최근 급증하는 원저우 인구를 받아들인) 유럽은 처음으로 원저우 시로부터 어우甌 강 북쪽의 척박한 지역인 칭톈青田 현의 이민자들을 끌어들였다. 칭톈은 산악 지형이고 몹시 가난하였지만 시장성 있는 자원이 있었는데,

24) Ng (1983), 96-98.

25) Wang (2007). 나는 원저우 출신이자 나의 세미나에 참가한 학생이었던 왕 선생에게 빚이 있다. 그는 아직 출판되지 않은 본인의 연구 자료를 인용할 수 있도록 허락해 주었다.

26) Wang (1995), 63-64.

그것은 매력적인 연한 녹색의 활석으로 현지 장인들은 그것을 깎아서 장식품으로 만들었다. 이 조각들은 1880년대 중국에서 한 칭톈 사람에 의해 처음으로 외국인에게 판매되었다고 한다. 그것들의 시장가치를 발견한 뒤, 그와 다른 세공업자들은 (일설에 따르면) 1893년 프랑스로 가는 기선에 탑승하였고, 이것이 원저우 지역에서 유럽 이민의 시작이었다.[27] 이어진 출국은 (칭톈 출신 이민자가 네덜란드 여왕에게 조각을 선물했다는 이야기를 포함해서) 빠르게 부자가 될 수 있다는 흥미로운 이야기에 자극받았고, 제2차 세계대전 이후 원저우의 유럽 이민 열기를 위한 교두보를 제공하였다.[28] 많은 귀환자들은 다른 사람들이 여행을 준비할 때 돕는 여행 기획자[包客]가 되어 주었다. 원저우 시에 따르면, 약 690만 명의 인구(1994) 중에서 16만 5,000명이 유럽에 살고 있었고, 그 가운데 95퍼센트는 프랑스, 네덜란드, 이탈리아 그리고 스페인에 거주하였다.[29]

중국인들은 원저우 사람들의 국내 이주가 유럽으로 간 것보다 훨씬 더 놀라운 일이라고 본다. 국내 이주는 1949년 이후 원저우 사람들이 상대적으로 방치된 지역경제를 회복하려 힘쓸 때 시작되었다. 남쪽으로 푸젠의 해안선과 이웃하고 있었던 것처럼, 원저우 해안은 타이완 해협의 "경계선" 에 있었고, 의도적으로 산업 부지로서의 가능성이 무시되어 오고 있었다. 그럼에도 불구하고, 원저우는 민간 상업과 수공예품 생산의 오랜 전통을 갖고 있었다. 이것이 마오주의 시대에는 비밀리에 행해졌지만, 1980대 초 개혁의 시대에 즉각 재등장하였다. 원저우는 '신발 끈 자본주의' 의 상징이 되었고, 공격적으로 위험을 감수하고 가내수공업 수준으로부터 제조회사로 성장한 것으로 이름을 날렸다. "원저우 모델" 은 중국 농촌이 사신

27) Thunø (1999).

28) Li (1999b), 31-32.

29) Li (1999b), 182-183.

의 노력으로 무엇이 될 수 있는지를 전국에 홍보하는 수단이었다.

원저우 상업주의의 또 다른 모습은 엄청난 양의 노동 수출이었다. 이 또한 집체주의 아래에서 교묘한 속임수와 공적인 공모를 통해 소규모로 시작되었다.[30] 1990년의 연구는 집체주의 시대에 32세 이상의 원저우 남성 중 80퍼센트가 이주를 경험했음을 밝혀냈다.[31] 일단 민간 부문이 합법화되자, 적어도 14개 이상의 성에 있던 30곳의 터전들의 원저우 체류 상인들을 통해 원저우의 연계망이 전국으로 확대되었다. 하지만 원저우 사업가에게 가장 유명한 터전은 베이징 남부의 교외 지역에 있던 "저장 촌"浙江村이다. "저장 촌"의 기원은 1984년으로 거슬러 올라간다. 소수의 원저우 가구들은 지하 교역을 통해 모은 소량의 자본으로 베이징에서 옷을 만들어 민영 시장에 판매하는 사업을 시작하였다. 1990년대가 되면, 마을은 이웃 성들 출신의 임금노동자들뿐만 아니라 더 많은 원저우 사람들을 끌어들였다. 이제 번창하고 자리 잡힌 제조업과 무역 중심으로서 저장 촌은 약 9만 6,000명의 사람들에게 제2의 고향이고, 그중 5만 명 정도는 저장 이주민이고, 나머지는 여러 성들로부터 이주해 온 피고용인들이다.

의복 생산은 수백 호의 개별 가구들을 기반으로 하는데, 각각은 똑같이 비좁은 막사에서 (그들이 고용한 사람들과 함께) 먹고 일한다. 전통적인 가정 내의 역할이 확대된 형태로서 가구의 여성과 고용된 보조원들이 실제적인 재단과 바느질을 담당하는 한편, 남자들은 물품을 사거나 판매하는 "바깥" 일을 맡는다. 알맞은 저가로 생산된 의류는 소비자의 수요에 맞춰 큰 틈새를 채운다. 저장 촌은 대개 남성 노동자들이 밖에 나가서 일을 해 임금을 받고 집으로 돈을 송금했던 과거 이주와는 구별되는 형태를 대표한

30) Whiting (2001), 32-33; Xiang (2005), 32, 44; Zhang (2001), 52.
31) Wang (1995), 64.

다. 저장 촌의 사회구조는 개인 연줄[關係]의 원들이 교차함으로써 작동한다. 그리하여 그 속에서는 동향(원저우 사람)과 친척(직계와 방계의 가족)이라는 친밀감을 공유하는 것에 의존한다. 다른 관계망에는 종종 가족의 소개를 통해 알게 된 사업 친구들, 조심스럽게 연결한 정부 인사, 그리고 더 폭넓게는 같은 방언 집단 등이 포함된다.[32]

중국 지방당국의 논리에 의하면, 이민자 공동체는 베이징 정부의 관리들에 의해 쉽게 통제될 수 없다. 원저우인들은 베이징 시민들이 아니고, 행정적인 책임을 져야 하는 제도 밖에서 영업한다. 다른 모든 불법 이민자들처럼, 베이징의 원저우 이주민들은 국가와 애매한 관계를 맺었다. 그들은 부분적으로 원저우 지방정부의 지역 행정으로부터 스스로 벗어났고("부분적으로는" 그들이 태어난 공동체와 가족 관계가 통로의 끝, 즉 고향에 남아 있기 때문이다), 수도에서 정부 기관과 그들의 관계는 회피와 속임수 사이를 맴돌았다. 상당한 정도로 그들은 자주적이다. 자족적인 공동체로서 그들은 자신들에게 편의(지도부, 음식점, 운송, 그리고 병원)를 제공한다. 그들은 때때로 쫓겨났고 그들의 작업장 겸 거주지는 철거되지만, 도망쳤다가 한동안 기다린 뒤에 돌아와서 다시 재건한다. 뇌물("선물")을 통해 회피하고 관계를 만들지만 결코 대립하지 않는 것이 국가를 다루는 그들의 방식이 되어 왔다.[33]

이탈리아 투스카니의 원저우 이주민 공동체는 베이징의 저장 촌과 놀랄 만한 유사성을 보여 준다. 비록 두 지역 사이에는 어떤 혈연관계도 없는 것 같지만 말이다. 투스카니 공동체는 가구를 기반으로 한 제조업과 판매 체계라는 유사성을 보여 준다.[34] 이탈리아는 다른 유럽 국가를 통해 우

---

32) Xiang (2005), 13-20.

33) Zhang (2001); Xiang (2005).

34) Tomba (1999).

회적으로 이민을 온 원저우 사람에게 적절한 터전으로 기능해 왔다. 그들은 서류를 갖추지 않은 이민자들이 고용되거나 자립할 수 있다면 거주하도록 용인하였던 일련의 "현실화된" 법들을 이용하기 위하여 이탈리아로 이동하였다. 투스카니의 틈새는 베이징의 그것과 유사하였다. 그들은 이탈리아인들이 떠난 자리에서 저가의 가죽 제품과 옷을 생산하였다. 베이징 공동체처럼, 투스카니의 중국인들은 가족 단위로 이민을 와서, 초기에 필요한 노동력을 가족들로 충당하였다. 나중에 사업이 확장되면서, 그들은 중국의 다른 성들로부터 온 새로운 이민자들을 고용하였고, 그것은 그들의 동향인들이 베이징에서 했던 방식 그대로였다. 적은 자본이지만 집중적인 노동력 투입, 중고 기계, 그리고 집단 간의 지원 등은 베이징에서처럼 투스카니의 원저우 사업 모델을 형성하였다. 저장 촌처럼 투스카니의 원저우인은 "장부와 무관하게" 그들의 가게를 운영하는 데 능숙하였다. 비공식적인 협상, 가족과 고용 노동에 대한 신뢰가 임금과 노동시간에 대한 공식적인 협상을 대체하였고, 그것은 외부 기관들의 힘에서 벗어나는 방법이었다.

저장 촌과 그에 상응하는 이탈리아의 공동체를 통해 국내외 이주가 때때로 문화, 사회구조, 그리고 사업 전략 등을 공유하고 연결하는데, 그것은 원저우인처럼 고향이든, 베이징이든 아니면 유럽이든 적응력 있는 특정 지역인들의 행위에서 볼 수 있다. 어떤 이는 투스카니와 베이징의 이민자 가족 작업장을 "조립식 사업"이라고 생각할 수도 있다. 그들에게는 독자적인 자금 조달, 초기 노동 공급, 상호 책임과 자치의 윤리, 가능한 한 적고 조용한 정부 관료들과의 거래 전략 등이 함께한다. 분명히 사례를 너무 단순화시켰지만, 이상적이고 전형적인 형태, 즉 공산주의적인 형식의 소자본주의로서 원저우 모델은 이주민 생활에 효과적으로 적응하는 방법이다. 그렇게 해서 꾸준하고 멋지게 최종 목표를 향해 전진한다. 이것은 확실히 "유동 인구"라는 용어를 긍정적으로 변화시킨다.

"유동 인구"의 윤리[35]

베이징의 "한 중년 원저우 무역상"은 원저우 이민자들의 정신을 논하였다.(ca. 1995)

"새로운 시대에 시장 경제를 활성화하기 위해 떠도는 것은 불가피한 일이다. 위험을 감수하고 쓴맛을 보고 더 나은 경제적 기회를 찾아 여기저기로 움직이려는 준비가 된 태도는 원저우 정신의 핵심이다. 유명한 말이 있다. '저장 사람들은 해와 같다. 어디를 가든지 그들은 그곳을 빛내게 할 햇빛을 가지고 온다.' [마오 주석을 찬양하는 옛 속요를 흉내 낸 것] 이 말은 우리가 어디를 가든지 간에 우리도 돈을 벌 수 있음을 뜻한다! 반면에 베이징 사람들은 버릇없이 자랐고 게을러서 창의성이 떨어진다. 그들은 밖으로 나가 그들의 상황을 발전시키려 하기보다는 집에 앉아서 맹물을 마시고 찐빵을 마시려 한다. 왜 그럴까? 그들이 어떤 위험도 쓴맛도 보려 하지 않기 때문이다. 만약 우리나라가 정말 자유시장 경제를 발전시키려 한다면, 전국이 원저우 사람들의 창의적인 관습을 비난할 것이 아니라 본받아야 할 것이다."

이주, 상업 그리고 지방정부

"왜 원저우인가?"라는 질문은 중국과 해외에서 많이 논의됐다.[36] 원저우와 다른 이주민 배출 지역의 생태 환경을 염두에 둔다면, 질문은 "왜 원

35) Zhang (2001).

36) Zhang (2001), 53; Liu (1992), 294.

저우가 아니겠어?"가 알맞을 것이다. 경작 외 고용, 새롭고 유용한 국제항구, 그리고 동남부 해안 대구역(원저우는 그 북동부 끝에 자리함)의 해양 문화 등에 대한 장기적인 의존은 모두 일반적인 이주 문화와 특정 이민 문화를 시사한다. 앞서 말했듯이, 푸젠의 사례 가운데 한 요소는 해양 경제에 대한 지방 관리들의 암묵적인 공모 또는 조용한 참여, 그리고 무역과 이민에 대한 실용주의적 접근이 그들에게 가장 이익이 된다는 사실에 얼마나 쉽게 설득되었는가 하는 것이다. 무역—특히, 해양 무역—은 지역 문화, 지방정부가 불가피하게 역할을 하는 문화 속에서 형성되었다. 그 역할에는 중앙 당국에게 그들의 지역 경제 체계에 중요하게 대하도록 하는 부분이 포함되었다. 지방의 공식 기구는 지역사회와 중앙정부 사이에서 중개인으로서 행동하고 있었다.

암묵적인 공모 이외에도 지방정부의 관리들은 우리가 원저우에서 목격할 수 있는 조심스러운 저항에 의지할지도 모른다. 원저우 이야기는 중앙에서 내려온 급진적인 정책들에 대해 지방정부가 저항한 흔하지 않은 역사적 상황에서 형성되었다. 원저우는 1949년 대체로 현지인이 이끌던 토착 게릴라 부대에 의해 "해방"되었다. 원저우의 지리적인 고립을 방패 삼았고, 이 상황은 이미 개인 농가와 상인들이 서로 자기 방식대로 사는 관계를 만들었다. 1949년 이후에도 부대는 힘을 유지하였고 지역 생태 환경에서 소농 경작과 가내공업의 결정적인 중요성을 알고 있었기 때문에, 원저우 간부들은 실용적인 관점으로 집체주의의 엄청난 엄격함으로부터 주민들을 보호하였다. 1978년 원저우는 민간경제를 다른 지역보다 더 빠른 속도로 확장시킬 준비가 되었다. 왜냐하면 원저우의 경제는 단 한 번도 완전히 억압된 적이 없기 때문이었다. 오늘날 일부 원저우의 기업가는 실제로 공산당원에 선임되어 왔고, 간부들은 수익성 좋은 민간사업에서 몫을 배당받아 오고 있다.[37] 원저우에서는 지방정부와 동남부 상업 문화의 통합이 자연스럽게 진행되었다. 국내외 이주를 떠올려 보면, 이렇게 오랜 시간에 걸쳐 형성된 문화는 이주에서 지방 관리의 협력뿐만 아니라 지방 간부의 저장 촌 벤처 사업 후원도 설명할 수 있다. 이러한 요소들에는 기회를 포착하는 이주의 전통이 추가되어야 하는데, 우선 청 말 정부가 해안 지역에 개방한 거류지로, 그다음은 원저우가 국제항으로 개방되자마자 해외의 터전들로 이주하였다.

이민: 선택과 경로

원저우 시와 주위 현들이 개혁정책 아래에서 번영하고 있던 1980년대부터 원저우의 이주가 급증하기 시작된 것은 이례적인 일로 보일 수 있다. 몇 가지 해석이 제시됐다. 하나는 "상대적 박탈감"이다. 이는 훨씬 더 부유한 것이 모두에게나 가능하다는 것을 자각하였고, 그것에 더하여 자신보다 더 잘된 이웃에게 질투심을 갖게 되었다. 그렇게 해서―장씨들을 따라잡겠다는―경쟁이 형성되는데, 이것은 부와 눈에 보이는 현상에 기초한 신분제도에서 합리적인 행동이다. 귀향 이민자들은 고급스러운 주택을 지었고 그들의 부모를 위해 사치스러운 장례를 치르고 그들을 호화로운 관에 묻었는데, 이 모든 것은 유럽의 식당이나 가죽 공장에서 여러 해 동안 힘겹게 일한 보상이었다. 그곳에 가서 그들과 똑같이 안 할 이유가 있을까?[38)]

원저우 근처 마을 사람들을 인터뷰했던 사회학자가 밝혀냈듯이, 상대적 박탈감이 모든 것을 설명할 수는 없다. 필수적으로 추가되어야 할 것이 가족 의무감인데, 이것은 공동체 안에서 자기 가족의 지위뿐만 아니라 특

37) Liu (1992), 306, 312-316.
38) Li (1999b), 40; Li (1999a), 191-193.

정인 혹은 가족 **안의** 모든 세대의 지위에 대한 것이다. "우리의 선조들은 우리가 유럽에서 부자가 될 수 있는 탁월한 기회들을 굳히셨다. 만약 우리가 그 기회들을 잡고 연결 고리들을 유지할 수 없다면, 우리는 쓸모없는 후손들이다."[39] 이주로 특화된 공동체에서 모든 가족들(자리 잡은 교향)은 연쇄 이민의 기회를 이용하는 특이한 부담이 있는데, 그 "탁월한 기회들"은 여러 해에 걸쳐 부모, 삼촌 혹은 형제들에 의해 낭비되지 않고 역사적으로 축적된 자본을 통해 가족들에게 도움이 되었다. 구식 가구들에서 "자식들이 아버지만 못하다"는 격언은 새로운 남성 세대를 누르는 자식으로서의 부담을 가한다. 그 무게감은 가족의 사회적 지위와 가족 사업의 건실함에 대한 기대들에 따라 다를 수 있다. 만약 가족 사업이 이민이라면, 그것을 소홀히 하는 것은 도덕적 잘못이다.

우리는 창러長樂 현의 사례를 통해 동기부여에 대해 더 파악할 수 있는데, 그곳은 푸저우 시 주위의 푸저우 지역에서 푸젠의 끝자락을 이루는 곳이다. 앞서 살펴보았듯이, 푸저우인은 20세기에 들어와서야 대규모 이민자들이 되었지만, 1901년 황나이상 그리고 선구적인 사라와 정글의 감리교도들부터 인상적인 모험을 시작하였다. 그보다 더 놀라운 사례는 창러 현에서 일어났는데, 창러 현은 미합중국으로 가장 많은 이민자를 보낸 광둥 성 타이산의 적수가 될 만하다. 남서쪽의 복건인들과 달리, 푸저우인은 역사적으로 해양 생활에 의존하여 살아오지 않았다. 그럼에도 불구하고, 15세기 해군 탐험자 정허는 그곳에서 선원들을 모집했다고 한다. 1920년대와 1930년대, 푸칭(창러 바로 남쪽) 출신 이민자들은 제7장에서 보았듯이 네덜란드령 동인도제도에서 활동하던 진취적인 정착자와 밀매업자로 알려졌다. 창러 선원들은 뉴욕과 캐나다로 향하는 배를 탔고, 대략 현 인구

39) Li (1999b), 191.

의 1/3이었던 20만 명이나 되는 창러인들이 1970년대 이래 미국으로 가는 교두보가 되었다. 이 통계치는 너무 많은 사람들이 불법적으로 들어왔고 서류를 남기지 않았기 때문에 정확하지 않다. 푸저우 주변 지역에서는 "중국은 미국을 두려워하고, 미국은 창러를 두려워한다!"[40]는 말이 돌았다. 아래의 인터뷰는 2003년 샤먼 대학의 좡궈투莊國土 교수가 수행한 현지 조사를 통해 얻은 것이다.

창러로부터의 연쇄 이주(2003)[41]

[남성, 66세]: "나는 홍콩에서 활동하던 선원이었다. 1968년, 나는 배를 이탈하여 뉴욕에 머물렀다. 1974년, 나는 미국 시민권을 받았다. 그때, 미국에 온 창러인은 100명 정도밖에 없었다. 대부분은 캐나다에서 배를 이탈한 다음, 미국으로 왔다. 모두 합해서, 뉴욕에는 수십 명의 창러인이 있었다. 당시 이민국이 조사하지 않았기 때문에 미국에 거주하기가 매우 쉬웠다. 단지 당신을 기꺼이 고용하고 당신의 법적 지위를 위해 신청해 줄 마음을 가진 고용주만 있으면 되었다.(대체로 당신은 특별한 능력을 갖춘 요리사였기 때문이다.) 그러고 나면 당신은 합법적으로 거주할 수 있었다. 당신은 그저 당신 상사와 좋은 관계를 유지하기만 하면, 그는 당신을 오랫동안 고용하려 하였고, 그다음에는 그가 당신을 위해 신청하려 했으며, …… 하지만 1980년대부터 친족이 친족을 배려하는 상황이었고, 나는 80명 이상의 친척들의 합법적인 미국 입국 신청을 도와주었다."

[남성, 36세]: "나의 어머니와 3명의 형들은 미국에 있다. 나는 표면적

40) Zhuang (2006), 3. 교두보의 설립자로서 배를 이탈한 사람들에 대해서는 다음을 참조. Watson (1975), chap.4.

41) Zhuang (2006), 1-11, 좡 교수와 華僑華人歷史研究의 친절한 허락을 받아 인용되었음.

으로는 '친척 방문'을 위하여 혼자 홍콩으로 갔다. 나는 친척 집에서 한 달 정도 머무른 후에 밀수업자를 만나 멀리 타이까지 갔다. 그러나 타이에 온 지 넉 달이 지난 뒤에도, 그는 [미국행 배편을] 제대로 처리하지 못했고, 나의 여정은 완수될 수 없었다. 결국 나와 함께 떠났던 네댓 명과 함께 중국으로 돌아왔다. 나는 아직 이민 갈 방법을 찾고 싶다. 나는 고향에서 편안하게 살고 있고, 돈도 좀 벌 수 있고, 친척들이 해외에서 송금도 해 줄 수 있다. 하지만 만약 내가 이민을 가지 않는다면, 나의 자식들은 힘들 것이다."

[여성, 57세]: "나의 아이들—2녀 1남—은 지난 몇 년 동안 모두 미국으로 이민을 갔고, 모두 결혼하였다. 나의 연금은 한 달에 약 460위안(US $58)정도 된다. 지금은 좀 더 많아진 것이고, 예전에는 200위안 정도 했었다. 나의 남편은 60살이다. 그는 잉첸진營前鎭의 곡물 창고에서 일한다. 현재 그는 반 퇴직한 상태이고, 내년에는 완전히 은퇴할 것이다. 그는 단지 시간제로 일하고 있기 때문에 봉급이 한 달에 260위안(US $32)밖에 안 된다. 이곳에는 거의 모든 가정이 이민 간 친척을 갖고 있다. 중국에는 그들이 할 만한 일이 없다. 그들은 그럭저럭 살 수도 없다. 아이들의 미래를 위해서 우리 온 가족은 미국으로 가고 싶다. 그렇게 하면 우리는 우리 손자들을 잘 돌볼 수 있고, 우리 아이들은 걱정 없이 일할 수 있을 것이다."

[여성, 36세, 진펑진金鳳鎭의 여성 담당 간부]: "이곳의 교육 환경은 매우 열악하다. 마을에는 공부하려는 의지들이 거의 없다. 꽤 많은 수의 가구가 해외로부터 송금을 받는다. 그래서 생활수준은 매우 좋다. 많은 아이들의 이민 간 부모들이 미래에 필요한 것들을 해 줄 것이고, 성인이 되면 이민을 갈 것이기 때문에 공부를 쓸모없다고 믿는다. 그래서 이곳 중

국에서 공부하는 것은 쓸모없다."

[남성, 65세, 쩌리 촌澤裏村 출신, 현재 뉴욕의 식당의 주인]: "미국에 도착한 후, 친족과 친구들은 모두 서로 돕는다. 대부분의 신참자들은 [언젠가] 자신이 소유한 식당에서 일할 수 있기를 바란다. 1990년, 나는 20여 명의 사람들에게 각각 2~3천 달러를 빌려 주었다. 대부분이 동향 사람들이었고, 소수는 친족이었다. 문화혁명 때 나는 우리 마을의 혁명 위원회 의장이었다. 그래서 나는 많은 사람들을 알았고 도움이 필요한 사람들이 항상 나에게 다가왔다. 나는 7만 달러를 빌려 준 것 같다. 대출금 중 일부는 아직도 변제되지 않았다. 나의 가족은 매우 가난하였다. 이제 내가 돈을 좀 갖고 있으므로 마을 사람들을 돕고 싶다. 다 합치면, 나는 수십 명을 도와주었다. 나는 가까운 친족과 친구들을 모두 돕고 싶다. 우선 나는 그들이 빚을 갚게 돈을 빌려 주고, 일자리 찾는 일을 도와준다."

창러는 이주의 문화가 오랫동안 축적된 곳은 아니다. 무엇이 이러한 탈출에 동기를 부여하였을까? 위의 인터뷰에서 몇 가지 가능성들이 드러난다. 하나는 인구가 밀집한 사회에서 다음 세대들에게 더 나아질 것이라고 기대할 것이 거의 없이 갇혀 있다는 느낌이다. "중국에는 할 만한 일이 없다. [마을 사람들은] 그럭저럭 살 수조차 없다." 그곳은 잉여 인구에게 거의 일이 없는 가난한 농촌 사회이다. 임종의 절망감이 그 광경에 깔려 있다. 원저우인처럼 자만심과 자신감을 가진 기존 기반의 상업 선동이 없는 상태에서, 창러인들은 밖으로 나감으로써 고향과 결별하는 것이 유일한 길이라고 여긴다.

가족의 재결합은 또 다른 동기였고, 이민의 경제적 기초이다. 57세의 할머니는 그녀가 미국의 기혼 자녀들과 결합한 이유를 이렇게 말한다. "그렇게 하면 우리는 우리 손자들을 잘 돌볼 수 있고, 우리 아이들은 걱정 없이 일할 수 있을 것이다." 자녀 돌보기는 중국에서 전통적으로 조부모들의 일이고, 그래서 세 젊은 부부는 모두 아이들 걱정 없이 온종일 일할 수 있다. 그녀가 말하지 않은 것은 자녀들의 부양에 대한 필요성이고, 또한 불충분한 연금에 대한 노인들의 걱정이다.

더 그럴듯한 단서가 하나 드러나는데, 그것은 이주 고리에 닻을 제공하는 교두보의 역할이다. 세계 곳곳에서 배로부터 이탈하는 것은 가족들에게 외국 해변의 발판이 되어 왔다. 중국인 선원들은 언제나 국제 기선들에서 흘수선보다 한참 아래의 석탄 용광로에 불을 때는 것과 같은 가장 더러운 일을 하였다. 많은 사람들은 탈출하여 이민을 갈 목적에서 선원으로 외국 화물선에 탔다. 거친 땅에 발을 내딛고서, 그들의 첫 번째 과제는 고용되는 것이었고, 두 번째는 이민 자격을 합법화하는 것이었으며, 세 번째는 고향의 친척과 친구들[親朋好友]을 위하여 교두보로서 봉사하는 것이었다. 이런 과정은 연쇄 이민의 초기 단계에서 일반적이었다. 위에서 인용된 전직 선원의 사례처럼 그것은 부드럽게 진행되었다. 당연히 모든 사람들이 그 남자처럼 운이 좋지는 않았다. 제임스 왓슨은 홍콩의 만씨 종족에 대해 글을 썼고, 그는 혼자만이라도 자립할 수 있을 정도로 잘되는 경우가 얼마나 드문지 보여 준다. 그럼에도 불구하고, 그의 글에서 용케도 자신의 작은 음식점을 개업한 홍콩 출신 "선박 이탈 이민자들"을 볼 수 있는데, 그들은 1960년대에 런던의 중국 음식점 사업을 크게 확대하는 데 자금을 댄 더 부유한 종친을 위하여 교두보로서 봉사하였다.[42] 우리는 나중에 이 교두보들에 대한 문제로 돌아갈 것이다.

양면의 모습을 가진 이민자 교향 안에서, 어떤 요소들이 그들의 국내외

---

42) Watson (1975), chap.4와 5.

이주 방향을 선택하게 하는가? 이것은 이민이 다양한 방법을 통해 피해를 줄이려는 신중한 가족들의 전략이었다는 점에서 불필요한 질문일 수도 있다. 우리는 한 나이 든 복건인 가장이 아들들의 능력과 가족 사업의 필요를 검토한 다음에 한 아들은 바타비아로, 다른 아들은 타이완으로, 그리고 셋째는 쓰촨으로 보내는 것을 결정하였다고 상상할 수 있다. 원저우의 경우 이런 가족 선택들에 대한 자료가 부족한데, 아마도 확대가족이든 거대 종족이든 이제 푸젠 이민의 전성기만큼 보편적이지 않기 때문이다. 게다가, 원저우 이민의 결정에서 부모들의 의견이 얼마나 많이 반영되었는지 의문이다. 기회가 한 가족의 선택에서 중요한 역할을 했을 가능성이 있다. 한 가족이 우연히 유럽의 연줄을 갖게 되었다면 그것을 이용할 것이다. 비록 원저우 가족들에게는 비록 베이징에서 가게를 차리는 것보다 해외로 나가는 것이 더 많은 비용을 필요로 할지라도, 기대 이익은 서양에서 차린 사람들 쪽이 훨씬 더 컸다.[43]

새로운 이민의 특징

새로운 이주와 과거의 그것 사이에 보이는 차이점들은 여러 해 동안 푸젠에 있는 대학들이 연합한 사회과학자들 모임이 진행한 현지 조사로 드러났다.[44] 세 개의 주요 사례 연구들 가운데 차이점을 가장 확연히 보여 주는 두 사례는 이렇다. 1) 1930년대 선구적인 사회학자 천다陳達가 연구한 마을들 중 하나인 신안新安. 2) 새로운 이주민송출 공동체 밍시明溪.[45] 천다의 시대에 신안은 대부분이 구邱(표준어는 추)씨 성을 가진 약 300호의 도시

---

43) Xiang (1999), 228.

44) Li (2005).

45) Ch'en Ta (1940), 198-199. 천다는 그가 연구한 지역의 이름을 밝히지 않고, 신안 "공동체Y"로 불렀다.

인근 마을이었다. 그곳은 종족 엘리트에 의해 다스려지는 "단일 종족 마을"이었다. 공공 행정과 치안은 구씨 사당의 관리인에 의해 전체적으로 감독되었다. 그런 시절은 오래전에 지났고, 지금 신안은 도처로부터 약 2만 명을 받아들여서 신안 시 소속의 진으로 등록되었다.

집성촌이라는 것 이외에 신안의 특징은 동남아시아로 사업을 위해 이민자들을 보낸 오랜 전통을 가진다는 것이다. 현재, 신안 이민자들과 그 후손들은 필리핀, 말레이시아, 인도네시아, 싱가포르, 타이완, 유럽, 그리고 북아메리카 등지에 살고 있다. 태평양 전쟁 이전에 종족 연합 위원회와 그 의례 의무들은 대부분 종족들이 그랬듯이 해외 송금의 지원을 받았다. 일본의 침략으로 해외 송금액이 끊기자마자, 종족 구성원들은 살아남기 위해 농사를 지었고, 그 상황은 1980년대까지 이어졌다. 신안 이주민 정착지들 가운데 가장 유명한 곳은 (현재 말레이시아의) 페낭 섬이었다. 그곳에서 구씨 종족 구성원들은 지부를 세웠고, 1851년에 용산당龍山堂이라는 인상적이고 고급스러운 바로크식 구씨 사당을 세웠다.[46] 모든 기업은 친족의 부유한 연장자로 구성된 엘리트 위원회(쿵쓰公司로 불린, 페낭의 전 종족을 위하여 행동하는 책임 있는 단체)에 의해 통제되었고, 종족 의례와 공동소유의 자산을 관리하였다. 페낭에서 다섯 개의 강력한 성씨 공사 가운데 하나로서, 구쿵쓰邱公司는 페낭의 중국인 공동체 안에서 구씨의 이익을 보호하고 확대하는 자리에 있었다. 다른 쿵쓰들처럼 구쿵쓰가 일부 고위 구성원들을 통해 "비밀결사" 조직들과 긴밀한 관계를 맺었다는 증거들이 있다.[47]

신안 구씨의 이야기는 몇 가지 점에서 두드러진다. 첫째, 용산당은 시작

46) 현재 용산당은 유명한 관광지이다. 그곳은 여전히 페낭의 그런 조직 중에서 가장 부유한 곳 가운데 하나이다. Khoo (1994), 59-61.

47) Li (2005), 55-64.

부터 동향 회관과 동등한 지위를 가졌고, 일상적인 일들을 하는 곳이었다. 구씨 종족에 적합한 제사뿐만 아니라, 그곳에서는 고향 지역 신들을 위하여 제물을 바쳤다. 빈곤한 혈족의 복지시설로서 기능하였고, 장례를 치러 주었다. 구씨 아이들의 교육도 공동체의 책무 가운데 하나였다. 종족의 역할에서, 공사는 신안에 있는 상위 종족의 지역 지부로서 페낭 쪽의 혈족 관리를 맡고 있었다. 그런 점에서, 그것은 완전히 분리된 조직으로 여겨지지 않는다. 송출지의 종족과 가구들은 어떤 아들을 보내고 어떤 아들을 남겨 둘지를 선택함으로써 (입양되었거나 덜 중요한 아들들이 며칠 먼저 해외로 보내졌고, 큰 고민이 없었다) 이민을 감독하고 지시하였는데, 이 집에 있게 될지 선택됨으로써 이민이 발생한 것이다.[48]

마지막으로, 그리고 가장 중요한 것은 페낭의 지부는 계속된 구씨의 페낭 이주에 견고한 교두보로서 역할을 했다는 점이다. 나이 든 신안의 아마추어 역사가로 최근 은퇴한 해외 중국인 연합僑聯의 성급 위원은 이렇게 말하였다. 20세기 초 신안인들이 동남아시아로 이민 갔는데, "왜냐하면 페낭에 있는 그들의 친족에게는 그들을 돌봐 줄 방법이 있었기 때문이었다." 신참자들은 공사에서 살 수 있었고, "공사는 그들을 먹여 주었을 뿐만 아니라 그들이 일거리를 찾을 수 있도록 도와주었다. 식사와 숙박은 그들이 직업을 가질 때까지 무료였다." 그리고 그는 솔직히 페낭에 있는 어떤 일자리도 고향의 어떤 일자리보다 급여가 좋았다고 말하였다. 그 시기 동안, "거의 모든 부유한 가족들에게는 동남아시아에서 사업하는 친족이 있었다."[49] 모든 교향이 해외의 부유한 친척으로부터 잘 도움을 받고 있지는 않았지만, 일반적인 형태는 그 지역 전체에서 발견될 수 있었다. 과거 이

48) Li (2005), 50.
49) Li (2005), 51.

주의 핵심적인 특징은 이렇다. 통로들은 "연쇄 이주"의 길이었고, 동시에 위험을 줄임으로써 이주를 촉진한, 초국가적인 중개와 보험 체계로 보는 것이 더 타당하다. 이주민을 받아들이자마자, 이 체계는 터전 사회들의 엘리트층을 보충하고 유지하는 기능을 수행하였다. 엘리트의 신참자에 대한 후원금으로 형성된 후견인과 고객의 관계는 종족(그리고 조직)의 힘과 결속을 향상시켰다.[50)]

새로운 이주의 모델을 위하여 현지 조사 모임은 옛 팅저우 부汀州府에 속하며, 해안으로부터 멀리 떨어진 내륙의 가난하고 산지가 많은 밍시의 사시 촌沙溪村을 선택하였는데, 그곳은 1989년 이전에는 해외 이민자들을 전혀 보내지 않았던 곳이다. 사시의 초기 이민에서 핵심 연결 고리는 후즈밍胡志明이라는 젊은 남자인데, 그의 아버지는 1950년대 원저우 시에 속하는 원청 현文成縣에서 사시 촌으로 이주하였다. 후즈밍의 가족은 너무 가난했고, 그는 농사일을 하고 직업을 찾기 위하여 중학교를 그만두었다. (그 아버지의 고향) 원청 현은 우연히도 유럽으로 많은 이민자들을 보내는 곳이 되었다. 후씨 가족은 원청 현의 친척들과 왕래가 있었기 때문에 그곳의 이민 열기에 대한 소식이 푸젠의 외진 곳에 있던 그들에게도 도착하였다. 그 소식은 후즈밍과 그의 이복형 후즈신에게 너무 매혹적이었다. 친구들과 가족의 도움으로 둘은 이탈리아로 이민을 가고 원저우인이 경영하는 가죽제품 작업장에서 일하였고, 1990년 이탈리아의 불법 이민자들에 대한 사면의 기회를 잘 이용하였다. 사면의 소식은 사시 촌으로 신속하게 전달되었고, 그곳에서 16명의 가난한 젊은 남자들이 그 기회를 이용하였다. 후즈밍은 그들에게 직업을 소개하였고 "특별 청원"을 통해 합법적인 지위를 갖게 되었다. 1990년대 그 소식은 계속해서 퍼졌고, 밍시 전체에 영향을

50) 인도네시아의 후견인-고객 관계의 운영에 대해서는 다음도 참조. Rush (1990).

주었을 뿐만 아니라 다른 이웃 공동체들에도 전달되었다.[51] 이탈리아에 살고 있던 중국 이주민들은 1991년 전체 1만 8,700명에서 2000년 4만 8,650명으로 증가하였다.[52]

종족이 주도하던 옛 체계와 대조적으로, 밍시 이민은 공적 조직에 의존하지 않았다. 종족 연합은 "봉건적인" 것으로 사라졌을 뿐만 아니라, 그 지역은 너무 가난해서 큰 친족 집단들을 유지할 수도 없었다. 밍시에서 우리가 본 것은 개별적인 친구와 친척을 기반으로 한 개별적인 결정이었고, 단체나 후견인에 의존하지 않았다는 점이다. 터전의 한쪽 끝에서 각각의 가족 작업장의 핵심이었던 친밀한 가족 관계는 다른 혈족이나 심지어 다른 지역 출신의 고용 노동자들과의 관계에 의해 보완되었다. 이것은 이민을 가는 결정을 정당화하는 데 충분하였을까? 밍시 이주민들에게 교두보는 무엇이었을까?

고향 방문 중에 인터뷰를 하게 된 밍시의 한 이민자에 따르면, 그와 그의 친구들은 무작정 이민을 떠나지 않았고, 그들을 기다리는 정해진 직업은 없었을지라도 이미 그쪽에 친구들이나 동향인이 있었다. 하지만 이탈리아에서 어떤 중국인 작업장의 소유주도 그가 자신의 노동자들을 먹여 주고 재워 줄 책임이 있다는 것을 알고 있다. 신참자는 항상 친구가 고용된 작업장에 머무를 수 있고, 그는 고용되자마자 소유주가 거절할 것이라는 걱정을 하지 않고 자신의 친구들과 가족들에게 똑같은 행동을 할 수 있다. "나의 주인은 내 친구들을 내칠 수 없다. 만약 그가 내 친구들을 내치면 나는 화가 나서 떠나 버릴 수 있다. 그러면 누가 그를 위해 일할 것인가? 나는 어디서나 일을 찾을 수 있다." 그는 이렇게 덧붙였다. 어쨌든 신참자

51) Li (2005), 103.

52) Laczko (2003).

들은 차츰 작업장 주위에서 일을 돕게 되고, 때때로 주인은 그들에게 일을 찾아 준다.[53)]

분명히 일종의 연착륙이 이민자들의 마음속에 있다. 의복과 가죽 제조의 힘겨운 노동은 만성적인 노동자의 부족을 야기한 것 같다. 원저우 모델의 가족 작업장 생산량은 가족 이외의 노동자나 (밍시 이주민들의 사례처럼) 전혀 다른 지역 출신의 노동자를 고용했을 때만 확대될 수 있다. 주인들은 대단히 유동적인 노동력에 의존하기 때문에 각박하거나 몰인정하다는 소문은 대체 인력을 찾기 어렵게 만들 것이다. 한 민족의 집단 거주지에서 이민 사업을 하고 있는 사람은 누구나 고향으로부터의 신선한 노동의 유입이 그에게 없어서는 안 되는 것이라는 사실을 안다. 귀향한 사람들에 의해 전달된 어두운 이야기들은 유입 꼭지를 잠가 버릴 것이다. 결국, 새로운 이주의 특정 경계를 부드럽게 만드는 것이 있는 듯하다. 밍시의 한 젊은 교사는 러시아로 이주하였는데 그의 아내와 가족을 방문하러 와 있는 동안 인터뷰를 했는데, 그의 이야기를 살펴보기로 하자.

양 선생은 러시아에 사업하러 간다.[54)]

"1995년, 나는 (이민을 가기로) 큰 결심을 하였다. 많은 사람들이 반대하였다. 나의 아내만 나를 지지하였다. 나는 해외로 가기 전에 내 직업을 그만둬야 했는데, 어떤 일이 벌어질지 누가 알았겠는가? 나는 직업을 그만두면 전혀 대책이 없었다. 나는 농민들과는 다르다. 그들은 해외에서 정말로 잘할 수 없으면 다시 돌아와서 계속 농사를 지을 수 있다. 하지만 나의 경우는 다를 것이었다. 만약 내가 돌아오면, 교사 일과 부교장의 지

53) Li (2005), 107-108.

54) Li (2005), 107.

위는 사라질 것이었다. 솔직히 교사는 시골에서 안정적인 수입이 있다. 생활은 나쁘지 않다. 그런데 왜 이민을 가려 했을까? 기본적으로 나는 많은 사람들이 해외로 가서 잘되었다고 느꼈다. 그리고 그들 중 대다수는 문화적 수준이 떨어지는 농민들이었다. 그것이 나에게 자신감을 주었다. 나는 내가 아직 젊다고 생각하였다. 나는 나가서 한번 시도해 봐야 했다. 러시아에 도착한 뒤, 나는 톈진 출신의 남자와 동업하여 의류 도매 사업을 하였고, 나중에는 광저우 출신과 하였다. 자본을 좀 모은 뒤, 나는 지금 나 자신의 사업을 한다. 요즘 뒤돌아보면, 나는 옳은 길을 선택했고, 이 길이 더욱더 넓어질 것이라고 생각한다."

물론 이러한 자료들은 모두 입증되지 않은 것이고 유사한 이야기들이 어느 시대의 이주에서도 발견될 수 있다. 즉, 외로운 이민자가 후견인, 친척, 동향인 등 누구의 도움도 없이 성공하였다는 식이다. 하지만 새로운 이주에는 그것을 과거보다 더욱 유연하고 더욱 국제적으로 만든 무언가가 있을까? 양 선생의 동업자들은 다른 성 출신이었지만 전혀 문제가 있었던 것 같지 않다. 특정 지역을 배제했던 흔적은 전혀 없다. 아마도 그것은 (특히 교육받은 사람들 사이에서) 표준어가 보급되었거나 출신 지역에 상관없이 같은 중국 시민이라는 과장된 의식 때문일 수도 있다. 어쨌든, 아주 용감한 이민자들이 있었고, 그들은 안전하게 일을 해냈으며 누구나 바라듯이 이익을 낸 것 같았다.

표면적으로, 새로운 이주는 전통적인 형태들도 일부 보여 주는데, 보집·후원·후견인 등의 익숙한 기제들은 (중국 쪽의) 특정 현·촌·가족과 (반대쪽 터전의) 초기 도착자·상인 교두보·지원 단체 사이에서 작동해 왔다. 예를 들면, 워저우의 현지 조사는 가족 전략과 상호 지원의 오래된 보습을 보여 준다. 한 제보자는 늘 농민보다 더 많은 돈을 벌었던 목세공인이었는데, 그는 고향 공동체에서 했던 일을 계속하면서 더 나은 길을 찾아보려고 결심하였다. "내가 서유럽으로 가면, 나는 돈을 더 많이 벌 수 있다는 것을 안다. 나는 순식간에 부자가 되고, 많은 돈을 가지고 돌아와서 여기에서 하고 싶은 일들을 뭐든 할 수 있을 것이다." 그는 "가족들을 위해 새집을 크게" 짓고, 가족 묘지도 단장할 것이고, "그것은 세상에서 최고는 아니더라도 이 지역에서는 최고가 될 것이다."고 말하였다. 그는 또 "내 마을에 학교와 양로원을 짓기 위하여" 기부하려 했다. 사실, 이주의 고리는 이미 연결되었다. "(네덜란드에 사는) 내 큰 삼촌은 나를 위해 적절한 이민 절차를 마련해 주기로 하였다."[55] 하지만 여기에도 새로운 요소들이 있다. 원저우 지역의 장엄한 경제성장은 해외에 도와줄 친척이나 이웃이 있는 모든 사람들 사이에 "이민열"(移民熱)을 만들어 냈다.

더 넓은 틀에서, 새로운 이주는 새로운 세계 환경으로 가는 혁명적인 발걸음을 대표한다. 비록 미시 사회적 기초(교두보, 연쇄 이주 그리고 친족을 돕는 친족)는 남아 있었을지라도, 큰 틀은 새로운 모습을 보여 준다. 첫째, 마오쩌둥 이후 중국은 불법 이민에 대한 효과적인 장벽들이 부족한 상황에서 어느 중국 정부에서도 전례가 없었던 방식으로 합법적 이민자를 장려하고 돕고 있다. 둘째, 해안 지역의 경제 발전, 특히 남부와 동남부 지역은 "경제특구"와 "경제 발전 지구"의 형태로 국경의 집단 거주지를 도입하였다. 이곳들은 초기의 항구들보다 더 유동적인 자본들을 낳았고 이민자들이 힘을 키우고 더 극명하게 불평등한 수입과 인생의 기회들을 만들어 냈다. 개항장 주변의 가구들에게 자본과 불평등은 이민을 더 자극하는 요소들이다.[56]

---

55) Li (1999a), 185.

사업 틈새로서 불법 이주

역사적으로, 이주 금지는 늘 통로의 양 끝에 있던 진취적인 사람들에게 사업 틈새들을 창출해 왔다. 19세기 초, 타이완으로 향하는 이주가 금지되자 타이완 해협의 해안 순찰은 어떻게든 건너오려 하는 푸젠인들로부터 막대한 뇌물을 챙겼다. 대가를 치르면 해군 함선은 불법 이주민들을 태워 주었다. 정부 당국은 보초들에게 해협 밀입국자들을 체포해 온다면 상당한 현상금을 줌으로써 이주민들을 잡으려 하였다.[57] 그리고 우리가 제2장에서 살펴보았듯이, 지방정부의 서리들은 18세기 해상 금지령을 무시하고 체류하다가 돌아온 자들을 협박하는 것이 일상 업무였다.

오늘날 불법 이민이 많아지려면 무엇이 필요할까? 첫째, 교두보가 존재한다. 통로 끝의 터전에 있는 기존 공동체는 이민자들에게 자금을 대고 고용할 수 있을 정도로 충분히 부유하고 연줄이 있으며 그들의 친척들을 터전 사회와 연결해 준다. 둘째, 장기적인 의무—장기적인 결과—를 감당하려는 의지가 존재하는데, 그것은 가족의 미래를 위해 현재의 빈곤을 견딜 수 있게 한다. 셋째, 송출하는 쪽에 비효율적이거나 협조해 주는 변방 방어 체계가 있어야 하는데, 그래야 이민자들이 너무 많은 문제없이 나라를 떠날 수 있다. 이 모든 조건들은 중국인 배척 시대에 존재하였지만, 지금은 더욱 증가하였다.

중국에선 "가물치", 서양에서는 "인신매매범"으로 알려진 최근의 비밀 협력자들은 정부에 의해 사악한 밀수업자로 낙인이 찍혔다. 그러나 그들의 고객들은 그들을 그렇게만 보지 않는다. 장러의 촌장은 불규칙적인 이민이 "우리에게 아주 좋은 일"이라고 말했는데, 지방의 생활수준을 높였

---

56) Xiang (2003), 24.

57) Chang (2004), 101-104.

고 실업을 줄였으며 청소년들의 방황은 해외로 일을 찾아 떠나고자 하는 열정으로 바뀌었다. 촌민들은 이 협력자들에게 모순적인 명칭을 붙였는데, "민간民間 노동부"(즉, 노동자 모집인으로, 민간이라는 말은 대중 영합적인 어감을 갖고 있음) 혹은 "민간 은행장"(즉, 대부업자) 같은 것이었다. 미래 노동으로 상환한다는 자발적 채무의 오랜 관행이라는 점에서, 19세기의 "신용 티켓" 체계와의 관련성은 분명하다.[58)]

국경 통제의 문제들은 관리의 부패라는 것으로 간단하게 축소될 수 없다. 오히려 그것들은 관리들이 담당하는 사법적 관할 지역 내에서 지방정부의 사회적 착근 정도를 담고 있다. 국경 통제 담당자들은 국경 지역 공동체와 "깊게 뿌리내린" 연계를 가져 왔다.[59)] 더욱 강도 높은 정부의 단속조차도 뿌리 깊은 이주 문화를 막을 수 없음을 보여 준다. 한 기자는 이렇게 썼다. 이주민들의 거래는 "너무 깊게 [푸젠의] 문화와 경제에 얽혀 있어서 결코 끝나지 않을 것 같다. 가장 강력한 가물치 가운데 일부는 지방 관리들로부터 보호를 받아 온 것 같다. 마을에 떠도는 말에 의하면 그들은 단속이 완화되어 다시 활동하러 재빨리 돌아가기를 기다린다고 한다."[60)] 또한 우리가 앞서 살펴보았듯이, 해안의 성들과 중앙정부 사이의 끊임없는 영역 다툼이 있다. "해상 이익"은 그 나름의 독특한 우위를 갖고 있어서 지방정부와 중앙정부 사이의 관계들에 영향을 준다.

1882년 미국에서 배척이 시작되자마자, 불법 입국을 돕는 일은 자신만의 기술과 전문가들을 갖춘 정규화된 사업이 되었다. 멕시코와 캐나다 국경을 넘어서 밀수를 하는 것 이외에도, 다른 효과적인(그리고 이익이 나는) 수단은 (우리가 제5장에서 살펴보았던) "서류상의 아들" 사업이었다. 명백한

58) Chin (2003), 65-66.
59) Xiang (2003), 25.
60) Burdman (1993); Nyíri (2002), 233.

이유로, 배척 시기에 들어온 불법 입국자들의 정확한 숫자는 알 수 없다. 하지만 배척 시기 60년 동안 30만 명이 넘는 중국인들의 미합중국 입국이 허가되었고, 수천 명은 확실히 가짜 서류로 입국하고 있었다. 한 권위자는 "적어도 제4세대 혹은 제5세대 타이산인들은 1960년대 초에 미합중국으로 들어올 수 있었는데" 서류상의 아들 연계망을 통해서 가능하였다고 추정한다.[61]

요약하자면, 우리가 새로운 이주에서 보고 있는 것은 신·구 요소의 혼합이다. 예를 들어, 원저우는 이민의 두 유형을 보여 준다. 첫째는 오래된 연쇄 형태이다. 나이든 교권이 지휘봉을 세대에서 세대로 넘겨주면, 각 세대는 다음 세대가 해외로 나가서 일을 찾는 것을 도와준다. 둘째는 새로운 "조립식" 가족 작업장 형태이다. 자신의 노동력과 최소한의 자본을 가지고 가는 것으로 베이징과 투스카니의 원저우인에게 일반적이다. 두 유형 모두에서 이민은 종족 주선이 아닌데, 아마도 종족이 중국 혁명과 토지개혁으로 너무 약해져서 더 이상 지역의 자치 같은 것을 후원할 수 없었기 때문이었다. 그리고 그 유형들은 제2차 세계대전 이전 신안에서 확인되었다. 개별 가구들은 가족 단위든 남성 혼자든 스스로 이민을 결정한다. 교두보들은 더 먼저 서술한 페낭의 견고하게 구성된 종족과는 전혀 다르고, 이미 터전 사회에서 생계—음식점, 작업장—를 확보한 소수의 개인들로 구성된다.

새로운 이주의 놀라운 발전은 지역과 방언의 끈들이 이전 시기보다 덜 중요한 것 같다는 점이다. 다른 성들이나 방언 집단으로부터 온 사람들과 훨씬 큰 협력이 이뤄진다. 베이징과 유럽 양쪽에서 가족 작업장들은, 가족이 사업의 핵심이라는 것은 여전히 남아 있음에도 불구하고, 혈연이나 동

61) Hsu (2000), 81

향과 관련이 없는 이주민들에 의존한다. 밍시의 이민은 푸젠으로 간 저장 출신 이민자(후즈밍)부터 시작되었고, 그는 이탈리아의 원저우인들과 그가 살았던 밍시인들 사이의 가교 역할을 하였다. 러시아의 양 선생은 다른 지역 출신의 두 사람과 동업하였다. 물론 아직도 많은 터전들에서는 새로운 융통성과 함께 방언이나 지역 사이의 의심과 적대감이 잔존하고 있다.[62]

또 다른 혁신은 이민자들의 자금 조달과 연관이 있다. 작은 사시의 지역 은행에서 쓸 수 있는 신용은 말라 버려서, 미래의 이민자들은 필요한 7만 위안(약 1만 달러)을 해외로부터 송금을 받던 가족들로부터 빌렸다. 농업이나 현지 사업에 투자하는 대신에, 송금은 곧바로 새로운 이민자들에게 자금을 대는 데 쓰였다. 가족들 사이의 관계는 "아주 좋은" 것으로 묘사되었고, 갚아야 할 이자는 은행보다 약간 적었다. 연쇄 이주는 연쇄 자금 조달에 의해 지속되었다.[63] 분명히 뒤이어 해외로 가는 이민자들을 도와야 한다는 의무감이 있었다. 현지 조사자들은 첫 이주민의 무리가 새로운 터전에 경제적인 발판을 만들어 낸 후, 그들의 자금은 다음 이민자들의 대출금에서 40퍼센트를 차지하였다(나머지는 중국의 가족과 친구들로부터 나왔다). 이것은 다음 사람들을 위한 대출액임을 알아냈다. 이는 독특한 독자적 운영 방식이었다.

---

62) 영국에서 푸칭과 푸저우 이주민들 사이의 심한 반감에 대해서는 다음을 참조. Pieke 외 (2004), 153-161.

63) Li (2005), 132-134.

유럽의 재구성

식민지주의의 붕괴 시기, 유럽은 엄청난 이주민들의 귀환을 받아들였고, 과거 주요 식민지 국가들로 해외 영토를 갖고 있던 본국들－프랑스, 영국, 네덜란드－이 과거 식민지 주민들에게 이민의 터전이 되었다. 동남아시아에서 소수자 중국인들에게 식민지주의의 붕괴는 더 큰 고통과 불안을 가져다주었는데, 고통스러운 식민지의 과거를 갖고 있던 토착인들은 중국인들을 식민지 질서의 유물로 여겼고, 그들의 계속되는 빈곤을 해결하기 위해 그들을 희생양으로 삼았다. 베트남의 내전과 그 뒤 이어진 중국과의 전쟁, 그리고 캄보디아와 라오스의 공산화는 대량의 중국인을 난민으로 만들었다. 인도네시아의 중국인 박해는 수십만의 중국인들을 쫓아냈다. 식민주의자들의 언어로 교육을 받았거나 어느 정도 그것에 익숙한 중국인들은 자연스럽게 프랑스 등을 재이민의 터전으로 여겼다. 영국식 교육을 받은 말레이시아계 중국인과 홍콩인들에게 대영제국, 인도네시아계 페라나칸들에게 네덜란드, 그리고 베트남 · 캄보디아 · 라오스 등의 피난민들에게 프랑스가 그랬다. 네덜란드와 프랑의 경우, 이민자들은 대체로 난민으로서 합법적인 지위를 획득하였다.

반면에, 북아메리카와 비교했을 때 유럽은 실업과 정부에 대한 복지의 지나친 요구가 걱정스러웠기 때문에 상대적으로 아시아계 이민자들을 꺼리는 상태였다. 홍콩으로부터의 유입을 멈추게 하려고 영국은 영연방이민법(1962)과 같은 법을 이용해 법적인 장벽을 세웠는데, 그 법은 영연방의 식민지로부터 유입되는 노동 이민자들을 제한하고 중국인들의 식당 사입(중국인들의 예상 가능한 적응 방식은 고향의 아내와 다른 딸린 식구들을 불러와서 식당의 노동 수요를 채우는 것이었다)을 강력하게 규제하였다.[64] 1997년이 끝나갈 무렵, 홍콩은 중국에 반환되었고 이에 영국은 대부분이 경영자나 전문직 종사자였던 홍콩의 선택된 고위직의 가족들에게 영국 "체류 권리"를 갖는 5만 개의 여권을 발급하였다. 그 목적은 (1997년 이후 정치적 재앙이 발생할 경우 탈출을 보장함으로써) 고도로 숙련된 노동자들의 즉각적인 이탈로부터 홍콩을 보호하고, 식민지로부터의 대량 이민들에 대해 영국이 책임 있게 행동하려는 것이었다. 이러한 전략은 어떤 의미에서 성공하였다. 많은 중간과 상층의 홍콩인들이 영국보다는 캐나다와 미국으로 이주하였지만, 종종 그들의 가족들을 해외에 안전하게 머무르게 하고 홍콩에서 일하려는 목적이 있었다. 영국은 소수의 빈곤층과 덜 숙련된 불법 이민자들을 끌어들였는데, 그중 극소수만이 투자나 사업에 이익이 되었다.[65]

장벽들에도 불구하고, 합법 혹은 불법의 새로운 이민자들은 1960년대 이후 모든 유럽 국가들로 유입되었다. (중국에 있는 동포들에게 신속하게 알려졌던) 정기적인 사면들은 수천 명의 지위를 정식으로 인정하였다.(프랑스는 1981년, 이탈리아는 1986년과 1990년, 그리고 스페인은 1985년과 1991년에 인정하였다.) 1951년부터 1993년까지 유럽 연합의 단계적인 진전은 유럽 연합의 합법적 주민들에게 국경을 넘는 무제한적인 여행의 길을 열어 주었다. 그리하여 합법화된 이민자들은 기회가 주어지자 유럽에서 가장 유리한 터전으로 재이주할 수 있었다. 1990년대, 소련 제국의 해체는 러시아와 과거 소련 연방국들에서 사업, 노동, 여행할 수 있는 길을 열어 주었지만, 더 중요한 것은 중국으로부터 동유럽, 유럽 중부, 그리고 서부로 가는 육로를 제공했다는 사실이었다. 러시아, 헝가리 그리고 유고슬라비아 등을 거쳐 이탈리아와 서유럽으로 가는 이민의 길은 많은 사람들이 다니는 경로가 되었다. 1990년이 되면 유럽의 중국인 거주자의 수는 적어도 80만 명

64) Baker (1994), 298.

65) Skeldon (1994), 34-37; Benton and Pieke (1998), 5-6.

으로 추산되었고 계속 증가하고 있었다.[66)]

해외 중국인 사회의 변화

새로운 이주는 받는 쪽에서도 "새로운" 것이었다. 중국인들은 새로운 터전이나 오래된 터전에 자리를 잡게 되었는데, 그 터전들은 중국인 공동체가 그들을 배척하는 체제 때문에 오랫동안 억눌려 있었던 곳이었다. 새로운 마을과 사회 계급들로부터 이민자들이 나타나게 되었다. 배척 시기 이후의 정착민 사회와 유럽에서, 중국인 공동체에 생긴 가장 큰 변화는 계층과 지역의 차별화였다. 대체로 광둥인들은 (지역과 방언에 따라) 더 다양하고, (투자자와 기업가들을 포함해서) 더 부유하고, 중국에서 가장 발전된 분야에서 온 더 높은 교육 수준의 신참자들에 의해 형성된 계층이 되었다. 신참자들은 특히 외부 세계와 가장 밀접한 관계가 있던, 홍콩, 광저우, 다이완, 경제와 지식의 중심인 양쯔 강 유역의 상하이, 그리고 당연히 베이징 등지에서 왔다. 내전 시기의 정치적 망명자들에게는 톈안먼 시위 진압으로부터 탈출한 지식인과 민주 인사들이 추가되었다. 중간과 상층의 이민자들 이외에도, 새로운 이주에는 수십만의 가난한 농촌 사람들이 포함되었는데, 그들 대부분은 중국 해안 지역 출신이었다.

해외 유학은 중요한 이주 통로가 되었고, 2005~2006년 9만 8,000명 이상의 중국인 학생들이 미합중국의 교육 기관에 등록되었다.[67)] 초기 세대들과 마찬가지로, 의문점은 얼마나 많은 이들이 진정한 체류자이고 중국으로 돌아가느냐는 것이었다. 전 세계적인 누적된 통계는 해외로 간 학생들의 숫자와 중국으로 돌아간 학생들의 숫자 사이의 큰 차이를 보여 준다.

66) Benton and Pieke (1998), 1-20; Pieke 외 (2004), 103; Poston 외 (1994), 636-641.
67) Institute of International Education (2006).

돌아가는 숫자는 증가하고 있지만 이민을 오는 숫자만큼 증가 속도가 빠르지 않다. 하지만 중국의 경제성장과 현대화라는 관점에서 보면, 누가 남고 누가 떠나는지가 중요한 문제일까? 비록 이 학생들 중 일부가 영원히 돌아오지 않는다고 하더라도, 그들은 모국과 사업, 학술, 그리고 전문적인 관계를 지속할 가능성이 크다. 발전하고 있는 중국의 경제에서 직업적 그리고 재정적 성공을 위한 기회들을 거부하기는 힘들다. 가상 계획들이 중화인민공화국 정부에서 착수되었는데, 그것은 해외의 중국인 과학자와 사업가들로 하여금 일시적으로라도 귀국하고 싶게 하려는 계획이었다. "두뇌 유출"의 개념—고도로 훈련받은 사람들이 돌아오지 않는 것은 중국에 손실이라는 생각—은 휴대전화, 이메일, 그리고 값싼 항공 여행 등의 시대에 뒤떨어진 것일지도 모른다.

새로운 이주민들은 옛 해외 중국인 공동체에 중요한 변화들을 가져온다. 뉴욕과 샌프란시스코와 같은 도시들에서, 전통적인 방식의 상인 우두머리들은 좀 더 다양한 집단의 지도자들에 의해 통합되었는데(그리고 때로는 대체됨), 이는 배척 이후 시대 중국인 공동체의 다양화를 반영한다. 타이완, 홍콩 그리고 (1980년 이후) 중화인민공화국에서 온 이민자들은 높은 교육을 받았고, 종종 유익한 기술이나 투자할 자본을 가진 학술, 전문직, 그리고 사업 분야의 출신자들이었다. 25세 이상으로 중국에서 온 새로운 이민자들은 평균적인 교육 수준이 미합중국의 전반적인 수준보다 높다.[68] 이러한 숙련된 이민자들의 유입은 전례가 있는데, 제2차 세계대전 이후 수십 년 동안 입국한 적은 숫자의 학생들과 정치적 망명자들이 있었다. 그럼에도 불구하고, 이 새로운 흐름은 왕궁우가 말한 서양으로 오는 중국 이주민들의 "수준 향상"을 가속화시켰다. 특히 놀라운 것은 이들 더 좋은 교

68) Chen (1992), chap.5, 6.

육을 받은 이민자들이 중국 문화에 대한 깊은 애정을 지닌 채 정착민 사회의 전문직, 과학직, 그리고 사업 세계에 참여하는 능력이다.[69]

민족 거주지의 경제

가난한, 비숙련 혹은 반숙련된 "새로운 이주민" 수천 명은 푸젠 북부(푸칭 방언 지역)처럼 이주민을 보내던 전통이 없던 교향 출신이었는데, 그들 대부분은 불법 입국자였고 서양에서 새롭고 취약한 노동력을 형성하였다. 사실, 새로운 이주의 두드러진 점 하나는 해외 중국인 사업가들이 중국인 노동자들을 고용하는 것이었다. 뉴욕에서 수많은 의류 공장들("착취 공장들")은 중국인 자본가에 의해 운영되고 매우 낮은 임금으로 동포 노동자를 고용한다. 그러한 기업들은 민족 자본과 민족 공조 노동이 공유된 문화가치들—분명 옛날 길드식 후원 규범—을, 고용주와 피고용인의 이익이 보완적이지 대립적이지 않다는 고객 관계들을 구현한다는 원칙으로 운영한다. 고용주는 (정부 당국으로부터 그들을 보호해 주는 것을 포함하여) 피고용인을 어느 정도 보살피면서 직업을 제공하고, 노동자들은 표준 이하의 임금을 받아들이는데, 그 임금은 적어도 귀국하면 벌게 될 것보다는 많다. 모든 중국인 작업장에서 그들은 영어를 쓸 필요가 없다. 그런 모습이 얼마나 진실일까? 이것이 진정 건강한 방식인가, 아니면 노골적인 착취를 은폐하기 위해 계산된 겉치레인가? 다음의 이야기는 산업의 근본으로서 민족성의 양면을 드러낸다.

---

69) Wang (1998).

한 뉴욕 착취 공장의 일주일은 "가난한 사람들의 음울한 공모"를 보여 준다[70)]

1995년, 뉴욕 타임스의 기자 제인 리이는 소유자와 노동자들이 모두 중국인 이민자들이었던 브루클린 의류 공장의 재봉틀 작업자로 고용되었다. 그녀의 보도는 노동 운동가들뿐만 아니라 다른 많은 미국인들에게도 충격적인 이민자의 모습을 묘사한다. 하지만 "음울한 공모" 의 이면에는 피할 수 없는 사실이 있었고, 그것은 그녀가 인터뷰한 모든 노동자가 직업을 갖게 된 것에 감사했다는 것이다.

리이는 시간당 65센트를 받는 삯일을 일주일에 84시간 동안 해야 했다.(당시 시간당 표준 임금은 4.25달러) 보푸라기 실이 가득한 공기는 그녀에게 마른기침을 하게 만들었고 목을 따갑게 하였다. 그곳의 모든 여성들, 대체로 중국어를 하는 노동자들에게 착취 공장이 위험하고 불편했음에도 불구하고, 리이가 내린 결론은 이랬다. 이것은 "나쁜" 고용주와 "희생당하는" 노동자들의 문제가 아니라, "훨씬 복잡한 문제가 작동하고 있는데, 고립된 이민자의 세계에서 필요가 낳은 비참한 공모였다."

* * * *

공장주 정 여사는 북건인으로 사실 자신의 대다수 노동자들과 같은 현(아마도 창러) 출신이다. 그녀는 "가혹한 방식" 이었지만 "사실 인정 많은 사람" 이다. 그녀는 표준 임금에서 훨씬 낮은 임금을 지불하지만, "그녀의 노동자들에게 차를 대접한다." 그녀는 그들에게 밤늦도록 일을 시키지만 집에 돌아갈 때는 차를 태워 준다. 그녀는 피고용인들이 그들의 아이들을 학교에서 데려오기 위해 휴식 시간을 갖는 것을 허락하고, 아이들을 공장에 데려와서 일하는 엄마 옆에 있는 것을 용인한다. "하지만

70) Lii (1995) 인용.

그녀는 아이들에게 야단법석을 떨고, 아이들의 말총머리를 빗질하고 그들을 세게 껴안기까지 한다."

"그리고 노동자들은 그녀를 존경하는 것처럼 보인다. 그들은 그녀를 뉘창런女强人(강인한 여성)으로 부르는데, 이는 애정과 경외심을 담은 표현이다. 이민자이자 본인 스스로도 공장 노동자였던 착취 공장 사장 정 여사는 이민자들에게 성공의 본보기이다."

* * * *

공장의 여성들은 자녀들이 학교가 끝나고 그들 옆에서 일할 수 있는 것에 감사한다. 열 살짜리 아이 하나는 엄마가 재봉을 하는 동안 북에서 삐져나온 실을 자르고 있었다. 그 엄마는 자신이 아이에게 어떤 해도 끼치지 않는다고 생각한다. "나는 내 아이들이 일을 했으면 좋겠어요. 그 아이들이 집에 가서 할 게 뭐가 있나요? 텔레비전을 보거나 군것질을 하는 것이겠죠? 그건 나빠요. 나는 아이들에게 근로 윤리를 제대로 가르치고 있어요."

"미스 천은 열아홉 살로 차이나타운에 있는 시워드 파크 고등학교의 3학년에 재학 중이다. 그녀는 방과 후 야간 시간과 주말에 일을 한다. 그녀는, 아동근로기준법에 위반됨에도 불구하고, 4년 동안 의류 노동자였다고 말하였다. 그녀는 힘든 노동이 미국의 십대 아이들이 이해할 수 없는 것을 가르쳐주었다고 말하였다. "그들은 전혀 일을 할 필요가 없고, 그들은 스스로 돈 버는 법을 알지 못해요." 그녀는 말을 이었다. "그들이 하는 일이라고는 그들의 부모가 얼마나 멍청한지에 대해 불평하는 것이죠. 그들은 나만큼 삶에 감사해 하지 않아요."

나중에 노동자들은 사적으로 인정하였다. "그들은 그들의 일을 좋아하지 않았다. 그러나 우울하세도 일을 가졌다는 것에 감사하였다. 그들은 삶을 즐기기 위해서가 아니라 돈을 벌기 위해 이 나라에 있다."

비슷한 상황은, 중국인 식당들을 포함하여, 한 민족만으로 이뤄진 다른 사업들에서도 많이 존재한다. 하지만 온갖 어려움에도 불구하고, "민족 거주지"의 경제는 미합중국의 도시들에서 새로운 이민자들을 위한 발판으로서 기능하였다. "민족 거주지"는 "부분적으로 자율적이고, …… 독특한 노동시장으로 구성된 경제구조"라고 정의된다.[71] 정 여사의 의류 공장은 핵심 요소들을 보여 준다. 고용주와 피고용인들은 (방언이나 고향까지도 같을 정도로) 민족 정체성을 공유한다. 거주지 기업들은 노동자들에게 낮은 임금으로 삯일을 하는 기초적인 직업을 제공하는데, 노동자들은 문화적 이유(특히 언어)와 공식 서류의 부족 때문에 경제의 주요 분야에서 일을 얻을 수 없었다. (상호적인 후견인-고객의 의무처럼) 민족의 문화적 관행은 적어도 최소한도로 경영자와 노동자에게 그런 사업들을 받아들이게 하였다. 그런 관계 안에서 형성된 착취는 분명하지만, 정 여사와 같은 사업은 주요 경제의 표준(임금과 노동시간의 규정, 쾌적한 작업환경)으로부터 벗어나 있을 때만 생존할 수 있다. 민족 거주지의 밖에서 그 노동자들은 해고되거나 부차적인 경제 분야의 최하층(예를 들어, 월마트의 바닥 청소)에 묶여 있었을 것이다.

새로운 이주 단체들과 이주의 통로들

연쇄 이주는 계속해서 전통적인 범주의 특정한 연줄에 의존한다.[72] 지

71) Zhou (1992), 4. 그러나 다음도 참조. Kwong (1993).

72) Zhou and Kim (2006), 241; Moore (2006), 271.

역적 수준에서 뉴욕의 새로운 이주는 소규모 친목 집단을 많이 만들어 왔다. 창러 이민자들만 보면, 좡궈투는 2003년 뉴욕에 34개의 새로운 자발적 단체들을 제시하는데, 그 대부분은 동향 의식(21개는 촌, 8개는 진이나 시진, 그리고 2개는 시)을 바탕으로 하고, 1개는 혈연, 2개는 창러 고등학교 출신들의 모임이었다. 공동으로 의식을 치르는 종교 신도 모임의 다양한 단체들이 많은데, 수입된 개신교 교회와 전통적인 민간 종교의 사원들이 있었다. 빈곤한 푸칭인들이 받아들인 종파들은 복음주의적인 개신교든 전통적인 대중 종교(불교, 도교 혹은 미륵 신앙)이든 신참자들에게 정신적 사회적 위안이었고, 특히 불법 이민자들은 비좁은 집, 보잘것없는 급료, 그리고 가족과의 이별 등을 견뎌야 하기에 더욱 그렇다. 종합해 보면, 이러한 특정 친목 집단들은 새로운 이주의 가장 밑바닥을 구성하고, 주거, 고용, 그리고 대출 등 신참자들에게 직접적인 공동체의 지원을 제공하여 (불법 여행중개인들 같은) 채권자들에게 빚을 갚을 수 있게 도와준다.[73]

더 큰 규모의 조직에서는 새롭고 다양한 지도부가 등장하였다. 뉴욕의 중국인 공동체들은 더 이상 중국연합자선협회를 대표하던, 전통적인 "체류자들의 우두머리"[僑領]라는 상인 엘리트에 의해 통제될 수 없었다. 비록 일부 구식 상인 지도자들이 여전히 전면에 나서고 있을지라도, 그들은 이제 더 다양해진 방언과 출신지로 구성된 구성원들 속에서 곤란을 느끼고, 더 많은 다른 집단들과 권력을 공유한다. 시청에 서비스와 공공 기금을 신청하기 위해서는 새로운 지도자들이 필요하게 되었고, 그들 중 대부분은 중국계 미국인 전문직 종사자들로 이민자 공동체와 더 큰 사회 사이에서 중개인 역할을 한다. 사회복지 비정부 조직인 중미계획협의회(CPC)는 1965년 남부 맨해튼에 새로운 이민자들의 유입에 대처하기 위해 설립되었

73) Zhuang (2006); Guest (2003).

다.(현재 이 단체는 중국인 공동체들의 위성 조직을 돕기 위해 퀸스와 브루클린에 지부를 갖고 있다.) 협회의 활동에는 직업훈련과 배치, 영어 교육, 노인복지, 그리고 주택 개발 등이 포함된다.

중국인 공동체의 위성 조직은 자발적이지 않은 분리가 아니라 민족의 부동산 연계망(중국어를 쓰는 고객을 위하여 중국어를 사용하는 중개인들)과 민족 사업의 집결을 통해 등장하였다. 그 과정은 대체로 언어 분리를 통해 진행되었는데, 중국인 이민자들에게 언어는 강력한 구심력이라는 것이 입증되었다. 1965년 이민 개혁법 이후, 1970년대를 거치면서 퀸스 자치구의 플러싱은 중국 사회에서 경제적으로 발전한 외곽 지역으로부터 이민자들을 끌어들였는데, 처음에는 타이완과 홍콩, 그리고 1980년 이후에는 상하이와 대륙의 다른 해안 도시들이었다. 이러한 유입은 미숙련자부터 높은 교육을 받은 사람들까지, 가난한 사람들부터 부유한 사람들까지 다양한 사회계층을 끌어들였고, 플러싱 공동체에 노동과 자본을 가지고 왔다. 자본을 가진 홍콩 이민자들은 의류 공장을 시작하였고, (영어가 필요 없는) 저임금 일자리에 광둥 노동자들을 초빙하였다. 이러한 공장에 고용된 여성들 중 일부는 고향에서 전문 직종에 종사했었지만, 언어의 장벽 때문에 뉴욕에서는 그에 견줄 만한 직업을 찾을 수 없었는데, 이것은 옛날 이민자들의 이야기였다.[74]

플러싱 공동체는 자발적 단체들이 완전히 구식의 친목 집단들과는 다르다는 것을 보여 준다. CPC의 지부 사무실에서 이민자들은 언어와 직업 훈련을 받았는데, 그곳 이외에도 자원봉사자 중개인 협의회가 있어서 새로운 이민자들이 수준 높은 영어 업무(법정 진술)와 관료적인 규칙(서류 작성)에 적응하는 것을 도와주었고, 주말 중국인 학교와 수많은 중국 개신교

74) Chen (1992), chap.4; Zhou (1992), 203-208.

신자 모임들이 있었다. 이 자발적 단체들은 위계질서나 이사회가 없고, 과거의 친목 집단들과 달리 도시의 일상생활에 필요한 것을 위주로 조직된다. 기존의 친목집단들은 도시화한 중국인들의 전통적인 네 가지 연결 고리(동향인, 친족, 공동 의례 그리고 조직)를 기반으로 하였다. 그런데 자발적 단체들은 그 집단들을 오래전에 뛰어넘었고, 대신에 비전문적, 비배타적인 집단들 속에서 지지를 얻고 사교 활동을 하려 하였다. 도시화와 중국어 교육의 표준어 확대는 이런 세계시민주의에 공헌하였다. 새로운 이민자 공동체의 또 다른 모습은 중개업이 더욱 문화 상호주의적으로 변화하고 있고, 주류로부터 이민자를 보호하기보다는 주류와 연결 고리를 형성한다는 것이다. 언어 수업은 단지 시작에 불과하다. 뉴욕 퀸스의 중국계 미국인 유권자 협회는 이민자들에게 다수자 공동체를 향한 인종차별 폐지를 확실히 하는 자세로서 선거제도에 참여할 것을 독려한다.[75] 세계 곳곳의 많은 나라들에서 유사한 지역협회들이 유권자 교육, 그리고 점점 더 중국인 공직 후보자들에 대한 지지를 홍보한다. 이는 새로운 이주의 특징, 즉 문화적 다양성과 시민 통합을 존중하는 지역적 행동으로 보인다.[76]

다른 한편으로, 남부 맨해튼의 오래된 차이나타운은 최근 이민자들에게는 어느 정도 고용의 중심지로서 살아남았다. 비록 노동자들이 위성 공동체로 많이 빠져나갔을지라도, 그들은 일자리를 찾기 위해 차이나타운이 있어야 한다. 그러나 그 일자리들이 반드시 차이나타운이나 근처에 있는 것은 아니다. 뉴욕 주의 북부에 있는 한 중국 음식점을 방문해 보면, 모든 남성 직원들은 전혀 혈연관계가 없고 주인의 이름조차도 알지 못한다. 그들은 뉴욕 차이나타운에서 밴을 타고, 외곽 자치구의 거처에서 지하철을

75) Chen (1992), chap.8.

76) Li (1995), 376-386.

타고 이동하며, 매주 일하는 동안 숙소에서 거주한다. 비슷한 방식들은 뉴욕과 뉴잉글랜드의 다른 농촌과 도시들에서도 볼 수 있다.[77)]

새로운 이주는 자발적 협회들의 모델도 국민국가의 규모 그리고 초국가적 관계망을 넘어서는 것으로 확대시켰다. 중국으로부터 가져온 공동체 조직의 모델들은 지속하고 있지만 근대적 환경들의 새로운 상황에 맞게 조정되고 유형화되고 있다. 근대국가의 규모와 요건들에 맞추는 것은 민족 공동체의 지도자들에게 서로 다른 지역과 방언 집단 출신들이 정부 기관들에 집단적으로 로비하기 위하여 결속할 것을 요구한다. 역사적으로, 우리는 범중국적 규모의 통합된 "우산" 조직이 중국인 이민자들에게 적대적이고 문화적으로 외면하는 다수 주민들 사이에 있었던 것을 보아 왔다. 어떤 관점에서, 이것들은 식민지 제국들의 "관리자 시스템"을 생각나게 하는데, 그 시스템에서 통치자들은 불가해한 외국인 공동체로 파고들어 이해하려고 하기보다는 이민자 엘리트들에게 공공질서를 맡겼다. 비중국인 정치 엘리트들은 서로 다른 (방언이나 지역 차이는 다수자들의 눈에 중요하지 않았음) "중국인들"의 다양성을 파악하는 데 어려움을 겪었고, 그래서 그들은 이민자들 모두를 공평하게 대우—차별—하는 것이 더 편리하다고 여겼다. 이에 대해, 소수자 중국인들은 터전 사회의 효과적인 중개인으로서 더 크고 포괄적인 협회를 필요로 하였다. 현재 유럽의 터전들에서, 협회 지도부는 국가 당국자들(터전 사회의 정부와 중국 대사관)에 의해 인정, 어떤 경우에는, 지원받아 오고 있다. 양쪽 국가로부터의 후원은 범중국인 구성을 생각하게 만들었다.[78)] 냉전 시기, 국가적 규모의 우산 집단들은 종종 중국인 이주민 공동체들을 타이완과 중화인민공화국의 지지자들이라

---

77) 저자의 인터뷰. 다음도 참조. Zhou (1992), 203-208.

78) Li (1999b), 87-89.

는 두 경쟁하는 진영으로 분열시켰고, 통합된 이민자들의 의견을 낼 수 없었다.[79)]

재정적 도움과 사적인 기금 모금은 소수자 민족 집단들이 전국 단위의 협회들을 만드는 데 상리책이 되어 왔다. 캐나다, 오스트레일리아 그리고 미합중국 등에서 최근 모두 다문화주의, 소수자 문화에 대한 전향과 공식적인 인정은 정부와 재단들에 의해 장려됐고, 둘은 (뉴욕중미계획협의회와 같은) 범중국인 협회들의 중국어 "토요 학교들"을 포함한 문화와 서비스 활동을 위한 재정적 지원을 확대해 오고 있다. 시, 주 그리고 국가 수준에서, 성착민 사회와 유럽의 중국을 비롯한 다른 민족 협회들은 유권자들에게 사회적 서비스를 제공하기 위한 보조금을 받아 왔다.[80)] 유럽에서 (전 네덜란드 중국인 사신 연맹과 같은) 전국적 차원의 중국인 우산 협회들은 국가와 세계적 스포츠 대회를 지원하기 위한 기금을 모금해 왔다. 이 모든 활동들은 중국인들에게 특정 친목집단 모델을 넘어선 단체들의 구성을 요구해 왔다.

그럼에도 불구하고, 조직의 규모들은 기능과 계급적 차이들이 남아 있다. 빈곤한 농촌의 새로운 이민자들은 계속해서 상호 지원을 위하여 소규모의 배타적인 집단들을 형성하였고 동향인, 혈연 그리고 공동 의례 등을 바탕으로 하였다. 반면, 도시 출신 이민자들은 이미 대도시에 익숙해서 다른 지역과 방언 집단으로부터 온 중국인들과 공통된 생각을 가지려는 경향이 있나. 도시민들은 또한 국제적 쟁점들을 이해하고, 전문가 협회를 통해 표현된 범중국적 민족성을 편하게 느낄 준비가 더 잘되어 있다.[81)]

---

79) Li (1995), 252-253.

80) Li (1995), 312-315.

81) Zhou and Kim (2006), 241; Moore (2006), 271.

중국의 이민정책의 방향 전환

신이주의 배경에는 해외여행에 대한 중국 정부 정책의 급반전이 있었는데, 그것은 두려움에서 신중함으로 다시 장려로, 그리고 해외여행을 정치적 쟁점으로 다루는 것에서 일반적이고 합법적인 인간 행동으로 분류하는 쪽으로 바뀌어 온 것이다. 물론 해외여행에는 이민을 목적으로 한 여행을 포함할 것이다. 중국이 "현대화"와 경제성장을 추진하는 데, 그것은 확실히 가장 중요한 사건들이었다. 1985년 이후 단계적으로 중국을 떠나기 위한 서류들을 얻는 것이 단순화되고 자유로워져 왔다. 이제는 누구나 해외여행을 위해 여권을 받는 것이 가능하다. 여행도 용인되고, 해외 유학은 장려되며, 심지어 보조금까지 제공된다.(둘은 장기 이민을 위한 경로가 될 수 있다.) 2005년, 세계무역기구의 규칙들에 맞춰서, 시진의 주민들은 단지 신분증명서와 주민등록증을 제시하면 여권을 받을 수 있었다. 학생들은 해외에서 공부하고 원하면 언제나 고국을 방문하는 것을 장려받았고, 물론 중국으로 되돌아와 일할 것을 권유받았다. 비록 많은 학생들이 아직도 해외 유학을 이민 경로로 이용하지만, 귀국이 늘어나고 있다. 사람들의 움직임에 대한 새로운 태도는 개방정책의 이면에 폭넓고 실용적인 사고가 있음을 보여 준다. 경제 발전과 국가 안보는 해외 중국인의 자유로운 움직임에 의해 위험해지는 것이 아니라 진전된다. "가물치들"과 그 고객들을 체포하고 벌주려는 노력은 이민법이 중국 국내법과 배치되는 국가들에 대한 중국의 당황스러움과 더 큰 관련이 있다. 새로운 이주의 신선함에서 그 어떤 것도 외국 여행과 이민에 대한 베이징의 태도 반전만큼 분명한 것은 없다.[82)]

---

82) Xiang (2003).

중화민국 시기로부터 전해 온 "해외 중국인 사무관리"(僑務)의 전통에서, 중화인민공화국과 타이완은 모두 해외 중국인과의 관계들을 특별하게 감독하기 위하여 국가와 지방 기구의 연계망을 유지한다. 중화인민공화국에서 전국적인 "대중조직"은 일반적으로 "교련僑聯"("해외 중국인, 귀국한 해외 중국인 그리고 해외 중국인의 딸린 식구들의 전국 협회")이라고 알려져 있는데, 이 조직은 모든 사법 관할구역마다 지부를 갖고 있다. 엄밀한 의미의 정부 기구는 전국인민대표대회 산하의 해외중국인위원회와, 국무원 직속의 내각급 정책위원회이다. 그러므로 "해외 중국인 사무들"과 관련된 기관들은 이제 정부와 사회의 모든 단계에 존재한다. 타이완에서 비슷한 기관들은 해외동포사무위원회(OCAC) 산하에 합쳐졌고, 한 명의 장관과 세 명의 차관이 이끈다. 두 체제 모두 해외 중국인과의 관계 그리고 고국에 있는 그들의 가족에 대한 보호를 국가적인 중대사라고 여긴다. 빠르게 발전하고 있는 중화인민공화국의 목표는 부와 재능을 함양하고 그들의 자원과 기술을 통해 "4개 현대화"를 촉진하는 것이다.

관계 구축의 한 형태로서 사업이든 과학 회의 참석이든, 혹은 교향의 방문이든 중국을 방문하는 것이 장려된다. 정부 기관들은 투자와 기술이전을 통해 그런 여행이 노력과 비용의 몇 배를 보상해 줄 것으로 예측한다. 이 계획의 규모는 인상적인데, 1995년 해외에서 푸젠으로 온 방문단은 약 7만 명이었다.[83] 2년마다 열리는 "세계 중국인 기업가들" 회의는 중국과 해외 양쪽에서 열린다. 싱가포르를 시작으로, 회의 장소는 1991년과 2007년 사이에 홍콩, 방콕, 밴쿠버, 멜버른, 난징, 말레이시아, 서울 그리고 고베 등이었다. 중국 관리들의 연설은 정치적으로 "반둥의 정신"을 정확히 따라왔고, 외국 국석을 가진 중국인들에게 시민과 경제의 의무는 우선적

83) Nyíri (2002), 212.

으로 그들이 선택한 국가의 소유라고 주장한다. 2001년 난징 회의에서 정부 전문가는 외교적으로 이렇게 예측하였다. 중국 민족 사업가들은 "그들이 거주하는 국가, 중국, 그리고 세계의 발전을 위해 전체적으로 참신하고 더 위대한 공헌을" 할 것이다.[84] 그럼에도 불구하고, 이 모든 것이 정치적으로 무엇을 예고하는 것인지에 대해 상당한 혼란이 남는다.

"더 위대한 중국" 그리고 "대나무 네트워크"의 역사에 대한 예측할 수 있는 경고들은 해외 중국인의 협력 사업이 야누스의 얼굴을 갖고 있다고 주장하는데, 얼굴 한쪽이 중국의 국가이익을 보여 주고, 다른 한쪽이 해외 중국인의 요구와 야심을 보여 준다는 것이다. 두 쪽이 전혀 상반되는 것이 아니라는 점을 주목해야 한다. 왜냐하면 각각은 다른 쪽을 이용할 수 있기 때문이다. 전자는 중화인민공화국 관영 매체에 의해 선전되는 새로운 이주의 "담론"을 대표한다. 그것은 한 서양인 학자에 의해 이렇게 묘사되었다. 그것은 "중국인다움"을 보편적인 유산으로 칭송하는 "승리 지상, 통합 지향, 그리고 동원의 신화"로서 모든 국적의 시민권을 가진 중국인들을 통합하여 전통적인 "중국적" 미덕들을 영구화하는 것이다.[85] 이는 선전 활동의 취지를 정치적인 것이 아니라 문화적인 것으로 조심스럽게 바꾸었다. 실제로, 그것은 표면상 정치적으로 중립적이다.(그리고 출생지주의라는 반등의 원칙에 명백하게 배치되지 않는다.) 하지만 해외 중국인들이 중국 정부에 의해 조정되고 있다는 주장을 통해 불이 붙은, 반중국 의식이 존재하는 식민지 이후 동남아시아와 서양에서 다수자 주민들을 불안하게 할 여지도 있다. 한 가지 최악의 예측은, 만약 최근 중화인민공화국의 정책이 지속된다면 "우리는 중화인민공화국과 해외 중국인들 사이에서 더 광범

84) People's Daily, 9월 18일, 2001.

85) Nyíri (2002), 220.

위하고, 더 조직화되고, 더 통제받는 관계들을 보게 될 것이고, 해외 중국인 조직과 사업들이 중화인민공화국의 이익을 대변하게 될 것" 이라고 경고한다.[86)]

이런 우려는 많은 해외 중국인들을 어색한 상황에 놓이게 한다. 멜버른에서 열린 제5회 세계 중국인 기업가들 회의의 핵심 연설은 (본국에서나 해외에서나 "중국인의 국수주의"를 항상 경계하던) 싱가포르의 리콴유 수상이 했는데, 그는 교역이 정치와 분리되어야 한다고 강조하였다.

> 이주한 중국인들이 그들의 새로운 조국에 정치적으로 완전히 충실해야 한다는 것이 가장 중요하다. 동남아시아에서 제2차 세계대전 이래 역사적인 진행은 많은 우여곡절을 거쳤고, …… 점점 더 많은 중국인들이 오스트랄라시아, 북아메리카, 그리고 라틴아메리카의 지방과 중앙 정치에 참여하고 있다. 이러한 중국인 공동체들이 그들의 새로운 조국에 더 깊게 뿌리내림에 따라, 중국인 사업가들이 세계화된 경제에서 국가의 경계를 넘어 협력하더라도 덜 불편하게 될 것이다.[87)]

"담론 분석" 에 대한 한 가지 필요한 경고는, 규범적인 장황한 말이 반드시 의도된 목표들과 일치하는 않는다는 것이다. 해외 중국인들이 통합된 중국인다움을 칭송하는 공식적인 찬가에 얼마나 깊이 영향을 받을까? 비록 대부분이 중국에서 환영을 받는 것에 기뻐하고 우쭐해지고, 자신들이

---

86) Nyíri (1999), 272. 1980년대 이래 해외 중국인들에게 "다가가려는" 베이징의 캠페인은 Thunø (2001)에서 분석되었다. 하지만 그들의 중국 민족의 목표물에 대한 캠페인들의 개념은 거의 밝혀진 것이 없다.

87) 웹사이트 http://english.wcbn.com.sg/index.cfm?GPID=24는 세계 중국인 기업가들 회의와 세계 중국인 사업망과 관련하여 참조.

해외에 있다는 이유로 그들의 교향이 고통을 받지 않는다는 사실에 감사할지라도, 해외 중국인의 역사는 다름 아닌 "전통적인" 중국인의 기여와 민족 통합의 문제들이 그들의 마음에 더 가까이 있다는 것을 암시한다. 그들의 완벽하게 이성적인 관심사는 그들 자신과 가족들의 안전, 성공, 그리고 지위이다. 그 목표들은 반드시 무신경하거나 냉소적인 것이 아니라, 중국 가족제의 정신으로부터 도덕적인 힘을 끌어낸다.

중국 민족과 중화인민공화국 사이의 관계들에 대한 어떤 평가든, 1980년대 이래로 동남아시아의 "민족적인 중국인" 연합들이 점점 세계적인 성격을 갖게 되었다는 사실에 주목해야 한다. 자국민을 보호하는 경제정책이 시행 중인 인도네시아와 말레이시아에서, 중국 민족은 대형 사업을 진행할 때 저명한 현지 인물들을 포함해야 한다는 것을 알게 되었다. 수하르토 시대에 림소량林紹良 그룹은 정치인, 군인들과 관계를 맺었고, 프리부미-인도네시아인 주주들 그리고 경영직 인사들까지도 끌어들였다. 말레이시아의 로버트 쿡 그룹은 영향력 있는 말레이인들을 회사의 중역들로 쓰는 전략을 사용하였다. 집중된 권력은 쿡 가족의 손에 있었다는 점을 감안하더라도, 이러한 회사들의 다양한 이해관계들은 중국과의 관계에서 어떠한 중국 민족적인 접근도 차단한다.[88]

"탈영토화된 민족국가"인가?

만약 베이징의 "승리주의", 문화적 본질주의 노선이 해외 중국인들을 계속 장악한다면, 우리는 곧바로 중국을 "탈영토화된 민족국가"로 여기고 있을 것이다. 그것은 "몸은 다양한 국가들의 영역 안에서 흩어져 살고 있지만, 사회적, 정치적, 문화적 그리고 종종 경제적으로는 그들 조상의 민

88) Li (1995), 125; Heng (1992), 132-134.

족국가에 본국에 머무르는" 중국 민족을 포용하는 가상의 국가이다.[89] 만약 확실하다면, 이러한 사건들의 전환은 중국 이주를 연구하는 역사가들에게 밝혀졌을 것이다. 하나의 설명 틀로서 "탈영토화된 민족국가"의 약점은 경계에서 최대한 지렛대를 잡는, 이주민들의 뚜렷한 적응 장치를 놓치고 있다는 것이다. 이것은 네덜란드에서 현지 조사를 통해 묘사되고 있는데, 그 조사는 중국인 이민자들의 가장 핵심적인 적응 자산은 한 개일 때보다 더 많은 안전, 성공 그리고 지위를 얻을 수 있게 두 개 이상의 민족국가가 가진 상대적인 이점을 이용하는 것이다. "그들은 두 개의 세계가 필요하다. 한쪽에서의 성공적인 경험이 다른 한쪽에서 사다리를 오르는 데 이용될 수 있다."[90] 그들은 어떻게 그들의 성공을 위한 지렛대로서 경계에 있는 것을 이용하는가?

여기에서 우리는 야누스의 다른 쪽 얼굴을 마주한다. 이상적으로, 한 이민자(이 경우에는 중국인)는, 유리한 틈새와 시장의 탄탄한 경제, 편리한 교두보, 안정적이고 온건한 정책 혹은 그것들이 결합한 곳들 가운데, 합당한 이유로 하나의 터전을 선택한다. 심지어 그가 터전 사회에 대해 거의 혹은 전혀 알지 못하는 상태로 무작정 도착하더라도, 그는 마침내 새로운 터전에서 자신의 비교 우위를 발견하고 그것을 최대한 이용하기 시작한다. 그리고 정말로 성공적인 이민자는 특정 교향의 중국인이 되거나 특정 동포들을 갖는 것이 터전 사회에서 어떻게 그의 재산을 늘릴 수 있는지 발견할 것이다. 그는 또한 그를 받아들인 국가가 어떻게 그와 중국의 관계를 이용할 수 있는지도 발견할 것이다. 이러한 계산의 핵심은 **국권, 국경 그리고 국가적 차이 등이 이민자들에 중요하다**는 것이다. 만약 어떤 터전 사회가

89) Basch 외 (1994), 8.

90) Li (1999b), 18.

안정된 헌법 질서, 자의적인 학대의 배제, 좋은 학교들, 그리고 자유로운 여행 규정 등을 제공한다면, 그의 가족이 오랫동안 정착할 수 있는 훌륭한 장소가 될 수도 있다. 그리고 만약 유리하게 투자할 수 있도록 경제를 빠르게 성장시키고 기회들을 제공한다면, 중국은 그의 자산 중 일부를 사용하고 아마도 더 나아가 사업을 하기 위해 왕래하는 훌륭한 장소가 될 수도 있다. 그는 두 개의 세계 가운데 최고를 가지려 할 것이다. 만약 그를 받아들인 나라에서 중국 민족 협회의 지도자가 되는 것이 고국 중국에서 그의 지위와 상품성을 높이고, 동시에 중국의 환대가 터전 사회에서 그의 이미지를 빛나게 한다면, 그는 경계에 있는 자신을 제대로 사용할 것이다. 따라서 한쪽 혹은 다른 쪽 국민국가에서 노력을 포기한 이민자는 경계에 있는 자신의 전략적 지위를 온전히 이용하고 있지 않다. 자산이 풍부한 이민자에게 (문화와 정치적) 국경은 쌍방향의 지렛대를 위한 버팀목이다. "두 세계"라는 개념은 고국과 받아들여진 나라 사이의 상승효과를 보여 주고, 이주민 자신에 의해 인지되고 조종된다.

한 해외 중국인 자선단체의 지도부는 전형적으로 그들의 공동체에 충분히 유용한 부와 지위를 가진 사업가들이나 전문가들로 구성되고 그들의 이익을 촉진하고 보호한다.[91] 그 공동체들의 지위는 그 구성원들뿐만 아니라 터전 국가의 정부에 의해 민족 집단의 합법적인 대변자로서 인정받음으로써 향상된다. 그러나 그것은 중국 쪽의 승인이 부족할 경우 충분히 신뢰하기 어려울 수도 있다. 저장 성 정부는 매년 세계 곳곳의 도시들에서 "저명한 저장 해외 이주민" 회합을 조직한다. 저장 성 정부의 입장에서, 이러한 회의들은 이민 저장인들의 고향 의식에 초점을 맞추고, 강력하고

91) "자선단체들"은 전통적인 친목 모임에 단체들의 단체들-전국과 국제 규모의 우산 모임뿐만 아니라, 무역 모임, 문화 모임, 청소년 모임, 스포츠 모임, 전문직 모임 등이 추가된다.

성공적인 다국적 집단으로서 그들의 정체성을 칭송하고, 그들의 고향 지역에 대한 기부 혹은 투자를 촉진하려는 것이다. 한 해외 중국인 협회의 지도자에게 그런 회의에 초대되는 일은 높은 영예의 상징이다. 참석하게 되면 그에게 정체성의 **양쪽 측면**에서 영예로운 일이다. 그가 받아들여진 나라에서 그의 지위는 저장 회합에 포함됨으로써 강화되고, 한 중국인이라는 맥락에서 그의 지위는 (이민 전에 그의 지위가 어떠했든) 그가 받아들여진 나라에서 그의 신뢰할 수 있는 위치 때문에 교향의 동향인들에게 존경받는다.[92)]

상업적 이점(리밍환이 "단체 신용"이라고 부른 것)이 해외 민족 단체들의 이사직을 다투는 데 역할을 했다는 것은 분명하다.[93)] 역사적으로, 사업가는 국가의 후원이 위험하면서도 이익이 될 수 있다는 것을 알았다. 왕조시대의 사업가들은 국가로부터 공공질서(자선, 교육 후원, 그리고 재난 구조)를 위해 필수적인 특정 과업을 수행할 것이라는 기대를 받았다. 그에 대한 보답으로, 그들은 지식인층보다 크게 낮지 않은 사회적 지위를 향유할 수도 있었고, 지배계급의 영예를 상징하는 명예직을 받을 수도 있었다.[94)] 정치적으로, 해외 중국인 사업가는 종종 두 주인을 기쁘게 해야만 하였다. 외국 정부들은 그들에게 거주와 사업을 허가하였고, 고국의 중국 정부는 고향 사람들의 운명과 은퇴 후 자산들을 좌우하였다. 만약 그들이 고국과 정식 사업을 했다면, 그들은 공식적 승인(혹은 적어도 친절한 묵인)을 얻거나 사야만 하였다. 그들의 자리는 그가 관련된 국가들로부터 모두 의심을 받는 위험이 있을 수도 있었다. 중국 정부는 (제2장에서 소개했던 운이 안 좋은 천이의 경우처럼) 외국의 정권 아래에서 너무 많은 지위를 향유한 이민자의

---

92) Li (1999b), 206-207.

93) Li (1999b), 213.

94) 장광린의 사례에서 서술하였던 것과 같다.(제4장)

귀환 동기에 대해 의심할 수도 있었다. 그들의 입장에서 외국 정부들은 (우리가 제6장에서 살펴보았듯이 1920년대와 1930년대 국민당의 말레이 반도 정보원들처럼) 중국 정부 혹은 냉전 시기 NATO 국가들 내의 중화인민공화국에 편향적인 중국인 조직들과 이민자들 사이의 정치적 연계를 불편해 하였다.

정부 기관을 상대할 때, 이주민들은 위험성과 이득 사이에서 균형을 잡아야만 하였다. 불간섭은 하나의 가능성 있는 행동 방침이었다. 하지만 정부의 후원—양쪽으로부터의—은 일정한 규모를 가진 중국인 이주민 조직의 책임자들에게 거부할 수 없는 사회 경제적 이득을 제공한다. 국가의 승인—중국 쪽이든 터전 쪽이든—은 지위의 매혹만은 아니다. 그것은 사업 경쟁자에 비해 경쟁력의 이점을 제공한다. 네덜란드와 원저우의 인터뷰는 해외의 범중국인 단체에서 책임자가 되는 것은 고향의 일반 중국인들에게 국가 관리와 같은 것으로 받아들여진다는 것을 보여 준다. 중국의 시민사회는 정부에 의해 너무 깊숙이 침투당해서 해외 자선단체의 책임자에게 "간부"의 지위를 부여하는 것이 원저우 주민에게 하는 것만큼이나 아주 당연한 것이다.[95] 이민자들과 그들의 교향은 그러한 문화적 오해로부터 혜택을 기다린다. 성공한 이민자의 현재 가족들에 대한 우대 이외에도, 해외 중국인 엘리트에 대한 중화인민공화국의 지지는 귀국한 친척들에게 1950년대 말과 1960년대의 반이민자 전선으로 다시 복귀할 가능성이 없다는 보증이 될 수 있었다. 만약 힘든 시기에 당했던 비난과 불안이 이민자들과 그 고향 사람들의 마음속에 있지 않다면 놀라운 일일 것이다.

네덜란드의 중국인 사업가들도 현지 정부에 의해 승인받은 단체들의 회원으로서 이익을 얻는다. 1990년대 암스테르담에서 철저히 상업적인 벤

95) Li (1999b), 210.

처 사업인 아시아무역센터를 세우려는 고비용의 계획이 제안되었다. 그 계획의 책임자는 네덜란드에서 가장 큰 중국 식당을 운영하던 부유한 사업가였다. 그 사람은 우연히 (네덜란드에서 정부가 인가한 중국인 단체들의 단체인 LFCON을 포함한) 몇 개의 큰 중국인 자선단체들의 회장, 즉 책임자가 되었다. 그 무역 센터는 책임자의 "단체 신용" 덕택에 "공동체 계획"으로서 진행되었다. 그는 성공적으로 공공의 상징물에 사적인 벤처기업의 옷을 입혔다.[96)]

또 다른 관점에서, 현재 런던에 거주하는 영국 시민권자인 부유한 복청인 사업가는 경계인으로서 심리적 갈등에 빠진다. 그 남자는, 그가 어떤 것도 얻고 싶은 것이 없는 중국을 제외한, 세계의 거의 모든 곳에 사업적 흥미를 갖고 있다. 사실 그는 관료주의와 관계망에 빠져 있는 "중국식" 사업 방식을 싫어한다. "중국에서, 만약 당신이 많은 돈을 벌게 되면 사람들은 시기하게 되고, 만약 당신이 그렇지 않게 되면 사람들은 당신을 무시한다. 당신은 전화로 일을 할 수 없고, 많은 이동, 시간, 그리고 연줄 등이 필요하다. 그건 아주 어렵고, …… 그곳에서 당신은 뒷문이 필요하지만, 우리는 이곳[영국]에서 뒷문을 이용하는 데 익숙하지 않다." 하지만 중국인 동포에 대한 일종의 의무감은 정서적으로 그를 계속해서 푸칭의 땅에 묶여 있게 한다. 한 중국인 외교관이 그에게 그의 연줄을 이용해 불법 이민을 돕지 말라고 경고하자, 그는 이렇게 항의하였다. "그들의 부모는 나의 부모를 알고, 나는 그들을 외면할 수가 없어요. 내가 중국으로 돌아갔을 때를 생각해 보세요. 내가 어떻게 그들을 마주 볼 수 있겠어요?"[97)] 그렇게 독립적이고 문화적으로 세련된 사업가는 어떤 중국 정부의 정치적 도구도

96) Li (1999b), 213.

97) Pieke 외 (2004), 159-160.

되려 하지는 않았던 것 같다. 하지만 **개인적 수준**의 의무감은 그로 하여금 그와 고향의 끈을 끊지 못하게 한다. 역사적으로, 이것은 해외 중국인의 사회적 관습을 통해 내려온 금과옥조이다. 가족과 교향을 돌보는 것은 어떤 특정 통치 체제와의 정치적인 결탁을 반드시 포함하지는 않는다.

이러한 사례들은 중국의 해외 중국인들에 대한 대처의 모호함을 보여 준다. 수익성 좋은 경제적 정치적 연결 고리를 만들려는 중화인민공화국의 노력은 바로 해외 중국인들에 의해 그들이 받아들여진 나라에서 그들의 목적을 위하여 이용되는 것 같다. 네덜란드의 사례는 중국 정부의 활동이 어떻게 받아들여지는가를 보여 준다. "중국인 이민자들이 중국의 힘과 번영으로부터 얻으려는 것은, 어느 정도까지, 우선" 그들이 살고 싶어 하는 "네덜란드에서 그들의 사회적 지위를 향상시키는 것이다." 그들은 "단순히 네덜란드나 중국 당국 양쪽에 의해 도구로서 이용당하는 것이 아니라, 두 세계에 다리를 걸친 그들의 사회적 지위로부터 이익을 얻으려는 노력을 통해 깨달은 자신들의 목표를 갖고" 싶어 한다.[98] 경계인은, 그 어색함에도 불구하고, 야심 있는 이주민들에게 무한한 기회들을 제공한다.

새로운 이주의 통로들

새로운 이주 통로들은 폭넓고 다양한 형태와 규모를 보여 주는데, 어떤 것은 낡고 어떤 것은 새로운 것이다. 전통적인 방식의 통로들은 초기 이주의 흐름에서 작동한다. 이주민들은 쌍방향으로 떠나고, 노동력은 빠져나가고, 송금과 투자는 들어오는데, 모든 것이 여행 · 은행 업무 · 통신 등의

98) Li (1999b), 217.

기술적 업적으로 엄청나게 빨라진 점은 다르다. 비록 신기술들의 모든 영향력이 아직 체계적으로 연구되지는 않았지만, 한 가지 주목할 만한 혁신은 국가 차원의 거대한 이주 단체들이다. 이러한 단체들은 수천 명의 이민자나 그들의 후손들을 모으고, 특정 교향이나 혈연 혹은 방언 집단, 또는 국가와의 연계를 분명히 보여 준다. 이러한 연계들이 정부 기구들에 의해 가능해지고 심지어 만들어질 정도이니, 그것들은 "국가가 만든 통로들"로 여겨질 수 있다. 우리는 이미 민족주의(국민당) 체제의 초기에 그런 국가 개입이 시작된 것을 논의하였는데, 당시 정부와 당의 지부들은 기금을 모금하거나 교육을 감독하기 위하여 세계 곳곳의 중국인 공동체들에 파견되었다.

전통적 방식의 통로들

연구자들은 (중국 쪽 끝의) 특정 현, 촌, 그리고 가족들과 (터전 쪽 끝의) 초기 이주 친척, 상인 교두보, 그리고 자선단체들 사이에서 작동하는 모집, 후원, 그리고 후견인이라는 익숙한 기제를 발견하였다. 원저우의 현지 조사는 수세기 동안 마을을 기반으로 한 동남아시아 이민의 특징이었던 가족 전략과 상호부조의 형태를 보여 준다. 소득의 불균형에 화를 내는 "질투 효과"가 공동체들에 퍼지는데, 상대적으로 가난한 가구들은 그들의 사회적 지위를 상대적으로 부유한 이웃들의 수준으로 올리기 위해 이민에 의존하고, 부유한 이웃들이 이민 송출 가구들이나 귀국한 이민자들이라면 더욱 그렇다.[99] 통로의 터전 쪽에 있던 어떤 가족에 의해 획득된 사회적 자본은 고향을 방문한 친척이나 공동체들이 뿌린 비용뿐만 아니라, 친구와 친척들의 이민을 돕는 과정에서 나온다. 죽은 부모(혹은 미래의 자신)를 위

99) Li (1999a), 185.

한 호화로운 장례식과 무덤들은 예외 없이 성공을 뽐내는 방식이다. 현란한 주택과 마을 주민들에 대한 관대한 몸짓은 원저우 지역에서 "금의환향한" 귀국 이민자들에게 기대되는 모습이다. 네덜란드에서 천한 식당 노동자로서 수십 년의 비참한 세월을 통해 모은 돈은 고향 마을에서 그 가족의 사회적 지위를 글자 그대로 하루아침에 높일 수 있다.[100)]

이상이 통로를 살아 있게 만든 전망과 행동들이다. 하지만 모든 통로들이 여러 세대 동안 분리되어서도 살아남은 것은 아니지만, 오랫동안 끊어졌던 것들 중 일부는 오늘날의 필요에 의해 부활하고 있다. 한 싱가포르인 민족학자는 푸젠 성 안시 현에서 "통로 유산"으로 불릴 수 있는 기이한 이야기를 연구해 왔다. "유산"은 때때로 싱가포르의 "차이나타운 전통문화 센터"와 같은 날조된 역사적 복제품과 관련이 있는데, 기본적으로 텔록-에이어 가를 따라 있는 옛 차이나타운 구역의 외진 곳에 세워졌고 많은 패스트푸드점들로 이뤄진 천박한 쇼핑몰이다. 그곳은 문화 탐방객들에게 식민지 시기 주택과 유물들의 모조품을 제공하는데, 버지니아의 "콜로니얼 윌리암스버그"나 매사추세츠의 "올드 스터브리지 빌리지" 같은 식이다.

그러나 때때로 인공적인 "복제품"은 더 진짜 같지 않아야만 참관자들에게 더 실용적인 것을 제공할 수 있다. 역사적으로 복건인의 중요한 교향이고 싱가포르에 많은 후손들이 있는 안시에서, 유산 통로는 (제1세대 이주민들을 포함한) 싱가포르인들로 하여금 "고향 방문"을 하고 종족 의례에 참가하도록 하기 위하여 만들어졌다. 싱가포르인들이 안시를 방문하는 핵심은 조상숭배이고, 그것은 전통적인 가족생활의 정신적 축이다. 비록 지방 당국들이 (촌과 현의 계획들을 위한 기금을 끌어들이는) 실용적인 이유에서 방문객들을 불렀더라도, 부활한 "안시 연줄"은 종족 사당이 마을의 사회적,

100) Li (1999a), 193.

의례적 일들에서 과거의 중심으로 돌아가는 효과를 냈다. 따라서 유산 통로로서 시작된 것이 기금을 모으는 문화적 요식행위 이상으로 바뀌었다. 중국 곳곳에서 많은 지방들이 유산 활동들을 통해 해외 중국인들과 관계를 맺고 있고, 일부에서는 (고향 투자 이외에도) 오랫동안 중단되었던 통로들을 실제로 복원할 수도 있다. 한 간부는 정부가 안시의 제사를 "미신이 아닌 문화 관습"으로서 후원하는 것을 주의 깊게 관찰하였다. 유산 통로가 어떤 식으로 합리화되더라도, 해외 중국인의 기부를 통해 기금을 현대화하려는 계획을 가진, 정부 간부들은 그들이 뒷문으로 전통적인 의례들(그리고 오랫동안 중지되었던 종족 구조들)을 용인하고 있다는 점을 발견할 수도 있다.[101]

세계적인 "친목 집단들"의 출현

1980년 이래, 새로운 형태의 중국인 단체가 엄청난 규모로 등장해 왔다. 세계 각처로부터 온 수천 명의 경영진들의 모임은 그 기반이 대부분 거대 친목 집단들로 묘사되는 것이 가장 적절하고, 특정 고향이나 방언 집단 출신 혹은 특정 성씨나 단순히 "세계 중국인 기업가들"—특이하지 않은 직업적 친목 모임—도 있다. 전통적인 친목 집단의 상징들을 이용하는 것은 별도로, 거대친목 집단은, 해외 중국인 공동체들의 블록을 만들고 있는 소규모의 특정 단체들과는 거의 유사점을 갖고 있지 않다. 대신에, 그들은 거대하고 정돈되고 교묘하게 정치화된다. 교향 자체에서나 싱가포르와 홍콩 같은 세계도시들에서 정기적으로 반복되기 때문에, 그 단체들은 상주 사무국을 설치하여 동남아시아의 경영 지도자들로부터 수준 높은 후원을 끌어들인다.

101) Kuah (1999), 153p; Cheng and Ngok (1999).

수천 명의 참가자들이 해마다, 1980년 이래 시작된 100개 이상의 그런 모임들에 참가하면서, 거대친목 집단들은 자선 활동뿐만 아니라 지방 제조업과 기간 사업의 투자에서 해외 중국인들을 끌어들이는 중요한 원천이 되어 왔다. 1992년 세계 안시인 회의에는 3,000명 이상이 참가했고, 고향을 위해 수지맞는 결과를 가져왔다. 자선 활동에 570만 달러, 공장 건설에 1070만 달러, 그리고 거기다가 소규모 계획들에 650만 달러가 들어왔던 것이다.[102] 비록 중화인민공화국은 이들 회합에 고위 관료들을 보내지만, 그들은 대개 타이완에 관한 필요한 발언과 함께 분위기에 맞춰 정중한 인사말 정도로 연설을 제한한다. 하지만 중국 정부는 이러한 일들을 주도하지 않고, "해외의 중국인 사회조직들에 의해 실질적으로 추진된다."[103]

이러한 조직들이 해외 중국인들의 삶에 어떻게 영향을 주는지에 대한 우리의 지식은 여전히 추가되고 있는 중이다. 한 중요한 연구에서 서술되었듯이, 그들은 다양한 측면에서 해외 중국인들과 중국 정부 양쪽의 이익에 봉사한다.[104] 이 회합들은 효과적인 사업망을 위하여 최신의 여행과 통신 기술을 최대한 활용한다. 세계 중국인 기업가들 회의는 인터넷 기반 통신의 상주 중심인 세계 중국인 사업망의 도움을 받고, 싱가포르에서 운영되며, 그 자체가 다음을 표방한다. "세계 곳곳의 중국 민족 기업과 운영진들을 연결하게 하는 포괄적인 온라인 사업 정보망이다. 2개 국어[중국어와 영어]의 온라인망 웹 사이트는 120개가 넘는 국가와 지역들에 있는 중국인 기업과 회사들에 대한 자료를 제공한다.[105] 더 넓은 중국인 세계에서 중요

102) Liu (1998), 602.

103) Liu (1998), 597.

104) Liu (1998).

105) 2007년 7월 이 사이트에 방문해 보니 "의류" 항목에는 4,583건의 판매선과, 149,532개의 구매선이 있었고, "철강" 항목에는 13,755개의 판매선과 2,237개의 구매선이 있었다.

한 인물로서 그들이 받아들여진 나라들에서 인정받는 것은 전 세계적인 거대친목 집단 모임들에 참여함으로써 얻는 또 다른 이점일 수 있다.

거대친목 현상에 대한 또 다른 시각은 현실적이기보다는 좀 더 감정적이다. 회의와 거대친목들의 세계는 이주민이 여러 해 동안 해외 생활을 하면서 약화되어 온 옛 교향이나 범중국인의 정체성을 회복하는 기회로 여겨질 수도 있다. 이러한 점에서, 이주민들은 영국, 프랑스, 혹은 체코 공화국 시민으로서의 평상시 정체성을 제쳐 두고, 잠시 동안 안전하게 다른 쪽을 경험할 수 있다. 이런 점에서, 이주민의 평상시 정체성은 영화가 시작되기 전 보관소에 맡겨졌다가, 상영이 끝나면 찾아서 입는 코트에 비유되어 왔다. 그러므로 회의는 "보관소 공동체", 즉 향수를 자극하는 방종, 그리고 대체로 소홀히 대해졌거나 억제된 자신의 한쪽을 즐기는 기회이다.[106]

참가자들의 동기는 설득력 있지만 단순하지 않다. 교향의 기반 시실 계획에 대한 자선적인 기부는 미래의 투자 계획들에 우선권을 얻은 유용한 수단들이다. 단체의 일반 구성원인 사업가들에게는 해외 동포들과의 동업 관계를 형성함으로써 투자위험을 분산하는 혜택이 있고, 특히 이민자 제2, 3세대의 경우 교향 자체와 제대로 된 연줄이 없기 때문에 더욱 그렇다. 최고위층 사업 지도자들에게, 참여 동기는 훨씬 복잡한 것 같다. (우리가 제7장에서 만났던) 중국계 인도네시아인 림소량은 일부 해외 중국인에게 교향의 정신을 찬양하는 것이 어색할 수밖에 없다는 것을 반영한다. 1995년 그는 푸칭 회합에서 아래와 같이 분명하게 말하였다. "결국, 우리는 모두 같은 국가에서 왔고, 같은 방언을 쓰고, 공통된 문화를 공유합니다. 같은 씨족 노래를 부름으로써, 우리는 주위 동포들과 거대한 통합체를 만들 수 있습니다. 서로 협력하여 경제적 성공을 위해 노력합시다."[107] 2년 후, 그

106) Moore (2006), 285-286.

는 화를 내며 항의할 수밖에 없다고 느꼈다. "나는 중국인이기보다는 인도네시아인이다."[108] 동남아시아에서 가장 부유한 사람들 중 한 명이고 중국민족 사업가들과 가장 좋은 관계를 가진 사람으로서, 림소량은 푸칭에서 공장을 세우는 데 추가적인 관계를 전혀 필요로 하지 않는다. 하지만 인도네시아계 중국인이라는 그의 위치를 고려해야 한다. 적대적이고 의심 많은 인도네시아의 환경에서, 그는 그의 혈통을 칭송할 수 없었고, 더욱이 다른 중국계 인도네시아인들은 그를 칭송하려 하지 않는다. 그는 주위 동포들에게 "경제적으로 성공하기 위하여 노력"하라고 권하거나 거리낌 없이 자기 조상들의 고국과 자신이 감정적으로 연결되어 있다고 자랑할 수 없다. 개인적인 부의 합법화에 관심을 갖는 것은 대개 혈족과 고향을 향한 관대함, 그리고 교향에 대한 공적인 자부심에 의해 나타나는데, 그는 그런 "공적" 관심을 편안하게 내보일 수 없다. 부유함이 그 자체로서 미덕이나 지위의 표시가 아닌 곳은 어디에서나, 부자들은 그들이 돈 이상의 어떤 것에 가치를 둔다는 것을 보여 주어야 한다. 왜냐하면 교만한 중국인다움이 인도네시아에서는 위험하지만 푸칭에서는 분명히 그렇지 않기 때문이다. 초국가적인 고향 행사는 완전히 노출된 중국계 인도네시아인 사업가에게 매력적이다. 그러나 림소량은 그의 정체성 안에 있는 인도네시아인의 측면을 강조함으로써 중국인다움을 드러내는 것과 균형을 맞춰야 한다.

그럼에도 불구하고, 중국인다움은 적어도 경제에 관한 한 더 이상 동남아시아에서 도발적이지 않다. 1996년 말레이시아에서 열린 제2회 복건인 국제회의는 다름 아닌 (우리가 제7장에서 만났던) 마하티르가 등장하여 참가자들이 "말레이시아의 사업과 투자 기회들을" 끌어올린 점에 대해 찬사

107) Liu (1998), 599. 1995년 싱가포르 푸칭 협회의 기념 출판물을 인용.

108) Liu (1998), 싱가포르 신문 聯合早報 (1997.05.16)를 인용.

를 보냄으로써 빛이 났다.[109] 이러한 모임은 중국인 단체와 관계를 통해 이익을 보려는 마하티르 배후의 사람을 유혹할 수 있고, 이 점이 그것을 감성적인 것 이상으로 만든다. 여기에 식민지 이후 국가들에서 소수자 중국인의 지위를 강화하는 지렛대로 이용되는 경계인이 있다.

중화인민공화국 당국에게 세계적인 거대친목 단체들은 어느 관할구역의 관리들에 의해서도 내밀어지는 최후의 "해외 중국인 카드"(僑牌)라고 여겨질 수 있다. 규모 면에서 그것들은 우산 집단들(세계 중국인 기업가들 회의, 친목 집단으로 분류되지 않음)로부터 (저장 성 해외 저명 이민자들 회의 같은) 성급 교향, 그리고 시와 현급 교향(예, 푸칭) 등을 포함하는데, 이 사실은 중국의 행정부급 인사에 의해 관리될 수 있는 손잡이를 제공한다. 물론 잠재적인 상황에서 현실화까지는 긴 시간이 필요하고, 국가가 어떻게 그 새로운 기구들을 이용하는지 지켜봐야 한다. 중국의 지역 정치를 위하여 거대친목 단체들은 발전 기금을 위해 경쟁하는 현이나 성 정부들 사이에서 으뜸 패가 될 수 있었고, 재정 운영과 지역 발전을 통한 관리의 경력을 제고할 수 있었으며, 아마도 중앙으로부터 어느 정도 지방의 자율성을 끌어올릴 수 있었다. 연해 성들에게 이들 부유한 투자 자원들은 해양의 이해관계를 위한 결정적인 전략 자산일 수도 있었고, 그 자원들이란 조상이 살던 지역의 성쇠에 특히 민감하게 반응하는 부유한 동포들의 관계망이다.

베이징과 타이베이도 세계 곳곳의 경쟁 조직들을 통해 이 카드를 사용한다. 유럽에서, 중화인민공화국과 타이완은 각각의 범중국인 조직들을 보살펴 왔다. 그 조직들로는 베이징이 후원하는 해외 중국인 유럽연맹, 유럽의 국가별 지부를 두고 타이베이가 운영하는 연계망인 OCAC가 있다. 이것들은 유럽계 중국인 공동체들과 접촉을 유지하는 수단으로 만들어진

109) Liu (1998), 597.

다. 비록 그러한 전 유럽에 걸친 조직들이 유럽의 특정 국가들에 있는 전국적인 규모의 중국인 단체들만큼 힘이 있지는 않을지라도, 그것들은 대륙과 타이완 양쪽에서 사업을 추진하는 자극제가 되고, 무역 기회들에 대한 정보를 얻기 위하여 유럽의 중국인 단체들에 의존한다.[110]

이 새로운 규모의 조직들이 가진 중요성에도 불구하고, 대부분의 중국인 이민자 겸 투자자들이 덜 높은 수준의 경로들을 통해 일한 것이라는 점을 기억하고 있을 만하다. 면밀하게 개인화된 수천의 관계들은 삼류 투자자나 기업가들에 의해 추구되고 있다. 오스트레일리아 대학들의 일부 중국 학생들은 수출입 회사를 세우기 위하여 해외에 머무르기로 하였다. "우리가 잃은 것이 무엇인가? 우리는 우리의 오랜 친구와 동창들을 통해 중국으로부터 신용을 얻을 수 있었고, 그들은 우리에게 믿을 만한 공급자와 소비자들을 제공할 수 있었다."[111] 광둥 성 판위 현에서 (대부분이 홍콩 출신이지만 일부는 북아메리카와 동남아시아 출신인) 개별적인 중국인들은 투자와 기부를 통해 명예 판위 시민으로서 대우받는다.[112] 이민자들은 중국에 있는 잠재적인 동업자들과 개인적인 연계망을 유지하면서 중국을 떠나 세계 시장으로 자신들의 길을 계속해서 개척한다.

변경 주거지, 과거와 현재

중국은 경제적으로 그리고 문화적으로 세계에 다시 들어왔고, 그 지도자들은 국제무역과 기술만이 나라를 가난에서 벗어나게 할 수 있다는 것을 인정한다. 국내외 양쪽에서 새로워진 거대한 규모의 이주는 논외로 하고, 이 새로운 상황이 어떻게 식민지 시기 중국인의 이민과 관련이 있을

110) Moore (2006).

111) Lever-Tracy, Ip, and Tracy (1996), 136.

112) Yow (2007).

까? 앞서 우리는 장기적인 해양 이해관계—상인, 엘리트, 그리고 관리들의 비공식적인 연합—를 살펴보았는데, 그것은 관례적인 태도와 해금에 맞서서 해외무역을 막아 내야 하는 중요한 순간마다 활기를 되찾았다. 해양 이해관계는 지속적인 정치적 움직임이라기보다 여러 세기에 걸쳐 국제무역이 국내 상업의 확대와 인구압에 따라 성장함에 따라 그때그때의 방식으로 나타나고 사라지는 것을 반복해 왔다. 이러한 사적, 공적, 그리고 정부의 영역들 사이의 연합들은 "자유주의적"이 아니라 실용적이었고, 정치적 영역을 조심스럽게 통과하면서 경제적 현실에 적응하였다. 심지어 해양 이해관계의 가장 열성적인 대변자의 글조차도 국가의 재부와 권력을 수사적 지렛대로 이용하였다. 마오 이후의 "개방" 전략은 해양 이해관계에 대한 신중한 반응을 포함하였는데, 그것은 만약 성공하려면 상업적 개방과 체제 안보를 조화시켜야 한다는 것이었다. 덩샤오핑의 1992년 남순강화는 이른바 경제특구라는 정책 문서들을 합법화하게 되었다. 경제특구는 선전의 새로운 공업도시 같은 것으로 외국인과 중국인들이 특별한 공제와 면세 아래 개인 사업을 할 수 있는 권한을 부여받은 곳이다.

중국을 세계로 이끌었던 지도자 덩샤오핑(1904~1997)은 전혀 자유주의적이지 않았다. 탈집체화, 자본주의 기업, 그리고 국제투자의 개방 등 그의 "개혁 시기" 정책들은 그의 전제적인 지도력에 대한 강력한 확신이 함께하였다. 서양인들에게 이것은 모순적으로 보이지만, 중국인들에게는 그렇지 않다. 중국적 맥락에서 덩샤오핑의 "개방"과 "개혁" 정책들은 그의 질서, 국가 안보, 그리고 정치적 중앙집권화 등에 대한 본능의 실용적인 균형추였다. 덩샤오핑주의의 양면은 중앙집권적 전제주의 세계 안에서 활발한 상업을 용인하던 왕조시대 정책이라는 선례를 갖고 있었다. 시장경제는 사회적으로 필요하다고 승인되었지만, 관료적인 국가의 안전에 대한 도전은 결코 용인되지 않았다. 해양 정책에서 어떤 통치 집단도 외국무역의 경제적 이득을 위해 기꺼이 내부 전복의 위험을 감수하려 하지 않았다. 그래서 덩샤오핑은 그의 경제특구 정책을 강화하기 위해 1992년 남순을 단행하였다. 그는 보수파(마오 이후의 맥락에서 "좌파들"로 국가가 통제하는 과거 경제를 고집하던 당 관리들)에게 당 독재가 안전하게 유지될 것이라고 확신시켜야 했고, 그는 경제 발전과 현대화에 이익이 된다는 점을 선전함으로써 개방의 승자들을 지지할 때조차 그랬다. 아래 인용 글은 1979년에 설치된 최초의 경제특구인 선전에서 1992년 1월에 했던 연설의 일부이다.

덩샤오핑의 경제특구 변론(1992) [113)]

"경제특구가 시작된[1979년] 이래, 상이한 견해들이 존재해 왔는데 '이것이 자본주의를 확립하고 있는가?'라는 우려였다. 선전의 성공은 그런 질문들에 곤혹스러워하던 사람들에게 명확하게 대답해 주었다. 선전의 별칭은 '사社(사회주의)'이지 '자資(자본주의)'가 아니다. 선전에서 향진鄕鎭 기업들을 포함하는 국유제는 주요한 틀이고, 외국 투자는 1/4뿐이다. 그리고 외국 투자를 통해 우리는 세수와 일자리의 이점을 얻을 수 있다. 좀 더 많은 삼자三資[세 가지 형식의 자본 투자: 합작 벤처기업, 완전히 중국인 계약의 벤처기업, 그리고 완전히 외국인 소유의 벤처기업]는 경계할 일이 아니다. 우리가 계속 주의를 하는 한, 우리는 두려워할 이유가 없다. 우리는 책임지고 있다. [중국 전체에는] 대형과 중형 국영 산업이 있고, 향진 산업이 있으며, 훨씬 더 중요한 것은 우리가 국가권력을 손에 쥐고 있다는 점이다.

일부 사람들은 조금 더 외국 투자를 허용하는 것은 조금 더 자본주를 허용하는 것을 의미한다고 믿는다. 만약 '삼자' 기업이 더 존재하면, 자

113) Zhonggong (1992), 3-4.

본주의적인 것들이 발전할 것이고, 자본주의가 확산할 것이라는 것이다. 이러한 사람들은 기본적인 지식도 없다. 우리의 현재 상황에서, 우리의 최근 규제들 아래에서, 외국 회사들은 '삼자' 기업들로부터 약간의 돈을 벌게 될 것이다. 하지만 우리 정부는 세입을 얻게 될 것이고, 우리 노동자들은 급여를 받게 될 것이며, 더 나아가 우리는 일부 기술과 경영 방식들을 배울 수 있을 것이다. 또한 우리는 정보를 얻을 수 있고, 새로운 시장을 열 수 있다. 따라서 '삼자' 기업들은, 우리의 전반적인 정치 경제적 통제 아래, 하나의 사회주의경제의 가치 있는 보완물이다. 기본적으로 그것들은 사회주의에 유리하다."

* * * *

사회주의의 길을 따르는 것은 우리가 차츰 공익의 원칙을 이행해야 한다는 것을 의미한다. '공익' 의 주안점은 이렇게 설명될 수 있다. 우리나라에서 필요한 조건을 갖춘 일부 지역들을 먼저 개발한다. 다른 지역들을 좀 더 천천히 개발한다. 먼저 개발된 지역들은 나중에 개발된 지역들을 지원할 것이다. 결국에 공익은 실현된다. 만약 부유한 지역들이 더 부유해지기만 하고, 가난한 지역들이 더 가난해지기만 한다면, 대립이 일어날 것이다. 하지만 사회주의 체계는 대립을 피해야 하고, 더욱이 [더 부유한 지역으로부터 더 가난한 지역으로 부와 기술의 점진적인 이전을 통해] 그것을 피할 수 있다."

이 솜씨 좋게 만들어진 변론은 과거 해양 이해관계가 교역 개방과 체제 안전을 조화시켰던 것을 상기시킨다. 외국과의 접촉이 국가와 그 지배자들에게 어떤 해도 가져올 수 없다는 보장이 주어진다. 일반인들의 생계를 위한 이윤이 제시된다. 지역 경제의 이익이 보호되면서, 보수파들은 안

심한다. 덩샤오핑의 접근에서 새로운 요소는 '공익' 정책(즉, 이익 일부를 낙후된 성들, 더 나아가 국가 전체에 쏟아붓는 것)이다. 국익은 1752년 황제의 정책 선언에 포함되었을 수도 있지만, 그것은 대리인들을 통해 항구들에서 관세를 징수했던 내무부의 재정적 이익에 국한되었다. 하지만 청 말이 되면, "양무파"洋務派의 미사여구는 "부국강병"을 이루기 위하여 외국무역과 기술이 이롭다는 것을 분명히 하였다. 이 공식은 "사회주의적" 요소만 빠졌을 뿐, 덩샤오핑의 주장과 크게 다르지 않다. 그들의 주장은 청 말 시대의 기성 엘리트들에게, 유교를 기반으로 하는 정치 체계가 강고하게 유지될 것이기 때문에, 외국 기술이 중국적 특징들을 갖게 될 것이라고 확신시켰다.

이러한 해양 지지 정책들에서 공통적인 요소를 놓치기는 쉽지 않다. 1) 대외 교류는 경제적으로 유용하다는 현실적인 관점. 2) 국가 독재는 안전할 것이라는 가정. "우리는 책임지고 있다."는 덩샤오핑의 보장과 똑같은 보장이 지난 수세기 동안 해양 이해관계의 관련 정책들에서 일별될 수 있다.

기능적으로, 오늘날 중국의 경제특구들은 외국 사업의 이익을 위해 제국주의에 의해 세워진 "조약 항구들"을 계승한 "변경 주거지들"로 여겨질 수 있다. "불평등조약들"은 20세기에 민족주의자들의 분노, 특히 중국의 높은 관세로부터 외국 수입품, 그리고 중국 법정으로부터 외국인을 보호했던 특권에 대한 반대를 야기하였다. 이러한 특권들은 중국 혁명 과정을 거치면서 마침내 폐기되었다. 그러나 경제특구의 관점에서 되돌아보면, 좀 더 익숙한 것들이 많다. 조약 항구들은 중국인과 외국인들이 보수파들이나 지대를 추구하는 정부 관료들로부터 거의 간섭 없이 사업할 수 있게 특별히 만들어진 주거지들이었다. 그것들은 외국인이 도입한 것이었지만, 중국 사업가들과 청 정부는 그것들로부터 많은 돈을 벌었다.

더 뒤로 가 보면, 조약 항구들보다 앞선 "변경 주거지들"은 어떤 것일까? 중국인과 유럽인들이 중국 체계 밖에서 사업할 수 있도록 허가된 특별 혼합 환경들에는 유럽 식민지 제국들과 토착 군주국들의 항구도시들이 있었다. 이렇게 생각해 보면, 분주한 외국 항들—마닐라, 바타비아, 말라카, 페낭, 싱가포르, 마카오, 나가사키, 방콕 그리고 홍콩—은 사실상 외국인들과 중국 상인들의 협력으로 관리되던 중국 밖의 경제특구였다.

이 모든 변경 주거지들이 갖고 있던 공통점은, 중국 상인들이 중국 정부의 규제에 구속받지 않는 조건 아래에서 외국인들과 거래할 수 있는 규칙이었다. 중국은, 중국인과 외국인들이 뒤섞여서 감시받지 않고 거래할 수 있는 시장 개방을 통해, 그들의 안보를 위태롭게 하고 사회적 평온을 어지럽히려 하지 않았다. 그럼에도 불구하고, 무역에 생계를 의존하던 중국의 해안 주민들은 밖으로 나가고 멀리 변경 거주지들에서 사업하기로 하였고, 그곳들에서 상당한 신변의 위험과 정부 금지령을 무릅썼다. 마침내, 외국인들은 중국 연안의 변경 거주지들을 "조약 항구들"로서 뿌리내리게 하였고, 더 최근에 중국 정부는 전략적인 거래, 행정, 그리고 제조 중심지들에 경제특구와 "개방 항구들"을 세웠다. 오늘날 중요한 차이점은 이들 가장 최근의 변경 주거지들은 중국 정부에 의해 창조되었고, 중국과 외국 사업체들을 위한 특권과 면세가 중국인을 우선시하도록 고안되었다는 것이다. 즉, 같은 역사적 기능을 갖고 있지만 새로운 관리 아래 놓여 있는 것이다.

해외 중국인들—체류자든 정착민들이는—은 이 모든 변경 거주지들에서 선구적인 역할을 하였고, 오늘날도 계속해서 그런 역할을 계속한다. 국무원 산하의 특구 판공실의 한 관리는 이렇게 썼다. "당 중앙은 특별한 지리적 조건들(홍콩, 마카오, 그리고 타이완 지역과의 접근성)과, 그 인적 이점들(**해외 중국인들의 주요한 고향 그리고 그들과 다른 나라들의 폭넓은 접촉**)을 이용하기 위하여 특구들을 세우기로 하였다."[114] 해외 중국인들은 이제 단순한 자본 투자자로서만 아니라, 정보의 전달자 그리고 나머지 세계와의 문화적 중개인—이러한 역할들은 이미 수세기 동안 그들이 비공식적으로 수행해 왔던 역할들—으로서 공식적으로 평가받고 있다.

114) Rosen (1996), 49.(강조는 필자)

참고 문헌

Abraham, Collin E. R. 1997. *Divide and rule: The roots of race relations in Malaysia.* Kuala Lumpur: INSAN.

Ah Ket. Toylaan. 2003. "William Ah Ket—Building bridge between Occident and Orient in Australia, 1900-1936." *Chinese Heritage of Australian Federation*, www.chaf.lib.latrobe.edu.au/stories/wahket.htm (accessed May 25, 2009).

Ah Ket, William. 1933. "Eastern thought, with more particular reference to Confucius." *The Second George Ernest Morrison Lecture in Ethnology.* Canberra Publications of the Australian Institute of Anatomy.

Akashi Yoji. 1970. *The Nanyang Chinese national salvation movement, 1937-1941.* Lawrence: Center for East Asian Studies, University of Kansas

Alexander, Peter, and Anita Chan. 2004. "Does China have an apartheid pass system?" *Journal of Ethnic and Migration Studies* 30, no. 4: 609-29.

Appleton, Sheldon. 1960. "overseas Chinese and economic nationalization in the Philippines." *Journal of Asian Studies* 19, no. 2: 151-61.

Australian Government, Department of Immigration and Citizenship. 2007. Fact sheet 8: Abolition of the "*White Australia*" policy, www.immi.gov.au/media/fact-sheet/08abolition.htm (accessed July, 2007).

Baden-Powell, George. 1888. "The Chinese in Australia." *The Times* (London), May 26, 10.

Baker, Hugh D, R. 1994. "Branches all over: The Hong Kong Chinese in the United Kingdom." In R*eluctant exiles? Migration from Hong Kong and the new overseas Chinese*, edited by Ronald Skeldon. Armonk, NY: M. E. Sharpe, 291-307.

Basch, Linda G., Nina Glick Schiller and Cristina Szanton Blanc, eds. 1994. *Nations unbound: Transnational projects, postcolonial predicaments, and deterritorialized nation-states.* Langhorne, PA: Gordon and Breach.

Basham, Richard. 2001. "Ethnicity and world view in Bangkok." In *Alternate identities: The Chinese of contemporary Thailand*, edited by Tong Chee

Kiong and Chan Kwok Bun, Singapore: Time Academic Press, 107-36.

Batto, Patricia. 2006. "The *diaolou* of Kaiping (1842-1937): Buildings for dangerous times." *China Perspectives*, no. 66, 2-17.

Beaumont, Joseph. 1871. *The new slavery: An account of the Indian and Chinese immigrants in British Guiana*. London.

Belsky, Richard. 2005. *Localities at the center: Native place, space, and power in late imperial Beijing*. Cambridge, MA: Harvard University Asia Center.

Benton, Gregor, and Frank N. Pieke, eds. 1998. *The Chinese in Europe*. New york: St. Martin's press.

Berwanger, Eugene H. 1967. *The frontier against slavery: Western anti-Negro prejudice and the slavery extension controversy*. Urbana: University of Illinois Press

Blussé, Leonard. 1986. *Strange company: Chinese settlers, Mestizo women, and the Dutch in VOC Batavia*. Dordrecht: Foris Publications.

______. 1999. "Chinese century: The eighteenth century in the China Sea region." *Archipel* 58, no. 3: 107-29.

Blussé, Leonard, and Wu Fengbin, eds. 2002-2005. *Gong an bu*. 5 vols. Xianmen: Xiamen daxue chubanshe 包樂史 吳鳳斌校注, 公案簿.

Blythe, Wilfred. 1969. *The impact of Chinese secret societies in Malaya: A historical study*. Kuala Lumpur: Oxford University Press.

Breman, Jan. 1989. *Taming the coolie beast: Plantation society and the colonial order in Southeast Asia*. Delhi: Oxford University Press.

Brown, Rajeswary Ampalavanar. 1994. *Capital and entrepreneurship in South-East Asia*. Houndmills: Macmillan.

Burdman, Pamela. 1993. "China cracks down in smuggling." *San Francisco Chronicle*, November 19. A1.

Bush, Jonathan A. 1993. "Take this job and shove it': The rise of free labor." *Michigan Law Review* 91, no. 6: 1382-413.

Cai Shaoqing, 2004. "From mutual aid to public interest: Chinese secret societies in Australia." In *After the rush: Regulation, participation, and Chinese communities in Australia 1860-1940*, edited by Sophie Couchman, John Fitzgerald, and Paul Macgregor. Kingsbury: Otherland Literary Journal, no. 9, 133-52.

California Legislature. 1878, *Chinese immigration: Its social, moral, and political effect / Report to the California state senate of its Special Committee on Chinese Immigration.* Sacramento: F. P. Thompson, supt. state printing.

Campbell, Persia Crawford. 1923. *Chinese coolie emigration to countries within the British Empire.* London: P. S. Kong & Son.

Cao Shuji. 1997. *Qing Min'guo shiqi.* Vol. 6 of *Zhingguo yimin shi,* edited by Gejiansong et al. Fuzhou: Fujian renmin chubanshe 曺樹基, 淸, 民國時期, 葛劍雄 等 編, 中國移民史.

Carstens, Sharon A, 1993, "Chinese culture and policy in nineteenth-century Malaya: The case of Yap Ah Loy." In *Secret societies reconsidered: Perspectives on the social history of early-modern South China and Southeast Asia,* edited by David Ownby and Mary Somers Heidhues. Armonk, NY: M. E. Sharpe, 120-52.

______. 2005. *Histories, cultures, identities: Studies in Malaysian Chinese worlds.* Singapore: Singapore University Press.

Cartier, Carolyn L. 2001 *Globalizing South China.* Oxford: Blackwell.

Chan Kam Wing. 1999. "Internal migration in China: A dualistic approach." In *Internal and international migration: China perspectives,* edited by Frank N. Pieke and Hein Mallee. Richmond: Curzon, 49-72.

Chan Kwok Bun, and Tong Chee Kiong. 1993. "Rethinking assimilation and ethnicity: The Chinese in Thailand." *International Migration Review* 27, no. 1: 140-68.

Chan Sucheng. 1986. *This bittersweet soil: The Chinese in California agriculture, 1860-1910.* Berkeley: University of California Press.

Chang Peng. 1957. "The distribution and relative strength of the provincial merchant groups in China, 1842-1911." Ph.D. diss., University of Washington.

Chang Pin-tsun. 2004. "Chinese migration to Taiwan in the eighteenth century: A paradox." In *Maritime China in transition 1750-1850,* edited by Wang Gungwu and Ng Chin-keong. Wiesbaden: Harrassowitz Verlag, 97-114.

Chen Ching-ho and Chen Yu-sung. 1971. *Xinjiapo Huawen beiming jilu.* Hong Kong: Zhongwen daxue. 陳荊和 陳育崧 編著, 新加坡華文俾銘集錄.

Chen Hansheng, ed. 1985. *Huagong chuguo shiliao huibian,* Beijing: Zhonghua shuju, 1980-1985. 陳翰笙 編, 華工出國史料彙編.

Chen Hsiang-shui. 1992. *Chinatown no more: Taiwan immigrants in contemporary New York.* Ithaca, NY: Cornell University Press.

Chen Naichao. 1951. *Zhonggong tieti xia de qiaojuan he guiqiao.* Jiulong: Ziyou chubanshe 陳乃超, 中共鐵蹄下的僑眷和歸僑.

Chen Shehong. 2006. "Republicanism, Confucianism, Christianity, and capitalism in American Chinese ideology." In *Chinese American transnationalism: The flow of people, resources, and ideas between China and America during the Exclusion era*, edited by Chan Sucheng. Philadelphia: Temple University Press, 174-93.

Ch'en Ta (Chen DA). 1923. *Chinese migrations, with special reference to labor conditions.* Washington, DC: U.S. Government Printing Office.

______. 1929. *Zhongguo laogong wenti.* Shanghai: Shangwu yinshuguan. 陳達, 中國勞工問題.

______. 1940. *Emigrant communities in south China: A study of overseas migration and its influence on standards of living and social change.* New York: Secretariat, Institute of Pacific Relations.

Chen Yong. 2000. *Chinese San Francisco: A Trans-Pacific Community.* Stanford, CA: Stanford University Press.

______. 2006. "Understanding Chinese transnationalism." In *Chinese American transnationalism: The flow of people, resources, and ideas between China and America during the Exclusion era*, edited by Chan Sucheng. Philadelphia: Temple University Press, 156-73.

Chen Joseph Y. S., and King-lun Ngok. 1999. "Government policy in the reform era: Interactions between organs responsible for overseas Chinese and qiaoxiang communities." In *Quaoxiang Ties: Interdisciplinary approaches to "cultural capitalism" in South China*, edited by Leo Douw, Cen Huang, and Michael Godley. London: Kegan Paul International in association with International Institute For Asian Studies, 113-57.

Cheng Jui-ming (Zheng Ruiming). 1976. *Qingdai Yuenan de huaqiao.* Taipei: Guoli Taiwan shifan daxue lishi yanjiusuo 鄭瑞明, 淸代越南的華僑.

Cheng Lim Keak. 1985. *Social change and the Chinese in Singapore: A socioeconomic geography with special reference to bāng structure.* Singapore: Singapore University Press, National University of Singapore.

Chew, Daniel. 1990. *Chinese pioneers on the Sarawak frontier, 1841-1941.* Singapore: Oxford University Press.

Chia, Lucille. 2006. "The butcher, the baker, and the carpenter: Chinese sojourners in the spanish Philippines and their impact on southern Fujian (sixteenth-eighteenth centuries)." *Journal of Economic and Social History of the Orient* 49, no. 4: 109-34.

Chin, James K. 2003. "Reducing irregular migration from China." *International Migration* 41, no: 49-72.

Chua, Daphne, and Thomas T. W. Tan.1990. "Hakkas in the pawnbroking trade." In *Chinese dialect groups: Traits and trades*, edited by T. W. Tan. Singapore: Opinion Books, 67-77.

Clementi, Cecil, 1915. *The Chinese in British Guiana*. Georgetown: Argosy.

Cloud, Patricia, and David W. Galenson. 1987. "Chinese immigration and contract labor in the late nineteenth century." *Explorations in Economic History* 24, no. 1:22-42.

Cochrane, Peter. 2005. *Anxious states*. Australian Government, National Centre for History Education, www.hyperhistory.org (accessed May 29, 2009).

Cohen, Myron L. 1976. *House united, house divided: The Chinese family in Taiwan*. New York: Columbia University Press.

______. 2005. *Kinship, contract, community and state: Anthropological perspectives in China*. Stanford, CA: Stanford University Press.

Cook, James A. 1998. "Bridges to modernity: Xiamen, overseas Chinese and southeast coastal modernization, 184301937." Ph.D. diss., University of California at San Diego.

Coolidge, Mary Roberts. 1909. *Chinese immigration*. New York: H. Holt.

Coppel, Charles A. 1976. "Patterns of Chinese political activity in Indonesia." In *The Chinese in Indonesia: Five essays*, edited by J. A. C. Mackie. Honolulu: University of Hawaii Press, 19-76.

______. 1983. *Indonesian Chinese in crisis*. Kuala Lumpur: Oxford University Press.

______. 2002. *Studying ethnic Chinese in Indonesia*. Singapore: Singapore Society of Asian Studies.

Crissman, Lawrence. 1967. "The segmentary structure of urban overseas Chinese communities." *Man* 2, no. 2: 185-204.

Cuba Commission. 1993. *The Cuba Commission report: A hidden history of the Chinese in Cuba; the original English-language text of 1876*. Baltimore: Johns Hopkins University Press.

Cushman, Jennifer W. 1978. "Duke Ch' ing-fu deliberates: A mid-eighteenth century reassessment of Sino-Nanyang commercial relations." *Papers on Far Eastern History* 17 (March). Canberra: Department of Far Eastern History, 137-56.

______. 1991. *Family and state: The formation of a Sino-Thai tin-mining dynasty, 1797-1932.* Edited by Craig J, Reynolds. Singapore: Oxford University Press.

______. 1993. *Fields from the sea.* Ithaca, NY: Cornell University Southeast Asia Program.

DeBernardi, Jean. 2004. *Rites of belonging: Memory, modernity and identity in a Malaysian Chinese community.* Stanford. CA: Stanford University Press.

Dobbin, Christine. 1996. *Asian entrepreneurial minorities: Conjoint communities in the making of the world-economy, 1750-1940.* Richmond: Curzon.

DQLCSLYZ. 1964a. *Da Qing lichao shilu, Guangxu chao.* Taipei: Huawen shuju 大清歷朝實錄, 光緖 朝.

DQLCSLYZ. 1964b. *Da Qing lichao shilu, Qianlong chao.* Taipei: Huawen shuju 大清歷朝實錄, 乾隆 朝.

DQLCSLYZ. 1964c. *Da Qing lichao shilu, Yongzheng chao.* Taipei: Huawen shuju 大清歷朝實錄, 雍正 朝.

Drescher, Seymour. 1994. "The long goodbye: Dutch capitalism and antislavery in comparative perspective." *American Historical Review* 99, no.1: 44-69.

Dunlevy, James A., and Henry A. Gemery. 1978. "Economic opportunity and the responses of 'old' and 'new' migrants to the United State." *Journal of Economic History* 38, no. 4: 901-17.

Duus, Peter, et al., eds. 1996. *The Japanese wartime empire, 1931-1945.* Princeton, NJ: Princeton University Press.

Elliott, Alan J. A. 1955. *Chinese spirit-medium cults in Singapore.* London: Published for the Department of Anthropology, London School of Economics and Political Science by royal Anthropological Institute.

Engerman, S. L. 1986. "Servants to slaves to servants: Contract labour and European expansion." In *Colonialism and migration: Indentured labour before and after slavery,* edited by P.C. Emmer. Dordrecht: Martinus Nijhoff, 263-94.

Federated Malay States. 1910. *Report of the commission appointed to enquire into the condition of indentured labour in the Federated Malay States.* Submitted by C. W. C. Parr, July 13, 1910. Singapore: National Archives of Singapore.

Feith, Herbert, and Lancer Castles, eds. 1970. *Indonesian political thinking, 1945-1965.* Ithaca, NY: Cornell University Press.

Fitzgerald, Stephen. 1972. *China and the overseas Chinese: A study of Peking's changing policy, 1949-1970.* Cambridge: Cambridge University Press.

Franke, Wolfgang, and Chen Tieh Fan. 1982-1987. Chinese epigraphic materials in Malaysia. 3 vols. Kuala Lumpur: University of Malaya Press.

Freedman, Maurice. 1957. *Chinese family and marriage in Singapore.* London: Her Majesty's Stationery Office.

______. 1979. "On the use of money." In *The study of Chinese society: Essays.* Selected and introduced by G. William Skinner. Stanford, CA: Stanford University Press.

Fukuda Shôzô. 1995 (1943). *With sweat and abacus: Economic roles of Southeast Asian Chinese on the eve of World War II.* Edited by George Hicks. Singapore: Select Books.

Furnivall, J. S. 1944. *Netherlands India: A study of plural economy.* Cambridge: Cambridge University Press.

Galenson, David W. 1984. "The rise and fall indentured servitude in the Americas: An economic analysis." *Journal of Economic History* 44. no. 1: 1-26.

Ge Jianxiong. 1996. *Shengsheng buxi de Zhongguoren*, Guangzhou: Guangdong renmin chubanshe. 葛劍雄, 生生不息的中國人.

Giese, Karsten. 1999. "Patterns of migration from China to Germany." In *Internal and international migration: Chinese perspectives*, edited by Frank N, Pieke and Hein Mallee. Richmond: Curzon, 199-214.

Glick, Leslie. 1980. "Australia's new immigration laws." *International and Comparative Law Quarterly* 29. no. 4: 773-76.

Godley, Michael R. 1981. *The Mandarin-capitalists from Nanyang: Overseas Chinese enterprise in the modernization of China, 1893-1911.* Cambridge: Cambridge University Press.

Guangzhoushi renmin zhengfu qiaowu bangongshi, ed. 2000. *Guangzhou qiaowu yu qiaoxi renwu.* Gaungzhou chubanshe 廣州市人民政府僑務辦公室編, 廣州僑務與僑系人物.

Guest, Kenneth J. 2003. *God in Chinatown: Religion and survival in New York' s evolving immigrant community*. New York: New York University Press.

Guo Songyi. 1984. "Qingdai de renkou zengzhang he renkou liuqian." *Qingshi luncong* 5 郭松義, 清代的人口增長和人口流遷 清史論叢.

Guojia jianshe zongkan. 1971, Vol. 3, *Waijiao yu qiaowu, qiaowu pian*, 國家建設總刊 第3册, 外交與僑奏摺.

GZDQL. 1982-1986. *Gongzhongdang Qianlingchao zouzhe*. Taipei: National Palace Museum 宮中檔乾隆朝奏摺.

GZDYZ. 1977. *Gongzhongdang Yongzhengchao zouzhe*. Taipei: National palace Museum 宮中檔雍正朝奏摺.

Hayden, Joseph Ralston. 1942. *The Philippines: A study in national development*. New York: Macmillan.

He Hanwen. 1931. *Huaqiao gaikuang*. Shanghai: Shenzhou guoguangshe 何漢文, 華僑概況.

Heidhues, Mary F. Somers. 1992. *Bangka tin and Mentok pepper: Chinese settlement on an Indonesian island*. Pasir Panjang, Singapore: Institute of Southeast Asian Studies, 1992.

______. 1996. "Chinese settlements in rural Southeast Asia: Unwritten histories." In *Sojourners and settlers: Histories of Southeast Asia and the Chinese*, edited by Anthony Reid. Sydney: Allen & Unwin, 164-82.

Heng Pek Koon. 1988. *Chinese politics in Malaysia: A history of the Malaysian Chinese Association*. Singapore: Oxford University Press.

______. 1992. "The Chinese business elite of Malaysia." In *Indonesia*, edited by Ruth McVey. New Haven, CT: Yale University Southeast Asian Studies, 126-44.

Hing, Bill Ong. 1993. *Making and remaking Asian America through immigration policy, 1850-1990*. Stanford, CA: Stanford University Press.

Ho Ping-ti. 1959. *Studies on the population of China, 1368-1953*. Cambridge, MA: Harvard University Press.

______. 1966. *Zhongguo huiguanshi lun*. Taipei: Xuesheng shuju 何炳棣, 中國會館史論.

Hong Lysa. 1984. *Thailand in the nineteenth century: Evolution of the economy and society*. Singapore: Institute of Southeast Asian Studies.

House of Commons. 1860. *House of Commons Parliamentary Papers*. Vol. 69,

Paper No. 1, Inclosure No. 2. London: H. M. Stationery Office.

Hoyt, Sarnia Hayes. 1991. *Old Penang.* Singapore: Oxford University Press.

Hsu, Madeline Yuan-yin. 2000. *Dreaming of gold, dreaming of home: Transnationalism and migration between the United State and South China, 1882-1943.* Stanford, CA: Stanford University Press.

Huang Runlong et al. 1998. "Jin shinian woguo dalu haiwai xin yimin." *Renkou yu jingji,* no. 1:19-28 黃潤龍等, 近十年我國大陸海外新移民, 人口與經濟.

Ignatiev, Noel. 1995. *How the Irish became white.* New York: Routledge.

Ingram, John Kells. 1911. "Slavery." In *Encyclopaedia Britannica,* 11th ed. vol. 25, 226.

Institute of International Education. 2006. *Open doors 2006: International students in the United States, data tables 2005-6,* http://opendoors.iienetwork.org/?p=89251 (accessed May 25, 2009).

Jackson, Robert Nicholas. 1961. *Immigrant labour and the development of Malaya, 1786-1920.* Kuala Lumpur: Government Press.

Jiang Zuyuan. 1987. "Qingdai Foshan de shangye he shangren." In *Ming Qing Guangdong shehui jingji yanjiu,* edited by Ming Qing Guangdongsheng shehui jingji yanjiuhui. Guangzhou: Guangdong renmin chubanshe, 1-25 蔣祖緣, 淸代佛山的商業和商人, 明淸廣東社會經濟硏究.

Jones, Paul. 2004. "What happened to Australia's Chinese between the world wars?" In *After the rush: Regulation, participation, and Chinese communities in Australia 1860-1940,* edited by Sophie Couchman, John Fitzgerald, and Paul Macgregor. Kingsbury: Otherland Literary Journal, no. 9, 217-36.

Kagotani Naoto. 2000. *Ajia kokusai tsūshō chitsujo to kindai Nihon.* Nagoya-shi: Nagoya Daigaku Shuppankai 籠穀直人, アジア國際通商秩序と近代日本.

____. 2005. "The Chinese merchant community in Kobe and the development of the Japanese cotton industry, 1890-1941." In *Japan, China, and the growth of the Asian international economy, 1850-1949,* edited by Sugihara Kaoru. Oxford: Oxford University Press, 49-72.

Kan Har-ye. 2007. "The *diaolou* (watchtowers) of Kaiping: Building an overseas Chinese identity in China." Unpublished paper, Harvard University, cited by permission.

Kasian Tejapira. 1992. "Pigtail: A pre-history of Chineseness in Siam." *Sojourn* 7, no. 1: 95-122.

______. 1997. "Imagined uncommunity: The Look in middle class and Thai official nationalism." In *Essential outsiders: Chinese and Jews in the modern transformation of Southeast Asia and Central Europe*, edited by Daniel Chirot and Anthony Reid. Seattle: University of Washington Press, 75-98.

Kathirithamby-Wells, J. 1992. "The age of transition." In *The Cambridge history of Southeast Asia*, edited by Nicholas Tarling. Cambridge: Cambridge University Press, 581-84.

Khoo Su Nin. 1994. *Streets of George Town Penang: An illustrated guide to Penang's city streets and historic attractions.* Penang: Janus Print and Resources.

Kratoska, Paul H. 1997. *The Japanese occupation of Malaya: A socio-economic history.* Honolulu: University of Hawaii Press.

Kua Kia Soong, ed. 1985. *National culture and democracy.* Subang Jaya, Petaling Jaya: Kersani Penerbit.

Kuah Khun Eng. 1999. "The Singapore-Anxi connection: Ancestor worship as moral-cultural capital." In *Qiaoxiang ties: Interdisciplinary approaches to "cultural capitalism" in South China*, edited by Leo Douw, Cen Huang, and Michael Godley. London: Kegan Paul International in association with International Institute for Asian Studies, 143-57.

Kuhn, Philip A. 2006. "Toward a historical ecology of Chinese migration." In *The Chinese overseas*, vol. 1, edited by Liu Hong. London: Routledge Library of Modern China, 67-97.

Kwong, Peter. 1993. "Review of Zhou 1992." *Contemporary Sociology* 22, no. 4: 562-63.

Laczko, Frank. 2003. "Understanding migration between China and Europe." *International Migration* 41, no. 3:5-20.

Lai, Him Mark (Mai Liqian). 1992. *Cong Huaqiao dao Huaren: Ershi shiji Meiguo Huaren shehui fazhan shi.* Hong Kong: Sanlian shudian 麥禮謙, 從華僑到華人: 二十世紀美國華人社會發展史.

______. 2006. "Teaching Chinese Americans to be Chinese." In *Chinese American transnationalism: The flow of people, resources, and ideas between China and America during the Exclusion era*, edited by Chan Sucheng. Philadelphia: Temple University Press, 194-210.

Lan Dingyuan. 1726. *Luzhou chu ji.* Reprint, Taipei: Wenhai chubanshe, 1974, vol. 3: 1a-5b 藍鼎元, 鹿洲初集.

Landon, Kenneth Perry. 1941. *The Chinese in Thailand.* London: Oxford University Press.

Lee, Edwin. 1991. *The British as rulers: Governing multiracial Singapore, 1867-1914.* Singapore: Singapore University Press, National University of Singapore.

Lee Lai To, ed. 1988. *Early Chinese immigrant societies: Case studies form North America and British Southeast Asia.* Singapore: Heinemann Asia.

Lee, Rose Hum. 1960. *The Chinese in the United States of America.* Hong Kong: Hong Kong University Press.

Leng Dong. 1999. *Dongnanya haiwai Chaoren yanjiu.* Beijing: Zhongguo huaqiao chubanshe 冷東,東南亞海外潮人硏究.

Leong Sow-theng (Liang Xiaoting). 1997. *Migration and ethnicity in Chinese history: Hakkas, Pengmin, and their neighbors.* Edited by Tim Wright. Stanford, CA, Stanford University Press.

Leung, Philip Yuen-sang. 2002. "The Moses of China: Huang Naishang and the Christian Commune in Sibu." In *Ethnic Chinese in Singapore and Malaysia: A dialogue between tradition and modernity*, edited by Leo Suryadinata. Singapore: Time Academic Press, 337-54.

Lever-Tracy, Constance, David Ip, and Noel Tracy. 1996. *The Chinese diaspora and mainland China: An emerging economic synergy.* Houndmills: Macmillan.

Lewis, W. Arthur. 1978. *The evolution of the international economic order.* Princeton, NJ: Princeton University Press.

Li Changfu. 1934 (1991). *Nanyang Huaqiao tongshi.* Shanghai: Shanghai shudian. *Minguo congshu* 3rd series 李長傅, 南洋華僑通史 民國叢書 第3編.

Li Chunhui et al., eds. 1989. *Meizhou Huaqiao Huaren shi.* Beijing: Donfang chubanshe. 李春輝等編, 美洲華人史.

Li Minghuan. 1995. *Dangdai haiwai Huaren shetuan yanjiu.* Xiamen: Xiamen daxue chubanshe 李明歡, 當代海外人社團硏究.

______. 1999a. "'To get rich quickly in Europe!' Reflections on migration motivation in Wenzhou." In *Internal and international migration: Chinese perspectives*, edited by Frank N. Pieke and Hein Mallee. Richmond: Curzon,

181-98.

______. 1999b. *"We need two worlds": Chinese immigrant associations in a Western society.* Amsterdam: Amsterdam University Press.

______. 2003. "A portrait of Batavia's Chinese society based on the Tandjoeng Cemetery archives." In *The archives of the Kong Koan of Batavia*, edited by Leonard Blussé and Chen Menghong. Boston: Brill, 80-105.

______, ed. 2005. *Fujian qiaoxiang diaocha: Qiaoxiang rentong qiaoxiang wangluo yu qiaoxiang wenhua.* Ximen: Ximen University Press. 李明歡主編, 福建僑鄉調查: 僑鄉認同, 僑鄉網絡僑鄉文化.

Li, Peter S. 1998. *The Chinese in Canada.* Toronto: Oxford University Press.

Li Rong et al., eds. 1988. *Zhongguo yuyan ditu ji.* Zhongguo shehui kexueyuan, Aodaliya renwen kexueyuan he bian. Hong Kong: Langwen chuban youxian gongsi. 李榮等編, 中國語言地圖集.

Li Yuanjin. 1991. *Lin Wenqing de sixiang: Zhingxi wenhua de huiliu yu maodun.* Singapore: Xinjiapo Yazhou yanjiu xuehui 李元瑾, 林文慶的思想: 中西文化的彙流與矛盾.

Liang Qichao. 1904. *Xin dalu youji jie lu. Yinbingshi heji, zhuan ji.* Reprint, Shanghai: Zhonghua shuju, 1941. vol. 5: 1-147. 梁啓超, 新大陸遊記節錄 飮冰室合集 專集.

______. 1906. "Zhongguo zhimin ba da weiren zhuan." In *Yinbingshi heji, zhuanji.* Shanghai: Zhonghua shuju, 1941, vol. 19 梁啓超, 中國殖民八大偉人傳 飮冰室合集 專集.

Light, Ivan H., and Caroline Rosenstein. 1995. *Race, ethnicity, and entrepreneurship in urban America.* New Yor: Aldine de Gruyter.

Lii, Jane H. 1995. "65 cents an hour—a special report; Week in sweatshop reveals grim conspiracy of the poor." *New York Times*, March 12.

Lim Boon Keng (Lin Wenqing). 1917. "The Chinese in Malaya." In *Present day impressions of the Far East and prominent and progressive Chinese at home and abroad: The history, people, commerce, industries and resources of China, Hong Kong, Indo-China, Malaya, and Netherlands India*, edited by W, Feldwick. London: The Globe Encyclopedia Company, 875-82.

Lim How Seng (Lin Xiaosheng). 1986. "Caochuang shiqi de Qingyunting." In *Xinhua lishi yu renwu yanjiu*, edited by Ke Mulin and Lim How Seng.

Singapore: South Seas Society. 林孝勝, 草創時期的青雲停. 柯木林, 林孝勝合著, 新華曆史與人物研究.

______. 1995. *Xinjiapo Huashe yu Huashang*. Singapore: Yazhou yanjiu xuehui. 林孝勝, 新加坡華社與華商.

Lim Lian Geok (Lin Lianyu). 1986. *Huawen jiaoyu huyu lu*. Kuala Lumpur: Lin Lianyu jijin weiyuanhui, 林連玉, 華文教育呼籲錄, 72-5. By kind permission of the Lim Lian Geok Foundation.

Lin Man-houng. 2001a. "Overseas Chinese merchants and multiple nationality: A means for reducing commercial risk (1895-1935)." *Modern Asian Studies* 35, no. 4: 985-1010.

______. 2001b. "Riben zhimin shiqi Taiwan Xianggang jingji guanxi de bianhua: Yazhou diaodongzhong zhiti fazhan." Nangang: *Zhongyang yanjiu yuan jindaishi yanjiuso jikan*, no. 36, 47-115. 林滿紅, 日本殖民時期台灣與香港經濟關係的變化: 亞洲調動中肢體發展.

______. 2006. *China upside down: Currency, society, and ideologies, 1808-1856.* Cambridge, MA: Harvard University Asia Center.

Lishi dang'an. 2001. "Jiaqing ba nian guanli minren churu Shanhaiguan shiliao xuan." Issue 2. 嘉慶八年管理民人出入山海關史料選. 歷史檔案.

Liu Hong. 1998. "Old linkages, new networks: The globalization of overseas Chinese voluntary associations and its implications." *China Quarterly*, no. 155: 582-609.

Liu Jiaju. 1989. "Lun dongnanya huaqiao de xiangtu zongzuxing xintai-du Chen Jiageng 'Nanqiao huiyilu.'" In *Overseas Chinese in Asia between the two world wars*, edited by Ng Lun Ngai-ha and Chang Yan. Honk Kong: Chinese University of Hong Kong, 357-64. 劉家駒, 論東南亞華僑的鄉土宗族性心態-讀陳嘉庚 '南僑回憶錄'.

Liu Xihong, ed. 1966. *Zhu De shiguan dang'an chao*. Taipei: Taiwan xuesheng shuju 劉錫鴻, 駐德使館檔案鈔.

Liu Yia-ling. 1992. "Reform from below. The private economy and local politics in the rural industrialization of Wenzhou." *China Quarterly*, no. 130: 293-316.

Liu Yongcheng. 1981-1982. "The handicraft guilds in Soochow during the Ch' ing dynasty." *Chinese Studies in History* 15, no. 1-2: 113-67.

Look Lai, Walton. 1998. *The Chinese in the West Indies, 1806-1995: A documen-*

tary history. Kingston: The Press, University of the West Indies.

Ma, L. Eve Armentrout. 1983. "Urban Chinese at the Sinitic frontier: Social organizations in United States' Chinatowns, 1849-1898." *Modern Asian Studies* 17. no. 1: 107-35.

______. 1988. "The social organization of Chinatowns in North America and Hawaii in the 1890s" In *Early Chinese immigrant societies: Case studies from North America and British Southeast Asia*, edited by Lee Lai To. Singapore: Heinemann Asia, 159-85.

______. 1990. *Revolutionaries, monarchists, and Chinatowns: Chinese politics in the Americas and the 1911 revolution.* Honolulu: University of Hawaii community.

______. 2000. *Hometown Chinatown: The history of Oakland's Chinese community.* New York: Garland.

Macintyre, Stuart. 2004. *A concise history of Australia.* 2nd ed. Cambridge: Cambridge University Press.

Mackie, J. A. C. 1988. "Changing economic roles and ethnic identities of the Southeast Asian Chinese: A comparison of Indonesia and Thailand." In *Changing identities of the southeast Asian Chinese since World War II*, edited by Wang Gungwu and Jennifer Cushman. Hong Kong: Hong Kong University Press. 217-60.

Mahathir Bin Mohamad. 1970. *The Malay dilemma.* Singapore: D. Moore for Asia Pacific Press.

Mak Lau Fong. 1981. *The sociology of secret societies: A study of Chinese secret societies in Singapore and peninsular Malaysia.* Kuala Lumpur: Oxford University Press.

______. 1993. "Occupation and Chinese speech group in British Malaya." In *Chinese adaptation and diversity: Essays on society and literature in Indonesia, Malaysia and Singapore*, edited by Leo Suryadinata, Singapore: Singapore University Press, 8-27.

Maltz, Earl M. 1994. "The federal government and the problem of Chinese rights in the era of the Fourteenth Amendment." *Harvard Journal of Law and Public Policy* 17, no. 1: 223-52.

Markus, Andrew. 1979. *Fear and hatred: Purifying Australia and California, 1850-1901.* Sydney: Hale & Iremonger.

______. 2004. "Reflections on the administration of the 'White Australia' policy." In *After the rush: Regulation, participation, and Chinese communities in Australia 1860-1940*, edited by Sophie Couchman, John Fitzgerald, and Paul Macgregor. Kingsbury: Otherland Literary Journal, no. 9, 51-58.

Mazumdar, Sucheta. 1998. *Sugar and society: Peasants, technology and the world market.* Cambridge, MA: Harvard University Press.

______. 2003. "What happened to the women? Chinese and India male migration to the United states in global perspective." In *Asian/Pacific Islander American women: A history anthology*, edited by Shirley Hune and Gail Nomura. New York: New York University Press, 58-76.

McClain, Charles J. 1994. *In search of equality: The Chinese struggle against discrimination in nineteenth-century America.* Berkeley: University of California Press.

MaKeown, Adam. 2001. *Chinese migrant networks and cultural change: Peru, Chicago, Hawaii, 1900-1936.* Chicago: University of Chicago Press.

______. 2004, "Global migration, 1846-1940." *Journal of World History* 15, no. 2: 155-89.

McVey, Rush, ed. 1992. *Indonesia.* New Haven, CT: Yale University Southeast Asian Studies.

Means, Gordon P. 1976. *Malaysian politics.* 2nd ed. London: Hodder and Stoughton.

Mehretu, Assefa, et al. 2000. "Concepts in social and spatial marginality." *Geografiska Annaler. Series B, Human Geography* 82, no. 2: 89-101.

Mei, June. 1979, "Socioeconomic origin of emigration: Guangdong to California, 1850-1882." *Modern China* 5, no. 4: 463-501.

Melbourne. 1855. "Report of the Commission appointed ti enquire into the condition of the gold field of Victoria, 1855." Parliament, Legislative Council, Votes and Proceedings, 1854 1855.

Moore, Markéta. 2006. "From 'loose sand' to 'cloakroom community': Chinese association in the Czech Republic." In *Voluntary organizations in the Chinese diaspora*, edited by Khun Eng, Kuah-Pearce, and Evelyn Hu-Dehart. Hong Kong: Hong Kong University Press, 269-89.

Morse, Hosea Ballou. 1910-1918. *The international relations of the Chinese empire.* 3 vols. Shanghai: Kelly and Walsh.

Murphy, Rachel. 2002. *How migrant labor is changing rural China.* Cambridge: Cambridge University Press.

Naquin, Susan, and Evelyn S. Rawski. 1987. *Chinese society in the eighteenth century,* New Haven, CT: Yale University Press.

Ng Chin-keong. 1983. *Trade and society: The Amoy network on the China coast, 1683-1735.* Singapore: Singapore University Press.

______. 1991. "The case of Chen I-lao: Maritime trade and overseas Chinese in Ch'ing policies, 1717-1754." In *Emporia, commodities and entrepreneurs in Asian maritime trade, c. 1400-1750,* edited by Roderich Ptak and Dietmar Rothermund. Stuttgart: Franz Steiner Verlag, 373-99.

Ng, James. 1993. *Windows on a Chinese past.* 4 vols. Dunedin: Otago Heritage Books.

Ngai, Mae M. 2004. *Impossible subjects: Illegal aliens and the making of modern America.* Princeton, NJ: Princeton University Press.

Nyíri, Pál. 1999. "Chinese organizations in Hungary, 1989-1996: A case study in PRC-oriented community politics overseas." In *Internal and international migration: Chinese perspectives,* edited by Frank N. Pieke and Hein Mallee Richmond: Curzon, 251-79.

______. 2002. "From class enemies to patriots: Overseas Chinese and emigration policy and discourse in the People' s Republic of China." In *Globalizing Chinese migration: Trends in Europe and Asia,* edited by Pál Nyíri and Igor Saveliev. Aldershot: Ashgate, 208-41.

Omohundro, John T. 1981. *Chinese merchant families in Iloilo: Commerce and kin in a central Philippine city.* Quezon City: Ateneo de Manila University Press.

Ownby, David, 1996. *Brotherhoods and secret societies in early and mid-Qing China: The formation of a tradition.* Stanford, CA: Stanford University Press.

______, and Mary Somers Heidhues, eds. 1993. *Secret societies reconsidered: Perspectives on the social history of early-modern South China and Southeast Asia.* Armonk, NY: M. E. Sharpe.

Pan, Lynn, ed, 1999. *The encyclopedia of the Chinese overseas.* Cambridge, MA: Harvard University Press.

Parkers, Harry. 1853. "General remarks on Chinese emigration." In *Correspon-*

dence with the superintendent of British Trade in China, upon the subject of emigration from that country (presented to the House of Commons by Command of Her Majesty, August 20, 1853), 263-69.

Patterson, J. A. 1863. *The gold fields of Victoria in 1862.* Melbourne: Wilson and Mckinnon.

Pearson, Charles Henry. 1893. *National life and character: A forecast.* London: Macmillan.

Peattie, Mark R. 1996. "*Nanshin*: The 'southward advance', 1931-1941, as a prelude to the Japanese occupation of Southeast Asia." In *The Japanese wartime empire, 1931-1945*, edited by Peter Duus et al. Princeton, NJ: Princeton University Press, 190-242.

Phoa Liong Gie. 1992 (1936). "The changing economic position of the Chinese in Netherlands India." In *Chinese economic activity in Netherlands India*, edited by M. R. Fernando and D. Bulbeck. Singapore: Institute of Southeast Asian Studies, 5-18.

Pieke, Frank N., and Heim Mallee, eds. 1999. *Internal and international migration: Chinese perspectives.* Richmond: Curzon.

Pieke, Frank N., et al., eds. 2004. *Transnational Chinese: Fujianese migrants in Europe.* Stanford, CA: Stanford University Press.

Poston, Dudley L., Jr., et al. 1994. "The global distribution of the overseas Chinese around 1990." *Population and Development Review* 20, no. 3: 631-45.

Price, Charles Archibald. 1974. *The great white wall are built: Restrictive immigration to North America and Australasia 1836-1888.* Canberra: Australian Institute of International Affairs in association with Australian National University Press.

Purcell, Victor. 1965. *The Chinese in Southeast Asia.* 2nd ed. London: Oxford University Press.

____. 1967. *The Chinese in Malaya.* Kuala Lumpur: Oxford University Press.

Qiaowu ershiwu nian bianji weiyuanhui, ed. 1957. *Qiaowu ershiwu nian.* Taipei: Haiwai chubanshe. 僑務二十五年編輯委員會編, 僑務二十五年.

Raffles, Thomas Stamford. 1817. *The history of Java.* 2 vols. London: Black, Parbury and Allen.

Rasmussen, Amanda. 2004. "Network and negotiations: Bendigo's Chinese and the Easter Fair." *Journal of Australian Colonial History* 6: 79-92.

Reid, Anthony. 1970. "Early Chinese migration into North Sumatra." In *Studies in the social history of China and South-East Asia*, edited by Jerome Ch'en and Nicholas Tarling. Cambridge: Cambridge University Press, 289-320.

______. 1992. "Economic and social change, c. 1400-1800." In *The Cambridge history of Southeast Asia*, edited by Nicholas Tarling. Cambridge: Cambridge University Press, vol. 1: 460-507.

______. 1993. "The origins of revenue farming in Southeast Asia." In *The rise and fall of revenue farming: Business elites and the emergence if the modern state in Southeast Asia*, edited by John Butcher and Howard Dick. New York: St. Martin's Press, 69-79.

______. 1996a. "Flows and seepages in the long-term Chinese interaction with Southeast Asia." In *Sojourners and settlers: Histories of Southeast Asia and the Chinese.* Sydney: Allen & Unwin, 15-50.

______. ed. 1996b. *Sojourners and settlers: Histories of Southeast Asia and the Chinese.* Sydney: Allen & Unwin.

Richardson, Peter. 1982. *Chinese mine labour in the Transvaal.* London: Macmillan.

Rosen, Stanley, ed. 1996. "Debates over special economic zones, income polarization, and other related issues." *Chinese Economic Studies* 29, no. 3.

Rowe, William T. 1984. *Hankow: Commerce and society in a Chinese city, 1796-1889.* Stanford, CA: Stanford University Press.

Rush, James R. 1990. *Opium to Java: Revenue farming and Chinese enterprise in colonial Indonesia, 1860-1910.* Ithaca, NY: Cornell University Press.

Salmon, Claudine, and Denys Lombard. 1980. *Les Chinois de Jakarta: Temples et vie collective = The Chinese of Jakarta: Temples and communal life.* Paris: Editions de la Maison des sciences de l' homme.

Salyer, Lucy E. 1995. *Laws harsh as tigers: Chinese immigrants and the shaping of modern immigration law.* Chapel Hill: University of North Carolina Press.

Sandmeyer, Elmer Clarence. 1991. *The anti-Chinese movement in California.* Foreword and supplementary bibliographies by Roger Daniels. Urbana: University of Illinois Press.

Sangren, P. Steven. 1984. "Traditional Chinese corporations: Beyond kinship." *Journal of Asian Studies* 43, no. 3: 391-415.

Satyanarayana, Adapa. 2001. "Birds of passage: Migration of South India labour communities to South-East Asia: 19-20th centuries. A. D." IIAS/IISG. CLARA Working Paper, no. 11. Amsterdam: International Institute of Social History, www.iisg.nl/clara/publicat/clara11.pdf (accessed May 25, 2009).

Saxton, Alexander. 1975. *The indispensable enemy: Labor and the anti-Chinese movement in California.* Berkeley: University of California Press.

Shepherd, John R. 1993. *Statecraft and political economy on the Taiwan frontier, 1600-1800*, Stanford University Press.

Shiba Yoshinobu. 1995. *Kakyô.* Tokyo: Iwanami Shoten 斯波義信, 華僑.

Shiga Shuzô. 1978. "Family property." In *Chinese family law and social change in historical and comparative perspective*, edited by David C. Buxbaum. Seattle: University of Washington Press, 113-14.

Shiraishi Takashi. 1990. *An age in motion: Popular radicalism in Java, 1912-1926.* Ithaca, NY: Cornell University Press.

Sinn, Elizabeth. 1995a. "Emigration from Hong Kong before 1941: General trends." In *Emigration from Hong Kong: Tendencies and Impacts*, edited by Ronald Skeldon. Hong Kong: Chinese University Press, 11-34.

______. 1995b. "Emigration from Hong Kong before 1941: Organization and impact." In *Emigration from Hong Kong: Tendencies and Impacts*, edited by Ronald Skeldon. Hong Kong: Chinese University Press, 35-50.

______, ed. 1998. *The last half century of Chinese overseas.* Aberdeen: Hong Kong University Press.

______. 2002. "Ultimate return: Hong Kong and the repatriation of coffins and bones of Chinese overseas." Unpublished paper (cited by permission).

______. 2004. "The gold rush passenger trade and the history of Hong Kong." In *British ships in China seas:1700 to the present day*, edited by Richard Harding et al. Liverpool: Society for Nautical Research, 129-53.

Skeldon, Ronald. 1994. "Hong Kong in an international migration system." In *Reluctant exiles? Migration from Hong Kong and the new overseas Chinese.* Armonk, NY: M. E. Sharpe, 21-51.

Skinner, G. William. 1957. *Chinese society in Thailand. An analytical history.* Ithaca, NY: Cornell University Press.

______. 1958. *Leadership and power in the Chinese community of Thailand.* Ithaca, NY: Cornell University Press for the Association for Asian Studies.

______. 1967. "The Chinese minority." In *Indonesia*, edited by Ruth McVey. New Haven, CT: Yale University Southeast Asian Studies, 97-117.

______, ed. 1977a. *The city in late imperial China*. Stanford, CA: Stanford University Press.

______. 1977b. "Regional urbanization in nineteenth-century China." In *The city in late imperial China*. Stanford, CA: Stanford University Press, 214-78.

______. 1985. "The structure of Chinese history." *Journal of Asian Studies* 44, no. 2: 271-92.

______. 1987. "Sichuan's population in the nineteenth century: Lessons from disaggregated data." *Late Imperial China* 8, no. 1:1-79.

______. 1996. "Creolized Chinese societies in Southeast Asia." In *Sojourners and settlers: Histories of Southeast Asia and the Chinese*, edited by Anthony Reid. Sydney: Allen & Unwin, 51-93.

Solinger, Dorothy J. 1999. *Contesting citizenship in under China: Peasant migrants, the state, and the logic of the market*. Berkeley: University of California Press.

Song Ong Siang. 1984 (1902). *One hundred years' history of the Chinese in Singapore*. Singapore: Oxford University Press.

Stewart, Watt. 1970 (1951). *Chinese bondage in Peru: A history of the Chinese coolie in peru, 1849-1874*. Westport, CT: Greenwood Press.

Sugihara Kaoru. 2005. "Patterns of Chinese emigration to Southeast Asia, 1869-1939." In *Japan, China, and the growth of the Asian international economy, 1850-1949*. Oxford: Oxford University Press, 244-74.

Suryadinata, Leo. 1988. "Chinese economic elites in Indonesia: A preliminary study." In *Changing identities of the Southeast Asian Chinese since World War II*, edited by Wang Gungwu and Jennifer Cushman. Hong Kong: Hong Kong University Press, 261-88.

______. 1992. *Pribumi Indonesians, the Chinese minority, and China*. Singapore: Heinemann Asia.

______. 1993. *Peranakans' search for national identity: Biographical studies of seven Indonesian Chinese*. Singapore: Times Academic Press.

______, ed. 1997. *Political thinking of the Indonesian Chinese, 1900-1995: A sourcebook*. 2nd ed. Singapore: Singapore University Press.

______. 2004. *Pribumi Indonesians, the Chinese minority, and China: A study of perceptions and policies*. Singapore: Marshall Cavendish.

Szanton, Cristina. 1983. "Thai and Sino-Thai in small town Thailand: Changing patterns of interethnic relations." In *The Chinese in Southeast Asia*, edited by Peter L. A. Gosling and Linda Lim. Singapore: Maruzen Asia, vol. 2: 99-125.

Tan Chee Beng. 1988. *The Baba of Melaka: Culture and identity of a Chinese peranakan community in Malaysia*. Petaling Jaya, Selangor: Pelanduk Publications.

Tan Chee Beng, ed. 2007. *Chinese transnational network*. London: Routledge.

Tan Kah-kee (Chen Jiageng). 1994. *The memoirs of Tan Kah-kee*. Edited and translated with notes by A. H. C. Ward, Raymond W. Chu, and Janet Salaff. Singapore: Singapore University Press, National University of Singapore.

Tan Liok Ee. 1997. *The politics of Chinese education in Malaya, 1945-1961*. Kuala Lumpur: Oxford University Press.

______. 2002. "Baggage from the past, eyes on the future: Chinese education in Malaysia today." In *Ethnic Chinese in Singapore and Malaysia: A dialogue between tradition and modernity*, edited by Leo Suryadinata. Singapore: Times Academic Press, 155-74.

Tan, Thomas T. W. 1990. *Chinese dialect groups: Traits and trades*. Singapore: Opinion Books.

Tarling, Nicholas, ed. 1992. *The Cambridge history of Southeast Asia*. 2 vols. Cambridge: Cambridge University Press.

Tay Lian-soo (Zheng Liangshu). 1986. "Tingzhu shidai de Qingyunting ji Huazu shehui." *Malaya, Xinjiapo Huaren wenhuashi luncong* 2: 29-69 鄭良樹, 停駐時代的清雲庭及華族社會, 馬來亞新加華人文化史論叢.

Thunø, Mette. 1999. "Moving stones from China to Europe: The dynamics of emigration from Zhejiang to Europe." In *Internal and international migration: Chinese perspectives*, edited by Frank N. Pieke and Hein Mallee. Richmond: Curzon, 159-81.

______. 2001. "Reaching out and incorporating Chinese overseas: The transterritorial scope of the PRC by the end of the twentieth century." *China Quarterly*, no. 168: 910-29.

T'ien Ju-k'ang (Tian Rukang). 1953. *The Chinese of Sarawak: A study of social structure.* London: Department of Anthropology, London School of Economics and Political Science.

Tomba, Luigi. 1999. "Exporting the 'Wenzhou model' to Beijing and Florence: Labour and economic organization in two migrant communities." In *Internal and international migration: Chinese perspectives*, edited by Frank N. Pieke and Hein Mallee. Richmond: Curzon, 280-94.

Trocki, Carl A. 1990. *Opium and empire: Chinese society in colonial Singapore, 1800-1910.* Ithaca, NY: Cornell University Press.

Tsai, Shih-shan Henry. 1986. *The Chinese experience in America.* Bloomington: Indiana University Press.

Turnbull, C. M. 1989. *A history of Singapore, 1891-1988.* 2nd ed. Singapore: Oxford University Press.

Twang, Peck Yang (Zhuang Biyang). 1988. *The Chinese business élite in Indonesia and the transition to independence, 1940-1950.* Kuala Lumpur: Oxford University Press.

United States Congress. 1977. *Report of joint Special Committee to Investigate Chinese Immigration.* Washington, D. C.: U.S. Government Printing Office (44th Congress, 2nd sess., Senate Report no. 689).

Vaughan, J. D. 1974. *The manners and customs of the Chinese of the Straits Settlements.* Singapore: Oxford University Press.

Vink, Markus. 2003. "'The world's oldest trade': Dutch Slavery and Slave trade in the Indian Ocean In the seventeenth century." *Journal of World History* 14, no. 2, www.historycooperative.org/journals/jwh/14.2/vink.html (accessed May 25, 2009).

Wakeman, Frederic E. 1966. *Strangers at the gate: Social disorder in south China, 1839-1861.* Berkeley: University of California Press.

Walker, David Robert. 1999. *Anxious nation: Australia and the rise of Asia, 1850-1939.* St. Lucia: University of Queensland Press.

Wang Chunguang. 1995. *Shehui liudong he shehui chonggou: Jingcheng "Zhejiang cun" yanjiu.* Hangzhou: Zhejiang renmin chubanshe 王春光, 社會流動和社會重構: 京城浙江村硏究.

Wang Dahai. 1849. *The Chinaman abroad: or, A desultory account of the Malayan Archipelago, particularly of Java; by Ong-tae-hae.* Translated from the original. Shanghai: Mission Press.

Wang Gungwu. 1970. "Chinese politics in Malaya." *China Quarterly*, no. 43: 1-30.

______. 1981. "A note on the origins of Hua-ch'iao." In *Community and nation: Essays on Southeast Asia and the Chinese*. Kuala Lumpur: Heinemann Educational Books (Asia), 118-27.

______. 1991. *China and the Chinese overseas*. Singapore: Times Academic Press.

______. 1998. "Upgrading the Chinese migrant: Neither *Huaqiao* nor *Huaren*." In *The last half century of Chinese overseas*, edited by Elizabeth Sinn. Aberdeen; Hong Kong University Press, 15-34.

______. and Jennifer Cushman, eds. 1988. *Changing identities of the Southeast Asian Chinese since World War II*. Hong Kong: Hong Kong University Press.

Wang Sing-wu. 1978. *The organization of Chinese emigration, 1848-1888, with special reference to Chinese emigration to Australia*. San Francisco: Chinese Materials Center.

Wang Xiaoxuan. 2007. "Migration and immigration in Wenzhou: A historical perspective." Unpublished paper, Harvard University (cited by permission).

Watson, James L. 1975. *Emigration and the Chinese lineage: The Mans in Hong Kong and London*. Berkeley: University of California Press.

______. 1985. "Standardizing the gods: The promotion of T'ien Hou ("Empress of Heaven") along the south China coast, 960-1960" In *Popular culture in late imperial China*, edited by David Johnson, Andrew J. Nathan, and Evelyn S. Rawski. Berkeley: University of California Press, 292-324.

Watts, Sir Philip. 1911. "Ship." In *Encyclopaedia Britannica*, 11th ed. New York: Cambridge University Press, vol. 24: 870-71.

Wei Qingyuan. 1995. "Lun Kangxi shiqi cong jinhai dao kaihai de zhengce yanbian." In *Ming-Qing shi xinxi*, 372-88 韋慶遠, 康熙時期從禁海到開海的政策演變. 明情史新析.

Whiting, Susan H. 2001. *Power and Wealth in rural China: The political economy of institutional change*. Cambridge: Cambridge University Press.

Wickberg, Edgar, 1964. "The Chinese Mestizo in Philippine history." *Journal of Southeast Asian History* 5, no. 1: 62-100.

______. 1965. *The Chinese in Philippine life, 1850-1898*. New Haven, CT: Yale University Press.

______. 1977. "Anti-Sinicism and Chinese identity options in Philippines." In

Essential Outsiders, edited by Daniel Chirot and Anthony Reid. Seattle: University of Washington Press.

______. 1999. "The Philippines." In *The encyclopedia of the Chinese overseas*, edited by Lynn Pan. Cambridge, MA: Harvard University Press, 187-99.

Williams, Lea E. 1960. *Overseas Chinese nationalism: The genesis of the Pan-Chinese movement in Indonesia, 1900-1916*. Glencoe, IL: Free Press.

Wilson, Andrew R. 2004. *Ambition and identity: Chinese merchant elites in colonial Manila, 1880-1916*. Honolulu: University of Hawaii Press.

Wilson, Constance M. 1993. "Revenue farming during the early Bangkok period." In *The rise and fall of revenue farming: Business elites and the emergence of the modern state in Southeast Asia*, edited by John Butcher and Howard Dick. New York: St. Martin's Press, 142-65.

Wong Lin Ken. 1965. *The Malayan tin industry to 1914, with special reference to the states of Perak, Selangor, Negri Sembilan, and Pahang*. Tucson: University of Arizona Press for the Association for Asian Studies.

Wong Shin Kiong (Huang Xianqiang). 2001. *Haiwai Huaren de kangzheng: Dui Mei dizhi yundong shishi yu shiliao*. Singapore: Xinjiapo Yazhou yanjiu xuehui 黃賢强, 海外華人的抗爭: 對美抵制運動史始與史料.

______. 2002. *China's anti-American boycott movement in 1905: A study in urban protest*. New York: Peter Lang.

Wong Siu-lun. 1996. "Chinese entrepreneurs and business trust." In *Asian business network*, edited by Gary G. Hamilton. Berlin: Walter de Gruyter, 13-26.

Wu Chun-hsi. 1967. *Dollars, dependents and dogma: Overseas Chinese remittances to communist China*. Stanford, CA: Hoover Institution.

Wu Jianxiong. 1993. *Haiwai yimin yu Huaren shehui*. Taipei: Yunchen wenhua 吳劍雄, 海外移民與華人社會.

Wurm, S. A. et. al., eds. 1998. *Language atlas of China*. Hong Kong: Longman Group.

Wyatt, David K. 1984. *Thailand: A short history*. New Haven, CT: Yale University Press.

Xiang Biao. 1999. "Zhejiang village in Beijing: Creating a visible non-state space through migration and marketized networks." In *Internal and international migration: Chinese perspectives*, edited by Frank N. Pieke and Hein Mallee. Richmond: Curzon, 215-50.

______. 2003. "Emigration from China: A sending country's perspective." *International Migration* 41, no. 3:21-46.

______. 2005. *Transcending boundaries: Zhejiangcun: The story of a migrant village in Beijing.* Translated by Jim Weldon. Leiden: Brill.

Xing-bin ribao (Penang). 1984. "Wenhua guji yu chengshi fazhan" 文化古蹟與城市發展 星檳日報, April 29.

Yap, Melanie, and Dianne Leong Man. 1996. *Colour, confusion and concession: The history of Chinese in South Africa.* Hong Kong: Hong Kong University Press.

Ye Zhongling. 1995. *Huang Naishang yu Nangyang Huaren.* Singapore: Xinjiapo Yazhou yanjiu xuehui. 葉鍾鈴, 黃乃裳 與南洋華人.

Yee, Sin Joan. 1974. *The Chinese in the Pacific.* Suva, Fiji: South Pacific Social Sciences Association.

Yen Ch'ing-huang (Yan Qinghuang). 1985. *Coolies and mandarins: China's protection of overseas Chinese during the late Ch'ing period (1815-1911).* Singapore: Singapore University Press.

______. 1986. *A social history of the Chinese in Singapore and Malaya, 1800-1911.* Singapore: Oxford University Press.

Yong, C. F. 1977. *The new gold mountain: The Chinese in Australia, 1901-1921.* Richmond: Raphael Arts.

______. 1980. *Zhanqian de Chen Jiageng yanlun shiliao yu fenxi.* Singapore: Xinjiapo Nangyang xuehui 楊進發, 戰前的陳嘉庚言論史料與分析.

______. 1987. *Tan Kah-kee, the making of an overseas Chinese legend.* Singapore: Oxford University Press.

______. and R. B. McKenna. 1990. *The Kuomintang movement in British Malaya, 1912-1949.* Singapore: Singapore University Press.

Yow Chen Hoe. 2007. "Transforming an old qiaoxiang: Impacts of the Chinese diaspora on Panyu, 1978-2000." In *Chinese transnational networks*, edited by Tan Chee Beng. London: Routledge, 49-70.

Yu Renqiu. 1992. *To Save China, to save ourselves: The Chinese Hand Laundry Alliance of New York.* Philadelphia: Temple University Press.

Yu Siwei. 1991. *Zhingwai haishang jiaotong yu huaqiao.* Guangzhou: Jinan University Press. 餘思偉, 中外海上交通與華僑.

Yu Ying shin. 1997. "Business culture and Chinese traditions—Toward a study of the evolution of merchant culture in Chinese history." In *Dynamic Hong Kong: Business and Culture*, edited by Wang Gungwu and Wong Siu-lun. Hong Kong: Center of Asian Studies, University of Hong Kong, 1-84.

Yuan Bingling. 2000. *Chinese democracies: A study of the kongsis of West Borneo (1776-1884).* Leiden: Research School of Asian, African, and Amerindian Studies, University of Leiden.

Zeng Ling, and Zhuang Yingzhang. 2000. *Xinjiapo Huaren de zuxian chongbai yu zongxiang shequn zhenghe: Yi zhanhou sanshinian Guanghuizhao bishanting wei li.* Taipei: Tangshan chubanshe. 曾玲, 莊英章. 新加坡華人的祖先崇拜與宗鄉社群整合: 以戰後三十年廣惠肇碧山亭爲例.

Zhang Li. 2001. *Strangers in the city: Reconfigurations of space, power, and social networks within China's floating population.* Stanford, CA: Stanford University Press.

Zhao Xiaojian. 2002. *Remarking Chinese America: Immigration, family, and community, 1940-1965.* New Brunswick, NJ: Rutgers University Press.

Zhonggong Shenzhen shiwei xuanchuanbu, ed. 1992. 1992. *chun Deng Xiaoping yu Shenzhen.* Shenzhen: Haitian chubanshe 中共深圳市委宣傳部編, 1992 春鄧 小平與深圳.

Zhou Min. 1992. *Chinatown: The socioeconomic potential of an urban enclave.* Philadelphia: Temple University Press.

______. and Rebecca Y. Kim. 2006. "The paradox of ethnicization and assimilation: The development of ethnic organization in the Chinese immigrant community in the United State." In *Voluntary organizations in the Chinese diaspora*, edited by Kuah-Pearce, and Evelyn Hu-Dehart. Hong Kong: Hong Kong University Press, 231-52.

Zhuang Guotu. 1989. *Zhongguo fengjian zhengfu de Huaqiao zhengce.* Xiamen: Xiamen daxue chubanshe 莊國土, 中國封建政府的華僑政策.

______. 2006. "Jin ershinian Fujian Changle ren yimin Meiguo de dongji he tiaojian-Yi Changle shidi diaocha wei zhu de fenxi." *Huaqiao Huaren lishi yanjiu*, no. 1:1-11 莊國土, 近二十年福建長藥人移民美國的動機和條件: – 以長藥實地調查爲主的分析. 華僑華人歷史研究.

______, et al. 2003. *Erzhan yihou Dongnanya Huazu shehui diwei de bianhua.* Xiamen: Xiamen daxue chubanshe. 莊國土等, 二戰以後東南亞華族社會地位的變化.

Zhuang Weiji, et al., eds. 1998. *Quanzhou pudie Huaqiao shiliao yu yangjiu.* Beijing: Zhongguo Huaqiao chubanshe 莊爲璣等編 泉州譜牒華史料僑與硏究.

찾아보기

ㄴ

ㅇ

ㅊ

ㅍ

ㅎ

〈로컬리티 번역총서〉를 펴내며

■ 로컬리티의 인문학 연구단에서 번역총서를 내놓는다. 〈로컬리티 번역총서〉는 고전적 · 인문학적 사유를 비롯해서, 탈근대와 전지구화의 관점에서 해석되는 로컬리티에 대한 동서양의 다양한 논의를 담고 있다. 로컬리티 연구는 동서양을 막론하고 학문적 교차점, 접점, 소통성을 확보하는 것이 중요한 과제다. 이러한 의미에서 본 연구단에서는 장기적인 계획 아래, 로컬리티 연구와 관련한 중요 저작과 최근의 논의를 담은 동서양의 관련 서적 번역을 기획했다. 이를 통하여 로컬리티와 인문학 연구를 심화하고 동시에 이를 외부에 확산시킴으로써 로컬리티 연구의 저변을 확대하고자 한다.

우리가 로컬리티에 천착하게 된 것은 그동안 국가 중심의 사고 속에 로컬을 주변부로 규정하며 소홀히 여긴 데 대한 반성적 성찰의 요구 때문이기도 하다. 오늘날 로컬은 초국적 자본과 전지구적 문화의 위세에 짓눌려 제1세계라는 중심에 의해 또다시 소외당하거나 배제됨으로써 고유의 정체성을 잃어가고 있다. 반면에 전지구화 시대를 맞아 국가성이 약화되면서 로컬은 또 새롭게 거듭나고 있다. 그동안 국가 중심주의의 그늘에 가려졌던 로컬 고유의 특성을 재발견하고 전지구화에 능동적으로 대처하는, 이른바 로컬 주체의 형성과 로컬 이니셔티브local initiative의 실현을 위해 부단한 노력을 기울이는 모습들이 속속 드러나고 있다.

이제 로컬의 현상들을 파악하기 위해 기존의 시각 논의와 다른 새로운 사고가 절실히 필요하다. 지금까지 지역과 지역성 논의는 장소가 지닌 다양성과 고유성을 기존의 개념적 범주에 맞춤으로써 로컬의 본질을 왜곡하거나 내재된 복합성을 단순화하는 오류를 범했다. 이에 우리는 로컬을 새로운 인식과 공간의 단위로서 재정립해야 할 필요성을 다시 확인하며, 로컬의 역동성과 고유성을 드러내줄 로컬리티 연구를 희망한다.

〈로컬리티 번역총서〉는 현재 공간, 장소, 인간, 로컬 지식, 글로벌, 로컬, 경계, 혼종성, 이동성 등 아젠다와 관련한 주제를 일차적으로 포함했다. 향후 로컬리티 연구가 진행되면서 번역총서의 폭과 깊이는 더욱 넓어지고 깊어질 것이다. 번역이 태생적으로 안고 있는 잡종성이야말로 로컬의 속성과 닮아 있다. 이 잡종성은 이곳과 저곳, 그때와 이때, 나와 너의 목소리가 소통하는 가운데 새로운 생성의 지대를 탄생시킬 것이다.

우리가 번역총서를 기획하면서 염두에 둔 것이 바로 소통과 창생의 지대이다. 우리는 〈로컬리티 번역총서〉가 연구자들에게 로컬리티 연구에 대한 기반을 제공해줌으로써 학제간의 경계를 넘나드는 심화된 통섭적 연구가 이루어지고, 나아가 '로컬리티의인문학locality and humanities'의 이념이 널리 확산되기를 바란다.

부산대학교 한국민족문화연구소
(HK)로컬리티의인문학 연구단

| 저자 소개 |

필립 A. 큔 Philip A. Kuhn

1933년 영국 출생.

하버드 칼리지에 입학하였고, 나중에 미군 랭귀지 스쿨에서 중국어를 배웠다. 대학원에서 역사와 동아시아 언어를 공부하기 위해 하버드로 돌아왔고, 1964년에 Ph.D를 받았다. 시카고 대학교에서 15년 동안 가르쳤고, 그 뒤 하버드 대학교에 중국사 교수로 이직하였다. 그는 또한 하버드 대학교에서 존 킹 페어뱅크 동아시아연구센터장을 역임하였고, 미국학술아카데미의 회원이다.

큔 교수는 중국 런민 대학의 청사연구소, 타이완 중앙연구원 근대사연구소, 파리 르 코레주 드 프랑스, 싱가포르 국립대학교, 오스트레일리아 국립대학 등의 방문학자를 거쳤다. 중국의 정치사와 사회사에 관련된 그의 가장 최근 저작으로는 근대 중국의 국가 기원(2002)이 있다. 2008년 하버드 대학교에서 퇴임하였다.

| 역자 소개 |

이영옥

1971년 전남 장흥 출생.

고려대학교 동양사학과 졸업, 北京大學 역사학 박사.

성신여자대학교 사학과 전임강사, 조교수.

현재 전남대학교 역사교육과 부교수.

주요 논저는 논문 「그 이름 불러주기-실록의 조선 · 청나라 호칭互稱 분석」, 「1840년대 청조의 풍경 하나-오랑캐의 전화로부터 '천조' 지키기」, 「건륭제의 '찬란한' 성세盛世와 맹자읽기」, 「한중민간소송연구1906~1910」, 「1840~43년 臺灣사건-역사사건과 역사가의 붓끝」, 공저 『북방민족과 중원왕조의 민족인식』, 『한중 외교관계와 조공 책봉』, 번역서 『근대만주와 대한제국』, 『영혼을 훔치는 사람들: 1768년 중국을 뒤흔든 공포와 광기』 등이 있다.

타인들 사이의 중국인
-근대 중국인의 동남아 이민

초판 1쇄 발행일 2014년 06월 30일

지은이 | 필립 A. 쿤
옮긴이 | 이영옥
발행인 | 최원필
발행처 | 심산출판사
주　소 | 서울시 은평구 불광동 219-7 예은 101호
전　화 | 02-357-0633
팩시밀리 | 02-357-0631
E-mail | simsan@korea.com
등록번호 | 제1-2114호(1996년 11월 28일)

ISBN 978-89-94844-33-6 93910

* 책값은 뒤표지에 표시되어 있습니다.